KB091132

Groups 10th Edition

PROCESS AND PRACTICE

집단상담

과정과 실제

Groups: Process and Practice,
Tenth Edition

**Marianne Schneider Corey,
Gerald Corey,
Cindy Corey**

Original edition © 2018 Wadsworth, a part of Cengage Learning.
Groups: Process and Practice, Tenth Edition by Marianne Schneider Corey,
Gerald Corey, Cindy Corey
ISBN: 9781305865709

For permission to use material from this text or product, email to
asia.infokorea@cengage.com

ISBN-13: 978-89-6218-462-4

Cengage Learning Korea Ltd.
14F YTN Newsquare 76 Sangamsan-ro
Mapo-gu Seoul 03926 Korea
Tel: (82) 2 330 7000
Fax: (82) 2 330 7001

Cengage is a leading provider of customized learning solutions with
employees residing in nearly 40 different countries and sales in more
than 125 countries around the world. Find your local representative at:
www.cengage.com

To learn more about Cengage Solutions, visit **www.cengageasia.com**

Printed in Korea
Print Number: 03   Print Year: 2023

Groups PROCESS AND PRACTICE 10th Edition

Marianne Schneider Corey
Gerald Corey
Cindy Corey

집단상담
과정과 실제

| 김진숙 유동수 전종국 한기백 이동훈 권경인 옮김 |

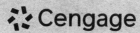

Australia • Brazil • Canada • Mexico • Singapore • United Kingdom • United States

집단상담 과정과 실제 -제10판-

GROUPS Process and Practice Tenth Edition

제10판 1쇄 발행 | 2019년 2월 28일
제10판 3쇄 발행 | 2023년 3월 10일

지은이 | Marianne Schneider Corey, Gerald Corey, Cindy Corey
옮긴이 | 김진숙, 유동수, 전종국, 한기백, 이동훈, 권경인
발행인 | 송성헌
발행처 | 센게이지러닝코리아㈜
등록번호 | 제313-2007-000074호(2007.3.19.)
이메일 | asia.infokorea@cengage.com
홈페이지 | www.cengage.co.kr

ISBN-13: 978-89-6218-462-4

공급처 | ㈜사회평론아카데미
주 소 | 서울시 마포구 월드컵북로6길 56
도서안내 및 주문 | Tel 02) 326-1545 Fax 02) 326-1626
홈페이지 | www.sapyoung.com

값 35,000원

역자
머리말

집단상담 번역서를 작업하다 보면 늘 집단상담 경험이 떠오른다. 일대일로 만나는 개인 상담도 치유적일 수 있지만, 집단상담에는 개인 상담에서는 경험하기 어려운 또 다른 차원의 역동적이고 치유적인 만남의 순간들이 존재한다. 때로 이런 순간들은 예측하기 어려운 양상으로 나타나 집단에서 긴장과 갈등을 초래하기도 한다. 하지만 집단에서 이런 위태로운 순간들을 용기 있고 솔직하게, 그리고 함께 지혜를 모아 대처하면, 관계에서 상처받은 이들에게 집단 경험을 통해 사람과의 만남이 위안이 될 수 있음을 체험하게 해주는 큰 선물을 안겨준다.

이 책의 저자 Corey 박사 부부는 수십 년의 세월 동안 실제로 많은 집단을 운영했고 교재 집필을 위해 끊임없이 관련 문헌을 검토하고 연구하는 학자이기도 하다. 이제는 부부의 따님마저 상담 분야 전문가가 되어 부모님과 함께 이 책의 집필에 참여하고 있다. 부러운 상담 전문가 가족이다. 필자는 십수 년 전 Corey 박사 부부가 한국에 와서 대구와 서울에서 집단상담 이론에 대해 강의를 하고 집단상담 시연을 했을 때 전 과정을 통역하면서 그분들을 가까이에서 뵌 적이 있다. 집단상담 시연 때 참가자들을 존중하고 세심하게 배려하던 그분들의 모습이 기억에 남아있다. 책에 쓴 내용을 집단 전문가로서 직접 실천하는 모습에 믿음이 갔다.

지난 개정판의 옮긴이 머리말에서 밝힌 대로 이 책은 1977년에 초판이 나온 이후 지금까지 열 차례에 걸쳐 개정되었다. 이 역서는 2018년에 출간된 최신 개정판을 번역한 것이다. Corey 박사 부부는 개정판 집필을 위해 늘 최신 문헌을 검토하고 실무자들의 의견을 수렴하며 상담 분야의 새로운 추세를 반영하려고 애쓴다고 한다. 40년이 넘는 긴 세월 동안 이런 노력을 게을리하지 않는 그분들의 한결같은 성실함에 감사와 경의의 마음을 갖게 된다.

이 역서는 상담에 대한 Corey 박사 부부의 실용적인 접근을 잘 보여준다. 집단의 구상과 계획에서부터 종결에 이르기까지 집단의 준비 및 집단 운영에 있어서 지도자가 고려해야 할 모든 실제적인 사항과 주제를 세밀하게 다루고 있다. 따라서 이 책은 집단

상담 초심자에게는 집단 과정의 단계별로 지도자로서 해야 할 과제의 내용과 그 실행 방법에 대한 친절한 안내서가 될 것이다. 경력자에게는 집단 운영에 필요한 제반 내용을 자신의 경험에 비추어 재검토하고 정리하는 데 유익한 참고서가 될 것이라 기대한다. 특히 이번 개정판에는 집단상담 실제의 예시를 좀 더 많이 추가했다고 하니 이론이나 원리를 좀 더 쉽게 이해하는 데 도움이 될 것이다.

이번 개정판에도 여러 사람이 힘을 모았다. 필자를 비롯하여 이전에 번역서 초판부터 참여했던 유동수 소장님과 대구사이버대학교의 전종국 교수님과 함께, 지난 개정판부터 합류한 서강대학교의 한기백 교수님, 성균관대학교의 이동훈 교수님, 광운대학교의 권경인 교수님이 번역 작업에 동참했다. 1장과 2장은 유동수, 3장과 5장은 김진숙, 4장은 한기백, 6장과 7장은 권경인, 8장과 10장은 이동훈, 9장과 11장은 전종국 교수님이 각각 맡았다. 여러 사람이 나누어 번역하면 문체와 용어에서 통일성이 떨어지기 쉬운 어려움이 있다. 그런데 이 책의 교정을 맡아주신 이정란 선생님이 이 문제를 해결하기 위해 늘 그렇듯 방대한 원고를 꼼꼼하게 검토해주었다. 이정란 선생님을 비롯해 교정과 편집 작업을 도와주신 편집부 여러분께 감사의 마음을 전한다.

2019년 2월
역자 대표 김진숙

저자
머리말

이 책은 집단 과정의 기본적인 주제와 핵심 개념을 개략적으로 제시하고 다양한 유형의 집단에서 작업을 할 때 지도자가 이러한 개념들을 어떻게 하면 잘 적용할 수 있는지를 보여준다. 이 책은 여러 면에서 집단상담 방법론을 다룬 개론서이기도 하지만 집단을 이끄는 방식의 '근본 원리'를 다룬 책이기도 하다.

우리가 쓴 저서의 개정판이 나올 때면 교수들이 "이전과 달라진 내용이 뭔가요?"라는 질문을 자주 한다. 1977년 이 책의 초판이 나온 이래로 이 책에 담긴 집단상담의 철학은 한결같다. 그러나 10판에서는 각 장 안에서 다룬 주제에 대한 논의에서 미묘하지만 많은 변화를 주었고, 여러 장에서 새로운 내용을 덧붙이고 기존 내용의 상당 부분을 수정했다. 집단 작업에 대한 우리의 생각은 이 책의 초판이 나온 이후 지난 40년 동안의 상담 경험과 교육을 통해 다듬어졌고, 우리는 수정판을 낼 때마다 이 분야의 최근 동향을 반영하려고 시도해왔다.

8판부터 공동저자로서 이 책에 기여해준 Cindy Corey는 자신의 전문 분야인 다문화상담에 관한 지식을 집단상담 실제에 보태고, 이 책에도 보태준다. Cindy는 다양성에 관한 근래의 적용을 집단 작업의 실제에 통합시키고, 이전 판에서 제시된 주제들을 확장시켰다. 이 책을 검토해준 많은 분들의 의견과 이 책의 사용자들을 대상으로 한 설문조사 결과를 종합해볼 때 이 책의 실제적인 측면이 높이 평가되고 있고, 또한 임상 예시를 지금보다 더 많이 포함시켜서 이 책에서 다루고 있는 주제가 삶에 좀 더 생생하게 전달되도록 해달라는 제안도 있었다. 이번 개정판에는 집단 작업에서의 다양성에 초점을 두고, 새롭고 내용도 풍부해진 임상 예시들을 많이 추가했다.

개정판에 새롭게 추가된 내용

10판에서는 집단 실제에 관한 최근 견해와 동향을 제시하기 위해 각 장을 면밀히 검토하고 새롭게 꾸몄다. 이 책의 여러 장에 관한 다음 내용은 10판에서 추가하거나 최신 자료로 갱신하거나 확장하거나 수정한 부분을 부각시켜 보여준다.

1부에서는 집단 작업의 기본 주제를 다룬다. 이러한 주제는 처음 4개의 장에서 다룬다.

- 1장(집단 작업의 소개: 다문화적 시각)은 단기 집단 상담에 관한 최신 논의를 포함하여 다양한 유형의 집단에 대한 개관을 제시하고, 다문화 집단 작업과 다문화적 역량을 갖춘 집단 실무자가 되는 것에 관한 우리의 관점을 보여줄 것이다. 여기에는 일부 새로운 내용이 들어있다.
- 2장(집단 상담자)에서는 집단 상담자를 한 인간으로서, 그리고 전문가로서 나누어 기술할 것이며, 관련 주제들을 많은 예시와 함께 상세히 설명할 것이다. 또한 이 장에서는 집단 지도 기술과 공동 지도자 모델을 다루고 있다. 집단 작업의 연구 동향 및 연구가 개인의 집단 실무를 향상시킬 수 있는 방법에 관한 새로운 내용도 제시하고 있다. 치료적 관계와 같은 보편적 요소에 특정한 강조점을 두었다.
- 3장(집단상담의 윤리적 · 법률적 쟁점)은 집단 작업에 적용되는 2014 ACA 윤리 강령을 따르도록 개정되었다. 이 장에서는 집단상담의 윤리적 · 법률적 측면에 관한 최신 자료를 다루고, 아울러 경험 집단의 사용, 지도자 역량의 평가, 그리고 집단 상담 교과목을 가르칠 때 발생하는 다중적인 역할과 관계 다루기를 포함한 집단지도자 훈련에 있어서의 윤리적 문제도 살펴볼 것이다. 이 장은 특징적으로 집단 작업에서 사회적 정의 쟁점과 집단 기술을 사용할 때 대두되는 윤리적 안건을 포함하고 있다.
- 4장(집단상담의 이론과 기법)은 이론과 기법 간의 관계를 강조하고, 길라잡이로 활용할 수 있는 이론, 기법의 효과적인 사용, 집단상담에 대한 통합적 접근의 개발 등과 같은 주제를 다룬다. 이 장은 네 가지 일반적인 이론으로 구성되어 있다. 집단 상담에 대한 정신역동적 접근, 경험적 · 관계지향적 접근, 인지행동적 접근, 포스트모더니즘 접근이 그것이다. 집단 작업의 실제에 관한 특정한 이론적 관점은 정신분석 치료, 아들러학파 치료, 실존주의 치료, 인간중심적 접근, 게슈탈트 치료, 심리극, 행동 치료, 인지 치료, 인지행동 치료, 합리적 정서행동 치료, 현실 치료, 해결중심 단기 치료, 이야기 치료, 동기강화 면담(motivational interviewing), 여성주의 치료, 다문화적 관점을 포함한다. 동기강화 면담 부분은 이 개정판에서 새롭게 추가된 부분이다. 또한 집단상담의 통합적 접근을 발달시키는 방법에 대한 간략한 논의도 포함하였다.

2부에서는 각 장마다 집단의 전개 과정에서 단계별로 나타나는 집단 과정과 관련된 주제를 다루고 있다. 이러한 주제는 집단을 구성하고 시작하기, 집단의 각 단계에서 공동 지도자와 함께 효과적으로 작업하기, 집단원 역할과 지도자의 기능, 다양한 시점에서 집단 과정 중에 일어날 수 있는 문제점 및 집단 과정을 촉진하기 위한 기법과 절차를 포함한다. 5장부터 9장까지 다양성이 어떻게 집단 과정과 성과 둘 다에 영향을 미칠 수 있는지를 살펴보는 내용을 포함시켰다. 그리고 다양성의 관점에서 볼 때 집단의 발달 과정에서 단계별로 해결해야 할 주요 과제가 무엇인지를 보여주는 다수의 새로운 예시들을 제시하였다. 이번 개정판의 5장부터 9장까지 내용에서 새롭게 추가된 특별한 부분은 다음과 같다.

중대한 사건 중대한 사건(critical incidents)은 집단의 단계와 관련된 상황을 보여준다. 상황이 짧게 서술되고, 질문들이 제시되며, 임상적 성찰이 주어지고, 그 사건을 다룰 수 있는 가능한 개입 방법이 제안된다. 이러한 활동을 통해 중대한 사건을 비판적으로 분석하는 방법에 대해 수업에서 활발한 논의가 이루어지도록 하고자 한다. 이 활동의 주된 목적은 이 장에서 전반적으로 다루고 있는 주제에 대한 임상적 맥락을 제공하는 것이다.

활동을 통해 배우기 활동을 통해 배우기(learning in action)는 개별 장에 통합되어 있는 활동으로 전체 수업, 소집단 혹은 집에서 활용할 수 있다. 이 활동들은 학술적 장면에서 다양한 용도로 활용되는 것이 목적이며, 이 활동의 상당수는 집단원과 함께하는 임상적 장면에서도 적절히 활용될 수 있다.

경험 일지 촉진 질문 경험 일지 촉진 질문(journal prompts)은 독자를 위한 더 깊은 수준의 전문적 발전과 개인적 발전을 위한 방법이며, 또한 집단의 다양한 단계에 걸친 임상적 장면에서 집단원들과 함께 활용할 수 있다.

- 5장(집단 구성하기)에서는 신중한 생각과 계획이 어떤 집단이든 견고한 토대를 세우는 데에 얼마나 중요한지를 설명한다. 우리가 이 장에서 강조하는 요소에는 집단을 위한 제안서 작성, 집단원 모집, 집단원의 선별 및 선정, 집단 오리엔테이션 과정이 포함된다.
- 6장(집단상담의 초기 단계)에서는 집단 발달의 초기 단계에서 나타나는 특정한 집단 과정의 개념을 다룬다. 여기에는 문화적 고려사항, 숨겨진 안건 다루기, 지도자의 자기개방의 역할, 그리고 집단 초기에 신뢰를 형성하는 방법에 관한 새롭거나 수정된 내용이 포함되어 있다.
- 7장(집단상담의 과도기 단계)에서는 저항을 재개념화한 내용을 제시하고, 다루기 어려운 집단 행동을 이해하고 치료적으로 대처하는 방법에 관하여 논의하였다. 이

장에서는 내담자의 저항을 이해하고 존중하는 것을 더욱 강조하였고, 양가감정을 다루고 변화하고자 하는 동기를 증진시키는 방법으로서 동기강화 면담에 관한 새로운 내용을 추가하였다. 또한 집단원들의 행동에서 드러나는 부분 가운데 문제 행동으로 보일 수 있는 측면들이 어떻게 문화적 요인으로 설명될 수 있는지를 이해해야 할 필요성을 강조하였고, 갈등과 대립을 문화적 관점에서 고려하였다. 집단에서 불신을 다루고 신뢰를 높이는 방법과 관련하여 지도자의 행동과 집단원의 행동 예시를 다수 포함시켰다. 전이와 역전이의 역할에 관한 논의를 확장하여 역전이를 효과적으로 다루기 위한 지침을 제시하였다.

- 8장(집단상담의 작업 단계)에서는 집단에서 작용하는 치료적 요인에 대한 논의를 확장하였다. 집단원 자기개방, 지도자 자기개방에 관한 지침, 피드백, 직면, 집단 응집력과 같은 요소에 특별히 주의를 기울였다.
- 9장(집단상담의 종결 단계)에서는 집단 경험을 종결하는 과제에 관한 논의를 포함하고 있다. 종결에 대한 정서적 반응을 다루는 것과 집단에서의 미해결 과제를 다루는 것에 더 많은 강조점을 두었다.

2부에는 집단을 촉진할 때 자주 부딪히게 되는 많은 문제들에 대해 지도자가 개입할 수 있는 다양한 방법을 보여주는 많은 예시들을 포함시켰다. 또한 4장에서 다룬 이론적 접근을 집단의 단계에서 나타나는 다양한 주제와 결합시켰다. 우리는 또한 10장과 11장에서 기술한 집단 제안서를 선정된 주제와 연결시켜, 독자들이 이 책에서 논의되는 개념의 실제적인 예시를 볼 수 있도록 하였다. 2부의 각 장은 집단 발달의 각 단계에서 집단원과 지도자가 수행하는 기능과 함께 특정한 단계의 특성을 요약한 것이다. 집에서나 수업시간에 해볼 수 있는 몇 가지 연습 활동도 마지막에 제시하였다. 가능하면 관련된 연구의 인용을 포함시켰고, 개인적인 예시를 들 때 집단 작업에서 겪은 우리 자신의 경험을 사용하였으며, 주제에 관하여 우리의 관점을 공유하였다. 우리는 이 교재를 사용한 학생들이 좋다고 말해준 독자 친화적 글쓰기를 유지하려고 노력하였다.

3부에서는 2부에서 살펴보았던 기본적 개념들이 학교와 지역 기관 현장에서 운영되는 특정한 유형의 집단에서 어떻게 적용될 수 있는지를 보여준다. 특별히 각기 다른 장면에서 아동과 청소년, 성인 및 노인을 위한 집단을 구성하기를 원하는 지도자를 위한 지침을 제공하였다. 3부에서 제시한 12개의 집단 제안서는 각 유형의 집단의 고유한 요구와 이런 요구를 충족시키는 방법에 초점을 두고 있다.

- 10장(학교 현장에서의 집단상담)에는 아동과 청소년을 위한 5개의 집단 제안서가 포함되어 있다. 이 장에서는 이전 판에서 두 장을 할애했던 내용을 하나로 통합

하였고, 아동 및 청소년과 함께하는 집단 작업에 대한 지침에 좀 더 주의를 기울였다.

- 11장(지역 기관 현장에서의 집단상담)의 특징은 다양한 발달 단계에서 특정한 삶의 주제를 지닌 성인 집단을 위한 8개의 집단 제안서를 포함하였다는 것이다. 약물 남용 장애 치료 집단을 위한 새로운 제안서도 추가하였다.

이번 개정판은 상담 및 관련 교육 프로그램 인증협회(Council for Accreditation of Counseling and Related Educational Programs: CACREP) 2016 집단상담 및 집단 활동 표준을 따른다. 이 개정판의 모든 장에서 구체적인 표준을 다룬다. 이번 개정판에는 모든 장에 학습 목표를 추가하였고, 각 장에서 확인된 CACREP 표준에 대해서는 특히 주의를 기울였다.

『집단상담: 과정과 실제』는 심리학, 사회학, 상담학, 임상적 정신건강 상담(clinical mental health counseling), 사회복지, 부부 치료 및 가족 치료, 교육학 및 복지 사업(human service)을 전공하는 대학원생과 학부생으로서 집단상담이나 집단 지도 수업을 듣고 있는 모든 사람들을 위해 쓴 책이다. 이 책은 사회복지사, 재활상담사, 교사, 목회 상담사, 교정 전문가, 부부 및 가족 치료사에게도 유용할 것이다.

Marianne Schneider Corey

Gerald Corey

Cindy Corey

차례

역자 머리말 v l 저자 머리말 vii

PART 1 들어가며: 집단 작업에서 발생하는 기본적인 쟁점

1 CHAPTER
집단 작업의 소개: 다문화적 시각 3

도입 4

다양한 유형의 집단에 대한 개관 5
과제수행 집단 5 l 심리교육 집단 6 l 상담 집단 7 l 심리치료 집단 9 l 단기 집단 10

집단 작업에 대한 다문화적 시각 11
활동을 통해 배우기: 정체성 성찰 13

문화적으로 숙련된 집단 상담자 되기 15
시작 단계: 상담자 자신의 문화 이해하기 15 l 차이를 이해하는 것에 대한 개인적 관점 16
다문화 및 사회적 정의 상담 역량 17 l 집단원들이 문화에 대해 대화하도록 요청하기 22

기억해야 할 핵심 사항 26
연습 26
『집단상담의 실제: 진행과 도전─DVD와 워크북』을 위한 안내 27

CHAPTER 2
집단 상담자 29

도입 30

인간으로서의 집단 상담자 30
초심 집단 상담자가 직면하는 문제 및 쟁점 31 I 유능한 집단 상담자의 개인적 특성 34

전문가로서의 집단 상담자 43
집단 리더십 기술의 개관 43 I 리더십 기술의 통합적 관점 52
활동을 통해 배우기: 집단 리더십 기술에 대한 자기 평가 52

공동 리더십 모델 55
공동 리더십의 기본 원리 55 I 공동 리더십 모델의 장점 57 I 공동 리더십 모델의 단점 58

집단상담의 실제에 대한 연구지향성 개발 60
공통 요인에 관한 연구 61 I 연구를 통해 상담 실제 향상하기 61 I 연구와 실제를 병행하려는 도전 62

기억해야 할 핵심 사항 63
연습 64

CHAPTER 3
집단상담의 윤리적 · 법률적 쟁점 69

도입 70

집단 참여의 윤리적 쟁점 73
사전 동의 73 I 비자발적 참여 74 I 집단을 떠날 자유 75 I 집단 참여에 따른 심리적 위험 77

비밀 유지 81
비밀 유지에 대해 집단구성원 교육시키기 82 I 비밀 유지의 윤리적 · 법률적 차원 83
활동을 통해 배우기: 동급생을 구글에서 검색해보기 85 I 비밀 유지의 다문화적 차원 85
집단에서 미성년자의 비밀 유지 86 I 비밀 유지에 관한 지침 요약 88

집단에서 지도자 가치관의 역할 89
가치 문제에 대한 작업의 윤리적 측면 89 I 가치의 갈등 다루기 90

배경이 다양한 집단구성원을 상담할 때의 윤리적 쟁점 92
가치와 다양성 다루기 92 I 준비와 실천을 위한 윤리와 기준 94

집단상담에 대한 사회적 정의 접근 95

성적 성향에 대한 특정 사안 98

집단 기법 사용에 대한 윤리적 문제 100

집단 상담자의 전문적 역량과 훈련 102

지속적인 발달적 과정으로서의 역량 102 | 집단 상담자를 위한 전문적 훈련 기준 104
훈련 프로그램 외에 필요한 보조 과정 104 | 집단 상담자 훈련에서의 윤리적 쟁점 106

윤리적 · 법률적 실천을 위한 지침 112

법률적 책임과 상담 과실 112 | 집단 전문가를 위한 법률적 보호 장치 113

기억해야 할 핵심 사항 115

연습 117

4 CHAPTER
집단상담의 이론과 기법 123

도입 124

이정표로서의 이론 125

이론적 지향 126 | 자신만의 집단상담 이론 개발하기 131
활동을 통해 배우기: 자신에게 맞는 이론 찾기 132

집단 기법을 효과적으로 사용하기 133

기법 사용의 근거 134

다문화 관점을 통해 집단 바라보기 136

이론과 기법의 관계 137

정신역동적 접근 138

정신분석 치료 138 | 아들러학파 치료 140

체험적 및 관계지향적 접근 144

실존주의 치료 146 | 인간중심 치료 148 | 게슈탈트 치료 150 | 심리극 153

인지행동적 접근 156

행동 치료 157 | 인지 치료 159 | 합리적 정서행동 치료 162 | 선택 이론/현실 치료 164

포스 트모더니즘적 접근 167

해결중심 단기 치료 168 | 이야기 치료 172 | 동기강화 면담 174 | 여성주의 치료 175

통합적 접근 179

기억해야 할 핵심 사항 180

연습 181

『집단상담의 실제: 진행과 도전─DVD와 워크북』을 위한 안내 182

PART

2 집단 과정:
발달 단계

5 **CHAPTER**
집단 구성하기 185

도입 186

집단 제안서 만들기 187
체제 안에서 작업하기 189

집단구성원 모집과 선별 190
집단 홍보와 집단구성원 모집을 위한 지침 190 ㅣ 집단구성원 선별과 선정 절차 191

집단 구성 시 실제적인 고려 사항 196
집단원 구성 196 ㅣ 집단의 규모 196 ㅣ 회기의 빈도와 시간 197 ㅣ 집단의 전체 기간 197
집단 모임 장소 198 ㅣ 개방 집단 대 폐쇄 집단 198

사전 집단 모임의 활용 200
사전 집단 준비의 유용성에 대한 연구 200 ㅣ 오리엔테이션과 집단구성원 준비시키기 201
지도자와 집단구성원의 기대 명료화하기 202 ㅣ 사전 집단 준비의 목표 203 ㅣ 기본 규칙 만들기 203
중대한 사건: 밖에서 보기, 들여다보기 204

집단상담에 평가 포함하기 206

집단 구성에서 공동 지도자의 문제 207
활동을 통해 배우기: 지도자/경청자 209

기억해야 할 핵심 사항 210
연습 211
『집단상담의 실제: 진행과 도전–DVD와 워크북』을 위한 안내 213

CHAPTER

6 집단상담의 초기 단계 215

도입 216

초기 단계 집단의 특성 216

초기의 몇 가지 염려 217 ┃ 초기의 망설임과 문화적으로 유의할 점 217

활동을 통해 배우기: 집단을 시험해보기 219 ┃ 집단원이 흔히 경험하는 두려움을 확인하고 탐색하기 220

활동을 통해 배우기: 두려움의 벽 221 ┃ 숨겨진 주제 222 ┃ 초기에 갈등 다루기 224

자기 초점 대 타인 초점 225 ┃ '지금 여기' 초점 대 '그때 거기' 초점 227 ┃ 신뢰 대 불신 229

신뢰감 형성: 집단지도자와 집단구성원의 역할 230

모범 보이기의 중요성 230 ┃ **활동을 통해 배우기**: 신뢰의 형성 233

신뢰할 수 있는 분위기를 유도하는 태도와 행위 233

목표의 확인과 명료화 240

집단구성원들을 위한 일반적인 목표 241 ┃ 집단구성원들이 자신의 개인적 목표를 설정하도록 돕기 242

초기 단계의 집단 과정 개념 244

집단 규범 244 ┃ 집단응집력 248 ┃ **중대한 사건**: 그는 집단에 머물러야 할까, 아니면 떠나야 할까? 250

효과적인 치료 관계: 연구 결과 252

지지 대 직면 252 ┃ 집단구성원들과 치료적 관계를 형성하기 위한 지침 253

집단구성원들이 집단 경험에서 최대한 많은 것을 습득하도록 돕기 255

집단원들을 위해 집단지도자가 제공하는 지침 255 ┃ 너무 많이 구조화하거나 가르치는 것 피하기 261

집단 회기를 돕는 경험 일지 262 ┃ 초기 단계에서의 숙제 265

초기 단계의 집단지도자 주제 265

책임의 분담 266 ┃ 구조화의 정도 267 ┃ 집단 회기의 시작과 마무리 269

기억해야 할 핵심 사항 274

연습 276

『집단상담의 실제: 진행과 도전−DVD와 워크북』을 위한 안내 278

7 CHAPTER
집단상담의 과도기 단계 281

도입 282

과도기 단계의 특성 284
신뢰의 형성 284 I 방어와 주저하는 행동 287 I 저항 개념에 대한 비판 290
활동을 통해 배우기: 의도에 대한 고찰 292 I 집단원들이 공통적으로 경험하는 두려움과 불안 292
통제와 관련된 어려움 298 I 갈등 298 I 직면 301 I 집단지도자에 대한 도전 304
방어적 행동에 대한 집단지도자의 반응 305

지도자로서 다루기 어려운 집단원 307
침묵과 참여 부족 309 I 독점하는 행동 312 I 사실적 이야기를 장황하게 말하기 315
질문하기 316 I 조언하기 318 I 의존성 320 I 일시적 위안 주기 321 I 적대적 행동 322
우월한 것처럼 행동하기 323 I 사회화 324 I 주지화 325 I 보조 지도자가 되려는 집단원 326

방어적 행동을 치료적으로 다루기 327

전체 집단의 회피 다루기 331
활동을 통해 배우기: 변화에 대한 장애물 334

전이와 역전이 다루기 335
중대한 사건: 지나친 동일시에 대한 두려움을 과잉교정하기 341

과도기 단계에서 공동 지도자의 문제 343

기억해야 할 핵심 사항 345
연습 346
『집단상담의 실제: 진행과 도전─DVD와 워크북』을 위한 안내 350

8 CHAPTER
집단상담의 작업 단계 355

도입 356

작업 단계로의 진전 358

집단구성원의 두려움에 대처하는 지도자의 개입 360
초기 단계에서의 개입 360 I 과도기 단계에서의 개입 361 I 작업 단계에서의 개입 362
종결 단계에서의 개입 363

작업 단계의 과제 364

집단 규범과 행동 364 ı 작업 집단과 비작업 집단의 차이점 365 ı 작업 단계에서 깊은 신뢰 쌓기 367

중대한 사건: 문화적인 왜곡과의 갈등 368 ı 작업 단계에서 해야 하는 선택 370

작업 단계에서 해야 할 과제 373

집단에서 작동되는 치료적 요인 374

자기개방과 집단구성원 374 ı 자기개방과 집단지도자 377 ı 피드백 380 ı 직면 383

응집력과 보편성 384 ı 희망 386 ı 모험과 신뢰 387 ı 관심과 이해 387 ı 힘 388 ı 정화 389

인지적 요인 390 ı 변화의 의지 391 ı 시도의 자유 392 ı 유머 392

작업 단계에서 공동 지도자의 문제 393

공동 지도자의 만남에 대한 사항 394

기억해야 할 핵심 사항 396

연습 397

『집단상담의 실제: 진행과 도전–DVD와 워크북』을 위한 안내 399

9 CHAPTER
집단상담의 종결 단계 401

도입 402

집단상담 종결 단계의 과업: 학습의 강화 403

집단 경험의 종결 405

집단의 종결을 보여주는 집단 제안서 405 ı **중대한 사건**: 평온무사한 종결 회기 406

분리 감정 다루기 407 ı **활동을 통해 배우기**: 작별 인사 편지 408 ı 집단 내 초기 지각과 후기 지각 비교 409

미해결 문제 다루기 409 ı 집단 경험의 의미를 표현하는 집단원의 개인의 행동 410

집단 경험 뒤돌아보기 410 ı **활동을 통해 배우기**: 집단과 집단 경험 재검토하기 411

행동 변화의 실습 412 ı 보다 심도 있는 학습 수행하기 412 ı 피드백 주고받기 413

계약과 과제의 활용 415 ı 좌절 극복하기 416 ı 집단상담에서 배운 것을 실생활에 옮기는 지침 416

비밀 보장을 상기하는 것 418

집단 경험의 평가 418

상담 종결 단계에서 공동 지도자의 문제 420

후속 상담 421

집단 종결 후 회기 421

기억해야 할 핵심 사항 423

연습 425

『집단상담의 실제: 진행과 도전–DVD와 워크북』을 위한 안내 427

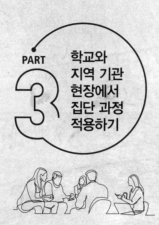

PART 3 학교와 지역 기관 현장에서 집단 과정 적용하기

10 CHAPTER
학교 현장에서의 집단상담 431

도입 432

학교 현장에서의 집단상담 432

아동 및 청소년의 집단 활동 지침 434
바람직한 개발서 개발하기 434 ∣ 법적 고려 사항 435 ∣ 실제적 고려 사항 435
집단 내의 전략 437 ∣ 개인적 자격 및 전문적 자격 440 ∣ 학교 상담 집단에서 도움 얻기 441

아동 및 청소년 집단상담에서의 놀이 치료 442
집단 제안서 ▶ 6~11세 아동을 대상으로 하는 학교 상담 집단 444
집단 제안서 ▶ 이혼 가정과 변형 가정의 초등학생을 대상으로 하는 집단 449
집단 제안서 ▶ 학대 아동을 위한 집단 454

청소년기의 발달 테마 460
청소년기의 스트레스 요인 461 ∣ 청소년을 위한 발달적 집단상담 462

청소년 집단을 이끌면서 만나게 되는 문제와 도전 462
신뢰감 형성 463 ∣ 자기개방에 대한 편안한 지대 알기 464
집단 제안서 ▶ 청소년의 변화 이끌어내기(T-MAC): 청소년 비행 예방 집단 465

분노와 갈등에 찬 청소년 돕기 470
집단 제안서 ▶ 고등학생 분노조절 집단 470

대학생을 위한 집단상담 473
대학 집단에서 다루는 일반적인 주제 473 ∣ 대학생을 위한 다양한 집단 474

기억해야 할 핵심 사항 475
연습 476

11 CHAPTER
지역 기관 현장에서의 집단상담 479

도입 480

여성과의 집단 작업 480
집단 제안서 ▶ 근친상간 피해 여성의 지지 집단 481

남성과의 집단 작업 485
집단 제안서 ▶ 지역사회 기관의 남성 집단 487

가정폭력 가해자 집단 치료 489
집단 제안서 ▶ 비자발적인 가정폭력 집단 490

물질남용 장애자를 위한 집단상담 493
집단 제안서 ▶ 청산 매트릭스를 사용한 물질남용 장애 치료 집단 495

노인과의 집단 작업 497
집단지도자의 태도, 지식, 기술 498 | 스스로를 노인과 함께 작업할 수 있도록 준비시키기 499

노인과 집단 작업을 하는 데 필요한 실제적이고 전문적인 고려 사항 500
집단 과정을 위한 지침 500

건강한 노화를 경험하는 노인과의 집단상담 502
집단 제안서 ▶ 성공한 노화 집단 503

집단에서 애도 작업의 치료 가치 508
집단 제안서 ▶ 노인 사별 집단 509
집단 제안서 ▶ 시설에 위탁된 노인을 위한 프로그램 515

기억해야 할 핵심 사항 519
연습 520

찾아보기 522

* 참고문헌 및 추천자료는 지면 제한상 센게이지러닝코리아(주) 홈페이지(www.cengage.co.kr) 자료실에 올렸으니 참고하십시오.

PART 1

들어가며: 집단 작업에서 발생하는 기본적인 쟁점

집단을 구성하고 효과적으로 지도하는 것은 간단한 일이 아니며, 이것은 성공적인 집단을 만들기 위해서 매우 중요하다. 잘 운영되는 집단은 집단원들에게 피드백을 주고받고, 대인관계적 역동에 대한 통찰력을 얻게 하며, 그들의 삶에서 오래된 상처와 아직 해결되지 않은 문제를 말할 수 있는 자리를 마련해준다. 우리의 동료 중 한 명은 "사람들은 관계 속에서 상처받고, 관계 속에서 치유될 수 있다."고 말했다. 하지만 우리에게 상처를 준 사람들이 항상 우리를 치유할 수 있는 것은 아니다. 집단상담은 치유를 위한 강력한 공간을 제공한다. 집단원들은 더 이상 쓸모가 없는 오래된 각본을 다시 쓸 수 있고, 다른 사람들과의 관계에서 대처할 수 있는 새로운 방법을 연습할 수도 있다. 집단은 치유를 위한 힘이 될 수도 있고, 해를 끼치는 힘이 될 수도 있다. 효과적인 집단 상담자는 집단원들이 충분히 참여하고 위험을 감수하도록 격려하는 안전한 공간을 제공한다. 집단이 보다 많은 것을 제공하고 있지만, 다양한 종류의 집단을 구성하고 촉진하는 것은 복잡한 일이다. 이 책에서 우리는 건강한 삶을 살고자 하는 각자에게 집단을 구성하고 인도하는 데 필요한 청사진을 제공하고자 한다.

1부에서는 집단 작업의 기본적인 사항에 대해서 논의할 것이며 집단 상담자로서 작업을 시작하는 데 필요한 안내를 해줄 것이다. 여기에서는 집단 상담자가 집단 작업에서 자신의 독특한 스타일을 개발하고, 접근 방법을 개념화할 필요성을 강조할 것이다. 상담자로서의 역할을 하는 데 있어서 집단을 활동적으로 촉진할 것이며, 특히 집단상담의 초기 단계와 마무리 단계를 중요하게 다룰 것이다. 집단상담은 대부분

시간적으로 제한되어 있다. 그리고 이 책에 나오는 여러 가지 개입과 구조화는 주로 집단상담 과정에서 개인의 목표를 달성하기 위해 집단원이 집단 과정을 충분히 사용하도록 도움을 주는 것에 목표를 둔다. 또한 집단상담의 초기 단계에서 집단원들에게 집단 경험을 충분히 활용하기 위한 방법을 가르치는 데 시간을 할애할 것이다. 집단상담의 마지막 단계에서는 집단원들이 자신이 배운 것을 개념화하도록 도와주며, 또한 집단에서 얻은 것을 극대화할 수 있고, 집단을 마친 이후 일상생활에서 새로운 행동을 실천하는 데 활용하도록 한다.

CHAPTER 1

집단 작업의 소개: 다문화적 시각

도입 ┃ 다양한 유형의 집단에 대한 개관 ┃ 집단 작업에 대한 다문화적 시각 ┃ 문화적으로 숙련된 집단 상담자 되기 ┃ 기억해야 할 핵심 사항 ┃ 연습 ┃ 『집단상담의 실제: 진행과 도전-DVD와 워크북』을 위한 안내

학습 목표

1. 집단 작업에 대한 주요 주제를 간략하게 소개한다.
2. 집단의 유형과 다양한 환경에서 집단을 이끄는 데 영향을 미치는 고려 사항을 기술한다 (CACREP, 2016, Standard F).
3. 단기 집단 치료의 핵심적인 측면을 알아본다.
4. 집단 작업의 다문화적 시각에 대한 기본적인 견해를 소개한다.
5. 문화적으로 숙련된 집단 상담자가 되는 데 연관되어있는 것을 논의한다.
6. 집단을 구성하고 촉진하기 위한 윤리적이고 문화적으로 적절한 전략을 확인한다(CACREP, 2016, Standard G).

집단 전문가가

되기 위해서 특정한 프로그램에 참가해서 학문적으로 수련을 받고 있는 학생들과 함께 일하는 대학 상담자라고 가정하자. 학생들이 학문적 수행을 하는 데 어려움을 겪는 이유로 몇 가지 주제가 대두되었고, 당신은 그들이 학문적으로 성공할 수 있도록 돕기 위해 매주 한 번씩 만나는 집단을 조직하기로 결심했다. 어떤 종류의 집단(개방 집단, 폐쇄 집단, 단기 혹은 장기 집단, 지지 집단, 심리교육 집단, 공동 리더십, 구조화 집단, 비구조화 집단)을 제공할 것인지 어떻게 결정할 것인가? 학생들이 사회문화적 관점에서 처음 직면하게 될 문제와 집단에서 이러한 문제를 언급할 때 가장 효과적인 방법이 무엇인지 생각해보라.

- 이 학생들이 내부적으로, 외부적으로, 집에서든 학교에서든 어떤 문제에 직면하게 될 것이라 생각하는가?
- 어떤 유형의 집단이 이 학생들에게 가장 큰 영향력을 미칠 것인가?
- 이들과 함께 작업하는 데 있어 상담자로서 당신은 어떤 강점을 가지고 있는가?
- 어떠한 영역을 성장시키고 훈련해야 할 필요가 있다고 생각하는가?

 ## 도입

집단상담은 다양한 부류의 개인들 혹은 개인들 간의 문제를 해결하고, 사람들의 변화를 돕는 최상의 치료 방법이다. 그리고 최근에는 여러 종류의 환경과 서로 다른 수많은 집단 참가자들의 특성을 고려한 집단상담이 제공되고 있다. 이러한 집단은 대부분 개인의 성장을 목표로 하는 비구조화 집단이 아니라 구체적으로 세분화된 참가자를 위한 단기적인 구조화 집단이다. 이런 집단은 특정 문제를 치료하거나 예방하기 위해 설계된다. 참가자가 집단에 가져오는 많은 문제는 친밀한 관계를 맺거나 유지하는 데 어려움을 느끼는 것과 연관된다. 사람들은 종종 그들의 문제가 독특해서 중요한 삶의 변화를 일으키는 데 선택 사항이 거의 없다고 믿는다. 그들은 자신이 사랑하는 사람과 잘 지내는 방법을 알아내는 데 어려움을 겪고 있다. 집단은 그들이 혼자가 아니며, 지금까지와는 전혀 다른 새로운 삶을 창조할 수 있다는 희망이 있음을 보여주는 자연스러운 실험실이고, 공동체 의식을 심어주는 공간이다. 이 장에서는 집단상담이 참가자의 만성적인 문제를 해결하도록 그들이 다른 전략을 시도할 수 있는 기회를 제공하기 때문에 매우 강력하다는 점을 확인하게 될 것이다.

다양한 유형의 집단에 대한 개관

치료적 집단(therapeutic group)의 전반적인 목표는 다음과 같다. 집단원들이 자기 자신과 타인에 대해서 좀 더 깊이 알고, 자신이 살아가는 동안 무엇을 가장 절실하게 바꾸고 싶은지 명확하게 알도록 도와주며, 집단원에게 이러한 변화를 이루어내고 지원해줄 수 있는 도구를 제공하는 것이다. 신뢰할 수 있고 수용적인 분위기에서 다른 사람들과 상호작용을 함으로써 집단원들에게는 새로운 행동을 시도해보고 그러한 행동이 다른 사람들에게 어떤 영향을 끼쳤는지 다른 사람들에게 솔직한 피드백을 받을 기회가 생긴다. 그 결과, 집단원 각자 다른 사람들에게 어떠한 영향을 미칠 것인지를 학습하게 된다.

각각의 집단은 서로 다른 수준의 상담자 역량과 훈련을 요구하지만, 모든 집단 상담자들은 반드시 기본적인 공통 역량을 갖춰야 한다. 잠재적인 집단원이 어떤 종류의 집단에 참가하고 싶은지 알게 하기 위해서는 집단의 유형과 목적을 구별하고, 집단을 홍보할 때 집단 상담자가 목록에 포함시킨 서비스를 제공하는 것이 중요하다. 다음 절에서 몇 가지 집단 유형에 대해 알아볼 텐데, 이 집단 가운데 어떤 유형들은 상당히 겹치기도 할 것이다. 집단상담전문가협회(Association for Specialists in Group Work: ASGW, 2000)는 일반적인 집단 작업에 핵심이 되는 일련의 역량을 밝혀 놓았다. 이 기준에 따르면, 모든 집단 상담자가 갖춰야 할 기본 지식과 기술을 숙달했다고 해서 그에게 전문적인 영역의 집단 작업에서 독자적으로 활동할 수 있는 자격을 부여하는 것은 아니라고 명백히 밝히고 있다. 핵심 역량과 더불어 집단상담 실천가는 그들의 전문 분야에 적합한 고급 역량을 갖춰야 한다. 집단상담전문가협회(ASGW, 2000)는 다음과 같이 전문가로서 고급 역량을 실천할 때 알아야 하는 네 가지 집단상담 영역을 제시하는데, (1) 과제수행 집단, (2) 심리교육 집단, (3) 상담 집단, (4) 심리치료 집단이 이에 해당한다.

과제수행 집단

과제수행 집단(또는 과제촉진 집단)은 특별 전문 프로젝트팀이나 위원회, 기획단, 인적자원개발팀, 치료학회, 지역사회 관련 기관, 사회활동 집단, 토론 집단, 연구 집단, 학습 공동체 및 이와 유사한 집단을 포함한 많은 조직이나 기관에서 주로 실시한다. 과제수행 집단은 지역사회나 사업체, 그리고 교육 환경에서 자주 볼 수 있다. 과제수행 집단 전문가는 조직 평가, 훈련, 프로그램 개발, 자문 및 프로그램 평가에 필요한 기술을 개발해야 한다. 이러한 집단은 수행을 향상시키고 집단에서 확인된 목표를 성취하기 위해서 집단 역동의 원리와 과정을 적용하는 데 초점을 둔다.

과제수행 집단의 상담자와 집단원 모두 급하게 집단 과제를 수행하려는 경향이 있지만, 당면한 과제에만 초점을 두는 것은 집단에 문제를 일으킬 수도 있다. 상담자가 '지금 여기'에 주의를 기울이지 못하는 것은 내용적인 부분에 관심이 고착되거나, 성공적인 집단을 만들기 위한 과정상의 역할에 충분히 공감하지 못했기 때문일 수 있다. 만약 집단 내부에서 대인관계와 관련된 문제가 무시된다면, 협동과 협력은 진전되지 않을 것이고, 그러한 대인관계 문제가 심해질 것이며, 집단의 목표를 달성하지 못할 것이다. 집단 상담자가 이러한 유형의 집단에서 과정과 관계가 과제를 수행하는 데 중심이 된다는 것을 인식하는 것은 매우 중요하다. 과제수행 집단에서는 집단원들에게 이러한 대인관계에 대한 관심이 어떻게 집단의 목적과 목표를 달성하는 데 직접적으로 관련되는지 이해하도록 돕는 것이 집단 상담자의 직무 중 하나이다. 팀으로 작업하기 위해 대인관계 기술을 배우는 것은 집단원들이 집단 내에서 이러한 기술을 실행할 수 있을 때 강화된다(Falco & Bauman, 2014).

심리교육 집단

심리교육 집단 전문가는 비교적 잘 기능하고 있지만 육아나 분노 관리 기술과 같은 특정 분야에 대한 정보가 부족할 수 있는 집단원들과 작업한다. 심리교육 집단은 집단 내부나 집단에 걸쳐서 구조화된 일련의 절차를 통해 집단원들의 인지적, 정서적, 행동적 기술을 개발시키는 데 중점을 둔다. 이 집단은 집단원들에게 교육적 결핍이나 여러 심리적 문제에 표적화된 교육을 제공하는 것을 목표로 삼는다. 이러한 집단 작업의 전문화는 실제적인 정보를 전달하고, 토론하며 통합하는 것을 다룬다. 새로운 정보는 계획된 기술 축적의 훈련을 활용함으로써 통합된다. 심리교육 집단의 한 예로 약물 남용 예방 집단을 들 수 있다. 심리교육적 구성 방식을 기반으로 한 개입 전략은 보건 분야(Drum, Becker, & Hess, 2011; McCarthy & Hart, 2011)와 부부를 대상으로 한 대인관계 교육에서도(Carlson, Barden, Daire, & Greene, 2014) 점점 더 많이 적용되고 있다.

주제는 다양하지만 이러한 심리교육 집단은 집단원들에게 삶의 문제를 더 잘 인식하고, 그들이 상황에 대처하도록 돕기 위해 기술 훈련을 제공한다는 목표를 공유한다. 또한 집단원들이 현재 사용하고 있는 기술을 향상시키거나 개선하는 데 유용할 수 있다. 일반적으로 집단 회기는 매주 약 2시간, 4~15주 정도 걸린다. 하지만 어떤 집단 회기는 30~45분 정도로 짧은데, 특히 어린이들 혹은 주의력이 낮거나 기본적 인지 기능만 갖고 있는 내담자를 대상으로 하는 경우에 그렇다.

심리교육 집단들이 단기적이고 비용 효율이 높은 치료로 고안될 수 있기 때문에 오늘날의 관리 의료 현장에 잘 맞는다. 유사한 이유로 학교에서도 종종 선택적 치료로 집단을 활용한다. 이러한 집단은 보통 시간제한이 있고 한정된 목표를 설정한다. 그리고 개인적 변화를 가속화할 수 있는 증상 완화, 집단원에게 문제해결 전략 가르치기, 대인 관계 기술 향상에 초점을 맞춘다.

심리교육적인 개입을 하는 통합적 상담은 학교 현장에서 사회성 성장 집단과 학업 향상 집단 모두에서 성공적이었다(Steen, Henfield, & Booker, 2014). 집단상담 방법의 이러한 결합은 자기 인식을 촉진하고 기술 정보를 소개할 기회를 제공한다. 의사소통 및 사회성 기술 집단, 교우 관계 집단, 학교 폭력 예방 집단, 진로 의사결정 집단 등이 이러한 사례들에 포함된다. 심리교육 집단은 학생들에게 새로운 정보와 기술을 배울 수 있는 기회를 제공하며, 집단 상담자들은 흔히 집단원들을 연결시켜서 다른 사람들이 자신의 고민을 공유하는 것을 볼 수 있게 한다(Falco & Bauman, 2014).

구조화 집단의 초기에는 보통 문제시되는 영역에 얼마나 잘 대처하고 있는지를 측정하는 설문지를 완성하도록 한다. 이 집단 작업은 때때로 구조화된 연습 문제, 읽을거리, 숙제, 계약을 포함한다. 집단을 종료할 때는 집단원들의 향상 정도를 측정하는 또 다른 설문지를 사용한다. 이러한 유형의 심리교육 집단은 스트레스 관리나 약물 남용과 음주 문제, 가정폭력, 분노 관리, 행동 문제와 같은 광범위한 문제를 다루는 데 유용하다. 대학 현장에서 기숙사 사감들은 심리교육 집단을 통해 대학생들과의 문제를 해결하기 위해 필요한 지식과 기술을 얻도록 도움받을 수도 있다.

심리교육 집단에서의 학습에서 강조하는 것은 집단원에게 행동 리허설, 기술 훈련, 인지 탐색 등을 통해 사회적 기술을 획득하고 개선할 기회를 제공한다는 점이다. 심리교육 집단에서 활용되는 개입 전략은 대체적으로 변화를 만들어내고 이러한 변화의 과정을 가르칠 수 있는 기초적인 정보를 전달하는 데 기반한다. 집단 상담자의 주요한 직무는 학습할 수 있도록 지도하고, 긍정적인 분위기를 만드는 것이다(Drum et al., 2011). 10장과 11장에서는 학교와 지역사회 기관에 적합한 심리교육 집단을 위한 제안을 기술할 것이다.

상담 집단

상담 집단을 전문으로 하는 집단 상담자는 집단원들이 일상적이거나 때로는 어려운 삶의 문제를 해결하도록 돕는다. 진로, 교육, 개인적·사회적 성장에 대한 관심이 주로 다루어진다. 이런 유형의 집단은 의식적인 문제를 다루고, 개인의 변화를 주요한 목표로 삼지 않으며, 일반적으로 구체적이고 단기적인 문제의 해결을 지향하고, 더 심각한 심리적, 행동적 장애를 치료하는 데 중점을 두지 않는다는 점에서 심리치료 집단과 다르다. 이러한 집단은 학교, 대학의 상담센터, 교회, 지역사회 정신보건소나 정부 기관에서 자주 볼 수 있다.

상담 집단은 대인관계 과정과 의식적인 사고, 감정, 행동을 강조하는 문제해결 전략에 초점을 둔다. 비록 의식적인 내용에 역점을 둔다 하더라도 무의식적인 내용이 드러날 때가 종종 있다. 집단 상담자는 어느 정도 집단의 목적과 목표에 부합하는 부분이 나타나는 것을 다룰 준비가 되어 있어야 한다. 상담 집단은 예방과 발달 또는 치료적 목적을 위해 고안되며, 삶의 전환 문제를 경험하고 있고, 개인적이거나 대인관계적인 문제가 생겨 위험에 처했거나, 관계를 더 좋게 하고 싶은 사람들을 위해 집단의 상호 과정을 강조한다. 또한 집단원들이 삶의 문제를 해결하고, 성장에 대한 염려를 다룰 수 있도록 돕는다. 이러한 집단은 상호 피드백과 '지금 여기'에 초점을 둔 지원 방법을 사용한다. 집단의 초점은 기본적으로 잘 기능하는 집단원들에 의해 결정되고, 이 집단은 성장지향적인 특징이 있다. 상담 집단의 집단원들은 자기 문제의 대인관계적인 특성을 이해하도록 안내받는다. 심리내적 자원에서 개인의 강점을 발견하고 긍정적인 성장을 방해하는 장애를 건설적으로 다루는 것을 강조함으로써 집단원들은 현재의 어려움과 미래의 문제에 보다 잘 대처할 수 있도록 대인관계 기술을 증진시킨다. 이 집단은 솔직한 자기 탐색에 필요한 지원과 도전을 제공한다. 집단원들은 자신의 인식과 다른 사람들의 인식을 비교함으로써 다른 사람들에게 받은 피드백에서 도움을 받을 수 있지만 궁극적으로 이 정보를 통해 무엇을 할 것인지는 혼자서 결정해야 한다.

상담 집단은 집단원들이 집단의 방향을 결정하는 개방적 구조의 집단에서부터 구체적인 주제에 의해 특성화되는 집단에 이르기까지 그 종류가 다양하다. 하지만 모든 상담 집단은 다음과 같은 공통의 목표를 갖는다.

- 집단원들이 좀 더 긍정적인 태도와 개선된 대인관계 기술을 개발하도록 돕기
- 행동 변화를 촉진하는 집단 과정 사용하기
- 집단원들이 집단에서 새롭게 습득한 기술과 학습한 행동을 실생활에 적용하도록 돕기

상담 집단 상담자의 직무는 집단 활동을 구조화하고, 생산적인 활동에 적합한 분위기가 유지되는지 살펴보고, 집단원들의 상호작용을 촉진하고, 집단원들이 자신들의 행동양식에 대한 대안을 찾도록 도움이 되는 정보를 제공하고, 그들이 자신의 통찰을 구체적인 행동 계획으로 바꾸도록 격려하는 것이다. 넓은 범위에서 상담 집단의 상담자들은 집단의 과정과 그 과정에 스스로 참여하는 방법에 대해 집단원들을 가르침으로써 자신의 역할을 수행한다. 이러한 지도는 집단을 통제하는 규범과 집단응집력의 수준, 신뢰를 형성하고 저항을 드러나게 하는 방법, 갈등을 드러내고 다루는 방법, 치유가 일

어나게 하는 것, 피드백을 주고받는 방법 등 다양한 집단의 성장 단계를 이해하는 것을 포함한다. 집단 상담자들은 집단 안에서의 적절한 행동을 시범 보이고, 집단원들에게 집단의 방향성을 제시해줄 개인적 목표를 수립하도록 돕는다.

상담 집단은 참여하는 집단원들이 다양하지만 공통의 문제들을 갖고 있는 사회의 축소판이다. 집단상담 과정은 현실의 표본을 제공하는데, 사람들이 집단에서 경험하는 갈등은 일상에서 겪는 갈등과 유사하다. 집단원들은 문화와 가치의 차이를 존중하고, 깊은 수준에서 자신들이 서로 다르기보다 비슷한 점이 많다는 것을 발견하는 방법을 배운다. 집단원 각자가 처한 환경이 다를지라도 그들의 고통과 갈등은 보편적이다.

상담 집단은 아동, 청소년, 성인, 노인을 위해 고안될 수 있으며, 학교와 지역사회 기관에서 두루 활용된다. 10장에서는 일반적으로 학대 아동을 위한 집단, 고등학생의 분노 조절 집단, 대학의 상담센터에서 제공되는 다양한 집단에 대해 설명한다. 지역사회 기관에서 특정한 내담자 집단을 위해 제공되는 상담 집단은 특수한 문제 영역을 다룰 수 있는 대처 기술을 개발하도록 돕는다. 학교나 대학 현장에서의 상담 집단은 학생들이 대인관계 문제를 탐색하고, 긍정적인 행동을 증진하고, 사회성 기술을 향상시키고, 다른 사람들에게 지지를 얻고, 자기와 타인에 대한 이해를 증가시키도록 돕는다. 대학에서 이러한 집단들은 변화나 정체성 문제를 의논하려는 1학년 학생들에게 특히 유익하다. 사별 집단은 사람들이 자신의 비통함을 표현하고 비슷한 애도 반응을 경험하고 있는 사람들과 유대감을 형성하는 데 도움이 된다. 학교에서 진행되는 사별 집단의 목표에는 애도 과정을 정상화하고, 학생들이 자신들의 상실에 대한 느낌을 더 잘 이해하도록 도우며, 상실에 대처하는 긍정적인 방법을 개발하는 것이 포함된다(Falco & Bauman, 2014).

11장에는 근친상간 피해 여성을 위한 여성 지지 집단, 지역사회 기관의 남성 집단, 대인 폭력범 집단, 약물 남용 집단, 건강한 노인을 대상으로 한 집단, 사별 집단, 보호시설 노인 집단을 위한 제안서가 수록되어 있다. 남성 집단과 같이 일부 집단은 심리교육 집단과 상담 집단의 형태가 혼합되기도 한다. 이러한 집단은 종종 집단원들이 자신의 개인적인 관심사를 탐색하도록 돕기 위해 의도된 주제로 구조화될 때도 있지만, 정보를 습득하고 문제에 대처할 수 있는 기술을 연습할 수 있게 하는 교육적인 목적을 가지기도 한다.

심리치료 집단

심리치료 집단을 전문으로 하는 상담자는 집단원 개개인이 살아가면서 겪는 심리적, 대인관계적 문제를 치료하도록 돕는다. 집단원들 중에는 가끔 뚜렷한 정신적 고통과 기능의 장애, 또는 이 두 가지 문제를 함께 가지고 있는 급성 또는 만성의 정신적, 정서적 문제를 겪는 사람들도 있다. 이 집단의 목표는 심리적 장애의 정도와 범위가 중요하기 때문에 개개인이 주요한 성격의 차원을 재구조화하도록 돕는 것이다. 치료 집단의 집단원들 사이에서 이루어지는 대화는 변화를 가져오는 데 도움이 되는데, 이러한 상호작용은 개인 상담에서 찾아볼 수 없는 지지와 돌봄, 대립 등을 제공한다. 집단의 맥락 안에서 집단원들은 새로운 사회적 기술을 연습하고 새로운 지식을 적용해볼 수 있다. 지역의 정신건강 기관에서는 대인 폭력범을 대상으로 한 집단을 포함하는 다양한 치료 집단을 찾아볼 수 있다.

일반적으로 사람들은 우울, 성적 장애, 섭식 장애, 불안 및 정신신체 장애와 같은 특정한 증상이나 심리적 문제를 완화시키기 위해 집단 심리치료에 참여한다. 치료 집단을 이끌 때는 다양한 방법들이 사용되는데, 생애 초기 경험으로의 상징적인 퇴행을 유도하도록 설계된 기법과 무의식적 역동을 다루는 방법 등이 있다. 상담자들은 보통 문제 영역을 이해하고 탐색하는 것을 조성하는 분위기를 만드는 데 관심이 있다. 과거 경험에 뿌리를 둔 심리적 장애를 해결하는 과정은 종종 꿈을 탐색하고, 저항을 해석하고, 발생하는 전이를 처리하고, 집단원들이 중요한 사람들과 '미해결된 문제'를 새로운 시각으로 바라보도록 돕는 것을 포함한다.

단기 집단

단기 집단 치료(BGT)는 일반적으로 시간제한이 있고, 종결해야 할 시기가 미리 정해져 있으며, 과정 지향적이고, 전문가에 의해 이루어지는 집단을 말한다. 시간제한이 있는 집단에서는 분명한 기본적 규칙이 중요하며, 상담자는 집단 과정을 위한 체계를 제공한다(Shapiro, 2010). 많은 심리교육 집단과 상담 집단은 단기 치료의 특징들을 포함한다.

최근에는 단기 집단 치료에 대한 다양한 적용에 많은 관심이 생기고 있는데, 이것은 대체로 이러한 접근법이 집단 작업에서 경제적 이익을 가지고 있으며(Shapiro, 2010), 광범위한 내담자의 문제와 다양성에 효과적이고 적용 가능하다는 점이 연구를 통해 증명되고 있기 때문이다(Piper & Ogrodniczuk, 2004). 단기 집단상담은 현실적인 시간제한과 단기적인 구성 방식이 교육적 프로그램과 치료적 프로그램 모두를 통합시킬 수 있기 때문에 지역사회 기관이나 학교에서 인기가 있다. 단기 집단은 집단 상담자들에게 집단원들과 함께 분명하고 현실적인 치료 목표를 세우고, 집단 구조 속에서 확실한 초점을 잡고, 적극적인 리더십을 유지하고, 시간제한의 틀 안에서 작업하도록 요구한다.

집단상담의 효과성에 대한 대부분의 경험적 근거는 시간제한적이고 폐쇄적인 집단 관련 연구에 기반을 두는데, 메타분석 연구를 통한 근거가 이 집단의 가치를 강력하게 지지한다. 일반적으로 단기 집단 치료의 효과성에 관한 근거는 상당히 긍정적이다 (Shapiro, 2010). Fuhriman & Burlingame(1994)은 집단에 관한 문헌 고찰을 통해 단기 집단 치료를 포함한 집단 치료가 내담자들의 광범위한 문제에 대해서 지속적으로 긍정적인 결과를 가져온다고 결론 내린다. 집단에 관한 다른 문헌 고찰에서도 단기 집단 치료의 효과성과 적용 가능성을 강력하게 지지한다(Burlingame, MacKenzie, & Strauss, 2004; Piper & Ogrodniczuk, 2004). 단기 집단 치료는 실존주의적 문제, 힘겨운 슬픔, 질병을 앓고 있는 사람, 성격 장애 환자, 정신적 외상 환자, 부적응과 같이 특정한 문제에 적용되기도 한다(Piper & Ogrodniczuk, 2004).

단기 집단 치료의 임상적 장점이 명백함에도 불구하고 몇 가지 한계는 존재한다. 이러한 접근법은 만병통치약도, 성격의 변화를 유지시키는 수단도 아니다. 단기 집단 치료가 효과적이려면 집단 상담자들이 집단상담 과정과 단기 치료 모두에 대해 훈련받아야 한다. 단기 집단 치료를 하려면 집단 상담자에게로 향하는 독특한 요구를 충족시키고, 전문화된 기술이 필요하다(Piper & Ogrodniczuk, 2004).

 ## 집단 작업에 대한 다문화적 시각

문화란 어떤 집단의 참가자들이 공유하는 가치와 신념, 행동을 아우른다. 문화는 단지 민족적인 유산을 말하는 것이 아니라, 연령, 성별, 성 정체성, 종교, 사회경제적 지위에 의해 규정되는 집단이라 할 수 있다. 그리고 가족과 같은 집단 속에서 학습되며, 어느 집단의 집단원들이 상호작용할 때 그들은 다른 집단원들에게 자신이 문화적으로 학습한 것을 제공한다. 당신은 특정 문화 집단(혹은 집단들)에 소속되어 있고, 당신의 내담자 또한 그러하다. 문화는 당신이 인식하든 그렇지 않든 간에 당신과 내담자의 행동에 영향을 미친다.

> 문화는 당신이 인식하든 그렇지 않든 간에 당신과 내담자의 행동에 영향을 미친다.

각각의 사람들은 자신만의 독특한 시각을 가지고 집단에 참여한다. DeLucia-Waack(2010)은 치료적인 상황에서 다른 사람들과 서로 적절하게 존중하고, 대화하고, 다른 관점을 탐색하기 위한 도구와 방법을 개발할 필요가 있다고 강조한다. 상담자 자신의 문화적 가치와 개인적 추측에 대한 지식이 증가하면 문화적 다양성을 가진 내담자와 효과적으로 작업하는 데 도움이 될 것이다. 이러한 어느 정도의 자기 인식은 필수적이지만 다문화 집단 작업의 역량을 개발하기 위한 조건으로는 충분하지 않다. DeLucia-Waack에 따르면, 문화적으로 역량을 갖춘 집단 상담자는 (1) 자기 자신의 개인적인 가치, 태도, 선입견, 가정, 편견에 대해 자각하고, (2) 다양성의 배경을 가진 집단원들이 어떻게 집단 과정에 영향을 미칠 수 있는지에 대한 일반적인 지식을 획득하고, (3) 집단원들의 삶의 경험에 적절히 개입할 수 있어야 한다.

당신의 세계관이 집단과 집단 과정에 대한 스스로의 믿음이나 실행에 어떻게 영향을 미치는지 집단원들과 함께 이야기 나누는 것은 중요하다. 문화적으로 숙련된 집단 상담자는 지속적으로 자기성찰을 하고 있느냐와 관련되어 있다. 역량을 갖추기 위해 노력하는 것은 문화적이고 이론적인 관점을 통해 사람들이 어떻게 학습하고 변화하는지에 대한 당신의 믿음을 검토하는 것과 연관이 있다. 다른 문화권의 사람들이 어떻게 집단 과정을 다르게 보는지 생각할 필요가 있다. 예를 들어, 상담자의 목표가 집단원들이 서로 도전적인 피드백을 하게 만드는 것일 수 있다. 하지만 도전적인 피드백을 공격이나 망신을 주는 방식으로 여기는 문화권의 집단원들은 이것을 불편하게 느낄 수도 있다. 집단 상담자는 확신에 찬 의사소통을 말릴 필요는 없지만, 자기 주장을 강하게 하는 집단원들이 만든 망설임과 같은 저항이 문화적인 맥락 안에서 설명될 수 있는지 확인하기 위해서 검토해야 한다.

당신의 민족적, 문화적, 인종적 배경과 상관없이 당신이 다른 집단원과 당신 사이에 다리를 놓고자 한다면, 집단 안에서 당신의 가능한 특권적 위치와 전문적 역할의 힘을 지각해야 한다. 우리는 당신이 비판적인 사고와 당신과 다른 내담자와 관계하는 능력과 관련된 자아를 탐색하고, 의미 있는 관계를 만드는 능력을 증가시키기 위해 노력하기를 바란다.

> **"**
> 우리의 정체성은 다른 사람들이 우리를 경험하는 방식뿐만 아니라 우리가 다른 사람들을 바라보는 방식을 형성한다.
> **"**

내담자와 우리 자신과의 차이점에 대해 생각하는 유용한 방법은 각자가 가지고 있는 다양한 정체성을 고려하는 것이다. 우리의 정체성은 다른 사람들이 우리를 경험하는 방식뿐만 아니라 우리가 다른 사람들을 바라보는 방식을 형성한다. 우리는 각자 성별, 성 정체성, 성격 스타일, 능력/장애, 사회경제적 지위, 관계적 지위, 특권의 수준, 부모의 지위를 소유하고 있다. 이러한 각각의 범주는 사람들이 우리를 바라보고 관계를 맺는 방식에 영향을 미치는 것처럼 우리가 어떻게 세상을 바라보는지, 우리가 누구인지, 어떻게 행동하는지에 영향을 준다. 우리는 자기 자신에 대한 개인적인 관점을 집단 상담자라는 역할에 가져 오기도 한다. 이러한 정체성은 삶의 단계가 달라질 때마다 변화하고 발달한다. 당신의 삶에서 지금 이 순간 어떤 정체성이 가장 두드러지는지 성찰해보고, 당신이 집단 상담자로서 자신의 역할을 정의하는 데 그 정체성이 어떻게 영향을 미치는지 생각해보라.

모든 사람은 다양한 교차적 정체성을 갖고 있으며, 수많은 문화적 집단에 속해 있다. 우리의 정체성 중 일부는 시간이 지나면서 변화하거나 발달하지만 다른 것들은 변함이 없다. 우리의 여러 정체성이 교차하는 것은 종종 개인 자신의 정체성이 그러한 만큼이나 강력한 영향력을 갖고 있다. 오늘날 당신의 삶에 가장 영향을 많이 미치는 다음의 정체성에 확인 표시를 해보라.

_____ 성별	_____ 성적 지향
_____ 사회경제적 지위	_____ 민족성
_____ 문화적 관행	_____ 신체적 능력
_____ 신체건강 상태	_____ 정신건강 상태
_____ 신체 크기	_____ 종교
_____ 가족관계(입양, 외동 등)	_____ 대인관계 상태
_____ 양육 상황(모, 부, 조부모 등)	_____ 나이
_____ 교육 수준 혹은 상태	_____ 직업적 수준 혹은 소속
_____ 지지하는 정당	_____ 당신에게 중요한 다른 정체성 _____

토론

검토하기 위해 하나의 중요한 정체성을 선택하라. 다음으로 넘어가기 전에 각각의 질문에 차례대로 답을 해보고, 하위집단 안에서 당신이 작성한 답을 통해 논의해보라.

1. 요즘 당신의 삶에서 가장 중요한 두 가지의 정체성은 무엇인가?
   _____, _____ (이 정체성 중에서 하나를 아래의 빈칸에 채워 넣어라.)

2. 당신은 _____ 으로서의 자기 자신을 어떻게 바라보는가?

3. 다른 사람들은 _____ 으로서의 당신을 어떻게 인식하는가?

4. 당신은 _____ 으로서 얼마나 큰 힘을 갖고 있다고 느끼는가?

5. 다른 사람들은 당신이 _____ 으로서 얼마나 큰 힘을 갖고 있다고 인식하는가?

6. 당신의 정체성 중에서 어느 것이 당신에게 사회에서 가장 큰/작은 힘이나 지위를 부여하는지 간단하게 작성하라. _____

7. 나를 _____ 로 보는 사람들에게서 내가 느끼는 가장 큰 오해는 _____ 이다.

8. 당신은 어떻게 _____ 로서의 정체성이 당신과 유사하거나 서로 다른 사람들과 관계하는 능력에 영향을 미친다고 느끼는가?

9. _____ 로서의 나의 정체성에 속한 사람들에 대해 다른 사람들이 말하는 것을 들었을 때 가장 고통스러운 것은 _____ 이다.

10. _____ 라는 것에 따라오는 가장 강력한 특권은 _____ 이다.

하위집단 토론에 대한 성찰

1. 토론했던 어떤 정체성에 대해 이전에 갖고 있던 신념이 어떻게든 변화되고, 도전받고, 혹은 더 확고하게 되었는가?

2. 당신의 상호작용은 당신이 속한 집단의 사람들, 혹은 당신 자신의 개인적인 통찰을 통해서 학습한 것에 근거하여 어떻게 변화되었는가?

당신은 수많은 방법을 통해 집단원들에게 문화적으로 반응하도록 작업할 수 있다. 정직한 자기평가, 슈퍼비전, 동료 피드백을 통해 다문화적인 인식, 지식, 기술을 증가시키기 위한 계획을 세울 수 있다. 상담 교육의 다른 분야처럼 다양성과 문화에 대한 쟁점에 대해 상담자 스스로 자기 분석을 받는 것은 여정을 시작하기에 좋은 지점이 될 것이다. '당신의 불편한 마음에 기대도록' 노력하라. 내(Cindy)가 다문화 상담자로 일하기 시작했을 때 고통을 점점 더 많이 느꼈던 것을 떠올린다. 내가 자주 경험했던 불안과 상당한 불편감은 나의 역량 수준이 높아지고 있다는 것을 보여주는 신호였다고 멘토와 선생님들로부터 위로받았다.

> "
> '당신의
> 불편한 마음에
> 기대도록'
> 노력하라.
> "

문화적으로 다양한 사람들과 집단상담을 할 때는 장점과 한계점이 있다. 긍정적인 측면으로는 집단원들이 집단의 피드백이 주는 힘과 용기에서 많은 것을 얻을 수 있고, 유사한 방식으로 서로를 지지할 수 있다. 집단원들이 그들의 동료가 스스로 도전하고, 희망했던 삶의 변화를 만들어가는 것을 보면서, 자신들에게도 그러한 변화가 가능하다는 희망을 갖게 된다.

하지만 집단이 모든 사람에게 적용되지 않는다는 점을 깨닫는 것은 중요하다. 어떤 사람들은 개인적인 문제를 드러내거나 가족의 갈등을 밝히는 것을 꺼릴 수 있는데, 심지어 그들은 개인적인 문제가 있다는 것 자체를 부끄럽게 여기고, 낯선 사람들 앞에서 그 문제에 대해 이야기하는 것을 더 수치스럽게 생각한다. 일부 문화권의 사람들은 전문적인 도움을 구하기보다 대가족 집단원이나 성직자, 주술사에게 의지한다. 또한 집단에 참여하는 것이 편하지 않을 수 있고, 상담 집단의 일부가 되는 것도 꺼릴 수 있다. 집단이 진행되는 방식에 친숙하지 않기 때문에 참여를 주저하기도 하고, 집단에서 기대하는 것이 자신들의 문화적 가치와 충돌한다는 것을 발견할 수도 있다. 문화적 배경을 가진 모든 사람이 집단 작업에서 이익을 얻을 수 있도록 상담자와 집단원들이 함께 이러한 문화적 분리 사이에서 교두보 역할을 해야 한다.

모든 문화적 배경을 심도 있게 이해한다고 기대하는 것이 비현실적일지라도, 문화적 다양성 가운데에서 성공적으로 작업하기 위해 일반적인 원리를 이해하는 것은 가능하다. 문화적 집단에 대한 지식 측면을 이해하는 것만큼 중요한 것은 모든 사람이 자신과 같은 방식으로 세상을 바라보는 것은 아니라는 사실에 공감하는 태도이다. 인지적 학습이 중요하지만, 이러한 학습은 태도적 변화와 행동적 변화가 통합되어야 한다.

문화적으로 숙련된 집단 상담자 되기

이 절에서는 신념과 태도, 지식, 기술, 행동이라는 네 가지 영역에서 다양성과 다문화적, 사회적 정의 역량을 갖추기 위한 개념적인 틀을 제시할 것이다. 앞에서 읽은 것과 같이 자기 자신의 세계관, 가치, 신념, 그리고 당신의 문화적 배경에 근거한 편견을 더 많이 인식하도록 노력하라. 다양성과 문화적 쟁점들은 모든 집단원을 위해 중요하게 고려되어야 한다. 만약 어떤 집단과 작업할 때 단지 문화의 영향력만 검토한다면, 집단원들을 이해하고 돕는 데 있어 중요한 핵심 요소를 놓치기 쉬울 것이다. 문화적으로 숙련된 상담자는 내담자 삶의 모든 면에서 문화적 요소들의 영향력을 탐색한다.

다양성과 다문화적 사회적 정의 역량은 많은 전문기관의 윤리 규정에 포함되어 있다. 문화적으로 숙련된 집단 상담자가 되는 것은 사람들 간의 차이점과 우리가 공유하고 있는 공통점 모두를 이해하는 것을 포함한다. 그렇게 하기 위해서 집단 상담자는 다음과 같은 사항을 실천하기 위해 노력해야 한다.

- 성별 및 성적 지향과 관련된 쟁점이 집단 내에서 생산적으로 탐색될 수 있도록 여러 가지 방법을 이해한다.
- 문제를 진단하고 개입 방법을 설계할 때 반사회적, 반환경적, 반정치적 요소의 영향력을 고려한다.
- 힘, 특권, 사회 집단의 지위, 억압이 어떻게 집단 과정에 영향을 미치는지 알아차린다.
- 집단원의 세계관을 이해하는 데 있어서 의식하고, 많이 알고, 숙련되고, 행동 지향적으로 한다.
- 집단원의 문화 내 가족과 공동체의 권력자의 역할을 존중한다.
- 집단원의 종교적, 영적 믿음과 가치를 존중한다.
- 특권층과 하위계층 출신 사람들과 집단을 하는 데 있어서 강점과 한계를 인정한다.
- 집단원에게 자기개방하기, 삶을 성찰하기, 위험 감수하기와 같은 집단 과정에 내재하는 기본적인 가치와 기대에 대해 알려준다.

시작 단계: 상담자 자신의 문화 이해하기

유능한 집단 상담자는 자신의 문화적 배경과 집단원의 문화적 배경을 이해하고, 사회의 일원으로서 사회정치적 구조에 대해 인식을 잘해야 한다. 위와 같은 역량을 활용한다는 것은 만약 당신이 남성과 여성은 동등해야 한다고 믿는다면 당신이 만나게 되는 일부 집단원들과 당신의 세계관이 상당히 다를 것임을 의미한다. 당신의 가치가 절대적인 진실이 아니라 문화적 교육의 산물이라는 점을 인식하지 못한다면, 집단원들에게 당신 자신의 세계관을 강요하기 쉽고, 아마도 그것은 해가 될 것이다. 하지만 무엇이 문제가 되는지 결정할 때는 특히 그것이 건강하고 건강하지 않은 것에 대한 자신의 기준에 기초하고 있다면 주의를 기울여야 한다.

DeLucia-Waack(2014)은 각각의 문화가 집단 작업에 영향을 미치는 치유와 명예, 그리고 가족에 대한 그 자체의 신념을 가지고 있다고 지적한다. 사람들이 이론적 지향과 마찬가지로 어떻게 문화적 관점을 통해 배우고 변화하는지에 대한 신념을 조사함으로써 집단 상담자는 다양한 문화 출신의 사람들이 집단 과정을 어떻게 생각하는지 이해하기 시작할 수 있다. 효과적인 집단 리더십은 집단원들이 스스로와 다른 사람들을 문화적 맥락 속에 있는 개인으로 이해할 수 있게 한다. 다문화적, 다양성 쟁점이 모든 집단 작업에 내재하고 있으므로 DeLucia-Waack은 "집단 상담자들은 개인과 그들의 세계관 간의 상호작용에 근거하여 변화를 위한 개입과 방법을 선택한다"(p. 193)고 제안한다.

집단의 목표와 과정은 집단원의 문화적 가치와 잘 맞아야 한다. 당신이 집단원들 간의 차이점을 진심으로 존중한다는 것을 모범으로 보여준다면, 모든 집단원들은 문화적 다양성으로부터 많은 이득을 얻을 것이다. 집단원의 입장에서 자신이 주저한다는 것을 인식한다면, 그것을 너무 섣불리 해석하지 말라. 우리는 종종 집단원들의 결정과 삶의 결과에 대해서 개방성을 유지하면서 그들과 함께 집단 과정에서 노력하는 것이 치료자로서 우리의 직무라는 것을 학생들에게 상기시킨다. 집단원들은 우리가 아니라 자신의 행동이 가져오는 결과를 수용해야 한다.

상담자로서 당신의 역할 외부에 있는 다른 문화를 배울 수 있도록 자진해서 그 상황에 들어가 보는 것은 당신의 맹점과 추측을 알아차리고, 더 많은 작업을 할 필요가 있는 것을 학습하도록 도울 수 있다. 그들이 당신에게 그들의 문화에 대해 모든 것을 가르쳐야 하는 것처럼 느끼도록 집단원들을 대하는 것은 피하는 것이 중요하다. 매우 많은 상황 속에서 우리는 집단원들이 다른 사람들에게 자신들의 문화를 가르쳐야 하거나, 모든 사람에게 자신의 문화에 대해 전문가가 되어야 한다는 점에 좌절감을 느낀다고 이야기하는 것을 듣게 된다. 상담자는 자신의 특정 경험에서 배우는 것과 자신을 좀 더 문화적으로 효과적인 상담자로 만들어줄 유용한 정보를 얻기 위해 집단 밖으로 스스로를 확장시키는 것 사이의 균형을 깰 필요가 있다.

차이를 이해하는 것에 대한 개인적 관점

나(Cindy)의 정체성 발달을 탐색하는 것은 나와 전혀 다른 배경을 가진 사람들과 성공적으로 작업하는 방법을 찾는 데 도움이 되었다. 내가 세상을 어떻게 바라보는지, 그리고 다른 사람들이 매우 다른 렌즈와 맥락을 통해 똑같은 세상을 어떻게 바라보는지 이해하는 것은 중요하다. 나와 다른 집단원들에게 너무 빨리 나 자신을 검증받으려 하지 말고, 그 대신 집단 과정을 신뢰하며 서로 간의 관계가 전개되도록 해야 한다고 배웠다. 말하는 것보다 행동하는 것을 통해 문화적으로 다양한 집단원들의 존중과 신뢰를 훨씬 더 많이 얻을 수 있다. 유색인종 학생들이 나를 처음 봤을 때, 내가 자신들을 이해하거나 자신들의 상황을 배려하지 않을 것 같은 '특권층의 백인 여성'으로 보였기 때문에 신뢰하지 않았다는 말을 종종 듣는다. 이 학생들이 나와의 첫 만남에서 그들이 과거에 경험한 다른 백인들과의 기억을 떠올린다는 것을 분명하게 의식하고 있고, 나에 대한 그들의 첫 반응에 방어적으로 대하거나 너무 개인적으로 받아들이는 것이 나에게 도움이 되지 않는다는 점을 알고 있다. 서로를 알아가는 과정에서 학생들은 우리가 서로 명백히 다름에도 불구하고 나에게서 이해받고, 보살핌을 받는다고 느끼기 시작한다.

다문화 상담 과정을 가르치면서 개개의 사람들은 다양성을 학습하는 과정에 대해 서로 다른 입장에 놓여 있다는 것을 알게 되었다. 문화적 다양성을 효과적으로 다루기 위한 나의 여정은 라틴계 미국인 동료나 아프리카계 미국인 동료들과 상당히 다르게 보일 것이다. 우리가 몇몇 유사한 쟁점에 고심하면서도, 우리의 역사와 세계관, 복잡한 다양성 주제를 이해하는 맥락이 서로 다르다. 집단원들이 그들의 문화적 인식과 정체성 발달에 있어서 매우 다른 단계에 있듯이 상담을 공부하는 학생들 또한 그러하다. 이 차이점들이 집단에서 탐색된다면 학습을 위한 강력한 촉매제가 될 수 있다.

많은 상담자들은 문화적으로 다양한 내담자와 집단원들에게서 신뢰를 쌓고, 신뢰 관계를 진전시키려고 노력하는 가운데 여러 가지 도전에 직면한다고 이야기한다. 나(Cindy) 역시 이것이 사실이라는 점을 알고 있지만, 집단원들과의 이러한 첫 느낌을 통해 작업을 하고, 문화적으로 다양한 배경의 사람들이 받은 상처를 치료하는 데 작은 도움이라도 될 수 있다는 것에 상당히 만족한다. 핵심은 나 자신의 정체성과 그것이 타인에게 미치는 영향을 명확히 규명하고, 나의 개인적인 사안이 집단원들의 작업에 방해가 되지 않기 위해 끊임없이 나의 '주의(ism)'를 통제하는 것이다. 상담자는 내담자를 만나면서 처음으로 다양성 주제를 배우기 시작해서는 안 된다. 상담자는 내담자를 만나기 전에 자기 맹점이 무엇인지 알고 이를 개선하기 위해 열심히 노력해야 한다.

다문화 및 사회적 정의 상담 역량

타인을 돕는 직업을 가진 사람들이 훈련과 실천에서 단일 문화적 접근을 계속해서 강조함으로써 많은 종사자들이 문화적 다양성에 효과적으로 대처하는 것을 제대로 준비하지 못했다(Sue & Sue, 2013). 때때로 위탁이 적절한 행동 방침임에도 불구하고, 훈련을 제대로 받지 못한 종사자들에게는 좋은 해결책이 아닐 수도 있다. 때로는 집단 상담자들과 집단원들 간의 가치 충돌로 인한 위탁은 부적절하고 비윤리적일 수도 있다. 게다가 문화적 집단에 대한 상담자의 한정된 지식은 위탁의 이유가 되지 못하며, 이것은 지속적인 교육과 슈퍼비전 혹은 자문을 통해 개선될 수가 있다.

전문가들이 모든 문화적 배경에 관해 깊이 있는 지식을 갖고 있다고 예상하는 것은 비현실적이지만, 문화적으로 다양한 내담자들과 성공적으로 작업하기 위한 일반적인 원칙을 종합적으로 이해하는 것은 실현 가능하다. 만약 당신이 다양성 관점에 내재한 가치에 개방적이라면 고립화를 피할 방법을 찾을 것이다. 다문화 및 사회적 정의 상담을 하는 데 있어 역량을 개발하는 것은 평생의 노력이 필요하다.

다양성 역량에 관한 우리의 관점은 다문화 상담 역량에 대한 자료를 개발해온 많은 연구자들의 작업에 영향을 받았다. Sue, Arredondo & McDavis(1992)는 세 가지 영역에서 다문화 상담 역량과 표준에 대한 개념적 틀을 개발시켰다. 첫 번째 영역에서는 인종, 문화, 성별, 성적 지향에 대한 상담자 자신의 신념과 태도에 관한 자기 인식을 다룬다. 두 번째 영역은 상담자의 세계관, 상담자가 함께 작업하는 다양성 집단에 대한 구체적인 지식을 알며, 이해하는 것을 포함한다. 세 번째 영역은 다양성 내담자 집단들에 서비스를 제공하기 위하여 필요로 한 기술과 개입 전략을 다룬다. 다문화상담개발협회와 미국상담협회에 의해 공개적으로 지지된『다문화 및 사회적 정의 상담 역량(Multicultural and Social Justice Counseling Competencies)』(AMCD, 2015)은 Sue, Arredondo & McDavis(1992)가 제안한 원래의 다문화 상담 역량을 수정하고 확장한 것이다. ASGW(1999, 2012)는 다문화 역량에 관한 두 개의 문서,『다양성에 관해 유능한 집단 상담자들을 위한 원칙(Principles for Diversity-Competent Group Workers)』과『집단 상담자를 위한 다문화 및 사회적 정의에 관한 역량 원칙(Multicultural and Social Justice Competence Principles for Group Workers)』을 채택하였다. 이러한 표준은 문화적으로 역량을 갖춘 집단 상담자가 되는 데 관련된 목표를 반영한 모델로서의 역할을 한다. 이러한 역량들의 최신판을 확인하려면『다문화 및 사회적 정의 상담 역량』(AMCD, 2015)을 보라.

우리는 이러한 문서에 의해 확인된 다문화 및 사회적 정의 상담 역량을 요약하였고, 집단 상담자들이 잘 사용할 수 있도록 수정하였다. 우리는 '문화적으로 숙련된 집단 상담자'라는 용어를 선호하는데, 왜냐하면 다양한 사람들과 효과적으로 작업하는 것이 도착지라기보다 여정이라고 보기 때문이다. 다음의 지침은 다문화적이고 다양성의 특성을 띤 환경에서 효과적으로 실천하는 것에 대한 영역을 기술하고 있다. 당신의 강점을 사정하고, 추가적인 지식과 기술을 습득할 필요가 있는 부문을 확인하는 데 이 지침을 사용하라.

문화적으로 숙련된 집단 상담자의 신념과 태도   효과적인 집단 상담자들은 다른 인종, 민족 집단에 대한 자신의 고정관념과 선입견을 지각하고 이해한다. 그들은 문화적 민감성이 부족한 상태에서 문화적으로 다양한 집단원들과 의사소통할 수도 있는 직·간접적인 방식을 모두 의식하고 있다. 문화적으로 숙련된 상담자들은 다음과 같이 행동한다.

- 그들의 추측, 가치, 신념, 편견을 인식하고, 동시에 집단원들에게 그들의 세계관을 강요하는 것을 피한다.
- 자신의 개인적 편견, 가치, 문제가 문화적으로 자기와 다른 집단원을 대상으로 작업하는 능력에 방해가 되지 않게 한다.
- 무엇이 심리적으로 건강한 개인을 만드는지에 대한 태도, 가치, 편견에 지신의 문화적 배경과 경험이 어떻게 영향을 미치는지 인식하고 있다.
- 자신의 인종적, 민족적, 문화적 유산과 성별, 사회경제적 지위, 사회적 정체성, 성적 지향, 능력, 영적인 신념의 인식 수준을 점차 높이며, 차이에 가치를 두고 존중한다.
- 집단원의 세계관을 검토하고 이해하려고 노력하고, 집단원의 종교적, 영적 신념과 가치를 존중한다.
- 인종, 민족성, 문화, 신념과 관련하여 자신과 타인 간의 차이에서 비롯된 불편감의 원인을 인식하고, 힘과 특권, 억압과 같은 문제를 학습하는 데 따르는 불편감을 다루는 방법에 관한 지식을 개발하려고 노력한다.
- 힘과 특권, 억압에 대한 집단원의 세계관, 추측, 태도, 가치, 신념, 편견, 경험을 인식하고 알고 있다. 다양한 가치 지향과 인간 행동에 대한 다양한 가정을 기꺼이 받아들이는 집단 상담자는 문화적으로 고립되지 않고 집단원의 세계관을 공유하기 위한 기초를 가지고 있다.
- 자신의 문화적 유산이 우월하다고 주장하는 대신에 문화적 다양성을 수용하고 존중한다. 집단원의 핵심적인 문화적 구조를 확인하고 이해할 수 있으며, 집단구성원에게 자신의 문화적 구조를 부적절하게 적용하지 않는다.
- 자문, 슈퍼비전 및 더 많은 훈련과 교육을 통해 자신의 기능과 역할을 점검한다. 또한 집단상담이 모든 내담자와 모든 문제에 적절하지 않다는 것을 알고 있으며, 사회에서 불평등을 양산하는 체계적인 장애물을 인식한다.

집단 상담자는 자신들을 지적으로, 정치적으로, 정서적으로, 심리적으로 독려할 수 있는 과정에 참여함으로써 모든 집단원에 대한 자신의 문화적 효과성과 민감성을 향상시키도록 노력해야 한다.

문화적으로 숙련된 집단 상담자의 지식　　문화적으로 숙련된 집단 상담자는 자신의 인종적, 문화적 유산에 대한 지식과 집단 작업을 할 때 이것이 어떻게 자신에게 영향을 미치는지 알고 있다. 문화적으로 숙련된 집단 상담자는 다음과 같다.

- 억압, 인종주의, 차별 및 고정관념이 집단 상담자에게 개인적으로, 직업적으로 어떤 영향을 미치는지 이해하고, 문화적 배경이 다른 집단원에게 자신의 기대를 강요하지 않으며, 집단원을 정형화하지 않는다.
- 집단원의 세계관을 이해하고, 그들의 문화적 배경에 관해 학습한다. 숙련된 집단 상담자는 치료적 집단 과정의 바탕에 깔려 있는 기본 가치를 이해하기 때문에 이러한 가치가 어떻게 문화적으로 다양한 집단의 문화적 가치와 충돌하는지 알고 있다.
- 하위계층의 사람들이 다양한 자원을 적극적으로 활용하는 것을 막는 제도적 장애를 인식한다.
- 함께 작업하는 집단원들에 관한 특정 지식과 정보를 가지고 있다. 이것은 적어도 문화적으로 다른 집단원들의 가치, 생애 경험, 가족 구조, 문화적 유산 및 역사적 배경에 대한 일반적인 지식을 포함한다.
- 지역사회의 특성과 가족 및 지역사회가 제공하는 자원에 관해 알고 있다.
- 긍정적 관점에서 다양성을 바라보는데, 이것을 통해 광범위한 내담자 집단과 작업하면서 발생하는 도전 과제를 처리하고 해결할 수 있다.

문화적으로 숙련된 집단 상담자의 기술과 개입 전략　　효과적인 집단 상담자는 문화적으로 다양한 내담자 집단에 사용할 수 있는 광범위한 기술을 갖추고 있다. 문화적으로 숙련된 집단 상담자는 다음과 같다.

- 문화적으로 다양한 내담자 집단에 영향을 미치는 정신건강 주제와 관련된 연구와 최신 자료에 친숙하다.
- 문화적으로 다양한 집단을 촉진하기 위한 지식과 기술을 향상시킬 수 있는 교육 프로그램을 적극적으로 찾는다.
- 집단원의 생애 경험 및 문화적 가치와 일치하는 방법과 전략을 사용하고 목표를 세울 수 있다. 효과적인 집단 상담자는 문화적 차이를 수용하기 위해 집단에서의 개입 방법을 수정하고 변경시킬 수 있다.
- 집단을 촉진할 때 하나의 방법과 접근법에 고정되어 있지 않으며, 도움이 되는 방법은 문화적 기반에 토대를 둔다는 것을 인식한다. 문화적으로 적절하고 관련 있

는 다양한 개입 방법을 사용할 수 있고, 이러한 개입에는 전통적인 치료자와 종교적, 영적 치료자들에게 자문을 구하는 것이 포함된다.

- 집단 장면 밖(지역사회 행사, 축전, 사회·정치적 모임, 이웃)에서 집단원들과 적극적으로 교류할 수 있다.
- 문화적으로 다양한 집단을 촉진할 때 집단이 어떻게 기능하는지, 윤리적 실제를 안전하게 사용하는지에 관해 집단원들을 교육할 책임이 있다.
- 치료적 관계에 영향을 미치는 요인을 확인하기 위하여 집단원들과 협력한다.
- 어떻게 문화, 고정관념, 편견, 차별, 힘, 특권, 억압이 치료적 관계에 영향을 미치는지 특권층과 하위계층 집단원들이 함께 대화하도록 요청한다.

지금이 다문화적인 상황에서 효과적으로 역할을 수행할 수 있는 능력에 관계된 당신의 인식과 지식, 기술의 현재 수준을 확인하기 좋은 때이다. 다음의 질문에 심사 숙고해보라.

- 당신 자신의 문화가 당신이 생각하고, 느끼고, 행동하는 방식에 어떤 영향을 미치는가?
- 서로 다른 문화적 배경을 가진 참가자를 이해하고 함께 작업할 준비가 얼마나 되어 있는가? 특정 집단과 작업하는 것에 더 편안하거나 불편하다고 느끼는가? 이 집단과 작업하면서 당신의 안락감 수준과 기술을 어떻게 향상시킬 것인가?
- 당신이 학교에서 이수한 프로그램은 다양한 참가자들과 집단 작업을 하는 데 요구되는 인식과 지식, 기술을 제공하고 있는가?
- 당신에게는 서로 다른 세계관을 갖고 있는 사람들을 더 잘 이해하고 상담할 수 있게 하는 어떤 종류의 인생 경험이 있는가?
- 당신과 다른 사람들과 효율적으로 작업하는 능력을 저해할 수 있는 문화적 편견을 확인할 수 있는가? 만약 그렇다면, 당신의 편견에 도전하기 위해 어떤 조치를 취할 것인가?
- 당신은 다양한 문화적 집단들이 그들 자신과 동일한 문화적, 민족적 정체성을 가지고 있는 사람들과 당신의 문화권에 있는 참가자들을 어떻게 인식하고 반응하는지에 대해 익숙한가? 만약 어떤 참가자가 이러한 반응이나 고정관념을 당신과 나누고자 한다면 어떻게 느끼겠는가?
- 만약 당신을 가장 깊이 알고 있는 사람에게 물어본다면 그들은 당신의 어떤 선입견, 편견, 가치의 판단이 상담자로서 일할 때 중립을 유지하는 능력을 방해할 수 있다고 이야기하는가?

- 당신은 자신의 문화적 배경을 이해하는 것에 대하여 어떤 특정한 강점을 가지고 있는가?
- 집단상담 중 다양성을 작업하는 데 있어 어떻게 당신의 강점을 효과성을 향상시키는 데 적용할 수 있는가?
- 당신이 보다 더 문화적으로 숙련된 집단 상담자가 되기 위하여 어떤 단계들을 거쳐야 하는가?

집단원들이 문화에 대해 대화하도록 요청하기

적극적으로 다문화적 차원과 집단 리더십을 통합하기 위한 한 가지 방법은 문화적 차이에 관한 쟁점에 대해 집단원들과 토론을 시작하는 것이다. 집단원들이 어떤 주제에 관해 자신과 다른 인종의 사람들과 이야기하기를 꺼려할 수 있다. 그렇다면 그들에게 집단에서 특정 주제를 언급하는 것이 망설여지는지, 무엇 때문에 주저하게 되는지 질문하라. 침묵하게 만드는 주제에 직면시키는 것은 의미 있지만 어려운 대화의 촉매제 역할을 할 수 있다. 문화적 차이를 인식하는 또 다른 방법은 다음과 같은 상황을 제시하는 것이다. 한 이란계 여성이 외로움과 고립감에 대해 이야기하지만 문화와 관련된 어떤 것도 언급하지 않는다면, 집단 상담자는 '당신의 문화적 정체성 또는 소속감이 외로움과 고립감과 관련되어 있다고 생각하나요?'라고 물을 것이다. 이 질문이 그녀에게 반향을 일으키지만 그녀가 동의하지 못하는 부분도 있다면 이 주제에 대한 토론이 필요할 수 있다. 상담자는 그동안 집단원들에게 우리가 민감한 주제에 대해 이야기할 수 있다는 것을 시범으로 보여준다. 나(Marianne)는 특히 유대인 집단원들이 나에게 반발한다고 느꼈을 때 내가 독일인이라는 사실에 대해 함께 대화한 적이 있다. 그들은 조상에게 가해진 잔혹 행위를 내가 변호할지 아닌지에 대해 믿지 못하는 것 같다. 이러한 역사적인 사건에 대해 직접적인 책임감을 느낄 필요가 없다 하더라도 그들이 나에게 말해야 하는 것을 방어하지 않고 공감하면서 듣는 것은 중요하다.

인종과 인종적 쟁점에 대해 솔직하게 이야기할 수 없는 것은 효과적인 다문화 상담에 심각한 장애물이 될 수 있다(D. W. Sue, 2016). 인종에 대한 토론을 잘못 다루면 그 결과로 종종 오해가 생기고, 참여자들 사이에 적대감이 증가하여 학습에 장애가 된다. 인종에 대한 이야기가 능숙하게 다뤄질 때 Sue는 이를 통해 의사소통이 개선되고, 학습과 대화가 촉진되며, 인종 간의 조화가 향상되고, 개인의 인종적·문화적 정체성의 인식이 확장될 수 있다고 믿는다. Sue는 문화와 인종에 대한 쉽지 않은 대화를 촉진하기 위한 다섯 가지의 성공적 전략을 밝혔다.

- 당신 자신의 인종적·문화적 정체성을 이해하라.
- 당신의 인종적 편견에 대해 인지하고 개방하라.
- 감정에 대해 토론하는 것을 격려하라.
- 인종에 대한 이야기의 내용보다는 과정에 보다 더 주의를 기울이라.
- 자기 자신을 표현하는 데 따르는 위험을 기꺼이 감수하려는 사람을 격려하고 지지하라. (pp. 45–46)

Sue는 상담 전문가들이 종종 인종과 문화를 둘러싸고 있는 침묵에 기꺼이 도전한다면 인종적, 문화적으로 곤란한 대화를 가르칠 수 있는 순간으로 바꿔 놓을 수 있다고 본다. 문화적으로 숙련된 집단 상담자들은 다양한 배경을 가진 사람들 간의 경험과 견해를 솔직하게 표현할 수 있는 안전한 분위기를 제공하기 위해서 솔선수범한다.

Cardemil & Battle(2003)은 집단원들과 문화에 관해 대화하는 것은 치료적 관계를 강화시키고, 더 좋은 치료 결과를 가져온다고 말한다. 다른 유형의 많은 집단을 촉진할 때 다음과 같은 권고를 적용시킬 수 있다.

- 집단원 혹은 그들의 가족 집단원의 인종이나 민족성에 대한 선입견을 유보하고, 치료적 관계의 발전을 가로막을 수 있는 집단원들에 대한 부정확한 추측은 피한다. 집단 초기 단계에 집단원들에게 어떻게 자신을 문화적으로, 민족적으로 인지하는지 물어본다.
- 집단원들과 인종과 민족성에 대해 대화의 시간을 갖는다면, 편견이나 잘못된 추측으로 인한 실수를 줄일 수 있다.
- 집단 상담자가 인종, 문화, 성적 지향, 민족성에 대해 대화하는 것에 편해지면 질수록, 집단원들도 이러한 대화를 불편하게 생각하는 다른 사람들에게 적절하게 반응하기가 더 쉬워진다.
- 집단 상담자와 집단원 간의 인종적 또는 민족적 차이가 어떻게 집단의 과정과 결과에 영향을 미칠 것인지 언급한다. 치료과정에서 표면에 나타난 모든 집단의 차이점을 확인하는 것은 불가능하지만, 집단원과 인종적 또는 민족적 차이의 관련성을 충분히 고려하는 것은 중요하다.
- 힘과 특권, 억압이 어떻게 집단원과 상호작용하는 데 영향을 미치는지 인식하고 확인한다. 이러한 주제에 대해 논의하는 것은 집단 안에서 관계를 강화시키는 데 매우 중요한 역할을 한다.
- 문화적 요인이 집단 작업에 어떠한 영향을 끼치는지 지속적으로 학습하는 것에 마음을 연다. 다양한 인종과 민족 집단에 관한 지식을 얻는 것도 중요하지만, 그것만

으로는 충분치 않다. 다른 인종과 민족 집단에 대한 자신의 세계관과 가정, 개인적 편견을 확인하고 검토하는 것은 필수적이다. 이러한 기술은 빠른 시간 내 습득할 수 없고, 노력 없이 발전시킬 수 없으며, 상담자로서의 경력을 쌓는 동안 계속해서 자신의 기술을 개선하게 될 것이라는 점을 알아야 한다.

집단 상담자들은 상담자와 집단원 간의 인종적, 문화적 차이를 다양한 방식으로 언급한다. 일부 상담자들은 집단원들이 관심을 표현하지 않으면 그 차이를 무시하기도 하지만, 다른 상담자들은 집단원들에게 차이에 대해 어떻게 느끼는지 물어보고, 집단 내에 존재하는 차이에 대한 자신의 느낌을 집단원들에게 직접 말하는 상담자도 있다. 상담자는 문화적 차이에 관한 토론에 접근할 때 유연해야 하고, 다양한 수준의 토론에 집단원들을 초대해야 한다. 이를 위한 첫 단계는 당신이 집단 내에 존재하는 다양성을 인식하고, 그 다양성이 형성된 관계와 연결에 영향을 끼칠지도 모른다는 점을 말로 이야기하는 것이다. 하지만 중요한 부분은 당신의 행동에 있다. 집단원들은 우리가 **말하는 것에 주의를 기울이는 것만큼 집중해서 우리가 하는 행동을 지켜보고 있다.** 그들은 종종 사람들이 정말로 생각하고 느끼는 것을 확인하기 위해 비언어적 표현을 읽는 법을 학습했기 때문에 우리가 비언어적으로 의사소통하는 것을 매우 주의 깊게 바라본다. 만약 문화적 차이를 언급하거나 성 역할과 성 정체성, 사회적 정체성, 문화적 정체성에 대해 추측할 기회를 놓친다면, 집단원들에게 그들이 경험한 세계를 이해하지 못하고 있다는 점을 이야기해야 할 것이다.

> **"**
> 집단원들은 우리가 말하는 것에 주의를 기울이는 것만큼 집중해서 우리가 하는 행동을 지켜보고 있다.
> **"**

집단원들과 문화적 정체성에 관해 대화를 시작하기 위해서는 집단원들의 민족적, 문화적 배경에 대한 기본적인 이해가 필요하다. 집단원들이 관련된 차이점과 차이의 의미에 대해 이야기할 때 주의 깊게 들어야 한다. 집단원들에게 이러한 기회가 있고, 그들이 그렇게 할 만큼 안전하다고 느낄 수 있는 분위기를 형성한다면 그들은 우리가 효과적으로 작업하는 데 필요한 정보를 제공해줄 것이다. 집단에서 문화적으로 다양한 개인들과 작업할 때, 현재 문화적 적응과 정체성 발달 수준을 진단하는 것은 도움이 된다. 이것은 다른 문화권에서 살아본 경험이 있는 개인에게 특히 잘 맞는다. 이민자들은 고국의 문화에 충성심을 갖고 있지만, 종종 새로운 문화가 매력적이라는 점을 알게 된다. 그들은 자신이 살고 있는 두 문화권의 가치를 통합할 때 갈등을 겪는다. 상담자와 다른 집단원들이 이러한 문화적 갈등을 존중해준다면 수용적인 집단에서 생산적으로 자신의 중요한 노력을 탐색할 수 있다.

우리와 작업했던 한 집단원은 집단 회기에서 말을 더 많이 하려고 애쓰고 있다는 것을 이야기하였다. 그는 극도로 낯설고 불편한 방식으로 집단에서 자신을 드러내야 하는 것에 압박감을 느낀다고 했다. 마음을 열어 자신의 감정을 공유하기 시작하게 되면, 고국으로 돌아갔을 때 언제 멈추어야 할지 몰라 고향 사람들에게 비난을 받을 것 같다고 말했다. 이것은 다양한 민족 집단원들이 직면하는 일반적인 갈등이다. 한 문화권에서의 성공은 그 집단원의 원래 문화권에서의 성공과는 모순이 될 수도 있다.

나(Marianne)는 두 개의 문화권 사이에 살고 있다. 독일에 있을 때는 메시지를 전달하기 위해 말을 별로 하지 않는 경향이 있지만, 영어로 말할 때는 말수가 더 많아진다. 미국인들과 함께 있으면 가족보다 다른 사람들에게 감정과 개인적인 정보를 잘 밝히는 것 같다. 독일에서는 이러한 개방이 눈살을 찌푸리게 할 것이다. 두 문화권 사이를 이동하면서 말하는 내용과 말하는 방법의 결과가 두 문화권에서 서로 다르기 때문에 내가 두 문화에 적응했다는 것을 깨달았다. 몇 년 전, 이민 온 지 얼마 되지 않아 한 치료 집단에 참가했을 때, 다른 사람들이 자신의 가족에 관한 개인적인 정보를 개방하는 것을 보고 매우 당황스러웠고, 유사한 방식으로 나 자신을 소개하라고 요청받았을 때 극도로 불편했다. 상담자와 집단원 모두에게 도전은 그 집단원이 이러한 개방을 통해 두 개의 문화권에서 어떻게 보일지 스스로 확인하는 방법을 찾도록 도와준다. 그렇게 한다 하더라도 어떻게 그가 다르길 원하겠는가?

우리의 한계 인식하기 우리가 항상 역량이 부족할 때를 인식할 수 없으므로 동료와 내담자 모두에게 피드백을 받는 것에 열려있어야 하는 것은 중요하다. 필요하다면 우리의 한계를 다루기 위해 추가적인 자원뿐만 아니라 자문과 슈퍼비전을 적극적으로 구하고, 우리 자신의 행동이 어떻게 집단 프로그램을 진행하는 데 어려움을 초래하는지 비판적으로 생각하는 것은 무엇보다 중요하다. 문화적 역량을 갖추는 가장 효과적인 방법은 다양한 경험적 활동에 참여해보고 머리에서 마음으로 학습하는 개인적 성장의 기회를 갖는 것이다. 만약 우리가 논의한 것으로 걸어 들어가지 않는다면 세상의 모든 문화적 지식이 작업을 하는 데 우리나 집단원들에게 도움이 되지 않을 것이다. 우리 스스로 문화적으로 다양하고 풍부한 환경 속에 더 많이 들어갈수록 다문화적 민감성이 더 많이 향상될 것이다.

본인과 다른 특정 인종적, 민족적, 문화적 배경을 지닌 집단원과 작업을 한다면, 다양한 내담자 집단과의 집단 작업을 다룬 학술지 논문과 책을 읽는 것이 좋다. 추천하고 싶은 자료에는 Chung & Bemak(2014), DeLucia-Waack(2010, 2014), DeLucia-Waack, Kalodner & Riva(2014), Ivey, Pedersen & Ivey(2008), McWhirter & Robbins(2014), Pope, Pangelinan & Coker(2011), Salazar(2009), Singh & Salazar(2010a, 2010b, 2010c), Steen, Shi & Hockersmith(2014), Sue & Sue(2013), Torres Rivera, Torres Fernandez & Hendricks(2014), Vacha-Haase(2014) 등이 있다.

집단 작업의 소개: 다문화적 시각

다음은 몇 가지 기억해야 할 중요 사항이다. 다음 장에서 많은 부분이 이러한 기본적 개념을 토대로 하고 있다.

- 집단은 많은 것을 제공한다. 하지만 다양한 환경에서 집단을 성공적으로 설계하고 촉진하기 위해서 핵심 역량과 전문 역량을 모두 훈련해야 한다.
- 과제수행 집단, 심리교육 집단, 상담 집단, 심리치료 집단과 같이 다양한 유형의 집단 작업이 있고, 각각 핵심 역량과 전문 역량 모두에 대한 특정한 훈련 방법을 포함한다. 집단의 목표, 상담자의 역할, 집단원의 기능은 집단 작업의 유형에 따라 다양하다.
- 단기 집단 치료는 경제적, 이론적 이유 측면에서 유익하다.
- 단기 집단상담은 교육적 프로그램과 치료적 프로그램 모두에 포함되는 프로그램이고 치료적인 프로그램에 포함되는 실제적인 시간이 한정적이고 단기적 형식이 가능하므로 지역사회 기관과 학교 현장에서 인기가 있다.
- 집단 안에 존재하는 다양성에 주의를 기울이고, 집단원들이 그들의 다양성에 대한 배경이 자신의 가치와 행동에 어떻게 영향을 미치는지 인식할 수 있도록 도우라. 그리고 회기 중에 드러나는 문화적 주제를 강조하라.
- 집단 작업을 효과적으로 수행하기 위해서 집단원의 인종적·문화적 정체성을 고려해야 한다. 당신은 다양한 집단원들의 서로 다른 요구를 충족시키기 위해 전략을 수정해야 하는 도전을 받을 것이다.
- 문화적으로 숙련된 집단 상담자가 되기 위해 적절하게 개입하는 폭넓은 지식과 기술을 갖출 필요가 있다. 다양성 집단을 이해하는 데 한계가 인식된다면 자문과 슈퍼비전을 받아보라.
- 기술은 빠른 시간 내에 개발되지 않으므로 당신은 상담자로서의 경력을 쌓는 동안 계속해서 기술을 개선하게 될 것이다.

연습

각 장의 마지막에 있는 '연습'은 혼자서 또는 교실에서 하위집단을 만들어 풀어볼 수 있다. '연습'의 목적은 기법과 쟁점, 집단상담 과정, 집단 발달의 다양한 단계에서 발생할 수 있는 잠재적인 문제를 경험할 기회를 제공하는 것이다. 각 장의 마지막에 나오는 '연습'을 읽고 당신에게 가장 의미 있는 것에 초점을 두기 바란다.

토론을 위한 질문

1. 집단과 어떤 경험을 가지고 있으며, 이러한 경험들이 이번 집단 교육 과정을 이수하는 당신의 태도에 어떻게 영향을 미치는가?
2. 어떤 종류의 집단을 구성하고 이끄는 데 가장 관심이 있는가?
3. 서비스를 제공할 때 집단의 형식에 어떤 이점이 있다고 생각하는가?
4. 집단상담은 모든 종류의 내담자에게 효과적이라고 생각하는가? 또한 구성에 흥미가 있는 특정 집단원의 요구에 맞추기 위해서 당신은 집단의 구조를 어떻게 변경할 것인가?
5. 다양한 문화적 배경을 가진 참가자로 구성된 집단을 운영할 때 당신이 고려해야 할 요소에는 어떤 것이 있는가?
6. 집단 안에서 드러나는 인종과 문화에 대한 어려운 대화를 촉진하기 위해서 어떤 구체적 단계를 취할 수 있는가?
7. 당신의 문화적 배경이 다양한 문화권 출신의 사람들과 작업하는 능력에 어떤 영향을 미치는지에 대해 어떻게 인식하고 있는가? 어떤 구체적인 태도와 믿음이 다양성 집단을 이해하고 이끄는 능력을 강화시키거나 방해하는가?

『집단상담의 실제: 진행과 도전-DVD와 워크북』을 위한 안내

『집단상담의 실제: 진행과 도전-DVD와 워크북(Groups in Action: Evolution and Challenges DVD and Workbook)』이라는 제목의 자가 학습 비디오 프로그램과 워크북은 통합적 학습 패키지의 일부분으로 사용될 것이다. 이와 같이 이 책의 각 장 마무리 부분에 『집단상담의 실제: 진행과 도전-DVD와 워크북』을 위한 안내에는 최선의 활용 방법에 대한 제안을 하나씩 볼 수 있을 것이다. 『집단상담의 실제: 진행과 도전-DVD와 워크북』을 위한 안내에 관한 자료는 Cengage Learning's Counseling MindTap 웹사이트를 통해서도 확인할 수 있다. 만약 책에 DVD나 인쇄된 액세스 카드가 동봉되어 있지 않았다면 www.cengagebrain.com을 통해서 이러한 자료들을 구입할 수 있다.* 온라인 자료가

---

* 위 웹사이트에서 유료로 이용하실 수 있습니다.

필수적인지 알아보기 위하여 당신의 교수에게 우선 확인하라.

『집단상담의 실제: 진행과 도전-DVD와 워크북』을 사용한다면 DVD에 수록된 이 장의 핵심 아이디어를 통합할 수 있다. 이 장에서 언급된 "문화적으로 숙련된 집단 상담자 되기"에 관한 부분을 참고하고, 논의된 쟁점 중에 핵심적인 부분을 복습하기 바란다. 『집단지도자들이 당면하는 도전 과제 DVD(Challenges Facing Group Leaders DVD)』에는 "다양성 주제를 다루는 것에 대한 도전"이라는 제목의 프로그램 일부가 제시되어 있는데, 여기에는 대부분의 집단 상담자들이 직면하게 될 다양한 상황을 보여준다. 집단 내에서 일어나는 시나리오는 다양한 다양성 주제를 효과적으로 다루는 데 필요한 기술의 행동지향적 장면을 제공하는데, 그 목록 중 일부는 다음과 같다.

- 나의 정체성과 관계된 문화는 무엇인가?
- 여기서 나는 다른 사람들과 다르다는 느낌이 든다.
- 가끔은 다른 사람들을 거부하고 싶다.
- 나는 언어 때문에 어려움을 겪고 있다.
- 나에 대한 다른 사람들의 고정관념 때문에 화가 난다.
- 우리는 비슷하기도 하고 다르기도 하다.
- 모국어를 사용하면 나 자신을 더 잘 표현한다.
- 나는 색맹이다.
- 나는 나의 문화에 대해서 잘 모른다.
- 나는 상담자로부터 좀 더 많은 대답을 듣기 원한다.

위에서 언급한 각각의 주제는 DVD 프로그램에서 시연해볼 수 있고, 워크북에 자세히 기술되어 있다. 우선 각 주제를 다루고 있는 워크북에 수록된 질문에 답을 해본 후 자신의 답변을 하위집단 토론을 위한 근거로 사용하기 바란다.

집단 상담자

도입 ι 인간으로서의 집단 상담자 ι 전문가로서의 집단 상담자 ι 공동 리더십 모델 ι 집단상담의 실제에 대한 연구 지향성 개발 ι 기억해야 할 핵심 사항 ι 연습

학습 목표

1. 초심 집단 상담자들이 직면하는 공통의 쟁점을 탐색한다.

2. 효과적인 집단 상담자의 특성과 기능을 확인한다(CACREP, 2016, Standard D).

3. 효과적으로 집단을 촉진하는 데 요구되는 주요 기술을 서술한다.

4. 집단 리더십 기술에 대한 자기평가의 근거와 접근 방법을 제공한다.

5. 공동 상담자를 선택하고 최선의 협업을 위한 방법에 대해 논의한다.

6. 집단상담에서 공동 리더십의 이점을 보여준다.

7. 집단상담에서 공동 리더십의 불리한 점을 보여준다.

8. 집단 작업에 대한 연구 지향성의 가치를 소개한다.

9. 국제적인 관점에서 집단에 관한 연구 상황을 고려한다.

10. 집단 작업에 대한 공통 요인 관련 연구에 대해 자세히 설명한다.

11. 연구가 어떻게 집단의 실제를 향상시킬 수 있는지 보여준다.

12. 연구와 실제를 병행하는 것에 대한 도전을 분명히 보여준다.

당신이

공동 지도자와 함께한 성인 여성 집단을 이끌고 있는데, 종종 이 공동 지도자가 너무 쉽게 자기개방을 하고 경계를 적절하게 유지하지 못했다고 느낀다고 가정하자. 당신은 이 공동 지도자에게 당신의 염려를 공유하려고 하지만, 그는 매우 방어적이고 자기개방이 자신의 상담 이론의 한 부분이라고 주장한다. 또한 그는 집단원 중 한 명이 자신의 전 부인을 떠올리게 해 자신이 그녀에게 부정적인 반응을 많이 한다고 말했다. 그리고 그는 이 집단원에게 그와 함께 역할 연기에 참여해서 전 부인의 역할을 맡아달라고 부탁하고 싶다고 한다. 그는 이것이 자신의 투사를 효과적으로 다룰 수 있도록 도울 것이라고 믿는다.

- 당신은 이 공동 지도자에게 집단에서 자기개방을 하는 것의 장단점에 대해 어떻게 말할 것인가?
- 어떤 종류의 자기개방이 집단원들과 공유하기에 적절하다고 생각하는가?
- 당신은 공동 지도자와 함께 그의 문제를 해결하려고 할 것인가? 아니면 당신의 반응에 대해 아무 말도 하지 않을 것인가?
- 집단에서 당신의 공동 지도자에 대한 생각과 반응을 언급할 것인가? 왜 그렇게 할 것인가? 왜 그렇게 하지 않을 것인가?

도입

이 장에서는 인간으로서, 그리고 전문가로서 집단 상담자가 집단에 미치는 영향을 다룬다. 우선 초심 집단 상담자들이 직면하는 문제와 효과적인 리더십을 발휘하는 개인적 자질을 다루면서 한 인간으로서의 상담자를 고찰할 것이다. 그런 다음, 집단 상담자를 전문가로 바라봄으로써 어떠한 집단이라도 효과적으로 이끄는 데 요구되는 지식과 특정 기술을 살펴볼 것이다. 또한 공동 리더십 모델의 장단점을 포함하여 공동 리더십의 실제를 뒷받침하는 근거에 대해 논의하며, 연구가 어떻게 집단을 이끄는 능력을 향상시키는지 언급하고, 집단 작업에 관한 연구와 실제를 겸비하는 데서 발생하는 도전들을 다룰 것이다.

인간으로서의 집단 상담자

전문적으로 집단을 이끄는 것은 한 인간으로서 그 상담자가 어떤 사람으로 기능하고 있는지 보여준다. 실제로 집단에서 다른 사람들과 견고한 관계를 맺는 상담자의 능력은 집단상담 과정을 촉진하는 데 가장 중요한 기술일 것이다. 집단 상담자로서 당신은 모든 집단에 당신의 개인적 특징과 가치, 인생 경험을 반영한다. 예를 들어, 당신이 완벽주의 때문에 힘들어 한다면, 당신은 그렇게 할 수 없으면서 집단원에게 비현실적인 수준이나 목표를 부과할 수도 있다. 당신 자신을 더 많이 이해할수록 집단원들에게 피해를 주는 행동을 덜하게 된다. 일반적으로 유능한 상담자는 자기 인식 수준이 높고, 지속적으로 자기성찰을 한다.

우리는 초심 집단 상담자가 직면하게 되는 전형적인 도전을 다루지만, 전문직으로서 '새롭게' 되는 이점도 많이 있다. 우리는 학생들과 인턴들이 상당한 에너지와 창의성, 그리고 집단원들에게 도움이 되겠다는 강한 열의를 갖고 있다는 것을 알고 있다. 초심 집단 상담자들은 종종 경험과 기술의 부족을 상쇄시키는 데 도움이 될 수 있는 신선한 관점을 가지고 있다.

다른 사람들이 자신의 삶을 최대한 활용하도록 고무시키고자 한다면 반드시 당신 자신의 활력에 주목하고 당신의 경력을 잘 관리해야 한다. 훈련 프로그램에 대한 스트레스와 불안을 어떻게 다루어야 할지는 당신이 집단 작업을 하는 데 있어 도전 과제와 스트레스 상황에 직면할 때 집단 상담자로서 어떻게 기능할 것인지와 밀접한 관계가 있다.

초심 집단 상담자가 직면하는 문제 및 쟁점

초심 집단 상담자들은 일반적으로 자신이 직면하는 문제에 압도당하기 쉽다. 집단 작업을 처음 하는 사람들은 종종 다음과 같은 질문을 스스로에게 한다.

- 어떻게 집단상담을 잘 시작할 수 있을까?
- 어떤 기법을 사용해야 할까?
- 집단이 활동을 개시하도록 기다려야 할까?
- 집단에서 어떤 일이 시작되면 그것을 완수할 방법을 알고 있는가?
- 집단원들 중에 어떤 사람을 싫어하게 되면 어떻게 될까?
- 실수를 하면 어떻게 되는가? 집단원들에게 해를 끼치지 않을까?
- 침묵이 길어지면 어떻게 할까?
- 너무 빨리 말하거나 너무 길게 말하는 집단원을 저지해야 할까?
- 어떤 집단원이 전혀 참여하지 않는다면 어떻게 해야 할까?
- 내가 이끄는 집단에서 얼마만큼 개인적인 방식으로 참여하고 스스로를 관여시켜야 하는가?

- 나와 문화적으로 다른 집단원들과 효과적으로 작업하기 위한 지식과 기술을 갖고 있는가?
- 집단에서 문화적 쟁점을 다루고 다양성에 민감해질 수 있는가?
- 집단원들이 나에게 도전하거나 나를 싫어한다면 어떻게 하는가?
- 집단이 사람들의 변화를 돕고 있는지를 어떻게 알 수 있는가?
- 어떻게 동시에 여러 사람들과 작업할 수 있는가?
- 집단 상담자로서 나의 불안과 슬픔을 숨겨야 하는가?
- 집단에서 내가 감정적으로 관여하고 울게 된다면 어떻게 할까?

당신이 초심 집단 상담자든 아니면 노련한 상담자든 간에 집단을 성공적으로 이끈다고 보장할 수는 없다. 집단 상담자를 슈퍼비전할 때 그들은 실수에 대한 두려움을 표현하곤 하는데, 어느 정도의 두려움과 불안은 일상적이며, 경험이 많은 상담자 역시 그렇다. 자신을 통제하는 대신 스스로에게 활기를 북돋아주기 위해 당신의 불안을 이용하도록 노력하라. 우리가 교실에서 훈련생들에게 집단을 촉진하게 할 때, 집단 작업을 하는 동안 관찰한 것을 서로 공유하게 한다. 그들은 매우 통찰력 있게 집단을 관찰할 때도 많지만, 자신이 말을 잘못하지 않을까 하는 걱정 때문에 관찰하고 통찰한 것을 말하려 하지 않는다. 우리는 그들이 생각했지만 집단 상담자로서 말하지 않은 것이 표현하는 가장 유익한 방안일 수도 있다는 것을 알고 있다.

검열되지 않은 방식으로 말하고, 개입 방법에 대한 자신의 생각이 치료적이었는지 살펴보기 위하여 슈퍼비전과 자문을 활용하기 바란다. 각 집단 회기가 종결된 후에 회기 도중에 생각은 했지만 말하지 않은 것과 집단상담 내내 들었던 감정을 기록함으로써 경험을 성찰하라. 슈퍼바이저의 도움이 있다면 당신은 자신의 임상적 직감을 말로 표현하는 방법을 찾게 될 것이다.

슈퍼비전 동안에 나(Cindy)의 학생 중 하나인 리앤(LeAnn)이 특정 집단원 때문에 얼마나 좌절감을 느꼈는지 말했다. 리앤은 그 집단원이 빨리 말하고 종종 다른 집단원들이 함께 나누기 어렵게 만들기 때문에 그와 관계하는 것이 힘들다는 점을 알게 되었다. 리앤은 자신의 반응을 공유하는 대신에 아무것도 말하지 않았으며, 그녀와 집단원 모두 점점 더 좌절감을 느끼게 되었다. 리앤 내면의 목소리는 '이 남자 정말 짜증나. 말하는 걸 멈추지 않는군. 많은 집단원들도 짜증스럽고 불편해 보여.'라고 하는 것 같았다. 나는 그녀가 이렇게 검열되지 않은 방식으로 반응하기보다는 그 집단원에게 피드백하기 위해 자신의 통찰력을 사용할 수 있다고 말했다. 그녀가 그를 관찰한 것에 초점을 맞추고, 그와 관계할 수 있는 자기 능력의 영향력을 설명해보도록 격려했다. 이러한 방법으로 리앤은 그 집단원을 판단하거나 말을 너무 많이 한다고 말하지 않고서도 반응할 수 있게 되었다. 흔히 상담자로서 우리 내면의 목소리는 우리가 생각하는 것을 조금만 수정하더라도 집단원들과 작업할 때 상당한 도움이 될 수 있다. 집단원의 행동에 흠을 잡는 대신 그 행동이 당신에게 어떻게 영향을 미치는지 그에게 이야기하라. 그렇게 하는 것은 이전과 다른 대화를 가능하게 하고, 보통 해당 집단원이 방어를 덜하게 만든다.

초심 집단 상담자로서 직면할 수 있는 문제 중 하나는 집단원들의 부정적인 반응을 다루는 것이다. 이런 반응을 보인 사람들에게 구조적으로 직면하는 방법을 학습해야 한다. 만약 집단 상담자가 방어적이면, 결국 집단원들도 점점 더 방어적으로 변할 것이다. 해결되지 못한 문제를 계속해서 내면에 두면 그 이상의 작업을 방해할 것이다. 이러한 상황을 다루는 방법은 이 절의 후반부와 다른 장에서 다룰 것이다.

> 해결되지 못한 문제를
> 계속해서 내면에 두면
> 그 이상의 작업을
> 방해할 것이다.

리더십 기술을 개발하려면 시간이 걸리므로 초심 집단 상담자들은 단지 몇 회기만 이끌어보고서 그만두고 싶을지도 모른다. 어떤 사람들은 이러한 불확실성이 집단을 잘 이끄는 방법을 학습하는 한 부분이라는 사실에 고심하기도 한다. 스키 타기, 기타 연주하기, 도자기 만들기와 같은 다른 기술도 입문자를 위한 몇 번의 교육으로 완벽해지기를 기대하는 사람이 없는 것처럼, 뛰어난 집단 상담자가 되는 것도 다르지 않다. 이러한 노력으로 마침내 성공을 경험한 사람들은 점진적으로 발전하는 것에 대한 인내심을 가지고 있다.

경험보다 더 나은 스승은 없지만, 지도받지 않은 경험은 만족스럽지 못할 수 있다. 따라서 경험이 많은 집단 상담자에게 슈퍼비전을 받는 것은 매우 중요하다. 슈퍼바이저나 공동 지도자, 훈련 집단의 다른 학생들에게 받는 즉각적인 피드백은 경험적으로 도움이 될 수 있다. 집단 상담자들이 집단에 대한 슈퍼비전을 받는 것은 인지적 학습과 정적 학습에 대한 독특한 기회를 제공하는데, 왜냐하면 슈퍼비전이 집단 과정을 경험하고, 집단 리더십 모델을 관찰하며, 많은 관점으로부터 피드백을 받는 방법을 제공하기 때문이다. 집단상담의 실제는 빠르게 성장하고 있기 때문에 집단 상담자들이 역량을 갖추고 윤리적으로 하는 것이 필수적이다. 집단 슈퍼비전은 집단 상담자로서의 역량을 개발하는 데 역량 있는 집단 슈퍼비전은 집단 상담자로서의 역량을 개발하는 하나의 방법이다(Riva, 2014).

유능한 집단 상담자의 개인적 특성

한 인간으로서 그 상담자가 어떤 사람인지는 집단의 성공이나 실패에 영향을 미치는 가장 중요한 변인 중 하나이다. 풍부한 연구는 성공적인 치료의 주요 요소로서 치료자의 인간성의 중요성을 시사하며, 이것은 심리치료의 결과와 불가분하게 관련되어 있다 (Elkins, 2016). 몇몇 동료들과 유능한 집단 상담자의 성격적 특성을 논의하면서 알아낸 사실은, 성공한 상담자들의 모든 특성을 열거하는 것도 어렵지만, 효과적인 리더십과 관련된 특정 성격 유형에 대해 합의점을 찾는 일은 훨씬 더 어렵다는 것이다. 다음 절에서는 특히 중요하다고 생각하는 집단 상담자의 성격에 대한 일부 측면을 논의할 것이다. 각각의 관점을 읽어가면서 이것이 당신에게 어떻게 적용되는지 성찰하라. 집단 상담자로서 성공하는 데 필수적인 특성을 습득하는 과정에서 당신이 최소한 어느 수준에 있는지 고찰해보라.

용기　유능한 집단 상담자의 중요한 개인적 특성은 용기이다. 용기는 기꺼이 자진해서 (1) 실수와 불완전함을 받아들이고, 집단원들이 위험을 받아들이기를 당신이 기대하는 것만큼 당신 스스로도 똑같은 위험을 감수하면서 때로는 상처를 받기도 하고, (2) 갈등 상황에서 작업하면서 다른 사람들을 직면시키기도 하지만 지금 여기에 그들과 함께할 수 있고, (3) 당신의 신념과 직감에 따라 행동하고, (4) 다른 사람에게서 감정적으로 영향을 받고, 그들이 자아를 확인하도록 당신의 개인적 경험을 사용하고, (5) 당신 자신의 삶을 살펴보고, (6) 배려하고 존중하는 방식으로 집단원들에게 직접적이고 솔직하게 대하는 것을 통해 발휘된다.

자진해서 모범 보이기　바라는 행동을 가르칠 수 있는 가장 좋은 방법 중 하나는 집단에서 모범적인 행동을 보이는 것이다. 당신의 행동과 그 행동에 의해 전달되는 태도를 통해서 개방성, 진심에서 우러나오는 결의, 타인에 대한 수용, 가치의 다양성 존중, 위험을 무릅쓰는 바람직함과 같은 집단의 규범을 만들 수 있다. 집단원들에게 기대하는 행동을 당신 스스로가 함으로써 가르칠 수 있다는 사실을 기억하라. 당신의 역할은 집단원들의 역할과 다르다는 점을 인식하고 전문가라는 허울 뒤로 숨지 말라. 정직하고 적절하게 임하고, 제때에 자기를 개방함으로써 모범이 되는 리더십 기능을 충족시킬 수 있다.

　한 집단원의 행동에 대한 반응을 표현하고, 인식한 것을 공유하는 것은 그 집단구성원에게 매우 도움이 되는 피드백을 제공한다. 예를 들어, 어떤 집단원이 말을 많이 하지만 자신이 어떻게 느끼고 있는지 드러내지 않는다고 하자. 이때 당신은 '당신의 말을 들어보면, 당신이 우리에게 무엇을 말하려 하는지 잘 알아들을 수가 없습니다. 당신이 무엇을 느끼는지, 자신의 이야기를 할 때 당신의 몸은 무엇을 자각하고 있는지 궁금합니다.'라고 말할 수 있다. 한 집단원이 발언 횟수는 많지만 말하고 있는 것이 거의 없을 때, 다른 집단원들은 그 사람의 이야기를 더 이상 들으려 하지 않으며, 실망스럽고 흥미가 떨어진다고 말할 것이다. 집단 상담자의 반응을 통해 말이 많은 집단원은 자신의 모습을 직면하게 되고, 다른 사람들을 판단하거나 가로막지 않으면서 직면시키는 다른 집단원들의 방법을 모방하면서 자신의 감정을 느껴보도록 권유받는다. 그렇게 권하면 그 사람은 비판보다는 흥미와 호기심을 통해서 자기 내면의 경험을 더 많이 탐색할 수 있을 것이다.

현재에 존재하기 집단원들과 함께 현재에 존재하는 능력은 매우 중요하다. 현재에 존재한다는 것은 타인의 고통, 고군분투, 기쁨에 의해 감동받는 것을 뜻하지만, 집단원들의 고통에 너무 심취하여 압도되지는 말아야 한다. 또한 현재에 존재한다는 것은 그 순간에 일어나고 있는 것에 온전히 주의를 기울이는 것을 말한다. 어떤 집단원들은 집단 상담자에게 분노를 불러일으키기도 하고, 어떤 집단원들은 고통, 슬픔, 죄책감이나 행복한 감정을 일으킬 수 있다. 당신은 자신의 반응에 세심한 주의를 기울임으로써 타인에게 좀 더 감정적으로 몰입할 수 있다. 이것은 당신 자신의 삶에서 고통이나 분노를 야기한 상황에 대해 반드시 이야기해야 함을 의미하는 것이 아니라, 잠시 동안이라도 당신 스스로 이러한 감정을 경험하도록 허락하는 것을 뜻한다. 감정을 충분히 경험하는 것은 타인을 공감하고 수용하는 능력을 준다. 타인의 경험에 감동받을 때, 당신의 경계를 지키고 집단원의 상황에 개인적으로 동일시하는 함정을 피하는 것은 모두 중요하다.

> " 현재에 존재한다는 것은 그 순간에 일어나고 있는 것에 온전히 주의를 기울이는 것을 말한다. "

집단원과 함께하는 능력을 향상시키기 위해 집단을 이끌기 전에 잠시 동안 혼자 시간을 보내고, 가능한 한 심적인 혼란을 차단하며, 집단원과 그들과의 관계를 가깝게 할 수 있는 방법에 대해 생각함으로써 스스로를 준비해보라.

온정, 진정성, 돌봄 집단 상담자는 타인의 복지에 진심으로 관심을 가져야 한다. 집단에서 당신의 주요한 과업은 집단원들이 자신들의 목적을 달성하도록 돕는 것이지 방해하는 것이 아니다. 보살핌은 사람들을 존중하고, 신뢰하며 가치 있게 여기는 것과 관계된다. 때로는 어떤 집단원을 보살피는 것이 보다 더 어려울 수도 있겠지만 적어도 돌보려는 마음을 갖기 바란다. 어떤 종류의 사람들이 보살피기 쉽고, 어떤 종류의 사람들이 보살피기 어려운지를 인식하는 것은 중요한데, 이렇게 마음으로 이어지거나 그렇지 않은 것에 대한 경향성이 당신에 대해 무엇을 드러내는지 이해할 수 있다면 도움이 될 것이다.

돌보는 태도를 나타내는 다양한 방법이 있다. 한 가지 방법은 집단원에게 참여를 요청하고 그 사람이 어느 정도까지 참여할 것인지 결정하도록 하는 것이다. 또는 집단원의 말과 행동 간의 불일치를 관찰하고, 두려움과 저항을 강화하지 않는 방법으로 그 사람을 직면시키는 것이다. 돌봄을 표현하는 또 다른 방법은 당신이 진정으로 한 사람을 보살피겠다는 감정을 느낄 때 따뜻함, 관심, 지지를 보내는 것이다. 따뜻함을 느끼지 않을 때라도 집단원에게 존중과 배려를 보여주도록 하라.

집단 과정에 대한 믿음   우리는 집단 과정의 가치에 대한 강한 신뢰는 건설적인 결과와 긍정적으로 관계된다고 믿는다. 당신은 자신이 하고 있는 것을 믿고, 집단 내의 치료 과정을 신뢰해야 한다. 우리의 열정과 확신이 집단원들의 마음을 끌어당기고 작업에 참여하게 하는 유인물을 제공하는 데 강력한 힘을 발휘한다는 점을 확신한다.

다른 고통스러운 역동과 마찬가지로 집단 작업 중에서 가장 어려운 순간은 집단원들이 집단 내에서 발생하는 갈등을 조정하는 우리의 능력에 도전할 때일 것이다. 이 어려운 시간을 통해 이루어낸 작업의 결과 중 하나는 집단에 참여할 때 성장의 고통 없이 느끼면서 얻는 것이 아니라, 집단 내에서 고통을 겪으면서도 서로에 대해 더 많이 가까워지고 자신에 대해 좀 더 깊이 이해하게 된다는 것이다.

개방성   개방성은 집단원들에게 당신도 한 인간이라는 것을 느낄 수 있도록 충분히 당신 자신을 드러내는 것을 의미한다. 하지만 당신의 개인적 삶의 모든 측면을 공개해야 한다는 것은 아니다. 당신이 집단원과 그들에게 어떻게 영향을 받고 있는지에 대한 당신의 반응을 적절하게 표현한다면 당신의 개방이 집단 과정을 강화시킬 수 있다. 당신의 개방성은 집단 내에서 그에 상응하는 개방에 대한 태도를 촉진할 수 있다. 이로 인해 집단원들은 자신의 감정과 신념에 더욱 개방적이고, 집단 과정에 대해서 유동적으로 변하게 된다.

자신을 드러내는 것은 하나의 기법으로 사용되는 것이 아니라 적절하다고 판단될 때 자발적으로 사용해야 최선이 된다. 전형적으로 매우 지적이지만 지금 이 순간의 감정을 보여주는 한 집단원의 사례가 있다. "저는 정말 당신의 지성을 존중하고, 그것이 당신에게 매우 도움이 된다는 것을 알고 있습니다. 지금 이 순간 당신이 당신 자신의 감정을 우리와 공유하는 방식에 매우 감명 받았습니다. 당신의 다른 면을 경험하는 것이 기쁩니다." 이처럼 진실하고 자연스러운 진술은 집단원에게 그가 개인적인 목표로 표현한 것을 실행하고, 감정을 표현하는 노력을 강화시키는 것을 강조한다. 또한 그가 가치 있게 여기는 부분인 지성을 인정한다. 칭찬은 또 다른 것을 강화하기 위해 어느 한 부분을 감소시키지 않는다. 상담자는 자신의 인식과 개인적 반응을 이 집단원과 공유함으로써 다른 형태의 자기개방을 하고 있다.

비판에 방어적으로 대처하지 않기   비판을 솔직하게 다루는 것은 개방성과 관계가 있다. 집단원들에게서 받는 많은 도전은 집단 상담자에게 두꺼운 얼굴을 갖도록 요구한다. 때때로 집단원들은 보살핌을 충분히 받지 못했고, 당신의 보살핌이 선택적이었으며, 집단 회기를 너무 많이 구성했고, 또는 필요한 만큼의 안내를 제공받지 못했다고 비난한다. 일부 비판은 정당할 수 있지만 어떤 비판들은 질투의 표현, 권위에 대한 시험, 다른 사람들에 대한 감정을 당신에게 투사한 것으로 부당할 수도 있다. 이때 비판에 대한 감정을 방어하지 않고 집단원들과 함께 탐색하는 것이 중요하다.

　집단원들은 위험을 감수하고 상담자에게 맞섰으나 이러한 행동 때문에 비난당하면 집단에서 이탈하기 쉽다. 게다가 다른 집단원들이 개방성과 솔직함이 실제로 존중되지 않는다는 메시지를 받을 수도 있다. 그러나 집단원 중에서 누군가가 상담자로서 당신을 비방한다 하더라도 그것에 대해서 방어적으로 반응한다면 그것은 치료를 하는 것이 아니다. 그 대신에 당신의 생각과 감정을 효과적이고 비공격적인 방식으로 표현하는 것을 시범으로 보이라. 집단원에게 치료적인 태도를 유지하는 것은 당신이 힘겹고 심지어 공격적이거나 말로 모욕하는 행동에 어떠한 영향도 받지 않아야 한다는 것을 의미하지는 않는다. '당신이 나를 공격적으로 부르는 게 싫습니다. 그래서 당신의 반응이 나에게 무엇을 불러일으키는지 이해하기 위해 이야기를 나눠보고 싶어요.'라고 말할 수도 있다. 이 예시에서 보여준 것처럼 당신은 그 집단원에게 당신의 반응을 말할 수가 있고, 당신이 그 비난 때문에 어떻게 영향을 받았는지 그 집단원이 인식하도록 할 수도 있다. 분노와 좌절감을 효과적인 방법으로 표현하는 것을 시범 보임으로써 집단원을 존중하는 방식으로 이러한 감정을 표현하는 데 도움이 되는 방법을 제공한다.

민감한 문화적 쟁점 인식하기   우리는 대부분 스스로가 개방적이고 자신의 기준으로 타인을 판단하지 않는다고 생각하기 쉽다. 하지만 문화적 차별이 만연한 사회에 이의를 제기하거나, 우리와 다른 사람들에 대해 어느 정도의 편견이나 잘못된 정보를 갖지 않는 것은 거의 불가능하다. 집단 상담자로서 우리가 야기한 대부분의 문화적 오해와 폐해는 우리 입장에서는 무의식적이고 의도적이지 않은 것이므로, 스스로의 자기 인식 수준을 높이고 우리의 세계관과 가치 체계에 도전하는 것은 중요하다. 우리 자신의 무의식적인 부분을 자각하는 것은 심도 있고 비판적인 자기 분석을 요구한다. 우리가 행하는 폐해는 그것이 의도적이지 않기 때문에 개인에게 덜 고통스러운 것은 아니다.

집단 상담자로서 우리가 우리 자신의 편견과 선입견에 대한 인식을 향상시킨다면, 편견을 갖게 하는 태도 혹은 집단 내에서 만들어지는 의견에 효과적으로 대처할 더 좋은 기회를 갖게 될 것이다. 심지어 스스로를 개방적이고 문화적으로 깨어 있다고 생각하는 집단에서도 인종적이거나 문화적으로 무신경한 의견이 드물지 않다. 지도자나 집단원들이 알아차리지 못하거나 다루지 않은 인종 차별적인 의견은 집단 과정에 영향을 미친다. 이러한 민감하고 공공연한 의견이 만들어지는 순간들은 학습과 상담자의 촉진을 위한 시의 적절한 기회이다. 성차별적이고 동성애를 혐오하거나 인종적으로 경멸하는 의견이 만들어지고 방치된다면 많은 집단원들 사이에서 불신과 분노의 분위기가 조성될 수 있다.

집단원의 고통을 공감하는 능력　우리가 집단원들의 모든 문제를 동일하게 경험했다고 기대하는 것은 비현실적이지만 사람들이 표현하는 감정은 우리 모두에게 공통적이다. 비록 고통을 야기한 원인이 다를 수 있지만 우리 모두는 심리적인 고통을 경험한다. 집단원의 고통에 공감하는 한 가지 기본은 자신에게 일어난 고통에 휩쓸리지 않으면서 고통의 근원에 마음을 여는 것이다. 우리 스스로 기꺼이 자기성찰을 했던 경험이 집단원에게 그들의 개인적인 걱정거리를 탐색하도록 북돋을 수 있다.

여러 해 동안 우리는 치료적 직관과 효과성의 적절한 상태를 맞추도록 도왔던 것이 바로 우리가 선택했던 가장 어려운 길과 우리가 경험했던 가장 큰 고통이라는 점을 알아냈다. 그것은 단지 힘든 시간을 보내는 것이 아니라, 집단 상담자로서 효과적인 방식으로 이러한 경험들을 활용하도록 돕는 그 시간에 대해 기꺼이 비판적으로 생각하는 것이다. 예를 들어, 당신이 고통스럽게 이혼을 했거나, 해결하지 못한 극심한 슬픔에 빠져있거나, 어렸을 때 근친상간을 경험하고 이 부분에 대해 개인적인 작업을 끝내지 못했다면, 이와 유사한 상황에 연관된 집단원들의 이야기에 효과적으로 대처하지 못할 정도로 영향을 받기 쉽다. 하지만 당신 자신의 문제로 치료받고 있다면 집단원과의 작업에서 보여주게 될 이해도와 민감성을 소유하게 될 것이다.

개인적인 힘　개인적인 힘이란 집단원들을 지배한다거나 상담자의 목적에 따라 그들을 조종하는 것을 의미하지는 않는다. 오히려 집단원들이 누구이고, 무엇을 원하는지 알고 있는 상담자의 역동적이고 생동감 있는 특성이라고 할 수 있고, 이러한 힘은 자신감을 내포한다. 이러한 상담자들의 삶은 자신이 받아들이고 지지하는 것의 표현이다. 자신감이 있다는 것은 거만하다거나 더 이상 배울 것이 없다고 느끼는 것이 아니다. 자신감은 우리 자신을 한 사람의 전문가로서 건강하게 조율하는 동안 우리의 역량을 신뢰한다는 것을 의미한다. 즉, 우리가 힘이 있다고 느낀다면, 집단원들에게 힘 북돋우기의 느낌을 갖도록 촉진할 수 있는 기본을 갖춘 것이다.

강한 자신감을 갖고 있는 사람들은 대인관계에서 적절하고 진실하게 대할 수 있다. 물론 자신의 내부에 있는 어떤 특성 때문에 두려울 수도 있지만, 그것이 그들로 하여금 자신의 특성을 검토하지 못하게 막지 않는다. 자신감이 강한 사람들은 자신의 약점을 수용하며 자신과 타인에게 약점을 감추는 데 에너지를 소비하지 않는다. 반대로 그렇지 못한 사람들은 자기 인식으로부터 스스로를 매우 방어하고 싶어 하고, 종종 자신의 취약성이 드러날까봐 두려워하는 것처럼 행동한다.

집단원들은 때때로 상담자를 완벽하다고 여기고, 자기가 이루어낸 통찰과 변화에 대해 상담자에게 너무 많은 공을 돌림으로써 자기 자신의 힘을 약화시킨다. 우리는 상담자가 자신을 향한 집단원의 인식과 존경을 너무나 쉽게 받아들이는 것에 우려하고 있다. 유능한 집단 상담자는 변화를 가져오는 데 중요한 역할을 하는 방법을 알고 있고, 동시에 집단원들이 자신의 변화에 대해 변화를 가져오는 데 도움이 되고, 동시에 집단원들이 변화를 위해 스스로 기여한 부분을 수용하도록 격려한다.

활력 집단을 이끄는 것은 재미있고 열정을 북돋아주지만, 동시에 많은 부담이 되고 힘이 소모되는 과정이므로 신체적, 심리적 활력과 집단 과정 내내 활기차 있어야 한다는 압박을 견딜 수 있는 능력이 필요하다. 당신 자신의 힘과 활력이 어느 정도 수준인지 인식하고 그것을 보충할 방법을 찾아보라. 심적 자양분을 보충하기 위해서는 집단원보다 다른 곳에서 자원을 확보하는 것이 중요하다. 활력을 지속시키기 위해 집단의 성공 수준에만 주로 의존한다면 영양실조가 되어 상담자로서의 성공에 필수적인 활력을 잃을 위험이 높아진다. 당신이 주로 매우 도전적인 집단과 작업을 한다면 이것은 당신의 에너지 수준에 반드시 영향을 미칠 것이다. 비현실적으로 높은 기대 수준 또한 당신의 활력에 영향을 준다. 즉각적인 변화를 기대하는 상담자들은 종종 스스로에게 실망하고, 너무 성급해서 그것이 부적당하다고 판단하지 못한다. 집단이 어떠해야 하는지에 대한 자신의 비전과 실제 집단에서 이루어지는 것 사이의 괴리에 직면하면 지도자들은 열정을 잃고 집단 내 변화의 부족에 대해 스스로뿐만 아니라 집단원들까지도 비난하게 된다. 만약 당신의 열정이 사라지기 시작한다면, 그것을 인식하는 것이 또 다른 시작의 훌륭한 출발점이 된다. 당신의 기대 수준을 검토하고, 그것이 비현실적이라면 좀 더 현실적인 관점을 갖도록 노력하라.

자기 돌봄에 전념하기 자신의 활력을 유지하고 싶다면 자기 스스로를 돌볼 필요가 있다. 우리처럼 누군가를 돕는 직업군의 사람들은 타인을 생각하도록 사회화되었으므로 우리 자신의 요구를 인식하고, 스스로를 돌보는 것이 어렵다. 때때로 집단 과정 속에서 우리 자신을 보살피는 데 소홀하게 되어 활력이 고갈되는 단계에 이르기도 한다. 최근 성장세에 있는 한 연구 단체에서 정신건강 분야 전문직 종사자들이 중간 정도의 우울증, 가벼운 불안, 감정 소모, 불행한 관계와 같은 부정적인 증상을 앓고 있다고 밝혀냈다(Norcross & Guy, 2007). 집단 상담자로서 우리가 직면하는 많은 과업을 충족시키기 위해서는 효과적인 자기 돌봄 전략을 계발하는 데 전념해야 한다. 자기 돌봄은 사치가 아니라 윤리적 지침이다. 『학교 상담자의 윤리 규범(Ethical Standards for School Counselors)』[미국학교상담자협회(ASCA), 2010]에는 자기 돌봄이 전문가 역량을 유지하기 위한 전제조건이라고 명시한다. "학교 상담 전문가들은 정서적, 신체적 건강을 점검하고, 최적의 효과를 도출하기 위해 능숙하게 실천한다. 역량을 확실하게 할 필요가 있을 때는 언제나 신체적, 정신적 건강에 도움이 될 전문기관을 찾는다"(E.1.b). 미국상담자협회(ACA, 2014)의 윤리 규정에서는 장애를 다룬다. "상담자들은 자신의 신체적, 정신적, 혹은 정서적 문제로 인한 장애의 신호를 점검하고, 장애를 겪고 있을 때는 전문적 서비스를 제안하거나 제공하는 것을 삼간다"(C.2.G.).

> 자기 돌봄은
> 사치가 아니라
> 윤리적 지침이다.

자기 돌봄은 당신의 강점을 활용하는 기본이 되는데, 그것은 작업의 스트레스를 효과적으로 다루고, 극도의 피로를 유발하는 위험 요인을 막을 수 있게 해준다. 한 인간으로, 그리고 전문가로 활력을 유지하는 것은 저절로 되는 것이 아니라, 심신의 건강함을 증진시키는 사고와 활동을 열심히 한 결과이다. 자기 돌봄은 우리의 요구에 주의를 기울이고 존중하는 방법을 학습하는 것과 관련되며, 이것은 평생의 과업이다. 우리가 '나'라는 존재를 끊임없이 보살피지 않으면 활력을 유지하는 것은 어렵다. 우리가 스스로에게 활력을 주지 못한다면 집단원에게도 활력을 제공할 수 없다. 만약 우리가 자신을 돌보는 것에 전념하는 모습을 보여준다면, 집단원들에게도 필수적인 중요한 교훈의 본보기가 될 것이다. 유능한 상담자들은 행동을 통해 열정적인 에너지를 표현하고 살아 있음을 표출한다. 이 주제에 대한 우수한 논의를 참고하고 싶다면 Norcross & Guy(2007)의 책, 『일에서 떠나기: 심리치료자의 자기 돌봄 안내서(Leaving It at the Office: A Guide to Psychotherapist Self-Care)』를 추천한다.

자기 인식　치료자라면 누구나 가지고 있는 중요한 특성은 자기에 대한 인식인데, 여기에는 개인의 정체성, 문화적 관점, 힘과 특권, 목표, 동기, 요구, 한계, 강점, 가치관, 감정, 문제가 포함된다. 당신이 누구인지 제대로 이해하지 못한다면, 집단원들에게 이런 종류의 인식을 촉진할 수 없을 것이다. 이미 언급했듯이, 새로운 삶의 경험에 대한 개방적인 태도는 당신의 인식을 확장시키는 한 가지 방법이다. 당신 스스로 개인 상담이나 집단상담을 통해 개인적 치료를 받는 것은 특히 역전이의 가능성을 인지하고, 이러한 반응을 어떻게 다룰 것인지 학습하는 데 있어 자기 인식의 폭을 확장시키는 또 다른 방법이다. 자신의 개인적 특성을 인식할 필요가 있다. 해결되지 않은 개인적 문제는 집단 상담자로서 작업할 때 도움이 되거나 방해가 될 수도 있다. 당신이 일을 통해 충족시키는 요구가 무엇인지 아는 것을 포함해서 집단상담을 하기로 결정한 이유를 인식하는 것은 매우 중요하다. 자기 자신을 만나는 것을 망설인다면 어떻게 다른 사람에게 자기 발견의 위험을 감수하라고 격려할 수 있겠는가? 당신과 집단원들의 상호작용을 성찰해보라. 이것은 당신 자신에 대한 정보를 얻을 수 있는 잠재적으로 풍부한 정보원이 된다.

유머 감각 우리는 자연스러운 재치를 사용하는 것이 집단원에게 우리를 좀 더 현실적으로 보이게 하고 그들이 힘의 차이 때문에 두려워하는 정도를 감소시킨다는 사실을 계속해서 발견하고 있다. 하지만 우리가 행하고 말하는 모든 것은 치유의 힘과 위해의 힘을 동시에 가지고 있다. 유머를 사용하는 것이 일반적으로 긍정적인 반응을 불러 일으키지만, 어떤 집단원은 부정적으로 반응할 수도 있다. 이는 유머를 하지 말아야 한다는 것이 아니라, 유머가 집단원에게 미치는 잠재적인 영향력을 인식해야 한다는 것을 의미한다. 특히 당신이 그들과 함께 즐겁고 재미있었다면 당신에 대한 그들의 반응에 관해 언어적으로 확인할 뿐만 아니라 집단원의 비언어적인 반응도 관찰하라. 유머가 강요나 연습에 의해서가 아니라 자연스럽게 나온다면 긍정적인 영향을 미칠 수 있다. 몇몇의 학생들은 상담자들이 장난기가 많다면 그들에게 말을 붙이기 쉽고 덜 위협적일 수 있다고 말했다. 유머를 사용할 때 집단원에 대한 존중감을 유지하면서, 그들의 고통을 깎아내리거나 한 인간으로서 그들을 평가 절하하는 표현을 피하는 것이 중요하다. 핵심은 집단원을 언급할 때 사실과 적절함의 균형을 맞추는 것이다. 집단과 친밀한 관계를 형성하기 위하여 유머를 남용하는 것을 삼가도록 한다.

창의성 새로운 아이디어로 각각의 집단에 자연스럽게 접근하는 능력은 가장 중요한 특성 중 하나이다. 특히 집단상담을 자주 한다면 새로움을 유지하기가 쉽지 않다. '지금 여기'에서의 상호작용에서 나타나는 시도들을 고안함으로써 집단에 접근하는 새로운 방식을 발견하는 것은 중요하다. 공동 지도자와 함께 일하는 것도 새로운 아이디어의 또 다른 원천이다.

당신이 집단에서 집단원들의 이야기를 듣는다면, 그들의 창의성을 활용할 기회를 찾아낼 것이다. 만약 한 집단원이 예술가나 시인이라면 그 집단원의 작품 일부를 집단과 공유하거나, 창의적 예술 활동을 집단원들에게 직접 지도해보라고 격려할 수도 있다.

특히 몇 시간 내내 긴장이 풀리지 않는 회기에서 집단원과 상담자 모두 밖으로 나가 신선한 공기를 마시고 산책을 하기로 결정하고, 집단원 중 한 사람이 마침 축구 코치라면 다른 집단원들에게 축구를 가르칠 수 있을 것이다. 이것은 긴장을 완화하고 자유롭게 움직이게 하는 데 매우 효과적이며, 일반적으로 수줍음이 많은 집단원이 상담자 역할을 하는 것을 가능케 한다. 또한 집단원들이 서로 재미를 느낀다면, 계속해서 말하는 것보다 좀 더 긍정적인 효과가 있다. 미리 계획된 운동과 활동도 유용하지만 가장 강력한 창의성은 집단원 스스로에게서 나온다. 이러한 창의성이 가치 있게 여겨지고 탐색될 수 있는 공간을 만들도록 한다.

개인적인 헌신과 전념　　타인과 차별되는 전문가가 되는 것은 당신의 삶에 의미와 방향을 제공해주는 이상을 갖는 것이 포함된다. 이러한 헌신은 집단을 이끄는 데 직접 적용된다. 당신이 집단 과정의 가치를 믿고, 집단이 어떻게 사람들에게 힘을 불어넣는지에 대한 비전을 갖고 있다면 집단에서의 어려운 시기를 더 잘 이겨낼 수 있을 것이다. 길을 안내해주는 비전을 가지고 있다면 상호작용에 문제가 생기더라도 집단원들과 함께 중심을 잃지 않고 바르게 나아갈 수 있다.

집단원들에게 호기심을 느끼는 태도를 계발하고, 집단원들도 그렇게 하도록 격려하라. 모든 집단원들의 행동에는 우리가 그것 자체로 바라본다면 각각 의미와 목적이 있다. 가장 어려운 집단원조차 다른 사람들이 자신을 보살피는 것에 저항한다 해도 다가갈 수 있으며, 그렇게 해야 한다. "가면은 감추려고 하는 것을 드러낸다."라는 말이 있다. 우리는 이 말을 사람들이 자기 자신을 숨기려고 하는 바로 그것은 자기가 누구이고, 무엇을 두려워하며, 무엇이 고통스러운지, 무엇을 바라는지에 대한 많은 것을 알려준다는 의미로 해석한다. 집단원들이 좀 더 진실하게 되려고 노력한다면 보다 진심 어리고 직접적인 방법으로 그 가면을 버리고 스스로를 드러내도록 도울 수 있다. 집단원들이 가면을 쓰고 있을 때와 마찬가지로 벗고 있을 때도 노력을 기울여야 그들을 도울 수 있다. 우리는 특히 집단원들이 난해하게 행동할 때 그들을 수용하고 그들에게 전념할 필요가 있다.

> "
> 가장 훌륭한 교사는 항상 배우고, 결코 모든 것을 깨달았다고 느껴지는 지점에 도달하지 않는다.
> "

아울러 헌신적인 전문가가 되려면 겸손함이 필요한데, 이것은 피드백과 아이디어에 개방적이고 한 개인의 자기를 기꺼이 탐색하는 것을 의미한다. 겸손함은 진실함이며, 자기를 내세우지 않음을 의미하는 것은 아니다. 그것은 더 이상 배울 것이 없다고 스스로를 확신시키는 것을 시사하는 오만과 정반대의 개념이다. 가장 훌륭한 교사는 항상 배우고, 결코 모든 것을 깨달았다고 느껴지는 지점에 도달하지 않는다. 사실 우리의 직업이 주는 멋진 선물 중 하나는 우리가 행하는 것을 실천하는 과정이 우리를 더 나은 인간으로 만든다는 점이다. 덧붙여 이 직업에 전념하려면 학술지와 책을 읽고 전문적인 워크숍에 참석하면서 이 분야에서의 변화에 뒤처지지 않아야 한다.

 # 전문가로서의 집단 상담자

집단 리더십 기술의 개관

일반적으로 긍정적인 치료적 관계는 반드시 필요하지만 내담자의 변화를 이끌어내는 충분조건은 아니다. 상담자가 집단을 가장 잘 기능하게 하는 방법에 대해 알고, 적절한 시기에 효과적인 방법으로 개입하는 기술을 보유하는 것은 매우 중요하다. 개방성과 직접성, 존중, 서로에 대한 배려와 같은 대인관계의 규범을 만들 수 있는 집단 내 분위기를 조성하는 것은 집단원들 사이에서 치료적인 상호작용을 이끌어낼 것이다. 상담자의 대인관계 기술과 진정성, 공감 능력, 따뜻한 마음은 집단에서 성공적인 결과를 이끌어내는 분위기를 창조하는 데 있어 중요한 변수이다. 집단 상담자는 이러한 개인적 특성뿐만 아니라 집단 작업에 대한 지식과 일련의 전문적 기술을 습득해야 한다. 상담 기술은 배울 수 있지만 이러한 기술을 섬세하고 시기적절한 방법으로 사용하는 데는 기술적 요소가 필요하다. 이 기술을 언제, 어떻게 사용해야 하는지 학습하는 것은 슈퍼비전을 받은 경험과 실제 상담 경험, 피드백, 자신감과 관계가 있다. 10장과 11장에서는 다양한 연령대의 집단을 이끄는 데 기본이 되는 기술을 설명할 것이다.

다음에 논의할 기술에 대해서 몇 가지 요점은 명확히 할 필요가 있다. 첫째, 이 기술은 모두 습득했는지 아니면 전혀 모르는지에 대해서가 아니라 역량을 지속적으로 갖추는 것이라고 생각하는 것이 가장 알맞다. 이 기술은 완전히 숙련되고, 섬세하고 적절한 방식으로 활용되거나, 아니면 최소한의 수준으로 개발될 것이다. 둘째, 이 기술은 훈련과 슈퍼비전을 통해 학습하고 개선시킬 수 있다. 집단원으로 집단에 참여하는 것은 집단이란 무엇인지 알 수 있는 좋은 방법 중 하나이다. 리더십 기술을 획득하고 향상시키는 또 다른 방법은 슈퍼비전을 받으면서 집단을 이끌거나 공동 지도자로 참여하는 것이다. 셋째, 집단 상담자는 끊임없이 집단 장소를 살피고, 여러 집단원의 언어적, 비언어적 의사소통을 관찰하며, 집단원 개개인의 과정과 내용을 탐지하는 등의 작업을 동시에 처리할 수 있어야 한다. 이러한 다중 작업은 처음에는 체력 소모가 심하겠지만, 경험이 많아질수록 점점 쉬워진다. 가능하다면 이러한 과업을 나눌 수 있는 공동 지도자와 함께하는 것도 도움이 된다. 넷째, 이 기술은 별개로 구분된 것이 아니라 공통된 부분이 많다. 적극적 경청, 반영, 명료화는 상호의존적인 기술이므로, 어떤 기술을 개발시키면 다른 기술도 자동으로 향상된다. 다섯째, 이 기술은 그것을 사용하는 사람과 별도로 분리할 수 없다. 여섯째, 어떤 기술을 개발하고 사용하느냐에 따라 사용자의 성격과 리더십 스타일을 알 수 있다.

다음으로 유능한 집단 상담자로서 획득하고 지속적으로 개선시켜야 하는 몇 가지 기술을 고찰할 것이다.

적극적 경청　다른 사람들이 의사소통할 때 그들에게 충분히 주의를 기울이는 방법을 배우는 것은 가장 중요하며, 이 과정은 단순히 말을 들어주는 것 이상을 의미한다. 이것은 내용을 이해하고, 몸짓과 음성 또는 표현의 미묘한 변화에 주목하고, 저변에 깔린 메시지를 감지하는 것을 포함한다. 집단 상담자는 우선 다른 사람에게 주의를 집중하는 데 방해가 되는 걸림돌을 인식함으로써 자신의 경청 기술을 향상시킬 수 있다. 이러한 장애물에는 남의 말을 진정으로 듣지 않고, 남이 말할 때 충분히 주의를 기울이는 대신 다음에 무슨 말을 할지 생각하고, 자신의 역할이나 자신이 어떻게 보일지 지나치게 걱정하고, 상대방의 입장에서 생각하지 않고 판단 및 평가하는 것이 있다. 다른 모든 치료적 기술과 마찬가지로 적극적 경청에도 수준이 있다. 숙련된 집단 상담자는 집단원이 말하는 것과 그 사람의 자세, 몸짓, 버릇, 말의 억양을 통해 전달하는 것과의 사이에서 나타나는 일치 혹은 불일치에 민감하다. 예를 들어, 어떤 남성이 아내에게 따뜻함과 사랑을 말하고 있지만 그의 몸은 경직되어 있고 목소리에 힘이 없을 수 있다. 고통스러운 상황을 회상하는 한 여성은 겉으로 미소를 지으며 눈물을 참고 있을지도 모른다. 집단 상담자는 집단원들의 말을 잘 듣는 것뿐만 아니라, 집단원들이 서로 적극적으로 경청하는 방법을 가르치는 것도 중요하다.

반영하기　반영하기는 적극적 경청에 좌우되는 기술로, 상대가 알 수 있도록 그가 전달한 것의 핵심을 되돌려주는 능력이다. 초심 집단 상담자의 상당수는 상호작용의 대부분을 단순한 반영에 국한시킨다. 집단원들이 계속해서 말을 한다면 이 상담자도 계속해서 반영하기를 실시하지만, 극단적인 경우 그것은 내용 없는 공허한 메아리가 될 수 있다. 예를 들면, 다음의 경우를 생각해보라.

집단원　오늘은 정말 집단에 오고 싶지 않았어요. 지루하고, 수 주일간 아무 진전도 없는 것 같아요.

상담자　지루하고 진전도 보이지 않기 때문에 집단에 오고 싶지 않았군요.

여기에 상담자들이 직면시키거나 당사자와 다른 집단원에게 집단에서 진행되는 것을 검토해보라고 요청하는 등의 개인적인 방식으로 반응할 수 있는 풍부한 소재가 있다. 반영하기 수준이 초보 단계라도 가치는 있지만 그 수준에 머무른다면 보다 깊이 있는 탐색을 하기는 어렵다. 단조롭고 재미없는 분위기를 만든다. 상담자가 다음과 같은 방법으로 반응했다면 더 좋았을 것이다.

> 상담자 이 경험을 통해 많은 것을 얻을 수 있다는 가능성이 보이지 않아 실망스러웠겠어요.

이렇게 했다면 이 과정에서 상담자는 집단원이 자신의 말 뒤에 숨은 의도나 감정을 보도록 독려하고, 의미 있는 의사소통의 기회를 열었을 것이다.

명료화 명료화는 집단의 초기 단계에서 유용하게 적용시킬 수 있는 기술이다. 이것은 쟁점 뒤에 숨어 있는 핵심에 집중하고 혼란스럽고 갈등을 일으키는 감정을 가려내는 것을 의미한다.

> 집단원 아버지 때문에 화가 나고 더 이상 아버지를 안 보면 좋겠어요. 자주 제게 상처를 주시거든요. 하지만 아버지를 사랑하고 아버지에게 인정받고 싶기 때문에 이런 감정을 느낄 때마다 죄책감이 들어요.
>
> 상담자 사랑과 미움의 감정을 함께 느끼고 있군요. 어떻게든 그 두 감정을 동시에 느낀다는 것은 좋지 않은 신호인 것 같아요.

명료화는 그 집단원이 자신의 감정을 구분해서 최종적으로는 죄책감을 느끼지 않고 사랑과 미움을 동시에 경험할 수 있도록 도와줄 수 있다. 그러나 그녀가 이런 양가 감정을 수용할 수 있기까지는 시간이 걸릴 것이다.

요약하기 요약하는 기술은 집단 회기 초기 단계에서 첫 점검 후에 특히 유용하다. 집단 과정이 난관에 봉착하거나 분열되면 요약하기는 다음에 어디로 갈 것인지 결정하는 데 도움이 된다. 몇 명의 집단원들이 특정한 개인적 문제를 다루는 것에 관심을 보인다면 상담자는 이 집단원들을 연결시켜주는 공통된 요소를 알려줄 수 있다.

각 회기의 종결 시점에서 상담자는 직접 요약하거나 집단원들에게 요약해보라고 요청할 것이다. 상담자가 '끝나기 전에 오늘 집단에서 경험한 것에 대해 말해보도록 하죠.'라는 말을 한다고 가정해보자. 그 상담자는 집단원들이 다음 회기 전에 앞으로의 작업에서 무엇을 할 수 있는지 생각해보게 할 것이다. 이때 상담자가 집단원들에게 요약하기 시범을 보여주기 위해 먼저 요약해서 말하는 것도 유용한 방법이다.

촉진하기　집단 상담자는 (1) 집단원이 자신의 두려움이나 기대를 솔직하게 표현하도록 도와주고, (2) 집단원들이 서로를 신뢰하여 생산적인 교환에 참여할 수 있도록 안전하고 수용적인 분위기를 만들기 위해 적극적으로 노력하고, (3) 집단구성원이 자신의 매우 개인적인 부분을 탐색하거나 새로운 행동을 시도할 때 장려하고 지지하며, (4) 집단원이 참여하도록 권하거나 독려함으로써 가능한 한 많은 집단원들을 집단 상호작용에 참여시키고, (5) 집단원들이 서로에게 직접 말하도록 장려함으로써 상담자에게 덜 의존하는 방향으로 집단을 이끌고, (6) 갈등과 논쟁을 자유롭게 표현하도록 고무시키고, (7) 집단원이 직접적인 의사소통의 장애를 극복하도록 도움으로써 집단 과정을 촉진할 수 있다. 촉진 기술을 사용하는 목적은 대부분 집단원이 자신의 목표를 성취할 수 있도록 돕는 것이다. 기본적으로 이 기술은 집단원 간에 의사소통을 분명하게 하고, 집단이 나아갈 방향에 대한 집단원의 책임을 늘리도록 돕는 것을 포함한다.

공감하기　공감적인 집단 상담자는 집단원의 주관적인 세계를 감지할 수 있다. 이 기술은 상담자가 이미 언급한 보살핌과 개방성이라는 특성을 함양하도록 요구한다. 또한 타인과 동일시하기 위해 기본적으로 필요한 광범위한 경험을 지니고 있어야 하며, 보다 직접적으로 전달된 메시지뿐 아니라 미묘한 비언어적 메시지도 파악할 수 있어야 한다. 다른 사람이 경험하는 것을 완전히 아는 것은 불가능하지만 세심하고 민감한 집단 상담자는 그것을 느낄 수 있다. 하지만 집단 상담자가 집단원들에게 지나치게 동일시한 나머지 자신의 정체성을 모호하게 만들지 않는 것 또한 중요하다. 공감 기술의 핵심은 타인의 경험을 숨김없이 파악하면서 동시에 타인과의 거리를 유지할 수 있는 능력이다.

해석하기　매우 지시적인 집단 상담자는 해석하기 기법을 사용하기 쉬운데, 이것은 특정 행동이나 증상에 대해 가능한 설명을 제시하는 것이 뒤따르게 된다. 해석이 정확하고 시기 적절하다면 집단원이 난관을 극복할 수 있도록 도울 수 있다. 그러나 상담자가 항상 집단원을 위해서 해석할 필요는 없다. 게슈탈트 치료에서는 집단원이 자신의 행동에 대해 스스로 해석하도록 격려받는다. 집단 상담자는 또한 직감의 형태로 해석하고, 이후에 집단원 자신이 들은 것을 평가하도록 장려할 것이다. 예를 들어, 다음과 같은 해석이 있다고 하자. '제프리, 당신은 집단에서 누군가가 고통스러운 일에 대해 이야기할 때 개입해서 그 사람에게 위안을 주더군요. 하지만 이것은 그 사람의 감정적 경험과 탐색을 막을 수도 있어요. 그것을 통해 당신에게 일어나고 있는 일에 대해 무엇을 알 수 있나요?' 해석이란 사실보다는 가설로 표현된다는 점과 당사자가 집단에서 이러한 직감의 타당성을 고려할 기회를 갖는다는 점이 중요하다. 또한 집단원의 행동을 잘못 해석하는 것을 방지하기 위해서 문화적 맥락에서 해석하는 것이 중요하다. 예를 들어, 집단원의 침묵은 집단을 신뢰하지 않거나 저항하기 위한 표시가 아니라 문화적인 메시지와 관련이 있다. 이 문화적 메시지는 '듣는 동안에는 말하지 마라.' 또는 '튀는 행동을 하지 마라.'일 수 있다. 침묵을 불신에 대한 표시라고 해석하는 것은 행동의 문화적 측면을 이해하지 못해 발생하는 실수이다.

개인에 대한 해석뿐만 아니라 집단 전체에 대한 해석도 가능하다. 한 사례로 특정 집단원에게 말을 하라고 독려할 때 얼마나 많은 집단원들이 관여하는지 언급하는 상담자가 있다. 이 상담자는 그러한 행동이 집단 전체에서 피해야 할 양식이라고 이야기할 것이다. 이러한 해석은 작업 단계보다 이행 단계에서 매우 독특한 어떤 것을 의미한다. 집단의 발달 수준을 고려하여 집단원의 행동을 바라보고 해석할 필요가 있다.

질문하기 질문하기는 많은 집단 상담자들이 남용하고 있는 기술이다. 질문이 생산적인 결과를 낳는 경우는 거의 없고, 종종 개인의 작업을 방해하기도 한다. 만약 한 집단원이 강렬한 감정을 경험한다면, 질문하기는 그 강도를 줄이는 한 방법이다. 하지만 '왜 그렇게 느낍니까?'라고 묻는 것은 그것이 인지적인 수준에서 감정적인 주제를 다루기 때문에 별로 도움이 되지 않는다. 그 대신에 시기 적절하게 '무엇을', '어떻게'라고 묻는 것은 경험을 강화시키는 역할을 한다. 이러한 질문에는 '자신의 외로움에 대해 말하는 동안 당신의 몸에는 무슨 일이 일어나고 있습니까?', '당신은 이 집단에서 어떤 방식으로 거절에 대한 두려움을 경험하고 있습니까?', '당신의 문제를 집단에서 밝힌다면 어떤 일이 일어날 것이라고 상상합니까?', '당신은 이곳의 사람들을 신뢰할 수 없을 것이라는 두려움에 어떻게 대처하고 있습니까?', '아버지의 인정이란 당신에게 무엇을 의미합니까?' 등이 있다. 이런 개방형 질문은 당사자가 그 순간에 자각의 수준을 높이도록 이끌어준다. 상담자는 개방형 질문을 하고, 사람들을 자신에게서 소외시키는 질문을 피하는 기술을 개발해야 한다. 도움이 되지 않는 폐쇄형 질문은 행동의 원인을 찾거나 정보를 탐색할 때 사용하는데, '왜 우울합니까?', '왜 집을 떠나지 않는 건가요?' 등이 폐쇄형 질문에 속한다.

집단 상담자는 개개의 집단원과 작업하면서 집단의 수준에 맞춰 질문하는 기술을 개발해야 한다. 집단 과정은 집단 전체에 생산적으로 다룰 수 있는 질문을 하는 것인데, '지금 이 주제를 생각하고 계시는 분은 안 계십니까?', '여러분 중 많은 분들이 침묵하고 계시군요. 말하지 않고 마음속에 담고 있는 것이 궁금합니다.', '지금 이 순간 당신은 얼마나 많은 에너지를 가지고 계신가요?' 등이 있다. 이러한 질문은 집단원이 집단에서 일어나고 있는 것에 대해 다른 관점에서 성찰하도록 도울 수 있다.

연결 짓기　상호작용에 중점을 두는, 즉 상담자와 집단원 사이의 상호작용보다 집단원 서로 간의 의사소통을 더 강조하는 집단 상담자는 연결 짓기를 자주 사용한다. 이것은 많은 집단원의 참여를 조성할 수 있다. 이 기술은 한 사람이 행동하거나 말하는 것을 다른 사람의 관심사와 연결시키는 방식을 찾는 데 있어 상담자의 통찰력을 요구한다. 예를 들어, 집단원인 캐서린이 자신이 완벽하지 않으면 사랑받지 못할 것 같다고 말한다. 만약 다른 집단원인 파멜라가 유사한 감정을 표현했다면, 상담자는 캐서린과 파멜라에게 자신의 두려움에 대해 집단에서 서로 이야기하도록 요청할 수 있다. 집단원이 공통의 관심을 갖고 있다는 단서를 파악함으로써 상담자는 집단원의 상호관계를 증진시키고, 집단응집력 수준을 높일 수 있다. 또한 집단원 간의 연결을 촉진할 수 있는, '캐서린처럼 느끼는 분 계십니까?', '파멜라와 캐서린이 서로 주고받는 것을 보고 영향을 받았고, 어떻게 영향을 받았는지 말씀해주실 분 계십니까?'와 같은 질문을 할 수 있다.

직면시키기　초심 집단 상담자들은 종종 집단원의 감정을 상하게 하거나, 잘못하거나, 보복을 초래할 수 있다는 두려움 때문에 집단원과 직면하는 것을 꺼린다. 타인을 공격하거나 단순히 비판하는 데는 상당한 기술이 필요치 않다. 그러나 집단원의 행동이 집단의 기능에 지장을 주거나, 그들의 언어적 메시지와 비언어적 메시지가 일치하지 않을 때 그들을 직면시키는 데는 돌봄과 기술 모두가 필요하다. 집단원과 직면할 때 상담자는 (1) 문제가 되는 행동에 구체적으로 확인하면서도 그 사람에게 꼬리표를 달지 않고, (2) 그 사람의 행동에 대해서 자신이 어떻게 느끼는지를 공유해야 한다. 예를 들어, 집단원인 대니가 한 집단원에게 이번 회기 동안 다른 사람에 비해 특히 조용했다고 비난한다면 상담자는 다음과 같이 개입할 수 있다. '대니, 그녀에게 말해야 한다고 요구하는 것보다는 침묵하는 것이 당신에게 어떠한 영향을 미치는지 그녀가 알도록 도와주지 않겠어요? 그녀가 말하는 것이 당신에게 왜 중요한지 말씀해 주시겠어요?'

　다른 기술들과 마찬가지로 상담자는 집단원 개개인과 집단 전체 모두를 직면시키는 방법을 학습할 필요가 있다. 예를 들어, 집단에 활력이 없고, 서로 피상적인 이야기만 나눈다면, 상담자는 집단원들에게 집단이 지금 어떻게 진행되고 있는지 보고 느끼는 것에 대해서 말해보거나, 무슨 일이 일어나도록 변화하는 것을 원하는지 아닌지 결정하기를 권장하는 것이 좋다.

지지하기 지지하는 행동은 치료적일 수도 있고 비생산적일 수도 있다. 일반적인 실수는 집단원이 갈등과 고통스러운 감정을 충분히 경험하기 전에 지지하는 것이다. 선한 의도로 개입했을지라도 그 집단원이 경험할 필요가 있는 어떤 감정을 중단시킬 수 있다. 상담자는 과도한 지지가 사람들이 스스로를 지원하고 지지할 수 없다는 메시지를 줄 수 있다는 사실을 기억해야 한다. 지지하기는 사람들이 위기에 직면할 때나 두려운 경험을 마주할 때, 건설적인 변화를 시도하지만 이런 변화에 대해 확신하지 못할 때, 자신을 제한하는 오래된 패턴을 극복하려고 애쓸 때 적합하다. 이러한 종류의 지지는 작업을 방해하지 않는다. 예를 들어, 집단원인 이삭이 난민으로서 겪었던 무서운 경험을 떠올렸을 때 몇 명의 집단원들이 그의 가까이에 앉아 주의 깊게 자신의 이야기를 들어줄 때 매우 지지받는 느낌이 든다고 한다. 그들의 존재만으로도 이삭이 혼자가 아니라고 느끼도록 도울 수 있다.

저지하기 집단 상담자들은 질문하고, 캐묻고, 험담하고, 다른 사람의 사생활을 침범하고, 신뢰를 깨는 등과 같은 집단원들의 행동을 저지해야 할 책임이 있다. 저지하기는 집단의 규범을 세우는 데 도움이 되고, 집단 초기 단계에 특히 중요한 개입 방법이 된다. 한 집단원이나 다수의 집단원들이 특정 집단원에게 질문을 퍼붓고 사적인 것을 털어놓으라고 다그친다면 상담자는 질문 공세를 받은 집단원이 자기를 드러내기가 꺼려진다는 것을 표현하도록 도우면서 그 과정에 대해 지적하고 질문을 던진 집단원에게 자신의 참여 스타일의 의도와 결과를 검토해보라고 요청해야 한다. 게다가 집단원들은 때때로 자신에 대해서 아직 숨기고 있으면서 다른 사람들에게 좀 더 사적인 것을 털어놓으라고 독촉한다. 이 기술은 과하게 질문하는 집단원을 비난하지 않으면서 비생산적 행동을 저지하는 방법을 배우는 것으로 감수성과 솔직함이 필요하다. 저지해야 하는 행동의 예는 다음과 같다.

- 다른 사람에게 질문을 퍼붓는 행동: 본인이 질문할 때 유발되는 생각과 감정을 표현하도록 직접 언급한다.
- 간접적인 의사소통: 한 집단원이 집단에 있는 다른 집단원에 대해 말한다면 지도자는 그 집단원에게 그가 언급했던 당사자에게 직접 말하라고 요청할 수 있다.
- 장황하게 말 늘어놓기: 길게 말하는 일이 발생하면, 상담자가 개입해서 이 모든 것이 감정과 사건을 표현하는 것과 어떻게 관련이 있는지, 지금 집단에 없는 사람에 대해 아는 것이 왜 중요한지 이야기하도록 요청할 수 있다.
- 신뢰를 깨는 행동: 어떤 집단원이 무심코 다른 집단에서 일어난 상황이나 이전에 참여했던 집단에서 누군가가 했던 행동에 대해 말할 수 있다. 신뢰를 깨는 행동의 결

과와 영향력에 대해서 철저히 논의해야 한다. 이때 상담자는 집단원들에게 다른 집단원들의 비밀과 사생활을 지키는 방식으로 자신의 경험을 이야기하는 방법을 가르쳐야 한다.

진단하기　진단 기술은 증상을 확인하고 행동의 원인을 찾아내는 것 이상을 수반한다. 진단은 문제 행동을 평가하고, 적절한 개입 방법을 선택하는 능력을 포함한다. 예를 들어, 한 집단원이 화가 났다는 것을 알아차린 상담자는 그 집단원이 억눌린 감정을 표현하도록 격려하는 방식의 안전성과 적절성을 고려해야 한다. 또한 특정 집단이 어느 한 집단원에게 치료적일지 아닐지 판단하는 기술을 개발하고, 그 집단이 치료 효과가 없을 때 적절하게 다른 집단이나 상담자를 소개하는 데 필요한 전문 지식을 습득해야 한다. 그리고 어떤 집단원이 집단에 도움이 될지, 해가 될지 파악할 수 있어야 한다.

모범 보이기　상담자가 집단원에게 바람직한 행동을 가르치는 최선의 방법 중 하나는 그들에게 모범을 보이는 것이다. 집단 상담자가 위험 감수, 개방성, 직접성, 감수성, 솔직성, 존중 및 열정을 가치 있게 여긴다면 이러한 가치와 일치하는 태도와 행동을 보여주어야 한다. 상담자들은 집단에서 이런 행동을 보여줌으로써 집단원에게 좋은 자질을 육성할 수 있다. 상담자들이 직접 모범을 보여줄 수 있는 특정 행동의 일부에는 다양성 존중하기, 적합하고 시기적절하게 자기개방하기, 다른 사람들이 비방어적으로 듣고 수용할 수 있는 방식으로 피드백하기, 비방어적인 태도로 다른 집단원들에게서 피드백 받기, 집단 과정에 참여하기, 집단원들과 함께 있기, 직접적이고 애정 어린 방식으로 다른 사람들을 독려하기 등이 있다.

제안하기　상담자는 집단원이 대안적인 사고와 행동을 개발하도록 돕기 위한 목적으로 제안을 할 수 있다. 제안은 수많은 형식을 취할 수 있는데, 정보를 제공하고, 집단원에게 구체적인 숙제를 생각해보도록 요청하고, 자신만의 새로운 방법을 해보도록 부탁하고, 새로운 관점에서 상황을 볼 수 있도록 집단원을 돕는 것 등이 있다. 또한 상담자는 집단원이 서로 적절한 제안을 하도록 가르칠 수 있다. 이 제안이 집단원의 변화를 촉진할 수 있지만, 너무 막힘없이 자유롭게 제안하면 자기 탐색 과정을 단축시킬 위험이 있다. 제안과 처방 간에는 미묘한 경계선이 있는데, 제안하기는 개인이 스스로 결정한 방향으로 움직이도록 강화하는 데 사용되는 것이다.

개입하기　상담자가 집단원에게 방향을 제시하는 데 있어 적극적인 역할을 하고, 구조를 제시하며, 필요할 때 행동을 취한다면, 집단은 자신의 과업에 몰입하도록 도움을 받을 수 있게 된다. 이 리더십 기술은 집단원이 개인적인 목표에 집중할 수 있게 촉매작용을 하고, 고착되어 벗어나기 힘들었던 것을 헤치고 나갈 수 있게 조력하고, 집단원이 갈등을 확인하고 해결하도록 돕고, 작업을 증진시키는 기법의 활용법을 알고, 집단 내의 다양한 주제를 연결시키고, 집단원이 스스로 방향을 잡도록 그 책임을 다할 수 있게 돕는 것이 포함된다. 상담자가 너무 지나치게 개입하면 집단의 창의성을 억압할 수 있고, 너무 개입하지 않으면 어떤 집단원은 수동적이 될 수도 있다.

평가하기　중요한 리더십 기술 중에는 진행되고 있는 과정과 집단의 역동을 평가하는 것이 있다. 각각의 집단 회기가 끝난 후에 상담자가 집단원 개개인의 내면에서, 그리고 집단 전체 안에서 무엇이 일어났는지 평가하고 어떤 개입 방법을 다음 회기에서 사용할 것인지 생각하는 것은 중요하다. 상담자는 스스로에게 다음과 같은 질문을 하는 습관을 가져야 한다. '집단상담의 결과로 어떤 변화가 일어나는가?', '집단상담에서 치료적인 힘과 비치료적인 힘은 무엇인가?'

상담자는 집단원들에게 평가하는 방법을 가르쳐서 그들이 집단의 진전과 방향성을 평가할 수 있게 하는 역할을 한다. 집단이 한 회기나 일련의 회기들을 평가하기 시작하면, 집단원은 필요시 변화가 일어나야 한다고 결정할 수 있다. 예를 들어, 회기를 종결하면서 평가할 때, 상담자와 집단원이 집단 전체가 해낼 수 있는 만큼 충분히 생산적이지 못했다는 점에 동의한다고 하자. 이때 상담자는 '우리 개개인이 집단에서 일어난 일에 대해 어느 정도로 책임을 져야 하는지 결정하기 위해 자신이 어떻게 참여했는지 숙고해봅시다. 각자 집단상담을 좀 더 성공적으로 만들기 위해 기꺼이 변화시킬 수 있는 것은 무엇입니까?'라고 말할 수 있다.

종결하기　집단 상담자들은 개인과 집단과의 작업을 언제, 어떻게 종결해야 할지 배워야 한다. 그들은 집단 회기를 끝내야 할 때와 언제 개인이 집단을 떠날 준비를 하는지, 집단이 작업을 완성하는 때는 언제인지 말할 수 있는 능력을 개발시키고, 각각의 종결하기 유형을 다루는 방법을 배워야 한다. 물론 각 회기의 종반에 다음 회기가 시작되기 전까지 집단원들이 할 일을 서로 약속하도록 격려하는 분위기를 만드는 것도 도움이 된다. 이것은 집단 자체가 종결될 때 집단원에게 필요할 기술을 배양하도록 돕는다. 집단원을 각 회기의 종결에 집중시킴으로써 그들은 집단이 완전히 끝날 때 어떻게 대처할 것인지 더 잘 준비할 수 있다.

특정 집단 경험을 마무리하도록 집단원을 돕는 기술에는 (1) 집단에서 배운 것을 그들이 돌아가야 하는 실제 생활에서 지속적인 집단의 지원 없이 이행할 수 있도록 여러 가지 제안하기, (2) 집단을 떠날 때 직면하게 될 심리적 적응 문제에 대해 준비시키기,

(3) 후속 집단 주선하기, (4) 추가 치료를 받을 수 있는 곳 알려주기, (5) 집단 종결 시에 개인적인 자문에 응하기 등이 있다. 후속 활동과 평가 활동은 상담자가 집단 내의 효과성을 알고자 할 때 특히 중요하다.

집단 상담자들이 집단상담의 종결 단계에서 상실에 대한 자기 자신의 내력을 검토하고, 그러한 상실의 경험을 불러일으킬 수 있는 주제를 인식하는 것은 중요하다. 9장에서는 지도자가 긍정적이고 건강하게 집단원이 집단을 종결할 수 있도록 촉진하는 창의적인 방법을 알아볼 것이다.

리더십 기술의 통합적 관점

일부 상담자 교육 프로그램이 주로 상담 기술의 개발과 역량 평가에 초점을 두는 반면, 어떤 교육 프로그램은 이런 기술의 바탕이 되는 개인적 자질을 강조한다. 집단 상담자를 위한 훈련 프로그램은 이러한 측면 모두에 충분한 주의를 기울이는 것이 이상적이다. 3장에서는 집단 상담자를 훈련시키기 위한 전문적인 기준에 대해 논의하면서 집단 상담자에게 필요한 특정 분야의 지식과 기술에 대해 더 자세히 다룰 것이다.

효과적인 집단 리더십에 필요한 모든 기술을 고려한다면 당신은 그것에 압도될 수도 있다. 삶의 다른 영역에서와 마찬가지로, 이 분야의 모든 기술을 한꺼번에 숙달하려고 하면 좌절하게 된다는 점을 기억하면 도움이 될 것이다. 자신의 리더십 방식을 점진적으로 개선하고, 이런 기술을 효과적으로 사용하는 데 자신감을 얻을 것이다.

활동을 통해 배우기 ▶ **집단 리더십 기술에 대한 자기 평가**

이 자기평가목록은 집단 상담자로서 본인의 강점 영역과 약점 영역을 확인하는 데 도움이 될 것이다. 각각의 기술에 대한 짧은 설명을 읽은 후 각 차원에서 스스로를 평가하고, 각각의 기술 아래 나열된 질문에 대해 생각해보라. 이 질문들은 당신이 현재 기술 수준을 평가하고, 각 기술을 향상시킬 수 있는 구체적인 방법을 확인하는 데 도움이 되도록 고안되었다.

집단 회기를 전후하여 이 점검 목록을 검토해봄으로써 도움을 받을 수 있다. 공동 지도자와 함께 작업하는 경우 그 사람은 당신에게 별도의 평가를 제공할 수도 있다. 또한 이 질문은 동료와 슈퍼바이저 또는 훈련관과 함께 자신의 기술 발달 수준을 탐색하기 위한 틀을 마련한다.

다음 사항이 어느 정도 나타나고 있는가? (하나의 빈칸은 학기 초기에 스스로를 평가하여 점수를 매기는 것이고 다른 빈칸은 학기가 끝난 후에 사용하면 된다.) 각각의 기술에 3점 척도로 스스로를 평가해보라.

1: 나는 **비교적 낮은** 수준의 역량을 발휘하여 때때로 이렇게 한다.
2: 나는 **적당한 수준**의 역량을 발휘하여 집단상담 시간 동안 종종 이렇게 한다.
3: 나는 **상당한 수준**의 역량을 발휘하여 대부분의 집단상담 시간 동안 이렇게 한다.

_____ _____ 1. **적극적 경청**: 미묘하거나 직접적인 메시지를 모두 듣고 이해하며 자신이 이렇게 하고 있다는 것을 전하는 것
ⓐ 나는 직접적 메시지, 미묘한 메시지를 모두 들을 수 있는가?
ⓑ 나는 집단원에게 잘 듣고 응답하는 방법을 가르치는가?

_____ _____ 2. **반영하기**: 듣거나 느낀 것의 심층적 의미를 포착하고, 기계적이지 않게 이것을 표현하는 것
ⓐ 나의 재진술이 집단원이 한 말에 의미를 더하는가?
ⓑ 나는 생각과 감정 모두를 반영할 수 있는가?

_____ _____ 3. **명료화**: 이면에 있는 쟁점에 초점을 맞추고, 사람들이 자신이 생각하고 느끼는 것에 대한 더 선명한 그림을 얻을 수 있도록 돕는 것
ⓐ 나의 명료화 발언은 남들이 갈등을 일으키는 감정을 찾아내도록 돕는가?
ⓑ 나의 명료화는 집단원의 자기 탐색 수준을 더 심화시키는가?

_____ _____ 4. **요약하기**: 핵심 요소와 공통 주제를 확인하고, 집단 회기가 나아가는 방향에 대한 그림을 제공하는 것
ⓐ 나는 집단 회기에서의 주제를 몇 개로 함께 묶을 수 있는가?
ⓑ 나는 각 회기가 끝날 때 적절하게 요약해주는가?

_____ _____ 5. **촉진하기**: 집단원이 집단에서 자신을 분명하게 표현하고 행동하도록 돕는 것
ⓐ 나는 집단원이 의사소통의 장애를 극복하도록 도울 수 있는가?
ⓑ 나는 집단원이 자신에게 집중하도록 가르치는 데 성공하고 있는가?

_____ _____ 6. **공감하기**: 집단원의 말에 담긴 내적 틀을 수용하는 것
ⓐ 나는 집단원에게 공감하면서 동시에 독립된 정체성을 유지할 수 있는가?
ⓑ 나는 집단원 간의 공감 표현을 증진하고 있는가?

_____ _____ 7. **해석하기**: 행동 양식의 의미를 이론적 틀로 설명하는 것
ⓐ 나는 직감에 따라 해석하는가?
ⓑ 나는 집단원이 자신의 행동에 대해 스스로 의미를 부여하도록 격려하는가?

_____ _____ 8. **질문하기**: 생각과 행동을 활성화하는 질문을 사용하지만, 상담자와 집단원 간의 묻고 답하는 형태의 상호작용을 피하는 것
ⓐ 나는 '왜'라는 질문 대신 '무엇을', '어떻게'라고 묻는가?
ⓑ 나는 질문을 하는 동안 내 의도를 계속 숨기고 있는가?

_____ _____ 9. **연결 짓기**: 집단원 간의 상호작용을 증진하고, 공통 주제를 탐색하도록 집단을 촉진하는 것
ⓐ 나의 개입이 집단원 간의 상호작용을 증진하는가?
ⓑ 나는 집단원 간 또는 상담자와 집단원 간의 상호작용 규범을 만드는가?

_____ _____ 10. **직면시키기**: 집단원들이 자신의 행동을 어느 측면으로 바라보도록 독려하는 것
ⓐ 나는 애정과 존중의 태도로 직면시키는 모범을 보이는가?
ⓑ 나는 판단하지 않고 특정한 행동을 직면시킬 수 있는가?

____ ____ **11. 지지하기:** 촉진적인 효과가 나타나는 방식으로 적절한 때에 긍정적인 강화를 제공하는 것

ⓐ 나는 독려와 지지를 균형적으로 사용하는가?

ⓑ 나의 지지가 때때로 집단원들의 작업을 방해하는가?

____ ____ **12. 저지하기:** 집단 내의 비생산적 행동을 막고 집단원들을 보호하기 위해 개입하는 것

ⓐ 나는 집단원을 공격하지 않으면서 필요한 때 개입할 수 있는가?

ⓑ 나는 집단에 방해가 되는 집단원들의 행동을 저지하는가?

____ ____ **13. 진단하기:** 꼬리표를 달지 않고 집단원들을 분명하기 감지하는 것

ⓐ 나는 집단원들이 자신의 문제 행동을 스스로 평가할 수 있도록 돕는가?

ⓑ 나는 나의 진단 방법에 적합한 개입을 만들어낼 수 있는가?

____ ____ **14. 모범 보이기:** 집단원에게 집단 회기 동안과 회기 사이에 실제로 해볼 수 있는 바람직한 행동을 보여주는 것

ⓐ 나는 효과적인 자기개방을 모범 보일 수 있는가?

ⓑ 나는 애정 어린 직면하기를 모범 보일 수 있는가?

____ ____ **15. 제안하기:** 독립적으로 의사결정을 할 때 집단원이 사용할 수 있는 정보나 가능한 행동을 제공하는 것

ⓐ 나의 제안은 집단원이 주도적으로 행동하도록 격려하는가?

ⓑ 나는 제안할 때와 하지 말아야 할 때를 어떻게 결정하는가?

____ ____ **16. 개입하기:** 적절한 시기에 집단에 개입하는 데 적극적인 입장을 보이는 것

ⓐ 나는 집단이 비생산적으로 허우적거리는 것을 막기 위해 적극적인 행동을 취하는가?

ⓑ 나는 집단원이 집단 회기 동안 스스로 작업을 하는 방법을 가르치는가?

____ ____ **17. 평가하기:** 진행되고 있는 집단 과정과 개인 및 집단 역동을 평가하는 것

ⓐ 나는 집단의 진행 과정을 평가하기 위해 어떤 기준을 사용하는가?

ⓑ 나는 집단원이 집단에 기여하는 것뿐만 아니라 자신이 획득한 것을 평가하도록 돕기 위해 어떤 종류의 질문을 하는가?

____ ____ **18. 종결하기:** 집단원이 집단 회기 후에도 작업을 계속하도록 격려하는 분위기를 조성하는 것

ⓐ 나는 집단원에게 집단 종결을 준비시키는가?

ⓑ 나는 집단원이 집단에서 배운 것을 일상생활에 적용하도록 돕는가?

일단 이 자기평가목록을 완성하면 가장 개선이 필요한 항목('1'이나 '2'로 점수를 매긴 항목)에 동그라미를 하라. 주의할 필요가 있는 질문뿐만 아니라 당신에게 가장 의미 있는 질문에도 동그라미를 하라. 스스로 생각하기에 가장 한계가 있는 기술에 노력을 기울이도록 고안할 수 있는 특정 전략에 대해 생각해보라. 이 검사는 과정을 시작할 때 한 번, 과정을 끝낸 후에 다시 한 번 하는 식으로 최소한 두 번 실시하는 것이 좋다.

공동 리더십 모델

공동 리더십의 기본 원리

집단 상담자를 교육하고 훈련시키는 많은 사람들이 집단 실제에 있어 공동 리더십 모델을 선호한다. 이 모델은 관련된 모든 사람들에게 여러 이점이 있다. 집단원들은 두 상담자의 관점에서 배울 수 있으며, 공동 지도자들은 집단상담 전후에 상의하고, 서로 배울 수 있다. 슈퍼바이저들은 훈련을 시키면서 공동 지도자와 긴밀하게 작업하고, 피드백할 수 있다.

우리는 집단을 촉진하고, 집단 상담자를 훈련하고 슈퍼비전을 할 때 공동 리더십을 더 선호하며, 보통 한 팀으로 일한다. 각각 혼자 집단을 이끄는 것을 포함하여 독립적이고 전문적으로 관여하지만, 우리는 공동으로 집단을 이끄는 것이 즐겁다. 공동 지도자는 함께 일하는 동료일 뿐 아니라 서로에게 끊임없이 배운다. 하지만 공동 리더십 모델만 사용한다는 인상을 주고 싶지는 않다. 왜냐하면 많은 사람들이 혼자서도 매우 효과적으로 집단을 촉진하기 때문이다. 이미 언급한 것처럼, 첫 집단과 만날 준비를 하는 집단 상담자들은 자기 의심과 불안을 경험하는 경향이 있는데, 만약 자신이 신뢰하고 존경하는 공동 지도자와 함께 집단을 맡는다면 이러한 부정적인 감정은 훨씬 줄어든다.

공동 리더십 모델을 사용하여 집단 상담자를 훈련시키는 데 있어, 집단을 공동으로 이끄는 훈련생을 관찰하는 것이 유용하므로 집단을 촉진할 때 그들이 실제로 무엇을 하는지 논의할 수 있다. 그런 다음 그들에게 피드백을 할 때는 공동으로 집단을 이끌 때 어떻게 느꼈으며, 방금 끝난 집단 회기에 대해 무엇을 생각하는지 서로 이야기해보라고 요청한다. 공동 지도자 간의 피드백은 지지적이거나 도전적이 될 수도 있으며, 각자 인식한 내용을 교환함으로써 공동 지도자로서 효과적으로 기능하는 능력을 강화시킬 수 있다.

공동 리더십으로 집단을 이끌기 시작하는 학생들이 자주 하는 실수는 다음과 같다.

- 공동 지도자와 서로 마주보고 앉지 않거나 지속적으로 눈 맞춤을 하지 않기
- 공동 지도자와 의사소통하지 않고 집단의 계획이나 목표 세우기
- 공동 지도자와 경쟁관계 되기
- 공동 지도자에게 영향력 행사하기
- 공동 지도자를 잘못된 사람으로 만들어 올바른 상담자가 되려고 노력하기
- 함께 촉진하는 대신에 돌아가며 집단 이끌기
- 조용히 있으면서 공동 지도자가 대부분의 작업을 하게 만들기

이러한 행동들은 슈퍼비전을 받는 동안에 언급될 뿐만 아니라 새로운 공동 지도자들 사이에서 논의의 주제가 될 것이다.

공동 지도자의 선택은 중요한 변수이다. 공동 지도자를 신중하게 선택하고, 함께 만나는 데 전념할 시간이 반드시 필요하다. 만약 두 상담자가 서로 맞지 않으면, 집단은 부정적인 영향을 받게 된다. 예를 들어, 공동 지도자 간의 힘겨루기는 집단에서 편을 가르는 결과를 낳게 된다. 공동 지도자들이 계속 갈등하면 대인관계에 대한 형편없는 모범을 보여주는 셈이 된다. 이러한 갈등은 보통 집단 내에서 표출되지 않는 반발심을 불러일으키고, 이것은 효과적인 작업에 걸림돌이 된다. 확실히 공동 지도자들은 때때로 의견 차이가 있거나 갈등을 겪기도 한다. 직접적이지만 존중하는 방식으로 이러한 논쟁을 해결하는 것은 공동 지도자들에게 대인관계에서 발생하는 갈등에 모범적으로 대처할 기회를 제공한다. 집단에서 상담자들 간에 갈등이 발생하면, 그 갈등은 집단 안에서 다루어져야 한다.

우리는 두 상담자가 한 팀으로 작업하는 것을 결정할 때 이야기를 나누는 것이 중요하다고 생각한다. 그렇지 않으면 집단원과 공동 지도자 모두에게 잠재적인 해가 될 것이다. 공동 지도자에 관한 선택권이 본인에게 없을 경우 문제가 될 수 있다. 공동 지도자와의 관계가 생산적이지 않다면 다음과 같은 조치를 고려하라.

- 당신을 괴롭게 하는 공동 지도자의 특성이나 행동을 확인하고, 그것이 당신에게 문제가 되는 이유를 검토한다.
- 이러한 문제를 해결할 수 있도록 슈퍼비전과 자문을 구한다.
- 공동 지도자와 개방적이고 판단하지 않는 방식으로 당신의 감정을 나누고, 더 효과적인 관계로 발전하기 위해 각자 무엇이 필요한지 논의한다.
- 공동 지도자와 집단을 준비하고 집단 회기의 결과를 보고하며, 의견을 나누는 데 시간을 많이 할애한다.
- 당신과 공동 지도자, 또는 슈퍼바이저가 이러한 갈등이 집단원들에게 해를 끼친다고 생각한다면 공동 지도자를 바꾸는 것을 고려한다.

Luke & Hackney(2007)는 공동 리더십의 잠재적인 문제점을 요약하고, 그 문제가 종종 상담자들 간의 관계적 어려움과 관련된다고 언급한다. 이 관계적 어려움에는 대인관계 갈등, 상담자 간의 경쟁, 공동 지도자에 대한 과도한 의존, 상담자 간의 해결되지 않은 갈등 등이 있다. 상담자들이 이러한 문제를 다루고 해결한다면, 그들의 관계는 더 강해질 것이고, 집단에 긍정적인 영향을 미칠 것이다. 만약 공동 지도자가 자신의 관계적 문제를 해결하거나 자신과 다른 관점을 이해할 수 없다면, 집단을 효과적으로 촉진할 수 없다.

집단에 부정적인 영향을 미치지 않기 위해서, 공동 지도자들은 자신들의 협력 관계를 점검하고 논의할 필요가 있다. 공동 리더십 관계에서 핵심적인 부분은 경쟁, 수행에 대한 불안, 집단에서 벌어지는 다툼에 대한 힘과 통제 등을 발생시킬 수 있는 자신의 개인적 사안을 인식하는 것이다. 그들이 집단의 안녕에 관심이 있다면 그들 사이에 발생하는 갈등이나 어려움을 탐색하고 해결하도록 최선을 다해야 한다.

> 집단에 부정적인 영향을 미치지 않기 위해서, 공동 지도자들은 자신들의 협력 관계를 점검하고 논의할 필요가 있다.

공동 지도자를 선택하는 주요 요소는 상호 간의 존중과 관계가 있다. 함께 일하는 두 사람 또는 그 이상의 상담자들은 리더십 스타일에 차이가 있기 마련이고, 항상 의견일치를 보이거나 관점과 해석이 동일할 수 없다. 하지만 그들 간에 상호 존중과 신뢰가 있다면, 경쟁하지 않고 협력하여 작업할 수 있고, 안전한 분위기에서 스스로를 끊임없이 증명해 보여야 하는 요구로부터 자유로워질 수 있다. 공동 지도자가 당신의 가장 친한 친구일 필요는 없지만, 업무상 좋은 관계는 필요한데, 이것은 서로 말할 수 있는 시간을 가짐으로써 이루어낼 수 있다. 우리는 개인적, 직업적 관계에서 기쁨을 얻지만 성공적인 팀이 되기 위해 필요한 어려운 작업도 기꺼이 해낼 자세가 되어 있다. 집단을 공동으로 이끄는 사람들은 각각의 집단 회기 전후에 집단에서 발생하는 일에 대한 자신들의 반응과 공동 지도자로서의 협력 관계를 논의하는 데 시간을 할애하는 것이 좋다.

공동 리더십 모델의 장점

공동 지도자 집단에 대한 선호를 분명히 밝혔으므로, 공동 리더십 방법을 사용하는 주요 장점을 요약하여 제시할 것이다.

1. 공동 지도자와 함께 일함으로써 신체적, 정서적으로 소진될 가능성을 줄일 수 있다. 자주 일어나서 방 밖으로 나가거나, 집단 회기 중에 환각을 느끼거나, 움츠러들거나 과잉 행동을 하는 등의 심리적 장애를 보이는 집단원이 있다면 특히 공동 리더십이 효과적이다. 이런 경우 한 상담자가 문제 행동을 보이는 집단원에게 주의를 기울이는 동안 다른 상담자는 집단에서 작업을 계속 진행할 수 있다.

2. 한 명 이상의 집단원이 강한 정서를 표현하면, 한 상담자는 그 집단원에게 주의를 기울이고, 나머지 상담자는 방을 훑어보면서 다른 집단원들의 반응에 주목하고, 이후에 그들이 자신의 반응을 공유할 수 있게 따로 초대할 수 있다. 또는 적절한

시기가 온다면, 한 집단원의 작업에 다른 집단원들을 참여시킬 방법을 찾을 수 있다. 공동 지도자들이 섬세하고 조화롭게 한 팀으로 일한다면, 집단원들을 연결시키고, 집단원들 간의 상호작용을 촉진하며, 집단의 흐름을 조정할 수 있는 수많은 가능성이 존재한다.

3. 공동 지도자의 슈퍼비전은 상당히 유익하다. 공동 지도자는 공명판으로 이용될 수 있고, 객관적으로 확인하며, 유용한 피드백을 줄 수 있다. 이런 경우 비밀 보장을 깨는 것은 문제가 되지 않는데, 공동 지도자도 그 회기에 함께 있었기 때문이다. 하지만 지도자가 특히 집단 장면에서 흥분된 감정이 생긴다면 회기 자체에서 감정을 표현하고 다루는 것이 종종 필요하다고 강조하고 싶다. 예를 들어, 한 집단원의 행동이 당신을 끊임없이 괴롭힌다고 느낀다면, 당신의 불편함을 집단의 문제로 다루어야 한다. 이때가 바로 역량 있고 신뢰할 수 있는 공동 지도자가 특히 중요한 시점이다.

4. 공동으로 집단을 이끄는 것의 중요한 장점은 역전이가 일어날 정도로 한 상담자가 다른 집단원에게 영향을 받을 때 드러난다. 역전이는 객관성을 왜곡하여 집단을 효과적으로 이끄는 것을 방해한다. 예를 들어, 당신의 공동 지도자가 문제를 보이는 한 집단원에게 불편함이나 다른 강한 감정을 표현한다면, 당신은 그 집단원과 더 잘 연결될 수 있고, 그 사람과 주로 작업하는 상담자가 될 것이다. 공동 지도자가 이러한 집단원에 대한 반응을 이야기하고 해결하도록 도와줌으로써 당신은 중요한 조력자가 될 수 있다.

   마찬가지로 한 집단 상담자가 어떤 집단원의 분노나 좌절감의 표적이 된다면 공동 지도자는 그 집단원과 해당 상담자 사이에서 논의를 촉진하는 데 도움이 될 수 있다. '문제'의 한 부분이면서 동시에 해결책의 일부분이 되는 것이 가능할지라도 이 역할들을 한꺼번에 하지 않는 것이 유익할 것이다. 그 과정을 조력할 수 있는 공동 지도자가 있는 것이 유리하다.

5. 공동 리더십 모델의 또 다른 장점은 문화, 민족성, 종교적·영적 지향성, 성적 정체성을 바탕으로 한 힘과 특권의 차이와 관련된다. 상담자 중 한 명이 특정 방식으로 집단원들에게 영향을 줄 힘과 특권을 나타낸다면, 다른 상담자는 공동 지도자와 동일한 지위를 갖고 있지 않을 때 특히 이 과정을 도울 수 있다.

공동 리더십 모델의 단점

당신이 존경하고 좋아해서 스스로 선택한 공동 지도자와 함께할지라도 때때로 의견의 불일치가 발생할 수 있다. 관점과 의견의 차이는 단점이나 문제가 되지 않는다. 오히려 그것은 두 사람 모두에게 도움이 될 수 있는데, 건설적인 도전과 차이를 통해서 전문가로서 방심하지 않게 만들기 때문이다. 집단을 공동으로 이끄는 데 있어 대부분의 단점은 공동 지도자를 잘못 선택하거나, 다른 상담자에게 무작위로 일이 할당되거나, 두 상담자가 정기적으로 만나지 못하는 것과 관계가 있다. 여기에 당신과 당신의 공동 지도자가 해결해야 할 몇 가지 쟁점이 있다.

1. 공동 지도자들이 서로 만날 시간이 거의 없다면 문제가 발생한다. 그 결과, 동시에 일하는 것이 부족하거나 공통의 목표가 아닌 상반된 목표를 가지고 일하는 경향까지 생기게 된다. 상담자들은 서로의 차이를 논의할 시간을 가져야 한다. 예를 들어, 한 상담자는 모든 개입이 긍정적이고 지지적이며, 집단원을 장으로 초대하는 식이어야 한다고 생각하는 반면, 다른 상담자는 집단원들을 밀어붙이고 직접 직면시켜야 한다는 가정하에 집단을 촉진한다면 어려움이 생길 수 있다. 서로 양립할 수 없는 리더십 유형 때문에 집단은 조각나고 양극으로 나누어지기도 한다.

2. 관련 쟁점에는 경쟁과 대립이 있다. 예를 들어, 한 상담자가 과도하게 중심인물이 되고 싶어 하고, 항상 지배적이며, 다른 상담자를 통제하려 한다면 공동 지도자 간의 관계는 분명히 집단에 부정적인 영향을 끼치게 된다. 어떤 경우에는 집단원들이 집단에서 이루어지는 것은 갈등과 힘겨루기밖에 없다고 생각하면서 집단 전체에 부정적인 반응을 보일 수 있다.

3. 공동 지도자들이 신뢰와 존중에 기초하여 관계를 맺지 않거나 서로의 역량을 가치 있게 여기지 않으면, 각자의 개입 방법을 믿지 못할 것이다. 그들은 상대방의 개입이 효과가 없다고 확신하기 때문에 자신의 방식을 고집하게 된다.

4. 한 상담자가 다른 상담자에 대항하여 집단원들과 한편을 이룰 수 있다. 예를 들어, 알타라는 집단원이 남성 상담자에게 강한 부정적 반응을 하면서 맞서고 있을 때 여성 공동 지도자가 그녀의 편을 들면서 자신의 감정을 표현하고 심지어 다른 집단원들에게도 남성 상담자에게 의사표현을 하라고 하는 상황을 가정해보자. 이것은 집단원들에게 '옳다'고 생각되는 사람의 편을 들게 함으로써 집단을 분열시킬 수 있다. 한 상담자가 이전에는 다른 상담자에게 부정적인 반응을 하지 않았는데, 이러한 상황을 자신의 감정을 다 '털어낼' 기회로 삼는다면 특히 문제가 된다.

5. 친밀한 관계를 맺고 있는 공동 지도자들이 집단 회기 동안 자신들의 개인적인 갈등을 처리하기 위해 시간을 사용하려고 한다면 문제가 발생할 수 있다. 일부 집단원들은 공동 지도자들이 집단에서 본인들의 개인적인 문제를 작업하는 데 지지할 수도 있지만, 대부분의 집단원들은 제 역할을 하지 않고 집단을 본인들 욕구를 충족시키는 데 사용하는 상담자들에게 분노를 느낄 것이다.

집단상담의 실제에 대한 연구지향성 개발

이제 우리는 집단상담의 긍정적인 성과와 관련된 변인에 대해 연구자들이 말해줄 수 있는 것에 대해 고찰할 것이다. Barlow, Fuhriman & Burlingame(2004)은 "집단 심리치료의 효과성은 연구 문헌을 통해 명백히 규명되어왔다"(p. 5)라고 언급한다. 그들은 집단상담과 심리치료 분야의 연구 동향을 조사했고, 숙련된 상담자, 적절하게 구성된 집단원, 분명한 목표와 같이 인식 가능한 일련의 요인이 집단에서 긍정적인 결과를 만들어낸다고 결론 내렸다. 40년 이상 축적된 연구에 대한 조사를 통해 집단상담으로 접근하는 방식이 다양한 환경과 상황에서 집단원의 호전과 연관되어 있다는 풍부한 근거가 마련되었다(Barlow et al., 2004; Burlingame, Fuhriman, & Johnson, 2004a).

집단상담은 더 이상 제2의 치료 방법이 아니라 변화의 잠재적 원천으로 볼 수 있다. 집단상담은 개인 상담만큼 효과적이며, 사례에 따라서는 더 효과적이기도 하다(Barlow, 2008). 상담자들은 내담자들이 개인 상담을 받는 것보다 집단상담을 받는 것이 더 좋을지 진단할 수 있어야 하며, 특정한 내담자에 대한 집단의 유용성과 적합성을 알아야 한다.

Weber & Weinberg(2015)는 집단상담이 전 세계적으로 어떻게 활용되고 있는지 흥미를 느꼈고, 14개국에서의 집단상담의 중요도 관련 자료를 수집했다. 그들은 연구가 집단상담의 실제에 영향을 미치는 방식에 대해 의문을 품었고, 국제적으로 연구자들에 의해 가장 자주 연구되는 집단상담의 이론적 모델이 인지행동 치료라는 점을 알아냈다. 하지만 Weber & Weinberg는 독일과 노르웨이, 캐나다를 제외하고서는 집단상담에 관한 연구가 국제적으로 거의 전무하다고 결론내렸다.

집단상담이 다수의 다른 이론적 접근에 기초하고 있다 하더라도, 인지행동 치료와 정신역동 치료는 전 세계적으로 가장 많이 사용되는 모델이다. 스웨덴과 노르웨이 두 나라에서 인지행동 치료는 주된 이론적 지향이다. 이스라엘에서 집단상담은 주로 정신역동적 전통에 영향을 받는다. 독일은 입원환자를 대상으로 하는 집단 치료를 강조하는데, 독일의 집단상담 연구자들과 임상가들은 지난 20년 동안 강력한 연구 네트워크를 발전시켜왔다. 노르웨이에서는 무선적 통제집단 연구 설계를 활용하여 정신역동 단기/장기 집단 치료의 성과를 비교하는 중요한 프로젝트 몇 개를 완수하였다. Weber & Weinberg는 『집단 심리치료 국제 학술지(International Journal of Group Psychotherapy)』 2015년 10월호 편집위원으로 참여하였고, 이 특별호에는 집단상담이 전 세계적으로 어떻게 활용되고 있는지에 대한 자세한 보고서가 실려있다.

공통 요인에 관한 연구

견고한 이론적 기초를 확립하는 것은 집단 상담자로서 집단 작업을 이끄는 데 있어 중요한데(4장 참고), 왜냐하면 이론을 통해 집단 상담자들이 집단에서 효과적으로 개입하는 방식을 결정하는 데 도움을 받을 수 있기 때문이다. 하지만 이론들 간의 공통 요인은 한 이론을 다른 것과 구별하는 독특한 요인보다 치료적 성과를 설명하는 데 훨씬 더 중요하다고 여겨진다. **공통 요인 접근**은 공감적 경청, 지지, 따뜻함, 작업 동맹 형성하기, 감정의 정화를 위한 기회, 새로운 행동 연습하기, 피드백, 내담자에 대한 긍정적 기대, 갈등 다루기, 대인관계적/개인내적 역동 이해하기, 상담실 밖에서 일어나는 변화, 내담자 요인, 상담자 효과, 작업에 대한 자기성찰적 학습 등과 같이 서로 다른 이론적 체계를 관통하는 공통적인 요소의 가치에 초점을 맞춘다(Norcross & Beutler, 2014; Prochaska & Norcross, 2014). 구체적인 치료 기법은 특히 치료적 관계와 같은 인적 요인처럼 공통 요인의 가치와 비교할 때 상대적으로 성과에서의 차이를 덜 가져온다(Elkins, 2016).

공통 요인들 중 어떤 것도 촉진적 치료 관계만큼 더 많이 주목받고 확인된 적이 없다(Lambert, 2011). 치료적 동맹의 중요성은 효과적인 치료에서 확고부동하게 매우 중요한 요소이다. 연구는 내담자–상담자 관계가 치료적 변화의 중심이고, 치료 성과의 효과성과 유지에 관한 의미 있는 예측 변수라는 것을 더 분명하게 해준다(Elkins, 2016; Miller, Hubble, & Seidel, 2015). 최근에 대두된 대인관계 신경생물학 분야에서 뇌 영상법 기술은 내담자들이 다정한 상담자와 따뜻하고, 비판단적이고, 공감적인 관계를 경험할 때 치료적 변화가 뇌에서 일어날 수 있다는 사실을 확인시켜 준다(Badenoch, 2008; Fosha, Siegel, & Solomon, 2009).

연구를 통해 상담 실제 향상하기

최근 증상을 완화하고 내담자의 문제를 해결하는 단기 치료를 강조하는 시점에 집단 상담 분야에서 이루어지는 연구와 친숙해지는 것은 상담 실제의 필수적인 요소가 되고 있다. 후속 집단상담과 집단원과의 개별 면담뿐만 아니라 연구도 집단의 성패에 영향을 미치는 요인을 이해하는 데 도움이 된다. 학교와 기관 현장에서 당신은 종종 당신이 이끄는 집단에 대한 책무성을 입증하도록 요구받게 될 텐데, 이것은 집단의 과정과 성과에 대한 연구의 형태일 수 있다. 집단상담 실제의 기본적인 부분을 체계적으로 관찰하고 평가하라. 응용연구 또한 당신의 개입을 개선시키고 집단의 효과성을 방해하는 요인을 밝히는 데 도움이 될 수 있다.

집단 상담자들은 엄격한 경험적 연구에 대해서 배타적으로 생각하는 대신에 전통적인 과학적 방법을 대안으로 고려할 수 있다. Miller, Hubble, Duncan & Wampold(2012)는 집단원들에게 치료적 모험에 적극적으로 참여하도록 요청하는 것의 중요성을 강조한다. 그들은 치료에 영향을 미치고, 안내하며, 평가하기 위하여 집단원의 피드백을 체계적으로 수집하고 활용하는 것이 유용하다고 제안한다. 집단원 개개인이 집단을 어떻게 경험하고 있는지에 대한 자료를 체계적으로 수집함으로써 그들 각자의 향상을 점검하는 것은 상담자가 자신의 개입을 조정하고 집단 과정을 향상시키는 데 도움이 된다.

Jensen과 동료들(2012)은 집단 상담자가 임상적 판단을 보완하기 위하여 그들의 치료 집단과 실천 기반 근거(practice-based evidence: PBE)를 통합시키도록 권장한다. 예를 들어, 각 집단 회기가 끝날 때 특정 평가 항목이 실린 간단한 설문지를 채우도록 집단원에게 요청하면 집단 상담자는 집단의 전체적인 진행 상황에 대한 감각을 가질 수 있다. 집단원에게서 집단 경험에 대한 자료를 직접적으로 수집하는 것은 실천 기반 근거를 개발하는 데 중요한 부분이다. 실천 기반 근거 접근은 치료자가 집단 기간 내내 집단원에게 집단은 어떤 가치가 있었는지 진단하는 데 도움이 될 수 있고, 종결 단계에서 집단 경험을 평가하는 데 도움이 되는 도구를 제공해줄 수 있다. 집단 상담자는 집단이 얼마나 잘 이루어지고 있는지 밝힐 윤리적 책임을 지며, 그들의 개입을 개선하기 위하여 집단원으로부터 받은 피드백을 기꺼이 활용해야 한다.

연구와 실제를 병행하려는 도전

이상적으로 이론은 실제에 영향을 미치고, 실제는 집단 작업에 대한 접근을 개선시킨다. 연구와 실제를 병행하려면 지식과 기술이 필요하지만, 이를 통해 이익을 얻을 수 있다. 임상 작업은 연구 결과에 의해 도움을 많이 받을 수 있으며, 연구에 영향을 미칠 수도 있다(Stockton & Morran, 2010). 집단 상담자와 연구자의 역할을 모두 하는 것은 부담이 크다. 만약 당신에게 연구를 이끌어가는 데 필수적인 시간이나 전문 지식이 없다면 다른 사람들의 연구 결과를 당신의 집단상담에 통합시켜 도움을 받을 수 있다.

집단 상담자들이 실제로 자신의 집단에 대한 연구를 수행하는지의 여부는 그들이 집단 작업에 관한 연구를 실제에 적용하는 것에 대한 정보를 자진해서 지속적으로 획득하는 것보다 덜 중요하다. 적어도 집단 상담자는 집단 실제에 관한 최신 연구를 계속해서 접할 필요가 있다. Yalom(2005b)은 집단상담 훈련생들이 집단에서 기법을 실행하는 방법 이상을 알아야 하며, 학습하는 방법을 알아야 한다고 역설한다. Yalom에 따르면 연구지향성은 집단 상담자가 자신의 경력 전반에 걸쳐 새로운 근거에 유연하고 민감할 수 있게 한다. 연구지향성이 부족한 상담자는 집단상담 분야에서의 새로운 발전을 비판적으로 평가할 수 없을 것이다. 이 분야에서 획기적인 것의 효과에 관한 근거를 평가할 일관된 체계가 없다면 상담자가 새로운 접근법을 비합리적으로 받아들이지 않게 될 위험이 있다.

집단상담에서의 연구와 실제 사이에 격차가 존재하며, 그 격차를 줄이는 것은 주요한 장애물을 극복하는 것과 관련 있다. 핵심 문제 중 하나는 연구자와 상담자 간의 공동 작업이 부족하다는 점이다. 연구자는 실제로 임상 경험으로부터 배울 수 있는 것을 이해하지 못할 때가 자주 있으며, 상담자도 연구가 임상 작업과 상관없다고 인식하는 경우가 많다. 일부 극소수 집단 상담자만이 연구 결과를 일관된 방식으로 활용하거나 자신의 연구를 한다. 연구 결과가 임상 작업에 통합되지 않는 주요한 이유는 연구 결과를 실제 삶의 맥락에 적용시키는 데 한계가 있다는 경험적 연구의 제한점 때문이다. 경험적 연구가 내적 타당도를 확보한다 해도 집단 상담자가 임상 작업을 할 때 그 가치를 거의 느끼지 못할 수 있다. 이러한 지식의 격차를 줄이려면 상담자와 연구자 각자가 공동 작업을 제공하고 그러한 기회를 증가시킬 수 있다는 점을 상호 존중할 필요가 있다(Stockton & Morran, 2010). 이탈리아 집단 치료의 현황에 대한 보고에 따르면 Giannone, Giordano & Di Blasé(2015)는 집단상담의 효과에 대한 경험적 연구가 제한적인 이유는 방법론적 쟁점과 상담자의 불신 때문이라고 본다. 이러한 도전을 다루기 위해서 이탈리아의 연구자와 집단 상담자가 서로 공동 작업을 할 방법을 찾고 있다. 상담자는 연구자로부터 자신의 기관에서 이루어지는 집단의 효과에 관한 유용한 정보를 얻음으로써 혜택을 받을 수 있고, 연구자는 상담자와 공동 작업을 하면서 연구 가능성이 있는 실제 삶에서의 다양한 집단에 접근함으로써 이익을 얻을 수 있다. 집단 치료에 대한 더 많은 연구 자료를 보려면 G. Corey & M. Corey(2016)가 쓴 내용을 참고하라.

기억해야 할 핵심 사항

집단 상담자

집단 상담자를 위한 개념과 안내

- 성격과 개인적 특성은 유능한 집단 상담자가 되기 위한 가장 중요한 변인이다. 기법이나 기술이 자신에 대해 잘 모르고, 집단원에게 어떤 것을 하도록 요구하는 것을 꺼리거나, 훈련이 잘 되지 않은 상담자의 부족함을 대신할 수 없다. 자신의 개인적

특성에 대해 생각하고, 집단지도자로서 어떤 것이 중요한 자산이 되고 어떤 것이 결점으로 작용하는지 구별하도록 노력하라.

- 유능한 집단 상담자는 집단의 역동에 대해 많이 알고 있고, 리더십 기술도 가지고 있다. 향상시키고 개발해야 할 기술을 잘 파악하기 위해서 이 장의 마지막에 있는 자기평가목록을 활용하라.
- 집단 상담자로서 집단원에게 집단에서 진행되는 것에 대한 책임을 어느 정도 부과할 것인지, 본인은 어느 정도 책임을 질 것인지, 집단에 대해 어느 정도로 구조화하고, 어떤 구조화 유형이 최적인지, 어떤 종류의 자기개방이 최선인지, 본인은 어떤 역할과 기능을 수행할 것인지, 집단 장면에서 지지와 직면을 얼마만큼 통합할 것인지 등을 결정해야 한다.
- 치료적 집단에서 집단원은 자신에 대해 더 많이 배우고, 자신의 갈등을 탐색하고, 새로운 사회적 기술을 학습하고, 다른 사람에게 어떤 영향을 미치는지 피드백을 받고, 새로운 행동을 시도해볼 수 있다. 집단은 집단원이 타인과 더 효과적으로 살아가는 방법을 학습할 수 있는 사회의 축소판이다. 어떤 유형의 집단인지에 따라 연령, 성별, 성적 취향, 문화적 배경, 인종, 철학적 관점 등 다양성이 존중되는 집단을 구성하는 데 분명한 이점이 있다.
- 행동 지침을 개발하고 집단원에게 가르치라. 집단에서 강조하는 행동에는 집단 활동의 비밀을 보장하고, 집단원들을 특징짓는 차이를 존중하고, 스스로 책임을 지고, 집단에 열심히 참여하고, 경청하고, 자신의 생각과 감정을 표현하는 것 등이 있다.
- 집단상담은 사람들이 변화하도록 도울 수 있는 제2의 접근방법이기보다는 선택 가능한 치료 방법으로 생각될 수 있다.
- 집단을 이끌 때의 체험을 연구적 관점으로 의미 있게 통합하기 위한 방법을 찾아보라.

연습

집단을 이끌기 전과 학기 말에 이 설문지를 작성해보기 바란다. 각 결과를 비교하면 당신의 태도와 생각이 경험에 의해 어떻게 발전하는지 알 수 있는 근거가 마련될 것이다.

집단 리더십에 대한 태도 설문지

이 진단지는 객관적인 점수를 부여하는 것은 아니지만, 집단 리더십 문제와 관련된 자신의 태도를 분명히 하는 데 도움이 될 것이다. 공동 지도자의 결과와 본인의 결과를 비교함으로써 서로에 대해 이해할 수 있고, 함께 작업하는 것에 대한 유익한 논의를 이끌어 낼 수 있을 것이다. 집단 상담자의 역할과 기능에 관련된 문장을 읽고, 다음의 척도를 사용하여 각 문장에 대한 본인의 입장을 표시하라.

> 1: 매우 그렇다, 2: 그렇다, 3: 그렇지 않다, 4: 전혀 그렇지 않다

_____ **1.** 집단 규범을 만드는 데 적극적으로 활동하는 것은 상담자의 일이다.

_____ **2.** 상담자는 집단이 전개됨에 따라 집단원들에게 집단을 관찰하는 방법을 가르쳐야 한다.

_____ **3.** 상담자가 제대로 기능하는 최선의 방법은 집단에서 참여자 역할을 하는 것이다.

_____ **4.** 일반적으로 상담자가 본인이 이끄는 집단에서 자신의 사생활과 개인적인 문제를 개방하는 것은 현명한 일이다.

_____ **5.** 집단 상담자의 주요 임무는 기술적인 전문가로서 역할을 하는 것이다.

_____ **6.** 훌륭한 상담자가 집단에서 어떻게 기능할 것인지 결정할 수 있는 명확한 이론적 틀을 갖추는 것이 매우 중요하다.

_____ **7.** 집단 상담자의 역할은 사람들을 끌어들이고, 침묵하는 집단원들이 반드시 참여하도록 이끄는 것이다.

_____ **8.** 집단 상담자는 지식이나 기술을 아는 것보다 실제로 모범을 보임으로써 집단원에게 더 많은 영향을 준다.

_____ **9.** 일반적으로 상담자가 집단원에게 책임을 일부 부여하면서 동시에 본인도 어느 정도 책임을 지는 것이 최선이다.

_____ **10.** 상담자의 주요 임무는 집단원들이 '지금 여기'에 집중하도록 하는 것이다.

_____ **11.** 집단원에게 과거 이야기나 집단 밖에서 생긴 일을 말하게 허용하는 것은 현명하지 못하다.

_____ **12.** 집단의 방향을 결정할 수 있는 책임을 집단원들에게 주는 것이 가장 좋다.

_____ **13.** 상담자들이 자기개방을 할 때는 집단에서 일어나고 있는 것과 관련된 문제에만 국한해야 한다.

_____ **14.** 집단 상담자들이 자신의 기본적인 부분만 개방한다면 집단원들에 의한 전이는 일어나지 않는다.

_____ **15.** 역전이를 경험하는 상담자는 집단을 이끌 능력이 없다.

_____ **16.** 집단 상담자는 많은 자원에서 얻은 아이디어에 근거해서 개별적인 리더십 이론을 개발해야 한다.

_____ **17.** 유능한 집단 상담자가 되기 위해서는 상담자가 되려는 이유를 인식해야 한다.

_____ **18.** 집단 상담자의 임무 중에는 집단원을 위한 특정 행동 목표를 정하는 일이 포함된다.

_____ **19.** 상담자의 이론적 모형은 사람들이 실제로 집단에서 상호작용하는 방식에 거의 영향을 미치지 않는다.

_____ **20.** 집단 상담자들이 특정 기술과 기법에 숙달되면, 반드시 이론적인 틀에 근거하여 행동할 필요는 없다.

_____ **21.** 개인적인 힘이 있는 상담자는 보통 집단을 지배하고, 이러한 힘을 통해서 집단원들을 위협한다.

_____ **22.** 집단 작업은 진지하게 이루어지므로 집단을 진행하는 데 유머 감각은 필요하지 않다.

_____ **23.** 집단 상담자는 자신이 상담자로서 하기 싫은 일을 집단원이 할 것이라고 기대해서는 안 된다.

_____ **24.** 집단 상담자는 집단 회기를 요약하여 문서로 작성할 책임이 있다.

_____ **25.** 공동 지도자가 서로 효과적으로 작업하기 위해서는 반드시 둘 다 동일한 리더십 스타일을 공유해야 한다.

_____ **26.** 공동 지도자를 선택할 때 가치, 인생철학, 생애 경험의 유사성을 고려하는 것이 좋다.

_____ **27.** 공동 지도자가 서로 존중하고 신뢰하지 않는다면, 집단에 부정적인 결과가 생길 가능성이 있다.

_____ **28.** 집단을 공동으로 이끄는 사람들은 기술과 경험, 지위 면에서 거의 평등한 것이 좋다.

_____ **29.** 집단의 분열이 생길 수 있으므로 공동 지도자들은 집단 회기 중에 서로 공공연히 의견이 엇갈려서는 안 된다.

_____ **30.** 집단은 반드시 공동 지도자가 제공하는 모범의 유형에 의해 영향을 받는다.

이 자기평가목록을 완성한 후에 학급을 하위집단으로 나누어 각 문항에 대해 논의하기 바란다. 이 설문지는 공동 지도자와 만날 때 기본적인 논의 사항을 제공해준다.

토론을 위한 질문

1. 당신이 이미 습득한 지식과 집단 리더십 기술은 무엇인가? 새롭게 습득하거나 향상해야 할 전문 기술은 무엇인가?

2. 가장 습득하거나 향상해야 할 전문 기술은 무엇인가? 이러한 기술로 작업할 수 있는 방법에는 무엇이 있는가?

3. 당신은 실수에 대한 두려움 때문에 집단을 창의적으로 촉진하는 데 어느 정도 방해를 받는다고 생각하는가?

4. 집단을 설계하고 이끌어갈 때 당신이 직면하게 될 주요한 잠재적 문제점은 무엇인가? 이러한 문제를 어떻게 다룰 것인가?

5. 다양한 종류의 집단을 지도할 때, 무엇이 주요한 도전 과제가 될 것인가? 문화적으로 다양한 참가자들이 모인 집단을 이끌 수 있는 능력이 어느 정도 된다고 확신하는가?

6. 당신과 문화적으로 다른 집단원들과 작업할 때 효과성을 높이기 위해 어떤 전문 지식과 기술이 가장 필요한가? 문화적으로 숙련된 상담자가 되기 위해서 어떤 단계를 거쳐야 하는가?

7. 집단에서의 공동 리더십은 집단원들과 공동 지도자 모두에게 어떤 장점과 단점이 있는가?

8. 공동 지도자를 선택할 때 당신이 가장 중요하게 생각하는 특정한 자질은 무엇인가?

9. 연구지향성을 개발하는 것이 어떻게 집단 상담자로서 당신의 작업을 향상시킬 수 있는가?

10. 집단 작업에서 연구와 실제를 병행하는 방법은 무엇인가?

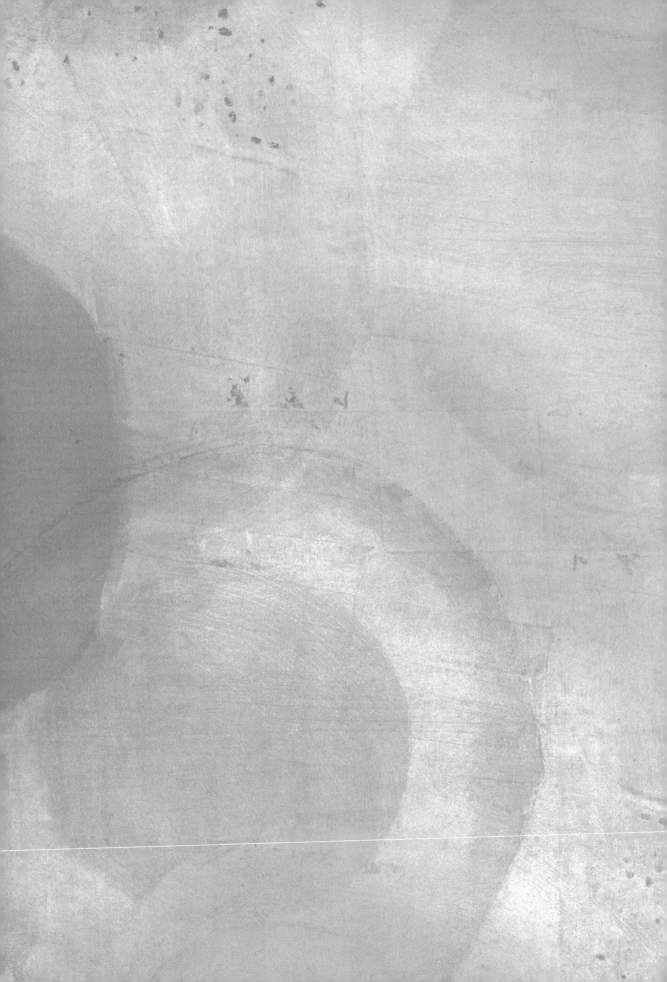

집단상담의
윤리적 · 법률적 쟁점

도입 ı 집단 참여의 윤리적 쟁점 ı 비밀 유지 ı 집단에서 지도자 가치관의 역할 ı 배경이 다양한 집단구성원을 상담할 때의 윤리적 쟁점 ı 집단상담에 대한 사회적 정의 접근 ı 성적 성향에 대한 특정 사안 ı 집단 기법 사용에 대한 윤리적 문제 ı 집단 상담자의 전문적 역량과 훈련 ı 윤리적 · 법률적 실천을 위한 지침 ı 기억해야 할 핵심 사항 ı 연습

학습 목표

1. 집단 참여에 관한 주요 윤리적 쟁점을 확인한다.
2. 집단에서 사전 동의가 지니는 역할을 정의하고 탐구한다.
3. 집단 참여에 따른 일부 심리적 위험을 확인하고 논의한다.
4. 집단에서 비밀 유지가 지니는 역할을 정의하고 탐구한다.
5. 집단 작업에서 지도자의 가치관이 갖는 역할을 설명한다.
6. 가치의 갈등을 윤리적으로 다루는 방법을 논의한다.
7. 배경이 다양한 집단구성원을 상담할 때의 윤리적 쟁점을 탐구한다.
8. 집단 작업에 대한 사회적 정의 접근을 설명한다.
9. 집단 내의 성적 성향에 관한 윤리적 쟁점을 확인한다.
10. 집단 기법 사용에 대한 일부 윤리적 쟁점을 기술한다.
11. 집단 작업에 관한 전문적 역량과 훈련의 주요 측면을 확인한다.
12. 집단을 설계하고 집단 운영을 촉진하는 데 있어 윤리적 전략과 문화적으로 적합한 전략을 확인한다(CACREP, 2016, Standard G).
13. 하위집단 활동에서 집단원으로 참여함으로써 학생들이 직접적인 경험을 할 수 있는 몇몇 방식을 기술한다(CACREP, 2016, Standard H).
14. 집단 상담자 훈련과 관련된 주요 윤리적 쟁점을 논의한다.
15. 법률적 책임과 과실이나 불법 행위를 설명한다.
16. 집단 작업 실제에 대한 법률적 안전장치를 열거한다.

당신은

다른 지도자와 함께 10주 동안 진행되는, 대학생을 위한 집단을 이끌고 있다고 가정하자. 한 회기를 진행하던 중 당신은 집단구성원 중 한 명이 당신의 친구와 같이 일하는 사이라는 것을 알게 된다. 당신의 친구는 곧 결혼을 할 예정이고, 당신과 그 집단구성원 둘 다 결혼식에 초대받았다는 것을 깨닫는다. 이 상황에서 당신이 알아차려야 할 핵심 사안은 무엇인가? 당신이라면 어떻게 할지를 숙고하면서 다음 질문을 고려해보라.

- 당신이 집단구성원의 직장 동료와 친구이고, 당신도 결혼식에 초대받았다는 것을 집단구성원에게 말할 것인가?
- 당신과 집단구성원을 초대한 친구에게 말할 것인가? 만약 그렇다면, 무슨 말을 할 것인가? 그렇지 않다면 그 이유는 무엇인가?
- 만약 당신이 결혼식에 참석한다면 당신의 파트너나 다른 손님을 대동할 생각이 있는가?
- 당신은 결혼식에서 집단원에게 말을 걸 의향이 있는가?
- 피로연에서 술을 마실 것인가?
- 이러한 상황에서 당신이 맞닥뜨릴 수 있는 윤리적 갈등을 어떻게 해결할 것인가?

 도입

이 장에서는 윤리적·법률적·임상적·문화적 쟁점을 다루고자 한다. **윤리적 쟁점**은 전문가 집단구성원의 행동 지침이 되는 기준에 관련된 것이다. 이러한 기준은 여러 전문 조직에서 마련한 윤리강령에서 찾아볼 수 있다. **법률적 쟁점**은 사회가 허용하는 최소한의 기준에 관한 것으로서, 국가 수준이나 해당 지역 수준의 법률에 따라 집행된다. 예를 들어, 정신건강 분야 종사자들은 아동 학대가 의심되는 경우 해당 기관에 보고할 법률적 의무가 있다. 모든 윤리강령에는 전문가가 해당 지역 및 정부의 관련 법령과 규정에 따라야 한다는 조항이 있다. 전문가들은 실무 현장에서 발생하는 법률적 문제를 반드시 제대로 파악해야 한다. 그 이유는 그들이 직면하는, 윤리적·전문적 판단을 포함하는 많은 상황에는 법률적인 문제 또한 내포되어 있기 때문이다(Corey, Corey, Corey, & Callanan, 2015). **임상적 쟁점**은 윤리적·법률적 요구에 따라 행동할 때 전문적 판단을 이용하는 문제에 관한 것이다. 예를 들어, 당신의 내담자가 연루된 아동 학대를 보고할 때 법령에 따르는 것만으로는 충분하지 않다. 당신은 이런 상황에서 내담자를 돕는 데 필요한 임상적 기술도 갖추어야 한다. 임상적 쟁점을 다룰 때에는 흔히 문화적 역동이 대두된다. **문화적 쟁점**은 우리가 내담자의 문제를 이해하고 이에 개입하는 데 영향을 미치는 개인의 민족적 배경, 성별, 성적 성향, 종교적 소속, 가치 혹은 다른 차이점과 같은 요인이다. 문화적 쟁점은 반드시 임상적으로 적절한 방식으로 다루어야 한다. 예를 들어, 내담자와 집단 상담자 간의 서비스 맞교환, 선물 주기, 비전문적인 장면에서 집단구성원과 상호작용하기는 어떤 문화권에서는 비윤리적으로 여겨질 수 있으나 다른 문화권에서는 그렇지 않을 수 있다. 전문가를 위한 윤리적 지침이 모든 문화적 차이점을 고려할 수는 없다. 전문가는 전문 분야에서 활동하는 기간 동안 윤리적·법률적 딜레마를 야기하는 임상적·문화적 쟁점에 직면하게 될 것이다.

이 장의 목적은 매우 중요한 윤리적 문제들을 집단 상담자들에게 부각시키는 데 있다. 1980년대부터 문헌에서 일관되게 밝혀진 집단상담의 주요 윤리적 쟁점에는 지도자의 가치, 집단구성원의 선별과 오리엔테이션, 사전 동의, 자발적·비자발적 집단 참여, 집단 상담자의 집단에 대한 준비 정도와 행동, 비밀 보장, 집단원과 지도자 간의 이중 혹은 다중관계, 다양성과 다문화주의, 상담기록 보관, 상담료 청구의 문제가 포함된다(Rapin, 2010, 2014).

> 윤리적으로
> 행동하는 것은 우리의
> 성격적인 부분과
> 전문적인 부분 모두에
> 있어서 높은 수준의
> 의식을 요구한다.

집단은 내담자의 삶을 변화시키는 여정에서 힘을 북돋울 수 있는 독특한 치유력이 있지만, 동시에 참가자들에게 해를 입힐 수 있는 잠재력도 갖고 있다. 집단 상담자로서 당신의 기술과 스타일, 개인적 특성 및 집단 작업에서의 전문적 역량은 당신이 이끄는 집단이 거둘 수 있는 성과의 질에 영향을 미치는 결정적으로 중요한 차원이다. 윤리적으로, 법률적으로 건전한 원칙에 입각해서 계획된 집단은 이런 원칙에 대한 생각 없이 계획되고 부적절하게 운영되는 집단보다 효과를 거둘 가능성이 훨씬 크다.

집단 상담자가 될 준비를 하고 있는 이들에게 철저한 윤리적 기조는 심리학적 지식과 기술의 탄탄한 기반만큼 필수적이다. 전문가와 학생-수련생 모두 전문 분야의 윤리적 기준을 반드시 숙지해야 한다. 이들은 또한 윤리적 결정을 내리는 방법을 배워야 하는데, 이것은 집단상담 수업과 슈퍼바이저의 지도하에 이루어지는 실습 과정에서 배울 수 있는 하나의 과정이다. 복잡한 윤리적 딜레마에 대해 비판적으로 사고하는 법을 배우면 임상적 역량과 문화적 민감성을 좀 더 갖춘 실무자가 될 수 있다. 윤리적·합법적·임상적·문화적으로 생각하는 법을 배우는 일은 사회적 정의의 한 형태라 할 수 있다. 윤리적이고 합법적인 의사결정에 관한 이처럼 포괄적인 접근은 우리가 좀 더 나은 실무를 지향하면서 노력할 때 우리 전문 분야의 효과성을 한 단계 높여줄 수 있다. 윤리적인 실무자가 되는 것은 우리 전문 분야의 법적 기준에 관한 기초 지식 이상의 것을 포함한다. 윤리적으로 실무를 수행하는 일은 상담자로서 우리에게 개인적으로나 전문적으로 높은 수준의 양심을 요구한다.

윤리를 공부하면서, 학생들은 단순한 규칙으로 보일 수 있는 것에 대해 비판적 사고를 적용하고 전문가들이 윤리적 쟁점을 보는 방식, 특히 문화적인 관점에서 이를 바라보는 방식을 확장할 기회를 갖는다. 우리는 옳고 그른 행동을 강조하는 원칙 기반의 관점에서 윤리를 가르치는 추세에 주목하고 있지만, 학생들이 이후 상담 현장에서 직면할 복잡성과 흑백이 불분명한 회색지대와 씨름해보도록 장려하는 것이 중요하다고 믿고 있다. 예를 들어, 다중 관계는 비윤리적이며 반드시 피해야 한다고 말하는 것은 지나치게 단순화한 것이다. 대학 교수는 학생들에게 선생인 동시에 지도교수로서 다중적인 역할을 하고 있음을 알게 된다. 시골의 작은 지역사회에서 일하는 상담자는 자신이 내담자가 운영하는 가게의 고객이거나 내담자와 같은 교회에 다니는 신도라는 것을 알게 될 수 있다. 현실세계는 복잡하고 끊임없이 변화한다. 그리고 상담자는 단순한 하나의 원칙을 따르는 것으로는 해결할 수 없는 많은 쟁점과 씨름할 것이다. 우리는 당신에게 전문 집단의 기본적인 규칙과 지침을 무시하라고 제안하는 것이 아니다. 이러한 규칙과 지침은 당신의 탐구를 시작할 좋은 출발점이다. 하지만 윤리적으로 실천하고 임상적·문화적 효과를 향상하려면 윤리적 쟁점을 좀더 깊게 볼 수 있는 기술을 개발할 필요가 있다.

집단 상담자는 해당 전문 분야의 윤리강령을 다양한 실제 문제에 적용하는 방법을 익혀야 할 것이다. 「최선의 상담 실무 지침(Best Practice Guidelines)」(ASGW, 2008)은 집단을 계획하고 실행하고 평가하는 데 있어서 집단 상담자들에게 유용한 아이디어를 담고 있지만, 이러한 윤리 규정과 수행 지침은 보통 책임 있는 실무 수행을 위한 광범위한 지침만을 제공할 뿐이다. 상담자의 개인적 성실성(personal integrity)은 윤리적인 전문가가 되는 데 핵심 자산이다. 전문가로서의 삶뿐만 아니라 일상적인 삶에서 당신의 윤리적 행동과 의도를 점검해보는 것은 좋은 출발점이 될 수 있다. 상담자는 어려운 상황에서 드러나는 자신의 개인적인 편견과 의사결정 방식이 무엇인지 알아차림으로써 집단상담에서 비윤리적 행위를 하지 않도록 경계하는 데 도움을 얻을 수 있다.

윤리적 의사결정은 지속적인 과정이다. 당신이 윤리적 문제로 고민할 때 의사결정을 내리는 과정의 일부로 활용할 수 있는 가용 자원을 알아둘 필요가 있다. 윤리적 결정을 내리는 것은 궁극적으로 당신의 책임이지만, 그렇다고 해서 공백 상태에서 이런 일을 할 필요는 없다. 동료에게 자문을 구하고, 집단지도자로 발달해 나가는 초기 단계에서 지속적인 슈퍼비전과 훈련을 받고, 최근의 동향을 꾸준히 알아보고, 관련되는 연차대회와 워크숍에 참여하면 도움이 될 것이다.

초심 집단지도자들은 일어날 수 있는 모든 상황에서 지도자가 해야 할 '올바른' 행동이 무엇인지를 항상 알고 있어야 한다는 기대를 갖고 스스로에게 부담을 주는 경향이 있다. 그러나 대부분의 상황에서는 그 상황에 적합한 단 한 가지가 아닌 여러 가지의 반응이 있을 여지가 있다. 이 장에서 우리가 제기하는 쟁점에 대한 당신의 입장을 점차 가다듬어 가기를 바란다. 이렇게 하려면 당신은 개방된 자세를 취해야 하며, 스스로 의문을 제기하면서도 책임 있는 태도를 가져야 한다. 우리는 이런 문제가 단번에 해결될 수 있다고 생각하지 않는다. 이런 복잡한 문제들은 당신이 집단지도자로서 경험을 쌓아나감에 따라 새로운 차원의 의미를 갖게 될 것이다.

 ## 집단 참여의 윤리적 쟁점

집단 작업에 관련된 윤리에 대한 논의를 시작하기에 앞서, 집단구성원들이 집단에서 어떤 경험을 할 수 있는지를 당신이 더 잘 이해할 수 있도록 각 쟁점의 시작 부분에 제시된 질문을 읽고 성찰해보기를 권한다. 자기성찰을 위한 이러한 질문이 이 책에서 탐색하는 각 주제에 관한 당신의 입장을 생각해보는 데 도움이 되길 바란다.

사전 동의

당신이 집단구성원이었을 때, 혹은 대학원 수업 과정에서 열린 자세로 타인과 개인적인 정보를 공유하고 대인관계적 역동을 탐색하도록 요구받았던 때를 떠올려보라. 집단구성원으로서 당신이 가졌던 걱정거리는 무엇이었는가? 비밀 보장에 관하여 당신은 어떤 질문을 가졌는가? 다른 집단구성원들과 집단지도자에게 자기개방을 하는 데 있어 안전함을 느끼기 위해 당신이 알고 싶었던 것은 무엇이었는가?

사전 동의(informed consent)는 사람들이 집단 참여 여부와 참여 방법에 대해 합리적인 결정을 내릴 수 있도록 잠재적인 집단 참여자들에게 집단 치료에 관한 기본적인 정보를 제시하는 과정이다. 이와 관련한 한 가지 건전한 방침은 집단의 성격과 관련된 여러 가지 주제에 대한 정보를 담고 있는 '전문가 자기개방 진술서(professional disclosure statement)'를 집단구성원에게 제공하는 것이다. 보통 이런 정보에 포함되는 내용은 치료자의 자격 관련 정보, 집단에서 흔히 사용되는 기법, 집단 참여에 따르는 위험과 유익함이다. 아울러, 집단 치료의 대안이 될 수 있는 방안, 면담 약속과 치료비 및 보험과 관련된 정책, 집단에서 보장되는 비밀의 성격 및 제한점과 같은 다른 주제들에 대해서도 제때 정보를 제공하는 것이 중요하다. 이러한 정보들은 예비 집단구성원들이 잘 이해할 수 있는 수준에 맞추어 제시하는 것이 좋다. 덧붙여서, 사전 동의에는 비밀 보장의 한계와 더불어 비밀 보장에 대한 집단원의 권리를 다루는 정보가 포함된다.

사전 동의는 일회성 사건이 아니라 지속적인 과정임을 설명하는 것은 좋은 생각이다. 집단원이 집단에 참여하는 시점에 곧바로 사전 동의를 확보하는 것이 윤리적이고 법률적 요구사항이긴 하지만 집단의 각기 다른 단계에서 사전 동의 과정의 여러 측면을 다시 논의해볼 필요가 있다. 사전 동의가 효과적으로 이루어지면 집단원 개개인의 자율성을 높이는 데 도움이 되고, 집단원들이 협력적으로 과정에 참여하게 되며, 착취나 위해의 가능성이 줄어든다(Barnett, Wise, Johnson-Greene, & Bucky, 2007; Wheeler & Bertram, 2015).

이 적절한 정보를 확보하게 되면, 이들은 특정 집단에 참여하고 싶은지 아닌지를 결정할 수 있는 위치에 있게 된다. 이 주제와 관련된 다른 정보는 5장에서 볼 수 있다("집단을 공지하고 집단구성원을 모집하는 활동을 위한 안내" 참고). 사전 동의에 대한 좀 더 상세한 논의는 Corey, Corey, Corey & Callanan(2015)을 참고하면 된다.

비자발적 참여

당신은 어떤 집단에 의무적으로 참여해야 한다는 말을 들었다. 이에 대한 당신의 즉각적인 반응은 어떠할 것 같은가? 이때 그 집단에 대해 어떤 정보가 제공되기를 기대하겠는가?

집단 참여는 자발적으로 이루어지는 것이 이상적이다. 그러나 현실에서는 항상 그렇지만은 않다. 특히 집단 참여가 강제적인 경우에는 집단의 성격과 목표, 집단에서 적용될 절차, 특정 활동을 거부할 수 있는 집단구성원의 권리, 비밀 유지의 한계, 적극적인 집단 참여가 여러 가지 방식으로 집단 밖의 삶에 미칠 수 있는 영향 등에 대하여 집단원들에게 명료하고 충분히 전달하도록 각별히 많은 노력을 기울여야 한다. 이 주제에 대해 APA(2010)는 다음과 같은 지침을 제시한다. "상담 서비스가 법정 명령에 의한 것이거나 다른 방식으로 강제된 경우, 심리학자는 해당자에게 서비스를 제공하기 전, 제공될 서비스의 성격에 대해 알려주어야 한다. 여기에는 그 서비스가 법정 명령에 의한 것인지 의무적인 것인지, 비밀 유지의 한계는 무엇인지에 대한 정보도 포함된다"(3.10.c).

동기 수준이 매우 높고 스스로 집단을 선택한 참여자들로 구성된 집단이라 하더라도 집단을 이끄는 일은 상당한 기술과 지식을 요구한다. 비자발적 집단구성원들로 구성된 집단을 이끄는 일은 한층 더 어려우며 집단 과정에서 다루어야 할 새로운 역동을 만들어낸다. 지도자는 사전 동의를 통해 집단구성원들에게 집단 참여자로서의 권리와 책임 둘 다를 인식하도록 해준다. 따라서 집단원의 참여가 강제되거나 의무적이면서, 자기 개방과 개인적인 탐색을 강조하는 집단을 이끄는 지도자는 집단구성원들에게 집단에 참여하여 일원이 되면 어떤 일이 일어나는지를 각별히 유의하여 알려주어야 한다. 만약 집단원이 집단에 출석은 하지만 활동에 참여하지 않을 경우, 이러한 내용이 그들에 대한 보고서나 임상 파일에 기록으로 남는다는 점을 반드시 알려주어야 한다. 집단지도자는 비자발적 집단원이 그들 자신의 선택을 이해하고 치료 프로그램을 준수하지 않으면 어떤 결과가 초래되는지를 이해하게끔 돕도록 애써야 한다(Rapin, 2014).

비자발적 집단원에게 집단이 개인적으로 어떻게 유익함을 줄 수 있는지를 보여주면 자발적인 참여를 증진할 수 있다. 때때로 집단원들은 치료의 성격에 대한 잘못된 정보나 선입견을 갖고 있기 때문에 참여를 꺼린다. 그들은 집단지도자나 집단에 포함된 과정을 신뢰하지 않을 수도 있다. 이들 중 상당수는 다른 사람들에게 자신을 드러내기를 주저하며, 자신이 개방한 내용이 어떻게 이용될지 혹은 악용될지 염려할 가능성이 있다. 비자발적 집단원이 있는 집단을 성공으로 이끄는 한 가지 주요 요인은 일부 집단원의 부정적인 태도가 전체 집단의 경험을 오염시키도록 내버려두지 않는 것이다.

민감한 지도자는 이런 문제를 열린 자세로 다룰 것이다. 집단지도자가 집단구성원들에게 집단을 도중에 그만둘 수 있는 선택권을 줄 수 없는 경우에도, 집단이 그저 불평만 늘어놓는 시간으로 전락하게 두지 않고 집단원들이 자신의 두려움과 내면의 저항에 맞서 대처하는 데 필요한 지지를 제공해줄 수 있다. 또한 집단원들에게 주어진 집단 시간을 어떻게 이용할지를 결정할 자유를 줄 수 있다. 집단지도자는 집단구성원 각자가 어떤 개인적 문제를 논의할 것인지, 어떤 부분을 사적인 것으로 남겨둘 것인지 결정하는 것은 그들 자신에게 달려있다고 안심시킬 수 있다. 달리 말하면, 참여하지 않을 수 있는 권리를 제외하고는 다른 어떤 집단의 집단원들과 같은 권리를 갖는다는 점을 분명히 알려야 한다.

지도자는 강제 집단이 당연히 동기가 결여된 내담자들로 구성되어 있을 것이라는 가정하에 집단을 시작하지는 말아야 한다. 왜냐하면 이런 믿음은 집단구성원들에게 부정적인 영향을 미치기 때문이다. 대신, 초기에 나타나는 어떤 불신도 존중하는 태도로 다루어야 하는데, 그 이유는 이런 불신이 신뢰의 증대를 가져올 수 있는 탐색을 위한 아주 좋은 재료가 될 수 있기 때문이다. 집단 참여가 강제된 사람들 중에는 집단을 통해 그들의 삶에서 중대한 변화를 만들어내는 이들도 있다. 가정폭력 집단에 참여하라는 명령을 받은 사람들을 위한 집단 제안서와 이러한 집단이 줄 수 있는 치료적 유익함에 관한 내용은 11장에 제시되어 있다.

집단을 떠날 자유

당신이 이끄는 집단에서 한 집단구성원이 갑자기 예고도 없이 일어나 밖으로 나가 버린다. 이런 행동은 당신에게 어떤 영향을 주겠는가? 이때 당신은 어떤 말이나 행동을 하겠는가? 당신이 지도자가 아니라 집단구성원이라면 어떻게 다르게 반응할 것인가?

집단지도자는 집단 참여를 위한 적절한 준비 작업과 사전 선별을 통해 집단구성원들이 집단을 조기에 그만둘 위험성을 줄일 수 있다. 지도자는 집단 출석과 사전에 정해진 수의 집단 회기가 끝날 때까지 집단에 참석하는 것과 특정 집단 회기에 집단에서 일어나는 상황이 마음에 들지 않을 때 집단구성원이 도중에 나가는 행동에 대한 분명한 방침을 세워야 한다. 지도자가 집단을 중도에 그만두는 데 따르는 위험 가능성에 대해 논의하면서 첫 회기를 시작하는 것은 좋은 방침이다. 이상적으로는, 집단 경험이 각 개인에게 생산적인지 비생산적인지에 대해 지도자와 집단구성원이 협력하는 방식으로 결정하는 것이 바람직하다. 집단원은 집단을 떠날 권리가 있지만, 최종 결정을 내리기 전에 집단지도자와 다른 집단원들에게 알리는 것이 중요하다.

어떤 집단구성원이 집단에 남아있도록 다른 집단원들이 부당한 압력을 행사한다면 집단지도자가 개입해야 한다. 그리고 집단원이 집단을 떠나고 싶어 하는 이유를 고려해보는 것이 중요하다. 많은 경우 집단에서 집단원들이 드러내는 행동은 그들이 일상에서 어떻게 행동하는지를 보여준다. 어떤 사람들은 갈등을 다루거나 강렬한 감정을 다루는 데 어려움이 있는데, 이러한 집단원들은 집단을 그만두는 것에 대해 이야기할 가능성이 있고 혹은 실제로 그만둘 수도 있다. 또 어떤 집단원들은 몸은 집단에 참여하지만 감정적으로는 집단 과정에서 떠나 있을지도 모른다. 따라서 집단원들이 보이는 행동의 이유에 대해 탐색해보아야 한다. 집단원이 중도에 그만두려 할 때 지도자가 너무 성급하게 허용하면 그 집단원에게 통찰과 개인적 성장의 좋은 계기가 될 수 있는 어떤 기회를 놓칠 수도 있다.

우리는 상황에 관계없이 무조건 집단구성원에게 끝까지 집단에 남아있으라고 강요하는 것을 찬성하지 않는다. 집단원 선발을 위한 개별 면담과 준비 교육 시간 동안 우리는 예비 집단원들에게 집단의 성격을 알리는 일에 세심한 노력을 기울인다. 시간이 제한된 폐쇄 집단의 경우 또한 우리는 집단원들이 자신의 책임을 다하도록 전념하는 것이 중요하다는 점을 강조한다. 집단원이 집단에 대한 의구심이나 우려를 갖고 있다면 이런 반응을 혼자 마음속에 넣어두는 대신 말로 표현하는 것이 얼마나 중요한지를 강조한다. 사람들 간 갈등이나 집단에 대한 불만을 해결하는 가장 좋은 방법은 집단에 남아 대화로 풀어나가는 것임을 집단원들은 알아야 한다. 만일 어떤 집단원이 아무런 설명 없이 갑자기 집단에 오지 않는다면, 신뢰할 수 있는 분위기를 조성하거나 집단응집력을 형성하는 일은 매우 어려워지게 된다.

게다가 한 집단구성원이 신중하게 고려하지 않고 아무런 설명도 없이 집단을 떠날 경우, 그 결과는 떠나는 사람뿐 아니라 남아있는 사람들에게도 부정적일 수 있다. 어떤 집단원들은 죄책감으로 부담을 갖고 그들이 어떤 말이나 행동을 '잘못' 해서 그 집단원이 집단을 그만두는 결정을 내리는 데 한몫했다고 자기 자신을 탓할 수 있다. 그리고 집단을 떠나는 사람 입장에서도 어느 정도의 논의로 해소될 수도 있었지만 표현되지 않았던 어떤 미해결 감정이 남아있을 수 있다. 집단을 떠나는 것과 관련된 요인들을 논의하겠다는 약속을 이행한다면 관련된 모든 사람들이 미해결 문제를 표현하고 탐색할 기회를 가질 수 있다.

때때로 가정에 급한 일이 생기는 것과 같은 예상치 못한 상황으로 인해 집단구성원이 일시적으로 혹은 영구적으로 갑작스럽게 집단을 떠나야 할 수도 있다. 만약 집단원이 이를 집단에 설명할 수 없고 지도자와 연락하지 않는다면, 지도자가 먼저 그 집단원에게 연락을 취하고 집단에 참석하지 않는 상황에 대해 물어볼 수 있다. 이런 조치를 취하는 것은 집단을 떠날 수밖에 없는 집단원을 위해서뿐만 아니라 왜 그 집단원이 더 이상 집단의 일부로 참여하지 않는지 궁금해할 남아있는 집단원들의 마음을 편안하게 해주기 위해서이다.

집단 참여에 따른 심리적 위험

집단구성원으로서 집단 참여로 인해 당신에게 일어날 수 있는 위험은 무엇일까? 당신이 집단지도자라면 사전 선발 면담에서 예비 집단구성원들과 함께 어떤 위험성에 대해 탐색할 것인가?

치료 집단에서 작용하는 힘은 강력하다. 이는 긍정적 변화를 가져오는 건설적인 힘일 수도 있지만, 힘의 분출에는 늘 어느 정도의 위험이 따른다. 집단에 어떤 위험도 따르지 않을 것이라고 기대하는 것은 비현실적이다. 예비 집단구성원이 이러한 위험 가능성을 인식하도록 안내하고, 위험이 발생하지 않도록 모든 조치를 취하며 위험 가능성을 줄일 수 있는 방법을 고려하는 것은 지도자의 윤리적 책임이다.

미국상담학회(ACA, 2014)의 윤리 규정에는 "집단 장면에서 상담자는 신체적, 감정적 혹은 심리적 외상으로부터 내담자를 보호하기 위한 합당한 조치를 취한다."(A.9.b)라고 명시되어 있다. 윤리 규정에는 집단 참여로 인해 집단구성원의 삶에서 일어날지도 모르는 잠재적 변화가 미칠 수 있는 영향을 논의하고, 집단원이 이러한 변화에 대처할 준비가 되어 있는지를 탐색하도록 돕는 일도 포함된다. 지도자는 적어도 집단원과 함께 특정 집단의 이점과 불리한 점에 대해 논의하고, 집단원이 집단 경험에서 발생할 수 있는 어떤 문제라도 다룰 수 있도록 준비시켜야 한다. 또한 집단원이 갖고 있지만 표현하지 않고 있는, 집단에 대한 두려움과 거리낌을 민감하게 포착해야 한다. 갈등으로 인해 해로운 결과와 학대가 초래되었던 환경에서 자란 집단원은 다른 사람들과의 어려움을 해결하는 새로운 방식을 배움으로써 치유적인 경험을 할 수 있다. 이들은 또한 다양한 감정에 대처하는 자신의 능력에 대해 자신감을 얻을 수도 있다.

집단지도자는 집단에서 작동하는 힘에 대해 그리고 이런 힘을 윤리적으로 동원하는 방법에 대해 폭넓고 깊은 이해를 가져야 한다. 지도자가 세심한 주의를 기울이지 않는다면 집단구성원은 집단이 가져다줄 수 있는 유익함을 놓칠 뿐만 아니라 집단에 의해 심리적으로 해를 입을 수도 있다. 이러한 위험성을 줄이는 방법으로는 집단원의 한계 인식하기, 집단원의 요구 존중하기, 밀어붙이거나 독단적인 방식이 아니라 집단원이 시도해보도록 초대하는 방식 적용하기, 공격적인 언어적 직면 피하기, 판단을 내리기보다 집단원의 행동을 있는 그대로 묘사하기, 집단원에게 지도자의 해석을 강요하기보다 지도자의 짐작을 잠정적인 형태로 제시하기 등이 있다. 지도자는 이러한 위험에 대해 첫 시간에 참여자들과 상의해야 한다. 예를 들어, 근친강간의 피해자 여성들로 구성된 집단을 이끄는 지도자는 다음과 같이 말할 수 있다. '여러분이 어린 시절과 그때 겪었던 학대에 대한 고통스러운 기억을 들춰내기 시작하면 얼마간은 집단에 참여하기 전보다 더 우울하고 불안할 수 있습니다. 그래서 집단에 와서 이런 느낌에 대해 얘기하는 것이 아주 중요합니다. 특히 이로 인해 집단을 그만둘 생각이 든다면 더더욱 그렇습니다.' 또한 집단지도자는 집단원이 집단에서 배우고 있는 것을 일상에 적용하는 데 있어 어떤 걱정이 있는지 살펴보도록 도와줄 수도 있다.

참여자들은 강렬한 집단 경험을 한 후 자신의 삶뿐만 아니라 가족의 삶에 영향을 미칠 수 있는 결정을 성급하게 내리려는 생각을 품을 수도 있다. 예를 들어, 결혼한 지 20년이 된 어떤 여성이 남편과의 관계가 극도로 소원하다는 것을 깨닫게 되어 이혼할 결심을 하고 집단을 떠날 수 있다. 이 경우 집단지도자는 이 여성에게 집단 회기에서 강렬한 경험을 한 직후 너무 성급하게 어떤 결정을 내리지 않도록 주의시켜야 한다.

만일 이 여성이 그 이후에 집단에서 달라진다면 남편을 다르게 대할지도 모른다. 그러나 그녀가 자신의 결단을 너무 빨리 실행에 옮겨버리면 이러한 행동 변화가 이루어질 수 있는 기회가 없을 것이다. 집단원의 결정을 방해하는 것이 지도자의 책임은 아니지만, 지도자는 결과를 신중하게 고려하지 않고 성급하게 행동하는 것의 위험성을 집단원들에게 경고할 책임이 있다. 어떤 집단원이 집단에서 감정 정화를 유발하는 중요한 작업을 했다면, 치료 장면에서 주요 타자에게 상징적인 차원에서 할 수 있을 법한 모든 말을 그 집단 회기 직후에 밖에 나가 직접 말하지 않도록 주의를 주는 것도 좋은 방법이다. 집단지도자는 집단원이 가장 전달하고 싶어 하는 것이 무엇인지 결정하도록 돕고, 또한 상대방을 배려하면서 성공적인 대화로 이어질 가능성이 가장 높은 방식으로 자신의 생각과 감정을 표현할 방법을 찾도록 도움을 줄 수 있다.

때때로 집단구성원은 집단 경험에 대해 자신만의 근심거리를 만들어내고 몹시 두려워한다. 예를 들어, 어떤 집단구성원은 만일 자신이 고통을 느끼도록 스스로에게 허용한다면 깊은 우울증에 빠져서 헤어나오지 못할 것이라고 믿는다. 또 어떤 집단원은 만일 자신이 자제력을 잃는다면 다시는 제 기능을 할 수 없을 것이라고 확신한다. 한편 거절당할 것이라는 생각에 다른 사람들이 자신에 대해 아는 것을 두려워하는 집단원도 있다. 이러한 두려움은 초기에 탐색해서 집단원들이 그것이 어느 정도 현실적인지를 점검하고 집단 안에서 이를 잘 다룰 수 있는 방법을 찾아야 한다. 지도자는 집단에서 무엇을 탐색하고 어느 정도 깊이 다룰지를 결정할 권리는 집단원에게 있음을 강조해야 한다. 지도자는 집단 압력을 주시하면서 어떤 집단원이 하지 않겠다고 결정한 어떤 일을 다른 집단원이 그 사람에게 강요하려고 시도한다면 이를 저지해야 한다.

집단 작업에 내포된 다소 다른 한 가지 위험은 집단구성원이 집단의 목적을 오용할 수 있다는 현실이다. 일례로 내(공저자 중 Cindy Corey)가 대학에서 식이장애 학생을 위한 집단을 이끌고 있을 때, 나는 집단원들이 칼로리를 소비하고 체중 감량 상태를 유지하는 방법에 관한 정보를 공유하면서 서로에게서 자기파괴적인 행동을 배우고 있음을 알아차렸다. 이러한 오용은 흔한 경우는 아니지만 내담자에게 집단상담보다 개인상담이 더 적절할지의 여부를 결정하기 위해 집단원을 선별해야 할 필요성에 주목하도록 한다.

이러한 주제들에 대해서는 6장에서 좀 더 자세하게 논의하고, 여기에서는 집단구성원들이 집단 경험에서 최대한 유익함을 얻을 수 있도록 돕는 지침을 제시한다. 이 장에서는 사전 동의의 일환으로 집단원들과 논의될 수 있는 주제인, 치료 집단의 몇 가지 잠재적인 위험을 간략하게 살펴보고자 한다.

1. **힘의 남용** 힘의 남용은 중대한 위험 요인이다. 집단지도자는 해로운 집단 경험을 예방하도록 많은 노력을 기울여야 한다. 집단지도자는 자신의 힘을 사용하는 명백한 방식과 미묘한 방식 둘 다를 인식하고 있어야 한다. 예를 들면, 지도자의 성(gender)이나 문화적 정체성은 집단원이 지도자에게 어느 정도의 힘을 부여할지에 영향을 줄 수 있다. 집단지도자는 지도력의 전문성과 전문화된 지식 및 기술에 따른 정당한 힘을 갖고 있다. 이상적으로, 지도자가 집단구성원들이 내적 자원과 역량을 발견하도록 도와줌으로써 힘을 강화하도록 자신의 힘을 사용하는 것이 바람직하다. 이러한 힘은 집단원의 유익함을 위해 사용될 수 있고 또한 공유될 수 있다. 협력적인 관계란 바로 이런 것이다.

2. **자기개방** 집단구성원은 때때로 자기개방을 남용하는 경우가 있다. 개방을 많이 하면 할수록 좋다는 식으로 집단 규범을 잘못 이해하고 있는 경우가 종종 있다. 하지만 개인의 사적인 삶을 무분별하게 공유하면 개인의 사생활이 침해될 소지가 있다. 자기개방은 모든 집단에게 반드시 필요하지만 어디까지나 좀 더 충분한 자기 이해라는 목적을 위한 수단일 뿐이지 그 자체로 미화되어서는 안 된다. 어떤 인종

이나 문화 집단 내에서는 자기개방을 금기시한다는 점을 명심해야 한다. 어떤 집단원은 과거에 자기개방을 했다가 해를 입었을 수도 있고, 또 어떤 집단원은 어떠한 사적인 부분도 개방하기를 주저할 수 있다. 집단구성원들은 조용히 있으면서 다른 집단원이 말하고 작업하도록 허용함으로써 집단 참여를 피할지도 모른다.

3. **비밀 유지** 비밀 유지는 모든 집단에 존재하는 잠재적인 위험이다. 집단 회기 중에 공개된 내용의 일부가 집단 안에서 유지되지 않을 수도 있다. 집단지도자는 비밀 유지의 중요성을 계속 강조해야 한다. 그러나 이렇게 하는 경우에도 일부 집단구성원들이 집단에서 논의된 내용에 대해 부적절하게 얘기할 가능성은 존재한다.

4. **희생양 만들기** 가끔 한 사람이 집단의 희생양으로 지목될 수 있다. 다른 집단구성원들이 이 집단구성원을 놓고 '패거리를 지어 몰아붙이면서' 그 사람을 적대적이고 부정적인 직면의 표적으로 삼을 수 있다. 분명히 집단지도자는 이런 행동을 제거하고 집단에서 일어나고 있는 일을 탐색하기 위해 단호한 조치를 취해야 한다. 일반적으로 희생양으로 지목받고 있는 사람에게 초점을 두기 전에 다른 사람을 희생양으로 만들고 있는 사람에게 먼저 초점을 두고 탐색하는 것이 좋다.

5. **직면** 직면은 어떤 집단에서든 유익하고 강력한 도구지만 잘못 사용할 가능성이 있으며, 파괴적인 방식으로 이루어질 때 더욱 그렇다. 집단구성원의 사적인 영역을 침해하는 개입, 지나치게 직면적인 지도자의 전략, 집단원들의 한계를 넘어 밀어붙이는 방식은 흔히 부정적인 결과를 가져온다. 여기에서도 지도자는(그리고 집단원들도 마찬가지로) 집단원들에게 중대한 심리적 위험을 초래할 수 있는 행동을 경계해야 한다. 지도자는 비생산적인 직면의 위험을 줄이기 위해서 구체적인 행동에 초점을 맞춘 직면이 어떤 것인지 시범을 보여야 하며, 집단원들의 인격을 판단하는 행동을 삼가야 한다. 바람직한 유형의 직면은 지지와 공감의 입장에서 나오는 직접적인 도전이다.

모든 개인적 위험을 제거할 수 있다고 기대하는 것은 현실성이 없다. 그리고 그렇게 할 수 있다고 암시하는 것도 예비 집단구성원을 잘못 이끄는 일이다. 하지만 중요한 것은 집단원이 주된 위험을 인식하고 그것을 다루려는 자발성과 능력에 대해 논의할 기회를 가지며 가능한 한 많은 안전장치를 집단 구조에 구축하는 일이다.

집단 내에서 심리적 위험을 최소화하는 한 가지 방법은 계약을 활용하는 것이다. 계약을 통해 지도자는 자신의 책임을 명시하고, 집단원은 각자가 집단에서 무엇을 탐색하고 실행할 의향이 있는지를 말함으로써 각자의 책임을 명시할 수 있다. 이러한 계약은 집단원이 부당하게 이용당하거나 집단에서 부정적인 경험을 했다는 느낌을 가진 채 집단을 떠날 가능성을 줄일 수 있다.

비밀 유지

당신이 집단에 참여하고 있는데 집단지도자가 당신에게 "당신이 말한 어떤 내용도 집단 밖으로 나가지 않습니다."라고 말한다. 이런 말을 들으면 비밀 유지에 대해 당신이 가질 수 있는 모든 염려가 해소되는가?

효과적인 집단 작업을 위한 필수 조건 중 하나는 비밀 유지이다. 이 조건은 특히 중요하다. 왜냐하면 집단지도자는 집단구성원들의 비밀을 지켜야 할 뿐만 아니라 집단구성원들이 서로의 비밀을 지키도록 해야 하기 때문이다. 집단지도자는 윤리적으로 행동할 수 있는 자신의 능력에 관심을 가져야 할 뿐만 아니라 때로는 지도자의 통제권을 벗어나 집단원들 간에 발생할 수 있는 윤리적 딜레마에 어떤 반응을 보여야 한다. 집단치료에서는 일부 집단원들이 다른 집단원들에 대한 사적인 정보를 노출하는 것을 막는 일이 가능하지 않을 수도 있다. 개인 상담에 비해 집단에서는 회기들이 어떻게 진행될지에 대해, 자기개방의 성격과 깊이에 대해, 그리고 특히 비밀 유지와 관련하여 집단 회기 사이에 어떤 일이 일어날지에 대해 당신이 통제할 수 있는 부분은 적다(Lasky & Riva, 2006).

집단구성원들은 다른 사람의 개인정보나 개인사에 관한 세부적인 내용을 집단에 속하지 않은 어떤 사람에게 개방하여 윤리적 규정을 위반할 수 있다. 좀 더 미묘하게 비밀 유지를 위반하는 예는 집단에 참여한 사람들이 직장이나 학교에서 이미 서로 알고 있는 경우에 일어날 수 있다. 한 집단원이 다른 집단원에게 직장이나 학교의 동료들이 있는 데서 나중에 집단에서 보자는 말을 할 수 있다. 이것은 무심결에 비밀 유지 규정을 깨뜨리는 행동으로서 고의가 아닐 수도 있지만, 자신이 집단상담을 받고 있다는 사실을 다른 사람들이 알기를 원치 않는 사람에게는 비밀을 깨뜨리는 행위이다.

Wheeler & Bertram(2015)은 집단구성원들이 소셜 미디어(social media)를 활용할 경우 비밀 유지 규정을 위반할 위험성이 더 커질 수 있음을 지적한다. 집단 상담자는 사전 동의를 통해 온라인상 행동의 한계를 다루어야 하고, 온라인에 사진이나 의견 또는 다른 집단원에 관하여 비밀 유지를 해야 하는 그 어떤 유형의 정보도 게시하지 않겠다는 데 대해 집단원들이 동의하는 규칙을 수립하는 것이 바람직하다. 집단 밖에서 온라인 대화를 활용하는 사안에 관한 규칙을 수립하는 것은 반드시 사전 동의 절차의 일부로 다루어야 하고, 집단을 관리하는 규준에 관한 논의의 한 부분으로 포함시켜야 한다. 집단원들이 자신의 경험을 집단 밖의 다른 사람들과 공유할 수 있는 한 가지 방법은 다른 집단원을 묘사하거나 이들의 이름을 언급하지 않은 채 자기 자신의 경험, 반응 그리고 통찰한 바를 이야기하는 것이다. 예를 들어, 한 집단원이 "집단상담을 하면서 나 자신에 대해 한 가지 깨달은 것은 내가 집단에 들어가는 것에 대해 책임지기보다는 집단

상담자가 나를 불러줄 때까지 기다리는 경향이 있다는 거야."라고 말할 수 있다. 다른 집단원은 "나는 우리 중 얼마나 많은 이들이 비슷한 갈등으로 마음고생을 하고 있는지를 알게 되었어."라고 말할 수 있다.

비밀 유지에 대해 집단구성원 교육시키기

의도치 않게 미묘하게 비밀을 누설하는 경향에 대해 여러 차례 집단구성원들에게 주의를 환기하는 것이 바람직하다. 집단원들에게 어떠한 방식으로 의도치 않게 비밀 유지 규정을 어기게 되는지를 교육하는 것이 매우 중요하다. 집단지도자는 집단의 사적인 내용에 관한 정보 유지의 중요성과 이점에 대해 집단구성원들을 교육시킬 책임이 있다 (Rapin, 2014). 집단에서 비밀 유지가 관심사가 되고 있는 것 같다면 집단 회기 중에 이 문제를 충분히 논의해야 한다. 예를 들어, 외도와 같은 개인적인 정보를 개방한 집단원은 이 정보를 다른 사람들과 공유한 것에 대해 걱정할 수 있다. 집단지도자는 자기개방을 한 집단원을 안심시키기 위한 한 방법으로 집단구성원들에게 비밀 유지를 상기시킬 수 있다.

집단 내 비밀 유지에 관한 문헌을 개관해본 결과, 집단구성원과 지도자 모두가 비밀유지 개념에 관한 명확한 이해가 부족하고 비밀 유지의 한계를 지니고 있는 것으로 나타났다. 비밀 유지에 관한 충분한 논의는 그것이 자율적으로 선택할 수 있는 집단원들의 권리를 존중한다는 점에서뿐만 아니라 전반적인 집단 경험에 영향을 줄 수 있다는 점에서 매우 중요하다. 집단지도자는 비밀 유지의 중요성을 전달하고, 집단원들이 이에 동의한다는 내용의 계약서에 서명하도록 하며, 더 나아가 이를 어기는 사람들에게는 어떤 형태의 제재를 가하는 것이 좋다. 지도자는 비밀 유지 원칙에 관한 규정을 명시한 진술서를 갖고 있으면서 필요할 때마다 재논의하는 것이 바람직하다.

비밀 유지의 중요성에 대해 지도자가 모범을 보여주는 행동은 집단구성원들이 따라야 할 규범을 정하는 데 매우 중요한 역할을 한다. 지도자가 비밀 유지를 진지하게 여긴다고 집단구성원들이 느낀다면 그들 또한 이 문제에 대해 신경을 쓸 것이다. 비록 비밀 유지에 관해 집단원을 교육하고 개방한 내용에 대한 비밀이 지켜지는지를 점검하는 것은 지도자의 역할이지만, 집단원들에게도 다른 사람들이 집단에서 나눈 것을 서로 존중하고 지킬 책임이 있다. 이 주제에 대해, 미국학교상담자협회(ASCA, 2010)는 다음과 같이 명시하고 있다. "학교 전문 상담자는 집단 장면에서 분명한 기대를 설정하고, 집단상담에서 비밀 유지가 보장될 수 없음을 분명하게 말한다"(A.6.c).

비밀 유지의 윤리적 · 법률적 차원

집단 작업을 할 때에는 비밀 유지에 대한 모든 집단구성원의 권리가 반드시 보호되어야 한다. 지도자는 그 어떤 형태의 규정 위반에 대해서도 이를 논의하고 집단원이 비밀 유지의 규정을 어긴다면 어떤 행동을 취해야 할 책임이 있다. 미국상담학회 윤리규정(ACA, 2014)에는 집단 내 비밀 유지에 대해 다음 내용이 기술되어 있다. "집단 작업 시, 상담자는 해당 집단에서 비밀 유지의 중요성과 한계를 분명하게 설명한다"(B.4.a).

집단 상담자는 집단구성원들에게 비밀 유지 약속을 위반할 때 그 잠재적인 결과가 무엇인지를 알려줄 윤리적 · 법률적 책임이 있다. 지도자는 특별히 정부의 법령에 의해 명시되어 있지 않는 한, 집단 치료에는 법률적 특권(비밀 유지)이 적용되지 않음을 설명해주어야 한다(ASGW, 2008). 집단구성원들이 서로 알고 있고, 집단 밖에서 집단원들 서로 간에 그리고 그들의 다른 동료들과도 자주 접촉하게 되는 시설과 기관 및 학교에서는 비밀 유지가 특히 중요하지만 이를 지키기가 더 어렵다. 예를 들어, 고등학교의 청소년 집단에서는 집단 시간에 거론된 내용이 무엇이든 집단 밖으로 나가지 않도록 하려면 상당히 주의를 기울여야 한다. 집단지도자는 집단 참여 학생들에게 합당한 동의를 얻지 않고서는 집단에서 거론된 내용을 이들의 부모와 교사에게 말해서는 안 된다. 만일 집단원 중 일부가 집단에서 일어난 일에 대해 밖에서 말하고 다닌다면 집단 과정이 중단될 것이다. 지도자와 다른 집단원들이 자신의 비밀을 존중할 것이라는 확신이 없다면 사람들은 자신의 사생활에 관한 사실을 드러내려고 하지 않을 것이다.

우리는 집단구성원들이 그들의 삶에서 중요한 사람들에게 자신의 집단 경험을 이야기하고 싶어 할 것이라 생각한다. 그러나 우리는 집단원들에게 이렇게 하는 과정에서 다른 사람들의 믿음을 깨뜨리지 않도록 하라고 주의를 준다. 집단에 있었던 다른 사람들이 누구라고 언급하거나 그들이 어떤 말과 행동을 했는지를 언급하지 않도록 조심하라고 한다. 일반적으로 집단원들이 집단 회기 중에 그들이 배운 것이 무엇이었는지에 대해 말한다면 그것은 비밀 유지를 위반하는 것이 아니다. 하지만 그들 자신이 어떻게 통찰을 얻었고 집단에서 실제로 어떤 상호작용을 했는지에 대해 말한다면 그것은 비밀 유지를 위반할 가능성이 높은 행동이다. 예를 들어, 게르트라는 남성은 한 집단 회기에서 여성 집단구성원들이 그를 돌보게끔 유도해놓고는 이들이 자신을 어린아이 취급한다고 원망한다는 것을 깨닫게 되었다고 하자. 그는 아내에게 '나는 종종 당신이 어떤 행동을 하기를 기대해놓고 당신이 정작 그런 행동을 하면 당신을 원망한다는 것을 알게 됐어.'라고 말하고 싶을 것이다. 이 정도는 허용할 수 있는 개방이다. 그러나 그를 이러한 통찰로 이끌어주었던, 몇몇 여성 집단원들이 개입된 집단 활동을 묘사한다면 비밀 유지 규정을 위반할 수 있다.

일부 집단구성원들은 지도자를 시험할 수도 있다. 예를 들어, 지도자가 소년원에 수감 중인 집단 참여자들에게 집단에서 나온 이야기는 어떤 것이든 집단 밖으로 나가지 않을 것이라고 말하는 상황을 생각해보자. 청소년들은 지도자의 이런 말을 믿지 않고 지도자가 실제로 이 약속을 지킬 것인지 알아보려고 여러 가지 교묘한 방식으로 지도자를 시험할 수 있다. 따라서 집단 상담자는 보고하라는 요구를 받게 될지도 모르는 어떤 내용을 집단 내에서 비밀로 지키겠다는 약속을 하지 않도록 해야 한다.

상담자는 내담자들에게 사전 동의 과정에서 비밀 유지의 한계를 분명히 말해주어야 하며, 의무 참여 집단의 경우 상담자에게 요구되는 모든 보고 절차를 집단원들에게 알려주어야 한다. 또한 집단 상담자는 비밀 유지에 영향을 주지만 그들이 지켜야 하는 어떤 문서화 작업이나 기록 보관 절차에 대해서도 집단원에게 언급해야 한다. 미국상담학회의 윤리규정(ACA, 2014)의 비밀 유지 관련 내용은 다음과 같다. "상담자는 장차 맡게 될 내담자와 현재 맡고 있는 내담자에 대한 기밀 정보를 보호한다. 상담자는 내담자의 동의나 법률적 혹은 윤리적으로 합당한 이유 없이는 내담자 비밀 정보를 누설하지 않는다"(B.1.c).

일반적으로, 자격증을 취득한 심리학자, 정신과 의사, 임상 사회복지사, 부부 및 가족 치료자, 그리고 많은 지역에서는 자격증을 취득한 전문 상담자에게도, 법률적으로 내담자가 말한 내용에 대해 비밀 유지 특권이 부여된다. 비밀 유지 특권(privileged communication)의 개념은 다음과 같은 경우를 제외하고는 이들 전문가가 내담자가 말한 비밀을 누설할 수 없음을 의미한다. (1) 전문가의 입장에서 내담자가 자신이나 다른 사람 혹은 기물에 심각한 손상을 입힐 것으로 판단되는 경우, (2) 아동 학대나 노인 학대가 의심되는 경우, (3) 법원으로부터 정보를 제공하라는 명령을 받은 경우, (4) 슈퍼비전을 받고 있는 경우, (5) 내담자가 서면으로 허락한 경우가 예외적인 경우이다. 그러나 이들 전문가가 집단을 이끄는 경우, 대부분의 주에서는 이런 특권이 적용되지 않는다. 미국집단심리치료협회(AGPA, 2002)에서는 다음과 같이 말하고 있다. "집단 치료자는 집단 치료에 적용하는 비밀 유지 특권의 한계에 관하여 잘 알고 있어야 하며, 이러한 한계를 집단원에게 알리도록 한다"(2.2). 집단 상담자는 자신이 일하는 지역에서 집단 내의 비밀 유지 특권이 보호되는지 여부를 알 필요가 있다. 만약 비밀 유지 특권이 보호되지 않는다면, 집단지도자는 이러한 특별한 상황을 집단원들에게 설명할 필요가 있다. 비밀 유지 특권이 주어지지 않는다 하여 비밀 유지에 관한 윤리적 책임이 부과되지 않는다는 뜻은 아니다(Wheeler & Bertram, 2015). 집단지도자는 비밀을 유지해야 하는 윤리적·법률적 책무가 있지만, 다른 집단원에 대한 비밀 유지 규정을 어긴 집단원은 어떠한 법률적 책임도 지지 않는다(Lasky & Riva, 2006).

상담자로서 우리는 전문가 역할 테두리 안에서뿐 아니라 조력자라는 역할을 벗어나서도 일련의 전문적인 기준을 지키게 되어있다. 공정하든 그렇지 않은 간에 상담은 종종 사람들의 역할 모델로 여겨진다. 우리가 사적인 영역에서 어떻게 행동하는지는 우리가(그리고 우리가 속한 전문 분야가) 사람들에게 어떻게 지각되는지에 직접적인 영향을 미친다.

동급생의 이름을 무작위로 선택하라. 그리고 그 사람을 구글에서 검색해보라. 페이스북, 트위터, 그리고 다른 소셜 미디어 사이트에서 이 사람을 찾아보라. 만약 이 사람이 당신의 상담자라면, 당신에게 긍정적 또는 부정적으로 영향을 줄 수 있는 어떤 것을 보거나 읽는가? 당신이 찾은 것을 그 사람에게 말해주고, 잠재적 내담자 또는 집단원이 이러한 정보를 보는 것이 괜찮은지 물어보라. 당신을 검색해본 사람과도 같은 내용을 논의해보라. 이번 활동을 통해 배운 것으로 인해 소셜 미디어 사이트 설정을 비공개로 바꾸거나 그곳에 게시한 글을 재고할 수도 있다고 생각하는가?

비밀 유지의 다문화적 차원

비밀 유지는 반드시 문화적 맥락에서 보아야 한다. "상담자는 비밀 유지와 사생활이 문화적 차원에서 어떤 의미를 갖는지에 대하여 인식과 민감성을 가져야 한다. 상담자는 정보의 개방과 관련된 다양한 관점을 존중해야 한다. 상담자는 내담자와 함께 정보를 어떻게, 언제, 그리고 누구에게 말할 것인지에 대해 계속해서 논의해야 한다"(ACA, 2014, B.1.a).「집단 상담자를 위한 다문화 및 사회적 정의에 관한 역량 원칙」에서 집단상담전문가협회(ASGW, 2012)는 인종, 민족성, 사회경제적 지위, 연령, 성별, 성적 성향, 종교, 그리고 영성에 이르는 광범위한 영역을 다룬다. 집단 상담자들을 위한 『다문화 및 사회적 정의 상담 역량』에서, 다문화 상담 및 발달 협회(Contacting the Association for Multicultural Counseling and Development: AMCD, 2015)는 사회적 정의를 증진하는 행동을 취하고 내담자에게 그들 자신을 옹호하는 법을 교육시킬 것을 강조한다.

문화는 다음과 같은 방식으로 비밀 유지에 관한 집단구성원의 관점에 영향을 미칠 수 있다.

- 어떤 문화권에서는 치료받는다는 것을 수치스럽게 여기고 정신적으로 심각한 문제가 있는 사람들만 치료를 받는다고 생각한다. 내담자가 가족과 함께 살고 있다면 비밀 유지 위반의 위험성을 최소화하기 위해 집 전화기에 음성 메시지를 남기거나 자택 주소로 우편물을 보내지 않도록 한다.
- 어떤 집단구성원은 합법적인 지위나 거주지가 없기 때문에 자신의 개인적인 정보

를 제공하는 것을 조심스러워할 수도 있다.

- 망명이나 난민 지위를 요청하려는 집단구성원들은 신뢰 문제에 대한 심각한 우려를 갖고 있어 자신과 가족을 보호하기 위해 허위로 개인 정보를 제공할지도 모른다.

- 어떤 문화권에서는 모든 개인적 정보를 가족과 나누는 것을 장려하는데, 이러한 문화권에서 온 집단원들은 집단에서 일어난 세세한 내용을 가족과 나누어야 한다는 부담을 느낄 수 있다.

- 언어장벽이나 독해 문제로 인해 집단원이 비밀 유지의 중요성과 위반에 따른 결과를 충분히 이해하지 못할 수도 있다. 지도자는 모든 집단원들이 사전 동의에서 이점과 다른 측면들을 충분히 숙지하도록 주의를 기울여야 한다.

집단에서 미성년자의 비밀 유지

특히 미묘한 한 가지 문제는 집단에 참여한 미성년자들의 비밀 유지를 지키는 일이다. 부모는 자녀가 집단에서 개방한 정보에 대해 알 권리가 있는가? 이 질문에 대한 답은 우리가 법률적, 윤리적 혹은 임상적 관점 가운데 어떤 관점으로 보는지에 달려있다. 지역마다 미성년자 상담과 관련된 법령이 다르다. 집단 상담자는 자신이 활동하는 지역에서 미성년자 상담과 관련된 법령에 대해서 알아보고, 또한 학교 현장에서 일하는 사람들에게 적용되는 해당 지역의 정책에 대해서도 알아보는 것이 중요하다. 미성년자가 부모 동의 없이 전문가의 조력을 구할 수 있는 상황이나 부모 동의를 받지 않아도 되는 미성년자에 대한 규정, 부모(혹은 법률적 후견인)로서 자녀에게 제공된 전문적 조력에 관한 기록을 열람할 수 있는 권리에 관한 규정은 각 지역의 법령에 따라 다르다.

최근 캘리포니아주는 실무자가 판단할 때 12세 이상의 미성년자도 외래 환자 치료 또는 정신건강 상담에 현명하게 상담을 받도록 허용하고 있다. 물론 캘리포니아주는 미성년자와의 상담 후 치료자가 주어진 상황에서는 부모의 참여가 부적절하다고 판단하지 않는 한, 미성년자의 치료에 부모(또는 후견인)가 관여하도록 요구한다. 치료자는 미성년자의 부모 또는 후견인과 접촉하려는 시도를 하였는지, 그리고 이러한 노력이 성공했는지 또는 실패했는지, 혹은 접촉하려는 시도가 왜 부적절하다고 생각되는지를 내담자 기록에 명시할 책임이 있다. 이러한 법은 이민자 가정의 미성년자나 가출 청소년, 동성애자, 정신건강 서비스를 받는 것이 용납되지 않는 문화적 배경을 가진 청년들의 치료를 받을 권리를 보호한다(Leslie, 2010).

미성년자가 집단에 참여하기 전에 부모나 후견인에게 아이가 상담에 참여하고 있음을 알리는 것이 가장 바람직하다(ASCA, 2010). 특히 학교 상담자의 경우 법적으로 요구되지는 않더라도 부모나 보호자로부터 서면 승인서를 받아두는 것이 좋다. 이러한 승인서에는 집단의 목적에 대한 간략한 기술과 목적 달성을 위한 전제 조건으로서 비밀 유지의 중요성 및 비밀 유지를 어기지 않으려는 지도자의 의도 등의 내용을 포함시킬 수 있을 것이다. 부모에게 자녀에 관한 정보를 제공하는 것이 유익할 수도 있지만, 정보 제공은 비밀 유지를 위반하지 않고는 가능하지 않은 일이다. 부모가 자신의 자녀가 집단에서 어떤 문제를 논의했는지 물어볼 수 있으므로, 미리 부모에게 비밀 유지의 중요성을 알려주는 것이 집단지도자의 책임이다. 부모에게 집단의 목적을 알려주고 자녀에 대한 약간의 피드백을 주는 것은 가능하지만, 자녀가 말한 구체적인 내용은 언급하지 않도록 주의해야 한다. 부모에게 피드백을 주는 한 가지 방법은 부모 중 한 사람이나 혹은 두 사람 모두와 자녀 및 집단지도자가 다 함께 참석하는 회기를 한번 갖는 것이다. 상담자는 집단 회기에 관하여 대략적으로 설명해주거나 집단의 목적을 알려줄 수도 있고, 부모 혹은 후견인 그리고 아동 간의 더 깊은 토론 질문과 주제를 제안할 수도 있다. 이는 특히 아동 및 청소년과 함께하는 사회적 기술 집단과 다른 심리교육적 집단에서 유용하다.

아동과 청소년이 참여하는 집단에서 지도자는 비밀 유지가 좀 더 잘 지켜지도록 각별히 노력해야 할 책임이 있다. 미성년자가 이해할 수 있는 어휘를 사용하여 비밀 유지의 성격과 목적 및 한계에 대해 가르치는 것이 유익하다. 이러한 주제에 대해 미성년자들에게 미리 알려주고, 비밀 유지에 대한 이들의 염려에 대해 그리고 특히 학교 장면에서 어떻게 비밀이 지켜질 수 있을지에 대해 이들과 함께 논의하는 것이 유익하다. 미성년자들에게는 비밀 유지의 한계에 대해 반드시 가르쳐야 한다. 이러한 접근을 통해 집단 상담자에 대한 이들의 신뢰를 두텁게 할 수 있다. 비밀 유지가 집단원들의 문제로 제기되면 이들이 이 문제에 대한 논의를 먼저 시작하도록 권장하는 것도 좋은 방법이다.

어린 내담자의 신뢰를 얻을 뿐만 아니라 부모와 법적 후견인과 협력적으로 작업하는 것이 중요하다. 당신이 10대 학생들로 구성된 집단을 이끌고 있는데, 집단원 중 한 명의 조부모가 방과 후에 당신을 찾아와서 집단상담에서 그들의 손주가 무슨 말을 하고 있는지를 꼭 알아야겠다고 요구한다고 가정해보자.

- 집단원의 조부모에게 어떻게 반응해야 할지를 생각할 때 가장 먼저 어떤 점이 걱정되는가?
- 당신이 갖고 있는 법률적 및 윤리적 염려 또는 의무는 무엇인가?
- 그 조부모뿐만 아니라 10대 집단원과 맺고 있는 관계에 관해 당신은 무엇을 고려해야 하는가?

- 그 조부모와 10대 내담자의 문화적 배경이 당신의 반응에 어떤 식으로든 영향을 미칠 것인가?

아동 집단을 이끄는 상담자는 부모가 강력하게 주장하면 그들에게 약간의 정보를 제공하라는 요구를 받을 수 있고, 보호관찰 대상자 집단을 이끄는 지도자는 특정 범죄와 관련해서 집단에서 얻은 모든 정보를 보호관찰관에게 알리라는 요청을 받을 수 있다. 지도자는 법정에서 집단원들에게 불리한 증언을 하라는 요구를 받을 때 당사자에게 이를 알리는 것이 좋은 방침이다.

비밀 유지에 관한 지침 요약

집단지도자는 비밀 유지와 관련된 몇 가지 문제를 고려하는 것이 좋을 것이다. 다음은 집단에서의 비밀 유지 문제와 관련된 몇 가지 지침을 간략하게 요약한 것이다.

- 집단의 성공에는 비밀 유지가 필수적이지만 모든 집단구성원들이 비밀 유지에 관한 지침을 준수할 것을 보장하기 위해 지도자가 할 수 있는 일은 거의 없다. 지도자는 자신의 입장에서만 비밀을 보장할 수 있을 뿐이며 집단의 다른 사람들에 관해서는 보장할 수 없다.
- 집단지도자는 상담에 영향을 미칠 관련 법령, 특히 자신이 일하는 지역의 법령을 반드시 숙지해야 한다. 아동 성폭력, 노인과 아동의 방치나 학대, 혹은 근친강간과 관련된 경우에는 특히 잘 알고 있어야 한다.
- 집단지도자는 집단을 시작할 때 지도자와 집단구성원의 역할과 책임 및 비밀 유지의 한계에 대해 설명한다(APA, 2010: Standard 10.03).
- 집단원들에게 비밀 유지의 한계를 알려주어 집단원들이 집단 회기 중 언제, 무엇을, 그리고 얼마나 많은 개인 정보를 개방할지 결정할 수 있도록 한다.
- 지도자는 집단구성원뿐 아니라 미성년 집단구성원의 부모 또는 후견인이 비밀 유지 준수의 중요성을 이해하고 다른 집단구성원의 사적 정보 노출을 보호하도록 도울 책임이 있다.
- 집단 참여자들에게 집단에서 일어나는 일에 대해 말하거나 글로 쓰지 않으며, 누가 참여했는지 말하지 않겠다고 동의하는 계약서에 서명하도록 요구하는 것이 현명한 방침이다.

집단지도자는 비밀 유지 준수의 중요성을 집단이 전개되는 여러 단계에서 강조해야 한다. 집단구성원 선발을 위한 개별 면담 중에 이 주제를 언급해야 하고, 첫 집단 회기에 이를 분명히 해야 한다. 그리고 집단 과정 중 적절한 시점마다 다른 집단원의 신원이나 구체적인 상황을 언급하지 않도록 집단원의 주의를 환기시켜야 한다. 만약 어느때라도 집단원 가운데 누군가가 비밀 유지가 존중되지 않고 있다고 지적하면 지도자는 집단원과 함께 가능한 한 빨리 이 문제를 다룰 책임이 있다.

 ## 집단에서 지도자 가치관의 역할

당신이 집단지도자로서 집단구성원들이 가치관을 바꿀 의향이 없다고 분명히 밝혔는데도 굳이 바꾸려고 시도할 가치관이 있다면 그것은 무엇인가? 누군가가 당신의 가치를 문제시한다면 당신은 이에 어떻게 반응할 것인가?

당신은 당신의 가치관과 또한 당신이 미묘하게 혹은 직접적으로 집단구성원들에게 영향을 주는 방식을 인식하게 됨으로써 지도자로서의 효과성을 증진시킬 수 있다. 집단구성원의 세계관을 인식하고 그들의 가치체계를 이해하려고 노력할 수 있다면 당신은 그들이 자신에게 옳은 것이 무엇인지를 발견하도록 더 잘 도울 수 있다. 당신은 매우 다른 가치관을 가지고 있을 수 있다. 하지만 우리의 윤리적 의무는 집단구성원이 상담자의 세계관과 가치관이 아니라, 그들의 세계관과 가치관에 부합하는 치료적 목표를 달성하도록 돕는 것이다. 집단 과정의 초점은 내담자에게 있다. 우리가 아니라 내담자들이 집단에서 그들이 이루어낸 변화의 결과를 안고 살아간다. 집단원들이 현재 자신의 행동을 통해 자신이 삶에서 원하는 것을 얻을 수 없다는 점을 인정한다면 집단이라는 장(場)은 집단원들이 새로운 행동 양식을 개발할 수 있는 이상적인 장소가 된다.

가치 문제에 대한 작업의 윤리적 측면

미국상담학회(ACA, 2014) 윤리강령은 우리가 우리 자신의 가치관을 인식하도록 일깨운다. "상담자는 자신의 가치와 태도, 신념 및 행동을 인식하고 이를 강요하지 않도록 한다. 상담자는 내담자, 수련생, 그리고 연구 참여자가 지니는 다양성을 존중하고 상담자가 자신의 가치관을 내담자에게 강요할 위험이 있는 영역에 대해 훈련을 받는다. 특히 상담자의 가치관이 내담자의 목표와 불일치하거나 본질적으로 차별적인 경우에는 더욱 그렇다"(A.4.b). 집단구성원들은 흔히 집단에서 가치와 관련된 많은 문제, 예를 들면 종교, 영성, 성적 성향, 낙태, 이혼, 가족 갈등의 문제를 내놓는다. 집단의 목적은 집단구성원들이 자신의 신념을 명료화하고 자신의 가치 체계와 가장 일치하는 선택이 무엇인지 살펴보도록 돕는 것이다. 집단상담은 지도자가 자신의 세계관을 집단구성원들에게 강요하는 토론장이 아닐 뿐더러 특정 집단구성원이 자신의 가치를 다른 집단구성원에게 강요하는 토론장도 아니다.

가치관은 흔히 당신이 의식적으로 알아차리지 못한 채 은밀하게 전달된다. 예를 들어, 당신은 자율성, 스스로 선택할 자유, 관계에서의 동등성 및 독립과 같이 모든 사람을 위해 좋은 보편적 가치가 존재한다는 굳은 신념을 갖고 있을 수 있다. 그러나 집단구성원들 가운데 일부는 다른 보편적 가치를 고수할 가능성이 있다. 그들의 행동에 영향을 주는 가치는 상호의존, 협동, 가족에 대한 충성, 부모에 대한 의무와 책무, 자신의 이해보다 가족의 안녕을 우위에 두는 것일 수 있다. 당신의 관점에서 집단원들이 그들의 가치관을 바꾸는 편이 나을 것이라고 가정한다면 당신은 그들에게 해를 입힐 수있다. 당신이 자신의 가치관을 집단원들에게 직접 강요하지 않더라도, 집단상담에서 당신이 적용하는 개입 전략에는 당신이 최선이라고 생각하는 것을 집단원들이 하도록 만들려는 목적이 들어 있을 수 있다. 가령 당신이 육아는 주로 여성이 책임져야 한다는 가치관을 갖고 있다고 가정해보자. 당신은 일 때문에 아이와 좀 더 같이 있지 못해 죄책감을 표현하는 여성 내담자를 만나고 있다. 당신은 그녀에게 죄책감을 덜기 위해 일을 줄이거나 집에 머무는 것을 권장할지도 모른다. 당신 자신의 편견으로 인해, 당신은 그녀가 자신이 느끼는 죄책감의 근원과 의미를 더 깊이 탐색할 기회를 놓치게 될 것이다.

가치의 갈등 다루기

가치의 갈등으로 인한 윤리적 딜레마로 힘들어 하고 있다면, 가장 좋은 방법은 적절한 치료 기준을 제공받을 수 있도록 그 상황을 헤쳐 나가는 동안 자문을 구하는 것이다 (Kocet & Herlihy, 2014). 집단지도자가 자신의 개인적인 가치관을 드러낸다면, 쉽게 영향받고 의존적인 집단구성원은 어떤 대가를 치르더라도 지도자를 기쁘게 하고 싶어서 상담자의 가치를 자동적으로 받아들일 수 있다. 당신이 특정 가치에 관한 객관성을 유지하는 데 어려움이 있다면, 이를 내담자의 문제가 아니라, 당신 자신의 문제로 고려해보라. 슈퍼비전이나 개인 상담을 받으면 당신의 개인적인 가치관이 전문가로서 하는 일에 부적절한 방식으로 개입되는 이유를 이해하는 데 도움이 될 수 있다. 때로는 당신의 가치관과 일부 집단구성원들의 특정 가치관 간에 존재하는 극명한 차이와 관련된 윤리적인 문제에 직면할 수 있다. 예를 들어, 어떤 문화권 출신의 집단원들은 아이들이 특정 문화의 가치관에 순응하고 따르도록 하기 위해 체벌을 사용할 수 있다. 당신은 체벌에 대한 그들의 관점이 그들 문화권의 규범에 맞는 것이라고 인정하거나 아니면 좀 더 긍정적인 양육 방법을 권장할 의도로 개입하려고 애쓸 수도 있다.

지도자는 자신의 가치를 분명히 알고 있어야 하며 자신의 가치관과 다른 가치관에 대해 작업할 때는 객관성을 유지해야 한다. 우리는 힘닿는 데까지 우리의 개인적 가치를 상담 과정과 분리하는 법을 반드시 배워야 한다. Kocet & Herlihy(2014)는 윤리적이고 적절한 상담을 하기 위해 윤리적 괄호 치기(ethical bracketing)의 일환으로 우리의 개인적 가치를 의도적으로 제쳐 두는 과정을 서술하고 있다. 우리는 내담자에게 의도적으로 또는 의도치 않게 우리가 영향을 끼치는 방식을 고려해보아야 한다. Francis & Dugger(2014)는 상담자가 자신의 가치를 내담자에게 전달할 가능성이 있는 다양한 방식을 면밀하게 살펴보고 "개별 상담적 관계 내에 존재하는 힘의 차이가 어떻게 상담자 가치를 부과하게 되는 결과로 이어지는지를 인식해야 한다."(p. 132)라고 강조한다. 잠시 시간을 내어 집단구성원들과 상담할 때 당신이 '괄호 치기' 하기를 특히 어려워하는 윤리적 쟁점과 가치에 대해 생각해보라. 이러한 개인적 갈등이 전문가로서 당신이 하는 작업에 어떻게 새어 들어갈까? 또, 당신은 어떻게 해야 이런 일이 일어나지 않도록 가장 잘 방지할 수 있을까?

다음 시나리오를 생각해보자. 한 젊은 여성이 대학에 남아서 학업을 계속할지 아니면 결혼을 하기 위해 중퇴할지를 놓고 고심하고 있다. 집단에서 그녀는 자신의 가족이 여성에 대해 전통적인 관점을 갖고 있고, 자신의 문화권에서는 교육보다 결혼을 그녀에게 더 중요한 일로 여긴다고 말한다. 그녀는 공부하는 것을 좋아하기 때문에 양가감정을 느끼고 있으나, 가족이 그녀에게 실망하기를 원치 않는다. 당신과 다른 집단구성원들이 갖고 있는 가치는 당신이 그녀를 어떻게 대하고 반응할지에 영향을 미칠 것이다. 하지만 그녀가 해야 한다고 당신(혹은 집단원들)이 생각하는 어떤 일을 하도록 그녀를 설득하기 위해 집단을 이용해서는 안 된다. 당신의 가치관에 의하면 당신은 어떠한 대가를 치르더라도 학업을 계속하는 것을 선호할 수 있고, 집단원들은 그녀의 가족이 행복할 수 있도록 그녀가 학업을 중단하기를 선호할 수 있다. 여기에서 핵심은 설령 이 여성이 그렇게 해달라고 요구하더라도, 그녀 대신 결정을 내려주는 것이 지도자의 역할은 아니라는 점이다. 당신의 역할은 그녀가 자신의 감정과 가치 및 행동을 검토하고 궁극적으로 자신이 살아가면서 감당할 수 있는 결정에 도달할 수 있는 맥락을 제공하는 것이다. 그녀의 가족이나 문화권의 가치를 나쁜 것으로 몰아붙이지 않으면서 이 내담자를 지지해주는 일이 지도자가 해야 할 일이다.

지도자가 고려해야 할 또 다른 점은 일부 집단구성원들이 다른 집단원들에게 조언을 하고 자신의 가치를 강요하는 경향이다. 가치의 문제를 두고 흔히 집단원들 간에 충돌이 일어난다. 이런 경우에 집단지도자는 집단원들이 집단에서 자신의 가치를 다른 집단원들에게 강요하지 않도록 개입해야 할 책임이 있다.

배경이 다양한 집단구성원을 상담할 때의 윤리적 쟁점

Debiak(2007)은 다음과 같이 집단 치료에서 다양성에 주의를 기울이는 것이 집단상담을 유능하게 수행하는 것의 기초라고 주장하였다. "정신건강 전문직에 종사하는 대부분의 사람들이 이성애자면서 중산층 백인의 세계관에 갇혀있음을 인식하게 되면서, 임상적 작업에서 다문화적 역량의 중요성이 윤리적 책무로 떠오르고 있다"(p. 10). 다양성에 주목하고 또 그것을 다루는 것은 윤리적 책무이자 좀 더 효과적인 상담 작업으로 인도하는 방법이다.

가치와 다양성 다루기

지도자가 집단 과정에 가져오는 가치관과 관련하여 지도자는 미국 사회에 존재하는 사람들의 다양성의 현실을 인정해야 한다. 지도자가 사람들 간에 존재하는 어떤 기본적인 차이점을 무시한다면 집단구성원들에게 가장 도움이 되는 방향으로 조력하기가 어려울 것이다. 집단상담전문가협회 지침에 따르면, 집단상담 실제와 관련된 다음 권고에서 볼 수 있는 것처럼 지도자들은 집단 작업의 다문화적인 맥락을 인식해야 한다(ASGW, 2008).

> 집단 상담자는 인종과 성, 종교, 성 정체성, 심리적 성숙, 경제적 계층, 가족력, 신체적 특성이나 한계점, 지리적 위치 등을 포함한 영역에서 내담자 간의 개인차에 대해 폭넓은 민감성을 유지하면서 작업해야 한다. 물론 민감해야 할 영역은 이에 국한되지는 않는다. 집단 상담자는 집단 참여자와의 교류와 집단 밖의 자원을 활용하여 자신이 상담하는 다양한 집단의 문화적 쟁점과 관련된 정보를 지속적으로 구해야 한다. (B.8)

일반적으로 집단 참여와 관련된 **집단 규범** 가운데 어떤 내용은 일부 내담자들의 가치와 **문화적 규범**과 맞지 않을 수 있다. 사람들이 받은 문화적 가르침과 맥락적 요인에 비추어볼 때 어떤 사람이 자기 이야기를 나누는 것이 다른 사람이 그렇게 하는 것과는 아주 다르게 보일 수 있다. 모든 사람들이 동일한 가치 체계 안에서 같은 방식으로 참여할 필요는 없다. 핵심적인 것은 집단구성원들이 집단 참여를 통해 유익함을 얻고 있고 그들이 집단에서 배우는 것이 일상생활에도 적용될 수 있다는 믿음을 갖게 되는 환경을 지도자가 제공하는 것이다.

이 책의 6장에 언급된 집단 규범 중에는 '지금 여기에 머물기, 감정 표현하기, 자신이 원하는 것 요구하기, 직접적이고 솔직하기, 개인의 문제를 다른 사람들과 나누기, 자신을 다른 사람들에게 알리기, 모험 감수하기, 사람들 간 의사소통 향상시키기, 다른 사람들에게 개인적인 피드백 주기, 먼저 말 거는 것 배우기, 갈등을 직접 다루기, 다른 사람들에게 직면하기, 스스로 결정하기' 등이 포함되어 있다. 어떤 이들은 자신의 문화권에서는 간접적인 의사소통 방식에 가치를 두기 때문에 직접적인 의사소통을 힘들어할 수 있다. 또 어떤 집단원들은 집단에서 자신을 위한 시간을 요구하는 데 곤란을 느낄 수 있는데, 그 주된 이유는 그들의 출신 문화권에서 그렇게 하는 것이 무례하고 민감하지 못하며 자기중심적이라고 배웠기 때문이다. 이런 집단원들에게는 드러내놓고 말하거나 자신을 믿고 자기개방을 시도해보라고 하기보다는, 어떤 집단원이 말하는 것을 들으면서 그들이 느꼈던 반응을 최소한 한 가지 정도 나누는 것이 어떨지 생각해보도록 요청하는 것이 유익할 수 있다. 약간의 구조를 제공함으로써 당신은 이 집단원들이 덜 위협적인 방식으로 자신을 표현하도록 용기를 북돋워줄 수 있다. 힘과 지위에 대한 존중을 강조하는 문화권에서는 사람들이 막연한 방식보다는 구체적인 방식으로 자기표현을 하도록 요청받을 때 참여할 가능성이 높다.

그리고 어떤 집단구성원들은 대가족을 고려하지 않고 자신만을 위해 결정을 내린다면 마음이 편치 않을 것이다. 어떤 집단 기법은 집단원들이 자신의 감정을 좀 더 자유롭게 표현하도록 도울 수 있게 고안된 것이지만, 일부 집단원들은 이런 기법을 불쾌하게 여길 수 있다. 어떤 이들은 문화적으로 길들여진 탓에 감정을 솔직하게 드러내거나 가족의 문제에 대해 자유롭게 말하기까지 오랜 시간이 걸릴 수도 있다. 이들은 감정은 감추는 것이 좋고 남들 앞에서 감정적인 반응을 드러내는 것은 부적절하다고 배웠을 수도 있다.

우리 집단에 참여했던 한 집단구성원은 집단에서 다른 사람들에게 자신의 이야기를 한다는 것이 비현실적으로 느껴졌다고 말했다. 그녀는 만약 그녀의 조국에서 이런 식으로 말한다면 사람들이 그녀를 피할 것이라고 했다. 또 다른 집단원은 집단원들과 지도자가 터놓고 말하라고 압박했기 때문에 경험했던 좌절감을 표현했다. 그녀는 집단에서 다른 사람들이 그녀의 말을 이해하려면 먼저 그녀의 침묵을 이해해야 한다고 말했다. 이것은 집단에게 주는 강력한 의사전달이었다. 집단원들은 그녀가 침묵하는 이유를 존중함으로써 그녀와 심리적으로 연결될 수 있었고, 그녀가 그녀의 문화권에서 그리고 집단 참여에서 침묵에 두는 가치에 대해 좀 더 알게 되었다. 문화적 차이에 대한 탐색이 늘 이렇게 차이를 해소하지는 않는다. 그러나 지도자가 이러한 은밀한 혹은 좀 더 명백한 문화적 요인을 알아차리지 못하고 놓치거나 무시한다면 그것은 집단원들의 참여를 저해할 수 있다. 아울러, 이는 지도자가 집단상담을 운영하는 데 요구되는 문화적 역량을 제대로 발휘하지 못하고 있다는 뜻이 된다.

문화적 다양성은 집단구성원이 집단에서 어떤 문제를 내놓을지, 또한 이러한 문제를 탐색할 준비가 되어 있는지 혹은 탐색을 주저할지에 영향을 미친다. 집단원들은 자신의 출신 문화가 집단 참여에 어떤 영향을 미치고 있는지에 대해 말하고 싶다는 단서를 주는데, 집단 상담자가 이런 단서를 민감하게 포착하는 것이 매우 중요하다. 그리고 집단원들이 어떤 행동을 변화시키는 데 관심이 있는지를 그들과 함께 결정하는 것이 중요하다. 그러므로 집단지도자 자신은 직접적이고 자기주장적인 행동에 높은 가치를 둔다 해도, 바람직한 행동에 대한 자신의 견해를 집단원들이 받아들이도록 강요하는 것은 지도자의 역할이 아니다. 지도자는 집단구성원이 집단으로부터 얻기를 바라는 것이 무엇인지를 파악하는 것을 돕기 위해 그들과 함께 작업할 필요가 있다.

준비와 실천을 위한 윤리와 기준

대다수 전문기구의 윤리 규정은 현재 상담 개입이 내담자의 세계관에 부합하도록 상담자가 내담자의 문화적 가치에 대해 전반적으로 이해하고 있어야 할 책임이 있다는 점을 강조한다. 다음에 집단상담에서의 다양성 주제와 관련된 역량을 위한 지침을 제시할 것인데, 이 내용은 ACA(2014), ASGW(2012), AMCD(2015)의 자료를 포함하여 여러 출처에서 발췌한 것이다. 다양성을 다루는 데 있어서 유능한 집단 상담자가 되는 것과 관련된 자각과 지식 및 기술은 1장에서 논의되었는데, 그 내용을 다시 한 번 참고하기 바란다. 다양한 집단구성원으로 구성된 집단을 상담할 때 상담자는 자신이 민족성, 인종 혹은 성적 성향과 같은 요인에 기초하여 어떤 사람에 대해 가정하는 것이 무엇인지를 인식해야 한다. 그리고 집단의 목표와 과정이 집단구성원들의 문화적 가치에 부합하도록 하는 일이 매우 중요하다. 집단 상담자는 자신이 어떤 고정관념에 기초하여 사람들을 대하는 경향성은 없는지 유의해서 살펴보아야 한다. 이를 위해 집단지도자는 나이나 장애, 민족성, 성별, 인종, 종교, 사회적 지위 혹은 성적 성향에 근거한 자신의 편견이 무엇인지 먼저 알아차려야 한다. 이전 장에서 언급했듯이, 우리 자신의 편견을 검토하는 가장 좋은 방법은 비판적인 사고와 자기 점검을 요구하는 체험 활동과 다른 의미 있는 만남에 참여하는 일이다. 대부분 사람들에게 이런 자기 발견의 여정은 다른 사람들, 특히 여러 가지 면에서 우리와는 다른 사람들과의 관계에서 가장 깊이 이루어진다. 우리가 주로 우리와 같은 방식으로 생각하고 느끼고 살아가는 사람들과 계속해서 이야기한다면 우리 자신의 편견, 그리고 다른 '주의(ism)'를 근절하기가 어려울 것이다.

집단상담에 대한 사회적 정의 접근

사회적 정의의 개념은 "사회가 개인과 집단에게 공정한 처우를 하고 이익과 자원, 기회를 균등하게 배분한다."(Chung & Bemak, 2012, p. 26)라는 생각을 기반으로 한다. 집단은 사회의 축소판으로, 힘과 특권, 차별, 억압에 관한 문제를 다루는 맥락을 제공한다. 『학교 상담자를 위한 윤리강령(Ethical Standards for School Counselors)』(ASCA, 2010)에서는 사회적 정의의 임무에 관하여 다음과 같은 지침을 제공한다. "학교 전문 상담자는 다문화와 사회적 정의의 옹호에 관한 자신의 개인적인 인식과 지식 및 기술을 점검하고 확장한다. 학교 상담자는 개인적인 신념 또는 가치를 학생이나 다른 이해 당사자에게 강요하지 않도록 함으로써 모범적인 문화적 역량을 갖추도록 노력한다"(E.2.a).

집단 작업은 흔히 사회적 정의 의제를 발전시킬 잠재력을 제공한다. MacNair-Semands(2007)는 삶의 질에 영향을 끼치는 인종 차별, 성차별, 사회경제적 상황, 성적 성향, 장애인 차별 및 다른 '주의(ism)'로 야기되는 불공정한 대우나 불공평함과 같은 사회적 정의의 문제를 다루는 지도자의 역량을 확장시킬 혁신적인 방법을 찾을 필요가 있다고 주장했다. 왜냐하면 이러한 주제가 집단에서 자주 대두되기 때문이다. 이러한 사회적 불평등은 흔히 차이를 용인하지 않는 태도(intolerance)에서 비롯되는데, 이런 태도는 차별과 억압, 편견, 그리고 때로는 대인관계 폭력으로 이어진다. 집단지도자에게는 집단 경험과 집단 작업을 해로운 상호작용을 영속시키는 것이 아니라 치유적인 만남으로 전환할 수 있는 기회가 있다. 지도자는 집단원들이 문화적으로 다양한 집단원과의 상호작용에서 나타나는 분위기를 이해할 수 있도록 각자의 관점을 확장하게 조력할 수 있다.

> **집단은 사회의 축소판으로, 힘과 특권, 차별, 억압에 관한 문제를 다루는 맥락을 제공한다.**

집단상담에 참여하는 많은 사람들은 이미 차별을 당하거나 억압받은 경험이 있다. 이로 인해 그들은 집단에 관여하는 것에 대해 합당한 의심을 드러낼 수 있다. 집단 체계가 이들의 심리적 건강에 어떻게 영향을 미쳤는지를 인식함으로써, 우리는 집단 경험이 억압을 행사하는 또 다른 힘이 되지 않도록 할 수 있다. 지도자는 집단구성원들이 각자 맞닥뜨린 고통과 사회적 불평등에 대해 이야기하도록 장려할 수 있다. 집단에서는 힘과 특권의 역동이 일어나는데, 집단은 힘의 불균형을 다루고 탐색할 수 있는 장이다. 힘을 가진 위치에 있는 사람들은 의도하든 의도하지 않든 간에 사회적 불평등을 영속시킬 수 있다. 어느 집단이나 힘을 가진 사람과 힘을 가지지 못한 사람이 있다. 이러한 힘의 역동이 집단에서 나타나면 분명히 이에 대해 이야기할 수 있어야 한다.

주된 목표는 집단이 집단구성원들에게 고통스럽고, 해가 되었던 사건을 이야기하고 치유의 기회를 경험할 수 있는 안전한 장소를 제공하는 것이다. Anderson(2007)은 집단 내에 다양성이 존재함에도 지도자가 평가와 진단 및 치료 계획에 있어서 다문화적 접근을 사용하는 데 실패하면 상당한 위험이 따를 수 있다고 주장한다. Anderson은 "다문화 집단의 지도자는 억압과 피해자 만들기를 초래하거나 이를 되풀이하는 결과를 초래할 수 있는 차등적인 힘, 지위, 부(wealth)를 민감하게 인식하고 있어야 한다."(p. 232)라고 말한다.

Anderson(2007)은 다문화 집단의 작업이 가장 강력한 치료적 개입 가운데 하나가 될 수 있고, 집단이 치유와 발전을 위한 힘이 될 수 있다고 믿는다. 이와 동시에, 집단은 집단원을 억압할 잠재 가능성도 갖고 있다. "집단 작업에서 벌어질 수 있는 가장 심각한 윤리적 위반은 집단 과정의 힘이 내담자에게 해나 상처를 입히는, 즉 내담자를 억압하는 도구가 되도록 허용하는 것이다"(p. 231). Chung & Bemak(2012)은 용기의 중요성을 강조한다. "다문화적인 사회적 정의 작업을 받쳐주는 하나의 주춧돌은 용기이다. 용기는 두려움의 처방책이고 두려움은 오늘날 세상에서 항시 존재한다"(p. 266). Singh & Salazar(2010c)는 집단 작업이 사회적 정의와 관련된 안건을 다루는 '용기 있는 대화'의 장을 제공한다고 믿는다. 많은 집단에는 힘과 특권의 역동, 사회적 불평등이 집단 안에서 드러날 때 사회적 정의를 다룰 수 있는 기회가 생긴다.

의무적인 윤리강령 수준을 넘어 더 높은 수준의 윤리강령(aspirational ethics)에 따라 실천하는 집단 상담자는 모든 형태의 차별과 억압을 반대하는 데 참여하고 사회적 체제에 내재된 불평등에 도전하는 데 전념할 필요가 있다. 사회적 정의는 "인종, 성별, 능력에 따른 지위, 성적 성향, 종교 또는 영적 배경과 별개로 힘, 자원, 의무를 사회의 모든 집단원에게 공정하고 공평하게 분배하는 것"(Hage, Mason, & Kim, 2010, p. 103)이다. 사회적 정의의 안건은 흔히 다양한 문화적 배경을 지닌 사람들이 집단에 참여할 때 표면화된다. 사회적 정의 주제를 다루는 집단은 다양한 사회적 정체성을 가진 사람들을 인정하고 이들에게 힘을 실어준다. 또한 이러한 집단은 소외된 사람들과 공동체의 힘 북돋우기를 옹호하며 정체성을 긍정하는 환경(identity-affirming environment)을 만들어낸다(Hage et al., 2010).

> " 사회적 정의를 위한 상담은 패러다임의 전환을 요구한다. "

사회적 정의의 관점은 치료 활동과 윤리에 대해 전통적인 틀을 넘어서 생각해보는 것을 포함한다. 이는 집단 상담자에게 사회적 특권과 위계적 힘의 구조라는 주제를 집단 경험과 일상생활 모두의 일부로 인식하고 다루도록 요구한다(Hage et al., 2010). 사회적 정의를 위한 상담은 패러다임의 전환을 요구한다. 내담자를 돕는 것에 관한 전통적인 패러다임은 개인의 사고와 감정, 행동을 변화시키는 데 초점을 맞추는 반면에, 사회적 정의 모델은 개인을 넘어 내담자의 삶에 매우 큰 영향을 미치는 다른 요인들을 고려한다(Chung & Bemak, 2012). 상담자 개인이 집단 작업 실제에서 이러한 패러다임 전환을 가능하게 하려면, 일련의 사회적 정의와 옹호 역량(social justice and advocacy competencies)을 습득할 필요가 있다. 상담 전문가들은 "내담자를 돕는 것에 관한 전통적인 패러다임을 반드시 넘어서야 한다. …… [그리고] 사회적 정의에 대한 옹호와 사회적 변화에 대해 능동적인 자세를 취해야 한다"(p. 42).

사회적 정의의 실천과 훈련 및 조사는 상호의존적이다. 집단지도자가 사회적 정의 집단 작업에 포함된 다층적인 복잡성을 이해하고 다루기를 원한다면 효과적인 훈련이 필요하다. Hays, Arredondo, Gladding & Toporek(2010)은 사회적 정의를 집단 작업에 통합하는 방법에 대해 논의하였다. 사회적 정의를 효과적으로 통합하기 위해서는 집단지도자가 집단에 존재하는 사회적 정의의 요소에 주의를 기울이는 것이 필수적이다. Hays는 집단 작업에 사회적 정의를 통합하는 것에 관하여 다음과 같은 지침을 제시한다.

- 집단지도자는 공정성과 접촉 기회, 참여 및 조화를 증진시킬 수 있도록 집단을 발달시키는 새로운 방법을 찾아보아야 한다.
- 집단지도자는 집단구성원에게 그들의 권리가 무엇인지를 알려주고, 그들이 사회적 변화를 가져오는 데 있어서 적극적인 역할을 맡도록 조력함으로써 평등주의를 증진해야 한다.
- 집단지도자는 정체성 발달의 과정, 문화적 관심사, 특권과 억압, 그리고 이러한 요소들이 집단 과정과 집단구성원들에게 어떻게 영향을 미칠지에 관해 논의하는 것을 장려할 책임이 있다.
- 집단지도자는 내담자가 속해 있는 시스템이 집단 과정과 결과에 어떤 영향을 미치는지에 초점을 두고, 집단구성원 모두에 대해 문화적 평가를 수행해야 한다.
- 집단지도자는 집단구성원 개개인이 가진 강점과 집단 전체가 갖고 있는 자원에 기반을 둠으로써 그가 이끄는 집단의 집단원들에게 힘을 실어줄 수 있다.

이 모든 것을 아우르는 주제는 다문화적 역량이 사회적 정의를 지향하는 효과적인 집단 작업을 위한 기반으로서 갖는 중심적 위치이다. 기본적 가치로서 사회적 정의에 대한 집단지도자의 인식을 심화하려면 슈퍼바이저가 사회적 정의에 관한 열린 논의를 장려하는 분위기를 조성할 필요가 있다.

성적 성향에 대한 특정 사안

ACA와 APA 및 미국사회복지사협회(National Association of Social Workers: NASW)의 윤리 규정은 인종이나 민족성, 성, 혹은 성적 성향 등에 기초한 소수자에 대한 차별은 비윤리적이며 용납될 수 없음을 분명히 밝히고 있다. 성소수자에는 레즈비언, 게이, 양성애자, 성전환자 또는 자신의 성적 성향에 의문을 갖고 있는 사람들(LGBTQ)*이 포함된다(Goodrich & Luke, 2015). 레즈비언, 게이, 양성애자, 트랜스젠더, 퀘스처너리(LGBTQ)와 상담하는 일은 좀 더 전통적인 가치관을 갖고 있는 집단 상담자에게는 종종 도전거리가 된다. 상담자는 집단구성원에게 자신의 가치관과 태도를 강요하지 않도록 조심해야 한다. 물론 집단지도자는 자신의 가치와 신념을 가질 권리가 있다. 그러나 우리 자신의 가치 판단이나 신념을 내담자에게 강요하는 것은 상담자로서 우리에게 부여된 역할도 권리도 아니다. 자신이 레즈비언이나 게이, 양성애자, 트랜스젠더 또는 퀘스처너리라고 밝히는 집단구성원은 이미 피해의 역사와 버림받는 것에 대한 두려움을 갖고 우리를 찾아온다. 우리는 집단지도자로서 판단과 잠재적인 거부의 태도로 그들을 맞이해서는 안 된다. LGBTQ 공동체와 그에 속하는 내담자를 위한 서비스 제공 임무는 일부 상담자의 종교적, 도덕적, 윤리적 기준과 직접적인 갈등 관계에 있을 수 있다. 우리의 개인적 가치가 상담자로서의 윤리적 임무와 상충되는 다른 모든 경우처럼 상담자는 슈퍼바이저 및 동료들과 함께, 또는 개인 상담을 통해 자신의 개인적 가치를 내담자에 대한 의무와 분리시킬 수 있는 방법을 찾아보아야 한다.

이성애주의는 노골적으로 차별하는 방식에서부터 좀 더 미묘하고 은밀한 비난의 메시지에 이르기까지 다양한 방식으로 드러날 수 있다. 모욕의 강도가 어느 정도이든 간에, 집단원들과 전문가로서 당신의 지위에 미치는 결과는 해로울 수 있다. 어떤 치료자들은 내담자에게 자신은 그들의 성적 정체성을 인정하지 않으며, 도덕적 혹은 종교적 믿음 때문에 그들을 상담할 수 없다고 말한다. 자신을 LGBTQ라고 밝히는 사람들은 성적 정체성과 성적 성향으로 인해 정신건강 전문가로부터 판단받고 조롱당하고 당혹감을 느꼈으며, 자신이 더 초라해지게 느껴지는 압박감을 느꼈다는 이야기를 무수히 들려준다. 집단 상담자가 자신의 편견과 이성애주의 및 동성애 혐오를 인식하지 못한다면 자신의 잘못된 생각과 두려움을 집단에 있는 사람들에게 은밀한 방식으로, 또는 그다지 은밀하지 않은 방식으로 투사할 수도 있다. 따라서 집단 상담자는 반드시 성 정

---

* 레즈비언, 게이, 양성애자, 트랜스젠더, 퀘스처너리(lesbian, gay, bisexual, transgender, & Questionary)의 약자 LGBTQ 중에서 마지막 Q는 '퀘스처너리(Questionary' 또는 'Questioning)'인데 '자신의 성적 성향에 의문을 갖고 있는 사람들'을 말한다. —옮긴이 주.

체성과 성적 성향에 대한 자신의 개인적인 편견과 신화, 두려움 및 고정관념을 비판적으로 살펴볼 용의가 있어야 한다.

우리는 인턴과 치료자들이 깊은 가치관 갈등에 대해 직면하는 어려움에 공감한다. 하지만 결론은 언제나 같다. 치료는 우리 자신에 관한 것이 아니다. 내담자의 욕구와 안녕이 더 우선시되어야 한다. 치료 관계는 동등한 관계가 아니고, 우리가 치료자로서 내담자의 선택에 대해 반드시 편안함을 느껴야 하는 관계도 아니다. 치료자로서 우리가 맡게 된 역할은 내담자에게 서비스를 제공하고, 그들이 우리의 가치관이 아닌 그들 자신의 가치관에 가장 알맞은 방식으로 갈등을 해결하고 치유와 성장을 이루도록 돕는 것이다. 낙태, 종교, 이혼, 동성애 관계와 같은 주제에 대해서는 집단지도자가 자신의 가치관을 노출하는 것이 적절하지 않다는 것이 우리의 입장이다. 우리는 어떤 특정한 결과에 집착하기보다는 내담자와 함께 과정에 관심 두기를 선호한다. 어떤 경우에는 상담자가 자기개방을 하는 것이 적절하고 심지어 상담을 촉진할 수도 있다. 하지만 지도자가 자신의 가치와 관련하여 어떠한 자기개방을 했을 때 얻을 수 있는 잠재적 이익에 따르는 손실 혹은 대가를 신중하게 고려해보라고 주의를 주고 싶다. 자기개방을 하는 목적을 성찰해보고 또한 자기개방을 한 것을 후회할 것 같은지 아니면 하지 않는 것을 더 후회할 것 같은지를 스스로에게 물어보라. 우리의 가치관이 공공연한 판단이나 숨겨진 안건으로 작용하지 않도록 노력하지 않는다면 상담 전문직의 윤리강령과 기준을 위반할 가능성이 있다. 동료 또는 슈퍼바이저에게 자문을 받으면 자기개방의 잠재적 이익 또는 결과를 인식하는 데 도움이 될 수 있다.

미국심리학협회의 제44분과는 레즈비언, 게이 및 양성애 내담자를 치료할 때 준수해야 할 일련의 지침을 만들었다(APA, 2000). 여러 측면에서 레즈비언과 게이, 양성애자, 트랜스젠더 내담자를 상담하는 것은 집단에서 이성애 내담자를 상담하는 것과 공통점이 있지만, 몇 가지 윤리적 사안이 더 늘어난다(Goodrich & Luke, 2015). LGBTQ 내담자와 작업하는 집단 실무자는 내담자가 집단에 가지고 오는 고유한 문제를 이해하고, 이들에게 유능하게 서비스를 제공할 수 있도록 지식과 기술을 개발해야 한다는 기대를 받는다. 우리는 내담자들의 이야기를 깊이 경청하고 이 세상에 대한 그들의 고유한 경험을 우리가 이해할 수 있게 돕도록 그들을 격려하는 일을 기꺼이 해야 하는 동시에 그렇게 할 수 있어야 한다. 이를 위해서는 지속적으로 교육을 받고 슈퍼바이저의 도움을 구하며 기꺼이 자문을 받으려고 해야 한다.

상담에서 레즈비언, 게이, 양성애 및 트랜스젠더의 주제를 위한 연합회(ALGBTIC, 2008)는 다음을 유능한 집단 상담자의 특성으로 제시하고 있다.

- 집단에서 어떤 소수 문화를 대표하는 구성원이 한 사람만 있을 때 집단 내에서 일어나는 역동에 민감하다.
- LGBTQ 집단구성원의 안전을 촉진하고 이들이 집단에 포함되도록 돕는 집단 규범을 확립하고 개입을 만들어낸다.
- 집단 규범을 확립하고 LGBTQ 내담자가 자발적으로 자신의 정체성을 밝히고 자기개방을 할 수 있는 분위기를 조성하도록 노력한다.
- 다른 집단구성원들이 공공연하게 혹은 은밀하게 LGBTQ 집단구성원을 거부하는 언행을 드러낼 때 적극적인 입장을 취한다.

당신의 특정한 태도와 신념, 가정 및 가치 가운데 집단에서 레즈비언, 게이, 양성애자, 트랜스젠더 및 퀘스처너리 내담자를 효과적으로 도울 수 있는 당신의 능력을 저해할 수 있는 것은 무엇인가? 지금 당신이 개인적 한계점을 인식하게 되었다면, 어떤 것을 변화 대상으로 고려해볼 것인가? 앞에서 제시된 지침에 대한 당신의 태도와 가정 중 어떤 것에 도전해볼 것인가? 이 주제에 관해 좀 더 많은 정보를 원한다면 『LGBTQI 내담자를 위한 집단상담(Group Counseling With LGBTQI Persons)』(Goodrich & Luke, 2015)과 『레즈비언, 게이, 양성애자 및 트랜스젠더 내담자를 위한 상담과 심리치료 편람(The Handbook of Counseling and Psychotherapy With Lesbian, Gay, Bisexual, and Transgender Clients)』(Bieschke, Perez, & DeBord, 2006), 『레즈비언, 게이, 양성애자 및 트랜스젠더 내담자와 그 가족을 위한 상담 사례집(Casebook for Counseling Lesbian, Gay, Bisexual, and Transgender Persons and Their Families)』(Dworkin & Pope, 2012)을 참고하라.

 ## 집단 기법 사용에 대한 윤리적 문제

집단 기법은 집단의 움직임을 촉진하고, 집단구성원이 감정을 깊고 강하게 느끼도록 돕는 데 사용될 수 있다. 지도자가 특정 개입으로 인해 어떤 결과가 나타날지를 항상 정확하게 알 것이라 기대하는 것은 비현실적이다. 그래도 지도자는 예상치 못한 결과에 대처하는 방법을 알고 있어야 한다. 또한 집단지도자는 각각의 집단 기법을 사용하는 데 있어서 합당한 근거를 가지고 있는 것이 매우 중요하다. 이는 이론이 실제를 위한 유용한 지침이 될 수 있는 하나의 영역이다.

기법은 남용될 수도, 비윤리적인 방식으로 사용될 수도 있다. 지도자가 집단 기법을 비윤리적으로 이용하는 방식을 다음에 일부 제시하였다.

- 지도자가 자신에게 생소한 기법을 사용한다.
- 자신의 힘을 강화하기 위해 기법을 사용한다.
- 집단원들 간에 또는 집단 내에 강렬함을 조성하는 것을 유일한 목적으로 삼아 기법을 사용한다.
- 집단구성원이 지도자가 제안하는 어떤 활동에 참여하고 싶지 않다는 의사를 표현했음에도 그들을 압박하는 기법을 사용한다.
- 집단구성원의 개인적인 가치나 신념을 바꾸기 위해 기법을 사용한다.

집단지도자는 기법을 사용할 때 신중을 기해야 할 책임이 있다. 특히 지도자가 사용하는 기법이 강렬한 감정의 분출로 이어질 가능성이 있다면 더욱 그렇다. 특정한 역할연기 활동을 통해 촉발될 수 있는 강력한 감정에 대처할 수 있도록 사전에 적절한 훈련을 받는 것이 중요하다. 가령, 아동기의 외로웠던 때를 떠올리게 하는 유도된 환상 또는 분노를 표출하도록 하는 신체적 활동은 강렬한 정서적 경험을 유도할 수 있다. 이러한 기법을 사용하는 경우에 지도자는 반드시 어떠한 정서의 방출도 다룰 수 있는 준비가 되어야 한다. 집단 상담자가 자신의 욕구를 충족시키기 위해 집단에서 감정 정화를 권장하는 것은 아닌지 알아차리는 것이 필수적이다. 일부 지도자는 사람들에게 분노를 표현하도록 밀어붙이고, 이러한 카타르시스를 유발하는 기법을 개발한다. 정당한 감정이라 하더라도 집단에서 분노를 표출하는 것이 집단구성원의 욕구를 충족시키기보다는 지도자의 안건을 더 만족시키는 것일 수 있다. 지도자는 스스로에게 다음의 질문을 자주 제기해야 한다. '누구의 욕구가 우선이고 누구의 욕구가 충족되고 있는가? 집단원의 욕구인가 아니면 지도자의 욕구인가?' 집단원들에게 강렬한 감정을 표출하라고 밀어붙이고 있다면, 당신은 집단원들의 감정이 표출되고 난 후 무엇을 해야 하는지 알고 있는가?

집단 기법의 사용에 관한 또 다른 주요한 윤리적 주제는 집단 회기 중 또는 집단 회기 종료 후, 특히 집단 기법이 강렬한 정서를 끌어내는 데 사용된 경우에 극심한 스트레스를 겪는 집단구성원에게 즉각적인 도움을 제공하는 것과 관련 있다. 일부 미해결된 과제가 성장을 증진하기는 하지만, 강렬한 감정적 반응을 불러일으켜 놓고 시간이 다 되었다는 이유로 회기가 끝났을 때 내담자가 버림받는 느낌을 받도록 해서는 안 된다. 지도자는 충분한 시간을 갖고 회기 중 자극된 반응을 적절히 다루도록 주의해야 한다. 기법의 결과로 유발되는 감정을 추스를 시간이 충분하지 않은 회기에서나, 개인 정보가 보장되지 않는 공간에서나, 특정 기법을 적용하는 것이 해를 가져올 수 있는 물리적 여건에서는 기법을 도입하는 것이 바람직하지 않다. 따라서 각 집단 회기를 마치기에 적당한 시간을 배분할 필요가 있다.

집단지도자는 특정 기법이 지닌 잠재적인 역효과를 이해할 필요가 있다. 집단지도자가 배울 수 있는 방법 중 하나는 스스로 집단에 참여해보는 것이다. 치료자가 집단구성원이 되어 다양한 기법을 먼저 경험해봄으로써, 내담자의 욕구를 충족시키기 위해 기법을 적절하게 사용하는 것에 대한 건전한 존중 의식을 발달시킬 수 있다. 우리는 집단지도자를 위한 훈련 워크숍에서 기법 사용에 있어서 즉흥성과 독창성을 장려하지만 동시에 창의성과 무책임 사이의 균형을 유지하는 일의 중요성도 강조한다.

> 집단 기법은
> 목적을 위한 수단이지,
> 그 자체로 목적은
> 아니다.

집단 작업의 평판은 무책임한 실무자의 행동으로 인해 훼손되어왔다. 이들은 대부분 명확한 근거 없이, 혹은 잠재적 결과에 관한 그 어떤 지각도 갖지 않은 채 무차별적으로 기법을 사용한다. 집단지도자가 확고한 학문적 배경을 갖고 있고, 폭넓은 슈퍼비전 하에 집단 경험을 했으며, 개인 치료 또는 개인적인 성장의 경험에 참여했고 내담자에 대한 기본적인 존중의 태도를 지니고 있다면 기법을 남용할 가능성은 적을 것이다. 집단 기법은 목적을 위한 수단이지, 그 자체로 목적은 아니다. 윤리적이고 효과적인 집단 기법의 사용에 관한 좀더 깊은 수준의 논의는 『집단 기법(Group Techniques)』(Corey, Corey, Callanan, & Russell, 2015)을 참고하면 된다.

 ## 집단 상담자의 전문적 역량과 훈련

초심 집단지도자와 마찬가지로 숙련된 집단지도자 역시 훈련과 경험을 통해 합당한 자격을 갖춘 서비스만을 제공하고 그러한 기법만을 적용해야 한다. 집단 상담자는 그들이 제공할 수 있는 전문적 서비스를 상품화할 때, 자신의 전문적 능력을 정확하게 알릴 의무가 있다. 우리는 집단 상담자에게 다양한 내담자 집단에 효과적으로 적용할 수 있는 창의적인 방법을 생각해보라고 권장한다. 하지만 동시에 다양한 집단구성원이 참여한 집단을 이끄는 데 필요한 적절한 훈련과 슈퍼비전이 필요하다는 사실도 강조한다. 자신의 준비된 범위를 명백하게 넘어서는 집단을 이끄는 일은 비윤리적일 뿐만 아니라 상담 과실의 위험도 초래할 수 있다.

지속적인 발달적 과정으로서의 역량

각기 다른 집단은 각기 다른 자격의 지도자를 요구한다. 대학생을 상담하는 데 훌륭한 자격 요건을 갖춘 일부 전문가들은 아동 집단을 이끄는 데는 적합하지 않을 수 있다.

가령, 심리교육 집단 지도 훈련을 받은 전문가는 외래 환자 집단에게 집단 치료를 실시하는 데 필요한 훈련이나 경험이 부족할 수 있다. 기본적인 질문은 '누가 이러한 유형의 사람들로 구성된 이러한 유형의 집단을 이끌 자격이 있는가?'이다.

역량은 집단상담에서 주요한 윤리적 주제 중 하나이다. 일부 지도자들은 적절한 훈련이나 경험이 부족한 상태로 집단구성원을 선별하거나 집단구성원을 위한 사전 준비교육을 실시할 시간도 갖지 않은 채 성급하게 집단을 구성한다. 많은 인턴 상담자들과 심지어 일부 전문가들은 특정 집단과 관련된 훈련을 거의 혹은 전혀 받지 않았음에도 집단을 진행하라는 요구를 받을 수 있다.

전문적인 집단 상담자는 자신의 한계를 안다. 그들은 의뢰할 수 있는 자원을 잘 알고 있고 자신의 역량 수준을 넘는, 특별한 도움이 필요한 내담자들을 상담하려 들지 않는다. 미국학교상담자협회는 "전문적인 학교 상담자는 집단 촉진과 집단의 특수한 주제에 관한 전문적인 역량을 기르고 적절한 교육과 훈련 및 슈퍼비전을 꾸준히 받아야 한다."(ASCA, 2010, A.6.e)라고 명시한다. 나아가 책임 있는 집단 상담자는 지속적인 교육의 중요성을 절실히 깨닫고 있다. 심지어 자격증이 있고 경험이 많은 전문가들도 연차대회와 연수회에 참석하고, 수업을 들으며, 자문과 슈퍼비전을 받고, 때때로 특별 훈련 과정에 참여한다.

전문적 역량은 한 번에 갖출 수 있는 어떤 것이 아니다. 오히려 전문적 성장은 당신의 진로 전반에 걸쳐 이루어지는 지속적인 발달 과정이다. 「최선의 상담 실무 지침」은 집단 상담자로서 역량 수준을 높이는 데 유익한 몇 가지 일반적인 제안을 제시하고 있다(ASGW, 2008, A.8).

- 지속적인 교육, 전문적인 슈퍼비전 및 개인적, 전문적 계발 등을 통해 뒤처지지 않고 지식과 기술 역량을 증진한다.
- 효과적인 상담 실제를 보장하기 위해 집단지도자로서 효과적으로 기능하는 데 방해가 되는 윤리적 사안에 관하여 자문과 슈퍼비전을 받는다.
- 전문가로서 내리는 판단이나 집단을 촉진하는 능력을 저해할 수 있는 개인적 문제나 갈등이 있을 때 적절한 전문적인 도움을 구한다.

진정으로 유능한 집단 상담자는 집단에서 어떤 활동을 제안할 때 이에 대한 합당한 이유를 갖고 있다. 그들은 내담자에게 자신의 집단상담 실제의 근간이 되는 이론과 이 이론이 어떻게 상담 실제에 영향을 주는지에 대해 설명할 수 있다. 또한 집단원에게 집단의 목표를 분명한 언어로 전달할 수 있고, 자신이 집단을 이끌어가는 방식과 집단 목표 간의 관계에 대해 말할 수 있다. 유능한 집단지도자는 집단 과정을 개념화할 수 있고, 집단에서 그들이 하는 것을 그들의 이론적 모델과 관련지을 수 있다. 그리고 그들의 모델에 비추어 기법을 지속적으로 정교화시켜 나간다.

집단 상담자를 위한 전문적 훈련 기준

숙련된 집단 상담자를 배출하기 위해서는 훈련 프로그램에서 집단상담을 우선시해야 한다. 여러 전문가 기구에서는 집단 상담자를 위한 훈련 기준을 명시하고 있다. 「집단 상담자 훈련을 위한 전문적 기준(Professional Standards for the Training of Group Workers)」(ASGW, 2000. 이하 '훈련 기준')은 두 가지 수준의 역량과 이와 관련된 훈련을 명시하고 있다. 일련의 핵심적인 지식 역량과 기술 역량이 전문화된 훈련의 기반을 이룬다. 훈련 프로그램에는 집단상담 과목이 최소한 하나 이상 포함되어야 하며, 이 과목은 학생들이 집단 운영을 위해 필요한 기본 지식과 기법을 습득할 수 있도록 구성되어야 한다. 이런 집단 기법은 슈퍼비전이 제공되는 실습을 통해 숙달할 수 있는데, 이런 실습에는 관찰하기와 집단 경험에 참여하기가 포함된다.

상담 및 관련 교육 프로그램 인증승인협회(Council for Accreditation of Counseling and Related Educational Programs: CACREP, 2016)에서 제안한 집단 작업에 관한 기준은 상담 전공 학생들이 길러야 하는 일련의 역량에 관한 영역을 밝히고 있다.

- 집단상담과 집단 작업에 대한 이론적 기반
- 집단 과정 및 발달과 관련된 역동
- 치료적 요소와 이 요소가 집단의 효과성에 기여하는 방식
- 유능한 집단지도자의 특성과 기능
- 집단원 모집, 선별, 선정을 포함한 집단 구성에 대한 접근법
- 집단의 유형과 다양한 상황에서 집단을 지도하는 데 영향을 미치는 기타 고려 사항
- 집단 설계와 촉진을 위한 윤리적 전략 및 문화적으로 적절한 전략
- 한 학기에 최소 10시간 동안 훈련 프로그램의 승인을 받은 하위집단 활동에 학생들이 집단구성원으로서 참여하는 직접적인 경험

훈련 프로그램 외에 필요한 보조 과정

훈련 프로그램 외에 추가로 세 가지 유형의 경험, 즉 개인(사적) 심리치료, 집단 치료 또는 자기 탐색 집단, 집단 슈퍼비전에 참여하는 경험을 강력하게 권장한다.

집단지도자를 위한 개인 심리치료　수련생들은 자신을 위한 상담, 즉 개인 상담과 집단 상담을 받는 것이 중요하다. 상담을 받으면서 내담자에 대한 수용을 방해할 수 있는 편견과 집단구성원에 대한 지각을 왜곡시킬 수 있는 개인적인 미해결 문제, 집단 과정을 촉진하거나 저해할 수 있는 그 외의 욕구, 현재의 갈등, 자신의 강점을 충분히 인식하고 활용할 수 있는 방법 등을 탐색할 수 있다. 간단히 말해서, 집단 상담자는 집단에서 집단구성원에게 기대하는 것을 스스로 실천하는 용기를 보여주어야 한다.

집단지도자를 위한 자기 탐색 집단　우리는 자기 탐색 집단(또는 상호작용 과정 중심의 다른 유형의 집단)에 참여하는 경험이 집단지도자 인턴십 훈련 경험의 보조 과정으로 매우 유용하다는 것을 알게 되었다. 초심 집단지도자들은 보통 그들이 지도자로서 적합한지에 대해 어느 정도 불안해하며, 집단구성원과의 상호작용은 빈번히 그들의 미해결된 과거 혹은 현재의 문제를 표면화시키는 결과를 초래한다. 치료 집단은 수련생들이 이러한 개인적인 주제를 탐색할 수 있는 기회를 제공한다. 이 유형의 집단은 치료적 가치를 지닐 뿐만 아니라 수련생을 위한 강력한 교육 수단이 될 수 있다.

집단지도자를 위한 집단 슈퍼비전　집단 상담자들과 함께하는 집단 슈퍼비전은 수련생들에게 집단의 과정과 발달에 대해 배울 수 있는 많은 경험적 기회를 제공한다. 집단 슈퍼비전은 그 집단에 참여하는 집단지도자들이 제공하는 조력 서비스의 질을 모니터링하는 것뿐만 아니라 집단지도자들을 훈련시키는 데에도 매우 중요하다(Riva, 2014). Christensen & Kline(2000)은 집단 슈퍼비전에서는 수련생이 참여와 관찰 둘 다를 통한 배움의 기회를 많이 갖고 있다고 강조한다. 이들의 연구는 집단 슈퍼비전이 많은 이점이 있음을 지지한다. 집단 슈퍼비전의 이점에는 지식과 기술의 향상, 안전하고 지지적인 환경에서 기법을 사용하는 능력, 이론과 실제의 통합, 집단 역동의 패턴에 관한 좀 더 풍부한 이해, 개인의 가정을 시험해볼 수 있는 기회, 다른 사람들과의 연계를 통한 개인적 발전 및 자기개방과 피드백을 주고받는 기회가 포함된다. 수련생들은 슈퍼비전 집단에 참여함으로써 집단을 운영하는 슈퍼바이저뿐 아니라 집단의 다른 집단구성원들이 던지는 질문과 이에 대한 논의를 통해 이들로부터도 배움을 얻을 수 있다.

집단 슈퍼비전에서는 다양한 역할 연기를 해볼 수 있는데, 이를 통해 수련생들은 잠재적인 역전이 주제를 자각하고 그들이 '어렵다'고 느끼는 집단구성원들과 작업하는 데 있어서 대안적인 관점을 습득할 수 있다. 슈퍼바이저가 문제 행동을 보이는 집단구성원을 다루는 대안적인 방법을 시연한다면 수련생은 역할 연기를 통해 자신의 집단에 참여하는 어떤 집단원의 역할을 맡을 수 있다. 이때 슈퍼비전 집단의 다른 수련생들은 서로 짝을 이루어 다양한 역할을 맡을 수 있는데, 이로 인해 어떤 상황을 시연하고 나면 흔히 논윗거리가 풍성하게 나온다. 역할 연기 기법은 구체적인 상황을 생생하게 재연하는 경향이 있다. 수련생들은 단순히 내담자들과 문제에 대해 이야기하는 대신 지금 여기에서 문제를 시연함으로써 그들의 걱정거리를 생생하게 가져온다.

슈퍼비전 집단이 치료 집단은 아니지만, 이 집단은 통찰과 자각을 이끌 수 있다. 수련생들은 비판에 대한 자신의 반응과 자신의 경쟁심, 인정에 대한 욕구, 질투, 유능한 상담자가 되는 것에 대한 불안, 자신이 이끄는 집단의 특정 집단원에 의해 유발되는 감정, 그리고 공동 지도자나 동료 집단원들과의 힘겨루기에 대해 많은 것을 배울 수 있다. 수련생들은 잠재적인 역전이 영역처럼 능숙한 집단 운영에 영향을 미칠 수 있는 그들의 개인적인 역동에 관하여 통찰을 얻을 수 있다. 역전이를 일으킬 수 있는 영역을 밝힘으로써, 수련생들은 집단 밖 그들이 받고 있는 개인 치료에서 심화 작업을 할 수 있게 된다.

집단 상담자 훈련에서의 윤리적 쟁점

집단지도자 훈련에서 논란이, 되는 한 가지 윤리적 문제는 훈련에서 집단 체험과 강의식 방식을 혼합하는 것이다. 우리는 집단상담 과목을 가르치는 데 있어 경험적 요소가 반드시 필요하다고 생각한다. 한 무리의 낯선 사람들을 신뢰하려고 애쓰고, 상처 입을 위험을 무릅쓰며, 다른 사람들로부터 진정한 지지를 얻고, 동료 집단구성원들과 좋은 협력관계를 만들어 나가며, 자신의 행동이 다른 이들에게 미치는 영향을 검토하도록 도전받는 것, 이 모든 것이 미래의 집단지도자에게 꼭 필요한 학습 경험이다. 집단에 참여하는 내담자가 직면하는 것이 무엇인지를 알 수 있게 해준다는 것만으로도 지도자를 위한 집단 체험은 빠져서는 안 될 부분이라고 생각한다.

집단상담 수업에서 학습의 강의식 측면과 경험적 측면을 통합하는 것이 보편적인 현상이라 해도, 이렇게 하려면 교육자가 고려하고 다루어야 할 여러 가지 윤리적 문제가 있다. 이러한 문제에는 다중적인 역할이 존재하는 맥락에서 효과적으로 작업하는 법을 배우는 것이 포함된다. 경험적 훈련에서 참가자들은 집단을 가장 효과적으로 촉진하는 방법을 배우는 하나의 과정으로 훈련 집단에서 자기 탐색을 하고 대인관계 문제를 다루게 된다. 집단상담 수업의 강의식 접근에 대한 보완으로 체험적 집단 작업에 직접 참여한다면 참가자들이 얻을 수 있는 명백한 유익함이 있다. 이러한 유익함에 의해 체험적 방법에 따른 잠재적 위험이 상쇄된다는 것이 우리의 입장이다. 많은 집단상담 교육자들은 학생들이 유능한 집단지도자로 기능하는 데 필요한 기술을 습득하도록 돕는 데 있어서 체험적 요소의 필요성을 느낀다.

교육자로서 다양한 역할 조율하기   집단상담 교육자는 다중적인 역할을 감당해내고 수련생들에 대한 많은 책무를 수행해야 한다. 여기에는 집단 촉진자, 교사, 평가자, 슈퍼바이저 역할이 포함된다. 집단상담 과목을 가르치는 사람이 자신의 역할을 교사라는 한 가지 역할로 한정짓기란 현실적으로 어려운 일이다. 때에 따라 교육자들은 집단과정의 개념을 가르치고, 수업 중 시연 집단을 이끌고, 집단 상황에서의 개입을 보여줄 목적으로 연습 상황을 만들고, 학생들의 수행을 평가해야 한다.

  비록 경험적 접근을 활용한 훈련에 몇 가지 윤리적 문제가 있다 하더라도, 경험적 접근 자체가 부적절하거나 비윤리적이라는 결론을 내리는 것은 온당치 않다는 것이 우리의 생각이다. 잠재적인 남용의 문제를 과잉 교정하는 것은 타당한 해결책이 아닌 듯하다. 학생들을 개인적인 방식으로 관여시킴으로써 집단 과정을 가르치는 것이야말로 이들이 집단을 구성하고 촉진하는 방법을 배울 수 있는 가장 좋은 방식이다. Stockton, Morran, & Chang(2014)은 경험적 접근에서 학생들에게 경험적 활동을 제공하는 것과 학생 평가에 사용될 수 있는 정보를 얻지 않도록 경계하는 것 간의 경계가 불분명하다고 지적하는데, 우리도 이에 동의한다. 경험적 접근을 활용하는 교수는 흔히 다중적인 역할을 수행하는 데, 이때 윤리적이고 효과적인 훈련 기회를 제공할 수 있도록 신중을 기할 필요가 있다(Stockton et al., 2014). 훈련과정에서 경험적 활동을 사용할 경우, 교수는 집단 과정 전반에 걸쳐 자기성찰(self-reflection)의 중요성을 강조하는 동시에 활동을 시작할 때 학생의 자기개방의 경계와 한계에 대해 논의할 수 있다.

경험적 집단 훈련의 이점   CACREP(2016)의 기준은 학생들에게 하위집단에서 최소 10시간의 집단원 경험을 하도록 요구한다. 이러한 요구는 일반적으로 경험적 집단을 집단 수업의 일부로 편성함으로써 충족된다. 학생들은 보통 집단 경험의 일부가 되고 때로는 자신이 참여하는 집단의 과정을 촉진하는 기회를 갖는다. 폭넓은 자기개방과 교수-학생 간의 이중 관계가 포함되는 경험적 학습 환경에서, 학생들은 교수의 기술, 윤리성, 전문성을 신뢰할 수 있다는 것을 알 필요가 있다. 경험적 훈련에 참여하는 학생들은 기꺼이 자기개방을 하고 대인 집단에서 능동적인 참여자가 되며, 인지적 수준뿐 아니라 정서적 수준으로도 관여해야 한다.

  지난 10년간 훈련 프로그램 내의 경험적 집단에 관한 연구가 증가해왔다. ACA 회원들을 대상으로 한 St. Pierre(2014)의 연구에 따르면 학생들이 집단 경험에 대해 편안함을 느끼는 데 기여하는 핵심 요소는 교수가 유능하다는 지각이다. McCarthy, Falco & Villalba(2014)는 "학생들에게 좀 더 개방적으로 정보를 공유하고 서로를 신뢰하는 것에 대해 집단 초기에 경험하는 저항을 극복할 수 있는 능력이 있음을 굳게 믿는다. 특히 이는 그들이 장차 집단을 지도할 때 집단구성원들에게 요구할 것이기 때문이다"

(p.187). Luke & Kiweewa(2010)는 경험적 집단의 참여자가 집단 과정에 대해 배울 수 있는 기회를 얻었을 뿐 아니라 개인적 성장과 알아차림의 영역에서 많은 유익함을 얻었음을 발견하였다. 박사과정 학생들에 의해 수행된 경험적 집단에 관한 질적 연구에서, Ieva, Ohrt, Swank & Young(2009)은 석사과정 학생들이 개인적 성장, 전문적 성장, 그리고 집단 과정에 관한 더 나은 이해, 자기 알아차림, 미래의 내담자에 대한 공감, 피드백을 주고받는 능력의 향상을 경험하였음을 발견하였다.

각자의 훈련과 경험에 관한 집단지도자들의 인식을 조사한 연구에서, Ohrt, Frier, Porter & Young(2014)은 집단상담 수업과 지역사회, 그리고 학교 장면에서 실습 기회를 얻고 책임있는 역할을 해볼 수 있는 기회를 제공받은 것에 대해 고마움을 표현했다고 보고하였다. 연구 참여자들은 비록 처음에는 집단에 의무적으로 참여해야 한다는 데 대해 주저했지만, 집단 역동, 실전에서 행사하는 리더십, 갈등의 효과적인 관리, 그리고 집단 단계가 전개되는 것을 보는 것에 관한 가치 있는 지식을 얻었다. 참여자들은 숙련된 지도자와 함께 집단을 이끌어보는 기회를 반겼고 그들이 관찰한 모델링을 통해 많은 것을 배웠다.

집단 수업의 목적 유념하기 집단상담 수업의 일차적 목표가 무엇인지를 명심하는 것이 필수적이다. 그것은 학생들에게 리더십 기술을 가르치고 집단 과정이 어떻게 작용하는지에 대한 이해를 제공하는 것이다. 집단상담 과목의 주된 목적이 학생들에게 개인 치료를 제공하는 것은 아니지만, 이런 집단에 참여하는 것은 불가피하게 치유적이고 성장을 증진하는 학습 경험이다. 학생들에게 어떤 개인적 관심사를 나누고 싶은지를 스스로 결정하게 하고 개인적 개방의 수위를 정하도록 북돋으면 좀 더 생산적인 집단 경험으로 이어진다. 이런 경험은 장차 이들이 맡게 될 내담자와 집단원들에게 자기개방의 내용과 범위를 스스로 결정할 권한을 주는 것의 중요성을 강화한다.

집단상담 과목은 집중적인 자기 탐색 경험을 대체할 경험으로 고안된 것이 아니다. 그렇지만 집단 과정에 적극적으로 그리고 개인적으로 참여함으로써 집단이 어떻게 기능하는지를 더 많이 배울 수 있다. 만약 학생들이 개인적 위험을 감수한다면 그들은 때때로 불편함을 경험할 수 밖에 없다. 이때 학생들이 무슨 수를 써서라도 편안함을 구하려고 하기보다는 자신이 겪는 불편함의 의미를 기꺼이 탐색하고자 한다면, 그들이 앞으로 만날 내담자들이 상담을 시작할 때 어떻게 느낄지에 관한 통찰을 얻을 수 있다. 만약 수업에서 운영하는 훈련 집단의 지도자가 유능하고 전문적이며, 이중 관계와 같은 경험적 집단의 복잡한 사안에 대해 잘 숙지하고 있다면, 그 지도자는 안전한 집단 공간을 제공할 것이다. 조력자는 훈련 집단의 주된 목적 및 목표, 그리고 집단원들에게 가장 유익한 것이 무엇인지를 염두에 두어야 한다.

수련생들을 위한 하위집단에서는 '지금 여기'에 일어나는 것에 초점을 둘 수 있다. 집단에서 집단원들 사이에 나타나는 일에는 풍부한 소재가 담겨있다. 가령, 어떤 사람들은 갈등을 다루는 것을 꽤 어려워하고 불편해하는데, 아마도 이것은 그들의 원가족에서 갈등을 다루었던 방식 때문일 수 있다. 집단에서 갈등을 직접 다루고 해소하기 위해 작업하도록 격려받으면, 수련생들은 갈등을 해결해나가는(갈등을 피하는 것이 아니라) 작업의 가치를 알고 교정적인 경험을 할 수 있다. 학생들은 집단의 일원으로 갈등을 관리하는 법을 배움으로써 개인적, 전문적으로 모두 유익함을 얻을 수 있다. 훈련 과정에 있는 상담자는 자신이 갈등에 대해 어떻게 반응하는지를 이해하고, 집단에서 건강하고 건설적인 방식으로 갈등을 해소하는 과정이 모델링되는 것을 볼 필요가 있다. 만약 집단원들이 서로를 개방적이고 진솔한 태도로 대하는 법을 배운다면, 이들은 집단을 촉진하는 법과 그들 자신의 대인관계 기능을 향상하는 법을 배우는 과정을 향해 장족의 발전을 할 것이다.

훈련 집단에서 나타나는 학생의 문제 행동 다루기   상담자 훈련과정에서 교육자는 또한 감찰(monitoring) 또는 '문지기(gatekeeping)' 기능도 수행해야 한다. 특히 학생이 건강하지 않고, 비생산적이거나, 다른 사람을 손상시키는 행동을 보이거나, 적절한 방식으로 피드백을 주고받을 수 없거나, 다른 사람들과 효과적으로 관계를 맺을 수 없는 경우에 개입할 때 이런 기능이 강조된다. 집단 작업을 가르치는 교육자는 집단 수업에 참여하고 있는 학생들이 집단 촉진자로서 작업하는 데 개인적으로 적합하지 않다는 증거를 보여주는 경우, 학생 당사자, 미래의 내담자들, 전문가 단체, 지역사회, 훈련 기관에 대해 책임 있는 행동을 해야 한다. Goodrich & Luke(2012)는 경험 집단에서 문제 행동을 보이는 학생들을 다룰 때의 윤리적 쟁점에 대해 기술했다. 집단 작업은 불가피하게 학생들의 건강하지 못한 측면이 드러날 수 있는 장면이다. 이러한 상황이 나타날 때에, 집단 상담자-교육자는 (1) 문제 행동을 보이는 학생 당사자, (2) 경험 집단에 참여하고 있는 다른 학생들, (3) 훈련 프로그램에 대해 여러 면에서 책임이 있다.

문제 행동의 상당수는 집단응집력을 저해하고 다른 집단원의 학습을 방해할 수 있다. 이와 같은 행동 패턴들은 경험적 집단에서 확인하고 탐색할 수 있다. (1) 습관적으로 다른 집단원에게 조언을 제공하지만 미지의 인물로 남아있는 집단원, (2) 적대적이고 다른 사람들이 안전함을 느끼는 것을 어렵게 만드는 집단원, (3) 판단적이고 비판적인 집단원, (4) 경험적 집단에서 배울 수 있는 건 거의 없다고 확신하는 오만한 집단원, (5) 집단에서 시간을 독점하는 집단원, (6) 다른 사람을 돌보느라 힘든 시간을 보내는 집단원. 집단이라는 형태는 도전적인 행동을 다루는 방법을 배우는 데 탁월한 기회를 제공한다. 한 가지 효과적인 개입 방법은 문제 행동을 표출한 집단원에게 '지금 여기'의 피드백을 제공하도록 다른 집단원들에게 요청하는 것이다. 집단상담 수업의 강사나 집단 촉진자는 이러한 피드백이 오가는 동안 문제 행동을 보인 집단원이 희생양이 되거나 부정적인 피드백에 압도당하지 않도록 비생산적인 상호작용을 저지해야 한다. 핵심은 집단원이 자신의 행동이 미치는 영향을 이해하도록 하는 것이지, 이들이 더욱 방어적이 되도록 원인 제공을 하는 것이 아니라는 점을 기억해야 한다. 그 순간만큼은 어렵고 긴장될 수 있지만, 집단에 참여하는 모든 이들은 갈등을 성공적으로 해소해나가는 경험을 통해 유익함을 얻을 것이다.

한 수련생이 집단 장면에서 문제 행동을 보일 때, 교수는 이 학생에게 특정 행동에 대한 솔직하고 섬세한 피드백을 제공하고, 문제 행동을 개선하는 방법을 제안하며, 이러한 상황을 해결하기 위해 만들어진 정책과 절차를 설명해줄 책임이 있다. 이것이 효과적으로 이루어지려면 교수가 집단지도자 역할에서 상담자−교육자 문지기 역할로 전환하고, 다시 집단지도자 역할로 돌아오는 데 상당히 능숙할 필요가 있다. 집단 작업을 가르치는 교수는 다른 집단원들을 보호할 책임이 있다. 여기에는 문제 행동을 보이는 학생과 개인 면담 일정을 잡아 그 학생의 상호작용이 집단 과정에 어떻게 해로운 영향을 끼치는지를 논의하고 학생이 집단 경험을 통해 개인적으로 그리고 전문적으로 계속해서 유익함을 얻도록 지지해주는 것이 포함된다.

사전 동의와 경험 학습 학생들은 프로그램에 참여하기 전에 수업과 프로그램의 요구사항의 구체적인 속성에 대해 고지받아야 한다. 또한 그들이 참여하는 프로그램의 많은 측면들이 그들 자신과 상담의 기술 둘 다에 대해 배우기 위해 개인적인 방식으로 참여하는 활동을 포함할 것이라는 사실을 알 권리가 있다. 상담 프로그램에 지원하는 학생들이 상담은 사적인 관여를 포함하며, 이는 지식을 얻고 기술을 습득하는 수준을 넘어서는 것임을 반드시 인식하도록 정보를 제공해야 한다. 예비 학생들은 많은 수업에서 (또한 그들의 경력 전반에 걸쳐서) 그들이 개인적으로 영향을 받을 것임을 인지할 필요가 있다. 학생들은 학업 장면에서 개인적인 정보를 노출했을 때의 결과에 대해 안내받고, 이에 더하여 프로그램에 개인적으로 참여해야 하는 합당한 근거에 대해서도 안내받을 권리가 있다. 학습에 대한 이러한 접근법에 대해 부정적인 태도를 갖고 있는 예비 학생들에게는 이처럼 개인적인 관여를 요구하지 않는 다른 교육 기회나 진로 경로를 탐색하도록 조언할 필요가 있을 수도 있다.

Shumaker, Ortiz, & Brenninkmeyer(2011)는 경험적 집단에 상세한 사전 동의 과정을 포함하고 학생들이 이러한 집단에서 적절한 자기개방이 어떤 것인지를 배우도록 훈련시킬 것을 권장한다. 학생들이 자신의 권리와 책임에 대해 알 수 있도록 분명한 지침을 세워야 한다. 우리는 철저한 사전 동의 과정의 중요성에 공감하며 이것은 정직과 성숙 그리고 전문성을 요구하므로 교수와 학생 모두에게 부담을 준다는 점을 인정한다. 안전장치가 있다 하더라도, 만약 학생들이 집단상담 수업의 경험적 영역에서 나타나는 문지기 기능(gatekeeping function)을 지나치게 두려워한다면 의미 있는 개인적 정보를 공유하는 것을 망설일 수 있다. 집단지도자는 학생들의 염려를 존중하는 방식으로 이러한 망설임을 이해하고 처리할 준비가 되어 있어야 한다. 덧붙여서, 교수의 체계적인 자기성찰은 긍정적인 경험적 집단 경험을 증진하는 데 매우 중요한 요소이다.

우리는 집단 수업을 가르칠 때 첫 만남에서 학업적 학습과 개인적 학습을 결합한 과정에 내재한 몇 가지 잠재적인 문제점과 도전거리 및 유익함에 대해 논의한다. 우리는 학생들에게 슈퍼비전을 받으면서 집단을 지도하더라도 집단을 이끄는 경험은 흔히 사적인 방식으로 그들을 건드리고 그들의 개인적인 어려움을 표면으로 떠오르게 한다고 말해준다. 이를 통해 학생들은 집단상담을 배우는 과정에 개인적인 방식으로 참여해야 하는 이유를 알게 된다. 또한 이들은 자신의 미해결된 개인적 문제를 자각하지 않고 개인적인 고통을 다루지 않는다면 이후 만나게 될 내담자가 삶의 고통을 다루도록 격려할 수 없을 것임을 알게 된다. 우리는 집단상담 과목을 수강하는 학생들이 집단 수련생의 입장에서 그들에게 나타날 수 있는 개인적인 문제를 다루는 방법으로 개인 상담을 받는 것을 고려해보도록 장려한다.

우리는 우리가 진행하는 집단상담 수업에서 경험적 차원과 강의식 차원을 결합하는 데 신중을 기한다. 그 이유는 이 두 차원 간의 균형이 학생들이 집단을 지도하는 방법을 배우는 데 결정적으로 중요하다고 믿고 있기 때문이다. 집단이 감정적으로 강렬하게 되더라도 우리는 교육적인 차원을 포기하지 않는다. 학생들이 개인적인 자기 탐색에 참여하면서도 여전히 그들이 배우고 있는 것을 인지적인 틀에 넣어 생각해볼 수 있다는 전제하에 수업을 이끈다. 학생은 집단에서 항상 슈퍼바이저의 지도하에 집단원이 될 기회와 다른 학생과 함께 공동 지도자로 집단을 이끌 기회를 갖는다. 집단 회기 후 학생에게 슈퍼바이저와 함께하는 자기성찰 시간이 주어지는데, 이때 학생은 집단 공동 지도 경험을 처리할 수 있다. 학생들은 일반적으로 그들이 참여하는 하위집단이 시작될 때 의구심을 가지지만, 이러한 의구심에 스스로 도전하면서 자신감을 얻는다. 학생들은 자신이 느끼는 두려움, 의심, 염려에 대해 이야기면서 충분히 집단에 현존하고 집단 과정에 관한 이론적 개념들이 현실에서 나타나는 것을 보게 된다. 학생들이 집단을 경험하고 나면 집단에서 신뢰 형성을 촉진하는 방법, 집단원들 간에 진솔한 상호작용으로 서로를 초대하는 방법, 주저하는 행동에 도전하는 방법, 유익한 집단 규범을 세우는 방법, 응집력 있는 집단 공동체를 구축하는 방법에 대해 좀 더 의미 있게 말할 수 있게 된다.

윤리적 · 법률적 실천을 위한 지침

대다수 전문기구는 전문가들이 그들이 속한 공동체의 보편적 지침과 지침으로부터의 이탈이 그들의 실무에 미치는 잠재적인 영향을 인식해야 한다는 점을 지지하고 있다. 윤리적 문제와 법률적 문제는 흔히 서로 얽혀있기 때문에 집단 전문가는 자신이 종사하는 직종의 윤리강령을 준수해야 할 뿐만 아니라 정부의 법령과 그들의 법률적 한계 및 책무를 숙지해야 한다.

아동과 청소년 및 특정한 비자발적인 집단을 상담하는 지도자는 특히 집단 작업을 제한하는 법령을 알아두는 것이 좋다. 비밀 유지와 부모 동의, 사전 동의, 문서 보관, 집단원의 안녕에 대한 보호, 시설의 보호를 받는 환자들의 인권과 같은 문제는 집단 상담자가 반드시 잘 알아두어야 할 부분이다. 대부분의 집단 상담자들은 상세한 법률적 지식이 없기 때문에 집단 절차와 실제에 관한 어느 정도의 법률적 정보를 습득하는 것이 좋다. 집단 작업과 관련된 법률적 권리와 책무에 대한 인식은 태만이나 무지에서 비롯될 수 있는 불필요한 법정 소송으로부터 내담자뿐만 아니라 집단을 진행하는 전문가를 보호해줄 것이다.

법률적 책임과 상담 과실

마땅히 해야 할 임무를 이행하지 않았거나 성실하게 행동하지 않는 집단 상담자는 민사소송에 휘말릴 수 있다. 집단을 이끄는 전문가는 자신의 특정 직종의 윤리강령의 범위 안에서 상담해야 하고 법률적 기준을 준수해야 할 의무가 있다. 전문가들은 제대로 수행하지 못한 데 대해, 혹은 다른 이에게 해를 끼친 데 대해 민사상 책임을 져야 한다. 집단 상담자가 태만이나 무지로 인해 적절한 서비스를 제공하지 못해서 집단원들이 개인적인 피해나 심리적인 손상을 입었음을 입증할 수 있다면, 그 상담자는 과실소송의 대상이 될 수 있다. 태만은 '실천 기준(standard of care)'에서 벗어난 것을 말한다. 즉, 내담자에게 해를 끼칠 정도로, 해당 직종에서 통상적으로 수용되는 수준의 실천을 제공해야 하는 치료자의 임무를 이행하지 않는 행위를 말한다.

이러한 실천 기준에는 세심하게 문서로 기록하여 보관하기, 필요시 자문 구하기, 자문받은 내용을 기록 문서로 남겨두기가 포함된다. 집단상담을 하는 동안 일어나는 임상적 문제뿐만 아니라 모든 윤리적 · 법률적 문제에 관해 자문을 구하고 기록 문서로 남겨두라. 대부분의 경우에는 3명의 동료에게 자문을 구하고, 각각의 자문 내용을 사례 보고서에 기록해두는 것이 좋다. 문서 작업과 기록 문서 보관과 관련하여 집단 상담자는 근무하는 곳의 지침과 요구사항을 잘 알고 있어야 한다. 집단상담 사례를 기록하는 방법은 다양하다. 어떤 지도자는 집단 과정에 대해 기록하고, 그 회기에 출석한 집단원들의 이름만을 적어둔다. 또 어떤 지도자는 집단원 한 사람 한 사람에 대한 기록을 남기고, 이런 기록을 각기 다른 보고서 파일로 나누어 보관한다. Knauss(2006)는 비록 집단 전체에 관한 기록이 집단의 다양한 시점에서 드러난 핵심 주제를 나타낼 수 있다 해도, 이런 기록은 개별 집단원들의 사생활과 비밀 유지를 훼손시킬 수 있다고 지적한다. 따라서 Knauss는 집단원 개개인에 대한 개별적인 기록을 남길 것을 권장한다. 기록 보관 방법에 상관없이 어떤 양식으로든 집단 회기와 치료 목표 및 성과에 대한 기록을 남겨두는 것이 중요하다.

집단 전문가를 위한 법률적 보호 장치

상담 과실 소송을 피할 수 있는 열쇠는 합당하고(reasonable) 통상적이며(ordinary) 분별력 있는(prudent) 방식을 유지하는 것이다. 다음에 제시된 집단지도자를 위한 지침은 '합당하고 통상적이며 분별력 있는'이라는 용어를 구체적인 행동으로 옮기려 할 때 유용하다.

1. 집단에 참여할 집단구성원들을 선발할 때 충분히 시간을 갖고 신중을 기하라.
2. 집단 참가 희망자들이 집단 참여에 대해 현명한 선택을 할 수 있도록 사전에 충분한 정보를 제공하고, 집단 과정을 신비화시키지 말라. 집단 초기에 서면으로 사전동의를 구하는 절차를 마련하고, 이런 정보를 집단구성원들과 함께 검토하라. 이런 활동은 신뢰감 있는 분위기 형성에 크게 기여할 것이다.
3. 미성년자를 상담할 때는 부모나 보호자에게 서면동의를 받도록 하라. 이것이 정부 법령에서 요구되는 사항이 아니라 해도 이렇게 하는 것이 일반적으로 바람직하다. 그러나 만약 부모나 법적 보호자가 서면으로 동의하지 않는다면 미성년자는 집단에 참여할 수 없음을 알아야 한다.
4. 윤리강령과 당신이 일하는 기관의 정책에 따라 집단 회기 내용을 기록으로 남기라. 집단원 개개인과 매 회기에 대해 관련 내용을 기록하고, 특히 특정 집단원에 대해 우려할 만한 사항이 있다면 빠뜨리지 말고 기록해두라.
5. 지도자가 법률에 의해 비밀 유지 원칙을 파기해야 할 상황에 대해 알아두라. 집단원들에게 비밀 유지가 이행될 수 없는 상황과 같은 비밀 유지의 한계를 설명하라.
6. 당신이 제공하는 상담 서비스의 범위를 교육과 훈련 및 경험에 의해 지도자로서 당신이 준비되어 있는 내담자 집단으로 한정하라.
7. 당신이 일하는 기관의 정책뿐 아니라 당신의 상담 서비스를 제한하는 정부의 법령

과 여러 전문기구의 윤리지침에 대해 주지하라. 이런 정책들을 집단원들에게 알리고, 법령과 정책의 제한을 준수하는 범위 내에서 상담하라.

8. 잠재적인 윤리적, 법률적 혹은 임상적 문제가 있을 때마다 동료나 임상 슈퍼바이저에게 습관적으로 자문을 구하라. 그리고 자문 내용을 분명하게 기록해두라.

9. 실제 상담에 적용할 수 있는 분명한 실천 기준을 가지고, 이런 기준을 집단원들에게 전달하라. 법적 소송을 예방하는 가장 좋은 보호 장치는 내담자들을 잘 배려하는 것이다.

10. 어떤 집단원의 종결 사유, 다른 전문가에게 의뢰한 내용 및 그 집단원에게 권장한 사항이 있다면 기록해두라.

11. 당신이 이행할 수 없는 것을 집단원들에게 약속하지 말라. 집단원들이 각자의 노력과 관여의 정도가 집단 경험의 성과를 결정하는 핵심 요인임을 깨닫도록 도우라.

12. 현재 집단의 집단원이나 과거에 집단원이었던 사람과 성적인 관계를 갖지 말라.

13. 집단의 전반적인 진전 정도를 평가하고, 또한 집단원들이 각자의 목표를 향한 진척을 스스로 평가하도록 가르치라.

14. 당신이 어떤 사설 혹은 공공 기관에서 일한다면 당신의 전문적 업무수행에 관한 고용주의 법률적 책임을 명시하는 계약을 체결하라.

15. 집단원들이 자신이나 타인에게 위협을 가하는 상황에 대해 지도자로서 평가하고 개입하는 방법을 배우고, 이런 상황에서 당신이 취한 행동을 반드시 기록해두라.

16. 집단원들이 다른 형태의 치료를 받도록 의뢰하는 것이 더 적절한 때가 언제인지를 인식하라.

17. 당신의 개인적 반응이 어떻게 집단 과정을 방해할 수 있는지를 예의주시하고, 역전이를 면밀히 살펴보라.

18. 집단원들을 희생시켜 당신 자신의 욕구를 충족시키지 않도록 유의하라.

19. 기존의 확립된 윤리 기준을 당신의 집단상담 실제에 통합시키라. 당신이 속한 전문가 단체의 윤리강령의 정신을 따르는 것이 중요하다.

20. 상담 과실로 인한 소송으로부터 당신을 보호하는 가장 좋은 방법은 당신의 역량을 넘어서는 상담을 하지 않고 집단원과 협력적인 관계를 맺는 것과 같은 예방적인 조치를 취하는 것이다.

21. 위험 관리 워크숍에 주기적으로 참여하여 현재 통용되는 실천 기준에 친숙해지도록 하라.

22. 당신이 아무리 유능하고 윤리적이라 해도 과실에 대한 민원이나 법률적 소송 가능성에서 결코 완벽하게 안전할 수 없음을 인식하라. 그러나 적극적으로 위기 관리

전략을 실천하면 이러한 민원의 가능성을 줄일 수 있다. 상담 과실 보험을 들라.

집단 작업에 관련된 윤리적·법률적 쟁점을 이렇게 논의하는 의도가 여러분의 불안 수준을 높이거나 너무나 조심스럽게 만들어 어떤 위험도 감수하기를 피하게 하려는 것은 아니다. 집단을 이끄는 일은 전문적으로 보상이 주어질 뿐만 아니라 위험이 따르는 일이다. 지도자로서 여러분은 아마도 실수를 할 것이다. 그러므로 기꺼이 실수를 인정하고 그것으로부터 배우라. 슈퍼비전을 충분히 활용함으로써 실수처럼 보일 수도 있는 것으로부터 배울 수 있을 뿐만 아니라 내담자에게 해를 입힐 가능성을 최소화할 수 있다. 모든 것을 알아야 한다는 불안한 마음으로 얼어붙거나 법률 소송에 휘말릴까 두려워 개입하기를 겁내는 것은 더 큰 문제를 초래할 뿐이다. 집단구성원들을 상처받기 쉬운 사람으로 취급하여 전혀 도전하지 않는 것은 그들에게 도움을 주는 행동이 아니다. 상담 과실을 예방하는 최선의 방법은 내담자에게 도움이 될 수 있는 일을 하는 데 진정으로 관심을 갖는 것이다. 당신이 상담 분야에서 일하는 동안 당신 자신에게 지속적으로 다음 질문을 기꺼이 던져보라. '나는 지금 **무엇을** 하고 있는가?', '**왜** 이렇게 하고 있는가?', '나의 동료들이 나의 전문적 행위를 지켜본다면 **어떻겠는가**?' 윤리적·법률적 쟁점에 관한 좀 더 상세한 논의를 보려면 Corey, Corey, Corey & Callanan(2015)을 참조하라.

집단상담에 적용할 수 있는 위기관리 실천에 관한 몇 가지 유용한 참고자료로는 Kennedy, Vandehey, Normann & Diekhoff(2003), Bricklin, Harris, Knapp, VandeCreek, & Younggren(2006), Wheeler & Bertram(2015)이 있다.

기억해야 할 핵심 사항

집단상담의 윤리적·법률적 쟁점

당신은 집단 전문가로서 당신의 역할과 관련된 기본적인 전문적 쟁점에 관해 어떤 입장을 취해야 한다는 도전에 직면한다. 다음에 제시한 지침들은 당신이 이 책의 나머지 부분을 읽으면서 단시간에 참조할 수 있는 내용이다. 이러한 지침을 제시하는 목적은 당신이 지도자로서 건전한 결정을 내리도록 안내해줄 어떤 틀에 대해 생각해보게 하는 데 있다.

- 시간을 내어 당신의 개인적 정체성에 대해 성찰해보라. 당신의 욕구와 행동 양식에 대해 그리고 이러한 요인들이 집단 참여자들에게 미치는 영향에 대해 생각해보라. 집단에서 당신의 역할과 기능이 무엇인지를 집단구성원들에게 잘 전달할 수 있도록 이에 대한 생각을 명료화해야 한다.
- 여러 전문기구들이 윤리강령을 마련하였고, 이 기구에 속한 전문가는 정해진 윤리강령을 따를 의무가 있다. 확립된 윤리강령을 숙지하고 집단 실제에 영향을 줄 수 있는 법률도 숙지하라.
- 당신이 계획하고 있는 집단이 어떤 유형인지, 그리고 이것이 왜 최선의 치료인지에 대한 생각을 분명히 하라. 집단의 목적과 집단에 포함시킬 내담자들의 특성을 기술할 수 있어야 한다.
- 집단을 계획하고 집단원들에게 집단 과정에 대해 안내하는 데 있어서 문화적 다양성이 갖는 함의점이 무엇인지 인식하라.
- 예비 집단원들에게 지도자가 그들에게 기대하는 것이 무엇인지를 알려주고 그들이 각자의 개인적 목표를 달성하도록 자극을 줄 계약서를 만들도록 권장하라.
- 예비 집단원들에게 집단에서 사용될 기법과 그들이 참여하도록 요청받을 수 있는 활동이 어떠한 것인지 알려주라. 집단 활동의 지침이 될 기본 규칙을 제시하라.
- 집단 장면에서 다양성을 존중하는 분위기를 조성하라.
- 집단 초기부터 어디에 초점을 둘 것인지를 분명히 하라.
- 당신이 받은 훈련과 경험의 범위를 넘는 프로젝트를 맡지 않도록 하라. 집단지도자로서의 당신의 자격 요건을 서면 진술문으로 만들어 참가자들에게 제공하라.
- 집단구성원들이 집단에 참여하기 전에 그리고 집단의 전 과정에 걸쳐 적절한 시점에, 집단 참여에 따르는 위험이 어떤 것인지를 설명하라. 집단원들이 각자 이러한 잠재적인 위험을 감당할 수 있는 준비 정도를 확인하고 탐색하도록 돕는 것은 당신의 책임이다. 이러한 위험을 최소화하는 것도 당신이 해야 할 일이다.
- 집단구성원들의 권리, 즉 집단에서 다른 사람들에게 자신의 어떤 부분에 대해 말할지 또한 어떤 활동에 참여할지에 대해 결정할 권리를 보호하라. 개인의 자기 결정권을 침해하는 어떤 형태의 집단 압력에 대해서도, 그리고 한 개인의 자기감을 손상시킬 수 있는 희생양 만들기나 정형화하기와 같은 행위에 대해서도 세심한 주의를 기울이라.
- 집단에서 적용하는 활동에 대한 합당한 근거를 갖고, 이를 말로 표현할 수 있도록 하라. 당신이 유능하게 적용할 수 있는 기법만을 활용하고, 가능하다면 당신이 집단원으로 경험해본 적이 있는 기법을 활용하라.
- 실제 집단상담을 이론과 연관시키고, 실제 상담에서 여러 가지 접근을 통합하는 데

대해 개방적인 자세를 취하라. 집단 과정에 대한 연구 결과에 관해 꾸준히 정보를 구하고, 이러한 정보를 당신의 실제 상담에서 효과성을 높이는 데 이용하라.

- 정해진 시간에 집단 회기를 시작하고 끝내도록 하라. 주의가 분산되거나 회기가 방해받는 일이 없이, 안전하고 참여자들의 사생활이 보장되는 장소에서 집단 회기가 이루어지도록 하라.

- 지도자라는 역할로 인해 당신이 갖게 되는 힘을 인식하고, 이러한 힘이 집단원들의 힘을 북돋우는 목적으로 사용되도록 적절한 방도를 강구하라.

- 집단원들에게 집단 참여 전, 집단 회기 중 적절한 때, 그리고 집단이 끝나기 전에 비밀 유지의 중요성에 대해 강조하라.

- (정부의 법령에 의해 제공되는 경우를 제외하고는) 법률적 특혜(비밀 유지)가 집단 상담에 적용되지 않는다는 점을 집단원들에게 설명하라.

- 집단구성원들에게 당신의 가치관을 강요하는 일을 피하라. 집단원들의 가치관 형성에서 그들의 문화와 사회화 과정이 기여한 역할을 인식하라. 스스로 생각할 수 있는 내담자의 능력을 존중하고 집단원들도 서로 존중하도록 하라. 집단원들이 심리적 쇠약 증상을 보이지는 않는지 예의주시하라. 이런 경우 집단 참여를 중단시켜야 할지도 모른다. 심리적인 도움이 더 필요하거나 원하는 사람들에게 활용 가능한 자원들을 안내하라.

- 참여자들이 집단 경험에 대해 토론하도록 권장하고, 그들이 각자 개인 목표를 달성한 정도를 평가할 수 있도록 도와주라. 매 회기 마지막에 일정 시간을 할애하여 집단원들이 그 회기에 대한 각자의 생각과 느낌을 표현하도록 하라.

- 집단에서부터 일상으로 학습의 전이가 자동적으로 일어날 것을 기대하지 말라. 집단원들이 배우고 있는 것을 적용하도록 도움을 주라. 집단원들이 집단에서 학습한 것을 일상생활로 옮기려 할 때 부딪힐 수 있는 어려움에 대비시키라.

- 당신이 적용하는 절차의 효과성을 측정하기 위한 평가 방법을 개발하라. 비공식적인 연구 노력이라 하더라도 당신이 집단을 이끄는 방식이 어느 정도 효과가 있는지를 판단하는 데 도움이 될 수 있다.

연습

수업 중 활동

1. 뒷말하는 행위 직면하기　당신이 진행하고 있는 고등학생 집단에서 발생한 문제에 대

해 몇몇 집단구성원들이 뒷말을 하고 있다는 사실을 알게 되었다. 당신은 규칙을 위반한 집단구성원을 개인적으로 불러 이야기할 것인가, 혹은 집단에서 이야기할 것인가? 또한 어떤 말을 할 것인가?

2. **비밀 유지의 한계**   당신이 고등학교에서 집단상담을 막 시작하려고 하는데, 그 학교의 방침에 따르면 모든 교사나 상담자는 어떤 학생이 마약을 사용하고 있다는 사실을 알게 되면 해당 학생을 교장에게 보고하도록 되어 있다. 당신은 이런 상황을 어떻게 처리할 것인가?

3. **부모에게 대처하기**   당신은 가족 치료 클리닉에서 아동을 위한 자기 탐색 집단을 진행하고 있다. 집단에 참여하고 있는 한 아동의 아버지가 아이가 어떻게 하고 있는지 알아보려고 당신을 만나러 왔다. 당신은 이 아버지에게 무슨 말을 할 것인가? 또 무슨 말을 하지 않을 것인가? 당신은 아버지와 아동을 함께 만날 것인가? 만일 아동의 부모가 이혼한 상황에서 자녀 양육권이 없는 부모가 이런 요구를 한다면 당신은 앞에서 제시된 것과 같은 상황에 어떻게 대처할 것인가?

4. **집단 만들기**   당신이 주말에 열리는 자기주장 훈련 워크숍을 다른 지도자와 함께 진행하기를 원하는 사설기관의 상담자라고 가정하자. 당신의 워크숍을 어떻게 알릴 것인가? 집단구성원들은 어떻게 선발할 것인가? 어떤 사람들을 이 워크숍에서 제외시킬 것인가, 또 제외시키는 이유는 무엇인가?

5. **저항에 대처하기**   당신은 어떤 군(郡) 소재 정신병원의 청소년 병동에서 일하는 상담자이다. 당신은 자신의 임무 중 하나로 청소년을 위한 집단을 진행하고 있고, 이 병원 청소년들은 의무적으로 집단 회기에 참여해야 한다. 당신은 집단원들의 저항을 감지한다. 이런 상황에 내포된 윤리적 문제는 무엇인가? 당신은 이런 저항을 어떻게 다룰 것인가?

6. **비자발적인 집단 이끌기**   당신은 비자발적인 내담자로 구성된 집단을 지도하라는 요청을 받았다. 이들의 참석은 강제된 것이기 때문에 당신은 집단에서 사용될 절차와 집단원으로서 그들의 권리와 의무, 그들에 대한 당신의 기대 및 비밀 유지와 같은 문제를 분명하고 충분하게 그들에게 알리는 조치를 취하고 싶다. 당신이 사전 동의를 위한 안내문을 작성하고자 한다면 이 짤막한 안내문에 가장 포함시키고 싶은 내용은 어떤 것인가?

7. **불만 있는 집단구성원 직면하기**   당신이 이끄는 집단의 한 참여자가 어떤 집단 회기가 끝난 후 당신에게 와서 '다음 주에는 오고 싶지 않아요. 집단상담을 한다고 우리가 나아질 것 같지 않네요. 여태까지 해온 것이라곤 사람들이 서로 깎아내리는 것밖에 없으니까요. 저는 여기 있는 어느 누구도 믿지 않아요.'라고 말한다. 이 여성은 집단 회기 중에는 전혀 이런 말을 하지 않았고, 집단은 시작한 지 5주가 되었다. 당신은

어떤 말이나 행동을 할 것인가? 당신은 이 여성을 계속 상담할 것인가? 그렇게 한다면 그 이유는 무엇인가? 그렇게 하지 않는다면 그 이유는 무엇인가?

8. **지도자의 가치관**   다음과 같이 당신의 가치관과 집단구성원들의 가치관이 충돌할 수 있는 영역을 고려해보자. 집단에서 일어날 수 있는 이런 상황에서 당신은 어떻게 반응할 것인가?

　가. 한 여성이 현재 진행 중인 외도에 대해 얼마나 마음이 들떠 있는지를 드러내면서 현재 함께 살고 있는 배우자와 관계를 지속해야 할지에 대해 의문을 제기한다.

　나. 당신과 집단의 다른 집단원들과 문화적 배경이 다른 한 여성이(집단과 가정 모두에서) 자신이 원하는 것을 표현하고 자기주장을 하면서 행동하기가 어렵다고 말한다. 이 여성은 다른 사람들을 위한 것이 무엇인지를 먼저 생각하고 자신이 원하는 것에는 관심을 갖지 말라는 가르침을 받아왔다고 말한다.

　다. 한 청소년이 마약이 없는 자신의 삶은 무미건조하게 느껴진다고 말한다.

　라. 임신한 16세 여학생이 낙태를 할지 아니면 출산 후 아기를 입양기관에 맡길지를 두고 갈등하고 있다.

　마. 만성적인 우울증에 시달리는 한 남성이 절망적인 상황에서 벗어나는 방법으로 자살에 대해 얘기한다.

　바. 한 남성이 결혼생활이 몹시 불만족스럽지만 홀로 되는 것이 두렵기 때문에 이혼할 용의는 없다고 한다.

　사. 동료 집단구성원들과 출신 문화가 다른 어떤 집단원이 자신은 집단에서 어려움을 겪고 있는데, 그 이유는 가족 문제에 대해 자유롭거나 솔직하게 말하는 데 익숙하지 않기 때문이라고 밝힌다.

9. **다양성에 대한 지침**   상담 전공 학생들이 집단에서의 다양성과 사회적 정의에 관한 쟁점을 효과적으로 다루는 방법을 배우도록 도와줄 지침을 작성하는 위원회에 당신이 속해 있다고 가정하자. 지침에서 반드시 다루어야 할 주제는 무엇인가? 이러한 문제를 다루기 위해 당신이 제안할 지침은 무엇인가? 학생들이 다양성에 대한 자신의 태도와 신념을 점검하게 하는 데 어떤 경험이 유익하겠는가? 어떤 종류의 정보가 학생들에게 가장 필요하겠는가? 또한 이런 지식을 학생들이 가장 잘 습득할 수 있는 방법은 무엇일까? 문화적으로 다양한 집단을 이끄는 기술을 개발하기 위해 당신이 제안하고 싶은 권고 사항은 무엇인가?

10. **사전 동의**   집단을 위한 사전 동의 양식을 작성하라. 이때 어떤 내용을 꼭 포함시키고 싶은가? 당신이 작성한 양식에 포함된 여러 가지 요소를 어떤 특정 집단원이 제대로 이해했는지를 어떻게 확인할 것인가?

11. **체험 활동** 학위과정 프로그램의 경우 집단의 체험 활동에 대해 학생들에게 알려줘야 하는 내용이 무엇인지 하위집단에서 논의해보라. 프로그램의 경험적 요소에 관해 학생들이 기대할 만한 내용을 간략하게 적은 진술문을 작성해보라. 프로그램에 등록하기 전 학생들이 확실하게 이런 정보를 습득할 수 있도록 하는 방법은 무엇인가?

12. **집단상담전문가협회(ASGW) 접촉하기** 집단상담전문가협회에 관한 정보는 협회 홈페이지에서 얻을 수 있다(www.asgw.org). 다음에 제시된 규준과 지침들은 웹사이트에서 다운받을 수 있다.
    * ASGW(2000) 「집단 상담자 훈련을 위한 전문적 기준」
    * ASGW(2008) 「최선의 상담 실무 지침」
    * ASGW(2012) 「집단 상담자를 위한 다문화 및 사회적 정의에 관한 역량 원칙」
    이러한 자료는 이 책의 2장과 3장을 공부할 때 수업시간 중에 논의할 수 있다.

13. **다문화 상담 및 발달 협회(AMCD) 접촉하기** 다문화 상담 및 발달 협회에 관한 정보는 메인 웹사이트(www.multiculturalcounseling.org)에서 볼 수 있다. 2015년에 AMCD와 미국상담협회가 승인한 『다문화 및 사회적 정의 상담 역량』은 사회적 정의를 촉진하기 위한 조취를 취할 것을 강조하고 내담자에게 자신을 지지할 방법을 가르치는 것을 강조한다.

토론을 위한 질문

1. 당신이 지도하는 집단의 집단원들에게 비밀 유지에 대해 교육할 때 당신이 강조하는 핵심 요점은 무엇일까? 만약 집단원이 비밀 유지를 지키는 것에 관하여 염려를 나타내고 집단에서 그들이 말한 것을 신뢰할 수 있는지 의구심을 보인다면 당신은 어떻게 반응할 것인가?

2. 당신은 집단에서 비밀 유지를 보장하기 위해 어떤 조치를 취하겠는가? 비밀 유지를 깨뜨린 집단구성원이 있다면 어떻게 다룰 것인가?

3. 당신은 집단상담 중 어떤 상황에서 집단원의 비밀 유지를 위반할 수밖에 없다는 압박감이 들 것 같은가? 당신은 이 상황을 어떻게 다룰 것인가?

4. 당신이 지도하는 집단의 집단원에게서 사전 동의를 얻을 수 있는 가장 좋은 방법이 무엇이라고 생각하는가?

5. 비자발적인 집단원으로 구성된 집단과 작업할 때 떠오를 수 있는 특별한 윤리적 주제로는 어떤 것이 있을까?

6. 집단의 일원이 되는 것과 관련하여 어떤 심리적 위험이 존재할까? 이러한 위험을 어떻게 최소화할 수 있을까?

7. 다문화와 사회적 정의에 관한 쟁점은 윤리적 집단 운영 실제와 어떻게 관련되는가?

8. 집단 작업에서 윤리적인 기법 사용에 관한 결정을 내리기 위해 당신은 어떤 지침을 적용할 것인가?

9. 당신의 개인적인 가치는 당신이 집단원과 작업하는 데 어떤 방식으로 영향을 미칠 것인가? 집단원과 작업할 때 당신의 개인적인 가치를 괄호 치기 할 수 있는 능력에 관하여 어떤 점이 염려스러운가?

10. 만약 당신과 집단원 간에 가치관의 갈등이 일어난다면, 이런 갈등을 다루기 위해 당신은 어떠한 구체적인 단계를 밟아나갈 것인가?

11. 당신은 학생들이 집단 상담자가 되는 훈련의 일환으로 반드시 경험적 집단에 참여하도록 요구해야 한다고 생각하는가? 그렇게 하지 않아야 한다고 생각하는가?

12. 학생 시절 집단상담 수업에서 당신은 어떠한 경험을 하였는가? 그런 경험으로부터 무엇을 배웠는가?

13. 집단상담 수업의 일환으로 진행되는 경험적 집단에서 당신이 생각해낼 수 있는 유익함과 잠재적인 불리함은 무엇인가?

14. 이 장에서 열거한 위험 관리 절차 중 집단 상담자를 위한 법적 보호 장치로 특히 중요하다고 생각하는 것은 무엇인가?

15. 집단 상담자로서 당신이 가장 염려하는 법적 책임과 과실 사안은 무엇인가?

CHAPTER 4

집단상담의 이론과 기법

도입 ┃ 이정표로서의 이론 ┃ 집단 기법을 효과적으로 사용하기 ┃ 다문화 관점을 통해 집단 바라보기 ┃ 이론과 기법의 관계 ┃ 정신역동적 접근 ┃ 체험적 및 관계지향적 접근 ┃ 인지행동적 접근 ┃ 포스트모더니즘적 접근 ┃ 통합적 접근 ┃ 기억해야 할 핵심 사항 ┃ 연습 ┃ 『집단상담의 실제: 진행과 도전–DVD와 워크북』을 위한 안내

학습 목표

1. 현장에서 적용되는 이론에 대한 전체적 틀을 제공한다.
2. 기법들이 어떻게 각 집단 작업 이론과 연계되는지를 이해한다.
3. 다문화 시각으로 집단을 보는 방법을 고려한다.
4. 집단상담과 집단 작업의 이론적 근거를 개관한다.
5. 집단 작업에 대한 정신분석적 접근의 핵심 개념과 기법을 기술한다.
6. 집단 작업에 대한 체험적 및 관계지향적 접근의 핵심 개념과 기법을 기술한다.
7. 집단 작업에 대한 인지행동적 접근의 핵심 개념과 기법을 기술한다.
8. 집단 작업에 대한 포스트 모더니즘 접근의 핵심 개념과 기법을 기술한다.
9. 집단상담에 대한 통합적 접근을 개발하는 실제적 방법을 상세히 기술한다.

입원 처치를

제공하는 센터에서 당신이 인턴십을 시작하는 첫 주이다. 슈퍼바이저로부터 다음 주에 경계선 성격 장애로 힘들어 하는 6~8명의 여성을 위한 변증법적 행동 치료(DBT)를 당신이 시작할 것이라고 통보받았다.

- 이러한 종류의 집단을 이끄는 것에 대한 당신의 즉각적인 반응은 무엇인가?
- 만약 DBT가 당신의 이론적 배경이면(또는 아니면) 당신은 이 집단을 실시함에 있어 어떻게 접근할 것인가?
- 어떤 이론이 당신에게 가장 끌리는가? 그리고 왜 끌리는가?
- 당신이 사용하는 이론이 당신의 성격과 얼마나 맞는가?
- 당신 자신의 문화적 배경, 정체감, 삶의 경험이 어떻게 당신으로 하여금 그러한 이론에 끌리게 만든다고 보는가?

 도입

이 장에서 우리는 집단상담에 적용 가능한 몇 가지 주요 상담 이론을 간단히 소개하고자 한다. 각 이론의 소개 마지막에는 특별히 유용하다고 생각되는 읽을거리를 선별해 제시하였다. 이론을 집단 작업에 적용하는 방법에 대한 자신의 관점을 형성하기 위해서는 관심을 끄는 이론이나 유용할 것 같은 기법에 대해 폭넓게 읽을 필요가 있다. 이 소개 글의 주된 목적은 상담 기법을 집단 작업에 어떻게 적용할 것인지와 관련하여 사고의 틀을 제시하고 이론과 기법 간의 관련성을 보여주려는 것이다.

당신은 이런 질문을 할 수 있을 것이다. 왜 이론이 중요한가? 그리고 한 장 전체를 왜 이 주제를 다루는 데 할당하는가? 이론은 적절한 개입 방법을 고안해내고 집단 전체 또는 개별 집단원을 대상으로 집단상담의 효과를 평가하는 어떤 구조적 틀을 제공한다. 또한 집단 내에서 발생하는 많은 상호작용으로부터 수집된 정보를 조직하게 하는 한 가지 방법이다. 저자들은 자신에게 적합하면서도 집단구성원들의 독특한 욕구를 충족시키기에 충분히 유연한 집단상담 실제에 대한 자신만의 견해를 발달시키는 것이 특히 중요하다고 생각한다.

이론은 집단을 활성화시키고, 집단구성원들과 함께하는 방식을 안내해주며, 집단에서 당신의 역할과 집단원들의 역할을 분명히 하는 방법을 알려준다. 이론은 또 내담자의 세계를 이해하고 평가하는 참고 체계를 제공해주는데, 특히 라포르(rapport)를 형성하고, 평가를 실시하며, 문제를 명료화하고, 집단구성원들의 상담 목적을 충족시키는 데 적절한 기법을 선별하고자 할 때 필요하다. 집단지도자로서 명확한 이론적 근거도 없이 치료적 개입을 하고 기법을 사용하는 것은 마치 설계도 없이 집을 지으려고 시도하는 것과 매우 흡사하다. 만약 당신이 자신의 치료적 개입을 지지하는 이론을 갖고 있지 않다면 당신이 이끄는 집단은 최선의 혜택을 받지 못할지도 모른다. 이론은 당신이 집단지도자로서 단계별로 무엇을 어떻게 해나가야 할지를 알려주는 어떤 경직된 체계가 아니다. 이론은 오히려 당신이 집단에서 무엇을 행하고 말해야 할지에 대한 방향감을 제공하며 집단 과정의 다양한 측면을 이해하도록 도와주는 하나의 전반적인 틀이다. 이론은 당신으로 하여금 당신의 개입이 가져올 수 있는 결과에 대해 생각해보도록 돕는다. 당신의 이론적 입지를 명확히 할 수 있다는 것은 내담자에게도 도움이 되는데 왜냐하면 이론은 집단구성원의 역할과 기대를 규정해주기 때문이다.

 ## 이정표로서의 이론

이론은 마치 도로 지도나 내비게이션과 같이 당신을 안내해줄 수 있다. 일련의 방향 안내판은 당신이 어디서 출발해야 할지, 어디서 멈추어야 하는지 따라가야 할 단계를 알려준다. 만약 내비게이션을 갖고 있지 않다면 당신은 길을 잃거나 길을 찾을 시기를 놓칠지도 모른다. 하지만 방향 안내가 있어도 우회로나 예측하지 못했던 상황에 부딪힐 것이다. 따라서 어떤 계획이 있음에도 불구하고 목적에 도달하는 방법을 수정함에 있어 유연할 필요가 있다. 이 장에서 우리는 생각하고, 느끼고, 행동하는 것의 역할을 강조하면서 우리 방식의 통합적 접근에 대해 기술하는데, 이 통합적 접근은 이 장에서 제시된 대부분의 이론들에서 선별된 아이디어들에 기초하고 있다.

집단이 어떻게 작동하고 변화는 어떻게 발생하는지를 이해하는 방식에는 많은 다양한 이론적 접근이 있다. 치료자들은 집단에서 발생하는 같은 주제를 그들의 이론적 접근에 따라 다양한 방식으로 다룬다. 어떤 지도자들은 정서에 초점을 두는데 왜냐하면 집단구성원들이 가장 필요로 하는 것은 억압된 감정을 명료히 하고 표현하는 것이라고 보기 때문이다. 그리고 어떤 지도자들은 통찰을 얻고 자기 자각을 증진시키는 것을 강조한다. 또 어떤 지도자들은 집단구성원들이 집단에서 새로운 행동을 연습하고 바람직한 행동 변화를 유발시키는 구체적인 행동 계획을 짜도록 돕는 것을 강조한다. 또 다른 지도자들은 집단원들이 자신과 자신이 지닌 세상에 대한 믿음을 점검하기를 권장하는데 왜냐하면 부정확한 생각을 제거하고 그것을 건설적 사고와 자기 대화로 대체하면 변화가 일어날 것이라고 믿기 때문이다. 이들 각 방식은 특정한 이론적 지향을 대표하는데 다양한 이론적 접근들은 서로 조화롭게 상호작용함으로써 집단의 작동 방식에 대한 이해를 증진시킨다.

집단 상담자들은 과거, 현재, 미래라는 시간의 틀에 일차적으로 주의를 기울이는 것 같다. 과거, 현재, 또는 미래 중 어떤 것에 초점을 맞추는 것이 가장 생산적인 집단 작업이 되는지를 고려하는 것은 중요하다. 만약 당신이 집단지도자로서 집단구성원들이 자신의 과거를 탐색하게 하는 것이 가장 핵심적인 것이라고 믿는다면 당신이 하는 많은 개입들은 집단원들이 자신의 과거 경험이 현재의 행동과 어떻게 관련되는지를 이해하도록 돕는 것을 목적으로 할 것이다. 만약 당신이 집단원의 목적과 추구하는 바가 중요하다고 생각한다면 미래에 초점을 두고 개입할 것이다. 당신이 현재에 관심이 있다면 당신이 하는 많은 개입은 집단원이 매 순간에 무엇을 생각하고, 느끼며, 행동하는지를 강조하려 할 것이다. 이러한 현재 중심의 접근은 집단원에게 과거에 발생한 사건과 미래에 대한 걱정을 '지금 여기'에 가져오도록 요구할 것이다.

이론적 지향

우리는 때때로 우리가 어떤 이론적 배경을 따르는지 밝혀달라는 질문을 받는다. 우리 필자들 중 누구도 어떤 하나의 이론을 따르지는 않는다. 대신 우리는 집단상담을 하면서 지속적으로 개발하고 수정한 통합적인 틀을 갖고 있다. 우리는 대부분의 현대 심리치료 접근으로부터 개념과 기법을 가져와 각자의 독특한 성격, 치료 스타일, 특정 집단구성원의 욕구에 맞게 적응시킨다. 한 개인으로서 자신이 누구인지를 아는 것은 상담 이론에 대한 지식이나 상담 기술만큼이나 중요하다. 어떤 기술이나 기법은 아주 중요하다. 기법은 연습되고 개선될 수 있으며 기술의 발달 정도는 상담 효과를 증대시킨다. 이론적 틀을 기반으로 한 기술과 기법의 사용이 중요하긴 하지만 기법과 기술의 사용하는 능력이 전부는 아니다. 오히려 집단원과 맺는 치료적 관계의 질이 성공적인 결과를 유발하는 데 결정적인 역할을 한다. 우리가 사용하는 기법과 선택하는 이론도 중요한 변인이지만 치료적 관계 변인은 효과적인 집단 작업의 토대다. 우리는 집단원들과의 연대감을 형성하는 능력을 강화하기 위해 기술을 사용한다. 우리의 상담에 대한 개념적 틀은 이러한 관계적 토대를 형성시켜가면서 **생각하기, 느끼기, 행동하기**라는 경험의 차원들을 함께 고려한다.

집단상담의 통합적 접근 우리는 당신이 자신의 집단상담 스타일에 가장 포함시키고 싶은 개념과 기법을 결정하기 위해서는 모든 현대 심리치료 이론들을 공부하기를 권한다. 자신의 상담 이론을 개발하는 것은 몇 년이 걸리는 작업으로 경험을 축적시키고 자신의 임상 스타일을 조절해나감으로써 발전해나가는 하나의 과정이다. 상담에 대한 자기 자신의 통합적 접근을 개발하고 개념화하며 다양한 내담자에게 가장 효과적인 개념과 기법을 선택하고자 할 때는 자신의 성격, 대인관계상의 강점, 삶의 경험, 세계관을 고려하라. 효과적인 선택을 위해서는 많은 이론을 잘 알아야 할 필요가 있다. 이론의 어떤 측면은 어떤 방식으로 통일될 수 있다는 개방적인 태도를 견지함과 동시에 이들 측면이 어떻게 효과적으로 작동하는지에 대한 가설을 세우고 점검하라. 집단구성원들로부터 피드백을 정기적으로 받는 것은 당신의 개입이 얼마나 잘 작동하는지를 평가하는 가장 좋은 방법 중의 하나다.

통합적 접근은 다양한 체계로부터 개념과 방법을 선별하는 과정을 포함하는데 이렇게 통합을 달성하는 방식에는 여러 가지가 있다. 가장 보편적인 두 가지 방식은 기법적 통합과 이론적 통합이다. 기법적 통합은 기법들 간의 차이점에 초점을 두고 여러 접근으로부터 기법을 차용하며 기법을 체계적으로 선택하는 것에 바탕을 둔다. 이 방식은 기법이 도출된 이론의 입장을 반드시 지지하지 않으면서도 여러 다른 접근에서 도출된 기법을 통합한다. 대조적으로, 이론적 통합은 기법들을 단지 혼합시키는 것을 넘어서 개념적 또는 이론적 창조를 뜻한다. 이 방식의 기본 가정은 둘 또는 셋 이상의 이론적 접근을 융합시키는 것이 한 가지 이론으로 제한시키는 것보다 훨씬 풍부한 가능성을 제공한다고 본다. 통합적 상담은 다양한 치료적 체계로부터 개념과 방법을 의도적으로 선별하는 과정이다. 통합적 관점은 많은 집단에서 보통 드러나는 집단구성원의 다양한 욕구를 충족시키는 것과도 잘 맞아떨어진다.

어떤 집단 회기에서 어떠한 특정 치료적 개입을 언제 어떻게 사용할지를 아는 것은 지식을 실제 집단상담에 적용한 결과이자 예술이다. 다음 질문을 자신에게 해보라.

- 매 순간 무엇이 집단에서 일어나고 있는가?
- 집단구성원들과 어떤 종류의 관계를 발달시키려고 하는가?
- 집단에서 나는 어떤 역할을 하며 이러한 역할이 집단 과정에 어떻게 영향을 미치는가?
- 나는 어떤 기법에 끌리며 왜 이러한 기법을 사용하는지 설명할 수 있는가?
- 나는 어떤 방식으로 내담자의 강점과 자원을 평가하고, 문제와 해결 방안을 명료히 하며, 바라는 결과에 대해 생각하는가?

이러한 질문에 답하는 것은 집단지도자로서 당신이 누구인지에 대한 그림을 그리도록 도울 것이다.

나(Cindy)는 다양한 이론을 사용하지만 내가 누구인지, 내가 내담자의 세계를 어떻게 이해하는지, 내가 내담자의 이야기에 어떻게 개입하는지와 관련해 일관성을 유지한다. 나는 게슈탈트 치료 이론과 다문화 상담 및 치료로부터 가장 많은 영향을 받는다. 하지만 인지행동적인 개입과 체계적 사고를 사용하기도 한다. 나는 내담자와 맺는 관계에 초점을 많이 둔다. 나는 내담자가 나와 관계하는 방식이 내가 상담 장면 밖에서 관계하는 방식의 반영이라고 믿는다. 나는 또한 나 자신과 내담자에 대한 나의 반응을 잘 활용하는데 이것은 게슈탈트적 지향에 근거한 것이다. 예를 들어, 나는 내담자에게 그들이 변화시키고 싶은 구체적인 생각이나 행동을 관찰하도록 한다. 이러한 인지적 행동 기법은 게슈탈트 접근에 바탕을 두고 있는 것으로, 치료적 개입이란 사전에 결정된 어떤 과제가 아니라 내담자와의 즉흥적인, '지금 여기'의 상호작용에서 나옴을 의미한다.

덧붙여, 나는 다문화적, 체계적 관점에서 내담자의 어려움을 바라보는 나 자신을 종종 발견하는데, 나는 내담자와 그들이 겪는 문제를 어떤 체제에 내제되어 있는 것으로 본다. 여성주의 치료의 관점을 통해 성과 힘의 역동이 집단 안에서 어떻게 작동하는지에 주의를 기울인다. 여성주의 치료의 영향으로 인해 나는 체제적, 문화적, 역동적 영향을 고려하지 않고는 진단을 하지 않는 경향이 있다. 나에게 여성주의 치료는 피해자를 비난하지 않게 하며 내담자에게는 자신의 증상이 종종 맥락적이라는 것을 볼 수 있게 한다. 여성주의 치료는 또한 외부의 도전과 저항에도 불구하고 개인에게 삶의 변화를 만들어내는 힘을 실어준다.

생각하고, 느끼고, 행동하는 모델 우리(Marianne과 Gerald)가 상담 현장에서 사용하는 접근은 통합적 접근에 기초한다. 집단을 이끌 때 우리는 집단구성원들이 무엇을 생각하고 느끼고 행동하는지에 주의를 기울인다. 이것은 인지적, 정서적, 행동적 측면에 주의를 기울인다는 것을 의미한다. 생각하는 것과 생각이 느끼고 행동하는 것에 영향을 미치는 방식 사이에는 상호작용적인 측면이 있다. 우리가 느끼는 것도 우리의 생각과 행동에 영향을 미칠 수 있고 행동하는 것도 느끼고 생각하는 것에 영향을 미친다. 이 세 가지 영역을 통합하는 것은 효과적이고 포괄적인 상담을 실시하기 위한 기초가 된다. 우리의 관점에서 볼 때 이 세 가지 영역 중 어느 하나라도 제외된 치료는 불완전하다.

우리 둘(Marianne과 Gerald)은 집단구성원들의 **생각**이나 사고 과정에 초점을 두는 인지적 접근에 관심이 있다. 우리는 보통 집단원들에게 자신이 내린 이전의 결정에 대해 생각해보도록 한다. 우리는 집단원이 하는 내적 '자기 대화(self-talk)'에 주목하는데 '집단원이 자기 자신과 타인, 삶에 대해 지닌 가정이 어떻게 집단원이 현재 겪는 문제를 야기시키는지', '집단원 자신이 지닌 신념이 어떻게 문제를 만드는지' '그들이 자신에게 반복해서 말하는 문장을 비판적으로 평가함으로써 어떻게 좀 더 자기 주도적이 되도록 할 수 있을지'에 주의를 기울인다. 우리가 사용하는 집단 기법 중 많은 것은 집단원의 사고 과정을 살펴보고, 집단원이 삶에서 발생하는 사건과 그러한 사건을 해석하는 방식을 숙고하도록 도우며, 자신들의 신념을 탐색함으로써 자신들이 바라는 방향으로 변화할 수 있도록 돕기 위한 것이다. 우리는 집단원이 집단에 참여하는 목표를 구체화하고 명료히하도록 돕는 초기 단계에서 인지행동적 접근을 아주 많이 사용하고 배운 것을 공고화하고 일상에서 실행할 수 있는 행동 계획을 세우도록 돕는 종결 단계에서도 인지행동적 접근을 사용한다.

정서적 영역과 관련해서는 집단구성원들의 느낌에 초점을 둔다. 우리가 이끄는 집단에서 우리는 집단구성원들에게 자신의 감정을 명료화하고 표현하게 한다. 집단원들이 자신의 감정을 경험하고 어떤 사건이 어떻게 그러한 감정에 영향을 미쳤는지를 표현할 수 있으면 치료 과정은 촉진된다. 집단원들은 자신들의 이야기를 우리가 귀기울여 잘 듣고 이해하고 수용한다고 느끼면 자신의 감정을 더 잘 표현할 것이다. 집단원들은 억압된 감정을 표현하는 것으로부터도 도움을 받지만 최상의 도움을 받기 위해서는 어떤 식의 인지적 작업이 필수적으로 따라야 한다. 따라서 우리는 집단에서 인지적 작업과 정서적 작업을 통합한다. 우리는 집단원들이 자신의 정서적 작업을 되돌아보고 정서적 경험이 어떻게 자신과 타인 및 삶의 사건과 연결되어 있는지를 토론해보도록 권한다.

인지적, 정서적 영역이 치료 과정에서 필수적 요소지만, **행동적 영역(움직이고 행하기)**은 변화 과정에 아주 중요하다. 통찰을 획득하고 억눌린 감정을 표현하는 것이 중요하지만 어떤 시점에서는 행동지향적인 변화 활동에 참여할 필요가 있다. 집단지도자는 집단구성원들에게 다음과 같은 유용한 질문, 예를 들면 '무엇을 하고 있습니까?', '당신의 현재 행동이 당신이 원하는 것을 얻을 적절한 기회를 제공할 것 같습니까? 그리고 그것이 당신이 가고 싶은 방향으로 인도할 것 같습니까?'와 같은 질문을 할 필요가 있다. 집단 작업의 초점이 무엇을 하고 있는지에 두어지면 생각과 느낌을 변화시킬 수 있는 가능성은 더 높아진다.

생각하기, 느끼기, 행동하기 영역을 강조함과 더불어 우리는 집단구성원들이 자신이 배우는 것을 공고화하도록 돕고 새로운 행동을 일상에서 부딪히는 상황에 적용하도록 돕는다. 우리가 사용하는 몇 가지 전략으로는 계약, 과제, 행동 프로그램, 자기 관찰 기법, 지지 체계, 자기주도적인 변화 프로그램 등이 있다. 이들 접근은 집단원들이 새로운 행동을 연습하고, 변화를 위한 현실적인 계획을 추진하고, 계획한 것을 일상에서 실행하는 실제적인 방법을 계발하는 데 헌신하는 것을 강조한다.

집단구성원들을 이해하기 위해서는 그들에게 영향을 미치는 다양한 체계(가족, 사교 집단, 공동체, 교회, 다른 문화적 영향)를 고려하지 않을 수 없다. 어떤 집단과정이 효과적이기 위해서는 집단구성원들이 자신의 사회적 관계 체계에 어떻게 영향을 미치고 또 영향을 받는지를 이해하는 것이 결정적이다. 유능한 집단지도자들은 인간 경험의 모든 측면을 포괄하는 총체적인 접근법을 취할 필요가 있다.

생각하기, 느끼기, 행동하기의 통합을 강조하는 우리(Marianne과 Gerald)의 입장 이면에는 실존주의 철학이 있는데, 실존적 접근은 치료적 과정에서 선택과 책임의 역할을 일차적으로 강조한다. 우리는 집단원들이 자신의 가능성을 제한하게 한 선택을 점검하고 자신들이 선택한 것에 대해 책임지게 한다. 따라서 우리는 집단원들이 삶에서 다른 사람들을 변화시키려 노력하지 말고 자신이 생각하고, 느끼고, 행동하는 것을 알아차리고 명료화하도록 한다. 우리가 집단에서 하는 작업의 대부분은 사람들은 자신의 삶에서 벌어지는 상황을 변화시키는 데 의미 있는 역할을 할 능력이 있다는 가정에 기초한다. 우리는 집단원들이 자신들의 내적 자원을 발견하고 그 내적 자원을 자신들이 겪는 어려움을 해결하는 데 어떻게 사용할 수 있는지 배우도록 돕는다. 우리는 집단원들이 겪는 어려움에 대한 답을 제공하지 않는 대신 집단원들이 자신의 현재 및 미래의 문제를 해결하기 위해 길러야 할 지식이나 기술에 대한 자각의 증진을 촉진한다.

효과적인 치료적 관계는 자각을 촉진하는 기법들의 발달에 도움이 되는 창의적 기운을 강화시키는데, 자각은 생각, 느낌, 행동의 변화를 가능하게 한다. 경험적 증거에 의하면, 내담자-치료자 관계와 치료자가 사용하는 처치 방법은 둘 다 처치 효과와 직접적인 관계가 있다고 한다. 연구자들이 반복해서 발견하는 것은 긍정적인 작업 동맹과 협동적인 치료 관계가 치료 효과를 가장 잘 예측하는 요인이라는 것이다(Elkins, 2016; Hubble, Duncan, Miller, & Wampold, 2010). 일부 신경과학 연구가 제시하는 바는 공감적 이해에 기초한 긍정적인 상호연계성은 뇌 신경의 통합을 위한 발판을 제공하도록 돕는데, 이것이 내담자가 문제를 다룰 수 있는 방식의 변화를 증진시키게 한다는 것이다(Badenoch, 2008; D. Siegel, 2010).

치료적 관계에는 치료 과정에 대한 내담자의 피드백에 귀를 기울이는 것이 부분적으로 포함된다. 내담자의 피드백은 치료 과정에 대한 정보 제공과 안내 및 평가에 활용될 수 있다. 집단 초기에 경험하는 의미 있는 변화와 집단구성원들의 적극적인 참여는 긍정적인 결과에 기여하는 가장 강력한 요소이다. 어떤 형태의 심리치료에서든 치료 효과를 증진하는 최고의 방법 중의 하나는 내담자가 주도적으로 처치의 효과성을 알려주는 치료를 통해 내담자로부터 치료 방향에 대한 정보를 얻는 것이다(Duncan, Miller & Sparks, 2004; Miller et al., 2010).

집단에서 기법을 사용하고자 할 때 우리는 내담자들과 관련된 다음과 같은 요소를 고려하는데, 그것은 문제에 직면하고자 하는 집단구성원의 준비의 정도, 집단원의 문화적 배경과 가치 체계, 집단 촉진자인 우리에 대한 집단원의 신뢰이다. 우리가 이끄는 집단의 일반적인 목표는 집단원이 자신의 느낌을 알아차리고 경험하도록 돕고, 자신이 지닌 가정이 자신이 느끼고 행동하는 데 어떻게 영향을 미치는지를 명확히 이해하며, 대안적인 행동방식을 실험하도록 하는 것이다. 우리는 우리가 사용하는 기법에 대한 논리적 근거를 갖고 있으며 우리가 하는 개입은 일반적으로 이 책에서 기술한 이론의 측면에서 도출된다.

우리의 이론적 접근에 대한 이러한 논의는 간단한 소개일 뿐으로, 다양한 이론적 접근을 집단상담에 어떻게 적용하는지에 대한 좀 더 자세한 논의는『집단상담의 이론과 실제(Theory and Practice of Group Counseling)』(Corey, 2016)를 보기 바란다. 상담 이론들에 대한 또 다른 논의들은『통합적 상담: 사례 중심 접근(Case Approach to Counseling and Psychotherapy)』(Corey, 2013b),『심리상담과 치료의 이론과 실제(Theory and Practice of Counseling and Psychotherapy)』(Corey, 2017),『상담과 심리치료: 이론과 개입(Counseling and Psychotherapy: Theories and Interventions)』(Capuzzi & Stauffer, 2016),『현대 심리치료(Current Psychotherapies)』(Wedding & Corsini, 2014),『다양한 세상을 위한 현대 심리치료(Contemporary Psychotherapies for a Diverse World)』(Frew & Spiegler, 2013),『상담 이론과 실제(Counseling Theory and Practice)』(Neukrug, 2011),『심리치료의 체계: 초이론적 분석(Systems of Psychotherapy: A Transtheoretical Analysis)』(Prochaska & Norcross, 2014),『심리치료와 상담 이론: 개념과 사례(Theories of Psychotherapy and Counseling: Concepts and Cases)』(Sharf, 2016)를 보기 바란다.

자신만의 집단상담 이론 개발하기

이론은 내담자, 상담 환경, 제공하는 집단상담의 종류와 적절하게 맞아야 할 필요가 있지만, 한 인간으로서의 당신 자신과 분리된 것이 아니다. 궁극적으로 가장 중요한 것은 이론은 당신의 성격과 깊이 관련된다는 점이다. 이론이란 한 인간인 당신을 통합적으로 보여주는 것이자 당신의 독특성의 표현이라 볼 수 있다.

이 책을 통해 우리가 강조하고자 하는 것은 자신의 삶의 경험과 개인적인 특성을 활용할 수 있는 당신의 능력이 강력한 치료적 도구라는 점이다. 특히 중요한 것은 자신의 행동, 성격, 문화적 배경, 지위, 특권이 어떻게 집단지도자로서의 역할을 증대시키는지 아니면 방해하는지를 자각하고자 하는 의지다. 집단에 적용 가능한 이론에 대한 철저한 이해, 기술 습득, 수련 경험은 능력 있는 집단지도자가 되기 위한 초석이 된다. 하지만 집단지도자들 또한 자신이 집단원들에게 기대하는 것을 자기 스스로도 기꺼이 하고자 하는지 자신의 삶을 정직하게 들여다보아야 한다. 만약 당신이 수련 중인 학생으로 통합되고 잘 정의된 어떤 이론적 모형을 개발하고자 한다면 폭넓은 독서와 수년간의 집단 지도 경험을 필요로 할 것이다. 우리는 당신이 다른 집단지도자들과 서로의 자신의 상담 이론을 개발하기 위해서는 사람이 성장하고 치료되고 변화하는 방식에 대한 자신의 세계관, 신념, 개인의 역사를 점검하는 것이 필수적이다. 많은 학생들이 자신의 신념과 행동과 일치하는 이론을 발견하는 데 어려움을 겪는다. 우리는 우리 자신의 상담 이론에 대한 어떤 느낌을 강하게 갖고 있는데 이것은 우리가 초심 조력자들과 작업할 때 유용하게 사용되어왔다. 다음의 예들은 삶의 경험들이 세상에 대한 신념을 형성시키는 몇 가지 방식을 설명한다.

예 1

삶의 경험: 핀은 학부생일 때 몇 차례의 정서적, 신체적 학대 관계를 경험했던 것을 회상한다. 그녀는 그때 당한 트라우마 감정을 기술하였는데 이 경험을 치유하는 것이 어렵다는 것을 알았다.

삶의 교훈: "나는 나에게 상처를 준 사람에게 골몰해 있으면서 사과를 받고 싶었다. 하지만 나는 그 사람으로부터 내가 원하는 것을 얻지 못하고 있었다. 그러다 어느 시점에 내가 인식하게 된 것은 나에게 상처를 준 그 사람으로부터 치유를 받을 필요가 없다는 것이었다. 이러한 인식은 나로 하여금 내 삶을 자유롭게 살아나가게 해주었다. 나에게 상처를 준 그 사람으로부터 자신의 잘못을 인정하고 사과하기를 기다리는 대신 나 자신의 힘을 되찾고 다른 사람들과의 관계를 통해 나 자신을 치유하게 되었다."

상담 이론의 적용: 많은 상담 이론들이 관계 속에서의 치유에 초점을 맞춘다. 관계에서 상처를 받은 사람들은 관계 속에서 치유될 수 있다. 집단상담 지도자로서 우리는 내담자와 또는 내담자들 사이에 건강한 관계를 형성시킴으로써 과거의 상처를 치유하도록 도울 수 있다. 인간중심 치료자들은 치료적 관계를 상당히 강조하는데 이는 내담자는 치료에서 경험한 것을 자신의 개인 삶에 적용할 수 있다는 가정에 근거하기 때문이다. 잠깐 시간을 갖고 이 책에 기술된 상담 이론을 개관하면서 치유 과정에서 관계의 힘을 강조하는 이론을 확인해보라.

예 2

삶의 경험: 라이언은 35세의 전문직 종사자로 건강하지 않은 관계와 미해결된 적개심과 분노, 요구는 많지만 보상은 적은 직무 때문에 만성적인 스트레스를 받으며 살고 있다. 그는 많은 심리적 증상, 즉 만성적인 호흡기 감염, 위 계양, 소화기 문제, 수면 장애, 체중 증가, 우울, 불안, 더욱이 암으로 고생하고 있다.

삶의 교훈: "내 몸이 나에게 충분히 주의를 기울이지 않았다는 경고 신호를 보내고 있었다. 내 병은 결국 암으로 발전함으로써 나의 주목을 받을 수 있었다. 이제 삶의 방식을 바꿔야 할 때이다. 내 삶의 현 시점에서 내가 받은 교훈은 '만약 당신이 고함치지 않으면, 당신 몸이 그렇게 할 것이다.'이다."

상담 이론의 적용: 몇몇 이론적 지향이 내담자의 신체적 증상과 태도, 행동에 주목하면서 내담자와 총체적으로 작업하는 데 초점을 맞춘다. 게슈탈트 치료자는 내담자의 목 통증을 내담자의 삶에 있어서 누구 또는 무엇과의 관계에서의 통증으로 볼 것이다. 게슈탈트 치료자는 내담자로 하여금 자신의 신체에 귀 기울이게 하고 신체 증상과 대화를 나누도록 돕는다. 인지행동 치료자는 생각, 느낌, 행동의 통합에 주목하면서 총체적인 작업을 한다. 인지행동 치료를 지향하는 치료자는 내담자로 하여금 자신의 신념과 사고방식이 어떻게 자신의 행동과 느낌에 영향을 미치는지 명료히 하도록 도울 것이다.

지향점

잠시 몇 분간 시간을 갖고 당신의 삶에서 일어나는 의미 있는 사건 또는 중대한 사건을 생각해보라. 그것은 부모님의 이혼, 학대 관계, 직장 상실, 아이 낳기, 금주 등의 사건일 수 있다.

의견을 나누고 변화를 지속적으로 추구하며 오래된 상담 실제를 새로운 지식에 걸맞게 수정할 것을 제안한다.

나(Gerald)는 학생들을 가르칠 때, 가능한 한 다양한 이론들을 많이 배우고 나서 여러 치료적 접근을 활용하여 자신만의 통합적인 관점을 개발하라고 권유한다. 통합적인 모델 개발을 위한 구체적인 방안과 관련해서는 『상담 및 심리치료의 통합적 접근(The Art of Integrative Counseling)』(Corey, 2013a)을 보기 바란다.

 ## 집단 기법을 효과적으로 사용하기

기법이란 집단지도자가 집단의 움직임을 촉진하려는 목적으로 사용하는 개입을 말한다. 사실 집단지도자가 하는 어떤 것도 기법으로 볼 수 있는데, 예를 들면 침묵하기, 어떤 새로운 행동을 제안하기, 어떤 갈등을 다루도록 초대하기, 피드백 주기, 해석을 제공하기, 집단 회기 사이에 과제를 제안하기 등이 포함된다. 기법(technique)은 어떤 문제에 초점을 맞추거나, 정서를 증대 또는 과장하거나, 행동 실습을 하거나, 통찰과 새롭게 학습한 것을 공고화하려는 목적으로 지도자가 한 집단원(또는 집단원들)에게 명확하고 뚜렷한 방향을 갖도록 요구하는 것이다. 기법에 포함시킬 수 있는 다른 것들로는 집단이 에너지를 잃는 것 같을 때 집단원에게 그들이 원하는 방향을 명확히 하도록 요구하기, 집단원들에게 의미 있는 이야기를 나누도록 권유하기, 한 집단원에게 역할 바꾸기 활동을 통해 어떤 특정 상황을 다루어 보도록 요청하기, 어떤 집단원에게 새로운 행동을 실행하도록 요구하기, 집단원들에게 과거의 사건을 지금 여기에 가져오도록 요구하기, 어떤 집단원에게 특정 단어를 반복하거나 한 문장을 완성하도록 격려하기, 집단원들이 한 집단 회기로부터 배운 것을 요약하도록 돕기, 집단원들이 협력하여 과제를 계획하기, 어떤 집단원의 신념 체계에 도전하기, 어떤 집단원의 행동에 영향을 미치는 사고방식에 대해 작업하기 등을 들 수 있다.

집단상담을 촉진함에 있어 우리는 많은 이론적 접근으로부터 도출된 다양한 기법을 사용한다. 기법은 집단구성원들의 필요에 맞춰 조정되는데, 우리는 다음과 같은 요소, 즉 집단의 목적과 종류, 개인적인 문제를 직면하고자 하는 집단구성원들의 준비 정도, 문화적 배경, 가치 체계, 집단지도자인 우리에 대한 신뢰를 고려한다. 우리는 또한 어떤 개입을 시도할 때 집단의 응집력과 집단원들 간의 신뢰를 고려한다. 우리는 집단구성원들이 느끼는 것을 명료화하고 경험하게 하며, 자신이 지닌 가정이 자신의 느낌과 행동에 어떻게 영향을 미치는지를 확인하게 하고, 대안적인 행동을 통해 실험을 하도록 격려한다.

우리는 또한 집단지도자가 방향감을 갖는 데 도움이 되는 제반 집단 절차도 기법으로 간주한다. 많은 종류의 집단들에서 사용될 수 있는 가장 유용한 기법은 집단구성원들과의 작업에서 자연스럽게 드러나는 것으로 특정 회기에서 발생하는 상황에 맞춰 실시되는 기법이다. 기법은 집단에서 일어나는 것을 촉진하기 위해 사용되는 도구이자 개입이다. 예를 들어, 집단구성원들이 침묵을 지키면 지도자는 각 집단원에게 '지금 내가 침묵하고자 하는 것은……'이라는 문장을 완성하도록 할 수 있다.

기법 사용의 근거

기법은 집단구성원들과의 작업을 통해 자연스럽게 발달하고 특정 집단 회기에서 드러나는 상황에 맞춰 사용될 때 가장 유용하다. 지도자는 특정 기법을 사용하는 논리적 근거와 함께 그 기법이 내담자의 자기 탐색과 이해를 증진시킬 것인지를 고려해야 한다. 만약 슈퍼바이저나 공동 지도자가 특정 기법을 사용하는 논리적 근거에 대한 질문을 한다면 다음과 같은 질문에 답할 수 있어야 한다.

- 당신은 왜 이 특정 기법을 사용하려고 하는가?
- 이 기법을 사용함으로써 당신은 무엇을 성취하고 싶은가?
- 당신은 집단구성원들이 이 개입을 통해 무엇을 배우기를 기대하는가?
- 어떤 이론적 틀이 이 기법을 선택하도록 했는가?

집단에서 치료적 개입에 대한 이론적 정당성을 갖는 것이 왜 필요한지 다음 사례를 통해 살펴보자.

레베카는 한 작은 집단을 이끌고 있는 수련생인데 슈퍼바이저로부터 "집단의 에너지 수준이 낮고 집단구성원들이 참여를 주저하는 회기에 그런 활동을 소개한 근거는 무엇인가요?"라는 질문을 받았다. 레베카는 다소 방어적으로 그 집단이 다시 앞으로 움직이기 위해 필요한 것은 활력 증진용 주사라는 직관을 따랐다고 답했다. 슈퍼바이저가 레베카가 가진 이론이 그러한 개입에 어떻게 영향을 미쳤는지를 그녀와 함께 탐색하려고 했을 때, 레베카는 "저는 이론이 정말 필요하다고 생각하지 않아요. 전 많은 기법을 익혔기에 필요할 때면 기법을 자신 있게 사용할 수 있어요. 집단을 운영함에 있어 제가 가진 이론을 집단원들에게 강제하기보다는 집단의 흐름에 따라가는 것을 전 선호해요."라고 대답했다.

슈퍼바이저는 레베카에게, 이론은 집단에서 무엇이 벌어지고 있는지를 이해하는 데 도움을 주는 전체적인 틀을 제공해줄 뿐 아니라 집단에서 무엇을 말하고 무엇을 해야 할지에 대한 방향감을 제공해줄 수도 있다고 설명했다. 레베카는 어떤 이론에 맞추려고 하는 것은 독창성을 제한하고 기계적으로 개입하게 만들고 말 것 같다고 주장하였다. 레베카는 집단 작업을 안내할 이론을 갖는 것이 어떤 가치가 있는지를 거의 알지 못했다. 오히려 자신의 임상적 직관에 의지해 '옳다고 느끼지는' 개입을 하고자 하였다. 레베카의 말에 대한 당신의 반응은 어떠한가?

우리는 지도자가 자신의 임상적 직관을 신뢰하면서도 치료적 개입에 대한 논리적 근거에 대해서도 숙고하는 것이 가능하다고 생각한다. 이론은 집단에서 진행되고 있는 것에 대한 임상적 직관과 해석을 가능하게 하는 어떤 틀을 알려주고 제공할 수 있다. 만약 슈퍼바이저가 당신이 선호하는 이론은 무엇인지 묻는다면 당신은 얘기할 수 있는가? 당신은 자신이 사용하는 기법이 이론적 기초를 가질 필요가 얼마나 있다고 생각하는가?

당신이 어느 정도 알고 있는 기법이나, 더 바람직하게는 개인적으로 경험했거나 슈퍼비전을 받은 적이 있는 기법을 사용하는 것은 중요하다. 우리는 기법의 효과성과 구조화된 활동을 증진시키기 위해 다음과 같은 지침을 사용한다.

- 사용되는 기법들은 치료적 목적이 있고 이론적 틀에 근거한다.
- 기법(그리고 활동)은 초대의 형식으로 제시된다. 집단구성원들은 어떤 주어진 실험에 참여할 것인지 그냥 넘어갈 것인지를 선택할 자유가 주어진다.
- 기법은 시기적절하고 세심하게 소개되며 효과가 없을 때는 사용하지 않는다.
- 기법은 내담자의 문화적, 민족적 배경에 적합하게 수정된다.
- 집단 참여자들은 사용된 기법과 활동에 대한 반응을 나눌 기회를 갖는다.
- 내담자의 자기 탐색과 자기 이해를 촉진한다.

다문화 관점을 통해 집단 바라보기

모든 사람들은 여러 정체감을 동시에 지니며 일련의 문화적 영향은 그들의 행동을 통해 명확히 드러난다. 문화적으로 다양한 집단구성원들과 효과적으로 작업하기 위해서는 당신의 이론적 관점과 관계없이 나이, 성별, 성적 지향, 능력, 종교를 포함하는 정체감을 구성하는 모든 측면을 고려해야 한다. 지도자는 집단구성원들에 의해 자신에게 주어지는 권한을 자각할 필요가 있으며, 또한 자신이 어떤 집단구성원들에게는 다양한 압력 기관을 상징하는 존재로 지각될 수 있다는 것을 알 필요가 있다. 지도자는 집단원에게 활동을 소개하거나 실험을 제안할 때 초대하는 태도로 하고 집단원에 의해 자신에게 주어지는 권위와 힘을 남용하지 않도록 깨어있는 것은 아주 중요하다.

집단구성원들이 경험한 인종주의와 차별을 인정하거나 이해하지 않는 지도자는 유색인 또는 억압받는 집단에 속한 사람들과 신뢰를 발달시키고 라포르를 형성할 수 있을 것 같지 않다. 이러한 집단구성원들에게는 다른 반응을 시도해보도록 이끌기 전에 그들이 경험한 고통을 먼저 다루어주어야 한다. 어떤 치료적 접근들은 내담자들에게 삶에서 경험한 사건을 해석하는 방식을 조사하고 자신의 생각과 감정을 조절해보도록 권한다. 다른 이론들은 감정을 명료화하고 표현하는 것을 상당히 강조한다.

어떤 문화의 집단구성원들에게는 자신들이 성장한 문화적 배경 및 성 역할 기준과 양립되지 않는 감정을 표현해보는 것이 목표가 될지도 모른다. 예를 들어, 한 남성 집단구성원이 남들 앞에서는 감정을 표현하지 않도록 배웠다면 그에게 정서를 표면으로 끌어올리게 하는 기법을 성급하게 사용하는 것은 부적절하고 비효과적일 것 같다. 이 경우에는 먼저 그 집단원이 감정 표현과 관련하여 자신이 성장한 문화에서 배워온 것을 탐색하는 데 관심이 있는지 어떤지를 알아보아야 한다. 지도자는 집단원들의 문화적 가치와 경험들을 존중해야 함과 동시에 집단원들이 자신의 가치관과 삶의 경험, 사회화 경험, 성장 배경들이 어떻게 자신의 행동과 선택에 지속적으로 영향을 미치는지 생각해보도록 도울 수 있다. 만약 집단원들이 자신들의 문화적 배경이 자신들에게 미치는 영향에 대해 이야기하고 싶다고 할 경우, 지도자는 그들로 하여금 행동적 변화가 가져올 장단점과 반대급부를 점검하도록 도울 수 있다.

서구의 치료적 모델은 선택, 개인의 독특성, 자기주장, 개인적 성장, 강한 자아에 가치를 둔다. 따라서 치료적 결과로는 환경을 변화시키고, 자신의 대처 행동을 바꾸며, 스트레스를 조절하는 방법을 배움으로써 자기주장적 대처 기술을 향상시키는 것이 포함된다. 인지행동 치료나 관계지향적 치료와 같은 서구의 치료 모델은 개인의 변화에 초점을 두고 있다. 대조적으로, 많은 비서구적 접근은 개인의 발달보다는 사회적 틀에 더 초점을 맞추고 상호의존의 가치를 가르치며, 개별성을 강조하지 않고, 공동의 선을 생각하고, 지역사회 내에서의 치료를 강조한다. 아시안계, 라틴계 및 아프리카계 미국인들은 종종 집단문화의 배경을 갖고 있다. 다수의 아시아 문화들은 자기 의존을 강조한다. 일부 아시아 집단구성원들은 개인적인 문제를 노출하거나 가족에 대해 자세한 것을 알리기보다는 조용히 있으려 한다(Chung & Bemark, 2014). 어떤 집단에서 사용되는 집단의 목적, 구조, 기법은 문화적으로 적절하면서도 집단원들의 다양한 세계관이 고려되게 수정될 필요가 있다. 점차 증가하는 다원적 사회에서는 모든 내담자에게 그들의 문화적 배경에 맞지 않는 치료적 틀에 맞추라고 강요하지 않는 것은 윤리적 의무이다. 심지어는 서구문화 내에서도 규범이 다를 수 있다. 예를 들어, 원주인 미국 문화는 가족과 공동체를 강조하지 개인주의를 강조하지 않는다.

집단 상담자로서 우리는 우리가 지닌 가정과 치료적 지향이 다양한 내담자와 작업하는 데 어떻게 영향을 미치는지를 자각할 필요가 있다. 집단지도자로서도 우리는 문화적으로 효과적인 개입을 하는지 주의를 기울일 필요가 있을 뿐 아니라 우리가 사용하는 이론과 기법을 집단원들의 문화적, 인종적 배경에 적합한 방식으로 변형하고 맞추어야 할 필요가 있다. 우리가 사용하는 방법을 집단원들의 욕구에 기꺼이 맞추고자 하는 것은 긍정적인 치료 결과를 야기할 가능성을 높인다.

이론과 기법의 관계

어떤 기법은 다양한 이론에서 공통적으로 언급되는 반면, 어떤 기법은 특정한 이론적 접근과만 관련되어 있다. 다음에서는 많은 상담 이론의 주요 개념과 기법을 기술하고자 하는데, 우리는 이들 이론들을 일반적으로 네 가지로 분류하였다.

1. 정신역동적 접근(정신분석 치료, 아들러학파 치료)은 치료에서 통찰을 강조한다.
2. 체험적 및 관계지향적 접근(실존주의 치료, 인간중심 치료, 게슈탈트 치료, 심리극)은 느낌과 주관적 경험을 강조한다.
3. 인지행동적 접근(행동 치료, 인지 치료, 합리적 정서행동 치료, 현실 치료)은 사고와 실천의 역할을 강조하고 행위지향적인 경향이 있다.
4. 포스트모더니즘적 접근(해결중심 단기 치료, 이야기 치료, 동기강화 면담, 여성주의 치료)은 내담자의 주관적 세계에 대한 이해와 함께 기존의 자원을 활용해 내담자 내면의 변화 추구를 강조한다.

우리는 이들 이론들을 네 가지로 크게 나누었지만, 이러한 분류는 다소 인위적이다. 사실 이론들 간에는 중복되는 개념과 주제가 있어 명확히 분류하기 어렵다.

 ## 정신역동적 접근

우리는 집단상담의 정신역동적 접근을 먼저 다루고자 한다. **정신분석 치료**는 통찰, 무의식적 동기, 성격의 재구성에 주로 기초한다. 정신분석 모델은 다른 모든 심리치료 체계에 큰 영향을 미쳐왔다. 우리가 언급하는 치료적 모델들 중 일부는 기본적으로 정신분석적 접근의 확장이며, 다른 일부는 정신분석적 개념과 절차를 수정한 모델이고, 다른 일부는 정신분석에 대한 저항으로 나타난 모델이다. 많은 상담 및 심리치료 이론은 정신분석적 접근에서 원리와 기법을 빌려와 통합시켜왔다.

아들러학파 치료는 여러 면에서 정신분석 이론과 다르지만 넓게 보면 정신역동적 치료로 볼 수 있다. 아들러학파 치료자들은 의미, 목적, 목표지향적 행동, 의식적 행위, 소속감, 사회적 관심에 초점을 둔다. 아들러 이론은 현재의 행동을 설명하기 위해 아동기 경험을 탐색하지만 무의식적 역동에 초점을 두지는 않는다.

정신분석 치료

정신분석 치료의 주요 개념　정신분석적 접근은 사람들은 무의식적 동기와 초기 아동기 경험에 의해 상당히 영향을 받는다고 본다. 행동을 유발시키는 역동적 힘은 무의식에 묻혀 있기 때문에 정신분석적 집단 치료는 과거에 뿌리를 둔 내적 갈등을 분석하는 긴 과정으로 구성된다. 분석적 집단 치료가 시간이 오래 걸리는 것은 성격을 재구성하고자 하기 때문이며, 이 접근은 다른 접근들보다 치료적 목표가 광범위하다. 단기 정신역동 집단 치료는 제한된 시간 내에 다소 덜 원대한 목표를 다룬다.

정신분석적 집단 치료는 과거의 경험이 현재의 성격 기능에 미치는 영향에 초점을 둔다. 태어나 첫 6년 동안 했던 삶의 경험이 현재 겪고 있는 문제의 원천으로 여겨진다. 현대 정신분석 집단 치료자들은 집단구성원들의 과거에 관심이 있지만 이러한 과거에 대한 이해를 현재 및 미래와 연결시킨다. 과거는 현재와 미래에 영향을 미칠 때에만 의미가 있기에 어떤 면에서 이 세 가지 시점은 모두 집단 치료에서 핵심적인 위치를 차지한다(Rutan, Stone, & Shay, 2014).

정신분석 치료의 목표　일차적인 목적은 무의식을 의식화하는 것이다. 당면한 문제를 다루기보다 성격을 재구조화하는 것이 목적이다. 정신분석 치료가 성공적으로 실시되면 한 개인의 성격과 품성의 구조가 상당히 수정하는 결과로 나타난다.

치료적 관계 정신분석적 지향을 지닌 집단지도자의 스타일은 치료자에 따라 다양한데 객관성, 따뜻한 무심함, 상대적인 익명성을 특징으로 하는 지도자에서부터 집단구성원들과 협력적인 관계를 맺는 역할을 선호하는 지도자까지 범위가 넓다. 최근 들어 정신분석적 집단 치료가 상당히 변화한 점은 치료적 관계의 중요성에 대한 인식 증가이다. 비개인적이고 정서적으로 분리된 분석자라는 고전적 모델과는 대조적으로 현대판 정신분석은 치료적 동맹을 강조한다. 치료자가 돌봄, 관심, 관여에 대해 집단원들과 의사소통함으로써 치료적 동맹 관계를 형성하는 것이 선호되고 있다.

기법 주요 기법에는 분석적 틀을 유지하기, 자유연상, 해석, 꿈 분석, 저항의 분석, 전이의 분석이 포함한다. 이들 기법은 자각을 증진시키고, 통찰을 얻도록 하며, 성격의 재구조화로 귀결되는 훈습을 시작하게 돕는다. 정신역동 집단 치료의 두 가지 핵심적 특징은 전이와 역전이가 현 집단 상황이라는 맥락에서 드러나는 방식과 관련된다.

집단은 이전의 관계에 뿌리를 둔 전이 반응을 탐색 가능하게 하는 기회를 많이 제공한다. 집단이라는 구성 자체가 과거의 미해결된 사건을 재활성화시키는 전이를 **다중적으로** 유발시키는데, 특히 다른 집단원들이 한 집단원의 내면에 강한 감정을 자극하면 그 집단원은 다른 집단원을 아버지, 어머니, 형제자매, 평생의 파트너, 배우자, 전 애인 또는 직장 사장과 같은 의미 있는 관계를 지닌 사람으로 '보게 된다'. 정신역동 집단 치료의 기본 원리는 집단구성원들은 집단 내에서의 상호작용을 통해 자신들의 사회적 관계 방식을 재현한다는 점으로 이것은 집단이 일상생활의 축소판임을 암시한다. 집단지도자의 과제는 집단원들이 집단의 다른 집단원에게 반응할 때 그들이 마치 자신의 부모나 형제인 것처럼 반응하는 정도를 알아차리도록 돕는 것이다. 정신분석 집단은 집단원들이 즉흥적으로 떠오르는 생각과 감정을 표현할 수 있는 안전하고 중립적인 환경을 제공하는데, 집단은 의미 있는 과거 사건들이 재현되게 하는 좋은 환경을 제공한다. 예를 들어, 한 여성 집단원이 한 남성 집단원에게 어떤 강렬한 반응을 보일 경우, 그녀는 비판적인 아버지로부터 받은 오래된 상처가 그 남성에게 투사되고 있음을 알아차릴 수 있다. 만약 양쪽 집단원이 모두 그녀의 전이를 기꺼이 탐색해보는 것을 허락할 경우, 그녀는 자신이 아버지와의 과거의 관계를 어떤 남성들과의 현재의 관계에 재현하고 있다는 통찰을 얻을 수 있다.

집단은 사람들이 집단 밖의 상황에서 어떻게 기능하는지를 역동적으로 이해할 수 있게 한다. 전이 과정을 통해 과거를 회상하게 됨으로써 집단구성원들은 과거 경험이 자신의 현재의 기능을 방해하는 것에 대한 자각을 증진시킬 수 있다. 전이를 해석하고 훈습함으로써 참여자들은 자신들이 과거에 경험한 사건들이 자신들의 현실 평가 및 대처 능력을 어떻게 방해하는지에 대한 자각을 점차 높이게 된다.

집단구성원들이 경험하는 전이의 다른 측면은 집단지도자의 역전이다. 이것은 지도자의 개인적 감정이 집단구성원들과의 치료적 관계 속으로 얽혀 들어가 객관성을 방해하는 것을 말한다. Rutan과 동료들(2014)은 역전이를 "치료자가 과거의 느낌을 경험하는 것으로 이 느낌은 현재의 환자에 의해 재활성화된다."(p. 249)고 기술하였다. 넓은 의미에서 역전이는 어떤 한 집단원에 대한 집단 치료자의 정서적 반응이다. 역전이가 일어날 때 집단 치료자는 마치 내담자가 치료자 원가족의 누구인 것처럼 반응한다. 집단지도자는 지도자로서의 자신의 역할을 방해하고 자신의 충족되지 않은 욕구를 만족시키기 위해 집단원들을 이용하는 자신의 미해결된 갈등이 나타나는 조짐에 깨어있을 필요가 있다. 예를 들어, 개인적인 삶에서 타인의 인정을 받지 못한다고 느끼는 집단지도자는 지나치게 요구가 많고, 지도자가 자신들의 욕구를 충족시켜 주지 못한다고 불평하는 집단원과 작업할 때 어려움을 겪을 수 있다. 지도자가 자신의 역전이를 인식하지 못하고 집단원들의 반응을 알아차려 치료적으로 적절히 대처하지 못하는 경우, 지도자는 자신을 위해 치료를 받아야 한다. 개인 치료는 지도자가 자신에게서 역전이가 일어나는 조짐들을 인식하도록 돕고 자신의 욕구와 동기가 어떻게 자신의 집단 작업에 영향을 미치는지를 발견하게 하는 데 도움이 된다. 역전이는 집단구성원들과의 효과적인 작업을 위해 잘 조절해 사용해야 한다는 점은 중요하다. 집단지도자가 자신의 내적 반응들에 대해 탐색하고 그러한 내적 반응을 집단구성원들을 이해하는 데 사용할 때 역전이는 치료적 작업에 아주 유익할 수 있다.

정신분석 치료의 다문화적 적용　이 접근은 집단구성원들의 과거 경험이 현재의 성격에 영향을 미치는 방식을 강조한다. 단기 정신역동 치료는 내담자들의 문화적 배경과 과거 경험들이 어떻게 현재의 문제를 새롭게 이해하는 데 도움을 주는지를 고려한다. 단기의 정신역동 치료를 통해 내담자들을 과거의 패턴을 없애고 자신의 현재 행동에 새로운 패턴을 만들어낼 수 있다.

정신역동적 집단에 대해 좀 더 배우고자 할 경우, 『정신역동적 집단 치료(Psychodynamic Group Psychotherapy)』(Rutan, et al., 2014)를 추천한다.

아들러학파 치료

아들러학파 치료의 주요 개념　아들러학파 접근에 따르면 인간은 기본적으로 사회적 존재이며 사회적 힘에 의해 영향을 받고 동기화된다고 한다. 인간을 본성적으로 창의적이고 적극적이며 판단력이 있는 존재로 본다. 이 접근은 개인이 갖는 일체감, 개인의 주관적 관점을 이해하기, 행동에 방향을 제공하는 삶의 목표를 강조한다. Adler는 내재된 열등감은 삶에서 더 높은 수준의 통제력과 능력을 성취하는 방향으로 자연스럽게 추구해나가게 한다는 관점을 취한다. 이렇게 추구하는 것의 구체적인 방향과 관련해 각 개인이 주관적으로 내리는 결정이 개인의 생활방식(성격 스타일)의 기초를 형성한다고 본다. 이러한 생활방식이 타인, 세상 및 우리 자신에 대한 관점을 구성하게 하며 이러한 관점이 다시 삶의 목표를 추구함에 있어 우리가 취하는 독특한 행동을 야기한다는 것이다. 우리는 불분명한 결과에도 불구하고 적극적이고도 용기 있게 위험을 감수하고 결정을 내림으로써 우리의 미래에 영향을 미칠 수 있다. 개인을 '병들었다'거나 정신병리로부터 고통을 겪기에 '치료될' 필요가 있는 존재로 보지 않는다.

정신분석적 집단과 아들러학파 집단은 많은 측면에서 원가족을 자주 다루는데, 이것은 집단구성원들이 가족 내에서 시작된 갈등을 재경험하도록 한다. 집단은 가족과 같은 분위기를 조성함으로써 원가족 및 현재 생활 경험과 관련된 무엇을 환기시킨다(Rutan et al., 2014). 아들러학파 치료자들은 한 개인의 생활방식에 영향을 미치는 것으로 가족을 핵심 요소로 본다. 또한 집단에서의 상호작용을 사회생활의 반영으로 보여 가족의 역동적 관계 패턴이 집단 안에서도 일어나는 것을 보게 함으로써 집단원들이 자신들의 내적 역동을 더 잘 이해하도록 돕는다.

아들러학파 집단에 참여하는 집단구성원들은 개인의 삶의 역사를 현 집단 작업에서 그대로 드러낼 수 있다. 집단원들은 마치 그들이 가장 원했던 변화의 일부를 성취한 것처럼 행동함으로써 새로운 행동 패턴을 습득하는 연습을 할 수 있다. 예를 들면, 달린은 열등감으로 힘들어하고 일상생활에서는 물론 집단 내에서도 자신을 효과적으로 표현할 수 없어 한다. 흥미롭게도 대부분의 집단원들은 달린이 대단히 똑똑하고 집단에서 의사소통을 분명히 할 수 있다고 본다. 집단원들은 그녀가 말하는 것을 좋아하기에 그녀에게 좀 더 자주 이야기하도록 권한다. 집단지도자는 한 회기에서 달린에게 다른 집단원들이 보는 그녀의 모든 특성을 그녀가 마치 실제로 가지고 있는 것처럼 생각하고 실험적으로 행동해보도록 제안한다. 이 실험의 결과로 달린은 자신의 재능을 인식하고 감사해하기 시작한다. 그녀는 한 주 동안 집단 밖의 삶에서 새롭게 획득한 행동을 계속 연습하고 그러한 경험이 어떠했는지를 집단에서 보고하도록 권유받았다.

아들러학파 치료의 목표 아들러학파 집단의 핵심 목표는 대인관계에 대한 관심을 강화하는 것, 즉 타인과의 연대감을 촉진하는 것이다. 아들러학파 집단지도자는 타인의 복지에 기여하고, 타인과의 일체감 및 공감을 증진시키며, 집단에 대한 소속감을 강화시키고자 하는 욕구가 집단원들 마음속에서 자라나기를 바란다. 이러한 목표를 달성하기 위해 아들러학파 지도자들은 집단 내에 민주적인 분위기를 조성시킨다. 아들러학파 지도자는 집단구성원들을 선별해 뽑지 않는데, 왜냐하면 선별하는 것은 민주성과 동등성이라는 아들러학파 치료의 정신과 일치하지 않기 때문이다. Sonstegard & Bitter(2004)는 거르고 선별하는 과정 자체가 집단 경험을 가장 필요로 하는 사람들에게 기회를 제공하지 못하게 하는 것이라고 주장하였다. 아들러학파 지도자들은 집단구성원을 걸러 뽑는 것은 집단을 통해 가장 도움을 받을 수 있는 사람들을 포함시키기 위한 것이라기보다는 집단지도자에게 편안함을 주기 위해 행해지는 경우가 더 많다고 믿는다.

상담을 한다는 것은 치료 전문가가 변화를 위한 처방전을 만드는 것과 같이 그렇게 단순한 문제가 아니다. 상담은 집단구성원들과 지도자가 서로 동의한 목적을 향해 함께 협력하고 노력하는 것이다. 집단구성원들은 자신의 행동에 대해 책임이 있음을 인정한다. 아들러학파 치료자들은 내담자가 지닌 잘못된 관념과 가정들에 도전하는 것에 관심이 많다. 치료자는 집단구성원들이 자신의 인지적 관점과 행동의 변화를 격려하고 조력한다.

치료적 관계 아들러학파 치료자들은 협동, 상호 신뢰, 존중, 확신, 협력, 목표 조율에 기초하여 치료적 관계를 형성한다. 그들은 집단지도자가 의사소통과 확실한 믿음을 갖고 행동함에 있어 모범이 되는 것을 특히 중요하게 생각한다. 집단 초기부터 지도자와 집단구성원들은 서로 협력하며 동의한 구체적인 목표를 향해 함께 나아간다. 아들러학파 집단 치료자들은 집단구성원들과 평등한 치료적 동맹을 맺고 개인 대 개인으로서의 인격적 관계를 형성하고 유지하고자 노력한다.

기법 아들러학파 치료자들은 다양한 기법과 치료 스타일을 개발해왔다. 그들은 일련의 구체적인 치료 절차를 따르는 것에 얽매이지 않는 대신 각 내담자에게 가장 적절하다고 생각되는 기법을 창의적으로 적용한다. 그들이 자주 사용하는 기법으로는 주의 기울이기, 직면과 지지를 함께 제공하기, 요약하기, 삶의 이력에 대한 정보를 수집하기, 생활양식 분석하기, 가족 내에서의 경험과 초기 회상을 해석하기, 제안하기, 격려하기, 집에서 과제 해오게 하기, 새로운 가능성들 찾도록 돕기 등이 있다. 아들러학파 치료는 심리교육적 측면에 초점을 두며, 현재지향적이고 미래지향적이며 단기 또는 시간제한적인 접근이다.

해석은 아들러학파 집단지도가 사용하는 핵심 기법 중 하나로 지도자는 집단구성원들이 지금 여기에서 하는 행동의 이면에 깔린 동기를 다룬다. 해석은 집단구성원들에게 절대 강제로 제시되지 않으며 가설적인 형태로 잠정적으로 제시되는데, 예를 들면 이런 식으로 말을 건넨다. '당신이 이 집단에서 무시받는 느낌을 자주 갖는 것은 어릴 때 가족들로부터 주목받지 못한 것과 어떤 관련이 있을지 모르겠네요?', '저는 당신과 얘기하고 싶은 마음이 들어요.', '제가 보기에 당신은 당신 자신에게 주목하기보다 이 집단에 있는 다른 사람들을 더 도우려고 하는 것 같습니다.', '회기가 끝날 때가 되어서야 자신의 걱정들을 내어놓은 당신의 행동이 자신을 대충 돌보는 결과로 나타나는 것을 혹시 즐기는 것은 아닌지 모르겠습니다.', '사람들이 당신 얘기가 듣고 싶다고 얼마나 자주 말하든 당신은 말할 것이 없다고 스스로에게 계속 확신시킨다는 인상을 저는 받았어요.'

해석은 탐색할 만한 임상적 예감을 개방적으로 제시하는 것이다. 해석은 자신의 행동이 지닐 수 있는 의미에 대해 예감을 인정하는 집단구성원들과의 협력적 작업을 통해 가장 잘 활용될 수 있다. 해석의 궁극적인 목적은 집단구성원들이 심리적으로 좀 더 깊이 자신을 이해하게 하는 것이다. 구체적으로는 집단구성원들이 어떤 문제를 일으킴에 있어 자신이 하는 역할과 자신이 문제를 지속시키는 방식, 그리고 삶의 상황을 증진시키기 위해 자신이 할 수 있는 것에 대해 더 깊은 자각을 갖게 한다.

아들러학파 집단의 후반기(방향 전환 단계)에 집단구성원들은 집단 참여로부터 배운 것에 근거해 행동을 취하도록 격려받는다. 집단은 변화의 촉진제 역할을 하는데, 이는 집단구성원들 간에 관계 증진이 있기 때문이다. 집단은 집단구성원들이 타인의 관점에서 자신을 보도록 함과 아울러 잘못된 자기 개념과 자신이 추구하는 잘못된 목표를 알아차리게 한다. 변화는 희망이 생길 때 촉진된다.

아들러학파 집단의 행동 단계에서 집단구성원들은 새로운 결정을 하고 기존의 목표는 수정된다. 집단구성원들은 스스로가 만든 자기 제한적인 가정들에 도전하기 위해 마치 자신이 되고 싶은 사람이 이미 된 것처럼 행동하도록 권유받는다. 아들러학파 치료자들은 이런 행동지향적인 기법을 어떤 상황에 대한 관점을 변화시키고 자신이 어떻게 다르게 될 수 있는지를 숙고하게 하는 방법으로 활용한다.

집단구성원들은 자신이 하는 비효과적이고 자기 파괴적인 행동, 예를 들면 회기에서 어떤 내적 반응을 경험하지만 그것을 말로 표현하지 않는 것과 같은 행동을 유발시키는 해묵은 패턴을 반복할 때 '잠시 멈추고 자신을 살펴보도록' 요구받을 수도 있다. 잠시 멈추고 자신을 살펴보기 기법에는 개인이 자신의 문제 행동이나 정서와 관련된 어떤 조짐을 분명히 하도록 돕는 것이 포함된다. 변화를 원한다면 스스로 과제를 설정하고 자신의 문제에 대해 구체적인 무엇인가를 할 필요가 있다. 새로운 통찰을 구체적인 행동으로 옮기는 결단이 필요하다.

아들러학파 단기 집단상담은 시간제한의 틀 속에서 다양한 기법을 사용한다. 단기 상담의 특징으로는 상담 초기에 치료적 동맹 맺기, 핵심 문제와 목표를 조정하기, 신속한 사정, 적극적이고 직접적인 개입, 집단구성원들의 강점과 자원에 초점 두기, 현재와 미래를 함께 강조하기가 있다. 아들러학파 치료자들은 이러한 기법을 각 집단구성원들의 독특한 삶의 상황에 맞게 유연하게 적용한다.

아들러학파 치료의 다문화적 적용　이 접근은 집단구성원들이 문화적 맥락에서 자신들의 걱정을 탐색하도록 돕기 위해 다양한 인지적, 행동지향적 기법을 사용한다. 타인을 돕는 것, 대인관계에 관심을 갖는 것, 삶의 의미를 추구하는 것, 소속감을 느끼는 것, 집단주의 정신을 갖는 것에 대한 아들러학파 치료자들의 관심은 집단 작업과 잘 맞는다. 이 접근은 성격 발달에서의 가족의 역할을 중시하고 사회적 연대감과 지역사회 내에서 의미 있는 관계를 맺는 것을 강조한다. 아들러학파 치료자들은 경쟁적이고 개인주의적인 가치보다 협동적이고 관계지향적인 가치에 초점을 두는 경향이 있다. 이들은 치료적 개입을 각 내담자의 독특한 삶의 상황에 맞게 유연하게 적용한다. 이 접근은 심리교육에 초점을 두며 현재지향적, 미래지향적이며 단기적, 시간제한적 접근이다. 이러한 특징은 아들러학파 집단상담이 다양한 종류의 내담자 문제를 다루기에 적합하도록 만든다.

　아들러학파 집단 작업에 대해 좀 더 배울 수 있는 매우 좋은 자료로는 『아들러학파 집단상담과 치료: 단계적 접근(Adlerian Group Counseling and Therapy: Step-by-Step)』(Sonstegard & Bitter, 2004)이 있다.

 # 체험적 및 관계지향적 접근

치료란 치료자와 내담자가 함께하는 여행으로 내담자에 의해 지각되고 경험된 세계로 깊이 들어가 보는 것으로 보인다. 이 여행은 치료적 상황에서 사람 대 사람의 만남의 질에 의해 영향을 받는다. 치료적 관계는 모든 치료적 접근들의 공통분모이지만 어떤 접근들은 다른 접근들보다 치료적 요인으로 관계의 역할을 더 강조한다. 실존주의 치료와 인간중심 치료는 사람 대 사람의 관계를 가장 우선시한다. 치료적 관계의 질을 강조하는 것은 집단상담을 기계적인 과정으로 만들 가능성을 낮춘다. 치료적 변화를 야기하는 것은 기법이 아니라 집단구성원들과의 관계의 질이다. 집단구성원들이 현존하며 진실한 연대를 이루고자 하는 지도자의 의도를 아는 것은 그 후에 이어지는 힘든 작업을 하기 위한 든든한 기초가 된다.

　관계지향적 접근(때로 체험적 접근으로 알려진)은 모두 치료적 관계의 질이 우선이고 기법은 이차적인 것이라는 전제에 기초한다. 이러한 관점을 가진 접근들에 속하는 것으로는 **실존주의 치료, 인간중심 치료, 게슈탈트 치료, 심리극**이 있다. 체험적, 관계지향적 접근을 사용하는 집단지도자들은 어떤 구체적인 기법에 얽매이지 않는다. 그들은 집단 구성원들이 그들의 삶을 살아가는 방식을 확장시키는 것을 돕고자 기법을 사용한다. 기법은 집단원들이 자신이 한 선택과 선택한 것을 실행할 잠재력을 자각하도록 돕는 도구이다.

　체험적 접근은 치료적 관계가 자각을 증진시키는 기법의 창조적 형성을 촉진한다 는 전제에 기초하는데, 자각은 사람들이 어떤 사고, 감정, 행동의 패턴을 변화시키게 한다.

　모든 체험적 접근에 공통된 몇 가지 핵심 기법은 아래 요소를 포함한다.

- 치료 장면에서 지도자–집단구성원 간의 만남의 질은 긍정적 변화의 촉매제다.
- 집단구성원 간의 진솔한 상호작용을 강화하는 분위기를 만드는 지도자의 능력을 강조한다.
- 나–당신 관계(진솔한 개인 간의 연대)는 집단구성원들이 위험을 감내하는 행동을 하는 데 꼭 필요한 안전감을 경험하게 한다.
- 자각은 지도자와 집단구성원 간의 진솔한 만남, 즉 진실한 관계의 맥락에서 일어 난다.
- 집단지도자의 주된 역할은 집단구성원들과 함께 현존하는 것이다. 함께 존재함을 증진하는 한 가지 방법은 지도자의 적절한 자기개방이다.
- 집단구성원들은 진솔한 행동을 모범적으로 보이는 집단지도자를 따라서 진솔하게 행동한다.
- 치료자의 태도와 가치관은 적어도 치료자의 지식, 이론, 기법만큼이나 중요하다.
- 집단구성원들에게 반응함에 있어 민감하고도 잘 조절된 반응을 보이지 않는 집단 지도자는 숙련된 촉진자라기보다는 기술자라고 볼 수 있다.
- 집단 작업은 기본적으로 집단구성원들에 의해 이루어진다. 지도자의 역할은 집단 구성원들로 하여금 새로운 존재 방식을 시도해보도록 분위기를 조성하는 것이다.
- 정서에 주의를 기울이는 것은 사고와 행동 변화를 유발하는 유용한 통로이다.

　관계지향적 치료의 틀을 지닌 상담자는 '옳은 기법'을 사용하는 것에 대해 훨씬 덜 불안해한다. 관계지향적 상담자가 기법을 고안해내는 이유는 내담자로 하여금 어떤 방 식으로 생각하고 느끼고 행동하도록 자극하기 위해서가 아니라 내담자가 어떤 체험을 하도록 하기 위해서다.

실존주의 치료

실존 치료의 핵심 개념 실존주의 관점은 우리는 자신의 선택에 의해 자신을 규정한다고 본다. 외적 요인이 선택의 범위를 제한하지만 우리는 궁극적으로 우리 삶의 주인공이다. 우리는 기본적으로 자각할 수 있는 능력을 지니고 있기에 자유롭다. 하지만 이러한 자유는 우리가 한 선택에 대한 책임과 함께 온다. 우리의 과제는 의미 있는 실존을 만들어내는 것이다. 실존적 집단 치료자들은 내담자들이 종종 '제한된 실존'을 산다고 주장한다. 즉, 삶의 상황을 다룸에 있어서 대안이 있음을 보지 못하고 어떤 틀에 갇혀 도움이 없다고 느끼는 경향이 있다는 것이다. 집단 참여 경험은 집단구성원들로 하여금 과거의 생활양식을 알아차리게 하고 자신의 미래를 변화시킬 책임을 받아들이도록 한다. 예를 들어, 만약 당신이 아동기에 당한 커다란 거절 경험으로 인해 고통받고 있다면 당신은 많은 집단구성원들이 당신을 수용하고 존경한다는 사실에도 불구하고 자신이 수용될 수 없을 것이라는 관념에 매달릴 수 있다.

실존주의 치료는 다음과 같은 여섯 가지 핵심 전제를 지닌다. (1) 우리는 자신을 자각하는 능력이 있다. (2) 우리는 기본적으로 자유로운 존재이기에 자유에 동반되는 책임을 받아들여야 한다. (3) 우리는 자신의 고유성과 정체성을 유지하기 위해 한 가지를 고려해야 한다. 즉, 우리는 타인을 알고 그들과 상호작용함으로써 우리 자신을 알게 된다는 것이다. (4) 존재와 삶의 의미는 결코 한 번의 경험에 의해 영원히 결정되는 것이 아니다. 오히려 우리는 미래에 대한 전망을 통해 자신을 재창조한다. (5) 불안은 피할 수 없는 인간 삶의 한 조건이다. (6) 죽음 또한 인간 삶의 기본 조건이며 언젠가 죽는다는 현실은 우리가 궁극적으로 혼자라는 느낌을 분명하게 해준다. 죽음이라는 실제는 우리가 자기실현을 위해 영원히 노력해야 할 필요가 없음을 깨닫게 한다. 죽음에 대한 자각은 삶에 의미를 제공해줄 수 있다.

실존주의 치료의 목표 실존주의 치료의 가장 주된 목표는 집단구성원들로 하여금 자신이 자기 삶의 주인이어야 한다는 자유를 인식하고 수용하도록 돕는 것이다. 집단지도자는 집단구성원들이 자유와 그에 동반되는 책임을 회피하는 방식들을 점검하도록 한다.

실존주의 집단은 집단구성원들이 실제로 살고 기능하는 세계의 축소판이다. 집단구성원들의 대인관계 및 실존적 문제는 시간이 지나면서 집단구성원들 간의 '지금 여기'에서의 상호작용을 통해 명백해진다고 가정한다. 이 집단의 핵심 목적은 집단구성원들이 실존적 근심을 나눔으로써 자신을 발견하도록 하는 것이다.

치료적 관계 실존적 접근이 일차적으로 강조하는 것은 치료 기법의 사용이 아니라 집단구성원들의 현재 경험을 이해하는 것이다. 치료적 관계는 그 무엇보다도 중요한데, 왜냐하면 나와 당신의 참 만남(집단 내의 대인관계)이 변화를 위한 환경을 제공하기 때문이다. 실존주의 집단 치료자들은 충분히 현존하면서 집단구성원들과 서로 보살피는 관계를 형성해가는 것에 가치를 둔다. 치료는 집단구성원들과 지도자가 협력적 관계를 통해 자기 발견의 여행에 동참하는 것이다.

기법 실존주의 치료는 치료를 세련된 기법으로 구성된 어떤 체계로 보는 경향성에 대한 반동으로 나타났는데, 우리를 인간이게 만드는 고유한 특성을 살펴보고 그 특성에 기초하여 치료를 실시하고자 한다. 실존주의 집단 치료자는 집단구성원들이 요구하는 것에 주의를 기울임은 물론 자신의 성격과 스타일에 맞게 치료적 개입을 자유롭게 변형한다. 실존주의 집단지도자는 사전에 정해진 절차에 묶이지 않고 다른 치료적 접근으로부터 기법을 빌려 사용할 수 있다. 하지만 치료적 개입은 인간이란 무엇을 의미하는지에 대한 철학적 틀에 근거한다.

실존주의 치료의 다문화적 적용 실존주의 접근은 인간 삶의 보편적인 주제에 근거하면서도 특정한 방식으로 현실을 바라보도록 강요하지 않기에 다문화적 맥락에서 아주 잘 작동될 수 있다. 관계, 의미 찾기, 불안, 고통, 죽음과 같은 주제는 문화의 경계를 넘어선 주제이다. 실존주의 집단 치료에 참여하는 집단구성원들은 자신의 현존재가 사회문화적 요인에 의해 어떻게 영향을 받고 있는지를 점검해보도록 권유받는다. 실존주의 접근은 다문화적 상황에 특별히 적절한데, 왜냐하면 특정 가치관이나 의미를 강요하지 않고 집단구성원들이 자신의 가치관과 삶의 의미를 점검하도록 하기 때문이다. 실존주의 집단 상담자들은 한 개인의 인생철학을 구성하는 다양한 요소를 존중한다. 이들은 각 내담자가 처한 특정 상황이 지닌 독특성을 존중하고 상담자 자신의 문화적 가치를 내담자에게 강요하지 않는다. 이러한 다른 세계관에 대한 이해와 함께 집단 상담자들은 집단구성원들과 의논하여 동의된 목표를 설정하는데, 이러한 동의된 목표는 변화를 위한 방향을 제공한다.

실존주의 접근을 집단 작업에 적용하는 것에 대해 더 배우고 싶은 경우, 우리는 『실존주의-인본주의 치료(Existential-Humanistic Therapy)』(Schneider & Krug, 2010), 『실존주의 심리치료(Existential Psychotherapy)』(Yalom, 1980), 『쇼펜하우어 치료하기: 소설(The Schopenhauer Cure: A Novel)』(Yalom, 2005a)을 추천한다.

인간중심 치료

인간중심 치료의 주요 개념　인간중심 치료는 인간은 자신의 문제를 이해하는 능력을 지니고 있고 또 그 문제를 해결하는 자원을 갖고 있다고 가정한다. 집단 촉진자는 인간 본성의 건설적인 측면과 집단구성원들에게 도움이 되는 것에 초점을 둔다. 집단구성원들은 집단 촉진자로부터 잘 정리된 구조와 방향성을 제공받지 않아도 변할 수 있다. 집단 촉진자는 이해와 진솔성, 지지, 수용, 보살핌, 긍정적 존중을 제공한다. 이 접근은 현 순간을 충분히 경험하고, 자신을 수용하는 것을 배우며, 변화하는 방법을 결정하는 것을 강조한다. 그리고 집단구성원의 적극적인 역할과 책임을 중요시한다. 이 접근은 긍정적이고 낙관적인 관점을 지니며 개인의 내적, 주관적 경험에 주목한다.

인간중심 치료의 목표　이 접근의 주된 목표는 치료 장면에서 안전함과 신뢰의 분위기를 제공하는 것인데 내담자는 이러한 치료적 관계를 통해 성장의 장애물을 자각할 수 있게 된다. 이 접근은 내담자-치료자 관계를 변화를 야기하는 필수적이고도 충분한 조건이라고 보기 때문에 지시적 기법, 해석, 질문하기, 탐색하기, 진단, 과거 경험에 대한 자료 수집을 중요하게 생각하지 않는다. 집단구성원들은 스스로 개인적으로 의미 있는 목표를 명료화할 수 있고 집단지도자로부터 적극적이고 직접적인 구조를 제공받지 못해도 자신의 길을 찾을 수 있다고 믿는다.

치료적 관계　이 접근은 치료자의 태도와 개인적 특성이 치료에서 핵심적인 역할을 한다고 강조한다. 따라서 이 접근은 치료의 과정을 기법 중심이 아니라 관계 중심으로 본다. 관계 형성에 결정적인 역할을 하는 촉진자의 특성에는 진솔성, 비소유적 따뜻함, 정확한 공감, 무조건적 수용과 존중, 보살핌의 태도와 이러한 태도를 내담자에게 전달하는 능력이 포함된다.

> **인간중심 치료는 '행동방식'보다는 '존재 방식'으로 가장 잘 설명된다.**

　　촉진자의 주된 기능은 수용적이고 치료적인 집단 분위기를 만드는 것이다. 인간중심 치료는 '행동방식'보다는 '존재 방식'으로 가장 잘 설명된다. 집단지도자는 '**촉진자**'라고 불리는데, 그 이유는 지도자의 역할을 집단구성원 간의 상호작용을 촉진하고 집단구성원들이 자기 자신을 표현하도록 돕는 것으로 보기 때문이다. 인간중심 집단 촉진자는 자신을 변화의 도구로 사용한다. 그들의 핵심 기능은 집단구성원들이 점차 진솔한 방식으로 상호작용하는 치료적 분위기를 조성하는 것이다.

　　인간중심 집단상담은 다음과 같은 태도와 기술이 촉진자에게 필수적이라고 강조한다. 적극적이고 민감하게 경청하기, 수용하기, 이해하기, 반영하기, 명료화하기, 요약하기, 개인적인 경험을 나누기, 반응하기, 타인과 만나 관계하기, 집단이 나아갈 방향을 지시하기보다 집단의 흐름과 함께 가기, 집단구성원의 자기 결정력을 인정하기이다. 인간중심 치료자들이 지닌 다른 관계적 특성과 태도에는 경험의 수용, 접촉과 관여, 치료적 동맹, 진솔한 대화, 내담자의 경험을 이해하기, 내담자의 관계 능력에 대한 믿음이 포함된다(Cain, 2010).

기법 인간중심 치료는 다양성, 발명성, 창의성, 개별화를 강조하면서 발전해왔다. 새로운 형태의 인간중심 접근의 집단 촉진자들은 자유롭게 치료적 관계에 참여하고, 자신들의 반응을 내담자들과 나누며, 내담자를 보살피면서도 직면시키고, 치료적 과정에 적극적으로 개입하는 행동을 더욱 증가시켜왔다(Cain, 2010; Kirschenbaum, 2009). 현대적인 형태의 이 접근 치료자들은 집단에서 일어나고 있는 것에 대한 치료자 자신의 '지금 여기' 반응을 드러내는 것을 보다 중시하고 있다. 그렇게 하는 것이 집단구성원들이 자신을 좀 더 깊은 수준에서 탐색하게 하는 동기를 부여한다고 보기 때문이다. 상담자에 관해 Carl Rogers가 지녔던 본래의 관점과는 다른 이러한 변화된 관점은 더욱 폭넓은 기법과 훨씬 다양한 치료적 스타일을 사용할 수 있게 했다. 치료자는 치료 기법의 목록을 확장시키는 것보다는 한 개인으로 성장, 발전할 필요가 있다. 하지만 효과적인 집단 촉진자는 치료자로서의 인격뿐 아니라 집단구성원들이 개인적인 목표를 달성할 수 있도록 돕는 데 필요한 지식과 기술을 지녀야 한다는 것을 기억하는 것이 중요하다.

집단 치료자는 자신의 개인적인 삶의 경험과 아이디어를 집단 작업에 통합시킴과 동시에 인간중심 접근을 자신의 개인적 신념과 치료 스타일에 맞게 만들어갈 필요가 있다. 통합적 치료를 추구하는 인간중심 치료자들은 인간중심 접근의 기본 철학에 충실하면서도 실존주의, 게슈탈트, 체험적 접근에서 도출된 개념과 방법을 통합해 사용할 수 있다.

Natalie Rogers(2011)는 표현 예술을 개인 탐색을 촉진하기 위한 도구로 통합시킴으로써 인간중심 접근을 다양하게 적용하는 데 중요한 기여를 해왔다. **인간중심 표현 예술 치료**는 성장, 치료, 자기 발견이라는 치료 목표를 위해 운동, 그리기, 색칠하기, 조각하기, 음악, 글쓰기, 즉흥 작곡과 같은 다양한 예술 방식을 활용한다. 이것은 마음, 몸, 정서, 영성적 자원을 통합시키는 다면적인 집단 접근이다. 언어로 자신을 표현하기 어려워하는 사람들은 자신이 사용할 수 있는 다양한 비언어적 표현방식을 통해 자신을 표현할 수 있다.

인간중심 치료의 다문화적 적용 인간중심 접근의 보편적, 핵심적 치료 조건에 대한 강조는 다양한 세계관을 이해할 수 있는 틀을 제공한다. 공감, 현재에 머무르기, 집단구성원의 가치관을 존중하는 것은 다문화 집단구성원들로 구성된 집단에게는 특별히 중요한 태도이자 기술이다. 이러한 태도는 특정 문화 집단에 한정되지 않고 문화라는 틀을 초월한다. 인간중심 상담자는 모든 종류의 다양성을 깊이 존중하고, 내담자의 주관적 세계를 수용적이며, 개방적인 태도로 이해하는 것을 중시한다. 이 접근의 한 가지 제한점이라고 한다면 어떤 내담자들은 현재 겪고 있는 문제에 대한 해결책을 찾기 위해 집단에 참여한다는 점과 관련된다. 어떤 문화적 배경을 가진 사람들은 집단지도자가 권위적인 전문가의 역할을 하면서 조언과 구체적인 행동 방향을 제시하는 지시적인 지도자이기를 기대할지도 모른다. 따라서 그들이 원하는 구조를 제공하지 않는 지도자와는 어려움을 경험할지도 모른다.

인간중심 접근에 대해 더 알고 싶은 경우, 『집단의 창조적 연대: 치료와 사회 변화를 위한 인간중심 표현 예술(The Creative Connection for Groups: Person-Centered Expressive Arts for Healing and Social Change)』(N. Rogers, 2011)과 『인간중심 심리치료 (Person-Centered Psychotherapies)』(Cain, 2010), 『인본주의 심리치료: 연구와 실제 안내서(Humanistic Psychotherapies: Handbook of Research and Practice)』(Cain, Keenan, & Rubin, 2016)를 추천한다.

게슈탈트 치료

게슈탈트 치료의 핵심 개념 게슈탈트 접근은 실존적, 현상학적 접근으로 사람과 사람의 행동은 현 환경과의 지속적인 관계의 맥락에서 이해해야 한다는 가정에 기초한다. 집단 치료자의 임무는 집단구성원들이 현실에 대한 자신의 지각을 탐색하도록 지지하는 것이다. 집단구성원들의 자기 탐색을 돕는 근본적인 방법은 내적(개인내적) 세계의 자각과 외적 세계와의 접촉이다. 변화는 '무엇이 일어나는가'에 대한 자각이 증가할 때 자연스럽게 일어난다. 자각의 증진은 분열되었거나 알려지지 않은 현실적인 요소를 통합으로 이끌 수 있다.

이 접근은 '지금 여기', 직접적인 체험, 자각, 과거의 미해결 문제를 현재로 가져오기, 해결되지 않은 문제를 다루는 데 초점을 맞춘다. 덧붙여, 에너지와 에너지의 저지, 접촉, 비언어적 신호에 주의 기울이기에도 초점을 둔다. 집단구성원들은 과거의 상황이 마치 현재에 일어나고 있는 것처럼 재경험함으로써 현재 기능을 방해하는 과거의 미해결된 문제를 명료화한다.

게슈탈트 치료의 목표 게슈탈트 치료의 우선적인 목표는 자각과 선택하는 힘을 증진시키는 것이다. 자각에는 환경과 자신을 이해하고 자신을 수용하며 접촉할 수 있는 것이 포함된다. 집단구성원들은 자신이 자각하는 과정에 주의를 기울임으로써 자신의 행동에 책임을 지고 현명하게 선택할 수 있게 된다.

치료적 관계 다른 체험적 접근들과 같이 이 접근이 초점을 두는 것은 치료자가 사용하는 기법이 아니라 한 개인으로서의 치료자 자신과 치료적 관계의 질이다. 강조되는 요소에는 치료자의 현존, 진솔한 대화, 온화함, 치료자의 직접적인 자기표현, 내담자의 경험에 대한 신뢰가 포함된다. 게슈탈트 집단 치료를 실시하는 방식에는 많은 다양한 스타일들이 있지만 모든 스타일의 공통 요소는 직접적인 경험과 실험 그리고 '무엇과 어떻게', '지금 여기'에 주목하는 것이다.

기법 게슈탈트 집단지도자는 기법보다는 실험에 더 많은 주의를 기울인다. 치료자는 안내자이자 촉매자로 기능하고, 실험을 제안하며, 관찰한 것을 집단구성원과 나누기도 한다. 하지만 치료 작업은 기본적으로 집단구성원에 의해 작동된다. 집단지도자는 집단구성원에게 변화를 강요하지 않는다. 오히려 창조적 실험을 통해 '지금 여기'에서 무엇이 일어나고 있는지를 탐색한다. 이러한 실험은 체험적 학습에 핵심적 요소이다. 게슈탈트 치료는 이러한 실험을 통해 집단구성원이 말하는 것에서 행동하고 체험하는 것으로 움직여나가게 한다. 예를 들어, 한 집단구성원이 친구와의 관계 문제에 대해 얘기한다고 가정해보자. 지도자는 그 집단구성원으로 하여금 그 친구를 상징적으로 집단 내로 불러와서 빈 의자에 앉히고 얘기하거나 다른 집단구성원을 그 친구인 양 생각하게 하고 그 집단구성원에게 직접 말하게 한다. 이 접근은 내담자와 상담자의 관계를 강조함과 더불어 독창적인 방식으로 자각 증진을 촉진하는 실험을 제안, 고안하고 실시한다.

비록 집단지도자가 실험을 제안하지만 실험은 집단구성원들이 모두 협력해 참여한다. 게슈탈트 실험은 다양한 형태를 띠는데, 예를 들면 한 집단구성원과 그의 삶에서 의미 있는 어떤 한 사람과의 대화를 실시하게 하거나, 역할 연기를 통해 어떤 핵심 인물이 되어보거나, 고통스런 사건을 재연하거나, 몸짓, 자세, 또는 다른 비언어적인 행동을 과장하거나, 또는 한 개인의 내면에 있는 두 가지 갈등 간의 대화를 실시한 것 등이다. 게슈탈트 치료를 효과적으로 실시함에 있어 중요한 것은 내담자가 실험에 참여할 준비가 되어 있는가라는 점이다.

어떤 집단구성원의 체험에 민감하게 접촉해 머무른다는 것은 그 집단구성원에게 주의를 기울인다는 의미이지 어떤 효과를 유발하기 위해 기법을 기계적으로 사용한다는 의미가 아니다. 자기 나름의 치료적 접근을 정말 잘 통합한 게슈탈트 치료자들은 자신이 지닌 치료적 기술을 각 개인에게 맞게 유연하게 적용할 줄 안다. 그들은 게슈탈트 이론과 실제에 대해 탄탄한 훈련을 받는데, 이러한 탄탄한 훈련이 집단구성원들의 작업을 심화시킬 수 있는 실험을 고안하게 한다. 그들은 집단구성원들이 가능한 한 현재에서 자신을 충분히 체험하도록 돕고자 노력한다.

게슈탈트 치료는 개인의 자각 내에 있는 모든 것들에 초점을 둔다는 점에서 정말 통합적인 접근이다. 게슈탈트의 관점에서 볼 때 느낌, 사고, 신체 감각, 행동은 모두 매 순간 내담자에게 중요한 것을 이해하게 하는 길잡이로 사용된다. 집단구성원의 자각 내에 있는 모든 것에 초점을 맞추는 것은 그 집단구성원의 세계를 이해하게 하는 이상적인 방법이다. 집단구성원의 세계를 탐색하는 시발점은 그 집단구성원의 언어적, 비언어적 단서에 주목하는 것이다.

게슈탈트 치료의 다문화적 적용　게슈탈트 실험을 다양한 내담자 집단에 창의적으로 적용하는 방법은 여러 가지다. 게슈탈트 실험은 한 개인이 자신의 문화를 지각하고 해석하는 독특한 방식에 맞춰 고안된다. 실험은 내담자와의 협력을 통해 내담자의 문화적 배경을 이해하고자 행해진다. 대부분의 집단 상담자들은 편견을 갖고 있지만 게슈탈트 지도자들은 선입견 없는 개방적인 태도로 각 내담자에게 접근한다. 그리고 각 내담자와의 대화를 통해 상담자 자신의 관점도 파악한다. 이러한 방식은 다양한 문화적 배경을 지닌 사람들과 작업할 때 특히 중요하다. 게슈탈트 지도자들은 내담자들의 문화적 배경의 어떤 측면이 어떻게 내담자들에게 중요하고 또 전경이 되는지 그리고 내담자들이 이러한 전경에 어떤 의미를 부여하는지에 관심이 있다.

게슈탈트 치료는 현상학적 태도에 근거하기에 치료자들은 자신의 가치관과 문화적 기준들을 내담자들에게 덜 강요할 것 같다. 게슈탈트 치료는 개입을 유연하고도 시기 적절하게 하면 문화적으로 다양한 집단에 창의적이고도 섬세하게 사용될 수 있다. 게슈탈트 실험이 갖는 이점 중의 하나는 각 집단구성원이 자신의 문화를 인식하고 해석하는 독특한 방식에 맞게 사용될 수 있다는 점이다. 게슈탈트 처치 절차가 소개되기 전에 꼭 점검해야 할 것은 집단구성원들의 준비도다. 게슈탈트 집단 치료자는 기법 사용에 초점을 두지 않고 한 사람을 이해하는 데 초점을 둔다. 실험은 집단구성원들과 협력하여 그들의 문화적 배경을 이해하고자 실시된다.

게슈탈트 집단상담에 대해 좀 더 많은 정보를 얻고자 할 경우, 우리는『뜨거운 의자의 재조명을 넘어: 게슈탈트 집단 접근(Beyond the Hot Seat Revisited: Gestalt Approaches to Groups)』(Feder & Frew, 2008)과『게슈탈트 집단 치료: 실습 안내(Gestalt Group Therapy: A Practical Guide)』(Feder, 2006)를 추천한다.

심리극

심리극의 핵심 개념　심리극은 근본적으로 행동지향적인 접근으로 내담자들은 다양한 연극적 도구들을 사용해 상황을 활성화시키는 역할 연기를 통해 문제를 탐색하고, 자신의 창의성을 발견하고, 행동 기술들을 발달시킨다. 상황은 과거에 발생하였거나 미래에 예상되는 것임에도 불구하고 마치 '지금 여기'서 일어나고 있는 것처럼 시연된다. 내담자들은 심리극을 통해 과거, 현재, 또는 예상되는 미래의 상황과 역할을 행동화하거나 극화함으로써 문제에 대한 이해를 더욱 깊이하고, 감정을 탐색하고 정서적 이완을 얻으며, 새로운 문제대처법을 개발하게 된다. 의미 있는 사건들을 활성화시키는 이유는 내담자들로 하여금 인식되거나 표현되지 않은 느낌들에 접촉하게 하고, 그러한 느낌과 태도를 충분히 표현할 수 있는 통로를 제공하며, 자신의 역할의 폭을 넓히도록 하기 위한 것이다.

　심리극의 주요 개념에는 집단구성원들이 현재의 순간에 머무르도록 격려하는 것이 포함되는데, 이것은 게슈탈트 치료와도 비슷하다. 집단구성원들은 때로 감정을 느끼지 않거나 피하기 위해 과거나 미래의 상황들에 '관해 이야기하려고' 한다. 하지만 그러한 어려운 상황들이 마치 현재 벌어지고 있는 것처럼 재현될 때 직접적인 만남이 의식 속에서 일어나는 것이다. 주인공(작업의 초점이 되는 집단구성원)이 어떤 문제를 슬그머니 얘기하는 쪽으로 나가려고 할 때, 즉 문제에 '관해 이야기하기' 시작할 때 심리극 지도자는 주인공에게 '그것에 관해 말하지 마시고 무엇이 일어났는지 마치 지금 일어나는 것처럼 내게 보여주세요.'라고 함으로써 주인공이 행동하게 한다. 문제를 '지금 여기'에 가져 옴으로써 추상적이고 지적인 토론에서 거리를 두게 되는 것이다. 과거의 한 장면을 재연하고 재체험하는 것은 집단구성원들에게 그 사건이 발생했을 때 그 사건이 자신에게 어떤 영향을 미쳤는지 살펴볼 기회를 제공함과 더불어 그 사건에 대해 지금 다르게 대응할 기회를 제공하는 것으로, 이것은 심리극의 핵심 요소이다. 과거의 사건을 '마치' 지금 일어나고 있는 '것처럼' 재현함으로써 집단구성원은 그 사건에 새로운 의미를 부여할 수 있다. 이러한 과정을 통해 집단구성원은 미해결된 문제를 다루게 되고 과거에 발생한 상황을 다시 볼 수 있게 된다.

심리극 치료의 목표　심리극은 개인과 집단 내에 그리고 궁극적으로는 문화 전체에 창의성을 강화하는 것을 목표로 한다. 심리극의 목표들 중의 하나는 억압된 감정을 내보내고, 통찰을 제공하며, 새롭고 좀 더 효과적인 행동을 발달시키도록 돕는 것이다. 심리극 집단에서는 정서를 표출하는 기회들이 많은데, 정화(catharsis)라고 불리는 이것은 치료의 체험적 측면이다. 정화는 심리극을 하는 과정에서 자연스럽게 나타나는 것이

만 그 자체가 목표는 아니다. 묻어둔 감정들을 단지 다시 드러내는 것으로는 치료적 효과를 유발하기 어렵고 여러 차례의 작업을 통해 감정들 간의 통합이 일어나야 한다. 감정의 뿌리를 자각하지 못하는 사람들에게 있어 정서의 방출은 통찰, 즉 문제 상황에 대해 자각을 증진시킨다. 심리극의 또 다른 목표는 집단구성원들이 현재에 살고 좀 더 자발적으로 행동하도록 격려하는 것이다. 즉, 갈등을 해결하고 좀 더 창의적인 삶을 살기 위해 탐색되지 않은 가능성의 문을 열어젖히는 것이 주된 목표이다.

치료적 관계　심리극의 저변에 자리하는 철학은 체험 치료, 인간중심 치료, 게슈탈트 치료의 여러 전제와 일치하는데, 이들 치료는 모두 집단구성원의 체험을 이해하고 존중하는 것을 강조하며 치료 요인으로 치료적 관계를 중시한다. 심리극의 기법을 사용하는 치료자들은 적극적이고 지시적인 역할을 맡기는 하지만 치료자가 인간중심적 태도를 지닐 때 기법도 가장 효과적이게 된다. 치료자들이 진솔하고, 집단구성원들과 연대감을 형성할 수 있으며, 심리적으로 현재에 머무를 수 있고, 공감을 전달하고, 집단구성원들에게 높은 수준의 존중과 긍정적 배려를 제공할 때 일련의 심리극 기법을 가장 효과적으로 실행할 수 있다.

기법　역할 연기와 같은 활동적인 기법은 많은 다른 유형의 집단에게도 유용하게 사용될 수 있다. 이들 기법은 이야기 식으로 자신에 관해 이야기할 때보다 자신의 갈등을 직접적으로 깊이 체험하게 한다. 이러한 직접적인 체험은 정서를 표면으로 드러나게 하는 경향이 있다. 한 집단구성원의 깊은 정서 작업은 종종 다른 집단구성원들의 정서 반응을 불러일으킨다. 집단구성원들이 행하는 작업은 한 회기에서 드러나는 공통된 주제와 관련될 수 있다. 심리극 참여자들은 자신의 신념과 이전에 내린 결정이 심리극을 통해 재경험되는 정서적 반응에 어떻게 영향을 미치는지를 숙고하도록 격려받는다. 심리극 기법은 사람들이 자신을 좀 더 충분히 표현하고, 심리내적 갈등과 대인관계 문제를 함께 탐색하며, 자신이 타인과 어떻게 상호작용하는지에 대한 건설적인 피드백을 얻고, 고립감을 줄이며, 자신의 삶에서 의미 있는 사람들과 상호작용하는 새로운 방식을 실험하게 한다.

　심리극은 느낌을 강렬하게 하고, 내재된 신념을 명료하게 하며, 자기 자각을 증진시키고, 새로운 행동을 연습하도록 고안된 많은 구체적인 기법을 사용한다. 심리극의 가장 강력한 도구들 중의 하나는 역할 바꾸기로, 이것은 집단구성원이 타인의 입장에 있어보게 하는 것이다. **역할 바꾸기**를 통해 사람들은 자신의 내적 참조 틀에서 벗어나고 남들에게 거의 보이지 않는 자신의 한 측면을 드러낼 수 있다. 덧붙여, 의미 있는 타자와 역할 바꾸기를 함으로써 그 사람은 관계에 대해 자신이 지닌 의미 있는 정서적, 인지적 통찰을 얻을 수 있다.

　다양한 유형의 집단에도 많이 적용할 수 있는 한 가지 기법은 미래 투사 기법으로, 이것은 집단구성원이 미래에 대해 갖고 있는 걱정을 표현하고 명료화하는 것을 돕도록 고안되었다. 이 미래 투사 기법에서는 어떤 예상되는 사건을 현재의 순간으로 가져와 시연한다. 걱정은 바람이나 희망일 수도, 내일에 대한 무서운 공포일 수도, 삶에 어떤 방향을 제공하는 목표일 수도 있다. 집단구성원들은 미래 시간을 설정해 선별된 사람들을 데려오고, 어떤 사건을 현재로 가져오며, 그 문제에 대한 새로운 관점을 갖게 된다. 집단구성원들은 어떤 상황이 자신이 바라는 이상적인 방식이나 가장 혐오스러운 결과로 나타나는 것을 시연해본다. 예상되는 사건들이 지금 여기에서 발생하는 것처럼 행동할 때 선택 가능한 다른 가능성에 대한 자각을 갖게 된다. 건설적이고 구체적인 피드백이 동반된 미래의 가능성에 대해 예비 시연을 해보는 것은 삶에서 의미 있는 사람들과 관계하는 좀 더 효과적인 방법을 개발하기를 원하는 집단구성원에게는 매우 가치 있는 작업일 수 있다.

　심리극 기법을 활용할 때 주의해야 할 것이 있다. 심리극이란 틀을 사용하는 능력 있는 치료자는 기술 개발에 상당한 시간을 투자하며 숙련된 치료자의 슈퍼비전이 동반되는 수련 프로그램을 이수한다. 심리극은 전문가적 판단력을 잘 갖추고 있고 다양한 치료적 접근으로부터 기법을 차용하는 것에 개방적인 치료자들에게 가장 잘 맞는다. 중요한 것은 치료자는 완전한 시연을 사용하지 않고도 심리극의 다양한 기법을 사용할 수 있음을 기억하는 것이다.

심리극의 다문화적 적용　집단구성원들이 개인적인 깊은 문제를 이야기하고 다른 사람들 앞에서 자신의 감정을 혼자 표현하는 것을 불편해한다면 일부 심리극 기법을 사용하기에 적절하지 않을 것 같다. 심리극의 기법은 인지행동적 원리를 사용하는 문제해결식 접근에도 적용될 수 있다. 다문화 집단구성원들과 구조화된 작업을 할 때는 교육적인 방법과 체험적인 방법을 혼합해 사용하는 것도 가능하다. 역할 연극 기법은 구조화된 상황에서 일련의 새로운 구체적인 행동을 시도하도록 할 때 생산적으로 적용될 수 있다. 심리극 기법과 여러 인지행동적 접근을 통합해 사용하는 것도 가능하다.

　심리극 처치법에 대해 쉽게 읽고 이해하게 하는 책들로 우리가 추천하는 것은 『시연하기: 심리극 기법의 실제적 적용(Acting-In: Practical Applications of Psychodramatic Methods)』(Blatner, 1996)과 『심리극의 기초: 역사, 이론, 실제(Foundations of Psychodrama: History, Theory, and Practice)』(Blatner, 2000)이다.

인지행동적 접근

주요 **인지행동적 접근**에는 행동 치료, 인지 치료, 합리적 정서 치료, 현실 치료가 포함된다. 인지행동적 접근은 다양하지만 다음과 같은 공통적인 특성을 지니고 있다.

1. 집단구성원과 치료자 간의 협력적 관계
2. 심리적 문제는 대부분 인지적 처리에서의 기능 장애라는 전제
3. 정서와 행동의 바람직한 변화를 유발하기 위해 인지의 변화에 초점
4. 현재 중심적 모델
5. 일반적으로 시간제한적이고 교육적인 처치로 구체적이고 구조화된 특정 문제에 초점
6. 개념과 기법의 경험적 검증에 근거한 모델

인지행동적 접근은 구조화된 심리교육적 모델에 기초하며 과제의 역할을 강조하고, 집단구성원의 책임과 집단 회기 안팎에서의 적극적인 역할을 가정하며, 변화를 유발하기 위해 다양한 인지적, 행동적 기법을 활용한다.

인지행동적 접근이 지닌 기본 가정은 대부분의 문제 행동, 인지, 정서는 학습된 것이기에 새로운 학습에 의해 수정될 수 있다는 것이다. 집단구성원들은 가르치고 배우는 과정에 참여하고 학습 방식에 대한 새로운 관점을 발달시키는 방법을 배운다. 그들은 좀 더 효과적인 행동과 인지, 정서를 시도하도록 격려받는다. 문제는 기술의 결여, 즉 적응적인 행동과 인지 전략을 배우지 않았기 때문에 발생하며 집단구성원들은 교육적인 경험에 참여함으로써 대처 기술을 획득할 수 있다. 한 가지 예로 공포를 직면하는 데 관심이 있는 대인관계 공포를 지닌 사람들에게 효과적인 대인관계 기술을 제공하는 것이다.

인지행동적 접근의 한 가지 강점은 집단구성원들이 성취하고픈 목표를 구체화하고 목표 달성에 필요한 기술을 개발하는 데 활용할 수 있는 다양한 기법을 갖추고 있다는 점이다. 인지행동적 접근이 지닌 이러한 구체성은 집단구성원들이 모호한 목표를 구체적인 행동 계획으로 변환시키고 이 행동 계획에 초점을 유지할 수 있게 한다.

인지행동 치료(Cognitive Behavioral Therapy: CBT)는 상황들이 다른 다양한 집단에 적용할 수 있다. 인지행동 집단 치료는 다양한 범위의 정서적, 행동적 문제를 처치하는 데 효과적이다. CBT 집단은 불안, 우울, 공포, 비만, 섭식장애, 이중 진단을 받는 문제, 분리성 장애와 같은 구체적인 문제에 유익하다는 연구 결과를 보여왔다. CBT를 다양한 내담자와 작업하는 데 효과적이게 만드는 요인에는 개인 맞춤형 처치를 제공하

고, 외부 환경의 역할에 대해 논의하며, 치료자의 적극적이고 지시적인 역할과 교육을 강조하고, 경험적 증거에 기초하며, 현재 행동에 초점을 두고, 치료 기간이 짧은 점이 포함된다.

행동 치료

행동 치료의 핵심 개념　행동 치료의 핵심은 치료의 시작부터 구체적인 치료 목표를 명료화한다는 점으로 이것은 집단구성원이 변화해가는 과정을 점검하고 평가하는 수단으로 사용된다. 치료는 기저 자료의 측정으로 시작되기 때문에 치료가 진전된 정도는 어떤 한 차원에서 집단구성원의 행동을 기저 자료와 비교함으로써 평가할 수 있다. 집단구성원들은 때때로 '당신을 돕기 위해 우리가 여기서 하고 있는 것이 당신이 원하는 변화를 만들고 있습니까?'라는 질문에 답하도록 요구받는다. 이러한 정보들을 통해 집단구성원들은 자신들의 개인적인 목표가 성취되고 있는 정도를 잘 알 수 있게 된다.

집단 작업에 적용되는 행동 치료는 개인에 대한 포괄적인 평가로부터 시작하는데 치료 목표를 설정하기 위한 사전 준비 단계로서 현재의 기능을 파악한다. 집단구성원과 분명하고 구체적인 행동 목표를 설정한 후에 치료자는 이러한 목표를 달성하는 데 가장 적절한 전략을 제안한다. 그리고 치료 절차나 기법이 얼마나 잘 작동하는지 알기 위해 평가를 실시한다. 특정 문제를 다룸에 있어 경험적으로 입증된 기법을 선정하는데, 왜냐하면 이 치료적 접근은 증거에 기반을 둔 치료를 실시하기 때문이다. **증거기반 치료**는 현재 폭넓게 받아들여지고 있는데, 치료자의 전문성, 가장 최근의 연구 결과, 내담자의 특성, 문화, 선호성에 대한 평가를 포함한다. 행동 치료에서도 치료적 관계는 매우 중요하며 치료적 결과에 결정적인 역할을 한다.

행동 치료의 목표　행동 치료의 전반적인 목표는 개인의 선택 능력을 증가시키고 학습을 위한 새로운 조건을 만드는 것이다. 부적응적인 행동을 제거함과 동시에 그러한 행동을 좀 더 건설적인 행동 방식으로 대체시키는 것이 목표이다. 내담자와 치료자는 협력을 통해 치료 목표를 구체적이고, 측정 가능하며, 객관적인 용어로 명시한다. 목표는 명확하고 구체적이며 이해될 수 있고 집단구성원들과 지도자 간에 동의되어야 한다. 치료자들과 집단구성원들은 치료 과정에서 필요하면 목표를 변경한다.

치료적 관계　좋은 치료적 관계는 집단 치료가 효과적이기 위한 필수 전제 조건이다. 숙련된 집단 상담자는 문제를 행동적인 용어로 개념화하고 일련의 구체적인 행동 기법을 사용해 변화를 유발시킴에 있어서 치료적 관계를 활용한다. 집단 상담자의 역할은 교육을 실시하고, 모범을 보이며, 수행에 대해 피드백을 제공함으로써 내담자에게 구체적인 기술을 가르치는 것이다. 지도자는 적극적이고 지시적이며 조언자이자 문제해결자로서 기능하는 경향이 있다. 집단구성원들은 치료의 처음부터 끝까지 치료 과정에 적극 참여해야 하며 치료 회기 안팎에서 치료적 활동을 실행하는 데 협력하도록 한다.

기법 치료의 시작부터 치료 계획을 설정하기 위한 사정이 이루어진다. 지도자는 모든 치료적 개입 전, 도중, 후의 지속적인 자료 수집을 통해 집단구성원들의 진전을 점검한다. 그러한 점검은 집단지도자와 집단구성원 모두에게 치료의 진전에 대한 지속적인 피드백을 제공한다. 행동적인 개입은 각 집단구성원들이 경험하는 구체적인 문제에 맞게 개별적으로 고안된다.

행동 변화를 촉발할 수 있는 기법이면 어떤 것이든 치료 계획에 포함된다. 이완법, 역할 연기, 행동 리허설, 코칭, 안내된 시연, 체계적 둔감화, 실제 둔감화, 홍수 기법, 문제해결, 과제 주기와 같은 기법이 이론적 배경과 관련 없이 집단 상담자에 의해 사용될 수 있다. 이들 기법 중 일부는 집단지도자와 집단구성원 모두가 활용할 수 있다. 예를 들어, 지도자와 집단원은 서로 타인을 존중하는 태도로 대하거나, 자신에게 익숙하고 편안한 영역에서 벗어나 위험을 감수하거나, 타인에게 공감을 표현하는 것과 같은 역할 모델이 될 수 있다. 역할 연기 상황에서 집단구성원과 지도자 모두 대안적이고 좀 더 생산적인 대화를 제안하는 코치의 기능을 할 수 있다. 지도자와 집단구성원 모두 타인에게 도움이 되는 피드백을 제공한다.

행동주의의 치료적 개입은 각 집단구성원이 경험하는 구체적인 문제에 따라 개별적으로 실시된다. 행동주의 집단 치료자는 특정 문제에 유용하다고 연구에 의해 지지된 전략을 사용한다. 이들 증거기반 전략은 행동 변화를 일반화하고 지속시키기 위해 사용된다. 연구에 기반을 둔 행동주의 개입 중 많은 기법은 다른 치료적 접근과 통합해 유용하게 사용될 수 있다.

행동주의 치료의 다문화적 적용 행동주의 접근은 각 문화에 알맞은 치료 절차가 개발될 때 다문화 내담자들을 위한 집단상담에 적절히 통합될 수 있다. 다문화 내담자들을 위한 프로그램을 고안함에 있어 유능한 치료자들은 문제 상황에 대한 기능 분석을 실시한다. 이러한 평가에는 문제 행동이 일어나는 문화적 맥락, 문제가 내담자와 내담자의 사회문화적 환경에 미치는 영향, 변화를 촉진할 수 있는 환경적 자원, 변화가 내담자 주변에 있는 사람들에게 미치는 영향 등이 포함된다. 이 접근은 집단구성원에게 치료 과정에 대해 가르치고 구체적인 행동 변화를 강조한다. 문제해결 기술을 발달시킴으로써 내담자는 자신의 문화적 틀에서 실제 문제를 다루는 구체적인 방법을 배운다. 행동주의 집단 치료자는 일반적으로 집단구성원이 집단 경험에 참여하도록 준비시키는 데 다소의 시간을 보낸다. 그들은 집단 과정에 대한 모호한 점을 없애고 집단 규범을 명확히 한다. 이 접근은 집단 경험이 가치 있는지에 대해 의구심을 품고 있지만 당면한 문제에 대처하는 실제적인 방법을 배우는 데 관심이 있는 내담자들에게 매력적일 것 같다.

행동주의 집단 치료에 대해 더 알고 싶은 경우, 『집단에서의 인지행동 치료(Cognitive-Behavioral Therapy in Groups)』(Bieling, McCabe, & Antony, 2006)를 추천한다. 이 책은 인지행동주의 집단을 구성하고 지도하는 방법에 대한 아이디어를 제공하고 집단에서 사용할 수 있는 다양한 인지행동 전략에 대해 기술한다.

인지 치료

인지 치료의 주요 개념 인지 치료(Cognitive Therapy:CT)에 따르면 심리적인 문제는 잘못된 사고, 부적절하거나 잘못된 정보에 기초한 잘못된 추론, 환상과 현실을 구별하지 못하는 것과 같은 일상에서 흔히 일어나는 심리적 과정에서 비롯된다. 인지 치료(CT)는 사람들을 잘못된, 자기파괴적인 사고를 쉽게 배우기도 하지만 그러한 사고를 배우지 않을 수도 있다고 가정한다. 사람들은 자신이 지닌 신념과 내적 자기 대화를 통해 문제를 영속시킨다. 이러한 잘못된 인지적 오류를 지적하고 교정함으로써 사람들은 좀 더 만족스러운 삶을 살 수 있다.

자동적 사고란 특정 자극에 의해 촉발되는 개인화된 관념으로 정서 반응을 유발한다. 예를 들어, 한 집단구성원인 브렌다의 '나는 다른 사람들이 집단에서 하는 얘기를 이해할 수 없기 때문에 나는 멍청하다.'라는 자동적 사고를 생각해보자. 브렌다의 부정적인 자동적 사고는 아주 자연스럽게 일어나는데, 이러한 자동적 사고가 발생할 때 그녀는 불안하고 당황스러움을 느낀다. 인지 집단 치료자는 브렌다와 같은 집단구성원이 자신의 자동적 사고를 명료화하도록 돕고 그러한 사고를 구조화된 방법으로 어떻게 평가하는지를 가르치는 데 관심이 있다. 인지 치료자들은 집단구성원들과 적극적이고 열성적으로 상호작용한다. 지도자는 모든 집단 과정 중에 집단구성원의 적극적인 참여와 협력을 지속적으로 유도한다.

인지행동적 접근에서 강조하는 것은 집단지도자는 집단구성원들이 삶의 문제들에 대처하는 기술을 배우도록 격려하는 교사로서 기능한다는 점이다. 즉, 구체적인 행동을 변화시키고 감정의 표현보다는 문제해결 기술의 개발을 강조한다. 인지 치료자는 집단구성원들이 일련의 평가 과정을 통해 부정확하고 역기능적인 인지를 명료화하는 방법을 가르친다. 집단지도자는 집단구성원들이 가설을 설정하고 자신의 인지적 가정을 평가하도록 돕는데, 이것은 **협력적 경험주의**로 알려져 있다. 집단지도자는 집단구성원들이 지닌 신념에 직접적으로 도전하는 일은 거의 없다. 그 대신 집단구성원들과 협력하여 그러한 신념을 입증할 만한 증거를 조사하고, 그러한 신념의 타당성을 점검하며, 좀 더 적응적인 사고방식을 탐색한다. 따라서 어떤 집단구성원은 '사람들이 나를 정말 잘 알게 되면 나를 거부할 것이다.'라고 생각할지 모른다. 이러한 가정의 타당성에 대해 집단 과정을 통해 의문을 제기되고 탐색해야 한다. 이 집단구성원은 피드백을 통해 몇 명의 집단구성원들은 자신에게 매력을 느끼고 자신을 좋아한다는 것을 알게 될 수 있다. 이러한 피드백은 그 집단구성원으로 하여금 자신의 가정이 어떤 도움이 되는지 평가하도록 도울 수 있다.

협동적 노력을 통해 집단구성원들은 자신의 생각과 실제로 벌어지는 사건 간의 격차를 구별하는 것을 배운다. 집단구성원들은 인지가 감정과 행동, 심지어는 환경에서 발생하는 사건, 특히 자신이 습득한 왜곡된 지각에 미치는 영향에 대해 배운다.

인지적 재구조화는 인지 치료에서 핵심적인 역할을 한다. 집단구성원들은 때로 어떤 상황의 가장 부정적인 측면을 곱씹음으로써 파국적인 사고를 한다. 지도자는 집단원들에게 '발생할 수 있는 최악의 상황은 무엇이라고 생각합니까?', '만약 그러한 상황이 벌어진다면 무엇이 그 상황을 그렇게 부정적으로 만듭니까?'와 같은 질문을 함으로써 때로 어떤 상황이 초래할 수 있는 최악의 결과에 얽매어 있는 경우를 파악해내도록 한다. 집단구성원들은 내면의 자기 대화에 귀기울이고, 새로운 내적 대화를 배우며, 행동 변화에 필요한 대처 기술을 배움으로써 변화를 시도할 수 있다. 집단 상황에서 집단원들은 자신의 사고와 가정, 특히 부정적인 자동적 사고를 인식하고 관찰하고 점검하도록 배운다. 집단구성원이 정확하지 않은 신념을 한 번 발견해내게 되면 집단이나 일상생활 모두에서 다른 종류의 신념과 행동도 발견해내도록 격려받는다.

인지 치료의 목표　인지행동 치료의 목표는 내담자의 자동적 사고를 명료화함으로써 내담자의 사고방식을 변화시킴과 함께 인지적 재구조화라는 것에 대해 소개하는 것이다. 신념과 사고 과정의 변화는 느끼고 행동하는 방식의 변화를 유발하는 경향이 있다. 집단구성원들은 이면의 잘못된 신념을 명료화하고, 그 신념을 비판적으로 평가해 건설적인 신념으로 대체하는 방법을 배운다.

치료적 관계　지도자는 집단구성원들과 관계를 형성함에 있어 공감과 민감성을 기법 사용에 대한 자신감과 통합시킨다. 치료적 동맹은 인지 집단 치료의 필수적인 첫 단계로, 특히 관계 형성에 어려움이 있는 집단구성원들을 상담할 때 중요하다. 지도자는 사례에 대해 인지적으로 개념화하고, 독창적이고 적극적이 되며, 소크라테스식 질문 과정을 통해 내담자와 만나고, 인지행동 전략의 사용 방법에 능숙해야 한다. 인지 치료자는 늘 적극적이면서도 신중하게 집단구성원과 상호작용하며 집단원이 검증 가능한 가설의 형태로 자신이 내린 결론을 점검하도록 조력한다.

기법　인지 치료는 현재 중심이며 심리교육적이고 시간제한적이라는 특징이 있다. 집단 인지 치료는 **소크라테스식 대화**를 강조하며 집단구성원들이 자신에 대해 지닌 잘못된 인식을 발견하도록 돕는다. 집단구성원들은 자신의 비현실적인 부정적 사고가 어떻게 자신에게 영향을 미치는지에 대해 통찰을 얻은 후에 현실과 상반된 부정확한 사고를 지지하는 증거와 반대하는 증거를 조사하고 점검함으로써 그러한 부정확한 사고를 평가하도록 훈련받는다. 그러한 과정에서 다음과 같은 다양한 방법을 적극 활용함으로써 자신의 신념을 경험적으로 평가하게 된다. 예를 들면 치료자의 안내를 통한 발견 과정, 즉 소크라테스식 대화에 참여하고, 자신이 지닌 신념의 근거를 비판적으로 평가하며, 과제를 수행하고, 자신이 설정한 가정을 지지하는 자료를 수집해보고, 행동을 기록하고, 대안적인 해석을 하는 것 등이다. 지도자는 이러한 **안내된 발견**(guided discovery)의 과정을 통해 집단구성원들이 자신의 생각과 느낌, 행동의 연결고리를 이해하도록 돕는 촉매자이자 안내자의 역할을 한다. 집단구성원들은 질문하기를 통해 새로운 정보의 획득과 함께 다르게 생각하고 행동하고 느끼는 방법을 배운다. 소크라테스식 질문하기와 안내된 발견이라는 인지 전략은 인지 치료에서 핵심이기에 인지 치료 집단에서 자주 사용된다.

지도자는 집단구성원들이 어떻게 자기 자신의 치료자가 될지를 가르친다. 이러한 가르침에는 집단구성원들에게 자신이 지닌 문제의 성격과 형성 과정, 인지 치료의 작동방식, 사고가 정서와 행동에 미치는 과정을 교육하는 것이 포함된다. 인지 치료자들은 교사로서의 기능을 하며 집단원들은 삶에서 겪는 문제들에 대처하는 유용하고 다양한 기법을 배운다. 이러한 교육에 대한 강조는 변화를 촉발시키는 실제적이고 효과적인 방법을 배우고자 하는 내담자들에게는 매력적인 요소이다. 집에서 과제하기 활동은 인지 치료에서 종종 사용되는 것으로 내담자가 지닌 구체적인 문제에 맞춰 주어지며 협력적인 치료 관계에 기초하여 실시된다. 과제는 보통 실험의 형태로 제시되는데, 집단구성원들은 집단 회기에서 언급된 문제에 대해 지속적인 작업을 하는 한 가지 방법으로 자신에게 도움이 되는 과제를 스스로 만들어보도록 격려받는다. 교육 과정에는 내담자의 현재 문제와 **문제 재발 방지**에 대한 정보를 제공하는 것이 포함되는데, 재발 방지책에는 내담자가 상담 장면에서 배운 것을 일상생활에 적용할 때 어쩔 수 없이 겪게 되는 차질을 다루는 절차도 포함된다.

인지 치료의 다문화적 적용　인지 치료는 문화적으로 민감한 경향이 있는데, 왜냐하면 개인의 신념 체계, 즉 세계관을 자기 변화의 수단으로 사용하기 때문이다. 치료자가 주의를 기울이는 것은 내담자의 신념들이 얼마나 적응적인지에 달려있다. 인지 치료자는 자신의 신념을 집단구성원들에게 강요하지 않으며 집단구성원들이 자신들의 어떤 신념이 정서적 안녕감을 증진시키는지를 평가하도록 돕는다. 인지 치료가 강조하는 협력의 정신은 집단구성원들에게 어떤 치료적 구조를 제공해준다. 그러함에 있어 상담자는 내담자가 치료적 과정에 적극 참여하도록 요구한다.

　인지 치료에 대해 더 배우고 싶을 경우 참고할 수 있는 유용한 자료로는『인지행동 치료: 기초를 넘어서(Cognitive Behavior Therapy: Beyond the Basics)』(Beck, 2011)와『어려운 문제들을 위한 인지 치료: 기본적인 개입이 효과적이지 않을 때 할 것(Cognitive Therapy for Challenging Problems: What to Do When the Basics Don't Work)』(Beck, 2005)이 있다.

합리적 정서행동 치료

합리적 정서행동 치료의 주요 개념　합리적 정서행동 치료(Rational Emotive Behavior Therapy: REBT)의 시각에서 보면 우리가 겪는 문제들은 어떤 상황이나 타인 또는 과거의 사건들에 의해 유발되기보다 삶의 상황에 대한 우리의 지각과 사고에 기인한다. 따라서 정서행동 장애로 이끄는 자기 파괴적인 사고를 인식하고 변화시키는 것은 우리 자신의 책임이다. 합리적 정서행동 치료에 따르면 사람들은 외적 원인에 의해 역기능적 신념을 형성하며 이들 잘못된 사고가 자신을 계속 지배하도록 한다. 비합리적 사고를 극복하기 위해 치료자는 가르치기, 제안하기, 과제 주기가 포함되는 적극적이고 지시적인 치료적 절차를 사용한다. REBT 집단은 교육을 강조하는데, 집단지도자는 교사의 역할을 하고 집단구성원들은 학습자의 역할을 한다. 합리적 정서행동 치료는 교수적이고 지시적이기는 하지만 목표는 사람들이 스스로 생각하고 느끼고 행동하게 한다. 합리적 정서행동 치료 집단에서 집단구성원들을 장기적이고 실질적인 변화를 유도하기 위해서 필요한 것을 하도록 계속해서 격려받는다.

　REBT 집단 치료자는 집단구성원들이 집단에서 배운 것을 일상에서 실천하는 데 헌신하도록 격려함에 있어 마치 무대 감독과 같은 역할을 한다. 치료자들은 집단에서 진행되는 것도 중요시하지만 치료 회기 동안 및 치료 종결 이후의 충실한 작업이 훨씬 더 중요하다고 본다.

합리적 정서행동 치료의 목표　REBT의 목표는 삶에 대한 자기 패배적 관점을 제거하고, 건강하지 않은 정서 반응을 줄이며, 좀 더 합리적이고 인내하는 삶의 철학을 획득하게 하는 것이다. 합리적 정서행동 치료는 집단구성원들에게 겉으로 드러나지 않는 이면의 잘못된 신념들을 분명히 하고, 이들 신념을 비판적으로 평가하며, 이들을 건설적인 신념으로 대체하는 실제적인 방법을 제안한다. 집단구성원들은 요구를 선호로 대체하는 방법을 배운다.

치료적 관계 REBT 치료자는 집단구성원들을 무조건적으로 수용함과 동시에 집단구성원들이 타인과 자신을 무조건적으로 수용하도록 가르치는 데 주력한다. 집단지도자는 집단구성원을 비난하거나 비방하지 않으며 그들이 자신을 평가하고 비난하는 것을 피하도록 가르친다. REBT 치료자는 내담자를 다양한 인지, 정서, 행동 기법을 통해 도움을 받아야 할 불완전한 존재로 본다.

기법 REBT 치료는 대부분의 집단구성원들에게 다양한 인지, 정서, 행동 기법을 활용한다. 이 접근은 집단구성원의 사고, 감정, 행동 패턴을 변화시키기 위해 기법을 혼합해 사용하는데, 기법은 내담자들이 자신의 현 신념과 행동을 비판적으로 점검하도록 유도하기 위해 구안된다. REBT 치료는 구체적인 상황에서 작동되는 자기 패배적 사고를 변화시키기 위해 특정 기법에 주목한다. 합리적 정서행동 치료는 신념의 변화와 함께 내담자들이 자신의 신념이 어떻게 자신의 느낌과 행동에 영향을 미치는지 보도록 돕는다.

REBT에서 사용되는 한 가지 인지 기법은 집단구성원들에게 대처 자기 진술(coping self-statements)을 가르치는 것이다. 집단구성원들은 잘못된 신념들이 어떻게 합리적이고 대처적인 자기 진술로 반박될 수 있는지를 배운다. 그들은 자신들이 사용하는 용어들을 적고 분석해봄으로써 자신의 말하는 방식을 점검하게 된다. 예를 들어, 한 여성 집단구성원이 자신에게 '나는 잘해야 해. 완벽해야 해. 내가 완벽할 때만 사람들이 인정해줘. 내가 가치 있는 사람이라고 느끼기 위해선 타인의 인정이 정말 필요해.'라는 요구적인 내적 · 외적 대화를 자각하게 됨으로써 그녀는 자신에게 하는 말이 어떻게 실패를 불러일으키는지 배울 수 있다. 그녀는 이런 자기 패배적인 말을 '나는 내가 완벽하지 않을 때에도 여전히 나를 받아들일 수 있어.'라는 대처 진술로 대체할 수 있다.

REBT 집단에서는 **잘못된 사고**는 반박된다. 예를 들어, 제프리가 '나는 아버지와 같은 실패자야. 내 자식들도 내가 한 실수를 절대 용서하지 않을 것이 분명해.'라고 말할 때, 제프리는 각 집단구성원들에게 다가서 자신이 자기 자식들을 실패시킨 것들을 하나씩을 열거하도록 요구받는다. 지도자는 제프리에게 어떻게 해서 자신이 실패자이며 자신의 실수를 인정하는 결론에 도달하게 되었는지를 집단구성원 몇 사람에게 말하도록 요구한다. 그런 후에 제프리는 실수를 했기 때문에 완전 실패자라고 믿는 결론을 비판적으로 평가할 수 있다. 제프리의 과거사를 알지 못하고선 그가 자식들을 실패시켰고 자식들은 그를 결코 용서하지 않을 것이라고 스스로 내린 결론의 정확성을 평가하기가 어렵다. 자식들을 실패시켰다고 믿는 것과 관련해 좀 더 자세한 내용을 탐색하는 것은 그가 자신의 불완전함에도 불구하고 자신을 조금 더 수용하는 방향으로 나아가도록 도울 수 있다.

합리적 정서행동 치료의 다문화적 적용   REBT를 다양한 내담자들과 효과적으로 작업할 수 있게 하는 몇 가지 요인에는 각 내담자에게 알맞은 처치를 제공하고, 현재 행동에 초점을 두며, 치료가 간단하다는 것이 포함된다. REBT 집단 치료자는 교사로서의 역할을 하는데, 집단원들이 삶의 문제에 대처함에 있어서 다양한 기술을 획득하게 한다. 이러한 교육에 대한 강조는 변화를 야기하는 실제적이면서도 효과적인 기법을 배우는 데 관심이 있는 집단구성원들에게는 매력적인 요소이다. REBT는 개인을 가족, 지역사회 및 다른 사회 체계와 연계시키는 것을 강조한다. 이 접근의 이러한 방향성은 다양성을 존중하고 한 개인과 지역사회 집단구성원 간의 상호의존성을 중시하는 것과 일치한다.

다른 맥락과 내담자 모집단에 REBT 집단을 사용하는 것에 대한 포괄적인 논의는 『합리적 정서중심 치료(Rational Emotive Behaviour Therapy)』(Ellis & Ellis, 2011)를 보기 바란다.

선택 이론/현실 치료

선택 이론/현실 치료의 주요 개념   선택 이론은 인간은 내적 동기를 지니고 있으며 내적 목표에 따라 자신의 주변 세계를 통제하고자 행동한다는 가정에 기초한다. 선택 이론은 현실 치료의 이면에 자리하고 있는 철학으로, 인간의 행동이 발생하는 이유와 과정을 설명하는 틀을 제공한다. 현실 치료가 기초로 하는 가정은 인간은 (1) 현재 행동이 자신이 원하는 곳으로 이끌어주지 못할 때, 그리고 (2) 자신이 원하는 곳으로 가까이 가게 하는 다른 행동을 선택할 수 있다고 믿을 때 변화하고자 하는 동기를 갖게 된다는 것이다.

현실 치료 집단지도자는 집단구성원들이 자신의 행동과 생각이 삶에서 자신이 원하는 것을 얻게 하는지를 알기 위해 자신의 현 행동을 평가하기를 기대한다. 집단구성원들은 자신이 지각하는 것을 탐색하고, 자신의 바람을 다른 집단구성원들과 나누며, 집단상담에 헌신하도록 격려받는다. 내담자들은 느끼는 것보다는 행동하고 생각하는 것을 더 직접적으로 통제할 수 있기에 행동이 집단 작업의 초점이 된다. 집단구성원들은 자신의 행동이 자신을 이끄는 방향을 탐색하고 자신의 행동을 평가한다. 그런 후에는 자신이 원하는 변화를 촉발시키기 위한 행동 계획을 세운다. 현실 치료와 선택 이론의 주요 개념은 환경이 아무리 힘들더라고 우리는 늘 선택할 수 있다는 것이다. 현실 치료는 개인의 책임과 현재를 강조한다.

현실 치료의 목표 이 접근의 전반적인 목표는 사람들로 하여금 생존, 사랑과 소속감, 권력, 자유, 즐거움의 욕구를 충족시키는 더 나은 방법을 발견하도록 돕는 것이다. 행동의 변화는 기본 욕구의 충족이라는 결과를 낳게 하는 경향이 있다. 집단 작업의 많은 부분은 집단구성원들로 하여금 자기 자신의 욕구를 얼마나 만족시키는지 탐색하게 하고 자신과 타인의 욕구를 만족시키는 더 좋은 방법을 정하도록 하는 것을 중심으로 한다.

치료적 관계 집단구성원들은 지도자가 자신들을 충분히 보살피고, 수용하며, 실생활에서 자신이 자신의 욕구를 충족시키도록 돕는다는 것을 알 필요가 있다. 지도자는 집단 전 과정에 걸쳐 집단구성원들에 '관심과 관여'를 보여준다. 일단 치료적 관계가 형성되면 지도자는 집단구성원들이 현실과 자신의 행동이 야기한 결과를 살펴보도록 도전하게 한다. 지도자는 비난하지 않고, 집단구성원들이 함께 동의한 계획들을 충실히 실행하지 않는 것에 대해 변명하는 것을 받아들이지 않으며, 집단구성원들을 쉽게 포기하지 않는다. 지도자는 집단원들이 자신들의 현재 행동의 효과성과 적절성을 지속적으로 평가할 수 있도록 조력한다.

> 현실 치료는
> 적극적이고, 지시적이며,
> 교육적이다.

기법 현실 치료 집단은 두 가지 구성 요소로 이루어진 상담으로 개념화될 수 있는데, 두 가지 요소는 (1) 상담 환경과 (2) 행동의 변화로 이끄는 구체적인 처치 절차이다. 현실 치료는 적극적이고, 지시적이며, 교육적이다. 집단지도자는 스스로가 결정했지만 효과적이지 않은 행동을 변화시키는 계획을 세우도록 조력한다. 집단원들이 자기평가를 하도록 돕기 위해 숙련된 질문과 다양한 기법이 사용된다.

현실 치료를 실시함에 있어 사용되는 구체적인 절차들 중 일부는 Robert Wubbolding(2011)에 의해 개발되었다. 이들 절차는 WDEP 모델로 요약할 수 있는데, 다음과 같은 전략을 의미한다.

- 바람(Wants): 바람, 욕구, 지각 탐색하기
- 방향(Direction)과 행동(Doing): 내담자들이 행동하는 것과 이러한 행동이 이끄는 방향에 초점 맞추기
- 평가(Evaluation): 내담자들이 자신의 행동 전체를 평가하도록 자극하기
- 계획하기(Planning)와 헌신(commitment): 내담자들이 현실적인 계획을 세우고 그 계획을 실행하는 데 헌신할 수 있도록 조력하기

집단에서 집단구성원들은 자신들이 원하는 것, 갖고 있는 것, 갖지 않을 것을 탐색한다. 현실 치료 집단의 핵심은 집단원들이 자신들의 현 행동에 대해 자기평가를 하도록 조력하는 것이다. 이러한 자기평가는 집단원들이 좌절감을 줄일 수 있도록 구체적인 변화를 계획하게 한다. '당신은 어떤 사람이 되기를 소망합니까?', '만약 당신이 소망하는 대로 산다면 무엇을 하고 있을 것 같습니까?', '이러한 선택이 단기적, 장기적 관점에서도 가장 이로울 것 같습니까? 그리고 그러한 선택은 당신의 가치관과도 일치합니까?'와 같은 유용한 질문을 하는 것은 집단원이 자신이 원하는 것을 명확히 하도록 하는 데 도움이 될 수 있다. 이러한 질문을 하는 목적은 내담자들이 외적 통제감을 내적 통제감으로 변화시키도록 돕기 위한 것이다. 이런 질문은 현실 치료에서 사용되는 다른 치료적 절차를 적용하기 위한 사전 작업이다.

행동 계획을 세우는 것은 현실 집단 치료의 핵심 요소이다. 계획을 실행하는 것은 사람들이 자신의 삶에 대해 효과적인 통제력을 획득하게 한다. 치료는 최대한 집단구성원들에게 새로운 정보를 제공하고 집단구성원들로 하여금 자신들이 원하는 것을 얻을 수 있는 좀 더 효과적인 방법을 발견하도록 돕는 방향으로 나아간다. 치료 시간의 상당한 부분은 계획을 세우고 이러한 계획이 어떻게 작동하는지를 확인하고 점검하는 것에 주어진다. 집단이라는 맥락에서 볼 때, 집단구성원은 다른 집단구성원들 및 지도자와의 접촉을 통해 현실적이고도 책임 있게 계획하는 방법을 배운다. 집단구성원은 새로운 행동을 실험하고, 목표 달성을 위한 다른 방법을 시도하며, 구체적 행동 프로그램을 실행하도록 격려받는다. 처음에는 신중을 기하면서도 무엇을, 언제, 얼마나 자주 해야 할지를 구체적으로 하는 것이 효과적이다. 간단히 말하면, 계획은 집단구성원이 자신의 말과 의도한 바를 행동으로 옮기도록 격려하기 위한 것이다.

현실 치료의 다문화적 적용 현실 치료는 인간의 기본 욕구(생존, 소속, 권력, 자유, 즐거움)는 보편적 현상이지만 이들 욕구들이 표현되는 방식은 문화적 환경에 따라 크게 다르다고 가정한다. 다양한 문화적 배경을 지닌 내담자들과 작업할 때, 집단지도자는 내담자들의 욕구를 만족시킬 수 있는 행동들이 다양하다는 것을 인정하는 것이 중요하

다. 현실 치료자는 내담자가 자신의 현 행동이 자신과 남들에게 얼마나 만족스러운지를 탐색하도록 도와줌으로써 치료자가 내담자의 문화적 가치관을 존중한다는 것을 보여준다. 집단구성원은 자기평가를 한 후에 자신에게 도움이 되지 않는 생활 방식들을 확인한다. 그러고 나면 집단구성원은 자신의 문화적 가치관과 일치되는 구체적이고 현실적인 계획을 세울 수 있게 된다.

현실 치료에 대해 좀 더 알고 싶으면, 『현실 치료: 일련의 심리치료 이론들(Reality Therapy: Theories of Psychotherapy Series)』(Wubbolding, 2011)을 추천한다.

 ## 포스트모더니즘적 접근

포스트모더니즘적 접근(해결중심 단기 치료, 이야기 치료, 동기강화 면담, 여성주의 치료)은 전통적인 치료가 지닌 가정 중의 많은 것에 대해 도전한다. 포스트모더니즘은 세상에 유일한 진리는 없다는 전제에 기초한다. 포스트모더니즘의 관점은 다중성에 대한 수용과 개인은 자신이라는 실체를 만들어간다는 관념을 특징으로 한다. 이 접근의 기본 전제는 사람들은 자원을 갖고 있고, 능력이 있으며, 건강하고, 탄력적이고, 자신의 삶의 방향을 변화시킬 수 있는 해결책을 발견할 능력을 갖고 있다는 것이다. 즉, 개인은 자신의 삶의 전문가라는 것이다. 포스트모더니즘적 접근은 공통적으로 우리는 우리 자신과 세계를 이해하는 이야기를 만든다는 기본 가정을 지니고 있다.

해결중심 단기 치료와 이야기 치료는 모두 치료자를 측정과 처치 전문가로 보는 전통적인 관점과는 다른 관점에서 치료자의 역할을 본다. 해결중심 치료자와 이야기 치료자는 '모른다(not-knowing)'는 입장을 견지하는데 집단구성원들이 자기 삶의 진정한 전문가라고 믿는다. 내담자들은 인간 경험의 긍정적인 측면을 강조함으로써 문제를 해결하는 데 적극적으로 관여하게 된다. 포스트모더니즘적 관점을 지닌 치료자들은 변화가 일어나게 하는 것을 목적으로 하는 대신, 이해와 수용의 분위기를 형성시켜 개인이 자신이 지닌 건설적인 변화를 만드는 자원을 활용할 수 있게 한다.

동기강화 면담(motivational interviewing)은 1980년대 초에 William R. Miller와 Stephen Rollnick에 의해 개발된 인본주의적이고 내담자 중심적이며 심리사회적이면서도 다소 지시적인 상담 접근이다. 동기강화 접근은 처음에는 음주 문제에 대한 단기적 개입을 위해 고안되었지만 다양한 영역의 문제에 폭넓게 효과적으로 적용되어왔다. 이 접근의 치료자는 문제 행동에 대한 대안적 해결책을 찾기 위해 내담자의 자기 책임을 강조하고 내담자와의 협력적 작업을 촉진한다.

여성주의 치료 집단은 처음부터 구타당하는 여성들을 위한 피난처, 강간위기 센터, 여성의 건강과 생식 건강 센터의 설립을 위해 적극적으로 활동하였다. 지역공동체를 설립하고 진실한 상호 공감적인 관계를 제공하며 사회 변화를 강조하는 것은 모두 여성주의 집단 치료의 주목할 만한 장점이다. 여성주의 이론은 남성과 여성 모두의 소외된 목소리를 중시하는 대부분의 이론보다 더 넓은 관점을 지닌다. 여성주의 원리에 의해 움직이는 집단에 참여하는 집단구성원들은 단순한 문제해결 전략 이상의 것을 기대할 수 있다. 그들은 자신을 둘러싼 세상을 바라보는 관점의 일대 전환과 자기 자신을 지각하는 방식의 변화와 함께 새로운 형태의 대인관계를 맞을 준비를 할 필요가 있다.

해결중심 단기 치료

해결중심 단기 치료의 주요 개념   해결중심 단기 치료(SFBT) 집단의 주요 개념에는 문제에 관해 이야기하는 것뿐만 아니라 해결에 관해 이야기하고 해결책을 만들어내는 것으로 나아가는 것까지 포함된다. 집단원들은 효과적인 것에 주의를 기울이고 효과가 있는 것을 더 많이 한다. 변화는 지속적이고 피할 수 없다고 보며 작은 변화가 큰 변화를 위한 길을 닦는다고 본다. 병리에 주의를 기울이거나 사람들에게 진단적 명칭을 거의 붙이지 않는다. 모든 문제에는 예외가 있는데, 이들 예외에 대해 이야기함으로써 단기간에 큰 문제처럼 보이는 것을 정복할 수 있다.

해결중심 단기 치료의 목표   해결중심 모델에서는 치료 목표와 선호를 설정함에 있어 참가자들의 역할을 강조한다. 집단에서 많이 이야기되는 것으로는 집단구성원들이 자신의 미래와 자신의 삶에서 다르게 되기를 원하는 것들에 대해 이야기하게 하는 것이다. 지도자는 긍정적인 결과로 이끌 수 있는 분명하고, 구체적이며, 관찰 가능하고, 작고, 현실적이고, 성취 가능한 변화들에 초점을 둔다. 성공은 작은 성공 경험으로부터 점차 형성되는 경향이 있기에 작은 목표들의 성취를 변화의 시작으로 본다.

치료적 관계   해결중심 단기 치료는 협력 작업에 기초하는데 집단 치료자는 한 개인을 치료하기보다 그 개인과 '함께' 치료하고자 한다. 치료적 과정에서는 공감과 협력적 동반자 관계가 사정(assessment)이나 기법보다 더 중요하게 생각된다. 지도자는 변화가 일어나게 '만드는' 것을 목표로 하기보다 집단구성원들이 건설적인 변화로 이끄는 자원을 활용할 수 있도록 하는 이해와 수용의 분위기를 조성시키고자 한다. 집단지도자는 자신이 내담자의 삶에 대해 더 많은 것을 안다고 가정하지 않는다. 집단구성원들은 자신의 경험에 대한 일차적인 해석자이다. 집단구성원과 지도자는 집단 과정을 안내하는 분명하고, 구체적이고, 현실적이며, 개인적으로 의미 있는 목표를 함께 설정한다. 이러한 협력의 정신은 현재와 미래의 변화를 위한 가능성의 문을 더욱 넓힌다.

해결중심 집단 상담자들은 문제와 해결방법이 논의되는 방식이 변화를 야기한다고 믿는다. 어떤 용어를 사용하는지는 문제가 어떻게 개념화되는지를 보여준다. 돌봄, 관심, 존중하는 태도를 지닌 호기심, 개방성, 공감, 접촉, 매력과 같은 개념이 관계에서는 필수적이라고 본다. 집단지도자는 상호 존중, 대화, 탐색, 지지의 분위기를 조성함으로써 집단원들이 새롭게 드러나는 이야기들을 자유롭게 만들고 다시 쓰게 한다. 해결중심 상담은 단기 상담을 위해 고안되었기에 지도자의 과제는 집단구성원들이 '문제에 초점'을 두기보다 '해결에 초점'을 두게 하는 것이다. 만약 집단원들이 문제에 대해 이야기하는 것에만 집중한다면 집단구성원들은 긍정적인 방향으로 나아가기 어렵다.

기법　해결중심 치료자는 치료 이전의 변화 경험, 예외 질문, 기적 질문, 척도 질문, 과제, 요약 피드백과 같은 다양한 기법을 사용한다. 어떤 집단 치료자는 집단구성원에게 문제를 외재화하고 자신의 강점과 사용되지 않은 자원에 초점을 맞추도록 하는 반면, 다른 집단 치료자는 집단원들에게 효과적일 것 같은 해결책을 발견해내도록 권유한다. 기법은 문제의 원인을 이해하기 위해서가 아니라 미래와 함께 어떻게 하면 문제를 가장 잘 해결할지에 초점을 두기 위해 사용된다.

해결중심 단기 치료자들은 종종 첫 회기에서 내담자들에게 "당신의 문제에 변화를 일으키기 위해 상담 예약 전화를 하신 후 무엇을 해왔습니까?"라고 묻는다. 치료 이전의 변화 경험에 대해 묻는 것은 내담자들이 목표를 달성함에 있어 치료자에게 덜 의존하고 자신이 지닌 자원에 더 의지하도록 격려하기 위한 것이다.

질문하기는 주된 치료적 개입 방법이다. 해결중심 집단지도자는 질문을 사용하는 데, 이는 단순히 정보 수집을 위한 것이 아니라 집단구성원들이 한 경험을 더 잘 이해하기 위해서이다. 집단지도자는 질문을 함에 있어 자신이 그 답을 알고 있다고 전제하지 않으며 존중과 진술한 호기심, 진지한 관심, 개방적 태도로 질문한다. 질문을 함으로써 집단구성원들은 경험한 것을 자신의 말로 기술하게 한다. 심문하는 식의 폐쇄형 질문을 퍼붓는 대신에 개방형의 질문을 하는 것은 집단구성원들에게 자신의 목소리를 내게 하고 미래의 가능성에 대해 생각할 여유를 줌으로써 해결 방안을 강구할 수 있도록 하기 위한 것이다. 개방형 질문의 예를 들면, '근심거리가 있으면 저에게 말해보세요', '상황이 조금 더 나아지게 하려면 무엇이 일어날 필요가 있다고 생각하는지요?', '상황이 좀 더 나아지면 누가 가장 먼저 알아차리고 어떻게 반응할 것 같습니까?'이다.

예외 질문은 집단구성원들이 자신의 삶에서 문제들이 없었을 때를 생각해보게 한다. 예외 상황을 탐색하는 것은 집단구성원들에게 자신이 지닌 자원을 찾아내고, 강점을 생각하고, 가능한 해결책을 생각해내는 기회를 제공한다. 예를 들어, 랜디는 "저는 대부분의 시간이 피곤하고 우울합니다. 나는 거의 매일 밤 내 아이들에게 아이들이 하지 않은 것에 대해 화를 냅니다."라고 말한다. 이럴 때 예외인 경우를 찾는 질문은 다음과 같다. '그런 문제가 없거나 덜 알아차려질 때는 언제입니까?', '지난 집단 회기 이후에 나아진 어떤 것이 있었습니까?' 한 번 어떤 예외가 발견되면 지도자는 예외와 관련된 상황을 탐색하고 집단구성원이 그런 상황을 재생하도록 격려할 수 있다. 예를 들면, '좀 덜 우울하다고 느꼈던 어제는 무엇이 달랐었습니까?', '무엇이 우울증이 좀 나아지게 만든다고 생각합니까?'이다. 이처럼 해결에 초점을 맞춘 개입을 하는 의도는 랜디가 이전에 효과가 있었던 것에 기초해 자신이 선택한 방향으로 움직여가도록 안내하려는 것이다. 랜디는 문제의 예외 상황들이 더 자주 일어나기 위해선 무엇이 발생해야 하는지에 대해 질문을 받을 수 있다.

예외 질문과 관련된 한 가지 개입으로는 자신이 하고 있는 것을 변화시키는 것이 있다. 예를 들어, 지도자는 척에게 다음에 걱정되고 불안하게 될 때는 어떤 다른 것을 해보면 어떻겠는지 물어볼 수 있다. 척이 자신은 늘 걱정하며 걱정을 멈추게 하는 많은 방법을 시도해보았지만 성공하지 못했다고 말하는 것을 들은 후, 지도자는 척에게 아침에 10분 동안 걱정에 주의를 매우 집중하는 시간을 갖도록 해볼 수 있다. 만약 척이 이 실험을 하게 되면 그는 어떤 상황에서 자신이 하고 있는 행동을 변화시킴으로써 자신이 자신의 느낌을 부분적으로 통제할 수 있음을 발견하게 될 것이다.

기적 질문은 집단구성원들이 문제가 없는 삶을 기술해보게 하는 것이다. 기적 질문은 보통 다음과 같이 제시된다. '만약 한밤중에 자는 동안 어떤 기적이 일어나 문제가 사라져버렸다면, 당신은 문제가 해결된 것을 어떻게 알 수 있고 무엇이 다른지를 어떻게 알 수 있을까요?' 그러고선 집단구성원들에게 지각된 문제에도 불구하고 '무엇이 달라질지' 생각해보도록 한다. 이 질문은 미래에 초점을 맞추고 특정 문제에 의해 지배당하는 생활보다 다른 종류의 생활을 생각해보도록 격려하기 위한 것이다. 기적 질문은 내담자들이 해결책을 찾아내고 목표를 향해 작은 진보를 인식하게 하는 것에 초점을 둔다.

척도 질문은 집단구성원들이 척도 0점에서 10점까지의 차원에서 향상된 정도를 구체화하도록 요구한다. 이 기법은 내담자들이 진보가 일어난 구체적인 단계와 정도를 알게 한다. 해결중심 치료자는 느낌, 기분, 의사소통과 같이 쉽게 관찰되지 않는 경험의 변화를 알고자 할 때 척도 질문을 사용한다. 예를 들어, 대인관계 상황에서 불안감을 보고하는 집단구성원에게 다음과 같이 물을 수 있다. '0점에서 10점의 눈금을 지닌 척도가 있는데, 0점은 당신이 처음 이 집단에 왔을 때 느꼈던 것이고 10점은 기적이 일어나고 문제가 모두 해결된 후 당신이 느끼는 것이라고 할 때, 지금 당신의 불안 정도에 몇 점을 줄 건가요?' 집단구성원이 단지 0점에서 1점으로만 움직였다 말하더라도 그것은 나아진 것이다. 어떻게 그렇게 했는지, 척도에서 1점이 더 올라가려면 무엇을 할 필요가 있는지, 척도 질문은 내담자들이 자신이 하고 있는 것과 자신이 바라는 변화로 가기 위해 어떤 발걸음을 내딛을 수 있는지를 주의 깊게 살펴보게 한다.

치료자는 진술한 태도로 지지하거나 내담자가 보여준 특별한 강점을 알려주는 방식으로 요약 피드백(summary feedback)을 제공할 수 있다. 해결중심 치료자는 일반적으로 각 집단 회기에서 집단구성원들이 서로 피드백을 주고받는 시간을 갖게 한다. 지도자는 다음과 같은 말들을 통해 집단구성원들이 이루어낸 변화에 대해 지지를 제공한다. '어떻게 그렇게 향상되도록 하였습니까?', '이전과 비교해볼 때 당신 가족들이 당신을 어떻게 다르게 대우했습니까?', '이러한 향상은 당신 자신에 대해서 무엇을 알려주었습니까?', '이전의 당신과 지금의 당신 간에 가장 큰 차이는 무엇입니까?' 이러한 질문은 집단구성원들이 일어난 변화에 대해 자신이 기여한 바를 자신 안에서 찾도록 격려한다. 이런 종류의 질문과 피드백은 집단구성원들이 집단에서 배운 것을 집단 밖의 일상생활에서도 실행하도록 돕는다.

해결중심 단기 치료의 다문화적 적용　해결중심 단기 치료의 치료자는 자신의 세계관에서 나온 관념으로 내담자들에게 접근하기보다 내담자들이 체험하는 세계에 대해 내담자들로부터 배우고자 한다. 해결중심 치료자들이 취하는 비병리적인 입장은 한 개인에게 무엇이 문제인지에 몰두하는 것에서 창의적인 가능성을 강조하는 것으로 움직여 가게 한다. 해결중심 단기 치료자들은 변화가 일어나게 하는 것을 목적으로 하는 대신 다양한 개인들이 건설적인 변화를 위해 자신이 지닌 자원을 활용하게 하는 이해와 수용의 분위기를 조성시키려고 한다. Murphy(2015)는 해결중심 상담에서 하는 강점과 자원에 대한 강조는 인종과 문화적 배경을 넘어서서 사람들에게 문화적으로 효과적인 서비스를 제공해준다고 주장한다. 해결중심 치료자들이 문화적으로 효과적인 상담을 제공하게 하는 것에는 (1) 각 내담자를 독특한 개인으로 대우하고 (2) 상담 목표를 내담자와 협력해 설정하며 (3) 각 내담자에게 맞는 서비스를 고안하고 (4) 내담자들로부터 치료적 개입의 유용성에 대해 지속적인 피드백을 받고 그렇게 받은 피드백에 기초해 개입하는 것 등이 포함된다.

해결중심 단기 치료에 대해 좀 더 포괄적인 설명을 원한다면 『학교에서의 해결중심 상담(Solution-Focused Counseling in Schools)』(Murphy, 2015)과 『해결중심 집단치료: 개인 상담소, 학교, 기관의 처치 프로그램들에서 집단상담을 위한 아이디어(Solution-Focused Group Therapy: Ideas for Groups in Private Practice, Schools, Agencies and Treatment Programs)』(Metcalf, 1998)를 강력히 추천한다.

이야기 치료

이야기 치료의 주요 개념 이야기 치료는 사람들이 말하는 이야기들을 점검하고 그 이야기들의 의미를 이해하는 것에 부분적으로 기초한다. 각 이야기는 이야기를 말하는 사람에게는 진실이다. 따라서 절대적인 실체는 없다고 본다. 이야기 치료의 몇 가지 주요 개념에는 어떤 문제가 어떻게 한 개인을 방해하고 지배하며 낙담시키는지에 대한 논의가 포함된다. 치료자는 내담자들을 그들이 지닌 문제로부터 분리시키려 시도함에 있어 한 가지 고정된 관점만을 수용하지 않는다. 집단구성원은 자신의 이야기를 다양한 관점에서 보고 대안적인 삶의 이야기를 함께 창조하도록 격려받는다. 집단구성원은 자신이 어떤 문제의 지배로부터 벗어나기에 충분히 능력 있는 존재임을 새롭게 보도록 하는 증거를 찾아내도록 요구받고, 만약 자신이 능력 있다면 어떤 미래를 기대하는지 생각해보도록 격려받는다. 핵심은 집단원들이 자신과 자신의 관계에 대한 이야기를 재구성하는 것이다.

이야기 치료의 목표 이야기 치료자는 집단구성원들이 자신의 경험을 신선한 언어로 기술하도록 하는데, 이것은 가능한 무엇에 대한 새로운 관점을 갖게 하는 경향이 있다. 이야기 치료의 관점에서 본 치료의 핵심은 사회적 기준과 기대가 어떻게 사람들에게 내면화되어 그들에게 가능한 삶의 방식을 제한하고 협소하게 하는지를 명료화하는 것이 포함된다. 이야기 치료자는 집단구성원과의 협력을 통해서 집단구성원 자신이 자신의 삶을 만들어나가는 자치적인 존재라는 어떤 좋은 느낌을 갖도록 돕는다.

치료적 관계 이야기 치료자는 자신이 내담자의 삶에 대해 특별한 지식을 갖고 있다고 가정하지 않는다. 집단구성원은 자신의 경험에 대한 주 해석자이다. 이야기 접근에서는 치료자는 각 집단구성원이 살아온 경험에 대한 이해를 추구한다. 집단지도자는 체계적인 과정을 통해 주의 깊게 경청함과 동시에 호기심을 갖고 끈기 있게 내담자를 존중하는 방식으로 질문함으로써 내담자가 어떤 문제가 자신에게 미치는 영향과 그러한 영향을 줄이기 위해 자신이 무엇을 하고 있는지를 지도자와 협력하여 탐색하게 한다. 그리고 나서 집단구성원은 치료자와 함께 대안적인 이야기를 만드는 작업을 한다. 예를 들면, 집단지도자는 레이라니와 함께 그녀가 삶에서 보인 용기, 단호한 의사결정력, 불확실성에 직면하고 위험을 감수하고자 하는 의지, 두려움을 직접 대면하는 능력을 탐색한다. 이러한 논의를 통해 레이라니가 두려움에 직면해서도 용기를 보인 경우들을 확인하고, 상담 석사학위 프로그램에 입학하기로 결정한 것, 위험을 감수하고 그녀를 숨막히게 했던 직장을 떠난 것, 그리고 그녀에게 의미 있는 사회적 행동 프로젝트를 실행한 능력도 논의한다. 집단상담 경험은 레이라니가 자아정체감을 변화시키고 자신이 선호하는 삶의 방식으로 좀 더 깊이 나아갈 때 그녀를 지지해줄 사람을 만날 기회를 제공한다.

기법 이야기 치료는 치료적 관계의 질과 함께 관계 내에서 기법을 창의적으로 사용하는 것을 강조한다. 이야기 치료의 가장 독특한 특징은 '사람이 문제가 아니라 문제가 문제다.'라는 말로 대표된다. 이야기 치료자들은 내담자들이 **외현화 대화법**(externalizing conversation)을 사용하게 하는데, 이것은 문제를 사람으로부터 분리시키는 목적을 갖고 있다. 집단구성원들은 자신들이 문제로 찌든 삶의 이야기들 속에 굳게 갇혀있지 않으며 대안적이고 좀 더 건설적인 삶의 이야기를 개발할 수 있다는 것을 배운다.

> 사람이 문제가 아니라 문제가 문제다.

이야기 치료자는 정보를 수집하기 위해서가 아니라 경험을 재구성하기 위해 질문을 사용한다. 질문의 목적은 내담자가 체험한 바를 점진적으로 알아내고 구성함으로써 내담자가 자신이 선호하는 방향을 알게 하려는 것이다. 치료자는 '모른다(not-knowing)'는 입장에서 질문을 하는데, 이 말은 치료자가 질문을 할 때는 질문의 답을 이미 알고 있다고 생각하지 않고 질문한다는 뜻이다. 치료자는 이러한 질문 과정을 통해 내담자가 자신의 삶의 다양한 측면을 탐색할 기회를 갖게 한다.

이야기 치료자가 내담자의 이야기에 귀기울일 때에는 내담자가 어떤 강압적인 문제에 대항할 수 있는 능력이 있다는 증거를 제공하는 구체적인 자료들에 주의를 기울인다. 문제를 병리의 표출로 보지 않고 삶에서 겪는 일상적인 어려움과 도전으로 본다. 이야기 치료에는 바람직한 변화를 보장하는 따라야 할 레시피나 계획안이나 공식이란 없다.

이야기 치료의 다문화적 적용 이야기 치료자는 문제는 개인 내부에 존재하는 것이라기보다 사회, 문화, 정치, 관계의 맥락에서 보아야 한다는 전제를 갖고 있는데, 이러한 전제는 이 접근이 특히 다문화적 배경을 가진 내담자를 상담할 수 있게 만든다. 이야기 치료자는 성, 민족, 인종, 장애, 성적 지향, 사회 계층, 영성과 종교와 관련된 사항을 치료적 문제로 보는 데 관심이 있다. 문제를 사회정치적 관점에서 이해하는 것은 지배적이고 강압적인 이야기를 만들어내는 문화적 관념과 실제에 대한 이해를 돕게 한다. 치료자는 내담자가 지닌 문제 상황과 관련된 문화적 가정을 분해하고 분리시킨다. 집단구성원은 집단 경험을 통해 강압적인 사회적 상황이 어떻게 자신에게 영향을 미치는지를 이해하게 되는데, 이러한 집단 경험은 대안적인 이야기를 만들 수 있는 가능성을 제공한다.

이야기 치료에 대해 좀 더 알고 싶으면 『이야기 학교 상담: 강력하고 간단한 접근 (Narrative Counseling in Schools: Powerful and Brief)』(Winslade & Monk, 2007)을 보기 바란다.

동기강화 면담

동기강화 면담의 핵심 개념 동기강화 면담(Motivational Interviewing: MI)은 인간중심 치료의 철학에 뿌리를 두면서도 약간의 '변형(twist)'을 갖는다. 비지시적이고 비구조적인 인간중심 상담과는 달리 MI는 의도적으로 지시하는 측면이 있다. 하지만 내담자의 참고체계 안에 머문다. 집단 상담자는 동기강화 면담의 원리와 다수의 치료적 접근, 특히 인간중심 치료, 인지행동 치료, 선택 이론/현실 치료, 해결중심 단기 치료를 통합할 수 있다. MI 상담자는 내담자의 능력, 강점, 자원, 역량을 믿는다. MI는 다양한 행동 문제, 예를 들면 약물남용, 충동적 도박, 섭식 장애, 불안 장애, 우울, 자살 성향, 만성 질환 관리, 건강 관련 운동에 효과적으로 작동한다.

동기강화 면담의 치료적 목적 동기강화 면담의 주된 목적은 개인의 양가가치를 탐색하고 최소화하며 내적 동기를 육성하는 것이다. MI는 치료를 원하는 사람은 변화에 대해 양가감정을 가지며 치료 과정 중에 치료에 대한 동기가 높아졌다 낮아졌다 한다는 전제에 기초한다. 집단 상담자는 변화에 대한 양가가치의 두 측면을 이해함으로써 내담자의 고민과 상반되는 방향으로 작업하기보다 양가가치를 다룸으로써 시작한다. MI는 내담자가 치료과정에 헌신하도록 돕는 데 중요한 역할을 하는데, 이러한 내담자의 치료과정에 대한 헌신은 인지행동과 다른 행동지향적 치료에서 내담자의 관여도, 충실함, 지속성을 증진시킨다.

기법 MI는 목적을 갖고 집단원들을 긍정적 변화로 안내하는 것을 강조한다. MI 집단 지도자는 집단원들로 하여금 어떤 변화를 이루고 싶은지를 결정하도록 용기를 북돋운다. 만약 집단원들이 변화를 결심하면, 집단지도자는 집단원들에게 어떤 종류의 변화가 일어나며, 언제 그러한 변화가 일어날지 물어본다. MI의 치료적 태도와 개입은 인간중심 상담의 철학에 기초하는데 개방형 질문, 반영적 듣기, 안전한 분위기 만들기, 내담자를 인정하고 지지하기, 공감을 표현하기, 비직면적 방법으로 저항에 반응하기, 양가가치에 대한 논의로 이끌기, 회기 종결 시에 요약하고 연결 짓기, 변화에 대한 이야기를 촉진하고 강화하기 등을 사용한다.

치료적 관계　치료자들은 'MI 정신'이라고 알려진 치료적 관계 맥락을 강조한다. MI 정신을 집단상담에 적용할 때, 집단지도자는 집단원들과 협력적 동반자 관계를 형성하고, 전문가로서의 역할을 가정하기보다는 아이디어와 자원을 이끌어 내는 역할을 한다. 모든 선택은 궁극적으로 지도자에게 있지 않고 집단원에게 달려있다. MI는 개인의 변화 동기를 강화시키는 협력적인 대화 작업 방식이다. 집단구성원들이 변화에 대한 준비가 되었다는 징후를 보이기 시작할 때, 집단원들은 점차 변화에 대해 얘기하고, 변화 욕구를 표현하며, 회기 간에 가능한 변화 행동을 실험하고, 바라던 변화가 이루어진 후의 미래를 스스로 상상한다.

동기강화 면담의 다문화 적용　MI는 현상학적 접근으로 상담자는 내담자의 관점에서 삶을 보고자 한다. 이러한 관점은 이 접근이 다양한 문화적 배경을 지닌 내담자들과 작업하기 적합하게 만든다. MI 집단에서 집단원들은 상담자의 조언을 수용하도록 설득당하지 않을 뿐 아니라 상담자의 가치체계 내에서 작업하도록 권유되지도 않는다. 그 대신 집단원들은 자신들의 삶에 잘 맞는 일련의 대안적 개입과 선택권을 고려하도록 권장된다.

　동기강화 면담 처치에 대해 더 알고 싶으면, 『동기강화 면담하기: 사람들이 변화하는 것을 돕기(Motivational Interviewing: Helping People Change)』(Miller & Rollnick, 2013)와 『집단에서의 동기강화 면담(Motivational Interviewing in Groups)』(Wagner & Ingersoll, 2013)을 보라.

여성주의 치료

여성주의 치료의 핵심 개념　여성주의 치료는 처음부터 매 맞는 여성들을 위한 안식처, 강간 위기대처 센터, 여성의 건강과 생식건강 센터의 설립을 위해 적극적으로 일해왔다. 지역 공동체를 건설하고, 진솔하고 상호 공감적인 관계를 제공하며, 사회적 문제에 대한 자각을 형성하고, 사회적 변화를 강조하는 이 접근의 특징은 이 접근을 집단 작업에 적용 가능하게 하는 중요한 장점이다.

　여성주의 치료는 다양성, 복잡하게 얽힌 성차별주의, 성 문제를 이해함에 있어 사회적 맥락의 중요성과 같은 문제에 초점을 둔다. 여성주의 치료자는 정신적으로 건강한 사람의 특징과 관련하여 남성중심적인 가정에 도전한다. 여성주의 지향을 가진 치료자는 성 역할 기대가 출생하면서부터 계속 우리의 정체감에 심각한 영향을 미쳤다고 강조한다. 따라서 집단상담은 성 역할 사회화가 어떻게 성인의 성격에 깊이 뿌리내리고 있는지를 자각하게 하는 것을 과제로 삼고 있다.

여성주의 치료의 주요 개념은 사회가 보내는 성 역할 메시지는 개인이 어떻게 자신을 보고 행동하는지에 영향을 미친다는 것이다. 이러한 사회화의 영향이 치료를 통해 명료화됨으로써 내담자들은 적절한 성 역할 행동에 대한 어려서부터 들은 메시지를 비판적으로 평가하고 수정할 수 있다. 현대 여성주의 치료는 성(gender)은 인종, 민족, 계급, 성적 지향과 같은 정체감과 관련된 요소와 분리해서 생각할 수 없다는 가정에 기초하고 있다. 증상의 이해와 관련된 주요 개념은 문제의 증상은 병리의 증거라기보다 대처 또는 생존 전략으로 볼 수 있다는 것이다. 역기능적인 사회 환경에 의해 야기된 개인의 문제를 비판할 수는 없겠지만 변화를 위해 작업할 책임은 있다고 본다.

변화를 위한 첫 걸음은 사회가 어떻게 우리의 신념과 행동, 특히 성 역할과 관련된 관점에 영향을 미쳐왔는지를 자각하는 것이다. 집단구성원은 성 역할 정체감과 관련해 자신이 지니고 있는 편견을 명확히 할 기회를 갖는다. 이러한 활동은 아주 작은 배움이지만 우리가 서로 관계하는 방법과 관련해 의미 있는 변화로 이끌 수 있다. 예를 들어, 우리 집단의 한 남성 집단구성원은 직장에서 '여자애'라는 말을 계속 사용했는데 집단의 몇몇 여성들은 그의 말이 적절하지 않다고 그에게 알려주었다. 왜냐하면 그의 직원들은 성숙한 여성들이었기 때문이다. 그는 여성들을 '여자애'로 부르는 것이 '큰 문제'가 아니라고 본다고 했지만 결국 자신의 말이 무엇을 암시하는지를 이해할 수 있게 되었다.

나(Cindy)는 개인 상담소를 운영하면서 산후우울증으로 고생하는 많은 여성들과 작업했는데 여성주의 관점이 산후우울증이라는 복잡한 문제를 이해하는 데 정말 도움이 된다는 것을 발견했다. 내가 함께 작업했던 많은 여성들은 직업과 파트너로부터 거의 또는 전혀 도움을 받지 못하는 첫 엄마 역할 사이에서 균형을 맞추려고 노력하고 있었다. 사랑하는 남편과 파트너가 있음에도 불구하고 자녀 양육과 가사에 대한 책임의 불평등은 놀랄 만한 것이었다. 이들 여성들은 그 모든 일을 다하면서 왜 자신들이 부적절하고, 충만감을 느끼지 못하며, 고립되어 있고, 우울하다고 느끼는지 궁금해했다.

여성주의 관점에서 볼 때 산후우울증은 개인적인 질병이라기보다는 체계의 문제로 보인다. 여성주의 치료자들은 이들 여성들이 겪는 우울증에 대해 약물처방을 하기보다 역할 기대와 함께 아기를 보살피고 집안일을 돌보는 것에 대한 일의 분배에 대해 다시 살펴볼 것이다. 이들 여성 내담자들이 경험하는 증상은 관계의 맥락에서 이해될 수 있다. 이들의 의무는 급격히 증가했지만 파트너로부터 제공되는 지원의 정도는 그에 상응하게 증가하지 않았다.

여성주의 치료의 목표 여성주의 치료의 주요 목표는 힘을 북돋우기(empower-ment)인데 집단구성원들은 자기 수용, 자기 확신, 자기 존중, 즐거움, 자기실현을 추구한다.

다른 치료 목표에는 대인관계의 질을 향상시키고, 남성과 여성이 역할 수행과 관련해 결정을 하도록 조력하며, 집단구성원이 문화 · 사회 · 정치 체제가 자신의 현재 상황에 미치는 영향을 이해하도록 돕는 것 등이 포함된다. 독립성과 상호의존성의 균형을 맞추고, 사회 변화를 추구하며, 다양성을 인정하고 가치 있게 여기는 것을 강조한다. 여성주의 치료자들은 치료적 관계만으로는 변화를 촉발시키기에 충분하지 않다고 본다. 통찰, 내적 성찰, 자기 자각은 행동을 위한 발판이다. 개인적 변화와 사회적 변혁 모두 여성주의 치료의 기본 목표이다. 개인 차원에서 치료자는 여성과 남성이 자신의 개인적인 힘을 인식하고, 주장하고, 받아들이도록 돕는 작업을 한다. 정치적 측면에서 보는 또 다른 목표는 사회 변혁이다.

치료적 관계　여성주의 치료자는 평등주의적 태도로 작업하며 각 내담자에게 개별적으로 맞게 고안된 힘 북돋우기 전략을 사용한다(Brown, 2010; Evans, Kincade, & Seem, 2011). 그들은 내담자가 자신의 가치관에 따라 살고 자신에게 맞는 것을 결정함에 있어 내적(외적 또는 사회적이 아니라) 통제 소재에 의존하도록 힘을 실어준다. 여성주의 지향을 가진 집단지도자는 일반적으로 세상의 권력 관계에 관심이 있다. 집단구성원들이 집단에서 추구할 목표를 결정하는 작업을 함에 있어 집단지도자와 집단원들은 적극적이고 평등한 역할을 한다.

> 개인적 변화와
> 사회적 변혁 모두
> 여성주의 치료의
> 기본 목표이다.

집단 치료자는 치료적 과정을 명확히 설명해주며 각 집단구성원을 치료적 작업에 적극적으로 참여하는 파트너로 대우한다. 집단구성원과 협력하는 것은 진정한 파트너 관계로 이끈다. 집단구성원에게 치료의 과정에 대해 알려주지 않는 것은 그들이 집단 경험에 적극적으로 참여할 기회를 거부하는 것이다. 치료자가 내담자와 '함께'가 아니라 내담자를 '위해' 내담자에 관한 결정을 하는 것은 치료적 관계에서 내담자로부터 힘을 강탈하는 것이다.

여성주의 치료자는 사회적 평등과 사회적 관심을 강조한다는 점에서 아들러학파 치료자와 공통점이 있다. 아들러학파 치료자와의 또 다른 공통점은 여성주의 치료자는 치료적 관계는 위계적이지 않고 한 인간 대 인간의 관계여야 한다고 믿는 것이다. 인간중심 치료자와 같이 여성주의 치료자는 진솔성을 전달하고 내담자와 치료자 간의 상호 공감을 추구한다. 여성주의 치료와 다른 포스트모더니즘적 접근의 공통점은 각 집단구성원은 자신의 삶에서 자신이 전문가라는 가정이다.

기법　여성주의 치료는 특정하게 규정된 일련의 개입을 사용하기보다 집단구성원의 장점에 적절한 개입을 한다. 여성주의 치료자는 전통적인 접근으로부터 치료 계약, 과제, 독서 치료, 치료자의 자기개방, 힘 북돋우기, 역할 연기, 인지적 재구성, 재구조화, 딱지 붙이기, 주장 훈련과 같은 기법을 차용한다. 일반적으로 집단 작업을 할 때는 인지행동적 접근으로부터 기법을 가져온다. 덧붙여, Enns(2004)에 의하면 성 역할 분석과 개입, 권력 분석과 개입, 사회 개혁을 위한 조직적인 활동하기와 같은 기법은 여성주의 치료자가 개발한 기법이다. 성 역할 분석은 성 역할 기대가 개인의 심리적 안녕감에 미치는 영향을 탐색하는 것으로 이러한 탐색을 통해 얻은 정보를 성 역할 행동을 수정하는 결정을 할 때 활용한다. 권력 분석이란 불평등한 권력과 자원이 어떻게 개인의 현실 생활에 영향을 미칠 수 있는지 이해하도록 돕는 방법을 뜻한다. 집단지도자와 집단구성원들은 불평등이나 제도적 장벽이 어떻게 한 개인의 정체감과 복지를 빈번히 제한하는지를 함께 탐색한다. 사회적 행동은 여성주의 치료의 대표적인 특징이다. 내담자들이 여성주의에 대한 이해를 좀 더 확고하게 하게 되면 치료자는 내담자들에게 지역사회 정신건강 센터에 자원봉사자로 활동하고, 입법자들에게 로비하며, 성 문제에 대해 지역사회 교육을 실시하는 활동에 관여하도록 제안한다. 이들 활동에 참여하는 것은 내담자들에게 힘을 실어주고 내담자들이 개인적인 경험과 자신이 사는 사회정치적 맥락 간의 관련성을 볼 수 있도록 한다.

여성주의 치료의 다문화적 적용　여성주의 치료와 다문화적 관점은 공통점이 상당히 많다. 관계에서의 힘(power)에 대한 여성주의적 관점은 인종적·문화적 요인으로 인해 발생하는 힘의 불평등을 이해하는 데 적용될 수 있다. '사적인 것이 바로 정치적인 것(personal is political)'이라는 원리는 여성들과 다문화 내담자들을 상담하는 데 적용될 수 있다. 여성주의 치료와 다문화 관점 모두 개인의 변화에만 초점을 두지 않는다. 오히려 두 접근 모두 사회 변화를 위해 직접적으로 행동하는 것이 치료자 역할의 한 부분임을 강조한다. 핍박받는 집단에 주의를 기울이게 하는 많은 사회적 행동과 정치적 전략이 여성들과 다른 소외된 집단들에게도 똑같이 적용된다. 여성주의 치료자들과 다문화 치료자들은 성, 인종, 문화, 성적 지향, 능력, 종교, 나이와 같은 모든 종류의 차별이 발생할 가능성을 줄이는 정책을 입안하려고 함께 작업해왔다.

　여성주의 치료에 대해 더 많은 정보를 위해서는 『여성주의 치료 입문: 사회적, 개인적 변화 전략(Introduction to Feminist Therapy: Strategies for Social and Individual Change)』(Evans, Kincade, & Seem, 2011)과 『여성주의 치료(Feminist Therapy)』(Brown, 2010)를 보라.

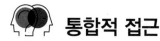

통합적 접근

집단상담의 **통합적 접근**은 다양한 이론적 접근으로부터 도출된 개념과 기법에 기초한다. 치료 과정에 대한 통합적 접근을 실시하려는 경향이 현재 일어나는 한 가지 이유는 다양한 범위의 내담자들과 그들이 제기하는 독특한 문제를 고려할 때 어떤 한 가지 이론이 인간 행동의 복잡성을 충분히 설명해주지 못하기 때문이다.

대부분의 임상가들은 한 가지 이론 체계에 기초해 상담을 하는 것에 한계가 있음을 인정하며 다양한 치료적 접근을 통합하는 것의 가치를 인정한다. 통합적 접근에 개방적인 임상가들은 몇 가지 접근이 자신들의 상담 활동에 중요한 역할을 한다는 점을 발견하고 있다. 각 이론은 그 자체의 독특한 기여점과 전문성을 갖고 있다. 각 이론은 강점과 약점이 있으며 또 서로 다르다는 것을 인정한다는 것은 상담자들이 자신에게 맞는 상담 모델 개발을 시작할 근거를 제공한다.

우리는 독자에게 각 상담 이론에 내제된 가치에 개방적인 태도를 취하라고 권한다. 모든 이론들은 독특한 기여점과 함께 제한점도 갖고 있다. 어떤 개념과 기법을 독자가 이끄는 집단 작업에 통합할 수 있을지를 결정하기 위해서는 현대의 모든 이론을 공부할 필요가 있다. 독자는 다양한 장면에서 다양한 내담자와 효과적으로 작업하기 위해서는 다양한 이론적 체계와 상담 기법에 대한 기본 지식을 가질 필요가 있을 것이다. 한 가지 이론적 차원에만 머무는 것은 많은 집단에서 발견되는 다양성과 관련된 복잡한 문제를 창의적으로 다루는 데 도움이 되는 치료적 유연성을 제공해주지 않을지도 모른다.

각 이론은 인간 행동을 바라보는 나름의 유익한 관점을 지니고 있다. 하지만 한 가지 이론이 모든 진실을 다 포괄하지는 않는다. '옳은' 이론적 접근이란 없기 때문에 당신에게 적합한 한 가지 접근을 찾고 사고, 감정, 행동을 모두 아우르는 어떤 통합적 접근을 향해 나아간다고 생각하는 것이 좋다. 통합적 접근을 개발하기 위해서는 많은 이론에 대해 철저히 알아야 하고, 이들 이론들이 어떤 측면에서 통합될 수 있다는 생각에 개방적이어야 하며, 그 이론이 얼마나 잘 작동하는지를 알기 위해 당신이 세운 가설을 기꺼이 계속 점검할 필요가 있다.

상담센터를 열려고 하는 사람들은 자신의 기본 신념에 가장 가까운 한 이론을 기본적으로 선택하는 것이 현명한 것 같다. 선택한 그 이론을 가능한 철저히 배움과 동시에 다른 이론들이 제공할 수 있는 것을 점검해보도록 하라. 만약 당신이 한 특정 이론의 관점에서 작업하기 시작했다면 자신의 상담 관점을 형성시키는 중심점을 갖게 될 것이다. 하지만 당신이 한 이론에 충실하다고 모든 내담자들에게 똑같은 기법을 사용할 수 있다는 단순한 생각을 해서는 안 된다. 한 이론에 충실하다 할지라도 다양한 집단구성원들과 작업할 때 그 이론에서 나오는 기법을 적용하는 방식에 유연할 필요가 있다.

만약 당신이 수련중인 학생이라면 아직 통합적이고 잘 정의된 이론적 모델을 갖고 있을 않을 것이다. 통합적인 관점은 상당한 양의 독서와 공부, 슈퍼비전, 임상적 경험, 연구, 이론적 작업의 산물이다. 시간과 사색적 연구와 더불어 목표로 삼아야 할 것은 사용 가능한 많은 기법 중에서 선택할 때 선택의 근거로 사용할 수 있는 어떤 일관된 개념적 틀을 개발하는 것이다. 시간을 갖고 당신의 치료 스타일과 그것이 당신이 이끄는 집단의 과정과 결과에 미치는 영향을 생각해보고 다음 질문에 답해보라. 당신 스타일의 핵심적 특징을 명료하게 기술할 수 있는가? 집단과정을 통해 당신이 성취하고자 하는 것을 어느 정도로 개념화할 수 있는가? 당신을 안내해주는 개별화된 치료적 접근을 개발하는 것은 경험에 의해 정제된, 평생을 통한 노력을 필요로 한다.

집단상담의 이론과 기법

기억해야 할 몇 가지 중요한 점이 있는데, 이후 기술되는 많은 장들은 이들 기본 개념에 근거한다.

- 집단에서 무엇이 일어나는지 이해하는 데 도움을 주는 어떤 이론적 근거를 갖는 것은 중요하다. 시간을 갖고 여러 이론적 지향을 이해한 다음에 각 이론적 지향으로부터 개념을 선별해서 당신 자신의 개인적인 상담 스타일을 만들어보라.
- 일반적인 이론적 틀은 당신이 집단 과정의 다양한 측면을 이해하도록 돕고, 창의적이고 효과적인 방식으로 개입할 수 있는 지도를 제공하며, 당신이 한 개입의 결과를 평가하는 기초를 제공한다.
- 정신역동적 집단상담은 정신분석적 접근과 아들러학파 접근을 포함한다.
- 체험적, 관계지향적 집단상담은 실존주의적 치료, 인간중심적 치료, 게슈탈트 치료, 심리극을 포함한다.
- 인지행동적 모형은 행동 치료, 인지 치료, 합리적 정서행동 치료, 현실 치료를 포함한다.
- 포스트모더니즘적 관점은 해결중심 단기 치료, 이야기 치료, 동기강화 면담, 여성주의 치료를 포함한다.

- 통합적 접근은 인간 행동의 사고, 감정, 행동을 포괄하며 하나의 이론적 틀이 제공하지 못하는 많은 유익한 점을 제공한다.

토론을 위한 질문

1. 하위집단을 이끄는 데 있어 한 가지 주된 이론을 가짐과 동시에 관점의 확장을 위해 두 가지 다른 이론을 활용할 방법을 탐색해보라. 이럴 경우, 어떤 이론이 당신의 주된 이론이 되며 그 이론을 선정한 이유는 무엇인가? 집단 상담자로 다른 이론적 모델의 어떤 측면을 당신의 주된 이론적 접근에 통합하고 싶은가?

2. 한 가지 이론적 관점에서 상담하는 이점은 무엇인가? 불리한 점은? 다양한 이론적 관점으로부터 개념과 기법을 차용하는 통합적 접근을 개발하는 것은 어떤 가치가 있다고 보는가? 다른 이론적 모델에서 나온 요소들을 통합할 때 어떤 어려움이 있을 것 같은가?

3. 하위집단을 이끄는 데 있어 당신의 개인적인 상담 방식의 몇 가지 측면에 대해 논의해보라. 아래 질문은 당신의 이론적 입장을 명료화하는 데 도움이 될 수 있을 것이다.

   가. 당신의 세계관은 무엇이며, 그 세계관이 당신이 사는 세상과, 그 속의 사람들, 그리고 당신이 그들과 상호작용하는 방식을 이해하는 데 어떤 영향을 미치는가?

   나. 다양한 집단에 더 나은 처치를 제공하기 위해서 당신의 접근 방식을 어느 정도까지 기꺼이 수정하겠는가?

   다. 당신은 변화가 어떻게 일어난다고 생각하는가?

   라. 사람들이 치료되는 방식에 대해 당신이 믿는 것은 무엇인가? 어떤 맥락에서 사람들은 치료되는가? 사람들이 치료되기 위해선 무엇이 존재해야 하는가? 어떤 방법이 사람들의 치료를 돕는가?

   마. 당신 자신이 상담을 받은 경험은 어땠는가? 어떤 점이 도움이 되었고 또 도움이 되지 않았는가?

   바. 내담자와 상담자 관계에 대해 어느 정도의 중요성을 부과하는가?

   사. 당신의 관점에서 볼 때 내담자와 상담자의 역할은 무엇인가?

   아. 문제, 문제 상황, 문제 행동을 어떻게 정의하는가?

   자. 집단에서 사용할 기법을 어떻게 결정하는가?

『집단상담의 실제: 진행과 도전-DVD와 워크북』을 위한 안내

당신이 수업에서 『집단상담의 실제: 진행과 도전-DVD와 워크북』의 DVD를 보지 않거나 이 프로그램을 가지고 작업하지 않는다면, 다음의 연습은 건너뛰어도 된다. 만약 당신이 DVD나 사이트의 동영상을 본다면, "집단 상담의 이론과 기법"의 첫 부분과 관련하여 이 장을 가장 잘 활용할 수 있게 하는 몇 가지 제안이 있다. DVD 프로그램의 셋째와 마지막 부분은 Gerald Corey의 짧은 강의에 기반하는데 이 강의는 이 책의 4장을 보완한 것이다. 덧붙여, 이 책에 논의된 각 이론의 주된 요점은 워크북에 잘 요약되어 있는데, 워크북에는 수업에서 하는 작은 집단 활동의 기초를 제공해줄 수 있는 토론을 위한 질문이 함께 담겨 있다.

PART

2

집단 과정:
발달 단계

집단이 전개되는 단계는 일반적으로 다음 장에서 제시되는 순서에 따라 깔끔하고 예측 가능하게 진행되지는 않는다. 실제로 집단의 단계는 상당히 중첩되고, 집단이 일단 다음 단계에 도달하면 한동안 정체된 상태에 머물거나 일시적으로 이전 단계로 퇴보하는 일도 드물지 않다. 마찬가지로, 집단에서 어떤 과업들이 달성되었다는 사실이 앞으로 새로운 갈등이 일어나지 않으리라는 것을 뜻하지도 않는다. 집단은 역동적이고 지속적으로 변하므로, 집단구성원과 지도자는 집단의 향방에 영향을 미치는 요인에 대해 주의를 기울여야 한다. 덧붙여서, 집단 내의 모든 참여자들이 서로 비슷한 속도로 진전을 보이는 것도 아니다. 개인의 과정과 집단의 과정을 동시에 촉진하는 데에는 실제 경험과 기술이 필요하다.

집단의 상이한 단계에서 나타나는 전형적인 패턴에 대한 이해는 집단지도자에게 유익한 관점을 제공하고, 지도자가 문제를 예상하여 적합하고 시기적절하게 개입할 수 있도록 도움을 준다. 집단에서 중요한 전환점에 대한 지식은 집단구성원들이 각 단계에서 직면하는 과업을 성공적으로 달성하기 위해 그들의 자원을 활용하도록 돕는 데 있어서 유용한 지침이 된다. 비록 여기서는 이 단계들이 집단의 전 과정에 걸쳐 기술되지만, 다음을 기억하는 것이 중요하다. 즉, 집단원들은 한 회기 내에 이런 단계들을 거쳐갈 수도 있는데, 한 회기 동안 처음 몇 마디 언급에서 시작하여 짧은 과도기를 지나고 생산적인 작업을 거친 후 이 과정에서 무엇을 이루었는지를 성찰하는 것으로 마칠 수 있다. 집단의 단계들은 사전 집단 단계, 초기 단계, 과도기 단계, 작업 단계, 종결 단계를 포함한다. 집단의 각 단계는 각 장에 따로 기술할 것이다.

사전 집단 단계는 집단 구성과 관련된 모든 요소로 이루어진다. 신중하게 생각하고 계획 세우는 일은 어떤 집단이든 튼튼한 기반을 다지기, 즉 집단 제안서를 작성하고, 집단구성원들을 모으고, 집단원들을 선발하고 선정하며, 준비 교육을 실시하는 과정을 위해 필요하다. 이러한 모든 실제적인 사항들을 고려하려면 많은 시간이 소요되지만, 이런 준비 단계에 주의를 기울이면 생산적인 집단으로 이끌 가능성을 높일 수 있다.

초기 단계는 오리엔테이션과 탐색의 시기이고 집단원들은 자기 모습 가운데 사회적으로 수용될 수 있다고 생각되는 부분을 보여주는 경향이 있다. 이 단계의 일반적인 특징은 집단 구조에 대한 어느 정도의 불안과 불안정이다. 집단원들은 한계를 발견하고 시험해보며 그들 중 일부는 집단에서 자신이 받아들여질지 의구심을 갖고 있기 때문에 시험적인 태도를 보인다. 대체로 집단원들은 집단에 대한 어떤 기대와 염려 및 불안을 갖고 있는데, 이를 솔직하게 표현하도록 허용하는 것이 매우 중요하다. 집단원이 서로를 알게 되고 집단이 어떻게 돌아가는지를 배우게 되면, 집단 규범을 만들고, 집단에 대한 두려움과 기대를 탐색하고, 개인적 목표를 확인하며, 탐색하고자 하는 개인의 주제를 명료화하고, 이 집단이 안전한 곳인지를 판단하게 된다. 지도자가 집단원들의 반응을 다루는 방식에 따라 그 집단에서 신뢰가 어느 정도 발달할지가 결정된다.

집단구성원들이 할 수 있는 한 최대한 깊은 수준에서 상호작용할 수 있게 되기까지, 집단은 일반적으로 다소 도전적인 **과도기 단계**를 거친다. 이 단계에서 지도자의 과제는 집단원들이 집단에 가져온 관심사에 대한 작업을 어떻게 시작할지를 배우도록 돕는 것이다. 집단원들의 과제는 자신의 생각과 느낌과 반응 및 행동을 모니터하고 이것을 말로 표현하기를 배우는 것이다. 지도자는 집단원들이 두려움과 방어적 태도를 인식하고 수용하도록 도와주고 이들이 경험할 수 있는 불안과 주저함을 극복하도록 조력할 수 있다. 집단원들은 다른 사람들이 그들에 대해 어떻게 생각할지 염려스러워 표현하지 않고 자제하고 있던 것을 용기 내어 말할지 말지를 결정한다.

생산적인 작업은 집단의 모든 단계에서 이루어진다. 그러나 작업의 질과 깊이는 각각 발달 단계에 따라 서로 다른 형태를 띤다. **작업 단계**의 특징은 좀 더 깊은 수준의 탐색인데, 이것은 초기 단계와 과도기 단계에서 이루어진 의미 있는 작업을 토대로 한다. 상호관계와 자기 탐색이 늘어나고 집단의 초점은 행동적 변화를 이루는 데 맞춰진다. 상담 실제에서는 과도기 단계와 작업 단계가 중첩되는 부분이 있다. 작업 단계 동안 집단은 이전 단계의 주제인 신뢰와 갈등 및 참여에 대한 주저함으로 되돌아갈 수도 있다. 집단이 새로운 도전을 받아들이게 되면 좀 더 깊은 수준의 신뢰가 형성될 수 있다. 집단이 전개되면서 새로운 갈등이 일어날 수 있는데, 갈등을 극복하고 나아가는 어려운 작업을 하려면 전념하는 자세가 필요하다. 모든 집단원들이 동일한 수준의 강도에서 참여하지는 못할 수도 있다. 따라서 일부 집단원들은 주변에 머물고 표현을 자제하면서 모험감수하기를 더 두려워할 수도 있다. 사실 한 집단의 모든 단계에서 집단원들 간에 개인차가 있다. 어떤 집단은 결코 작업 단계에 이르지 못할 수도 있다. 하지만 이런 경우에도 중요한 학습은 이루어지며, 집단원들이 집단 경험에서 얻는 것이 있다.

종결 단계는 그동안 배운 것을 좀 더 확인하고 이러한 새로운 학습이 어떻게 일상생활의 일부가 될 수 있는지를 알아보는 시간이다. 집단 활동은 종결, 요약, 마무리, 집단 경험의 통합과 해석으로 이루어진다. 집단이 종결에 다가가면서 집단 경험을 개념화하고 마무리하는 데 초점이 모아진다. 종결 과정 동안 집단에서는 분리의 감정을 다루고, 미해결된 문제를 논의하며, 집단 경험을 되돌아보고, 행동 변화를 위해 연습하고, 행동 계획을 세우며, 문제의 재발에 대한 대처 전략을 모색하고, 지지적인 네트워크를 구축한다.

CHAPTER 5

집단 구성하기

도입 | 집단 제안서 만들기 | 집단구성원 모집과 선별 | 집단 구성 시 실제적인 고려 사항 | 사전 집단 모임의 활용 | 집단상담에 평가 포함하기 | 집단 구성에서 공동 지도자의 문제 | 기억해야 할 핵심 사항 | 연습 | 『집단상담의 실제: 진행과 도전-DVD와 워크북』을 위한 안내

학습 목표

1. 집단 구성에 필요한 주요 과제에 대한 목록을 만들고 논의한다.

2. 집단원 모집, 선별, 선정을 포함한 집단 형성에 대한 접근법에 대해 생각해본다(CACREP, 2016, Standard E).

3. 집단 구성에 관한 실제적 고려 사항을 이해한다.

4. 사전 집단 모임의 목적과 쓰임새를 설명한다.

5. 집단 구성에 있어서 공동 지도에 대한 몇 가지 핵심 쟁점을 확인한다.

당신이

이혼 가정 아이들을 위한 집단을 시작하는 업무를 배정받은 중학교 상담 교사라고 상상해보라. 당신은 집단구성원을 모집하고, 사전 집단(pregroup)을 선별하고, 각 집단 모임을 위한 계획을 세워야 할 것이다. 게다가 당신은 아이들의 보호자나 부모에게 승인받는 것을 확실히 할 필요가 있을 것이다. 다음에 제시된 질문을 지침으로 삼아 당신이 이끌 집단을 구성할 때 고려해야 할 요소들을 생각해보라.

- 이 집단을 구성하는 일을 어떻게 시작할 것인가?
- 당신은 어떤 지지나 자문을 필요로 하겠는가?
- 이혼 가정 아이들과 당신은 어떤 개인적 혹은 전문적 경험을 해보았는가?
- 당신이 집단구성원들과 어떻게 어울릴 것으로 예측하는가?
- 집단구성원들과 함께 당신이 마주하게 될 신뢰 문제는 무엇이며, 당신은 이를 어떻게 다룰 것인가?
- 이 집단을 구성함에 있어서 당신이 중요하다고 여길 임상적·윤리적 사안으로 어떤 것을 예상하는가?
- 당신이 이 집단을 효과적으로 이끄는 데 필요한 영역에 관하여 어떻게 자신을 교육시킬 것인가?

 도입

집단상담 실무자들은 서로 많은 다른 현장에 존재하는 다양한 내담자 집단의 특정한 요구에 맞추기 위해 점점 더 다채로운 집단을 만들어내고 있다. 당신이 상상할 수 있는 집단의 유형은 오직 당신 자신의 창의성과 내담자의 욕구에 의해서만 한정된다. 가령, Joan VanderSchaaf(2013)는 요가 수업과 집단 치료를 결합한 독특한 집단을 만들어냈다. 이 집단에 참여한 사람들은 힘의 향상과 자신이 지닌 권한을 느끼고 안녕감과 자각에 대한 감각이 향상되었다고 보고했다. 집단상담 실무자들은 여러 가지 주제와 양식을 새로운 방식으로 혼합한 집단을 설계하기 위해 창의적인 방법을 계속해서 찾는다.

집단은 점점 더 인기를 얻고 있고 내담자의 욕구와 기관의 요구를 둘 다 충족할 수 있도록 설계되고 있다. 집단원들은 통찰을 얻고 집단 내에서뿐만 아니라 집단 밖의 일상적인 상호작용에서 새로운 기술을 연습할 수 있는 기회를 갖는다. 다른 집단원과 상담자에게서 받는 피드백은 집단원들이 새로운 관점을 얻도록 돕는다. 집단은 모델링을 위한 많은 기회를 제공한다. 집단원들은 보통 자신과 유사한 고민을 가지고 있는 다른 집단원의 작업을 관찰함으로써 자신이 지닌 문제에 대처하는 법을 배운다.

성공적인 집단 경험을 위해 집단구성원을 준비시키는 일에 세심한 주의를 기울이는 것이 중요하다는 것은 아무리 강조해도 지나치지 않다. 대부분의 경우에는 당신이 이끌 집단이 어떤 유형인지에 대해 생각해보고 지도자로서의 역할과 기능에 대비하여 마음의 준비를 하는 것이 유익하다. 당신이 기대하는 것을 가능한 한 빨리 명확하게 진술할수록, 당신은 더 잘 계획할 수 있을 뿐 아니라 참여자들에게 훨씬 더 의미 있는 경험을 제공할 수 있다. 어떤 경우는 집단을 구성할 때 그다지 이상적인 여건이 아니기 때문에 적절하게 준비하고 미리 계획을 세울 수 있는 당신의 능력이 제한될 수도 있다. 이런 상황에서도 이 장에서 제시하는 성공적인 집단 경험을 설계하는 방법에 관한 정보를 고려하는 것이 유익하다.

 ## 집단 제안서 만들기

집단을 만들고 실현시킬 수 있는 많은 좋은 아이디어가 결실을 거두지 못하는 경우가 있다. 그 이유는 때로는 자원이나 훈련 부족 때문이고, 때로는 집단지도자의 적절한 준비 부족 때문이다. 다음의 다섯 가지 일반적인 영역은 집단 제안서를 만들 때 지침으로 활용될 수 있다.

1. **합당한 근거**: 당신이 구성하고자 하는 집단에 대한 명확하고 설득력 있는 합당한 근거가 있고, 그것을 지지할 만한 자료를 제시할 수 있는가? 집단의 필요성에 대해 사람들이 제기할 수 있는 질문에 답할 수 있는가?
2. **목표**: 당신이 가장 달성하고 싶은 것은 무엇인지, 또 이를 위해 어떻게 할 것인지에 대한 명확한 생각을 갖고 있는가? 당신이 세운 목표는 구체적이고 측정 가능하며 정해진 시간 내에 달성할 수 있는 것인가?
3. **실제적인 고려 사항**: 집단구성원의 자격이 규정되어 있는가? 집단 모임 시간, 횟수, 집단 전체의 기간이 합당하게 정해져 있는가? 집단상담이 진행되는 물리적인 위치는 모든 집단원이 접근하기 쉬운 곳인가?
4. **절차**: 정해진 목표를 달성하는 데 필요한 세부적인 절차를 선정하였는가? 이러한 절차는 참가자 집단에 적합하고 또 현실적인가?
5. **평가**: 제안서에는 정해진 목표를 어느 정도 잘 달성했는지를 평가할 수 있는 전략이 포함되어 있는가? 평가 방법은 객관적이고 실제적이며 적절한가?

다음은 당신과 공동 지도자 및 참여자가 고려해볼 수 있는 질문이다. 집단 규칙과 지침에 대한 논의는 집단 과정에 대한 집단구성원의 책임의식을 높이기 위해 모든 집단원들이 참석한 집단 초기에 하는 것이 더 효과적이다. 우리는 슈퍼바이저 및 동료에게 다음에 제시된 질문을 논의사항으로 제기해보라고 제안하고 싶다.

- 어떤 유형의 집단을 구성하고자 하는가? 장기 집단이 될 것인가, 아니면 단기 집단이 될 것인가?
- 누구를 대상으로 한 집단인가? 구체적인 대상 집단을 정하라. 이 대상 집단의 발달 단계상의 욕구에 대해 당신이 알고 있는 것은 무엇인가?
- 이러한 집단을 구성하게 된 당신의 동기는 무엇인가? 요구 평가를 해보았는가? 해보았다면, 이것이 당신이 집단을 설계하는 데 어떤 식으로 도움이 될 수 있는가?
- 당신 집단에 참여할 집단구성원을 어떻게 모집할 것인가? 당신이 이 집단에 포함시키고 싶지 않은 사람들이 있다면 어떤 사람들인가? 당신이 설정한 배제 기준을 뒷받침하는 근거는 무엇인가?
- 이 집단 참여자의 문화적 배경의 구성 비율은 어떠한가? 집단 구성의 관점에서 이런 비율이 함축하고 있는 의미는 무엇인가?
- 당신이 제안하는 집단의 과정과 내용 둘 다에 필요한 숙련된 기술을 갖고 있는가? 만일 그렇지 않다면 집단을 운영할 때 당신은 도움을 얻을 수 있는 슈퍼비전이나 지원을 받을 수 있는가?
- 집단은 자발적 참여자로 구성되어 있는가, 아니면 비자발적인 참여자로 구성되어 있는가? 만약 집단원이 의무적으로 참여하는 집단이라면, 특별히 다루어야 할 사항은 무엇인가?
- 이 집단의 일반적인 목표와 목적은 무엇인가? 즉, 이 집단에 참여함으로써 집단원이 얻을 수 있는 것은 무엇인가?
- 집단구성원을 선별하고 선정하기 위해 어떤 절차를 적용할 것인가? 이러한 특정한 선정 절차를 적용하는 근거는 무엇인가?
- 집단구성원의 수는 몇 명으로 할 것인가? 어디에서 집단을 진행할 것인가? 얼마나 자주 만날 것인가? 매 회기의 소요 시간은 어느 정도로 할 것인가? 집단이 시작된 후에도 새로운 집단원을 받아들일 것인가? 아니면 집단을 폐쇄형으로 진행할 것인가?
- 어떻게 집단원을 집단 경험에 대해 준비시킬 것인가? 처음에 어떤 기본 규칙을 정할 것인가?
- 집단은 어떤 구조를 가지게 될 것인가? 사용할 기법은 어떤 것인가? 이러한 기법이 적합하다는 근거는 무엇인가? 다양한 문화적 배경을 가진 집단원의 욕구를 충족시키기 위해 이러한 기법을 어떻게 융통성 있게 적용할 것인가?
- 집단구성원이 집단에 참여함으로써 약간의 위험을 감수해야 할 수도 있다는 사실을 당신은 어떻게 다룰 것인가? 집단원을 불필요한 위험으로부터 보호하기 위해 당신은 무엇을 할 것인가? 일부 집단원들이 미성년자라면 당신은 어떤 특별한 조

치를 취할 것인가?

- 만약 어떤 집단원이 술이나 약물에 취한 상태로 집단에 참석한다면 이러한 상황을 어떻게 처리할 것인가?
- 집단이 종결하기 전에 집단을 떠나고 싶어 하는 집단원이 있다면 이에 어떻게 대처할 것인가?
- 집단에 대해 어떤 평가 절차를 계획하고 있는가? 후속 절차에 대해서는 어떤 계획을 갖고 있는가?
- 이 집단에서 어떤 주제를 탐색해볼 것인가?

당신이 구성할 집단의 유형이 무엇이든 간에 생각을 행동으로 옮길 때에는 서면으로 작성된 설득력 있는 제안서를 갖는 것이 핵심이다. 10장과 11장에 학교와 지역사회의 집단을 위한 12개의 견본 제안서를 제시하였다. 이 제안서들은 당신이 각기 다른 내담자 집단과 각기 다른 주제를 다루더라도 집단을 설계할 때 좋은 아이디어를 제공할 것이다. 이 제안서들을 검토할 때, 각각의 제안서에서 당신의 흥미에 적합하고 내담자의 욕구를 만족시킬 수 있는 부분을 어떻게 이끌어낼 수 있는지를 생각해보라.

체제 안에서 작업하기

당신의 제안서가 당신이 소속된 기관의 슈퍼바이저와 잠재적인 집단구성원에게 받아들여지기를 바란다면, 당신은 체제 안에서 일하는 데 필요한 기술을 발전시켜야 한다. 어떤 기관에서 집단을 시작하려고 한다면, 당신은 해당 기관의 실무자들과 세밀하게 협상해야 한다. 모든 클리닉과 기관, 학교, 병원에서는 권력의 문제와 정치적인 현실이 영향력을 미친다. 당신은 집단을 구성하는 일을 놓고 들뜰 수 있지만, 결국 당신의 동료나 관리자의 저항에 부딪히고 말지도 모른다. 때로 당신의 동료들이나 체제가 당신의 노력을 고의로 방해할 수도 있는데, 그들이 왜 그렇게 행동하는지가 충분히 이해되지 않을 수 있다.

어떤 경우에는 기관의 대표자들에게 그 기관의 내담자를 위한 집단의 현실적인 제한점뿐만 아니라 잠재적인 가치를 교육해야 한다. 당신이 제출한 제안서에 대해 관리자와 최고경영자가 가질 수 있는 주된 우려 사항이 무엇일지 예상해보는 것도 유용하다. 예를 들어, 당신이 공립고등학교에서 집단을 구성하려고 한다면, 학교 관리자는 학부모의 불만과 소송 가능성에 대해 불안해할 수도 있다. 그들이 우려하는 사항을 당신이 충분히 이해하고 윤리적·법률적 쟁점에 대해 직접 이야기한다면 당신의 제안서가 채택될 가능성이 높아진다. 만일 당신이 집단을 통해서 무엇을 성취하고자 하는지 혹은 집단 모임을 어떻게 운영할지에 대한 생각이 명확하게 정리되어 있지 않다면, 책임 있는 관리자가 당신의 프로그램을 승인해줄 가능성은 매우 낮다. 집단 설계를 위해 이 장에 기술되어 있는 제안에 주의를 기울이면 당신의 제안서가 성공할 가능성은 더 커질 것이다.

 ## 집단구성원 모집과 선별

당신의 제안서가 채택되게 하는 데 성공했다면, 다음 단계는 집단에 참여할 만한 대상에게 집단을 알릴 수 있는 실제적인 방법을 찾아보는 것이다. 집단을 홍보하는 방식은 참여 가능성이 있는 사람들이 집단을 어떤 식으로 받아들일지 그리고 어떤 유형의 사람들이 참여할지에 영향을 미친다. 상업화된 접근보다 전문적인 기준을 우선시해야 하지만, 우리가 경험한 바로는 참여 가능성이 있는 사람들을 개인적으로 접촉하는 방법이 집단구성원을 모집하는 가장 효과적인 방법 중 하나이다.

집단 홍보와 집단구성원 모집을 위한 지침

집단 홍보와 참여자 모집에 있어서 전문가로서 고려해야 할 문제가 있다. 「최선의 상담 실무 지침」(ASGW, 2008)에는 집단에 참여할 의사가 있는 사람들에게 다음 사항을 포함하여 집단에 관련된 정보를(가능하면 서면으로) 제공해야 한다고 기술되어 있다.

- 집단지도자의 전문가 자기개방 진술서
- 집단의 목표와 목적에 관한 진술
- 집단에 들어오고 나가는 행위에 관한 방침
- 자발적인 참여자와 비자발적 참여자를 포함한 집단 참여에 대한 기대
- 의무적으로 참여하는(해당되는 경우) 집단의 방침과 절차
- 비밀 유지와 비밀 유지 예외 상황
- 가능한 개입 방법을 포함한 지도자의 이론적 지향
- 특정 집단을 지도할 수 있는 지도자의 자격 요건
- 집단구성원과 집단지도자의 역할 기대
- 집단구성원과 지도자의 권리와 책임
- 문서 기록 절차와 외부인에게 정보를 공개하는 것과 관련된 방침
- 집단 밖에서의 교류나 집단원들 간의 사적인 관계 형성이 갖는 함축적 의미

- 집단지도자와 집단구성원 간에 이루어지는 자문 절차
- 집단지도자의 교육과 훈련 및 자격 요건
- 비용, 취소 방침, 집단 밖에서 지도자와의 의사소통 방법을 포함한 집단의 실행 방안
- 특정한 집단구조 내에서 제공될 수 있는 서비스와 제공될 수 없는 서비스를 현실적으로 기술한 내용
- 집단 참여에 따르는 잠재적인 결과
- 집단 참여에 따르는 잠재적인 위험과 유익함

이상의 지침들은 당신이 집단을 위한 사전 동의서를 만들 때도 도움이 될 수 있다. 집단 홍보지를 작성할 때 집단에 대한 정확한 그림을 제시하고 집단에 대한 비현실적인 기대를 갖게 만들 수도 있는 집단 성과에 대한 약속은 하지 않는 것이 좋다. 이미 언급했듯이 집단을 통해서 도움받을 가능성이 가장 높다고 생각되는 사람들을 직접 접촉하는 것이 홍보지를 통한 광고의 후속 작업으로 아주 좋은 방법이다. 인쇄물을 나눠주면서 집단에 관심 있는 사람들과 개인적인 접촉을 갖게 되면 사람들이 집단의 목적과 기능을 오해할 가능성을 줄일 수 있다.

당신의 소속 기관 동료들에게 알리는 것도 집단 홍보와 집단구성원 모집을 위해 중요하다. 그들은 당신이 모으려고 하는 특정한 집단에 적합한 내담자를 당신에게 보내줄 수 있다. 게다가 그들이 접촉하는 사람들 중에서 집단에 참여할 가능성이 있는 사람들에게 집단에 관한 서면 정보를 주는 것을 포함해서 예비적인 선별 작업을 해줄 수도 있다. 집단원을 모집하는 모든 단계에서 가능하면 동료들을 많이 관여시키도록 하라.

집단구성원 선별과 선정 절차

집단 홍보와 집단구성원 모집이 끝나면, 중요한 다음 단계는 실제로 집단을 구성할 집단구성원들을 선별하고 선정하는 절차를 준비하는 것이다. 집단상담전문가협회 (ASGW, 2008)가 제시한 「최선의 상담 실무 지침」에 따르면 "집단 상담자는 제공되는 집단의 유형에 맞게 예비 집단구성원들을 선별한다. 집단원을 선정할 수 있는 경우에 집단 상담자는 집단원의 요구와 목표가 집단의 목표에 부합하는지를 확인한다" (A.7.a). 이런 지침에는 몇 가지 질문이 따른다. 선별 작업을 반드시 해야 하는가? 만일 그렇다면, 이 집단에 맞는 선별 방법은 어떤 것인가? 누가 이 집단에 가장 적합한지, 누가 집단 과정에 부정적인 영향을 미칠 것인지, 누가 집단 경험에 의해 상처를 받을 수 있는지를 어떻게 결정할 수 있는가? 어떤 연유로든 집단에서 배제된 신청자들에

게 이런 사실을 알리는 가장 좋은 방법은 무엇인가?

집단에 적합한 내담자일 수 있음에도 지도자가 개인적으로 싫어하거나 역전이 문제로 인해 배제하는 경우가 종종 있다. 집단지도자가 잠재적 집단구성원을 좋아하는지 혹은 싫어하는지는 적절한 집단원 선정 기준이 아니다. 선별의 목적은 내담자들에게 미칠 수 있는 잠재적인 위험을 예방하는 것이지, 동질적인 집단원들로 구성된 집단을 만들어 지도자의 일을 수월하게 만들려는 것이 아니다. 어떤 유형의 집단에서는 집단원 선별이 내담자가 가진 특정 영역의 문제가 집단의 전반적인 목적과 일직선상에 있는지에 근거한다. 예를 들어, 10장에서 Teresa Christense은 학대를 받은 경험이 있는 아동을 위한 집단에 대해 기술한다. 그녀는 이 집단에 참여할 아동을 선정할 때 아동이 이 집단에 포함된 다양한 상호작용 활동에 참여할 준비가 되어있는지를 반드시 고려해야 한다. 아울러, 그녀가 선정한 아동은 모두 개인 상담이나 가족 상담을 받고 종결했거나 현재 받고 있는 상태이다. 그녀는 그녀가 구성한 특정한 집단에서 언제 아동이 유익한 경험을 할 수 있을지를 결정하는 데에는 선별 작업이 필수적이라고 믿는다. 11장에서 기술하는 근친강간 피해 여성을 위한 지지 집단을 구성할 때, Lupe Alle-Corliss는 근친강간의 외상을 개방적으로 다룰 준비가 되어있음을 보여주는 내담자를 찾는다. 위의 두 집단의 예시에서 볼 수 있듯이, 선별 작업은 집단 치료에 대한 잠재적 집단원의 준비도와 적합성을 결정하기 위해 이루어진다.

집단구성원을 선별할 때 다양성 문제를 고려하는 것이 적절할 수도 있다. 당신은 유사한 경험을 공유하지만 여러 측면에서 서로 다른 점이 있는 사람들을 모아 한 집단으로 구성하고 싶을 수도 있다. 집단원들은 다양성이 존재하는 집단에서 상호작용함으로써 흔히 서로에 대한 정형화된 인식과 잘못된 개념을 바로잡을 수 있는 기회를 가진다. 집단원 구성이 신중히 고려되고 균형이 맞춰진 집단에서 집단원들은 서로 연결되고 서로에게 배울 수 있는 기회를 가진다.

> **궁극적으로는 집단의 유형에 따라 그 집단에 받아들일 집단구성원의 유형을 결정해야 한다.**

궁극적으로는 집단의 유형에 따라 그 집단에 받아들일 집단구성원들의 유형을 결정해야 한다. 사회적 기술을 가르치거나 스트레스에 대처하는 것을 목표로 하는 단기간의 구조화된 집단에서 잘할 수 있는 사람이 집중적인 치료 집단에는 준비가 되어 있지 않을 수 있다. 심각한 정서적 외상을 경험한 사람들은 아마도 상담 집단에서는 배제되겠지만, 정신건강센터에서 외래환자를 위해 매주 운영하는 집단에 참여하여 도움을 얻을 수도 있다. 당신이 정한 기준이 당신이 이끄는 특정 집단에 적절하다는 것을 확실히 하기 위해 집단원의 선별 및 선정 절차를 신중하게 평가하라. 지도자가 고려해야 할 질문은 '이 사람을 이 시점에 이 집단지도자가 이끄는 이 특정한 집단에 받아들여야 하는가?'이다.

예비 선별 회기 우리는 집단에 참여하고자 하는 신청자와 지도자 간의 개별적인 면담이 포함된 선별 절차를 지지하는 입장이다. 공동 지도자가 있는 경우에는 두 사람이 함께 신청자 개개인을 면담하는 것이 바람직하다. 두 사람이 함께 예비 집단구성원들을 면담하는 데는 몇 가지 이점이 있는데, 그중 한 가지는 집단원이 공동 지도자 각각에게 어떤 반응을 보이는지 알아볼 수 있다는 것이다. 이런 절차를 통해 공동 지도자들은 이 집단원이 집단 상황에서 어떠할지에 대한 감을 잡을 수 있다. 개별 면담 동안 지도자나 공동 지도자는 집단이 이 후보자에게 도움이 될 것이라는 단서를 찾을 수 있다. 이 사람은 변화하고자 하는 동기가 어느 정도 있는가? 집단 참여가 스스로의 선택인가, 아니면 다른 사람에 의한 선택인가? 왜 이 집단에 참여하고자 하는가? 이 사람은 집단의 목표가 무엇인지 이해하고 있는가? 이 시점에 이 사람에게 집단상담이 적합하지 않다는 단서가 있는가?

개별 면담 때 집단 신청자도 집단지도자나 공동 지도자의 의견을 물어보도록 기회를 준다. 집단의 절차와 기본적인 목적 및 집단의 다른 측면에 관해 질문을 하도록 기회를 가질 수 있다. 이런 질문 절차는 정보를 얻는 수단으로뿐만 아니라 집단지도자나 공동 지도자에 대한 신뢰감을 갖게 하는 수단으로서도 중요하다. 지도자에 대한 신뢰는 생산적인 작업을 위해 필요한 요소이다. 신청자가 어떤 질문을 하는지 들어봄으로써 집단에 대한 그들의 준비 정도와 집단 과정에 대한 호기심 및 그들의 대인관계 방식을 알아볼 수 있다. 다시 말해서, 선별 절차는 양방향 과정이라고 생각하는 것이 가장 좋고, 예비 집단원이 집단과 지도자에 대해 나름의 판단을 내리도록 권장해야 한다는 것이 우리의 생각이다. 집단에 대한 정보를 충분히 제시한다면 집단원은 그 집단에 참여할지 말지를 좀 더 잘 결정할 수 있다.

우리의 관점에서 볼 때, 선별과 선정 절차는 주관적이며 지도자의 직관과 판단이 매우 중요하다. 우리는 집단 참여를 고려하는 사람들이 집단에서 유익한 경험을 하는 것에 관심을 두지만, 이보다 더 관심을 두는 것은 이들이 집단에 의해 심리적으로 상처받거나 집단의 에너지를 과도하게 소모하지 않을까 하는 점이다. 어떤 집단원들은 집단에 영향을 받지 않으면서 생산적인 작업에 필요한 집단 에너지를 고갈시킨다. 적대적인 사람, 독점하려는 사람, 극히 공격적인 사람, 위기상황에 처한 사람, 행동화하는 사람이 특히 이런 유형에 해당한다. 이러한 사람들을 집단에 포함시킴으로써 얻게 되는 유익함을 집단 전체가 감수해야 할지 모를 손실에 견주어 따져보아야 한다. 자살충동이 있거나, 매우 취약하거나, 급성 정신병이 있거나, 반사회적이거나, 극도의 위기상황에 처해있거나, 편집증이 심하거나, 혹은 극히 자기중심적인 사람은 집단상담에 적합하지 않다(Yalom, 2005b).

집단지도자는 신청자가 집단 경험을 통해 유익함을 얻을 가능성을 평가할 수 있는 시스템을 고안해야 한다. 이때 반드시 고려해야 할 요소는 지도자의 훈련 수준, 예상되는 집단의 구성, 집단이 실시되는 환경 및 집단의 기본적인 성격이다. 예를 들어, 심하게 방어적인 사람은 다음의 몇 가지 이유 때문에 진행 중인 청소년 집단에 빈아들이지 않는 것이 좋다. 심하게 취약한 사람에게는 집단이 너무나 위협적일 수 있어 방어와 경직성을 높일 수 있다. 혹은 이러한 사람들은 다른 집단원들의 작업 시도를 방해하여 집단원들에게 역효과를 가져올 수 있다.

개별 면담을 실시하는 것이 가능하지 않은 경우에는 대안을 활용해야 할 것이다. 당신이 지방 소재 시설이나 시립병원에서 일한다면 그저 어떤 집단이 무작위로 당신에게 배정되어버리기 때문에 집단원들을 선별할 기회가 주어지지 않는다. 집단원들을 배정하는 기준은 그들의 진단명이나 그들이 배치된 병동일 수 있다. 당신이 집단을 위한 집단원들을 선정할 수 없는 이런 상황에서도, 당신은 집단원들을 준비시키기 위해 적어도 짧게나마 개별적으로 접촉할 수 있다. 또한 집단 초기에는 준비 작업에 일정 시간을 할애해야 할 것이다. 왜냐하면 많은 집단원들은 그들이 왜 집단에 있는지 혹은 집단이 어떻게 자신에게 유익할 수 있는지 전혀 모를 수 있기 때문이다. 일부 집단원들이 떠나고 새로운 집단원들이 들어오면서 집단구성원이 바뀌는 '개방 집단'에서는 신규 집단원들과 개별적으로 만나 오리엔테이션을 실시하는 것이 바람직하다.

집단을 위한 집단원들을 선별할 수 없다 해도 당신은 여전히 성공적인 집단을 이끌 수 있다. 하지만 당신은 집단원들에게 어떤 형태로든 오리엔테이션을 제공하여, 그 집단이 어떤 집단인지, 그 집단에 가장 잘 참여하는 방법은 무엇인지를 집단원들이 이해할 수 있도록 해야 한다. 집단원들이 집단 과정에 대해 잘 알 수 있게 지도자가 더 많이 도와줄수록 집단이 효과적으로 운영될 가능성이 더 높다.

집단구성원의 평가와 선발 이 주제와 관련하여 우리가 종종 받는 질문으로는 '어떤 사람이 집단에 가장 적합할까? 어떤 사람이 집단에서 가장 큰 성과를 얻을 수 있을까? 어떤 사람이 집단 경험에 의해 해를 입을 가능성이 있는가? 만일 어떤 사람을 집단에서 배제하기로 결정한다면 어떻게 이런 결정에 대해 당사자를 존중하면서 치료적인 방식으로 처리할 것인가?'가 있다. 당신은 집단지도자로서 특정한 내담자들을 집단에 받아들이거나 배제해야 하는 최종 결정을 내려야 한다. 우리가 운영하는 집단은 대개 자발적인 집단이기 때문에, 개별 면담에서 우리가 알아보려는 한 가지 요소는 집단 신청자가 어느 정도 변화하기를 원하며 또 변화를 위해 필요한 노력을 기울일 용의가 어느 정도 있느냐이다. 우리는 집단상담이 신청자가 바라는 변화를 얻을 수 있는 적절한 개입 방법인지를 고려한다. 또한 집단에 대한 정보를 얻은 후에 신청자가 집단의 일원이 되기를 얼마나 원하는지에도 큰 비중을 둔다.

집단에 참여하고자 하는 열망에도 불구하고 우리는 때때로 어떤 사람들을 집단에 받아들이기를 주저할 때가 있다. 앞서 언급했듯이, 우리는 어떤 사람에 대한 임상적 직감에 주의를 기울인다. 결국 우리의 선별과 선정 과정은 주관적인 것이다. 우리가 어떤 사람을 배제하는 데는 다양한 임상적인 이유가 있을 수 있다. 그러나 우리가 우려하는 것이 무엇이든 간에 당사자와 이에 대해 논의해야 한다. 때로는 우리의 염려에 대해 논의하고 나서 우리의 시각이 달라지기도 한다. 또 양심상 쉽게 어떤 사람을 받아들일 수 없는 경우도 있다. 집단원들을 선정하는 결정을 내릴 때 지도자는 그저 한 명의 집단원이 무엇을 원하는지가 아니라, 모든 집단원들을 위해 무엇이 최선인지를 생각해야 한다.

우리가 어떤 사람들을 집단에 받아들이지 않는다면 우리는 집단이 어떤 이유로 그들에게 적합하지 않은지를 강조하는 편이다. 그들에게 솔직하고 직접적이며 존중하고 세심하게 배려하는 방식으로, 가능하면 다른 대안을 제시하면서 우리의 결정을 전하려고 애쓴다. 이런 상황에서 윤리적 실천은 집단에 받아들여지지 않은 신청자들에게 집단에 포함되지 않은 것에 대한 그들의 반응을 다루는 데 필요한 지지를 제공하고, 또한 집단 참여에 대한 대안을 제안하는 것을 포함한다. 예를 들어, 대인관계에서 두려움을 많이 느끼고 극도로 방어적이고 몹시 불안해하는 신청자의 경우, 우리는 이 사람이 집단 상황에 들어가기 전에 개인 상담을 몇 회 받으면 유익할 것이라는 판단을 내릴 수 있다. 우리는 당사자에게 우리 결정의 근거를 설명하고, 적절한 형태의 개입을 받도록 의뢰하는 것을 고려해보도록 권유한다. 다시 말해서, 우리는 집단에서 배제된 사람들에게 아무런 설명 없이 문을 닫지는 않으며, 그들이 이 특정한 집단에 받아들여지지 않았다고 해서 그들에게 본질적으로 어떤 문제가 있다는 메시지를 암시하지도 않는다.

우리가 다양한 기관과 시설에서 집단지도자를 위한 실무자 훈련 워크숍을 하면 많은 지도자들이 집단에 참여할 사람을 선별하지 않는다는 말을 한다. 이들은 많은 이유를 드는데, 시간이 없다, 사람들이 단순히 집단에 배정되기 때문에 집단구성원을 선택하는 데 발언권이 거의 없다, 어떤 사람이 집단에서 도움을 얻을지 아니면 도움을 얻지 못할지 혹은 어떤 사람이 집단 경험으로 인해 부정적인 영향을 받을지를 어떻게 결정하는지 잘 알지 못한다, 선별 과정이 중요하다는 확신이 없다, 집단에서 도움을 얻을 수 있는 사람을 거부하는 실수를 하고 싶지 않다 등이 그것이다. 개별적인 선별이 현실적으로 가능하지 않은 경우에 실무자가 대안적인 전략을 고안할 것을 권유하고 싶다. 예를 들면, 개별적으로 사람들을 선별하는 대신 예비 집단구성원 몇 명을 모아 한 번에 선별과 오리엔테이션을 실시할 수 있다. 이것도 가능하지 않다면, 최소한 첫 회기 시작 전 짧게나마 집단원을 만나는 것이 좋다. 다른 대안은 집단의 첫 회기를, 오리엔테이션을 실시하고 집단원들로부터 집단에 전념하겠다는 서약을 받는 시간으로 활용하는 것이다.

집단 구성 시 실제적인 고려 사항

집단원 구성

집단이 동질적이어야 하는지, 이질적이어야 하는지는 집단의 목적과 목표에 달려있다. 일반적으로 어떤 일정한 요구가 있는 특정한 개입 대상 집단이 정해져 있는 경우에는, 이질적인 집단보다는 개입 대상 집단에 속한 사람들로만 집단을 구성하는 것이 더 적절하다. 전적으로 노년층으로만 구성된 집단을 생각해보자. 이 경우 외로움, 소외, 의미 결핍, 거절, 경제적 부담과 같이, 이들의 발달 단계의 특징을 이루는 특정한 문제에만 초점을 맞출 수 있다. 집단원들이 공유하는 이런 유사성은 집단응집력을 높이고, 이는 그들이 자기 삶의 위기를 개방적이고 집중적으로 탐색할 수 있게 해준다. 집단원들은 으레 억눌러왔던 감정을 표현할 수 있게 되고, 그들이 처한 삶의 상황은 서로 간에 연대감을 갖게 해준다. 한편, 집단원들이 서로 비슷한 문제를 갖고 있다 해도 그들의 삶의 경험들은 다르기 마련인데, 이런 차이점은 이런 동질적인 집단에 또 다른 수준의 다양성을 부여해준다. 노년층을 대상으로 한 집단을 위한 몇 개의 제안서를 11장에 제시할 것이다. '성공적 노화 집단', '노인 사별 집단', '시설에 위탁된 노인을 위한 집단치료 프로그램'은 각기 다른 목적과 초점을 갖고 있고, 집단의 전반적인 목표에 따라 집단원 선별이 정해질 것이다.

때때로 외부 사회구조의 축소판과 같은 조건의 집단이 바람직한데, 이런 경우에는 다양한 집단구성원들을 찾아야 한다. 자기 성장 집단과 과정 중심 집단, 대인관계 집단, 특정 치료 집단은 흔히 이질적인 집단인 경향이 있다. 집단원들은 일상의 현실을 반영하는 환경에서 다양한 사람들이 제공하는 피드백의 도움을 받아 새로운 행동을 실험하고 대인관계 기술을 개발할 수 있다. 대학 학생상담센터에서 제공하는 많은 집단이 과정 중심이거나 대인관계에 초점을 두고 있다. 다른 집단은 특정한 주제를 갖고 있을 수 있는데, 일부 심리교육 집단은 교육적이면서도 치료적인 경향이 있다. 10장에서 이들 집단 일부를 간략하게 다루고자 한다.

집단의 규모

집단의 규모는 어느 정도가 바람직한가? 이에 대한 답은 여러 가지 요인에 달려있다. 집단구성원들의 나이, 지도자의 경험, 집단의 유형, 집단에서 탐색할 문제에 따라 다르다. 예를 들어, 초등학생으로 구성된 집단은 3~4명으로 유지될 수 있지만, 청소년 집단의 경우는 6~8명으로 구성될 수 있다. 발달적 관점의 집단 지도 수업에는 많게는 20~30명의 아동을 참여시킬 수 있다. 매주 지속적으로 만나는 성인 집단의 경우 약

8명의 집단원이 이상적일 수 있다. 이 정도 규모의 집단은 집단원들이 상호작용할 수 있는 충분한 기회를 가질 수 있을 만큼 크고, 모든 집단원이 관여하고 '집단'이라는 느낌을 가질 수 있을 만큼 작은 규모이다.

회기의 빈도와 시간

집단은 얼마나 자주 만나야 하는가? 또 한 회기의 시간은 어느 정도가 되어야 하는가? 매 회기 1시간씩 일주일에 두 번 만나야 하는가? 아니면, 일주일에 한 번씩 1시간 30분에서 2시간이 더 나은가? 아동과 청소년 집단이라면 이들의 주의 지속 시간을 고려해서 짧은 시간 동안 자주 만나는 것이 더 낫다. 학교에서 집단상담을 하는 경우 모임 시간을 정규 수업 시간에 맞출 수 있다. 기능 수준이 비교적 양호한 성인의 경우 매주 한 번 2시간씩 만나는 것이 더 나을 수도 있다. 2시간은 집중적인 작업이 가능할 만큼 충분히 길지만, 지치지 않을 정도의 시간이다. 당신의 집단 운영 스타일과 집단에 참여하는 사람들의 유형에 맞게 회기의 빈도와 시간을 선택할 수 있다. 기능 수준이 낮은 입원 환자들로 이루어진 집단은 매일 45분씩 만나는 것이 바람직하다. 이러한 환자들은 심리적인 손상으로 더 오랜 시간 집중력을 유지하기가 어려울 수 있기 때문이다. 기능 수준이 좀 더 높은 입원 환자의 경우에도 한 주에 여러 번 만나는 것이 좋지만, 이들의 경우 90분으로 시간을 정할 수 있다

집단의 전체 기간

집단 전체의 기간은 어느 정도로 해야 할까? 대부분의 집단은 시작할 때 종료 일자를 공지하여 집단구성원들이 집단 작업에 시간적 한계가 있다는 점을 명확하게 알 수 있도록 한다. 우리가 이끄는 대학생 집단은 대체로 약 15주, 즉 한 학기 동안 진행된다. 고등학생 집단도 이 정도의 기간이 이상적일 것이다. 이 기간이면 신뢰가 형성되고 행동 변화를 위한 작업이 이루어질 정도로 충분히 길다고 볼 수 있다. 초등학생 집단과 중학생 집단은 전형적으로 6~8주간 진행되는데, 이는 관리자와 교사가 집단상담을 위해 학생의 수업을 빼는 것에 협조해주는지에 따라 달라진다.

우리 동료 중 한 사람은 그의 사설 상담소에서 16주간 지속되는 폐쇄 집단을 여러 개 운영한다. 시간제한이 있는 집단의 장점은 집단이 응집력과 생산적인 작업을 가능하게 할 정도의 기간을 가진다는 점과 집단원들은 새로 배운 대인관계 기술을 새로운 집단의 사람들에게 계속 연습해볼 수 있다는 점이다. 집단원들은 흔히 각자의 개인 목표를 달성할 수 있는 시간이 영원토록 주어진 것이 아니라는 사실을 깨닫고 작업할 동기를

부여받는다. 이런 16주 집단에서는 여러 번에 걸쳐 집단원들이 개인적으로나 집단 전체로나 진전을 이룬 부분을 스스로 검토해보도록 한다. 만일 그들이 집단에서 자신의 참여나 집단이 가고 있는 방향에 대해 불만이 있다면, 그런 상황을 바꾸기 위해 무엇인가를 해야 할 책임은 그들에게 있다.

물론 동일한 집단구성원들이 수년간 계속해서 만나는 집단도 있다. 이러한 시간 구조는 집단구성원들이 문제를 깊이 있게 훈습하며, 삶에서 변화를 이루도록 지지와 도전을 제공할 수 있게 해준다. 그러나 이런 지속적인 집단은 의존을 조장할 가능성이 있어서, 지도자와 집단원들 모두 이 점을 유념하는 것이 중요하다.

집단 모임 장소

어디에서 집단 모임을 가질 것인가? 많은 장소가 적합할 것이다. 그러나 사생활이 반드시 보호되어야 한다. 집단구성원들은 자신이 하는 말이 옆방에 있는 사람들에게 들리지 않을 것이라고 안심할 수 있어야 한다. 종종 물리적인 환경 때문에 집단이 실패하기도 한다. 주의를 산만하게 하는 큰 집회장이나 병동에서 집단이 진행된다면 생산적인 집단 작업이 이루어지기가 어려울 것이다. 우리는 어수선하지 않고 편안하게 좌석을 배치할 수 있는 방을 좋아한다. 그리고 집단원들이 원형으로 앉을 수 있는 장소를 선호한다. 이런 배치에서는 모든 참여자들이 서로를 바라볼 수 있고 자유롭게 움직일 수도 있어 자발적으로 신체 접촉을 할 수 있다. 공동 지도자들은 서로 반대편에 앉는 것이 좋다. 이렇게 하면 공동 지도자 중 한 사람이나 다른 사람이 모든 집단원들의 비언어적 메시지를 관찰할 수 있고, 지도자와 집단원들 간에 '우리 대 그들'로 나누어지는 분위기가 만들어지는 것을 방지할 수 있다. 또한 공동 지도자들이 서로를 좀 더 수월하게 보면서 마음을 읽을 수 있다.

개방 집단 대 폐쇄 집단

개방 집단의 특징은 집단구성원들의 변동이다. 일부 집단원들이 떠나면 새로운 집단원들이 들어오고 집단은 계속된다. 폐쇄 집단은 대개 시간이 제한되어 있고 회기 수도 미리 정해져 있다. 그리고 일반적으로 집단이 끝날 때까지 집단원들이 집단에 남아있을 것이라 기대하고, 새로운 집단원을 받아들이지 않는다. 집단을 개방 집단으로 할 것인지 폐쇄 집단으로 할 것인지는 여러 가지 변수에 의해 결정된다.

일부 집단구성원들이 나가고 난 후 새로운 집단구성원들을 영입하는 개방 집단에는 몇 가지 이점이 있다. 그중 하나는 집단구성원들이 좀 더 다양한 사람들과 상호작용할 수 있는 기회가 늘어난다는 것이다. 또한 이런 유형의 집단은 서로 다른 사람들이 관계로 들어오거나 떠나는 우리의 실제 일상생활을 좀 더 정확하게 반영한다. 개방 집단의 잠재적 단점은 집단구성원들의 빠른 변동으로 응집력이 떨어질 수 있다는 것인데, 한꺼번에 너무 많은 집단원들이 떠나거나 너무 많은 새로운 집단원들이 합류하는 경우 특히 그렇다. 따라서 결원이 생기면 한 번에 한 명씩 새로운 집단원을 받아들이는 것이 더 나을 것이다. 개방 집단의 새로운 집단원들이 집단에 제대로 참여하는 방법을 배울 수 있도록 오리엔테이션을 제공하는 일은 만만치 않다. 신입 집단원들에게 집단 과정에 대해 교육하는 한 가지 방법은 집단 규칙을 설명하는 비디오테이프 자료를 보게 한 다음, 지도자가 이들을 면담하는 것이다. 기관에서 다른 지도자와 함께 개방 집단을 운영하고 있는 한 동료는 새로 들어오는 집단원 한 사람 한 사람에게 집단의 기본 규칙을 설명해주는 일이 중요하다고 강조한다. 그는 새로운 집단원이 들어올 때마다 집단 회기 중 시간을 내는 대신, 입회 면담의 한 부분으로 새로운 집단원에게 집단 규칙을 설명해준다. 그는 또한 기존 집단원들이 그들의 집단에 대해 좀 더 책임감을 갖도록 하려는 시도로 이들이 새 집단원에게 기본 규칙 가운데 몇 가지를 가르치도록 요청하기도 한다. 집단원이 나가고 들어오는 과정을 지도자가 섬세하게 다룬다면 이러한 변화가 반드시 집단의 응집력을 저해하지는 않으며, 되려 응집력을 높일 수도 있다.

시립병원의 정신건강 병동이나 특정한 외래 치료센터와 같은 곳에서는 집단지도자에게 개방 집단과 폐쇄 집단 중 어느 하나를 선택할 수 있는 권한이 주어지지 않는다. 이런 곳에서는 집단구성원이 거의 매주 바뀌기 때문에 회기 간 연속성과 집단의 응집력을 확보하기가 어렵다. 집단원들이 불과 몇 회기밖에 참석하지 못하는 경우에도 응집력 형성이 가능하지만, 이렇게 하려면 입원 환자 집단을 이끄는 지도자에게 매우 높은 수준의 활동이 요구된다. 왜냐하면 지도자가 집단을 구조화하고 활성화해야 하기 때문이다. 이들은 특정한 집단원들을 직접 찾아가야 하고, 집단원들을 적극적으로 지지하며, 참여자들과 개인적으로 교류할 필요가 있다(Yalom, 1983).

만약 당신이 개방 집단을 모으고 있다면, 집단구성원의 교체 비율이 어느 정도일지 생각해보아야 한다. 어떤 한 집단원이 얼마나 오랫동안 집단에 참여할 수 있을지를 예상할 수 없을지도 모른다. 따라서 많은 집단원들이 한두 회기밖에 참석하지 못할 것이라고 생각하고 개입을 구상해야 한다. 개방 집단을 운영할 때, 모든 집단원들에게 이 회기가 그들이 서로 만날 수 있는 유일한 시간이 될 수도 있다는 점을 상기시키는 것이 좋다. 그리고 당신이 시도하는 개입도 이런 목적에 맞춰야 한다. 예를 들어, 한 회기 내에서는 다룰 수 없는, 어느 집단원의 고통스러운 문제에 대한 탐색은 촉진하지 않는 것이 좋다. 또한 당신은 주어진 회기 내에 어떤 형태로든 해결점에 이를 수 있도록 집단원들 간의 상호작용을 촉진할 책임이 있다. 집단원들이 그 회기 중 무엇을 배웠는지,

각 회기를 끝내는 것에 대한 느낌이 어떤지를 탐색할 수 있는 시간도 충분히 남겨두어야 한다.

우리의 동료 중 한 사람은 지역의 정신건강센터에서 몇 개의 개방 집단을 정기적으로 운영한다. 이런 경험을 통해 그가 발견한 사실은, 일정 기간에 걸쳐 집단구성원들은 다소 바뀌지만 대부분의 집단에서 꾸준히 참석하는 핵심 집단원들이 있기 때문에 신뢰와 응집력이 발달한다는 것이다. 새로운 집단원이 들어오면 이들에게 적어도 6회기는 참여하겠다는 동의를 구한다. 또한 집단원들이 타당한 이유 없이 연속해서 두 번 불참하면 집단에 계속 참여하지 못하도록 한다. 이런 원칙은 집단의 연속성과 신뢰 발달의 가능성을 높인다.

 ## 사전 집단 모임의 활용

사전 집단 준비의 유용성에 대한 연구

치료 전 준비 과정이 개인 심리치료와 집단 심리치료에서 갖는 유용성을 살펴보기 위해 많은 연구가 수행되었다. 사전 준비가 초기의 치료 과정과 이후 내담자의 개선 둘 다에 긍정적인 영향을 준다는 것에 대한 의견 일치는 압도적인 수준이다(Burlingame, Fuhriman, & Johnson, 2004b; Fuhriman & Burlingame, 1990). 사전 집단 준비, 즉 기대를 정하고, 집단 규칙과 절차를 설정하며, 역할에 대해 준비시키고, 집단 참여 기술의 습득을 돕는 이 작업은 집단응집력 및 집단 경험에 대한 집단구성원들의 만족과 정적 상관이 있다(Burlingame et al., 2004b). 집단 경험에 관하여 집단원들을 준비시키는 것은 사전 동의의 핵심 측면이다(Rapin, 2014).

사전 집단 오리엔테이션은 단기 치료 집단에 참여하는 집단구성원에게는 기본적인 과정이다. 집단에 참여하는 내담자들을 위한 이러한 오리엔테이션은 다음의 여러 요인을 고려할 때 반드시 필요하다. 집단구성원의 다양성, 개개인의 관심사의 범위, 집단 장면의 다양성, 시간제한이 있는 구조, 낯선 집단 형태 등이 그것이다. 사전 준비 오리엔테이션의 내용은 단기 집단 치료를 운영하는 지도자의 관점에 따라 다르다. 그러나 철저한 오리엔테이션을 통해 이후 지도자와 집단원 및 집단원과 집단원 간에 치료 관계가 발전할 수 있는 기반을 마련할 수 있다(Burlingame & Fuhriman, 1990).

집단에서 기대되는 행동이 어떤 것인지를 이해하는 집단구성원들은 좀 더 많은 성과를 얻는 경향이 있다. 집단구성원들이 집단의 목표와 그들에게 요구되는 역할 및 기대되는 행동을 집단 초기부터 이해하면 치료 작업은 좀 더 효과적으로 진행된다. 집단원들에게 집단 규범을 미리 알려줌으로써 비생산적인 불안을 감소시킬 수 있기 때문이다. 연구 결과에 따르면, 사전 준비 훈련은 집단원들이 흔히 집단 초기에 경험하는 불안을 줄이고 집단 과정을 이해할 수 있는 틀을 제공하며, 자기개방을 증진시키기 때문에, 성공적인 성과를 거둘 수 있는 확률을 높인다(Yalom, 2005b).

오리엔테이션과 집단구성원 준비시키기

앞서 어떤 집단에 참여하기를 고려하고 있는 사람들이 다 함께 참석하는 예비 모임을 갖도록 하는 것은 개별 면담이 현실적으로 어려울 때 적용할 수 있는 유용한 방안이라고 앞서 제안한 바 있다. 이러한 사전 집단 회기는 집단구성원들을 준비시키고 집단구성원들이 서로에 대해 알도록 해주는 좋은 방식이다. 또한 사전 회기는 집단원들에게 좀 더 많은 정보를 제공함으로써 집단에 참여했을 때 그들에게 기대되는 것에 전념할 용의가 있을지를 결정하는 데 도움을 준다. 만일 개별 면담이나 전체 집단원이 참석하는 사전 회기가 현실적으로 어렵다면, 집단 첫 회기를 활용해서 이 장에서 우리가 논의해온 주제를 다룰 수 있다. 그러나 우리는 별도의 개별적인 선별 회기와 오리엔테이션 회기를 가진 후 모든 집단원들이 참석하는 사전 집단 모임을 갖는 것을 선호한다.

이러한 초기 회기 또는 사전 집단 모임에서 지도자는 집단구성원들의 기대를 탐색하고, 집단의 목적과 목표를 명확히 하며, 집단 과정에 관한 정보를 제공하고, 집단원의 질문에 답해준다. 이때는 집단구성원의 지각과 기대 및 우려 사항에 초점을 두기에 이상적인 시간이다. 이러한 과정을 집단원을 대상으로 한 강의 형식으로 진행할 필요는 없다. 집단원이 적극적으로 참여하고, 그들끼리 서로 교류하고 지도자와도 교류하도록 할 수 있다. 이러한 상호작용을 강조하는 모델을 준비 회기에 도입함으로써 참여자 개개인의 역동과 '집단의 성격'에 관한 흥미로운 정보가 드러나게 할 수 있다.

집단이 모이자마자 어떤 패턴이 모습을 갖추기 시작한다. 절차와 규범을 구체화하는 작업을 포함한 집단의 구조화는 전체 집단 과정 중 초기에 이루어질 가능성이 높다. 이러한 구조화 중 일부분은 집단원들을 위한 개별적인 초기 면담에서 실시할 수 있지만 집단 첫 회기의 주된 내용으로 구조화 작업을 계속 이어서 할 수도 있다. 집단의 기본 규칙은 집단 상담자가 설정할 수도 있고 집단원들에게 그렇게 하라고 요청할 수도 있다. 그렇지만 집단 과정의 한 부분으로서 지도자와 집단원들이 협력하여 함께 집단 규칙을 만들어가는 것이 이상적이다.

사전 집단 준비 교육을 수행함에 있어 예비 모임에서 집단구성원들에게 너무 많은 정보를 제공하지 않도록 유의하라고 말하고 싶다. 집단 참여와 관련된 많은 주제에 관한 정보는 서면 자료 형태로 전달할 수 있다. 지도자는 집단원들이 이런 자료를 읽은

> 집단이 모이자마자
> 어떤 패턴들이 모습을
> 갖추기 시작한다.

후 어떤 질문이나 염려되는 점이 있으면 이야기하도록 권장해야 한다. 집단이 지속되는 기간 전반에 걸쳐, 이러한 구조화와 가르치는 작업이 집단원들로 하여금 집단 과정에 적극적으로 참여하도록 돕는 데 있어서 결정적으로 중요한 시점들이 있다.

초기 발달 단계에서 정체되는 많은 집단은 초기에 기반을 다지는 작업을 부실하게 했기 때문에 그런 것이다. '저항'이라고 불리는 행동은 지도자가 집단의 목적이 무엇인지, 어떻게 진행되는지, 집단구성원들은 어떻게 적극적으로 집단에 참여할 수 있는지를 충분히 설명하지 않았기 때문에 나타난 결과로 볼 수 있다. 폭넓은 준비 작업이 불가능한 경우라 해도 간략하게나마 준비 작업을 하는 것이 아예 하지 않는 것보다 낫다. 집단 경험을 위해 집단원들을 준비시키는 일 외에도, 지도자가 집단원들과 함께 그들이 집단 시간을 가장 잘 사용할 수 있는 방법에 대한 몇 가지 지침을 주기적으로 검토해보는 것도 좋다. 이런 작업은 집단이 하나의 응집력 있고 자율적인 조직체가 됨으로써, 참여한 개개인이 생산적인 작업을 하도록 해줄 가능성을 높여준다.

지도자와 집단구성원의 기대 명료화하기

사전 집단 회기는 집단구성원들이 집단에 참여하면서 갖고 오는 기대를 표현하라고 권장하기에 적절한 시간이다. 우리는 대개 명료화를 시작할 때 다음과 같은 질문을 던진다.

- 당신은 이 집단에 대해 무엇을 기대합니까?
- 어떤 마음으로 이 집단에 등록하였습니까?

이런 질문에 대한 답을 통해 집단원들이 어떤 식으로 집단에 참여하고자 하는지, 집단에서 얻고자 하는 것이 무엇인지, 또한 집단이 잘 되도록 하기 위해 그들이 집단에 줄 용의가 있는 것이 무엇인지를 알아볼 수 있는 참조틀을 제공한다.

우리는 또한 왜 우리가 이런 집단을 만들었는지, 무엇을 달성하기를 바라는지, 지도자로서 우리 자신과 집단구성원인 그들에게 기대하는 것이 무엇인지에 대한 생각을 알려줌으로써 우리의 기대를 집단원들과 나눈다. 이 시간은 지도자가 집단에 대한 지도자의 책임으로 보는 것이 무엇인지를 재차 강조하고 명확히 하며, 집단원들의 권리와 책임에 대해 좀 더 논의할 수 있는 좋은 시간이다.

사전 집단 준비의 목표

Yalom(2005b)은 그의 사전 집단 준비 체계에서 집단 치료의 협력적 속성을 강조한다. 그는 집단 치료가 어떻게 집단구성원들이 대인관계를 향상시키도록 돕는지를 기술할 뿐만 아니라 집단구성원들이 맞닥뜨리기 쉬운 장애물을 예상하는 것을 포함하여 실망을 예견하도록 돕는다. 치료적 과정을 탈신비화하는 것은 집단을 위해 참여자들을 준비시키는 데 있어서 핵심적인 부분이다.

지도자로서 선별 면담과 사전 집단 모임에서 집단에서 충족될 수 있는 욕구와 충족될 수 없는 욕구가 무엇인지를 명료화하는 것이 중요하다. 예를 들어,

> **치료적 과정을 탈신비화하는 것은 집단을 위해 참여자들을 준비시키는 데 있어서 핵심적인 부분이다.**

당신이 자신의 역할을, 해답을 제시하는 전문가로 보지 않는다면, 예비 집단구성원들은 과연 이 집단이 그들이 바라는 집단인지를 판단할 수 있도록 이 점에 대해 알 권리가 있다. 어떤 집단에서는 지도자가 집단구성원들에게 집단의 목적과 기능에 대해 가르치는 것이 적절하고 유익할 수 있다. 집단원들이 각자 집단에 참여하는 그들의 이유를 말로 표현하게 초대하는 것이 중요하며, 첫 회기에 지도자는 이러한 기대를 적극적으로 탐색해야 한다. 또한 집단원들이 집단의 목적과 목표에 대해 질문하도록 권장하고, 그들이 집단에서 가장 원하는 것이 무엇인지를 확인하고 그것에 대해 말하며, 개인적 목표를 설정하도록 권장하는 것도 유익하다. 당신은 지도자로서 집단원들이 집단에 참여하는 목적과 당신이 집단을 구상할 때 염두에 두었던 전반적인 목적이 일치하기를 바랄 것이다. 집단원들에게 사전 집단 모임 참여에 대한 반응을 이야기할 수 있는 기회를 주고, 아울러 집단이 이들의 힘을 북돋울 수 있는 방법을 생각해보게 함으로써 이들의 불필요한 불안을 예방하기 위해 많은 것을 할 수 있다.

기본 규칙 만들기

사전 집단 모임은 집단 과정을 촉진할 몇 가지 절차를 수립하기에 적합한 기회이다. 어떤 지도자들은 자신의 방침과 절차를 비권위적인 방식으로 제시하기를 선호한다. 또 어떤 지도자들은 집단구성원들의 목표 달성을 도와줄 절차를 만드는 주된 책임을 집단원들에게 둔다. 어떤 접근이 적용되든 간에 기본 규칙에 대한 논의가 필요하다. 일부 집단지도자는 또한 각 집단 회기를 시작할 때마다 이러한 규칙을 검토하기를 택하는데, 특히 개방 집단을 운영할 경우 이렇게 한다.

집단에 적용될 절차를 수립함에 있어 지도자는 비밀 유지의 의미가 무엇인지, 왜 이것이 중요한지, 또 이를 실행하는 데 따르는 어려움이 무엇인지를 명확하게 규정하여

집단원을 보호하도록 해야 한다. 비밀 유지에 대해서는 개별 면담 때 논의하는 것이 가장 이상적이다. 그러나 이것은 집단의 기능에 매우 중요한 사안이기 때문에 집단 과정 전반에 걸쳐서 주기적으로 재차 언급해야 한다. 사전 집단 모임에서는 비밀 유지가 절대적인 것이 아님을 밝히고 제한 사항에 대해 언급하는 것이 좋다. 집단원들은 지도자가 윤리적인 이유나 법률적인 이유로 비밀 유지 규정을 깨뜨릴 수밖에 없는 상황에 대

밖에서 보기, 들여다보기

1. 사건에 대한 기술

이 상황은 상담심리학 석사 과정 재학생들이 참여하는 대인관계 성장 집단의 사전 집단 회기에서 일어난 것이다. 이 집단 참여는 상담 수업으로 도입하는 과정의 의무 사항이다. 이 수업의 후반부에서는 학생들이 하위집단 참여에 전념하도록 하는데, 이 하위집단은 지도교수의 슈퍼비전하에 박사과정 재학생인 아나히가 진행했다. 이 첫 회기의 목표는 학생들이 하위집단에서 적극적인 참여자가 되도록 돕기 위해 그들이 서로를 알고, 집단 참여에 관해 갖고 있는 염려들을 확인하고, 상담 기대에 대해 논의하고, 개인적 목표를 구체화하는 것을 포함했다.

회기가 시작되자, 아나히는 모든 집단원이 원형으로 앉아 자기소개를 하도록 요청했다. 밀레나는 의자를 가져와서 원 바깥쪽에 그리고 그들이 모인 방의 구석에 자리를 잡았다. 밀레나는 자기소개를 할 차례가 되자, 모호하고 무심한 어조로 짤막하게 발언했다. 밀레나는 이후 그 회기 내내 침묵한 채 있었다.

아나히는 자신이 밀레나로 인해 몹시 주의가 산만해지는 것을 느끼고, 밀레나에게 원 밖에 앉기로 선택한 이유에 대해 집단이 알았으면 하는 게 있는지 물어보기로 결정했다. 밀레나는 "그냥 다른 사람과 가까이 있는 게 싫어요. 어떤 방에 가든지 저는 항상 구석 쪽 자리에 앉아요."라고 답했다. 아나히는 다른 집단원들에게 밀레나가 회기 동안 원 밖에 앉아있기를 선택한 것에 대해 어떠한 영향을 받았는지를 물었다. 집단원들은 다음과 같이 답했다. (1) 밀레나가 구석에 앉기를 선택한 이유가 궁금했다. (2) 그녀의 행동으로 인해 주의가 산만해졌다. (3) 원 밖에 앉아있는 그녀로 인해 불편함을 느꼈다. (4) 그녀가 우리를 판단하고 있는 것은 아닌지 의아했다.

사전 집단 회기를 마친 후, 집단지도자는 밀레나의 집단 관여에 대해 논의하기 위해 그녀와 개별적으로 만났다. 아나히는 안전에 대한 그녀의 느낌과 집단의 참여에 대해 물어보았다. 아나히는 또한 밀레나에게 어떤 기대를 갖고 있는지, 집단이 필수 과정의 일부인 것에 대해 어떻게 생각하는지, 그리고 이 집단에 있는 것이 그녀에게 어떤지, 특히 계속 다른 사람들로부터 떨어져 있다면 집단에 있는 것이 어떨 것이라고 상상하는지 질문했다. 밀레나는 다른 대안이 없으므로 집단에 남아있을 계획이지만, 집단에서 앉는 원형의 일부가 되라는 그 어떤 압박도 받고 싶지 않으며, 집단 내 다른 사람들에게 자신의 개인적인 문제에 대해 말하라는 압박감도 느끼고 싶지 않다고 했다.

2. 집단지도자를 위한 과정 질문

- 이 첫 회기 동안 밀레나의 행동을 다루기 위해 집단지도자는 무엇을 할 수 있었겠는가?
- 만약 밀레나가 참여할 의사가 없다면, 그녀가 이 집단에 남아있는 것을 허용해야 하는가?
- 만약 밀레나가 집단에 남아있다면, 집단 밖에 앉아있으면서 최소한의 참여만 하겠다는 그녀의 결심을 아나히가 어떻게 다룰 수 있을까?
- 만약 당신이 이 집단을 촉진한다면, 이러한 상황을 어떻게 다룰 것인가?
- 만약 당신이 집단지도자라면, 이 사전 집단 모임을 위해 어떠한 안건을 준비할 것인가? 이 집단에 있는 것에 대해 당신이 집단원들에게 가장 말하고 싶은 것은 무엇인가?

해 알 권리가 있다. 근친강간과 아동학대, 노인이나 성인 피부양자 학대, 그리고 집단원이 자신이나 다른 사람, 또는 물질적 자산, 혹은 이 모든 것에 위험을 초래할 가능성이 있는 경우, 비밀 유지 약속을 파기해야 한다. 특히 아동과 청소년 집단, 보호관찰 대상자 집단, 수감자와 같이 비자발적인 대상으로 구성된 집단, 병원이나 클리닉의 정신 질환자 집단에서는 비밀 유지의 원칙이 특히 제한적으로 적용된다. 이런 집단에 속

3. 임상적 성찰

사전 집단 회기에서 보여준 밀레나의 행동과 최소한의 참여는 무시할 수 없다. 이러한 상황은 집단의 참여자로서 갖는 권리와 책임에 대해 집단원들을 안내하는 과정의 중요한 한 부분으로서 철저한 사전 동의 과정에 집단원들을 관여시키는 것이 얼마나 중요한지를 보여준다. 우리는 예시 상황에서 어떤 종류의 사전 동의 과정이 있었는지를 알고 싶을 수 있다. 학생들은 석사 과정을 시작할 때 사전 동의를 한다. 하지만 상담 과정의 도입을 맡은 강사가 수업 후반부 동안 매주 진행될 대인관계 성장 집단을 어떻게 소개했는지는 알지 못한다.

아나히는 집단원들에게 이러한 집단에 참여하도록 요청받는 것에 대해 각자 생각하고 느끼는 것들을 말해보라고 요청할 수도 있었다. 이러한 논의는 기대를 명료화하고 집단원 각자가 의미 있다고 느끼는 방식으로 집단에 참여하도록 해주는 신뢰로운 분위기를 만들기 위한 발걸음을 내딛는 데 중요하다. 만약 집단원들이 집단의 목적과 그들에게 기대되는 것의 목적에 대해 안내받지 않는다면, 숨겨진 안건이 작동하여 의미 있는 상호작용을 매우 어렵게 만들 수 있다. 사전 준비는 이러한 종류의 집단이 성공하는 데 필수적이다.

4. 가능한 개입

- 아나히는 '사람들과 가까워지고 싶지 않은' 것에 대한 밀레나의 감정을 탐색해볼 수 있다.
- 아나히는 모든 집단원들에게 원으로 둘러앉거나 다른 사람들과 개방적으로 경험을 나누는 것을 편하게 받아들이는 수준에 그들의 문화적 배경이

어떻게 영향을 끼치는지를 공유해보도록 할 수 있다.

- 아나히는 밀레나의 행동으로 인해 혼란스럽고 이에 그녀가 마음속으로 하는 대화를 밖으로 꺼내어 말로 전달하기로 결정했다는 것을 밀레나에게 알려줄 수 있다. 아나히의 한 내적 대화는 다음과 같을 수 있다. '밀레나가 구석에서 침묵하고 있을 때, 나는 그녀의 행동을 인해 주의가 산만해지는 것을 느꼈다. 다른 집단원들에게 집중하려 하면 할수록, 나의 생각은 그녀가 왜 집단의 일원이 되고 싶어 하지 않는지에 가 있었다. 밀레나는 집단 상호작용을 두려워하는 것일까? 그녀는 집단에서 다른 사람들을 신뢰하지 않는 것인가? 만약 그렇다면, 우리 중 누군가 그녀를 위해 집단을 안전한 장소로 만들기 위해서 무엇을 할 수 있을까? 그녀가 개방하는 것이 프로그램에서 그녀에 대한 평가에 불리하게 적용될까봐 염려하고 있는 것인가?'
- 아나히는 밀레나가 지도자의 혼잣말을 들은 것에 대해 언급하도록 초대할 수 있다.
- 지도자는 모든 집단원들에게 개인적 문제나 경험을 개방하라는 압박을 가하지 않을 것임을 확실히 해둘 수 있다. 하지만 집단원들이 비록 집단에서 일어나고 있는 일과 그들이 집단 참여로 인해 어떠한 영향을 받고 있는지에 대한 지금 여기의 반응으로 집단 참여를 제한한다 하더라도 집단원들은 집단에 참여하는 어떤 방법을 찾도록 기대받는다.

하는 집단원들에게는 그들이 집단에서 말한 내용 중 어떤 부분은 그들의 개인 기록부에 기재되며, 다른 관계자들이 그것을 읽을 수도 있음을 알려주어야 한다. 아울러, 집단에 출석은 하지만 적극적으로 참여하지 않으면 이 사실 또한 기록될 수 있음을 알려주어야 한다. 이렇게 하면 집단원들은 그들이 무엇을 어느 정도 개방할지를 결정하는 기준을 갖게 된다. 비밀 유지에 대한 이런 식의 솔직함은 생산적인 작업이 이루어질 수 있는 집단을 구성하기 위해 필수적인 신뢰를 형성하는 데 큰 도움이 될 것이다. 비밀 유지에 대한 더 상세한 논의를 보려면 3장을 참조하라.

지도자는 반드시 자신이 일하는 기관에서 정해놓은 특정한 기본 규칙과 정책도 알아야 하며, 이에 대해 집단구성원들과 논의해야 한다. 집단의 순조로운 진행을 위해 반드시 필요한 것이라고 여겨지는 모든 방침과 절차를 한두 회기 안에 충분히 논의할 수는 없을 것이다. 그러나 지도자가 이러한 주제들에 대해 확립된 입장을 갖고 있다면 집단이 진행되면서 어떤 시점에 특정한 문제가 발생했을 때 유용한 자원이 될 것이다.

집단상담에 평가 포함하기

만약 당신이 지역사회 기관이나 시설에서 집단상담을 한다면 당신의 치료 접근의 효과성을 입증할 수 있는 근거를 제시하라는 요구를 받을 수 있다. 정부는 보조금을 지원할 때 일반적으로 책무성 평가 도구를 요구한다. 대다수 기관에서 지도자들은 내담자들이 집단 경험에서 어느 정도 유익함을 얻었는지를 평가하는 절차를 개발해야 한다. 이 때문에 우리는 집단구성원 개개인의 성과와 집단 전체의 성과를 둘 다 평가하기 위해 적용할 절차를 집단상담 제안서에 포함시키라고 제안한다(상담 실제에 대해 연구하는 자세로 접근하는 지향성을 발달시키는 주제는 2장에서 상세히 다루고 있다).

상담 실제에 연구 자세를 포함시킨다는 생각에 위축될 필요는 없다. 또한 오로지 엄격한 경험적 연구의 관점으로만 생각할 필요도 없다. 집단의 흐름을 평가하는 데 적합한 다양한 질적 연구 방법이 있으며, 이러한 방법은 양적인 연구 기법에만 의존하는 것보다 덜 부담스러울 수 있다. 전통적인 과학적 방법에 대한 한 가지 대안으로 평가 연구(evaluation research)를 들 수 있다. 이 방법은 집단의 구조 내에서 개선을 꾀하고자 할 때 유용한 자료를 제공한다. 집단 프로그램 내에 평가 절차를 수립하는 일은 책무성 목적을 위한 유용한 절차이다. 또한 이것은 앞으로 운영할 집단에서는 어떤 것을 바꾸는 것이 좋은지를 좀 더 분명히 보게 해주면서 당신이 집단 지도 기술을 연마하도록 도와줄 수 있다. 우리는 지금까지 집단원들 평가에서 받은 피드백에 의해 크게 영향을 받아왔다.

집단 구성에서 공동 지도자의 문제

우리는 집단 경험을 위해 집단구성원을 준비시키는 작업의 유용성을 강조하였다. 그러나 공동 지도자도 마찬가지로 집단을 위해 그들 자신이 준비가 되어야 한다. 집단을 구성하기 전에 공동 지도자가 만나는 자리에서 그들은 각자의 철학과 집단 지도 방식에 대해 알아보고 그들 간의 관계를 증진할 수 있는데, 이런 작업은 집단에 긍정적인 영향을 미칠 것이다. Luke & Hackney(2007)에 의하면, 공동 지도자 간의 관계는 집단 과정을 증진할 수도 있고 복잡하게 만들 수도 있다. Luke & Hackney는 관련 문헌 고찰을 통해 공동 지도자 모델은 단일 지도자 모델이 줄 수 있는 것과는 다르지만 어쩌면 더 나은 집단 지도의 역동을 제공할 수도 있음을 시사한다. 하지만 효과적으로 공동 지도를 하려면 지도자들 간의 좋은 협력 관계가 반드시 필요한데, 이러한 관계는 지도자들의 협력과 관련된 그 어떤 측면도 기꺼이 다루겠다는 의지를 요구한다.

준비된 공동 지도자는 집단구성원이 의미 있는 집단 경험을 하도록 효과적으로 준비시키는 작업을 할 가능성이 더 높다. 당신이 어떤 집단을 누군가와 함께 지도한다면, 집단을 구성하고 운영하는 데 있어 공동 지도자와 책임을 동등하게 나누어 갖는 것이 좋다. 공동 지도자는 집단의 목적이 무엇인지, 주어진 시간 내에 달성하고자 하는 것이 무엇인지, 이러한 목표를 어떻게 달성하고자 하는지에 대해 서로 분명히 해둘 필요가 있다. 집단이 순조롭게 시작되기 위해서는 공동 지도자 간의 협력과 기본적인 합의가 필요하다.

공동 지도자의 이런 협력적인 노력은 제안서 작성을 위한 만남에서부터 시작될 수 있으며, 제안서를 해당 책임자에게 설명하는 것도 공동 지도자가 함께하는 것이 이상적이다. 이런 절차를 따르면 집단을 설계하고 시작하는 일을 한 지도자만 책임지고 하지 않아도 된다. 집단을 구성할 때 함께 책임지는 방식은 이 장에서 개략적으로 제시한 여러 가지 과업 전반에 걸쳐 유지되어야 한다. 즉, 공동 지도자는 하나의 팀이 되어 함께 집단을 홍보하고 집단원을 모집하며, 선별 면담을 실시하여 누구를 집단에 받아들일지, 누구를 제외시킬지에 대해 합의하고, 기본 규칙과 방침 및 절차에 대해 합의하며, 이러한 사항을 집단원에게 제시하고, 집단원을 준비시키고 집단 과정에 대해 안내하며, 집단을 구성하기 위해 반드시 처리해야 할 모든 실제적인 사안에 대한 책임을 함께 나누어야 한다.

책임져야 할 일을 모두 동등하게 나누는 것이 가능하지 않을 수도 있다. 공동 지도자가 함께 집단 지원자를 면담하는 것이 '이상적'이기는 하지만, 시간적인 제약 때문에 이것이 비현실적인 경우가 종종 있다. 경우에 따라 해야 할 일을 나누어야 할 수도 있다. 하지만 집단을 성사시키는 데 있어서 두 사람 모두 최대한 관여해야 한다. 한 지도자가 너무 많은 일을 떠맡아서 하게 되면, 다른 지도자는 집단이 시작된 이후에 집단 지도에서 수동적인 역할을 하기 쉽다.

공동 지도자로서 집단을 계획하고 서로에 대해 알아가도록 함께 시간을 보내는 것은 공동 작업의 성공에 큰 영향을 미치고 긍정적인 방향으로 출발할 수 있게 해줄 것이다. 집단의 첫 회기를 시작하기 전에 공동 지도자가 충분히 고려해야 할 몇 가지 사항은 다음과 같다.

- 각자 어떤 종류의 집단 작업을 경험해보았는가? 각자의 이론과 지도 방식이 집단의 방향에 어떤 방식으로 영향을 미칠 것인가?
- 각자의 문화 및 인종적 배경이 집단에 참여하는 각자의 방식과 서로에게 어떤 영향을 미칠 것인가? 지도자들 간의 차이점이 작업 관계에서 어떻게 강점이 될 수 있을까? 두 사람 간의 차이점이 어떤 식으로 도전거리가 될까?
- 함께 집단을 이끈다는 것에 대해 우려하는 점이 있는가? 만약 그렇다면, 그것에 대해 말할 의향이 있는가?
- 각자의 강점과 약점은 무엇이며, 이 점들이 함께 집단을 이끄는 데 어떻게 영향을 미칠 것인가?
- 당신과 공동 지도자가 가장 중요하다고 여기는 집단 작업과 관련된 윤리적 쟁점은 무엇인가?
- 어떤 유형의 집단구성원 또는 집단에서 일어날 수 있는 어떤 상황이 지도자에게 개인적으로나 전문적으로 도전이 될 것인가?
- 공동 지도자 팀으로서 갈등과 의견 불일치를 확인하고 다룰 의향이 있는가?

이러한 질문은 공동 지도자가 서로에 대해 알아가면서 탐색할 수 있는 모든 가능한 영역을 포괄하는 것은 아니지만, 중요한 주제에 초점을 맞출 수 있는 토대를 제공한다.

이 활동은 자신이 사람들을 어떻게 이끌고, 어떻게 따르고, 다른 사람들과 어떻게 소통하는지에 관한 통찰을 얻기 위한 것으로 두 명의 집단원, 수업 동료, 또는 집단 공동 지도자가 짝을 지어 해볼 수 있다. 2인당 볼펜 한 자루와 종이 두 장이 필요하다.

도입
지도자: 당신이 가진 종이에 간단한 이미지를 그리되, 당신과 짝이 된 파트너에게 그것을 보여주지 않는다. 그림을 다 그렸으면 파트너에게 그것을 보여주지 않은 채 파트너가 갖고 있는 종이에 당신이 그린 그림을 어떻게 재현할지를 말로 설명하라. 지도자로서, 당신이 할 일은 파트너가 당신이 그린 이미지를 보지 않은 상태에서 그것을 재현하도록 돕는 것이다.

경청자: 당신이 할 일은 지도자의 지시를 당신이 할 수 있는 최대한 따르는 것이다. 지도자에게 질문을 할 수도 있다.

토론 질문
당신과 파트너가 지도와 경청자를 각각 해볼 기회를 가진 후에, 서로 다음 질문에 대해 토론해보라.

지도자로서
- 지도자 역할을 맡았을 때 어떠한 느낌이 들었는가? 당신이 특히 좋았거나 싫었던 점이 있었는가?
- 어떤 역할이 가장 쉬웠고, 어떤 역할이 가장 어려웠는가? 설명해보라.
- 지도자로서 당신의 스타일을 어떻게 기술할 것인가? 경청자로서 당신의 스타일은 어떻게 기술할 것인가?
- 당신은 경청자가 당신의 지시를 얼마나 잘 따랐다고 느꼈는가?
- 경청자, 당신 자신, 또는 연습 과정 전반에 대해 좌절감을 느낀 적이 있는가?
- 당신과 파트너가 공동 지도자로 함께 작업하는 데 어떤 도전 과제가 있을 것 같은가?
- 당신과 파트너의 스타일이 공동 지도자로서 어떤 식으로 서로 보완해줄 수 있을까?

경청자로서
- 경청자의 역할을 맡았을 때 어떠한 느낌이 들었는가? 당신이 특히 좋았거나 싫었던 점이 있었는가?
- 어떤 역할이 가장 쉬웠고, 어떤 역할이 가장 어려웠는가? 설명해보라.
- 경청자로서 당신의 스타일을 어떻게 기술할 것인가? 지도자로서 당신의 스타일은 어떻게 기술할 것인가?
- 지도자, 당신 자신, 또는 연습 과정 전반에 대해 좌절감을 느낀 적이 있는가?
- 당신과 파트너가 공동 지도자로 함께 작업하는 데 어떤 도전 과제가 있을 것 같은가?
- 당신과 파트너의 스타일이 공동 지도자로서 어떤 식으로 서로 보완해줄 수 있을까?

집단 구성하기

집단구성원의 역할

집단구성원들은 집단이 자신에게 적합한지를 판단하는 과정에 적극적으로 참여해야 한다. 이를 위해서는 집단 참여와 관련하여 현명한 결정을 하는 데 필요한 지식을 갖춰야 한다. 다음은 이 단계에서 집단원들이 수행해야 할 역할과 관련된 몇 가지 사항이다.

- 집단의 성격에 대한 적절한 지식을 갖추고, 집단이 자신에게 미칠 수 있는 영향이 무엇인지 알아야 한다.
- 이 집단지도자가 이끄는 이 집단이 이 시점에 자신에게 적합한지를 판단하기 위해, 집단지도자와 함께 자신의 기대와 우려 사항을 탐색해본다.
- 집단에 참여할지 말지를 결정하는 과정에 관여해야 하며, 집단에 참여하도록 강요받아서는 안 된다. 집단 참여가 의무적인 집단에서, 집단지도자는 비자발적 집단구성원에게 집단이 개인적으로 어떻게 유익할 수 있는지를 보여주기 위해 최선을 다해야 한다. 이로 인해 집단원의 태도가 바뀔 수도 있다.
- 집단 경험에서 얻고자 하는 것이 무엇인지, 또한 자신의 목표를 어떻게 달성할 것인지에 대해 생각해봄으로써 집단 참여를 앞두고 자신을 준비시킨다.
- 집단에 참여하는 자신의 목적이 무엇인지를 이해해야 한다. 집단 경험에서 원하는 것이 무엇인지 그리고 어떻게 자신의 목적을 달성할 수 있을지를 생각해봄으로써 다가오는 집단을 위해 대비할 수 있다.

집단지도자의 역할

집단을 구성하는 동안 집단지도자가 수행해야 할 주요 과업은 다음과 같다.

- 집단 구성을 위해 내용을 명확하게 기술한 제안서를 작성하라.
- 슈퍼바이저나 관리자에게 제안서를 제출하고 아이디어가 채택되도록 하라.
- 예비 참여자들에게 필요한 정보가 전달되도록 집단에 대해 알리고 홍보하라.
- 집단구성원 선별과 오리엔테이션 목적을 위해 사전 집단 면담을 실시하라.
- 예비 집단원들이 집단 참여에 대해 현명한 결정을 내릴 수 있도록 필요한 관련 정보를 제공하라.
- 집단구성원 선정과 집단 구성에 대해 결정을 내리라.
- 집단이 성공적으로 시작될 수 있도록 필요한 실제적 세부 사항을 정리하라.
- 필요한 경우 부모 동의서를 받으라.

- 집단지도자로서의 임무 수행을 위해 자신을 심리적으로 준비시키고, 공동 지도자가 있다면 사전에 만나라.
- 사전 집단 모임을 마련하여, 집단원들이 서로에 대해 알고, 집단의 기본 규칙에 대한 오리엔테이션을 실시하고 성공적인 집단 경험을 위한 준비를 할 수 있도록 하라.
- 지역사회 기관에서는 집단의 성과를 평가할 준비를 하라.
- 서로에 대해 알아보고 집단의 전반적인 구조를 계획하기 위해 집단을 시작하기 전에 공동 지도자를 만나라.

집단 계획

토론 질문

10장과 11장에서 제시되어 있는 학교나 지역사회에서 실시할 수 있는 집단의 제안서를 훑어보라. 당신의 관심을 끄는 제안서를 선택하고 이 집단과 비슷한 집단을 구성한다고 상상해보라. 당신이 운영할 집단(심리교육 집단이나 상담 집단, 또는 다른 집단)과 대상, 집단 장면에 대해 기술하라. 그리고 나서 당신이 구상하고 이끌려고 계획하는 집단에 대하여 다음에 제시된 질문에 답하라.

1. 이 집단에서 가장 이루어지기를 바라는 것은 무엇인가? 당신이 생각하는 집단의 목적을 간략하고 구체적으로 기술해보라.
2. 이 집단에서 초점을 두는 부분은 무엇인가?
3. 집단을 구성할 때 당신은 어떤 종류의 선별 방법을 사용할 것인가?
4. 어떤 특성을 갖고 있어야 집단원으로 받아들일 것인가? 이런 판단에 대한 근거는 무엇인가?
5. 집단구성원들을 준비시키고 오리엔테이션을 진행하는 데 당신은 어느 정도의 중요성을 두는가? 이러한 오리엔테이션 과정에서 당신이 가장 전달하고 싶은 바는 무엇인가?
6. 이 집단에서 어떤 절차와 기법을 사용하려고 하는가? 당신이 생각하고 있는 절차는 실제적인가? 이러한 절차는 집단의 목적과 참여자 집단과 관련이 있는가?
7. 당신이 적용하는 접근 방법의 효과성을 알아보기 위해 어떤 평가 절차를 적용하려고 하는가? 당신의 평가 절차는 집단의 목적에 적합한가?

면담

1. **선별 면담:** 수업에 참여하고 있는 사람 중 한 사람에게 특정 유형의 집단을 위한 집단원 선별 면담을 실시하는 집단지도자 역할을 하도록 요청하라. 또 다른 학생에게는 예비 집단구성원 역할을 하도록 하고, 집단지도자 역할을 하는 학생이 10분 동안 면담을 실시한다. 그런 다음 집단구성원 역할 수행 학생이 어떻게 느꼈는지, 또한 집단지도자가 자신에게 어떤 영향을 미쳤는지를 집단지도자에게 말한다. 집단지도자 역할을 한 학생은 이 예비 집단원에 대해 관찰한 것을 이야기하고 그를 집단에 받아들였는지 여부를 알려주며, 이런 결정에 대한 이유를 설명한다. 집단지도자 역할을 하는 학생이 또 다른 학생과 이 연습을 하도록 하여, 피드백을 통해 도움을 얻고 새로운 아이디어를 시도할 수 있게 한다. 그러고 나서 다른 학생들도 면담자와 피면담자 역할을 해볼 수 있는 기회를 준다. 나머지 학생들은 한 번의 면담이 끝날 때마다 피드백과 개선을 위한 제안을 한다. 학생들이 집단원 선별 면담을 수행하는 기술을 향상시키기 위해서는 피드백이 반드시 필요하다.

2. **집단구성원이 집단지도자를 대상으로 하는 면담:** 우리는 예비 집단구성원들이 집단에 참여하기 전에 집단지도자를 다소 비판적으로 살펴보는 것이 좋다고 권유한 적이 있다. 이 연습은 앞서 제시한 연습과 동일하지만, 한 가지 차이점은 집단원이 집단지도자에게 질문을 한다는 점이다. 집단구성원은 집단 참여에 대해 현명한 결정을 내리기 위해 집단지도자와 집단에 대해 알아보려고 노력한다. 10분간의 면담 후 집단지도자는 자신이 관찰하고 느낀 점을 알려준다. 그런 다음에는 집단원이 이 집단지도자의 집단에 참여할지 말지를 말하고 우려하는 점이 있다면 무엇인지 설명한다. 이때도 나머지 학생들에게 각자가 관찰한 내용을 말하도록 요청한다.

3. **집단 제안서:** 당신이 집단상담을 진행해보고 싶은 대상 또는 임상 주제에 대해 생각해보고, 집단 계획 연습에서 제시했던 6가지 토론 질문 중에서 세 가지 질문을 선택한다. 10~15분 동안 스스로 질문에 대한 답을 생각해보고 요점을 기록한 다음, 하위집단을 만들어 그 수업에 참여한 다른 학생들이나 직장 동료와 함께 당신의 답변에 대해 논의한다. 만약 당신이 그것을 실제 제안서로 제출한다면 당신의 제안서가 얼마나 설득력 있을지에 대하여 피드백을 구한다.

집단상담 수업

현재 당신이 참여하고 있는 집단상담 수업에서 집단상담을 체험하는 요소가 포함되어 있거나 집단 수업의 일부로 당신이 어떤 과정 집단에 반드시 참여해야 한다면, 이 교재를 통해 배우게 되는 부분과 체험 집단에서 일어나고 있는 현상 사이에 병렬 현상이 있는지 관찰해보라. 집단 수업은 당신이 공부하고 있는 집단과 마찬가지로 집단 구성의 동일한 단계를 거쳐나갈 가능성이 있다. 예를 들어, 집단상담 수업에서 시작이 더디게 이루어지고, 학생들은 불안을 느끼고 걱정하는 모습을 보일 수 있다. 학생들은 신뢰를 갖기 시작하면서 몇 가지 개인적인 문제를 발견하고 탐색하며, 구체적인 목표를 달성하기 위해 노력하고, 마지막으로 집단 경험을 평가하고 작별할 것이다. 집단 발달의 단계를 다루는 장(5장~9장)마다 병렬 현상에 대해 생각해보게 하는 질문이 주어질 것인데, 집단에 관한 당신의 경험을 떠올리고 당신의 일지에 이 질문에 대한 답을 적어보라.

『집단상담의 실제: 진행과 도전-DVD와 워크북』을 위한 안내

우리는 이 책의 활용도를 높이기 위해 『집단상담의 실제: 진행과 도전-DVD와 워크북』 (Corey, Corey, & Haynes, 2014)을 개발하였다. 이 책 2부의 각 장 끝부분에 집단의 단계별 예시로 DVD에 포함된 특정 부분을 찾아볼 수 있게 하였다. 또한 워크북의 해당 부분도 찾아볼 수 있을 것이다. 이렇게 하려면 능동적인 학습자의 자세로 진행 중인 집단 과정을 공부해야 할 것이다.

DVD와 워크북 프로그램을 시작하기 전에 워크북 첫 몇 장을 읽어보라. 거기에는 DVD 프로그램의 내용 요약과 학습 목표 및 DVD와 워크북을 가장 잘 활용하는 방법에 관한 내용이 포함되어 있다. 비디오에서 제시되는 집단과 관련하여 다음의 질문을 생각해보라.

1. 당신이 DVD 프로그램에 나와 있는 이 집단의 신청자라면, 참여 여부를 결정하기에 앞서 어떤 종류의 정보를 원하겠는가?
2. 이런 종류의 집단에는 사전 동의가 얼마나 중요하다고 생각하는가?
3. 이런 교육적인 목적을 위한 비디오 집단의 한 집단원이라는 사실이 당신의 참여에 어떤 영향을 미치겠는가?
4. 당신은 비밀 유지의 문제를 어떻게 다루고자 하는가?
5. 이런 비디오 집단에서는 어떤 종류의 기본 규칙이나 방침이 중요하다고 생각하는가?

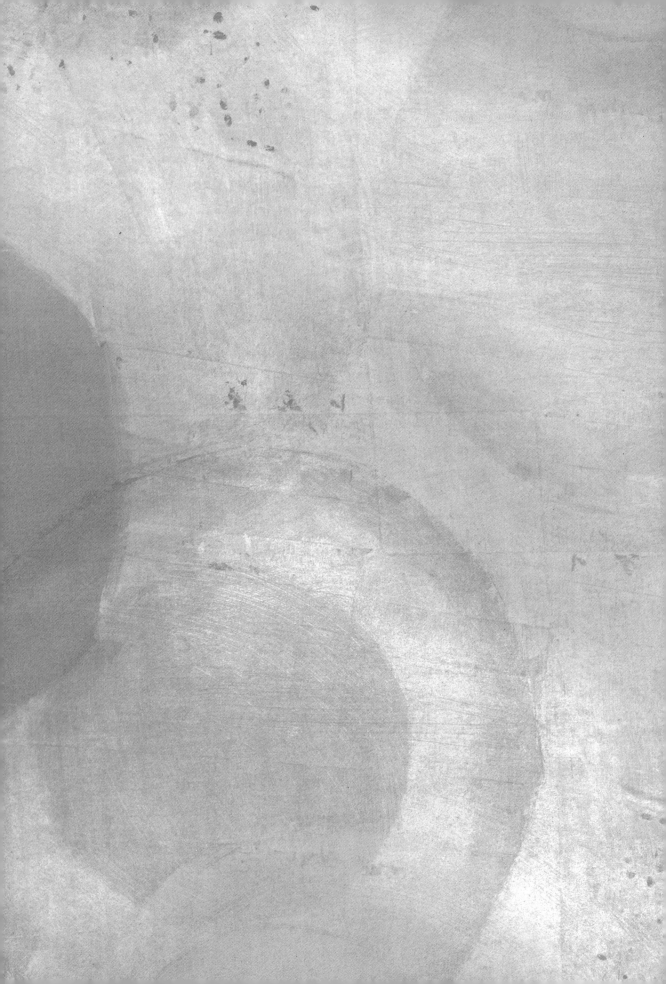

CHAPTER 6

집단상담의 초기 단계

도입 ㅣ 초기 단계 집단의 특성 ㅣ 신뢰감 형성: 집단지도자와 집단구성원의 역할 ㅣ 목표의 확인과 명료화 ㅣ 초기 단계의 집단 과정 개념 ㅣ 효과적인 치료 관계: 연구 결과 ㅣ 집단구성원들이 집단 경험에서 최대한 많은 것을 습득하도록 돕기 ㅣ 초기 단계의 집단지도자 주제 ㅣ 기억해야 할 핵심 사항 ㅣ 연습 ㅣ 『집단상담의 실제: 진행과 도전—DVD와 워크북』을 위한 안내

학습 목표

1. 초기 단계 집단의 핵심적 특성을 확인하고 정의한다.

2. 초기 집단에서 갈등을 다루는 방법을 탐색한다.

3. 집단에서 신뢰감을 형성하는 효과적인 방법 체계를 살펴본다.

4. 집단원들이 집단에 참여하는 자신의 목표를 명확히 설정하게끔 돕는 방법을 설명한다.

5. 구체적인 치료적 요인과 그것들이 집단의 효과성에 기여하는 바를 의논한다(CACREP, 2016, Standard C).

6. 효과적인 치료적 관계에 대한 연구 결과를 이해한다.

7. 집단원들이 집단 경험에서 최대한 많은 유익함을 얻어가게 하기 위한 지침을 기술한다.

8. 집단의 공동 지도자가 집단 초기 단계에서 부딪힐 수 있는 주요 주제를 살펴본다.

9. 집단 회기를 시작하고 마무리하는 지침을 탐색한다.

당신은 성적 학대 피해자들과의 집단 첫 회기를 방금 끝냈다. 몇몇 집단원들은 회기 내내 매우 조용했던 반면, 다른 집단원들은 높은 수준의 불안을 표현했다. 그리고 한 집단원은 회기를 지배하는 경향이 있었다. 그 집단원은 다른 집단원들이 말할 때 가로막았고, 자신이 어떻게 다른 집단원들이 말하는 것과 '관련되는지'를 말하면서 논의의 초점을 다른 집단원들로부터 자기 자신에게로 종종 옮기곤 했다.

신뢰와 불안의 문제는 초기 회기에서 흔히 나타난다. 당신이 집단에서 신뢰를 형성하기 위해 사용할 수 있는 개입을 생각해보라. 당신은 집단에 참여하는 것에 대해 집단원들이 가지고 있을지 모르는 두려움을 탐색하도록 그들을 어떻게 돕겠는가? 다음의 질문을 숙고해보자.

- 당신은 이 집단에 존재하는 신뢰와 불안의 문제를 어떻게 다루겠는가? 당신은 말수가 적은 집단원에게 자신의 이야기를 하는 것이 충분히 안전하다고 느끼도록 도울 방법은 무엇이라고 생각하는가?
- 당신은 집단원이 불안의 근원을 확인하고 탐색하도록 어떻게 이끌겠는가?
- 당신은 집단에서 이야기를 지배하는 집단원을 다루기 위한 어떤 방안을 가지고 있는가?
- 말수가 많은 집단원의 행동이 집단 역동에서 어떤 '기능'을 하는가?
- 집단지도자로서 당신이 함께 작업하기 가장 힘든 집단원은 어떤 유형(예시: 조용한 집단원, 불안한 집단원, 또는 지배적인 집단원)인가?

 ## 도입

이 장은 집단이 어떻게 기능하는지에 대해 집단원들을 가르치는 많은 예들을 담고 있다. 우리는 초기 단계의 집단이 가진 특성을 설명하고, 집단의 기반이라고 할 수 있는 신뢰감 형성의 중요성을 논의하며, 집단 초기에 목표를 설정하는 것과 관련된 주제를 탐색할 것이다. 그리고 집단 규범과 초기 집단응집력의 형성에 대해 논의한 뒤, 효과적인 치료적 관계에 대한 연구 결과를 설명하고, 집단원들이 집단에서 최대한 많은 유익함을 얻어가도록 돕는 지침을 제공할 것이다. 또한 집단 회기를 시작하고 마무리할 때 집단지도자에게 필요한 몇 가지 지침도 제공하고자 한다.

 ## 초기 단계 집단의 특성

집단의 초기 단계에서 핵심적인 과정은 오리엔테이션과 탐색이다. 집단원들은 서로 익숙해지고, 어떻게 집단이 기능하는지 알게 되며, 앞으로 집단행동을 지배하게 될 명시적 또는 암묵적 규칙을 만들어낸다. 또한 집단원들은 집단과 관계된 자신의 두려움과 희망을 탐색하고, 그들의 기대를 명확히 하며, 개인적인 목표를 세우고, 이 집단이 안전한 장소인지 결정한다. 이 단계의 특징은 집단원들이 희망과 기대뿐만 아니라 두려움과 주저함을 표현한다는 것이다. 집단지도자가 이러한 반응을 어떻게 다루는지에 따라 집단에서 형성될 신뢰의 정도가 좌우된다.

초기의 몇 가지 염려

집단 초기에 집단원들은 집단에 몰두하기보다 참여할지 말지 주저하는 태도를 보이는 경우가 많다. 일부 집단원들이 경계하는 태도를 취하는 것을 예상할 수 있으며, 이러한 경계는 이해할 만하다. 또한 집단 경험을 통해서 무엇을 얻어가기를 희망하는지에 대해 불확실하고 모호한 참여자들도 종종 있다. 대부분의 집단원들은 집단의 규범이나 기대되는 행동에 대해 명확히 알지 못하며, 그렇기 때문에 침묵하거나 어색한 순간이 있기 마련이다. 어떤 집단원들은 이를 참지 못하고 바로 작업을 하기 시작하는 반면, 어떤 이들은 주저하거나 참여하지 않는다. 또 어떤 집단원들은 자신들의 문제에 대한 빠른 해답을 찾으려고 하기도 한다. 만일 당신의 집단 운영 방식이 가능한 한 구조화를 적게 하는 것이라면, 상황의 애매모호함 때문에 불안 수준이 높을 것이고, 집단원들은 아마도 주저하는 태도를 보이며 좀 더 분명한 지침을 달라고 요청할 것이다. 집단원들은 '우리가 여기서 무엇을 해야 하나요?'라고 묻거나 '저는 우리가 무엇에 대해 이야기해야 할지 모르겠어요.'라고 말할 수도 있다. 어떤 집단원이 논의를 위해 자신의 문제를 자발적으로 내어놓으면, 다른 집단원들은 제안을 하거나 그들이 유익하다고 생각하는 조언을 할 것이다. 이러한 경우 집단원들 간에 상호작용이 나타나기 때문에 마치 집단이 발전해가는 것처럼 보일 수도 있지만, 조언을 하는 것은 집단원이 자신의 문제에 대해 탐색하고 스스로 해결책을 찾는 필요성을 건너뛰게 한다.

집단 초기 몇 회기 동안, 집단원들은 집단지도자의 행동을 관찰하고 집단에서의 안전성에 대해 생각하게 된다. 집단지도자가 집단 초기에 갈등이나 집단에서 표현되는 부정적인 반응을 어떻게 다루는지에 따라 신뢰감이 형성될 수도 있고 사라질 수도 있다. 집단지도자가 해야 할 일은 초기 회기에서 이루어지는 탐색이 집단을 시험하는 특성을 가지고 있음을 인식하고 개방적이고 수용적인 태도로 비판적인 발언을 다루는 것이다.

초기의 망설임과 문화적으로 유의할 점

많은 집단원들은 집단 경험에 완전히 참여하기 어렵게 만드는 태도와 기대를 가지고 있다. 어떤 문화에서는 사람들이 자신의 감정을 공개적으로 표현하거나, 잘 모르는 사람들에게 개인적 문제들을 이야기하거나, 또는 자신이 다른 사람들에 대해 어떻게 생각하는지를 말하지 않는 것이 장려된다. 집단 상담자들은 집단 참여에 대한 이러한 망설임이 비협조적인 태도보다는 문화적 배경에서 더 많이 비롯됨을 알고 있어야 한다. 예를 들어, 라틴계 사람들은 그들이 겪었던 억압, 차별 및 사회적 소외 경험 때문에 다른 사람들에게 조심스럽게 접근할 수 있다(Torres-Rivera, Torres Fernandez, & Hendricks, 2014). 일부 아프리카계 미국인 집단원들은 집단에서 어려움을 겪기도 하는데, 특히 그들이 너무 빠르게 깊은 자기개방을 하도록 기대되는 경우에 그럴 수 있다. 일반적으로 집단 상담자들은 아프리카계 미국인 집단원들의 문화적 유산, 가치, 배경을 인지하고 그러한 것들을 집단 작업에 포함시킬 필요가 있다(Steen, Shi, & Hockersmith, 2014). 집단지도자들은 집단원들로 하여금 그들의 참여를 어렵게 만드는 것이 무엇인지에 대해 말하도록 격려할 수 있다. 집단지도자는 집단원들을 무시하기보다 어떻게 그들이 집단 경험에서 최대한 많은 유익함을 얻어갈 수 있을지 탐색하도록 권할 수 있다.

집단 상황에서, 사람들이 자신의 문화적 가치나 성 역할 규범에 충실하고 있을 뿐인데, 그것이 내성적이거나 '물러나 있는' 것으로 보일 때도 있다. 조심스럽게 행동하는 것을 비협조적인 태도의 표시라고 가정하는 것은 실수이다. 어떤 집단원들은 개인적인 주제에 대해 공개적으로 이야기하는 것이 불쾌하다고 생각할 수 있다. 다른 집단원들은 사적인 문제를 공개하거나 감정을 표현하는 것이 자신의 약함을 보이는 것이라고 생각할 수도 있다. 집단에서 가족에 대해서 이야기하는 것에 문화적으로 거부감을 가진 사람들은 부모 역할을 하는 대상에게 상징적으로 말하는 것과 관련된 역할 연기에 참여하는 것을 꺼릴 수 있다. 어떤 사람들은 자신들이 공개하는 바가 기존의 고정관념과 편견을 확고하게 할 것 같다는 두려움 때문에 특정한 어려움을 드러내는 것을 원하지 않을 수도 있다. 특정한 인종, 문화, 민족에 속한 집단원들은 지배적인 집단에 속한 사람들과 함께하는 집단상담에서 자기개방을 너무 빠르게 함으로써 피해를 볼 수 있다는 적응적인 의구심을 학습해왔다. 그들의 억압 경험과 다른 사람들에게 자신을 알리고 집단 내에서 누가 안전한지를 결정하기를 주저하는 태도는 이러한 맥락에서 이해되어야 한다.

내(Cindy)가 이끌었던 집단 중 하나는 AIDS 바이러스 예방/교육 집단으로, 백인계, 라틴계, 아프리카계 미국 여성으로 구성되어 있었다. 이처럼 문화적으로 다양한 여성들로 하여금 성적인 가치 및 행동과 관련된 개인적인 문제에 대해 이야기하게 하는 것은 난제였다. 나는 초기 회기에서 집단원들 사이의 차이점을 다루고 그 여성들이 어떻게 서로 비슷하고 다른지에 대해 논의하도록 촉진했다. 이처럼 차이점이라는 주제에 대해 이야기하는 것은 집단원들이 문화적으로 다양한 여성들의 집단에 참가하면서 가졌던 염려와 두려움을 나누게 만들었다. 또한 이는 그들이 서로 공유했던 많은 공통된 경험과 문제에 주의를 기울이게 했다. 이 같은 논의는 나머지 집단 회기에 대한 분위기를 조성했고, 그로 인해 집단원들은 문화적 정체성에 의해 영향을 받은 그들의 삶의 방식과 성적인 행동에 대해 개방적으로 이야기할 수 있었다.

집단지도자로서 당신은 집단원들로 하여금 자신의 문화적인 규범과 가치를 어기지 않으면서 집단에 참여할 방법에 대해 논의하게 함으로써 그들의 거부감을 줄일 수 있다. 만약 당신이 운영하는 집단의 문화적 맥락을 잘 알고 있다면, 그들이 가진 문화의 가치를 인정하는 동시에, 집단원들로 하여금 그들이 집단에 오게 된 계기가 되었던 문제를 다루도록 존중하는 태도로 격려할 수 있다. 집단지도자가 해야 할 중요한 기능 중하나는 집단원들이 자신을 드러내기 주저하는 마음이 문화적으로 조건화된 것일 수도 있음을 이해하도록 돕는 일이다. 어떤 집단원들을 억압하여 침묵하거나 경계하도록 만드는 데 사회가 어떠한 역할을 했는지 이해하는 것 또한 중요하다. 이러한 사회적 요인들은 어떤 집단원들이 자기개방에 참여하는 것을 왜 꺼리는지에 대해 재조명할 수 있게 한다.

집단의 유형과는 무관하게, 집단에 적극적으로 참여하려고 하는 집단원들조차 초기단계에서 어느 정도의 주저하는 마음을 갖는 것은 예상할 만하다. 집단원들이 가지는 이러한 주저함은 다양한 방식으로 표현된다. 집단 초기에 집단원들이 이야기하는 주제는 그들이 숨기고 있는 것, 즉 이 시점에 이 집단에 속해 있는 것에 관한 진짜 두려움보다 덜 중요할 개연성이 크다. 경계하는 행동은 앞으로 일어날 일에 대한 두려움에서 발

활동을 통해 배우기 ▶ 집단을 시험해보기

집단원들은 두려움과 주저함에 대해 이야기하는 것을 통하여 자신의 감정을 정직하고 생산적인 방식으로 다루는 방법을 배울 수 있다. 집단의 초기 단계에서 다음과 같은 질문에 대해 집단적으로 논의해보자.

1. 두려운 과제가 있을 때, 당신은 일반적으로 어떻게 대응하는가? 두려움을 피하거나 도망치는가? 두려움에 정면으로 부딪혀보는가? 두렵지 않은 척하는가? 다른 사람들에게 지원을 요청하는가, 아니면 독립적으로 해결하려고 하는가?
2. 당신이 두려움을 느낀다면 이 집단에서 어떻게 행동할지 예상할 수 있는가?
3. 당신이 일반적으로 두려움에 대응하는 방식은 당신이 행동하고 싶은 방식인가? 그렇지 않으면, 당신이 대응하는 방식에 대해 바꾸고 싶은 부분이 있는가?
4. 당신이 집단에 참여하거나 집단에서 당신의 일부분에 대해 나누는 데 두려움을 느낀다면, 당신이 어떤 행동이나 말을 하는 것이 그러한 두려움을 헤쳐 나가는 데 도움이 되겠는가? 또 집단지도자나 집단원은 어떻게 당신을 지원할 수 있겠는가?

생하는 경우가 많기 때문에, 이러한 두려움을 확인하고 그것에 대해 논의하는 것은 전체 집단에 도움이 된다. 불안을 느끼는 집단원에게 '여기에서 불안해하실 필요는 없어요. 누구도 당신에게 상처를 주지 않을 거예요.'라고 말하는 것은 도움이 되지 않는다. 당신은 진정으로 그러한 약속을 해줄 수 없다. 어떤 집단원이 다른 집단원의 반응 때문에 상처를 입을 수도 있기 때문이다. 그보다는 집단원들이 상처를 입었을 때 그것을 표현하는 것을 당신이 원하며 당신이 그들을 저버리지 않을 것임을 집단원들이 알게 하는 것이 도움이 된다. 비록 집단원들이 실수를 하거나 다른 사람의 감정을 상하게 한다 할지라도, 이러한 경험이 지지적인 분위기에서 관계를 회복하는 방법을 배우고 새로운 행동을 시험해볼 수 있는 기회를 제공함을 알게 하는 것은 집단원들을 안심시킬 수 있다.

집단원이 흔히 경험하는 두려움을 확인하고 탐색하기

집단원들은 초기 회기들에서 자신의 문제가 진지하게 다루어지는지 또 집단이 자신의 생각이나 감정을 표현하기에 안전한 장소가 되는지 시험한다. 다른 사람들이 자신의 긍정적 또는 부정적 반응을 존중하고 수용하면서 잘 듣는 것처럼 느껴지면 집단원들은 자신의 좀 더 깊은 측면을 다루기 시작할 준비를 갖추게 된다. 집단원들의 두려움을 다루기 시작하는 좋은 방법은 그들의 두려움을 잘 듣고 그들의 염려를 완전히 표현하도록 촉진하는 것이다. 다음에 제시된 것은 집단원들이 흔히 경험하는 두려움이다.

- 내가 여기에서 수용될 것인가, 아니면 거절될 것인가?
- 다른 사람들은 나를 이해할 수 있을까?
- 이 집단은 내가 차별, 억압, 편견을 경험했던 다른 집단들과 어떻게 다를까?
- 나는 다른 사람들에 의해 판단되는 것이 두렵다. 특히 내가 그들과 다르다면 더욱 그렇다.
- 나의 내밀한 개인적 문제를 개방하라는 압력을 받게 되지는 않을까?
- 집단에서 무슨 이야기를 했는지에 대해 내 친구나 가족이 물어보면 어떻게 할 것인가?
- 나는 상처받는 것이 두렵다.
- 집단원들이 나를 공격하지는 않을까?
- 나의 문화적 가치가 존중되지 않거나 이해받지 못하는 것은 아닐까?
- 내가 대처하기 어려운 어떤 것을 나 자신 속에서 발견하게 되지는 않을까?
- 내가 변화할 것인데, 그 변화를 나와 가까운 사람들이 좋아하지 않을까봐 두렵다.
- 나는 내가 무너져서 울까봐 걱정된다.

초기 단계에서 집단지도자들은 집단원들이 그들의 불안을 확인하고 탐색하기 시작하도록 요청하면서 집단을 시작할 수 있다. 처음에는 두 사람씩 짝지어서 이야기하다가 그 다음에는 네 사람씩 모여 이야기하도록 하는 것은 신뢰할 수 있는 분위기를 조성하는 데 때때로 도움이 된다. 이러한 방식으로 집단원들은 자신이 가지고 있는 기대를 나누고 서로 친숙해지며 자신의 두려움이나 주저함 등에 대해 이야기를 나눌 수 있는 상대를 선택할 수 있다. 대부분의 집단원들은 전체 집단원들 앞에서 이야기하는 것보다 처음에는 한 명의 다른 사람과 이야기를 나누다가 옆에서 이야기하던 다른 두 사람을 끌어들여 네 사람이 이야기를 나누는 방식을 훨씬 덜 위협적으로 느낀다. 이처럼 하위집단부터 시작하는 방식은 집단의 분위기를 부드럽게 하는 데 효과적이며, 전체 집단으로 다시 모였을 때 상호작용을 하려는 동기를 대체로 높여준다.

처음에 집단원들은 대체로 말하기를 주저하지만, 일부 집단원들은 집단의 분위기를 별로 시험하지 않은 채 바로 집단에 뛰어들기도 한다. 이는 불안이 표현되는 또 다른

활동을 통해 배우기 ▶ 두려움의 벽

집단 회기가 시작되기 전, 집단지도자는 다음에 제시되는 두려움과 염려를 종이에 하나씩 따로 써서 집단상담실 내 다양한 장소들의 벽에 붙여둔다.

'나는 내가 집단에 잘 적응하지 못할까봐 두렵거나 염려가 된다.'
'나는 내가 이해받지 못할까봐 두렵거나 염려가 된다.'
'나는 다른 사람들에 의해 판단될까봐 두렵거나 염려가 된다.'
'나는 다른 사람들이 나의 비밀을 알게 될까봐 두렵거나 염려가 된다.'
'나는 내가 이 집단에서 아무런 유익함도 얻지 못할까봐 두렵거나 염려가 된다.'
'나는 다른 사람들이 나를 도저히 감당할 수 없을까봐 두렵거나 염려가 된다.'
'나는 집단지도자들이 어떻게 나를 도울지 알지 못할까봐 두렵거나 염려가 된다.'
'내가 두렵거나 염려가 되는 것은……'

집단원들이 가장 자신에게 와닿는 '두려움'이 쓰인 종이의 옆에 서도록 요청한다. 일단 모든 집단원들이 자신의 자리를 선택하고 나면, 그들이 그 자리에 머물면서 다른 사람들이 어디에 서 있는지를 조용히 둘러보도록 한다. 그 다음에는 다음과 같은 토론 질문을 집단원들에게 주고 논의하도록 한다.

토론 질문
- 당신은 자신이 선택한 두려움을 집단에서 나눌 것인가? 만일 나눈다면, 왜 그렇게 할 것인가?
- 다른 집단원들이 선택한 두려움을 보고 놀랐는가? 그것이 그들에 대한 당신의 첫인상과 일치했는가?
- 만일 당신이 자신의 두려움이나 염려를 헤쳐 나가기로 선택했다면, 당신은 이 집단에서 어떻게 스스로에게 도전할 필요가 있는가?
- 집단원이나 집단지도자가 당신의 두려움이나 염려를 헤쳐 나갈 수 있도록 어떻게 도와줄 수 있을까?

방식이며, 때때로 집단지도자는 이러한 집단원들이 속도를 늦추고 너무 많은 것을 너무 빨리 말하지 않도록 도울 필요가 있다.

숨겨진 주제

집단에서 공통적으로 나타나는 저항은 확인되지 않았거나 숨겨진 주제(hidden agenda), 즉 공개적으로 알려지거나 논의되지 않은, 심지어 집단원들이 의식하지 못하고 있을 수도 있는 문제와 관계가 있다. 만약 이러한 주제를 맞닥뜨리도록 권유하지 않는다면 집단 과정은 교착 상태에 빠지게 된다. 왜냐하면 개방적 태도라는 집단 규범 대신, 숨기고 조심하며 방어적인 태도라는 집단 규범이 작동하게 되기 때문이다. 한 집단원이나 몇몇 집단원들 또는 전체 집단이 자신의 반응을 솔직하게 말로 표현하지 않고 있다면, 다음과 같은 공통적인 일련의 특성이 나타난다. 즉, 신뢰감은 낮고, 집단원들 사이에 긴장감이 나타나며, 사람들은 자신을 방어하고 위험을 감수하려고 하지 않고, 집단지도자는 집단원들보다 더 힘들여 집단을 운영하며, 뭔가가 잘 이해되지 않는다는 막연한 느낌이 감돈다.

이러한 시나리오를 생각해보자. 어떤 집단에서 한 집단원이 "이 방에 제가 좋아하지 않는 집단원이 있어요."라고 말했다. 전체 집단은 그 집단원의 이러한 말에 영향을 받았으며, 몇몇 집단원들은 그 집단원이 싫어하는 사람이 자신일지도 모른다는 생각을 했음을 나중에 밝혔다. 처음 말을 꺼냈던 집단원이 그가 좋아하지 않는다는 집단원과 갈등을 직접 다루었을 때에야 비로소 그 방의 분위기가 개선되었다. 청소년들로 구성된 또 다른 집단에서는 많은 집단원들이 말을 하지 않으려는 강한 의지를 보였다. 그 집단에 숨겨진 주제는 누군가 남에 대한 험담을 하고 있다는 소문에 관한 염려였다. 비밀이 누설될 것에 대해 염려했던 집단원들은 그들의 이야기가 일으킬 반향에 대한 두려움 때문에 감정을 표현하지 않으려고 했다.

또한, 대부분의 집단원들이 근본주의적인 종교적 배경을 가지고 있었던 어떤 집단에서 이러한 숨겨진 주제에 대한 문제가 발생한 적이 있었다. 몇몇 집단원들이 자신의 신앙에 관련된 힘든 점을 드러내면 자기 자신이나 자신의 종교가 좋지 않게 판단될지도 모른다는 두려움 때문에 집단에 전적으로 관여하기를 주저했다고 나중에 털어놓았다. 그들은 집단에서 자신과 신앙을 공유하지 않은 사람들뿐 아니라 자신과 신앙을 공유한 사람들이 보일 반응에 대해서도 불안해했다. 판단될 것에 대한 두려움을 다루고 나서야 그 집단은 순조롭게 진행될 수 있었다.

또 다른 집단에서는 한 집단원인 로저가 어떤 회기 동안 많은 감정을 표현했고, 이것이 이어지는 회기에서 집단 내 신뢰의 정도를 저해하는 경우가 있었다. 비록 많은 집단원들이 이 집단원의 작업에 관여하는 것 같아 보였지만, 다음 회기에서는 조용한 분위기가 집단에 감돌았다. 집단지도자의 촉진에 의해 집단원들은 왜 그들이 말하기를 주저했는지 마침내 드러냈다. 몇몇 집단원들은 로저의 강렬한 감정에 두려움을 느꼈고, 자신이 가졌던 반응에 대해 무엇을 해야 할지 확신하지 못했다. 또 다른 집단원들은 깊이 감동을 받았고 그들 자신의 문제에 대해 논의함으로써 집단에 관여하고 싶었지만, 로저의 지속적인 작업을 방해하기를 원하지 않았다. 개인적으로 감동을 받았던 몇몇 집단원들은 자신도 로저처럼 '자신을 통제하지 못할' 수 있다는 두려움 때문에 이를 인정하기를 두려워했다. 또 다른 집단원들은 로저가 여전히 '미해결' 상태라고 느꼈기 때문에 화가 났다. 그들은 그렇게 열심히 작업을 하고서도 문제에 대한 해답을 얻지 못한 것이 로저에게 어떤 도움이 되었는지 알 수가 없었던 것이다. 나머지 집단원들은 '수행불안(performance anxiety)' 때문에 스스로 부담을 느꼈다고 나중에 고백했다. 그들은 집단에 받아들여지기 위해서는 강렬한 감정을 많이 드러내야만 할 것 같다고 생각했다. 만일 자신이 울지 않으면 다른 집단원들이 자신을 피상적이라고 인식할까봐 두려워했던 것이다.

만약 집단원들이 이러한 반응을 기꺼이 꺼내어 놓는다면, 이 모든 반응들은 생산적인 상호작용을 발생시킬 수 있다. 이러한 반응들을 온전히 표현하고 탐색함으로써, 집단원들은 신뢰의 기반을 진정으로 발달시킨다. 반면, 만일 집단원들이 자신의 반응들을 억누른다면, 집단은 활력을 잃게 된다. 이야기되지 않은 집단 주제는 거의 대부분의 경우 집단원들을 앞으로 나아가지 못하게 하고 집단의 신뢰를 무너뜨리는 숨겨진 주제로 발전된다.

일반적으로, 집단에서 주저하는 행동을 가지고 작업을 시작하는 것은 좋은 생각이다. 말하기를 주저하는 것은 저항의 표현이라기보다 정상적인 경계(healthy boundary)를 나타내는 것일 수 있다. 예를 들어, 학대를 경험했던 어떤 사람은 너무 빨리 신뢰하려 하지 않을 수 있다. 만일 집단지도자가 에너지가 모여있는 곳을 탐색하고 그것의 직접적인 표현을 촉진한다면, 집단원들이 주저하는 행동을 고집할 가능성은 더 적을 것이다. 집단을 시작하기 전에 가지는 집단원 선별 과정은 집단지도자들이 집단원들의 개인사에 대해 배울 수 있게 하는데, 이로 인해 집단지도자들은 집단 과정에서 나타나는 집단원들의 반응의 일부를 더 잘 이해할 수 있게 된다.

집단지도자로서 당신이 어떤 집단 내에 존재할 가능성이 있는 모든 숨겨진 주제를 알 수는 없지만, 특정한 집단이 가지고 있는 특성에 따라 나타날 수 있는 숨겨진 주제에 대해 어느 정도 예상할 수는 있다. 중요한 것은 당신이 그러한 주제들에 대해 깊이 숙고하고, 집단원으로 하여금 그러한 주제를 알아차려서 그것을 말로 표현하도록 돕는 방법을 찾는 것이다. 일단 어떤 역동들이 집단 과정에 영향을 미치고 있다는 것을 집단

> ❝
>
> 숨겨진 주제가
> 드러나서 논의되지 않는
> 한 집단은 진행되지
> 않는다.
>
> ❞

원들이 알아차리면, 숨겨진 주제가 집단 과정을 방해할 가능성은 감소한다. 그렇게 되면 집단원들은 그들의 염려를 어떻게 다룰지 결정하도록 도전을 받게 될 것이다.

숨겨진 주제가 드러나서 논의되지 않는 한 집단은 진행되지 않는다. 이 과정은 종종 집단지도자의 인내심, 그리고 집단원들이 자신이 말하고자 하는 것을 말하고 있는지 끊임없이 점검하려는 의지를 요구한다. 집단을 교착 상태에 빠뜨리는 것은 사실 집단원들이 말하고 있는 것 때문이 아니라 그들이 말하지 않고 있는 것 때문이다. 이처럼 집단에 존재하는 수면 밑의 흐름을 다루는 것이 집단지도자들에게 일반적으로 마음 편한 일은 아니지만, 집단원들에게 집단에서 떠오르는 생각과 감정을 지속적으로 표현하도록 단호하지만 존중하는 태도로 도전하는 것은 매우 중요하다.

집단에서 잠재적으로 존재하는 숨겨진 주제들을 탐색하도록 촉진하는 가장 좋은 방법 중 하나는 집단지도자 자신이 어떤 집단의 집단원으로서 겪었던 경험을 돌아보는 것이다. 숨겨진 주제가 존재했던 집단에 참여했던 적이 있는가? 만일 그렇다면, 그것이 당신에게 어떠한 영향을 미쳤는가? 당신이 이에 대해 집단에서 이야기할 수 있다고 느끼는 것을 가로막았거나 촉진했던 것은 무엇인가? 당신이 집단원으로서 겪었던 자신의 경험을 당신이 촉진하는 집단들에 어떻게 적용할 수 있겠는가?

초기에 갈등 다루기

갈등은 대체로 과도기 단계에서 가장 많이 발생하지만, 사실 집단상담의 어느 단계에서라도 발생할 수 있다. 집단상담의 초기에 발생하는 갈등은 아주 적절하게 다루어야 하는데, 그렇지 않으면 집단응집력을 방해할 가능성이 있기 때문이다. 갈등이 처음 발생하면 집단원들은 집단지도자의 행동을 면밀히 인식하고 관찰한다. 집단지도자는 이러한 갈등에 대해 반드시 대응해야 하며, 가능하면 갈등의 해결을 촉진함으로써 집단이 앞으로 나아갈 수 있도록 해야 한다.

집단의 첫 회기에서 발생할 수 있는 다음과 같은 갈등을 살펴보자.

집단지도자: 당신은 이 방을 둘러보며 어떤 것을 지각하고 있습니까?
엘리자: 저는 강한 남자들과 함께 집단상담을 하고 싶은데, 이 집단은 저에게 적절한 것 같지 않네요.
트래비스: 그건 매우 동성애 혐오적인 말이에요! 단지 제가 동성애자라고 해서 당신은 제가 강한 남자가 아니라고 생각하는군요.

엘리자:	제가 말한 것은 그런 뜻이 아니에요. 당신은 제 말을 잘못된 방식으로 받아들이고 있어요.
트래비스:	저는 당신이 말하는 뜻을 정확히 알아요.
집단지도자:	트래비스, 엘리자에 대한 당신의 반응에 대해, 그리고 엘리자의 말이 당신에게 어떻게 영향을 미쳤는지에 대해 좀 더 말해보세요.

이 상호작용은 즉시 방 안에 긴장감을 불러일으켰다. 그러한 말들은 몇몇 집단원들에게 새로운 상처를 줄 뿐 아니라 오래된 상처를 건드릴 수 있다. 이는 그 집단이 모두에게 안전한 공간이 되기 위해 잘 다루어지고 주목되어야 하는 문화적 주제뿐 아니라 갈등을 유발한다. 집단지도자는 이를 다양한 방식으로 다룰 수 있다. 하나는 엘리자에게 '강한 남자들'과 함께하고 싶다는 말의 의미가 무엇인지 더 말해보게 하는 것이다. 즉, 그것이 엘리자의 인생에서 어떤 의미가 있으며, 지금 이 맥락에서는 어떤 의미가 있는지, 그리고 그 자신은 강함-약함의 연속선에서 어디에 있다고 생각하는지 질문할 수 있다. 한편, 집단지도자는 다른 집단원들이나 트래비스에게, 엘리자의 말에 영향을 받았는지, 받았다면 어떻게 영향을 받았는지를 탐색할 수 있다. 남성 집단원들은 몇 가지 반응을 할 것이고, 엘리자와 다른 집단원들은 이를 경청할 필요가 있다. 이때 집단지도자의 목표 중 하나는 엘리자의 말로 촉발된 집단원들의 전이 반응을 탐색하는 것이다. 또 다른 목표는 엘리자가 자신의 말이 어떻게 어떤 집단원들에게 모욕적으로 느껴졌을 수 있는지, 특히 동성애 혐오적인 말들을 경험해왔던 특정 집단원들의 상처받기 쉬운 마음을 어떻게 자신이 건드렸는지를 깨닫도록 돕는 것이다.

이 갈등이 집단 초기에 일어났기 때문에, 집단지도자가 적절하고 효과적인 직면의 규준을 가르치는 것이 매우 중요하다. 만약 집단지도자가 충분히 개입하지 못하여 이 문제가 회피되거나 무시되거나 얼버무려진다면, 집단원들은 집단이 안전하지 않다고 느끼고 주의해서 행동하려고 할 것이다. 이렇게 다뤄지지 않은 갈등은 집단 내의 에너지에 부정적으로 영향을 미치기 쉽고 집단의 진행을 방해할 수 있다.

자기 초점 대 타인 초점

집단 초기에 많은 집단원들이 보이는 특성 중 하나는 다른 사람들에 대해 이야기하거나 집단 밖의 사람 또는 상황에 초점을 맞추는 경향이 있다는 것이다. 지나치게 말을 많이 하는 사람들은 다음과 같은 이유 때문일 수도 있다.

• 그들은 자신의 감정에서부터 단절되어 있고, 지적인 수준에 머물러 있음으로써 자

신의 감정을 피할 수 있다.

- 그들은 다른 사람과 관계를 맺거나 타인으로부터 지지를 받는 데 어려움을 느끼며, 말하는 것이 그들을 덜 불안하게 할 수 있다.
- 그들은 집단지도자와 집단원들이 자신에게 어떻게 반응할지 가늠하기 위해 시험하는 중일 수 있다.
- 그들은 '잡담(small talk)'이 관계를 맺거나 신뢰를 얻는 방법인 문화에서 자랐을 수도 있다.

몇몇 집단원들은 사실적인 이야기(storytelling)를 많이 하면서 자신이 정말로 작업을 하고 있다고 믿지만, 실제로는 자신의 감정에 대해 이야기하고 다루는 일을 피하고 있다. 그들은 주변 상황에 대해 이야기하지만, 자신이 겪고 있는 어려움이 다른 사람들 때문에 생겼다고 이야기하는 경향이 있다. 숙련된 집단지도자는 그러한 집단원들이 다른 사람들에 대한 스스로의 반응을 검토하도록 돕는다.

집단의 초기 단계에서 집단지도자가 해야 할 가장 중요한 과제는 집단원들이 자기 자신에게 초점을 맞추도록 하는 것이다. 물론 이처럼 집단원들이 자신을 개방하기 위해서는 미리 신뢰가 형성되어 있어야 한다. 집단원들이 자기 탐색을 피하기 위해 다른 사람들에게 초점을 맞추는 경우에 집단지도자는 그들이 자기 자신의 반응에 초점을 맞추도록 해주어야 한다. 예를 들어, 집단지도자는 다음과 같이 말할 수 있다. '저는 당신이 자신의 삶에서 중요한 몇몇 사람들에 대해서 많이 이야기하고 있다는 것을 알아차렸어요. 그런데 그들은 지금 여기 없고, 그래서 우리는 그들과 함께 집단에서 작업할 수 없어요. 그렇지만 우리는 그들에 대한 당신의 감정과 반응, 그리고 그들의 행위가 당신에게 어떤 식으로 영향을 끼쳤는지에 대해서는 작업할 수 있지요.' 여기에서 중요한 것은 적절한 시점을 알아차리는 것이다. 집단지도자는 자신이 관찰한 내용이나 해석을 수용할 수 있는 집단원들의 준비도를 반드시 고려해야 한다. 집단지도자는 집단원들이 다른 사람에게 초점을 맞추는 행위가 그들의 방어적 행동일 수도 있다는 점을 깨닫도록 도울 뿐 아니라, 그들이 자신의 감정을 표현할 수 있도록 독려해야 한다. 그러나 모든 그런 행동이 방어적인 것은 아니다. 자신에게 초점을 맞추는 것을 피하는 것이 어떤 집단원에게는 문화적으로 적절한 것일 수도 있다. 집단원들의 행동을 탐색함으로써 집단지도자는 그들이 다른 사람에 집중하는 것에 어떤 숨겨진 의미가 있는지를 이해할 수 있다.

'지금 여기' 초점 대 '그때 거기' 초점

어떤 집단은 지금 이 집단이 진행되고 있는 상담실에서 발생하는 일에 일차적으로 초점을 맞춘다. 이러한 집단이 탐색하는 주된 주제는 현재 집단원들 사이에 일어나고 있는 상호작용이며, 이러한 집단원들 간의 만남으로부터 논의를 위한 자료들이 도출된다. 이와 달리, 어떤 집단은 대체로 집단원들이 회기로 가지고 오는 집단 상담실 밖에서 발생했던 문제에 초점을 맞추거나 탐색을 위한 어떤 구체적인 주제를 다룬다. 집단 지도자의 이론적 지향성은 집단의 초점이 집단 내에서 현재 일어나는 것에 있을지 아니면 집단 밖에서 일어났던 과거 사건들에 있을지를 좌우한다. 4장에서 언급한 것처럼, 경험적이고 관계지향적인 접근은 '지금 여기'를 강조하고, 인지행동적 접근은 현재중심적인 초점에 주로 관심이 있으며, 정신역동적 접근은 '그때 거기'에 초점을 맞춘다. 우리가 운영하는 집단은 '지금 여기'에서 발생하고 있는 현상과 '그때 거기'에서 발생한 사건 모두를 다룬다. 집단원들이 그 집단상담실에서 일어나는 서로에 대한 반응들을 먼저 다루지 않고서는 집단 밖에서 그들의 삶과 관련되는 중요한 주제를 다룰 준비를 갖추지 못하는 경우가 많다. 개인적인 문제를 의미 있게 탐색하기 위해 집단원들은 우선 안전함과 신뢰감을 느껴야만 한다.

집단 초기의 몇 회기 동안 우리는 집단원들에게 그들이 일상생활에서 경험하는 개인적인 문제와 그들이 집단상담을 하면서 겪는 경험이 어떻게 연관되는지 생각해보도록 요청한다. 예를 들어, 어떤 여성 집단원이 자신의 일상생활에서 고립감을 느낀다고 말할 때, 우리는 그녀가 집단에서도 자신을 어떤 식으로 고립시키고 있을지도 모른다는 것을 알아차리도록 묻는다. 또한 어떤 다른 남성 집단원이 자신은 일상생활에서 다른 사람들에게 지나치게 관심이 많아서 다른 사람들을 걱정하느라 정작 자기 자신을 돌볼 기회는 없다고 할 경우, 우리는 이것이 집단에서 그에게 어떤 방식으로 문제가 될 수 있을지 묻는다. 만약 어떤 집단원이 자기는 이 집단에서 이방인처럼 느껴진다고 하면, 우리는 그녀가 집단 밖에서도 그러한 느낌을 종종 경험하는지 탐색한다. 이런 집단원들은 집단에서도 고립되거나 지나치게 다른 사람들에게 관심이 많거나 이방인처럼 느낄 수 있으며, '지금 여기'에서 발생하는 이러한 현상과 경험을 다루는 것은 좀 더 깊은 개인적인 문제를 탐색하는 발판이 될 수 있다. 집단 내에서 현재 일어나는 것에 초점을 유지하는 것은 집단원들이 변화하고자 하는 자신의 행동의 특정한 측면을 확인하도록 도울 수 있다.

'지금 여기'의 상호작용에 초점을 맞추는 일이 그 무엇보다 중요한 이유는 집단원들이 집단에서 현재 보이는 행동 양식은 그들이 집단 밖에서 다른 사람들과 상호작용하는 방식을 반영하고 있기 때문이다. 다른 방식의 상담에 비해 집단상담이 가지고 있는 독특한 특징은 집단에서 대인관계를 통해 배울 수 있는 기회가 주어진다는 점이다. 집단원의 대인관계 방식을 이해할 수 있는 가장 효과적인 방법 중 하나는 집단 현장에서 보이는 그들의 행동에 주의를 기울이는 것이다. 집단원들 역시 집단상담 회기 중에 보이는 자신의 행동 양식을 인식하게 됨으로써 일상적인 대인관계에서 자기 자신이 어떻게 기능하고 있는지에 대해 상당히 많은 것을 배울 수 있다.

집단원들로 하여금 '지금 여기'에서 하는 경험을 자각하도록 촉진하는 개입들은 대체로 집단원들 사이에서 이루어지는 상호작용의 정서적인 강도를 높이는 경향이 있다. 우리는 집단원들에게 그들의 문제를 다른 사람들에게 보고하는 식으로 말하기보다 그들이 지금 무엇을 경험하고 있는지에 대해 말하도록 지속적으로 독려한다. 만약 집단원들이 일상생활에서 문제를 경험하고 있고, 그들이 그 문제를 탐색하고 싶다고 하면, 우리는 대개 그들의 문제를 현재 집단 속으로 가지고 들어와 '지금 여기'의 맥락에서 다루도록 권유한다. 비록 집단 참여자들이 '지금 여기'의 상호작용을 피하려고 자기방어적인 태도를 보이는 경우가 많기는 하지만, 집단지도자가 수행해야 할 주요 과제 중 하나는 집단원들로 하여금 순간순간의 자신의 생각, 느낌, 행동에 주의를 기울이도록 하는 것이다. 집단원들이 '지금 여기'에서 겪는 자신의 경험에 좀 더 몰두할수록 일상생활에서 그들이 경험하는 대인관계의 질을 높일 가능성이 더 크다.

'지금 여기'의 관점에서 하는 작업에는 장점과 단점이 있다. 집단 내에서 무엇이 일어나는지에 초점을 맞춤으로써, 당신은 집단원들이 자신의 주제를 작업하도록 도울 수 있을 것이다. 또한 '지금 여기'에 초점을 맞춘 의사소통은 집단 과정이 순조롭게 진행되도록 촉진하며 집단원들이 자신이 경험하고 있는 것을 표현할 수 있는 기회를 제공한다. 그러나 만약 어떤 집단원이 과거에 겪었던 배우자로부터의 학대 또는 어떤 다른 종류의 심리적 외상 경험(trauma)과 같은 중요한 주제에 대해 말하기 시작했는데, 집단지도자가 그 집단원으로 하여금 '지금 여기'에 지나치게 빨리 집중하도록 촉진한다면, 집단지도자는 슬픔을 다루는 중요하고 필요한 작업을 방해할지도 모른다. 게다가 만약 집단지도자가 적절하지 못한 시점에 질문을 하거나 개입을 하면, 집단원에게 모욕감을 주거나 그 집단원의 경험을 부정할 위험성이 있는데, 특히 문화와 관련된 주제를 다루는 경우에는 그럴 가능성이 크다. 예를 들어, 만약 유색 인종에 속하는 어떤 집단원이 자신의 이전 경험 때문에 백인을 신뢰하지 못하는 문제에 대해 이야기를 하고 있는데, 집단지도자가 섣부르게 '이 집단에 있는 백인들은 어떤지요?'라고 질문한다면, 집단지도자는 집단원으로 하여금 새로운 관점을 습득하도록 돕기 위한 노력을 하다가 그 집단원의 과거 경험의 가치를 무시해버릴 위험성이 있다. 일반적으로, 집단원이 무시되거나 오해받았다고 느낄지도 모르는 개입을 하기 이전에, 집단원의 경험을 인정해주고 그 집단원으로 하여금 그러한 경험이 어떤 영향을 미치는지 논의하도록 하는 것이 가장 효과적이다. 때때로 집단지도자는 문화적인 맥락을 고려해서 반응하려고 노력하는 나머지 무력감을 느끼기도 한다. 집단지도자가 자신의 개입이 미칠 영향을 완전히 예측할 수 없기 때문에, 집단지도자가 집단원들이 어떤지 살피고 집단지도자와 집단지도자의 개입에 대해 그들이 어떻게 반응하는지 물어보는 것이 중요하다. 집단지도자가 집단원들에게 질문하는 경우, 집단지도자는 반드시 열린 태도로 그들의 대답을 경청하고, 존중하는 태도로 반응하며, 그들의 피드백을 반영하여 집단을 진행해야 한다.

신뢰 대 불신

기본적인 신뢰감이 집단 초기에 형성되지 못하면, 나중에 문제가 발생할 가능성이 크다. 집단원들이 비난에 대한 두려움 없이 감정을 표현할 수 있을 때, 집단에서 탐색하려는 구체적인 목표와 개인적인 영역을 스스로 기꺼이 결정하고자 할 때, 다른 사람들이 아니라 자기 자신에게 초점을 맞출 때, 자신의 개인적인 면을 노출하는 위험을 감수하기를 꺼리지 않을 때, 우리는 신뢰감이 발달되고 있음을 알 수 있다. 신뢰에는 안전한 느낌이 뒤따르지만, 그것이 반드시 편안한 느낌을 수반하는 것은 아니다. 집단원들은 집단 회기에서 불편하다고 이야기하는 경우가 많다. 의미 있는 문제에 대해 이야기할 때 편안한 느낌을 가지기는 어렵다는 것을 집단원에게 가르쳐주는 일은 매우 중요하다. 우리는 집단원들이 위험을 감수하는 것과 관련된 불안과 불편함을 기꺼이 견디기를 바란다.

> **신뢰에는 안전한 느낌이 뒤따르지만, 그것이 반드시 편안한 느낌을 수반하는 것은 아니다.**

반면, 신뢰의 부족은 집단 내에 분노와 의심의 암류가 흐르고 집단원들이 이러한 감정에 대해 이야기하는 것을 꺼리는 현상으로 나타난다. 또한 집단원들이 추상적이거나 지나치게 주지적으로 이야기하는 것, 그리고 집단에 기대하는 바를 모호하게 말하는 것 역시 신뢰가 결핍되었음을 드러낸다. 신뢰할 수 있는 분위기가 형성되기 이전에는, 집단원들이 자신이 살펴볼 주제를 집단지도자가 결정해줄 때까지 기다리는 경향이 있다. 그리고 그러한 상태에서는 자기개방을 하더라도 피상적이거나 머릿속으로 연습해본 내용이라서 위험을 감수하는 수준이 낮다. 집단원들이 집단을 스스로에게 도전하기에 안전한 장소라고 인식할 때, 그들이 위험을 감수하면서 작업을 해나갈 가능성이 더 많다. 위험을 감수하는 과정을 통해 집단의 안전성이 형성된다.

신뢰감 형성: 집단지도자와 집단구성원의 역할

모범 보이기의 중요성

집단지도자가 집단에서 신뢰할 수 있는 분위기를 성공적으로 형성하는지의 여부는 집단지도자가 자신과 집단원들을 얼마나 잘 준비시켰는지에 의해 크게 좌우된다. 4장에서 설명한 것처럼, 집단지도자의 존재는 대부분의 경험적이고 관계지향적인 집단상담 접근들에서 주춧돌 역할을 한다. 효율적인 집단지도자가 되려면, 심리적으로 집단 내에 존재하며 진실해야 한다. 행동주의 상담에서, 집단지도자의 모범 보이기는 집단 내에서 신뢰를 구축하는 기초로 여겨진다. 집단의 초기 회기들 동안, 집단지도자는 집단에 대한 자신의 기대를 나누고 대인관계에 있어서 솔직하고 존중하며 자발적인 모습으로 모범을 보임으로써 집단 과정을 촉진할 수 있다.

만일 집단지도자가 집단을 구성한 이유, 집단에서 성취하려는 목표, 그 목표를 성취하기 위한 접근 방법에 대해 미리 깊이 생각해두었다면, 집단지도자의 자신감이 높아질 가능성이 크다. 집단지도자가 집단에 대해 깊이 생각하는 모습을 보면서 집단원들은 집단지도자가 자신에게 관심이 많다고 느낄 것이다. 이에 더하여, 집단지도자가 집단의 사전 모임에서 해야 할 일(집단원들의 권리와 책임 알려주기, 집단의 진행 과정 가르치기, 집단에서 기대되는 집단원들의 행동이 그들의 문화적 가치와 충돌하지 않는지 살펴보기, 집단에서의 성공적인 경험을 위해 집단원들을 준비시키기)을 제대로 하면, 집단원들은 집단지도자가 진지한 태도로 집단 작업에 임하며, 집단원들의 행복에 관심이 많다는 사실을 알게 될 것이다.

집단지도자의 이론적 지향성이 어떻든 간에, 신뢰를 형성하는 것은 집단의 초기 단계에서 수행해야 할 중요한 과제이다. 집단 초기 단계에서 집단지도자가 모범을 보이고 자신의 행동을 통해 어떤 태도를 드러내는가 하는 문제는 매우 중요하므로 강조할 필요가 있다. 집단지도자로서의 역할을 고려하면서, 다음의 질문을 스스로에게 해 보자.

- 이 특정한 집단을 운영하는 것에 대해 내가 얼마나 능숙하다고 느끼는가?
- 집단원과 집단지도자 사이에, 그리고 집단원들 사이에 신뢰감을 형성하는 것에 대해 나는 얼마나 자신감을 가지고 있는가?

집단지도자의 사람됨, 특히 집단 회기 중에 집단지도자가 보이는 태도는 집단을 신뢰할 수 있는 공동체로 만드는 데 가장 중요한 요인이다(2장에 제시된 효율적인 집단지도자의 개인적 특성에 대한 논의를 참고하라. 또한 4장에 제시된 경험적이고 관계지향적인 접근들에서 집단지도자의 사람됨에 대한 논의를 참고하라).

집단지도자가 집단 과정을 신뢰하고 집단원들이 스스로에게 의미 있는 변화를 만들어낼 능력을 가지고 있음을 믿는다면, 집단원들은 개인적인 성장을 도모할 통로로서 집단이 가지는 가치를 알아차릴 가능성이 크다. 집단지도자가 개방적이고 존중하는 태도로 경청하고 집단원들의 주관적인 경험을 가치 있게 여긴다는 메시지를 잘 전달하면, 집단원들은 적극적인 경청이 가진 힘을 알게 될 것이다. 집단지도자가 적절한 자기개방을 진심으로 기꺼이 하려는 태도를 보이면, 집단원들이 좀 더 솔직하게 자신을 드러낼 수 있는 분위기가 조성될 것이다. 집단지도자가 집단원들을 있는 그대로 받아들이고 집단지도자의 가치관을 그들에게 강요하는 것을 피한다면, 집단원들은 사람들이 자신과 다르고 그들만의 고유한 특성을 가지고 존재할 수 있는 권리가 있음을 수용하는 것에 대한 귀중한 교훈을 배울 것이다. 요약하면, 집단에서 집단지도자가 자신의 행동을 통해 모범을 보이는 것은 집단원들이 다른 집단원과 건설적이고 깊이 있는 관계를 어떻게 형성할 수 있는지 가르칠 수 있는 가장 효과적인 방법 중 하나이다.

나(Cindy)의 수업에 참여하는 학생들은 내가 개인적 경험을 나누는 것을 가치 있게 여기고, 그러한 나의 행동이 자신이 나를 더 이해하고, 나아가 좀 더 열린 태도를 가지는 것을 돕는다고 말한다. 비록 나는 종종 즉흥적으로 자기개방을 하기도 하지만, 그러한 자기개방은 집단원들의 작업을 촉진하기 위한 의도에서 이루어진다. 예를 들어, 유사한 문제에 대해 수치심을 느끼는 어떤 집단원을 돕기 위하여 나는 내가 겪었던 관계의 어려움에 대해 이야기할 수 있다. 때때로 자기개방의 목표는 집단원의 경험이 정상적이라고 느끼게 해주고, 집단원들 간의 자기개방을 촉진하는 것인데, 이는 만일 집단원들이 자신의 경험이 자기 혼자만 겪었던 것이 아니라고 느끼게 되면 자기개방이 일어날 가능성이 커지기 때문이다. 집단지도자는 집단원들의 작업을 방해하지 않도록 자기개방에 주의를 기울일 필요가 있다. 그러나 적절한 자기개방은 집단의 신뢰를 높이고 보편성을 촉진할 수 있다.

만일 공동 지도자들이 함께 집단을 운영한다면, 공동 지도자들은 신뢰를 촉진할 행동양식의 모범을 보일 충분한 기회를 가진다. 예를 들어, 공동 지도자들이 자발적으로 상호작용하면서 조화롭게 기능하면, 집단원들은 공동 지도자들의 존재에 대해 더 신뢰를 느낄 수 있다. 공동 지도자들이 서로를 존중하고 가식적이지 않으며 서로의 말에 민감하게 반응하고 직접적으로 말한다면, 집단원들은 그러한 태도와 행위가 가치 있다고 배울 것이다. 또한, 공동 지도자들이 집단원들과 상호작용하는 방식도 집단의 신뢰수준을 높이거나 낮추는 데 영향을 준다. 예를 들어, 공동 지도자들 중 한 명이 집단원들에게 짧고 날카로우며 냉소적인 말투로 말한다면, 집단원들은 이 공동 지도자가 집단원을 존중하는 태도를 가지고 있지 않음을 금방 알아차리고 마음을 닫거나 방어적이 된다. 따라서 공동 지도자들은 서로의 상호작용 방식을 면밀히 검토하고 집단 밖에서 따로 만나 이러한 점에 대해 서로 이야기를 나누는 것이 좋다.

집단 내의 신뢰감 형성 및 유지에 대한 책임이 전적으로 집단지도자에게만 있다고 생각하는 것은 오산이다. 신뢰의 수준은 집단지도자의 태도나 행위에 의해 좌우될 뿐 아니라, 집단원들이 집단에 참여하는 정도에 의해서도 크게 영향을 받는다. 만일 집단원들이 집단 경험에서 많은 것을 얻기를 바라지 않거나, 자신에 대한 이야기를 충분히 나눔으로써 자신을 드러내기를 꺼리거나, 수동적인 자세로 집단지도자가 신뢰를 형성해주기를 단지 기다리고만 있거나, 또는 집단 회기에서 위험을 감수하기를 꺼린다면, 신뢰는 매우 더디게 형성될 것이다. 그러나 집단지도자가 집단을 이끌어가는 방식에 의해 정해지는 분위기는 자기 자신을 개방하고 신뢰 형성에 필수적인 절차를 밟기 시작하려는 집단원들의 의지에 영향을 미칠 것이다.

집단지도자가 집단의 초기 단계에서 어떻게 신뢰 형성의 토대를 마련하는지에 대한 좋은 예시로서, 11장에 제시되는 지역상담센터에서 운영된 근친상간 피해 여성들의 지지 집단을 참조하라. 그 집단의 집단지도자는 집단 초기 단계에 일어나는 일이 집단 후기에 일어날 일에 중요한 영향을 미친다는 것을 믿는다. 첫 번째 집단 회기에서, 그 집단지도자는 정기적인 출석, 시간 엄수, 비밀 보장, 시간제한, 미해결 문제를 집단 밖에서 다루기보다는 집단으로 다시 가져올 것을 강조한다. 집단원들이 근친상간 문제를 이야기하는 것의 어려움에 대해 서로에 대한 공감을 표현함으로써 유대감이 빠르게 형성되기 시작한다. 집단원들이 서로가 공통된 경험을 가지고 있음을 깨달음에 따라, 그들은 보다 깊이 있는 자기개방을 하고 집단에서 얻을 수 있는 지지가 매우 의미 있다는 것을 알게 된다. 근친상간 경험을 공유함으로써, 집단원들은 자신의 삶에서 지속되는 근친상간의 영향에 대해 다루는 것에 대해 주저하지 않게 된다.

신뢰의 문제는 절대 한 번에 완전히 결정되지 않으며, 집단이 진행되는 동안 내내 여러 가지 형태로 지속적으로 나타날 것이다. 신뢰의 문제에 대해 계속 주의를 기울이는 것은 집단원들이 서로에 대한 신뢰를 유지하도록 돕는 데 필수적이다. 집단원들은 탐색되는 내용이 더 위협적일수록 신뢰의 문제가 더 중요해진다는 것을 배워야 한다. 집단원들이 신뢰의 부족을 인정하려는 의지를 보이는 것이 중요한데, 이러한 작업은 그들을 신뢰하기 어렵게 만드는 것이 무엇인지에 대해 이야기하는 것으로 시작하는 것이 좋다. 분명한 점은 신뢰의 섬세한 속성이 어떤 집단에서든 초기 단계의 핵심이라는 것이다.

만일 집단상담에서 신뢰 형성이 단계별로 일어난다면, 당신은 집단에서 신뢰를 형성하기 위해 스스로 어떤 과정을 거칠 것이라고 생각하는가? 믿을 만한 집단원이 될 수 있는 자신의 능력뿐 아니라 다른 사람들을 기꺼이 신뢰하려는 자신의 의지에 대해서도 고려해볼 필요가 있다.

1단계: 현장 살피기

- 당신은 다른 사람들을 관찰하는 것을 어떻게 시작하는가? 자신의 작업을 드러내지 않고 혼자 마음속으로 진행하는가? 조용히 있는 편인가, 아니면 말을 많이 하는 편인가? 다른 사람들에 대한 의견을 빨리 형성하는가? 열린 태도를 가지는가, 조심스러운 모습을 보이는가, 아니면 비판적인 태도를 취하는가?
- '현장을 살필' 때, 당신은 어떤 행동과 상호작용을 보일 것 같은가?

2단계: 신뢰 시험하기

- 다른 사람들이 신뢰할 만한지 알아보기 위해 당신은 어떻게 그들을 시험하는가? 다른 사람들이 위험을 먼저 감수하도록 하는가, 아니면 당신이 먼저 첫발을 내딛는가? 당신은 다른 사람들이 대체로 신뢰할 만하다 혹은 그렇지 않다는 기대를 가지고 있는가? 자신이 믿을 만하다는 것을 다른 사람들에게 어떻게 보여주는가?
- 신뢰를 시험할 때, 당신은 어떤 행동과 상호작용을 보일 것 같은가?

3단계: 신뢰하기, 그리고 신뢰할 만한 사람이 되기

- 일단 신뢰가 형성되었다고 판단하고 나면, 당신은 여전히 조심스럽게 진행하는가, 아니면 쉽게 마음을 여는가? 당신은 다른 사람들로부터 신뢰받는 것이 더 쉽다고 느끼는가, 아니면 다른 사람들을 신뢰하는 것이 더 쉽다고 느끼는가?
- 다른 사람들을 신뢰하거나 다른 사람들로부터 신뢰를 받을 만한 사람이 되려고 할 때, 당신은 어떤 행동과 상호작용을 보일 것 같은가?

4단계: 신뢰가 깨졌을 때 견뎌내기

- 만약 누군가 당신의 신뢰를 깨뜨렸을 때, 이것이 당신에게 어떤 영향을 미칠 것인가? 당신은 쉽게 용서할 수 있는가, 아니면 신뢰의 손상이 그 사람과의 관계를 영원히 해칠 것인가? 일단 신뢰가 깨졌다면 당신과 신뢰를 다시 쌓기 위해 그 사람은 어떻게 해야 하는가?
- 신뢰가 깨졌을 때 당신은 어떤 감정을 느끼는가? 관계에서 신뢰가 깨졌을 때, 당신은 어떤 행동과 상호작용을 보일 것 같은가?

신뢰할 수 있는 분위기를 유도하는 태도와 행위

집단지도자의 특정한 태도나 행위는 집단 내 신뢰의 수준을 높인다. 이러한 태도와 행위에는 주의집중과 경청, 언어적 행동 및 비언어적 행동의 이해, 공감, 진실성, 자기개방, 존중, 돌보는 태도로 하는 직면이 포함된다. 특히 집단지도자의 이러한 태도는 인간중심적인 집단상담 접근법에서 더욱 중요하다(4장 참고).

주의집중과 경청 다른 사람의 언어적 메시지와 비언어적 메시지에 주의를 기울이는 태도는 신뢰를 형성할 때에 필수적이다. 진실한 태도로 경청하거나 이해하지 않는다면, 집단원들 사이의 유대감이 형성될 수 있는 기반이 사라진다. 만일 다른 집단원들이 자신의 이야기를 경청하고 깊이 이해하고 있다고 느끼면, 그 집단원은 다른 집단원들이 자신에게 관심이 있다고 믿을 것이다.

> "
> 진실한 태도로 경청하거나 이해하지 않는다면, 집단원들 사이의 유대감이 형성될 수 있는 기반이 사라진다.
> "

집단지도자와 집단원들이 주의를 기울이지 않고 있는 경우는 다양하게 나타난다. 대표적인 예는 다음과 같다. (1) 자신이 다음에 무슨 말을 할지 생각하느라 말하는 사람에게 귀를 기울이지 않는 경우, (2) 관련이 없거나 상세한 정보를 묻는 폐쇄형 질문을 많이 하는 경우, (3) 지나치게 이야기를 많이 하고 충분히 듣지 않는 경우, (4) 말하는 사람이 스스로의 어려움을 탐색하도록 촉진하는 대신 성급하게 조언하는 경우, (5) 집단원들이 표면적으로 말하는 것에만 주의를 기울이고 비언어적으로 표현하는 것은 놓치는 경우, (6) 선택적으로 듣는 경우(자신이 듣고 싶은 부분만 듣는 경우), (7) 집단원들에게 그들이 신체적으로 경험하고 있는 것을 표현하도록 요청하지 않는 경우 등이다.

집단원들이 언제나 좋은 경청 기술을 가지고 있거나 그들이 감지한 것에 대해 효과적으로 반응하는 것은 아니다. 따라서 기본적인 경청 기술과 반응 기술을 가르치는 것은 신뢰를 형성하는 과정에서 중요한 부분이다. 만일 다른 사람들이 자신의 이야기를 경청한다고 느끼지 않는다면, 집단원들은 내밀한 이야기나 개인적인 이야기를 하지 않을 것이다.

비언어적 행동의 이해 경험이 부족한 집단지도자는 집단원들이 말하는 것에만 집중하다가 미묘한 비언어적 메시지를 놓치는 실수를 종종 한다. 사람들은 많은 경우에 말보다 몸짓으로 더 솔직하게 자신을 표현한다. 언어적 메시지와 비언어적 메시지의 불일치를 알아차리는 기술은 학습을 통해서 개발된다. 이와 같은 불일치를 보이는 집단원들의 예를 살펴보면, 고통스러운 경험을 이야기하면서 미소 짓는 집단원, 아주 작은 소리로 말하면서 아무도 자기 이야기에 귀 기울이지 않는다고 말하는 집단원, 긍정적인 감정을 말로 표현하면서 몸은 경직되어 있는 집단원, 집단에 정말 참여하고 싶다고 말하면서 회기가 끝날 때까지 자신의 주제를 꺼내기를 주저하는 집단원, 이 집단이 편안하고 집단원들을 정말 좋아한다고 말하면서 팔짱을 낀 채 바닥만 내려다보고 있는 집단원, 얼굴 표정이나 몸짓에서 반응이 드러나는데도 어떤 반응도 느껴지지 않는다고 말하는 집단원 등이 있다.

비록 이러한 몸짓들은 그 의미를 해석하기 꽤 쉬운 듯 보일 수 있지만, 집단지도자는 자신의 해석을 너무 성급하게 제공하지 않아야 한다. 예를 들어, 우리가 공동으로 이끌었던 어떤 집단에서 한 남성 집단원은 감정을 불러일으키는 주제에 대해 이야기하기 전에 종종 헛기침을 해서 그의 목을 가다듬곤 했다. 우리는 이것이 그 집단원에게 있어 자신이 표현하고자 하는 것으로부터 스스로를 감정적으로 분리시키는 방식으로 사용되는 것이 아닌지 궁금했다. 우리가 그 집단원에게 자신의 그러한 버릇에 주목하도록 했을 때, 처음에 그는 '그냥 나쁜 버릇일 뿐'이라고 말하면서 고려할 가치가 없다는 듯 반응했다. 우리는 언제 그가 헛기침을 해서 목을 가다듬는지 주목하도록 지속적으로 도왔고, 결국 그는 이 같은 버릇이 자신이 가진 감정과 그것을 표현하는 것에 대한 불편함과 관련된다는 것을 이해하게 되었다. 또한 이것은 그가 얼마나 자신의 감정을 억제해왔는지 깨닫도록 도와주었다. 만일 우리가 너무 성급하게 해석을 제공하거나 그의 초기 저항에 대응하지 않기로 했다면, 그는 아마 이러한 통찰을 얻지 못했을 것이다. 우연히도, 이 집단원이 자신의 감정을 좀 더 열린 마음으로 나눌 수 있게 되자, 그의 '나쁜 습관'은 사라진 듯했다.

집단지도자가 집단원의 비언어적 행동이 의미하는 바를 분명히 알고 있다고 생각하더라도, 그러한 집단지도자의 느낌을 처음에는 말하지 않고 기억해두었다가 추후에 집단이 전개되고 행동 패턴이 보다 분명하게 나타날 때 이를 언급하는 편이 좋다. 집단지도자가 집단원의 비언어적 메시지를 탐색할 때에는 그 행동을 묘사하는 것이 최선이다. 예를 들어, '저는 당신이 고통스러운 기억에 대해 말하면서 눈에는 눈물이 고여 있는데, 동시에 웃고 있다는 걸 발견했어요. 당신은 자신의 이러한 모습에 대해 알고 있나요?'라고 말하는 것이다. 집단지도자가 행동에 대해 묘사하면, 그것을 분석할 가능성이 줄어든다. 집단지도자가 본 것을 묘사한 후, 그러한 비언어적 행동에 담긴 의미를 이야기하도록 집단원에게 권유하는 것이 좋다. 때때로 집단지도자는 비언어적 정보를 오해하거나 심지어 그것을 저항이라고 여길지 모른다. 그러나 비언어적 행동이 문화적 금기를 나타내는 경우도 많다. 예를 들어, 집단지도자가 역할 연기에서 집단원인 하비에르의 아버지 역할을 맡고 하비에르에게 자신의 눈을 똑바로 보고 말하라고 한다. 여러 번 권유했음에도 불구하고, 하비에르는 여전히 그의 상징적 아버지에게 말할 때 바닥을 본다. 집단지도자는 하비에르가 아버지를 비롯한 권위자의 눈을 똑바로 보는 것이 무례하다고 느낀다는 사실을 알지 못한다. 여기에서 집단지도자는 자신이 하비에르를 존중하며 들어주는지 그리고 하비에르가 보이는 행동의 의미를 이해하기 위해 노력하는지 탐색해볼 수 있다.

집단원들이 자신의 느낌에 대해 충분히 표현할 수 있도록 돕는 또 다른 방안은 집단원들이 신체적으로 경험하는 것에 주의를 기울이도록 요청하는 것이다. 예를 들어, 말은 많이 하지만, 말하는 내용에서 감정적으로 분리된 것처럼 보이는 집단원이 있다면,

집단지도자는 그 집단원에게 그 순간 몸에서 가장 뚜렷하게 느껴지는 감각이 무엇인지 물어볼 수 있다. 그러면 집단원은 '가슴 안쪽에 뜨거움이 느껴져요.'라고 대답할지 모른다. 집단지도사는 이런 질문을 함으로써 집단원이 자신의 감정과 접촉하고 더 통합되고 전체적인 방식으로 감정을 표현하도록 돕는 완전히 새로운 방식을 개척할 수 있다.

요약하면, 집단지도자는 집단원들이 무엇을 경험하고 있는지 미리 가정하거나 해석하지 말고, 집단원들이 자신의 비언어적 행동에 담긴 의미와 신체적 반응을 인식하고 탐색하도록 도와야 한다. 집단지도자가 비언어적 메시지를 잘못 이해하거나 간과한 경우, 또는 민감하지 않은 방식으로 집단원의 특정한 행동에 직면한 경우, 집단의 신뢰는 악화될 것이다. 집단지도자가 자신이 관찰한 바를 언급할 때에는 집단원들이 그들 스스로 경험하고 있는 것을 탐색하도록 기회를 주면서 존중하는 방식으로 해야만 한다.

공감 공감은 다른 사람이 주관적으로 경험하는 것을 알아차리고, 다른 사람의 눈으로 세상을 볼 수 있는 능력을 의미한다. 공감은 동정과는 다른데, 이는 동정이 다른 사람들에게 위로를 제공하는 것을 수반하는 반면, 공감은 그렇지 않기 때문이다. 비판적인 판단 없이 공감적 이해를 경험할 때, 사람들은 다른 사람이 자신을 이해하고 있는 그대로 수용한다고 믿기 때문에, 자신의 깊은 고민을 이야기할 가능성이 높다. 이러한 종류의 무비판적인 이해는 신뢰 형성에 필수적이다.

집단지도자의 역할 중 하나는 집단상담에서 이러한 이해를 방해하는 집단원들의 행동을 짚어냄으로써 그들이 서로 좀 더 깊은 공감을 하도록 돕는 것이다. 이와 같은 비생산적인 행동들의 예를 들면, 일시적인 위로의 말만 하는 것, 다른 사람들에게 전혀 반응을 보이지 않는 것, 부적절하게 질문하는 것, 다른 사람들에게 그들이 어떻게 해야 하는지에 대해 말하는 것, 비판적인 판단을 말하는 것, 방어적이 되는 것 등이 있다.

공감은 지지를 보여주는 수단이다. 예를 들어, 주디라는 집단원은 다른 사람들이 자기를 이해해줄 수 있을 때 크게 도움을 받는다. 주디가 매우 고통스러운 이혼 과정에 대해 이야기할 때, 같은 집단원인 클라이드는 자신이 어떤 식으로 스스로의 경험을 주디의 경험과 동일시하고 주디의 고통을 이해하는지 말할 수 있다. 그들의 상황은 다르지만 클라이드는 주디의 고통에 공감하고, 자신의 아내가 떠났을 때 느꼈던 거절당하고 버려진 느낌을 기꺼이 나눈다. 주디에게 도움이 되는 것은 빠른 답을 주는 것이 아니라 자신이 어려웠던 경험을 주디에게 기꺼이 알려주려는 클라이드의 자세이다. 그가 무엇을 했는지에 대해 말하거나 그녀를 안심시키려 하기보다는, 그의 어려움과 고통을 주디에게 이야기함으로써 클라이드는 주디를 크게 도울 수 있다.

진실성 진실성이란 어떤 사람의 내적인 경험과 그 사람이 외부로 표현하는 것의 일치를 의미한다. 이를 집단지도자로서의 역할에 적용하면, 진실성이란 내적으로 수용할 수 없는 느낌이 들 때 겉으로 수용하는 체하지 않는 것, 인정을 받으려는 목적으로 어떤 행동을 하지 않는 것, 집단지도자라는 전문적인 역할 뒤에 자신을 숨기지 않는 것 등을 의미한다. 집단지도자는 자신의 진실한 모습을 보여줌으로써 집단원들이 진실한 모습으로 상호작용하도록 돕는 모범을 보인다.

집단지도자가 기대되는 반응보다는 진실한 반응을 보여주어야 할 필요가 있는 몇 가지 예를 살펴보자. 집단에 처음 참여하는 어떤 집단원이 집단지도자에게 '저에 대해 어떻게 생각하세요?'라고 즉흥적으로 물어볼 때, 집단지도자는 '제 생각에 당신은 정말 좋은 사람 같아요.'라고 예의바르게 응답할 수 있다. 하지만 좀 더 솔직하게는 '저는 당신에 대해 어떤 강한 반응을 할 정도로 아직 당신을 잘 알지는 못합니다. 하지만 제가 당신을 좀 더 알게 되면 당신에 대한 제 생각을 이야기할 수 있을 것입니다.'와 같이 반응할 것이다. 집단지도자는 그 사람이 어떤 이유 때문에 그러한 질문을 하게 되었는지 질문할 수 있다. 그리고 집단지도자는 그 집단원이 집단 내에서 집단지도자의 지위에 위축되어서 집단지도자가 자신을 신속히 안심시켜주기를 바란다는 점을 알아차릴지도 모른다. 집단원이 그러한 질문을 한 이유에 대해 탐색하도록 촉진함으로써 집단지도자는 그 집단원이 집단지도자에게 좀 더 진실해질 수 있도록 도울 수 있다. 다른 예로, 집단지도자와 어떤 집단원이 갈등하는 상황에서 그 집단원이 '이제 저를 안아주세요. 저는 당신과 이런 긴장된 관계를 원하지 않아요.'라고 말했다고 하자. 이때 집단지도자는 사실 그 순간에 그 집단원을 껴안고 싶지 않을 수도 있다. 이때 집단지도자가 집단원의 요구에 대해 솔직하게 반응하는 것이 매우 중요하다. 집단지도자는 '저는 지금 당신과 꽤 갈등을 겪고 있어요. 그리고 저는 이 갈등에 대해 계속해서 작업하고 싶어요. 지금 당신을 안아준다면, 저는 제가 지금 당신과 겪고 있는 것과 일치하지 않는 느낌을 받을 거예요. 하지만 그렇다고 해서 나중에도 당신을 안아주고 싶지 않을 거라는 뜻은 아니에요.'라고 말할 수 있다.

자기개방 때때로 집단지도자의 진실성은 적절한 자기개방으로 표현될 수 있다. 집단지도자는 집단 안에서 일어나고 있는 것과 관련한 자신의 생각과 느낌을 드러냄으로써 집단원들이 스스로에 대해 말하도록 초대할 수 있다. 만일 집단지도자가 자신을 숨기지 않는다면, 이는 나머지 집단원들이 자기 문제를 개방하는 것을 촉진할 것이다. 때때로 집단원들은 '우리는 모든 문제를 당신에게 말하지만, 당신의 문제에 대해서는 하나도 몰라요.'라고 말하면서 집단지도자에게 도전할 수 있다. 이때 집단지도자는 자신이 '진실하다'는 것을 증명하라는 이러한 압력에 굴복하고 개인적인 문제를 개방할 수도 있지만, 이처럼 압력에 의해 이루어진 개방은 집단에 가장 도움이 되는 것이 아닐 수 있다. 보다 적절한 자기개방은 다음과 같다. '그래요, 이 집단에서 저의 역할로 인해 여러분이 제 개인적인 문제를 알게 되기보다 제가 여러분의 어려움에 대해 더 많이 알게 될 수 있어요. 하지만 그렇다고 해서 제가 삶에서 아무런 문제도 없다는 의미는 아니에요. 만일 여러분과 제가 다른 집단에서 집단원으로 만난다면, 아마 여러분은 제 문제에 대해 더 많이 알게 될 거예요. 비록 제가 집단 밖에서 겪는 문제를 이 집단에 끌어오지는 않겠지만, 저는 이 집단 회기에서 제가 어떤 영향을 받는지, 그리고 여러분에 대해 제가 어떤 반응을 가지고 있는지 정말 기꺼이 드러낼 의향이 있어요.'

자기개방에 관한 결정은 문화적 배경과 가치관으로부터 영향을 받는다. 어떤 경우에는 집단지도자가 자기개방에 참여하려는 의지를 보이는 것이 문화적으로 적절한 동시에 신뢰를 형성하는 하나의 방식이 되기도 한다. 어떤 집단원들에게는 집단지도자의 개인적인 문제에 대해 아무것도 모르는 것이 부자연스럽게 느껴지는 반면, 다른 집단원들에게는 집단지도자의 개인적 정보에 대해 아는 것이 몹시 불편하게 느껴질 수 있다. 집단원들이 가지고 있을 필요의 차이에 대해, 그리고 집단지도자에 대한 집단원들의 기대가 문화적 배경에 의해 얼마나 많이 영향을 받는지에 대해 논의하는 것은 중요하다. 여기서의 목표는 그 집단원이 집단지도자로부터 무엇을 원하는지 그리고 그것을 어떻게 성취하려 하는지를 이해하는 것이다. 예를 들면, 수단에서 들어온 피난민들과 집단상담을 했을 때, 나(Cindy)는 내 가족에 대한 정보를 이야기하는 것이 얼마나 중요한지를 깨닫고 놀랐다. 수단 문화에서는 상대방의 가족에 대해서나 어디 출신인지 알지 못한 채 개인적인 주제에 대해 이야기하는 일은 결코 없었다. 가족에 대한 정보를 서로 나누는 것이 집단에서 전형적으로 일어나는 일은 아니지만, 나는 수단에서 온 그 젊은이들과 집단상담을 진행하고 그들로 하여금 시민전쟁이나 피난민으로서 겪었던 경험에 대해 개방하도록 돕기 위해서 내 가족에 대해 개방하는 것이 필요하고 또 적절하다고 느꼈다. 만약 내가 '집단지도자의 사적인 정보 개방 금지'라는 원칙을 유지했다면, 그 집단원들과 나 사이에 신뢰할 수 있는 관계가 형성될 수 있었을지 의문이다.

집단원들은 여러 가지 이유로 집단지도자에게 사적인 질문을 한다. 집단지도자는 자기 자신과 집단원들의 유익함을 위해 어디까지 자기개방을 허용할 것인지에 대해 자각하고 있어야 한다. 많은 집단지도자들은 사적인 질문(나이, 중요한 관계, 과거 경험 등)에 대해 일단 답변하고 난 다음에, 그러한 답변을 들은 집단원의 경험이 어떠했는지에 대해 질문할 것이다. 자기개방이 유용하려면 그것이 의도적으로 이루어지고 집단지도자보다는 집단원들에게 초점을 유지해야 한다.

존중 존중은 집단지도자와 집단원들이 단지 어떻게 말하는지보다는 실제로 어떻게 행동하는지를 통해 드러난다. 존중을 보여주는 태도와 행동으로는 비판적 판단을 하지 않는 것, 꼬리표를 붙이지 않는 것, 자기 자신 또는 타인이 붙인 꼬리표 너머에 있는 것을 보는 것, 진심으로 느껴지는 따뜻함과 지지를 표현하는 것, 진실하면서 위험을 감수하는 태도를 보이는 것, 다른 집단원들이 자신과 다를 권리를 가진다는 것을 인정하는 것 등이 포함된다. 예를 들어, 한 집단원이 효도(그의 문화적 규범에서는 적절한 가치관임)를 중시하는 자신의 생각을 드러낼 때, 다른 집단원들은 부모의 뜻에 순종하는 태도와 부모를 기쁘게 하려는 욕구를 판단하기보다 그의 관점을 이해하려고 노력함으로써 존중을 나타낸다. 집단원들이 이런 방식으로 존중을 받으면, 그들은 자신에 대해 좀 더 개방적이고 의미 있는 방식으로 이야기하려는 노력에 대해 지지를 받게 된다.

니나라는 한 집단원은 다른 사람들에게 판단 받을 것에 대한 두려움을 표현하고, 비판에 대한 두려움 때문에 이야기를 꺼내기 주저한다고 말한다. 만일 집단원들이 니나를 있는 그대로 좋아하고 니나를 판단하지 않을 것이라고 말함으로써 너무 빨리 그녀를 안심시키려 하면, 이는 그녀의 현재 상태를 존중하지 않는 결과를 초래한다. 그보다는 니나가 자신의 삶의 어떤 맥락에서 다른 사람들에 의해 판단되는 느낌을 받았는지 탐색하도록 촉진함으로써, 니나는 판단 받는 자신의 느낌이 스스로의 마음속에 있고 자신이 그러한 느낌을 다른 사람들에게 투사한다는 것을 발견할 수 있다. 비록 집단원들이 일시적으로 니나를 안심시킬 수 있다고 하더라도, 니나가 집단을 떠나자마자 그녀의 내면에 있는 판단하는 경향성이 다시 시작될 것이다. 따라서 과거의 상황과 현재 집단에서 그녀가 느끼는 판단에 대한 두려움을 탐색하도록 돕는 것이 보다 도움이 될 것이다.

돌보는 태도로 하는 직면 집단에서 직면은 그것이 다루어지는 방식에 따라 신뢰의 형성을 촉진하기도 하고 방해하기도 한다. 집단원들의 말과 행동 사이, 또는 말과 비언어적 단서 간의 불일치를 살펴보도록 집단원들을 초대하는 형태를 취함으로써, 직면은 내담자를 돌보는 행위가 될 수 있다. 지도자는 집단원들에게 민감성을 지닌 채 직접적으로 말하는 것을 가르칠 수 있고, 그 결과 집단원들은 솔직하지만 돌보는 태도로 직면이 이루어질 수 있음을 알게 된다. 몇몇 집단원들은 가장 따뜻한 태도의 직면에서조차도 어려움을 느끼고 그 직면이 의도한 바와는 전혀 다르게 그것을 개인적인 공격으로 해석할 수 있다. 지도자는 집단원들이 직면을 어떻게 받아들이는지, 그리고 집단지도자의 개입 후에 그들이 집단지도자에게 어떻게 행동하는지를 항상 확인해야 한다. 겉보기에 괜찮아 보인다고 해서 그 집단원이 실제로 괜찮다고 느낄 것이라고 쉽게 가정하지 말아야 한다.

직면이 거칠게 '치고 빠지는' 식으로 이루어지거나 언어적으로 학대하는 방식의 직면을 집단지도자가 허용하면, 신뢰가 크게 손상된다. 공격적인 말이나 직면은 사람들을 방어적으로 만들어 마음을 닫게 한다. 그러나 돌보는 태도로 하는 직면은 집단원들로 하여금 비록 부정적인 반응이라도 직면하는 대상을 존중하는 방식으로 표현하는 것을 배우도록 도와준다. 예를 들면, 클레어는 모든 상황에서 말을 하려고 하고 다른 사람이 작업할 때에도 지속적으로 자신을 개입시킨다. 이때 집단지도자가 할 수 있는 비효과적인 직면은 다음과 같다. '저는 당신은 좀 조용히 해서 다른 사람들에게 말할 기회를 주길 바랍니다.' 반면 효과적인 직면은 다음과 같다. '클레어, 저는 당신이 집단에 참여하고 자신에 대해서 말하려고 기꺼이 노력하는 것에 고마움을 느낍니다. 그러나 몇몇 다른 집단원들에게서 별로 이야기를 들을 수 없었다는 점이 염려되네요. 저는 그들이 하는 이야기도 듣고 싶습니다.'

신뢰의 유지 이 절에서 기술된 태도와 행동은 집단 내에서 형성되는 신뢰의 수준을 좌우하는 데 매우 중요한 역할을 한다. 신뢰는 집단 발달의 초기 단계에 성취해야 할 주요 과제이지만, 일단 신뢰가 형성되면 그것이 집단이 지속되는 동안 계속될 것이라고 가정하는 것은 잘못이다. 신뢰란 밀물과 썰물처럼 변화하며, 집단에서 친밀성의 수준이 더욱 깊어짐에 따라 신뢰 역시 새로운 수준에서 형성되어야 한다. 기본적인 안전감은 초기 단계를 넘어서 집단이 발달하기 위해 필수적이지만, 이러한 신뢰는 시간이 지나면서 지속적으로 시험되고 후기 단계에서 새로운 형태를 띨 것이다.

 ## 목표의 확인과 명료화

초기 단계에서 집단지도자가 해야 할 중요한 과제 중 하나는 집단원들이 구체적인 목표를 확인하고 명료하게 설정하도록 돕는 것이며, 이는 집단원들의 참여 정도에 영향을 미친다. 집단 전체의 목표나 각 집단원들에게 의미 있는 목표를 분명하게 이해하지 못하면 집단이 불필요하게 헤매는 경우가 많이 발생할 수 있다. 만일 자신이 집단에 왜 참여하는지, 그리고 자신의 목표를 성취하기 위해 집단을 **어떻게** 최대한 활용할 수 있는지에 대해 집단원들이 분명히 알지 못한다면, 집단원들은 진전을 보이는 데 어려움을 겪을 수 있다.

목표를 설정하는 과정은 새로운 집단의 초기에, 그리고 집단이 발전해가면서 목표가 성취되는 사이사이의 시점에서 모두 중요하다. 또한 집단 전체의 목표와 각 사람의 목표를 설정하는 일 모두가 필요하다. 일반적인 집단 전체의 목표의 예를 들면, 신뢰하고 수용하는 분위기의 조성, 의미 있는 자기개방의 촉진, 위험 감수를 격려하는 것 등이 포함된다. 이러한 목표(그리고 나중에 논의할 규준)를 집단의 초기부터 집단원들이 명료하게 진술하고 이해하며 받아들일 필요가 있는데, 만일 그렇지 않으면 나중에 상당한 혼란이 발생할 가능성이 크기 때문이다. 대부분의 치료적 집단에 공통적인 일반적 목표와 특수한 집단에서 설정하는 목표의 몇몇 예는 다음과 같다.

집단구성원들을 위한 일반적인 목표

비록 집단원들이 집단 경험에서 성취할 구체적인 목표를 설정하는 것은 필수적이지만, 다수의 다양한 집단에서는 다음과 같은 일반적이고 공통적인 목표를 설정한다.

- 자신의 대인관계 방식을 자각한다.
- 친밀한 관계를 방해하는 요소에 대한 자각을 증진한다.
- 자기 자신과 다른 사람들을 신뢰하는 방법을 습득한다.
- 자신의 문화가 개인적인 결정에 어떻게 영향을 끼치는지 자각하게 한다.
- 자신에 대한 자각을 증진하고 그 결과로 선택과 행동의 폭을 넓힌다.
- 자신의 장점과 이용 가능한 자원을 발견하다.
- 성장 초기(대부분은 아동기)에 했던, 그러나 현재의 삶에는 더 이상 도움이 되지 않는 특정한 결정에 대해 도전하고 탐색한다.
- 다른 사람들도 유사한 문제와 감정을 가지고 있음을 깨닫는다.
- 자신이 가진 가치관을 명료화하고 그것을 수정할지, 수정한다면 어떻게 할지를 결정한다.
- 독립적이면서도 동시에 상호 협력할 수 있게 된다.
- 문제를 해결하는 더 나은 방법을 발견한다.
- 자신이 선택한 몇몇 사람들에게 자신의 마음을 더 열고 진솔해진다.
- 다른 사람들의 욕구와 감정에 민감해진다.
- 다른 사람들에게 도움이 되는 피드백을 제공한다.

일단 집단원들이 일반적인 목표들을 구체화하면, 집단지도자는 이러한 집단 목표들을 성취하기 위해 집단이 발전해가는 것을 관찰할 책임이 있다(ASGW, 2008). 우리의 동료인 Gerald Monk(샌디에이고 주립대학의 교수)는 집단원들이 집단 목표를 확인하는 것을 도울 수 있는 다음과 같은 질문들을 제안한다(개인적인 의사소통, 2002. 8. 20.).

- 만일 내가 원하는 대로 내 삶이 이루어진다면, 나의 느낌과 행동은 어떻게 다를까?
- 나의 감정과 행동을 내가 바라는 대로 변화시키기 위해 어떤 노력을 단계적으로 취

할 수 있을까?

- 나의 목표에 도달하는 것을 방해하는 내부적 요인과 외부적 요인은 무엇일까?
- 나의 목표를 달성하기 위해 내가 이용할 수 있는 지지 체계는 무엇일까?

집단구성원들이 자신의 개인적 목표를 설정하도록 돕기

분명한 집단 목표를 형성하는 것은 집단지도자가 어떤 이론에 근거해서 집단을 운영하든 간에 중요하지만, 이는 특히 인지행동적 접근에서 강조되고 있다. 예를 들어, 인지치료에서 집단지도자는 집단원들과 협력적인 파트너십을 형성하려고 노력한다. 행동주의적인 집단상담에서는, 구체적인 목표를 정의 내리는 것이 평가와 치료 모두에서 매우 중요하다. 집단지도자의 이론이 어떻게 목표 형성의 과정에 영향을 미치는지에 대한 자세한 논의는 4장을 참고하라.

치료 집단의 형태가 어떻든 상관없이, 집단지도자의 과제는 집단원들에게 방향을 제시할 구체적인 목표를 설정하도록 그들을 돕는 것이다. 집단원은 대체로 그들이 집단에서 얻기 원하는 것에 대해 막연하게 진술한다. 이러한 경우 집단원들이 그러한 일반적인 목표를 분명하고 측정 가능한 목표로 바꾸는 방법을 배우는 것은 매우 중요하다. 예를 들어, 어떤 집단원의 일반적인 목표가 '나 자신을 더욱 사랑하고 싶다.'일 때, 이 집단원의 구체적인 목표는 다음과 같을 수 있다. '나는 운동, 음악 듣기, 친구들과 어울리기, 일기 쓰기 등과 같이 나에게 기쁨을 가져다주는 활동을 할 것이다.' 또 다른 집단원인 에보니는 '다른 사람들과 더 좋은 관계를 맺는 법'을 배우기를 원할 수 있다. 이때 집단지도자는 여러 가지 질문을 통해 그녀가 자신의 대인관계 목표에 대해 보다 구체적으로 말하도록 도와야 한다. 그녀가 누구와 어려움을 겪는가? 만약 그 대답이 부모라고 한다면, 구체적으로 무엇이 부모와의 문제를 일으키는가? 그러한 문제가 그녀에게 어떤 영향을 미치는가? 그녀는 부모와의 관계가 어떻게 달라지기를 원하는가? 이와 같은 정보가 분명해지면, 집단지도자는 이 집단원에게 어떻게 개입해야 할지에 대해 좀 더 명료한 생각을 할 수 있다.

다음은 집단지도자가 막연한 목표를 가진 다양한 집단원들의 목표를 구체화하기 위해 어떻게 개입하는지 보여주는 예이다.

집단원 A: 저는 저의 감정을 자각하고 싶어요.
집단지도자: 어떤 종류의 감정을 자각하기 어려운지요?
집단원 B: 저는 저의 분노 감정에 대해 작업하고 싶어요.
집단지도자: 당신의 삶에서 당신이 분노하는 대상이 누구인지요? 당신이 싫어하는 분

노를 표현하는 방식은 무엇인가요? 당신이 분노하는 대상에게 가장 하고 싶은 말이 무엇인지요?

집단원 C: 저는 자존감이 매우 낮아요.

집단지도자: 당신이 어떤 방식으로 스스로를 평가 절하하는지 한 번 구체적으로 말해보세요.

집단원 D: 저는 친밀한 관계를 맺지 못하는 문제가 있어요.

집단지도자: 당신의 생활에서 구체적으로 누구와 친밀해지는 데 어려움이 있나요? 그리고 당신이 하고 있는 행동 중에서 당신이 원하는 친밀한 관계를 방해하는 것이 혹시 있나요?

집단원 E: 저는 소외감을 느끼는 것이 싫어요.

집단지도자: 소외된다는 것을 누구와의 관계에서 어떻게 경험하나요? 소외감을 느끼는 것이 이 집단에서도 당신에게 중요한 주제가 되나요?

개인적 목표를 규정하는 것은 한 번에 끝나는 일이 아니라 지속적으로 이루어지는 일이다. 집단 과정 전체에 걸쳐 집단원들이 자신의 개인적인 목표가 어느 정도 성취되고 있는지 지속적으로 평가하도록 촉진하고, 적절하다면 그 목표를 수정하도록 돕는 것이 중요하다. 집단원들이 더 많은 경험을 하게 되면서, 집단원들은 집단에서 자신이 원하는 것을 좀 더 잘 알 수 있게 되고 자신이 참여하는 방향을 안내할 추가적인 목표도 깨닫게 된다. 집단원들이 다른 집단원들의 작업에 함께 참여하는 것은 그들이 집단 경험에서 어떤 식으로 유익함을 얻을 수 있는지에 대해 생각하는 것을 촉진할 수 있다.

계약을 맺는 것은 집단원들이 개인적 목표를 명료화하고 성취하도록 하는 매우 좋은 방법 중 하나이다. 기본적으로, 계약이란 집단원들이 무슨 문제를 탐색하고 어떤 행동을 변화시키고 싶은지에 대해 진술하는 것이다. 계약이라는 방법에서 집단원들은 집단 작업에 대해 능동적이고 책임 있는 태도를 취한다. 계약은 수정 가능한 형태로 맺도록 하여 집단원들이 필요한 경우 그것을 수정하거나 다른 내용으로 완전히 대치하게 할 수 있다. 계약이라는 방법은 이 책에서 논의되는 거의 모든 집단에서 활용될 수 있지만, 인지행동적 집단지도자들에 의해 가장 빈번하게 활용된다.

계약과 숙제 주기 방법을 함께 사용하는 것은 효과적일 수 있다. 에보니의 사례에서 집단이 시작할 때 맺은 계약은 그녀 자신이 부모와 어려움을 겪을 때마다 자신의 행동과 상황을 관찰하고 기록하는 일을 충실히 하도록 만들 수 있다. 만약 부모와 갈등을 겪을 때마다 그녀가 부모에게 거리를 두고 회피하는 행동을 한다는 사실을 발견했다면, 그녀는 갈등을 피하기보다 그 상황에 머물러 있겠다는 약속을 후속 계약에 추가할 수 있다.

초기 단계의 집단 과정 개념

우리가 이미 언급했듯이 집단 과정은 대부분의 집단상담에서 겪는 단계들과 관련되며, 각 단계는 특정한 감정과 행동으로 특징지어진다. 초기는 집단원들이 서로 알아가는 단계로서 불안이라는 감정이 팽배하다. 대체로 각 집단원은 누군가 다른 사람이 말하기를 기다리며, 긴장감과 갈등이 형성될 수 있다. 그러나 만약 모든 일이 잘 진행된다면, 집단원들은 다른 집단원들과 지도자를 신뢰하는 법을 배우고 자신의 감정, 사고, 반응을 열린 마음으로 표현하기 시작한다. 따라서 집단 과정 속에는 집단의 규범과 집단응집력을 형성하는 것, 협력적으로 작업하는 방법을 배우는 것, 집단 내에서 문제를 해결하는 방식을 형성하는 것, 갈등을 열린 마음으로 표현하는 방법을 배우는 것 등의 활동이 포함된다. 이제 우리는 초기 단계에서 특별히 중요한 집단 과정 관련 개념 두 가지, 즉 집단 규범과 집단응집력에 대해 좀 더 심층적으로 논의하려고 한다.

집단 규범

집단 규범은 집단이 효과적으로 기능하도록 하기 위해 기대되는 행동이 무엇인지에 대해 집단원들이 공유하는 신념 체계이다. 집단에서의 기대에 대해 분명하게 언급하고 잘 정의하는 것은 집단원들에게 도움이 된다. 집단이 목표에 도달하도록 돕는 규범과 절차는 초기 단계 동안 형성될 수 있다. 규범은 명시적으로 표현될 수도 있지만, 많은 집단은 표현되지 않거나 암묵적인 규범도 가진다.

암묵적 규범은 집단에서 어떤 일이 발생할 것인지에 대한 선입견 때문에 발생할 수도 있다. 예를 들어, 집단원들은 집단이 사생활에 대한 어떠한 존중도 없이 무슨 말이든 할 수 있는 곳이어야 한다고 생각할지 모른다. 집단지도자가 집단원들이 어느 정도의 사생활을 유지하면서도 자기개방을 할 수 있다는 점을 일러두지 않을 경우, 집단원들은 개방성과 진실성이라는 규범을 사생활이 전혀 없이 완전히 솔직해야 하는 것으로 오해할 수 있다. 암묵적 규범의 또 다른 예는 카타르시스와 울음을 터뜨리는 경험을 하도록 압력을 가하는 것이다. 대부분의 집중형 집단상담에서 집단원들이 울음을 터뜨리거나 마음속 깊이 담아두었던 감정을 표현하는 경우가 꽤 자주 있다. 그러나 집단지도자는 감정 표현을 카타르시스를 만드는 '진짜 작업'이라고 여겨 이를 강화하지 않도록 조심할 필요가 있다. 많은 집단원들은 정서적 카타르시스가 거의 없어도 자신의 중요한 측면을 탐색하기 때문이다. 집단원들은 정서적인 표현이나 탐색뿐 아니라 인지적이고 행동적인 탐색을 통해서도 배울 수 있다.

암묵적 규범은 집단지도자의 행동을 보고 배움으로써 형성될 수도 있다. 집단지도자가 적대적이고 거친 언어를 사용하면, 집단지도자가 집단원들에게 자신과 유사한 방식으로 말하라고 권장하지 않았음에도 불구하고 집단원들은 집단 내에서 이러한 형식의 말투를 사용할 가능성이 많다. 그 영향이 긍정적일 수도 부정적일 수도 있지만, 암묵적 규범은 분명히 집단에 영향을 준다. 만일 암묵적 규범이 명시적으로 드러나면, 그 규범이 부정적인 영향을 가질 가능성은 줄어들 것이다.

다음은 몇 가지 **명시적 규범** 또는 행위의 기준이다. 이 규범은 많은 집단에 공통적으로 적용될 수 있다.

- 집단원들은 집단에 정기적으로 참석하고 정시에 나타나야 한다. 집단원들이 집단 회기에 간헐적으로 참석하면 집단 전체에 피해를 준다. 꾸준히 참여하는 집단원들은 결석을 많이 하는 집단원들이 집단에 전념하지 않는 것에 대해 반감을 가질 수 있다.
- 집단원들은 집단에서 다른 집단원들과 직접적으로 소통하고 적극적으로 참여함으로써 자신의 개인적이고 의미 있는 측면을 서로 나누어야 한다.
- 집단원들은 서로 피드백을 주고받아야 한다. 다른 집단원들이 자신으로부터 어떻게 영향을 받았는지에 대해 기꺼이 말하는 경우에만, 집단원은 자신의 행동이 다른 사람들에게 미치는 영향을 이해하고 평가할 수 있다. 따라서 집단원들이 그들의 지각이나 반응을 숨기기보다 다른 집단원들에게 알려주는 것이 중요하다.
- 집단원들은 집단 내의 '지금 여기'에서 일어나는 상호작용에 초점을 맞추는 것이 좋다. 또한 집단원들은 집단 안에서 갈등을 표현하고 탐색함으로써 즉시적인 태도를 보이는 데 초점을 두어야 한다. 즉시성이 요구되는 때는 집단 회기에서 지금 발생하고 있는 일에 대한 생각이나 감정이 잘 드러나지 않고 있는 경우, 특히 그러한 반응이 집단 과정에 해로운 영향을 미치는 경우이다. 따라서 집단지도자의 역할 중 하나는 '지금 이 집단에 있다는 것이 어떻습니까?', '지금 이 집단에서 어떤 경험을 하고 있습니까', '당신이 여기에서 누구와 가장 유사하다고 생각합니까?', '지금 당신이 말하기 전에 마음속으로 연습하고 있는 것이 있다면 그것은 무엇입니까?', '당신이 이 방에서 지금 가장 분명하게 자각하는 사람은 누구입니까?' 등의 질문을 하는 것이다. 또한 집단지도자는 집단에서 발생하는 일에 대해 집단원들이 순간순간 무엇을 생각하고 느끼는지 드러내도록 요청함으로써 그들이 '지금 여기'에 좀 더 초점을 맞추도록 이끌 수 있다.
- 집단원들은 자신이 논의하고 싶은 개인적인 문제나 고민을 집단 회기에 가져와야 한다. 이를 위해 그들은 자신이 어떤 문제에 대해 작업하고 싶은지에 대해 회기 전에 시간을 내어 얼마 동안 생각해볼 수 있다. 이처럼 '어떤 주제를 집단 회기들에

가져와서 이야기를 꺼낼 것인가?'라는 점에 대해서는 암묵적 규범이 작용하는 경우가 많다. 예를 들어, 어떤 집단들에서는 집단원들이 회기 동안 작업을 하기 위해 일상생활에서 경험한 개인적 문제를 꺼내놓지 않으면 좋은 집단원이 될 수 없다고 생각하기도 한다. 이는 아마도 집단원들이 집단 내에서 '지금 여기'에 초점을 맞추어 말하는 것은 수용되지 않고 집단 밖에서의 문제에 대해서만 작업해야 한다는 인상을 받았기 때문일 수 있다.

- 집단원들은 다른 집단원들에게 치료적인 지지를 제공해야 한다. 이상적으로, 이러한 지지는 각 집단원의 자기 탐색을 방해하지 않으면서도 개인의 작업과 집단 과정을 둘 다 촉진한다. 그러나 어떤 집단지도자는 집단원들이 지나치게 지지적이 되도록 암묵적으로 '가르치거나' 또는 집단원이 작업하려고 시도하는 고통스러운 경험을 피해 일시적으로 안심시키는 방식의 지지를 몸소 보여주기도 한다. 강력한 감정(예: 과거 기억과 관련된 분노나 고통)에 대해 불편해하는 집단지도자는 그 어떤 강력한 감정도 충분히 경험하거나 표현하지 못하도록 하는 유사–지지적 분위기를 조장함으로써 집단원들과 결탁할 수 있다. 어떤 집단들은 너무나 지지적이어서 도전이나 직면은 아예 하려고 하지 않기도 한다. 이와 같은 암묵적 집단 규범은 집단원들로 하여금 오직 긍정적이고 호의적인 반응만을 표현하게 한다.

- 지지와 관련한 규범의 또다른 측면은 집단원에게 자기 스스로를 돌아보도록 격려하는 것이다. 집단원들은 다른 집단원들의 방어적 태도를 자극하지 않으면서 직면하는 방법을 습득해야 한다. 예를 들어, 우리가 진행했던 집단의 초기에 우리는 다른 집단원에게 '당신은 너무 판단적입니다.'와 같은 식으로 말하면서 판단하거나 꼬리표를 다는 방식으로 다른 사람을 묵살하는 것을 수용하지 않도록 하는 규범을 만들었다. 그 대신 우리는 집단원들에게 그들이 느끼고 있는 분노를 직접적이지만 민감한 방식으로 표현하고 욕을 하거나 판단을 내리지 않도록 가르쳤다. 또한 우리는 집단원들로 하여금 무엇이 그러한 감정을 초래했는지를 포함하여 그들이 느끼는 분노의 근원을 표현하도록 했다. 예를 들어, 만약 앤이 루디에게 '당신은 자기중심적이고 다른 사람을 돌보지 않아요.'라고 말하면, 집단지도자는 앤에게 자신이 루디로부터 어떻게 영향을 받았으며 루디의 어떤 행동을 돌보지 않는 행동이라고 지각했는지 말하도록 한다. 앤은 또한 루디에 대해 판단을 하도록 한, 마음속 깊이 쌓였던 반응을 표현하도록 독려된다. 그와 반대로, 만일 집단지도자가 가혹하게 직면하는 것을 보여주면, 집단원들은 그 집단에서 다른 사람들과 관계를 형성하는 적절한 방법은 다른 집단원들을 공격하는 것이라는 암묵적 규범을 이내 익히게 된다.

- 집단은 개인의 문제를 탐색하는 규범과 문제를 해결하는 규범 중에서 하나에 초점

을 맞춰 운영될 수 있다. 예를 들어, 어떤 집단에서는 한 집단원이 좀 더 깊이 이해하고자 하는 상황을 꺼내면, 다른 집단원들로부터 그 문제를 어떻게 '해결'할 것인지에 대해 여러 가지 조언을 받게 된다. 하지만 사실 그러한 해결책들은 종종 가능하지 않으며, 집단원들이 가장 필요로 하는 것은 이야기할 기회를 갖는 것일 수도 있다. 물론 문제해결 전략은 집단원들에게 어려움에 대처하는 새로운 방법을 가르치는 데 유용하다. 그러나 조언들이 제시되기 전에 집단원들이 자신의 고민거리에 대해 탐색할 기회를 가지는 것이 중요하다. 이상적으로는, 이와 같은 탐색을 통해 집단원들이 자신 앞에 놓인 여러 가지 가능성과 문제에 대한 해답을 찾기 위해 추구할 수 있는 방향에 대해 깨닫기 시작할 수 있다. 일반적으로 다른 사람이 제시한 조언을 따르기보다 스스로 자신의 해결책에 도달하는 것이 집단원들에게 훨씬 도움이 된다.

• 집단원들은 바로 반박하려고 생각하지 않거나 지나치게 방어적으로 되지 않으면서 다른 사람들의 이야기를 경청하는 규범을 습득할 수 있다. 비록 사람들이 자신에게 주어지는 모든 피드백을 그냥 수용할 것이라고 기대할 수는 없지만, 집단지도자는 집단원들에게 다른 사람들이 뭐라고 하는지 잘 귀 기울여 듣고 그들이 전하고자 하는 메시지(특히 지속적이고 반복적으로 전해지는 것)를 진지하게 생각해보도록 요청할 수 있다.

집단 규범은 집단의 전 과정을 통해 지켜져야 한다. 자신이 집단에서 어떻게 하도록 기대되는지, 또는 집단 규범이 무엇인지에 대해 집단원들이 확신하지 못하면 많은 집단이 교착 상태에 빠지게 된다. 예를 들어, 어떤 집단원은 집단지도자가 다른 집단원과 작업하고 있을 때 이에 개입하여 자신이 인식한 것을 나누고 싶지만, 자신이 지금 작업에 임하고 있는 집단지도자를 방해하는 것이 아닌지 확신하지 못해서 우물쭈물하고 있을 수 있다. 다른 예로, 어떤 집단원은 다른 집단원들이 고통이나 슬픔을 깊이 경험하고 있을 때, 그 집단원을 지지하고 싶은 마음이 들지만, 자신의 지지가 그 다른 집단원의 경험에 집중을 방해하는 것이 아닌지 확신하지 못해서 표현을 참고 있을 수도 있다. 또한, 거의 집단에 참여하지 않는 어떤 집단원은 자신의 느낌, 생각, 반응을 혼자 품고 드러내지 않는데, 이는 그것들을 드러내는 것이 적절한지 어떤지에 대해 확신하지 못하기 때문일 수 있다. 만약 그 집단원이 자신의 반응을 표현하는 것이 도움이 된다는 이야기를 듣는다면, 그는 집단에서 좀 더 개방적이 될 수 있고, 결과적으로 집단에서 좀 더 개인적인 얘기를 자주 꺼낼 수 있을 것이다.

집단의 규범이 분명하게 제시되고, 집단원들이 그 가치를 분명히 알고 협조하기로 결정한다면, 집단 규범은 집단의 구조를 만들어가는 데 강력한 힘이 될 수 있다. 이상적으로, 집단 규범은 집단지도자에 의해 일방적으로 전해지기보다는 가능한 한 집단원들과의 협력 과정을 거쳐 형성될 것이다. 집단상담에 대한 오리엔테이션 과정은 응집력 있고 생산적인 집단을 만들 수 있는 집단 규범을 확인하고 그것에 대해 논의하는 일을 포함한다.

만일 집단원들이 집단 규범을 따르는 데 어려움을 겪고 있다면, 이에 대해 집단 전체가 논의하고 그러한 규범들이 어떻게 만들어졌는지 평가하는 것이 유용할 수 있다. 집단원들이 집단 규범을 고수하기를 꺼리는 것은 집단지도자가 제공하는 역할 본보기나 가르침, 협력이 부족했기 때문일 수 있다. 나이, 정서적 지능, 사회적 지능, 변화에 대한 준비도 등의 측면에서 집단원들의 발달 단계에 맞게 적절한 규범을 형성하는 것이 중요하다.

내(Cindy)가 속한 대학원 프로그램에는 합의에 의한 의사결정과 관련한 정책과 명확한 규범이 있다. 학생 집단은 집단지도자(교수)들과 협력적으로 결정을 내린다. 우리는 우리의 '공동체'가 더 큰 전체 공동체를 위한 의사결정에 도달하는 방법을 찾을 수 있도록 가능한 한 계급 체계를 와해시켰다. 이러한 협력적 모델은 집단응집력을 강화시켰지만, 그 과정에서 좀 더 계급 체계나 개인주의를 중시하는 문화적 배경에서 온 학생들은 종종 어려움에 부딪쳤다. 또한 학생들은 '다수결의 원칙'이라는 단순한 개념에 근거하지 않은 이러한 의사결정 방법에 적응하는 데 종종 어려움을 겪곤 했다. 이러한 과정 내의 복잡한 특징들로 인해 우리는 일부 집단원들에 대해 크게 배울 수 있었고, 우리의 경험에 의하면, 이는 학생들이 보다 강력한 변화의 주체이자 공동체의 집단지도자가 되도록 이끌었다. 대부분의 학생들의 경우, 그들이 무엇을 어떻게 배울지에 대해 발언권을 가지는 것은 그들의 교육에 대한 주인의식을 증진시키고 보다 전통적으로 조직화된 교육 상황들에서 경험해보지 못했던 방식으로 그들에게 힘을 북돋아준다.

집단응집력

집단 초기에 집단원들은 진정한 의미의 공동체라는 느낌을 형성하기에 충분할 정도로 다른 집단원을 잘 알지 못한다. 따라서 대개 집단원들이 서로 친숙해지는 과정에서 어느 정도의 어색한 느낌이 들게 마련이다. 비록 집단원들이 자신에 대한 이야기를 하더라도, 개인적인 측면의 자기에 대해 깊이 드러내기보다는 공식적으로 보여줄 수 있는 측면의 자기에 대해서만 이야기할 것이다. **집단응집력**(group cohesion)은 집단 내에서 함께하는 느낌, 또는 공동체라는 느낌을 의미하는데, 이는 집단의 초기 단계에 형성되기 시작한다. 진정한 의미의 응집력은 대체로 집단에서 갈등을 경험하고 고통을 나누며 의미 있는 정도의 위험을 감수하기로 마음먹은 이후에 형성된다. 응집력이 있는 집단에서는 집단원들이 집단 내에 남아있는 것에 대한 보상을 받고 소속감이나 유대감을 나눈다. 또한 집단원들은 적극적으로 참여하며 안전하고 수용적인 분위기를 형성하는 데 전념한다. 응집력은 집단의 초기부터 마지막 단계까지 매우 중요하다. 이 장에서 응집력은 초기에 필요한 하나의 규범으로써 소개되었지만, 이 책의 8장에서 작업 단계 동안 작용하는 치료적 요인들을 다룰 때 응집력에 대해 보다 깊이 다루게 될 것이다.

　초기 단계의 응집력을 보여주는 지표로는 집단원들끼리의 협력관계, 집단에 출석하고 정시에 참여하려는 의지, 신뢰의 부족이나 신뢰하기 두려워하는 마음에 대해 이야기하는 것을 포함해서 집단을 좀 더 안전한 장소로 만들려는 노력, 다른 사람들의 이야기를 경청하고 그들을 있는 그대로 수용하려는 태도에서 드러나는 지지와 돌봄, 집단의 상호작용 중에 '지금 여기'에 초점을 맞추어 다른 사람에 대한 반응과 그들에 대한 지각을 표현하려는 의지 등이 있다. 진정한 응집력은 집단의 전 과정을 통해 집단원들이 다른 집단원과 함께 위험을 감수하면서 점점 결속력을 다지는 지속적인 과정이라할 수 있다. 집단응집력은 여러 가지 방식으로 발달하고 유지되며 고취될 수 있다. 다음은 집단응집력을 촉진하는 데 도움이 될 만한 몇 가지 제안들이다.

- 현재 집단 안에서 발생하는 일에 대한 자신의 반응을 집단원들과 나누고 집원단들에게 비슷한 위험을 감수하도록 촉진함으로써, 집단지도자는 집단에서 자신에게 의미 있는 측면을 나누는 것의 모범이 될 수 있다. 집단원들이 위험을 감수할 때, 그들은 위험을 감수했다는 것에 대해 진심어린 인정과 지지라는 강화를 받을 수 있는데, 이러한 인정과 지지는 다른 집단원들과의 친밀감을 높일 것이다.
- 집단원들은 집단 내에서 일어나는 일에 대한 자신의 생각, 감정, 반응을 드러내도록 권장된다. 이때 긍정적인 반응과 부정적인 반응을 모두 표현하도록 격려해야 한다. 만일 이것이 잘 이루어진다면, 정직한 대화가 집단 안에서 일어날 수 있는데, 이는 집단에 대한 소속감을 발전시키는 데 필수적이다.
- 집단 전체의 목표와 개인의 목표는 집단원들과 집단지도자가 협력하여 결정할 수 있다. 집단이 분명하게 목표를 세우지 못하면 집단 내에서 적대감이 생길 수 있고, 이는 결과적으로 집단의 분열을 초래할 것이다.
- 응집력은 모든 집단원들이 적극적으로 참여하도록 초대함으로써 높일 수 있다. 말이 없거나 물러나 있는 집단원들로 하여금 집단에 대한 반응들을 표현하도록 격려해야 한다. 관찰만 하고 침묵하는 집단원들은 아마 여러 가지 이유로 인해 그처럼 행동할 수 있는데, 이러한 이유들을 집단 내에서 생산적으로 검토할 수 있다.
- 집단지도자는 집단원들끼리의 상호작용을 증진할 수 있는데, 이는 집단원들이 서로에 대해 반응하도록 요청하기, 피드백과 공유를 권장하기, 집단 상호작용에 가

능한 많은 집단원들을 참여시키는 방법 찾기 등을 통하여 이루어질 수 있다.

- 집단지도자는 집단원들의 관심을 끄는 문제들을 다루고 집단원들에 대한 존중을 표현하며 지지적인 분위기를 제공함으로써 집단원들로 하여금 집단이 가치 있다고 인식하도록 촉진할 수 있다.

중대한 사건　**그는 집단에 머물러야 할까, 아니면 떠나야 할까?**

1. 사건에 대한 설명

개인 성장에 초점을 둔 집단의 첫 회기 동안, 두 집단원들 간에 열띤 상호작용이 이루어졌는데, 그중 한 명은 소토라는 에이즈 감염자이며 라틴계 남성이었고, 다른 한 사람은 오리츠라는, 소규모 라틴계 마을의 라틴계 남성 목사였다. 소토가 자신의 성적 정체성과 에이즈 감염 여부에 대한 정보를 나누었을 때, 오리츠는 소토가 '죄인'이고 '신으로부터 처벌을 받은' 것이라는 등의 동성애혐오적인 말을 했다. 오리츠는 '동성애자'에 대한 자신의 분노를 직접적이고 개방적으로 드러냈고 나아가 경멸감까지 표현했는데, 왜냐하면 오리츠가 볼 때 소토는 라틴계 남성으로서 더 '진짜 남자'여야 한다고 생각했기 때문이다. 이러한 감정의 폭발은 집단 안의 모든 사람들에게 강한 영향을 미쳤다. 소토는 매우 화가 나고 마음이 상했으며 오리츠에게 맞서서 소리를 지르기 시작했다. 집단지도자를 포함한 집단 안의 모든 사람들은 이러한 상호작용에 의해 깜짝 놀란 듯했다.

집단에서 원래 예정된 대로 휴식시간을 가지는 동안, 집단의 공동 지도자들은 따로 나가서 오리츠가 집단에 남아있는 것이 적절한지 그리고 그의 동성애 혐오적 태도가 다른 집단원들에게도 해를 끼치지 않을지 의논했다. 오리츠가 자신의 신자들에게 상담을 하고 있었기 때문에, 공동 지도자들은 집단에서 제공할 수 있는 도움이 그 목사에게 필요하다고 느꼈다. 따라서 공동 지도자들은 나중에 날짜를 정해서 오리츠를 만나기로 결정하고 휴식시간이 끝나서 집단이 다시 시작되었을 때 좀 전에 일어났던 갈등을 지속적으로 다루기로 했다.

2. 집단지도자를 위한 과정 질문

- 오리츠의 발언이 당신에게 어떤 감정을 불러일으

켰는가?
- 오리츠에 대한 당신의 반응이 집단에서 그와 작업하는 방식에 어떻게 영향을 미치겠는가?
- 만일 당신이 오리츠에 대해 부정적인 반응을 가지고, 그러한 반응을 다루기로 한다면, 과연 어떻게 다루겠는가?
- 만약 당신의 개인적 가치가 오리츠와 유사하다면, 당신은 그것을 소리 내어 말할 것인가? 그렇다면, 혹은 그렇지 않다면, 이유는 무엇인가?
- 만약 당신이 오리츠와 같은 신념을 가지고 있다면, 그것이 그의 행동에 대한 당신의 관점과 가능한 개입에 어떻게 영향을 미치겠는가?
- 당신은 소토와 다른 집단원들에게 어떻게 개입하겠는가?
- 오리츠가 집단에 계속 참여하는 것에 대해 당신은 어떤 염려를 가지고 있는가?
- 만일 당신이 오리츠에게 집단을 떠나도록 요청하려고 결심한다면, 그를 집단에서 내보내는 과정을 어떻게 촉진하겠는가?
- 이 사건에 대해 당신은 어떤 윤리적 염려를 가지고 있는가?
- 당신은 오리츠를 보호하고 싶다는 감정을 조금이라도 가지고 있는가? 만일 그렇다면, 어떤 점에서 그러한가?
- 당신의 염려를 다루기 위해 오리츠를 개인적으로 만날 것인가, 아니면 집단에서 작업을 할 것인가? 당신이 그렇게 하려는 이유를 설명하라.

3. 임상적 고찰

집단지도자는 모든 집단원들이 안전감을 느끼고 직접적인 차별로부터 자유로운 환경을 조성할 의무가 있다. 따라서 이 사건의 경우, 집단지도자들은 오리츠

집단에서 갈등은 자주 나타난다. 갈등이 일어났을 때는 집단원들이 갈등의 원인을 인식하고 공개적으로 다루는 것이 좋다. 갈등을 수용하고 정직하게 대인관계의 긴장감을 다루는 것은 집단의 힘을 강화할 수 있다. 집단지도자는 집단원들에게 만약 집단 안에서 갈등이 일어났을 때 어떻게 다룰 것인지, 그리고 자신들이 대개 어떻게 갈등을 다

의 발언과 그의 행동이 다른 집단원들에게 미친 영향에 대해 심각하게 걱정했다. 집단은 여러 가지 측면에서 사회의 축소판이며, 집단지도자들은 오리츠가 가진 대부분의 신념이 집단 밖에서 만연하고 있음을(그리고 아마도 몇몇 다른 집단원들도 그러한 신념을 가지고 있을 수 있음) 인지했다. 집단지도자들은 소토에게, 그리고 어쩌면 동성애자에 대한 편견과 차별을 받는 피해자였을지도 모르는 다른 집단원들에게 추가적인 해를 입히는 것을 최소화하기를 원했지만, 이와 더불어 집단원들이 갈등을 헤쳐 나갈 수 있는 공간을 제공하기를 원했다.

집단지도자들은 슈퍼비전에서 자신의 감정을 이야기하면서 그들에게 본능적으로 떠오른 첫 번째 생각이 오리츠를 집단에서 내보내는 것이었음을 깨달았다. 서로 더 많은 이야기를 나누면서, 집단지도자들은 폭언을 하지 않으면서 동성애 혐오적 태도를 탐색할 수 있도록 어떻게 오리츠를 도울 수 있을지에 대한 의문점을 소리 내어 논의하였는데, 그 의문점은 예를 들면 다음과 같다. 동성애 혐오라는 신념이 오리츠의 삶에서 어떤 기능을 하고 있는가? 오리츠는 그러한 신념을 어떻게 배웠는가? 만일 오리츠가 동성애에 대해 그토록 직접적으로 반대하지 않았다면 라틴계 남성 목사로서 그의 정체성이 어떻게 위협받았을까? 또한 집단지도자들은 혹시 오리츠가 스스로를 집단에서 보호하고 자기 자신이 취약한 처지에 처하는 것을 피하기 위해 이러한 감정의 폭발을 이용한 것이 아닌지 궁금했다. 집단지도자들은 집단 내의 안전감을 높이면서 집단원들 간의 자기주장적 의사소통(assertive communication) 기술을 향상시키고 적절한 갈등 해결 방식에 대한 본보기를 보이기 위해 이러한 상황을 이용할 수 있을까? 집단지도자들은 그 목사의 참여를 중단시키거나 그를 부끄럽게 만들어 침묵하게 하지

않으면서도 오리츠가 했던 말에 의해 상처를 받았거나 화가 났던 집단원들에게 시간을 할애함으로써, 집단에서 대립되는 요구들의 균형을 맞추고자 한다. 집단지도자들이 씨름하고 있는 모든 문제와 염려에 대해 본보기를 보이는 것이 이를 집단 회기에서 논의하는 데 얼마나 큰 영향을 미치겠는가?

4. 가능한 개입

- 소토가 오리츠의 발언을 듣고 난 이후 어떻게 느끼고 있는지 물어본다. 동성애 혐오적 태도가 소토의 과거와 현재에 어떤 영향을 미쳤는지에 대해 이야기할 수 있도록 기회를 마련한다.
- 다른 집단원들이 그 상호작용에 대한 자신의 반응을 나누도록 초대한다.
- 오리츠가 차별과 관련하여 어떤 경험을 가지고 있는지 탐색한다.
- 오리츠가 남자가 된다는 것의 의미에 대해 어떻게 배우게 되었는지 이야기하도록 요청한다.
- 만일 자신이 소토에게 공개적으로 반대하지 않았다면, 이것이 라틴계 남성 목사로서의 자신의 정체성에 있어서 어떤 의미를 가졌겠는지 오리츠에게 물어본다. (그는 자신의 성적 정체성이 위협받는다고 느꼈을까? 그는 스스로를 덜 남성적이라고 생각했을까? 신자들이 그를 비판했을까?)
- 오리츠의 말과 태도가 집단에 끼칠 수 있는 부정적 영향에 대한 당신의 염려와 오리츠가 집단에 남아있는 것의 장단점에 대한 당신의 양가적 감정을 오리츠와 이야기한다.

루는지 말하도록 요청할 수 있다. 또한 집단지도자는 집단원들에게 집단 내에서 갈등을 다루는 좀 더 효과적인 방법들을 찾고자 얼마나 기꺼이 노력하는지 물어볼 수 있다. 집단에서 우리(Marianne과 Gerald)는 집단원들에게 집단에서 갈등을 대처하는 방식에 대하여 질문하였다. 어떤 집단원은 만약 화가 난다면, 집단에서 일어나 바로 자리를 뜰 것이라고 말했다. 또 다른 집단원은 가만히 조용히 있거나 말을 하지 않을 것이라고 대답했다. 갈등 상황에서 집단원이 보이는 전형적인 행동 패턴들에 대해 말함으로써, 우리는 다음에 집단에서 갈등이 일어났을 때 다르게 행동하도록 그들과 계약을 맺을 수 있었다. 집단원들이 감정을 소리 내어 표현할 때, 집단지도자는 그가 갈등을 다루는 새로운 방식을 찾도록 개입하고 작업할 기회를 가지며, 이는 집단원들이 갈등에 묶여 있는 것이 아니라 그 상황을 헤쳐 나갈 수 있도록 도울 것이다.

 ## 효과적인 치료 관계: 연구 결과

긍정적인 치료자-내담자 관계는 내담자가 긍정적으로 변화하는 데 있어 주요한 요소로 인식되고 있으며 이는 다수의 연구 결과들을 통하여 입증되어 왔다(Burlingame & Fuhriman, 1990). 집단상담에서 치료적인 관계의 핵심을 차지하는 주요한 세 가지 구성 개념은 집단 분위기, 응집력, 동맹이다(Burlingame, Fuhriman, & Johnson 2002). 집단지도자는 치료적인 집단 분위기를 형성하는 데 주요한 역할을 하는데, 이러한 분위기는 집단의 핵심적 규준인 집단원들 간의 피드백과 참여를 촉진한다.

지지 대 직면

효율적인 집단을 형성하기 위해서는 지지와 도전이 적절한 균형을 이루어야 한다. 집단원들의 방어적 행동을 제거하기 위하여 직면을 강조하는 것은 오히려 집단 내에서 방어적인 상호작용을 증가시키는 결과를 초래할 수 있다. 집단의 부정적인 결과를 기술하는 연구들을 보면, 높은 위험성이 있는 집단 지도 방식으로서 공격적인 직면을 일관되게 언급한다(Yalom, 2005b). 집단지도자가 과도하게 직면하고 매우 부정적인 태도를 취할수록 집단원들이 집단 경험에 대하여 만족하지 못하고 잠재적으로 해를 입을 가능성이 커진다. 따라서 집단지도자가 집단원들과 신뢰 관계를 형성함으로써 그럴만한 권리를 얻을 때까지는 직면적 개입을 피해야 한다. 일단 신뢰 관계의 기초가 확립되면, 집단원들은 도전에 대해 한결 개방적인 자세를 취

> "
> 직면이 온정에 근거한 경우, 집단원은 대개 그러한 개입을 잘 받아들일 것이다.
> "

하는 경향이 있다(Dies, 1994).

집단지도자가 어떻게 직면과 도전을 하는지에 따라서 집단 분위기는 크게 달라질 수 있다. 집단원들은 집단지도자의 직면 방식을 따르는 경향이 있기 때문이다. 직면이 온정에 근거한 경우, 집단원은 대개 그러한 개입을 잘 받아들일 것이다. 또한 집단지도자는 자신의 이론적 배경에서 직면이 어떤 역할을 하는지에 대해 분명히 이해해야 한다. 집단원들에게 직면하는 데 유일하게 올바른 방법은 없기 때문에, 어떤 집단원에게 효과적인 방법이 다른 집단원에게는 효과적인 방법이 아닐 수 있다. 집단지도자는 집단에서 자신의 역할에 확신을 가지고 직면이 상담의 일부분이라는 것을 신뢰해야 하며 자신이 사람들에게 도전하는 방식이 비효과적인 것 같은 경우 상황에 맞춰 기꺼이 조정할 필요가 있다.

집단구성원들과 치료적 관계를 형성하기 위한 지침

이 부분에서는 Burlingame, Fuhriman, & Johnson(2002, 2004b) 그리고 Morran, Stockton, & Whittingham(2004)의 연구 결과를 바탕으로 집단지도자의 실무에 대한 추가 지침을 제시하고자 한다.

- 진솔하고 공감적이며 돌보는 태도로 집단원들과 상호작용을 함으로써 집단에 긍정적으로 관여하도록 노력해야 한다. 인간미가 없고 거리감이 느껴지며 판단적인 리더십 유형은 신뢰와 응집력의 형성을 어렵게 한다.
- 적절하고 촉진적인 자기개방으로 특징지어지는 적정하게 개방적인 치료 방식을 발달시켜야 한다. 집단지도자 자신의 반응과 정서적 경험을 기꺼이 공유해야 하는데, 특히 집단 내의 사건 및 관계와 연계된 경우 그렇게 하는 것이 좋다.
- 집단지도자의 자기개방은 집단의 유형, 집단의 현재 발달 단계, 개방의 내용과 태도와 같은 구체적인 요인에 따라 집단의 과정 및 결과에 긍정적 또는 부정적 영향을 줄 수 있음을 명심해야 한다.
- 집단원들, 특히 바람직한 행동을 보이는 집단원들을 효과적인 역할 본보기로 최대한 활용할 수 있도록 촉진해야 한다. 집단원들은 서로에게서 배우도록 격려받을 수 있다. 공동 지도자가 있을 경우, 집단지도자는 공동 지도자와 함께 개방의 본보기를 보일 수 있다.
- 적절한 정도의 구조화를 제공해야 하는데, 이는 특히 집단의 초기 단계에 필요하다. 그러나 통제적인 방식으로 지도하는 것은 피하는 것이 좋다.
- 집단원들이 집단 과정에 적극적으로 참여할 수 있는 기술을 가르쳐줌으로써 집단

내 자원을 최대한 활용하도록 모든 집단원들에게 기회를 제공해야 한다.

- 필요할 때 집단원들에게 기꺼이 직면함으로써 당신의 관심을 표현해야 한다. 그러나 이는 세심하게 배려하면서 직면하는 방법에 대한 좋은 본보기를 집단원들에게 제공하는 방식으로 이루어질 필요가 있다.
- 집단 내에서 응집력을 형성하는 하나의 방법으로서 명확한 집단 규준을 세우고 강화해야 한다.
- 필요시 집단원들을 보호하고 안전감을 증진시키도록 노력해야 한다.
- 어떤 집단원이 비건설적인 직면과 빈정거림, 간접적인 교류를 통해 다른 집단원들이 집단에서 유익함을 얻는 것을 막는다면, 적절히 개입해야 한다. 집단원들이 직접적이고 존중하며 건설적인 방식으로 서로를 대할 수 있도록 도와야 한다.

우리는 집단지도자가 집단원들을 존중하는 태도로 대함으로써 그들의 방어적 태도의 일부를 누그러뜨리는 데 많은 기여를 할 수 있다는 점을 강조하고 싶다. 집단원들은 집단이 안전하다고 인식될 때 개방적인 자세를 취할 가능성이 크며, 집단지도자가 적절한 본보기가 되어주는 것은 이러한 치료적 분위기를 형성하는 데 큰 역할을 한다.

집단지도자들은 종종 관심 갖기, 직면하기, 본보기가 되어주기, 문화적인 문제를 능숙하게 다루기 등 여러 가지 역량의 균형을 동시에 맞추어야 한다. 예를 들어, 킴이라는 어떤 집단원이 그녀의 문화 내에서 성 역할이 엄격하기 때문에 꼼짝할 수 없고 숨이 꽉 막히는 것 같은 기분이라고 종종 표현했다. 킴은 자신의 상황을 절망적으로 묘사했고 자신의 삶을 바꾸기 위해 그녀가 할 수 있는 것은 아무것도 없다고 말했다. 집단지도자로서 나(Cindy)는 킴의 개인적 딜레마를 문화적으로 민감하게 고려하면서도 동시에 그녀에게 어떻게 직면할 수 있을지 알지 못해 마치 벽에 부딪친 느낌이 들었다. 그래서 킴에게 직면하기 위해, 나는 내가 킴에게 매우 관심이 많다고 표현하면서, 그녀가 만들 변화가 그녀의 문화적 환경에 가지고 올 가능한 파급 효과를 내가 인지하고 있음을 가능한 한 솔직한 태도로 드러낼 필요가 있었다. 비록 킴과 함께 작업하는 것은 시간과 인내를 요구했지만, 내가 그녀 자신과 그녀의 문화에 모두 관심이 있다고 킴이 믿었기 때문에 나는 그녀에게 직면할 수 있었다. 다양한 문화적 배경을 가진 다른 집단원들은 내가 킴과 어떻게 작업하는지 관찰하였고 그들이 나를 믿을 수 있을지 결정하는 기회를 가졌다. 이때 내가 집단지도자로서 신뢰할 만하다고 '증명'하기 위해 시도하기보다는 진실된 태도를 보이고 신뢰가 서서히 발달되도록 허용하는 것이 더 중요했다. 이로 인해 나는 집단 과정에 대한 나의 신념과 신뢰를 본보기로 더욱 드러낼 수 있었기 때문이다.

집단구성원들이 집단 경험에서 최대한 많은 것을 습득하도록 돕기

몇몇 행동과 태도는 응집력 있고 생산적인 집단, 즉 의미 있는 자기 탐색이 일어나며 진솔하고 적절한 피드백을 주고받는 집단을 촉진한다. 집단의 사전 준비 모임에서 집단지도자는 집단원들에게 집단에 대한 오리엔테이션을 실시한다. 그러나 시간제한으로 인하여 이러한 오리엔테이션은 집단원들이 집단 경험에서 최대한 많은 것을 가져갈 방법을 소개하는 정도로만 그치게 된다. 그 결과, 집단지도자는 집단 초기 단계에서 기본적인 집단 과정에 대해, 특히 그들이 어떻게 적극적으로 참여할 수 있는지에 대해, 집단원들을 교육하는 시간을 갖게 된다. 이때 집단지도자는 집단원들이 집단 경험에서 얻어갈 수 있는 것들은 그들이 집단 회기에 얼마나 적극적으로 참여하는지, 집단에서 배운 것을 외부에서 얼마나 적극적으로 연습하는지에 따라 달라진다는 것을 강조한다.

우리는 집단 지침을 한 번에 다 강의하듯 전달하지 않으며, 한 번에 흡수할 수 있는 것보다 더 많은 정보로 집단원들을 압도시키지도 않는다. 그래서 우리는 처음에 집단에서 그들의 참여에 대한 정보를 문서로 만들어 집단원들에게 나누어준 후, 회기 내에서 자연스럽게 관련 주제가 드러났을 때 그 주제에 대하여 논의하는 시간을 마련한다. 이는 집단원들이 어떻게 최선을 다해 참여할 수 있을지 생각해볼 가능성을 높여준다. 또한 우리는 집단 내에서 다양한 시점에 시기적절하게 계속 정보를 제공한다. 우리는 다음의 지침이 집단지도자로서 집단원들을 준비시키는 당신 자신만의 접근 방법을 생각해보는 것을 촉진하길 바란다. 이러한 지침을 스스로에게 적용해보는 것은 자신의 성격이나 리더십 유형에 잘 맞고 당신이 이끌어가는 집단에 적절한 접근법을 개발하는 데 도움이 될 수 있다. 다음은 집단지도자의 관점에서 집단원들에게 지침을 제시하는 방식으로 작성된 제안이다.

집단원들을 위해 집단지도자가 제공하는 지침

신뢰 형성하기 우리는 집단원들이 집단 안에서 안전하다고 느끼기 위해 비밀 보장이 필수적이라고 확신한다. 아무도 비밀 보장의 본질과 한계에 대하여 의문을 제기하지 않더라도, 집단지도자는 집단 내 상호작용에 대한 비밀 보장적 특성을 존중하는 것의 중요성을 강조하고 어떻게 그것이 깨어질 수 있는지에 대해 집단원들에게 주의를 주어야 한다. 또한 집단지도자는 그렇게 하려는 의도가 없이도 얼마나 쉽게 비밀 보장이 위반될 수 있는지 설명해야 한다. 집단지도자는 집단원들으로 하여금 자신이 개방한 내용이 어떻게 취급될 것인지에 대한 염려를 이야기하도록 함으로써 집단을 지속적으로 안전하게 만들 책임이 집단원들에게 있음을 강조해야 한다. 만약 다른 집단원들이 외부에서 이야기를 할 수도 있다는 느낌을 갖게 되면, 이러한 불확실성은 집단원들이 집단에 온전히 참여하는 것을 방해할 수밖에 없다.

집단에서 우리는 집단원들에게 안전함에 대한 기반 없이 빨리 자신을 개방하는 것은 이치에 맞지 않다고 자주 이야기한다. 안전하고 신뢰할 수 있는 환경을 만들기 위한 방법 중 하나는 집단원들로 하여금 자신의 두려움과 염려, '지금 여기'에서의 반응을 집단의 초기 회기에 기꺼이 이야기할 수 있도록 하는 것이다. 집단 내에서 무슨 개인적인 주제를 이야기하고 얼마나 깊이 이를 다루기로 결정하는지는 각 집단원에게 달려있다. 집단원들은 다른 집단원들이 먼저 위험을 감수하거나 신뢰의 반응을 보여주기를 종종 기다린다. 역설적이게도, 집단원들은 신뢰에 대한 두려움을 나타냄으로써 이에 대해 도전할 수 있다. 이러한 논의에 착수하는 것은 진정한 신뢰감을 발전시킬 수 있게 한다는 점에서 집단원들에게 유익하다.

> 📖 해럴드는 대부분의 다른 집단원들보다 나이가 많았다. 해럴드는 다른 집단원들이 그를 공감할 수 없고, 활동에서 소외시키며, 그를 아웃사이더로(주로 부모 역할을 하는 사람으로) 인식할까봐 걱정했다. 해럴드가 이러한 두려움을 표현한 후, 많은 집단원들은 그가 두려움을 기꺼이 드러냈다는 것에 대해 자신들이 얼마나 고맙게 생각하는지 이야기했다. 해럴드의 자기개방과 그에 대한 다른 집단원들의 반응을 듣는 것은 나머지 집단원들로 하여금 자신의 염려를 표현하도록 촉진했다. 이러한 상호작용은 두려움을 표현하는 것이 적절한 것임을 명확히 함으로써 집단 전체의 신뢰감을 촉진했다. 해럴드는 거절당하는 대신 수용되는 느낌을 받고 고맙다는 말을 들었는데, 이는 그가 자신이 느끼고 있는 중요한 부분을 집단원들에게 기꺼이 알리려고 했기 때문이다.

지속되는 감정 표현하기   때때로 집단원들은 자신의 무관심, 분노, 또는 실망감을 다른 집단원들에게 알리지 않고 비밀로 할 때가 있다. 집단 과정과 관련되어 지속되는 감정을 개방적으로 표현하는 것은 매우 중요하다. 우리는 종종 집단원들에게 "만일 거리감을 느끼고 물러나있는 느낌을 가진다면 우리에게 알려주세요." 또는 "이 집단에서 다른 사람에게 만성적인 분노나 짜증을 경험한다면 그런 느낌을 당신 마음속에만 담아두지 마세요."라고 말하곤 한다.

> 📖 10주 동안 일주일에 한 번씩 만나는 청소년 집단에서 루엘라는 3회기까지 자신이 집단원들과 집단지도자를 믿지 않는다는 것, 억지로 집단에 참여하게 된 것 때문에 자신이 화가 났다는 것, 그리고 집단원으로서 무엇을 해야 할지 전혀 모르겠다는 것을 이야기하지 않았다. 루엘라는 이처럼 꺼리는 마음을 첫 회기부터 가지고 있었지만 여태 말로 표현하지 않았다. 집단지도자는 그녀에게 지속적인 불신의 감정을 표현하는 것이 이러한 감정을 탐색하고 해소하기 위해 얼마나 중요한 것인지를 알려주었다.

자기개방하기　집단원들은 때때로 집단 안에서 많이 개방할수록 더 좋다고 생각하곤 한다. 비록 자기개방이 집단 과정에서 중요한 수단이 되기는 하지만, 자기 삶의 어떤 측면을 드러낼 것인지 결정하는 것은 각 집단원에게 달려있다. 이 원칙은 아무리 강조해도 지나치지 않다. 왜냐하면 '모든 것을 다 말해야 한다.'는 생각은 많은 사람들이 집단에 참여하는 것을 꺼리게 만들 수 있기 때문이다.

가장 유용한 종류의 개방은 현재 자신의 염려를 표현하는 것이며, 이러한 자기개방에는 취약한 부분을 드러내고 위험을 감수하는 일이 수반될 수 있다. 집단원들이 집단에서 자신을 개방할 때, 그들은 다른 사람들이 자신이 드러낸 바를 어떻게 받아들일지에 대한 두려움을 가진다. 만약 어떤 집단원이 자신은 부끄러움을 잘 타고 조용히 있는 경우가 많으며 집단 안에서 말하기가 두렵다고 이야기한다면, 다른 집단원들은 그가 여태까지 집단에 잘 참여하지 않은 점에 대하여 좀 더 정확하게 이해하고 반응할 수 있게 된다. 만약 그 집단원이 그러한 자기개방을 하지 않는다면, 집단지도자와 집단원들은 그의 행동을 오해할 소지가 더 많다.

자기개방은 자신을 심리적으로 발가벗은 상태로 만드는 과정을 말하지 않는다. 집단원들은 자신의 일상생활과 관련된 개인적인 갈등을 나눌 때 언제, 무엇을, 얼마나 이야기할지를 결정할 책임이 자기 자신에게 있다는 것을 이해할 필요가 있다.

> 예　매주 한 번씩 만나는 어떤 집단에서 루이스는 자신이 동성애자인 것을 일찍 공개하였다. 그러나 루이스는 직장에서 자신의 성적 지향성에 대하여 공개적으로 말한 적이 없었다. 비록 루이스는 라틴계 남성 동성애자로서 그가 겪는 많은 어려움에 대하여 집단원들과 기꺼이 이야기를 나누고 싶지만, 그의 파트너와의 관계에서 경험하고 있는 문제에 대해서는 이야기할 준비가 되지 않았다고 말했다. 그 당시 루이스는 자신의 성적 지향성에 대해 수치심을 느끼고 있었는데, 특히 자신의 대가족과의 관계에서 더욱 그러했다. 비록 그가 집단 안에서 동성애자로서의 감정을 말하는 것이 힘들었음에도 불구하고, 루이스는 다른 집단원들을 믿고 가장 큰 염려 중 일부를 드러내도록 스스로에게 도전하였다. 루이스가 자라온 문화에서는 개인적 문제를 남들에게 말하지 않는 것에 가치를 두었기 때문에 이러한 도전은 그에게 더욱 어려웠다. 비록 그는 집단에서 자신의 파트너와의 관계에 대하여 말하는 것에 불편한 감정을 느꼈지만, 루이스는 동성애자이기 때문에 받아들여지지 않을 수도 있다는 의심, 두려움, 불안에 대하여 다른 집단원들과 나눌 수 있었다. 그는 인생을 거짓말하면서 살고 싶지 않았다. 다른 집단원들은 동성애자로서 겪는 어려움, 특히 판단받고 거절당하는 것에 대한 두려움을 탐색하려는 루이스의 의지를 존중하였다. 이처럼 다른 집단원들로부터 이해를 받았다고 느꼈기 때문에, 루이스는 집단 밖에서 다른 누군가와 나눌 수 있었던 것보다 집단 안에서 집단원들과 그의 삶의 더 많은 부분을 나눌 수 있었다.

온전하게 참여하기　어떤 집단원은 "저는 말하기를 좋아하는 타입이 아니에요. 제 생각을 정리하기가 어렵고 자신을 잘 표현하지 못할까봐 두려워요. 그래서 저는 집단에서 별로 말을 하지 않지만, 그래도 저는 다른 사람들이 말하는 것을 듣고 관찰하면서 배워요. 저는 집단 회기에서 뭔가 얻어가기 위해 항상 말을 해야 한다고 생각하지는 않아요."라고 말한다. 비록 집단원들이 상호작용을 관찰하고 비언어적으로 반응하면서 배울 수 있다는 것은 사실이지만, 이런 식으로 배우는 데는 한계가 있다. 만일 어떤 집단원이 이렇듯 참여하지 않는 태도를 취한다면, 다른 집단원들은 그 집단원에 대해 결코 알지 못할 것이고 그 집단원의 관찰(아마도 결함이 있는 관찰) 대상이 되었다는 것에 속았다는 기분이 들거나 화가 나기 쉽다.

어떤 집단원들은 "현재 제 삶에는 진짜 문제가 없어요. 그래서 집단에 많이 참여하여 말할 거리가 없네요."라고 계속 말하면서 집단 활동에 적극적으로 참여하지 않는다. 또 다른 집단원들은 느끼는 것이 남들과 똑같기 때문에 다른 집단원들이 이미 표현한 것들을 반복할 필요가 없다고 말하면서 수동적인 태도를 취한다. 집단지도자는 이러한 집단원들에게 자신이 집단에서 어떤 영향을 받고 있는지 다른 집단원들에게 알릴 뿐 아니라, 집단에서의 경험에 대한 자신의 반응을 나누도록 가르친다. 집단 외부의 사건에 대해 거의 이야기를 나누지 않으려 하는 집단원들도 다른 집단원들에 의해 자신이 어떤 영향을 받았는지에 대하여 지속적으로 말함으로써 집단에 적극적으로 참여할 수 있다. 집단지도자는 집단에 어떠한 기여도 못한다고 생각하는 집단원들에게 그들이 적어도 다른 사람들이 한 말에 대한 자신의 개인적인 반응을 나눌 수 있음을 알아차리도록 도와줌으로써 집단응집력 형성을 촉진할 수 있다.

> 예 | 델마에게 집단에서 바라는 것이 무엇인지를 물었을 때 그녀는 다음과 같이 대답했다. "저는 그것에 대해 별로 생각해보지 않았어요. 그냥 아무 계획 없이 있으면서 무슨 일이 일어나는지 보고 기다릴 뿐이에요." 집단지도자는 델마에게 때때로 다른 집단원들의 작업이 자신의 문제를 일깨울 수도 있으므로 그때 자발적으로 반응할 수도 있다고 말했다. 그러나 집단지도자는 처음에 집단에 참여하게 된 계기가 되었던 그녀의 염려에 대하여 생각해보고 그것을 집단에서 이야기하는 것이 중요하다는 점도 지적했다. 집단상담이 진행될수록 델마는 다른 집단원들에게 자신이 원하는 것을 알리는 방법을 배우고 주도성을 보이기 시작했다. 그녀는 자신이 얼마나 외로운지, 얼마나 자주 절망적이고 무능하다고 느끼는지, 남성에게 약한 자신의 모습을 얼마나 두려워하는지, 매일 아침에 세상을 대하는 것이 얼마나 무서운지에 대해 이야기하기를 원했다고 밝혔다. 관찰자에서 적극적인 참여자로 변해감에 따라 델마는 자신이 매주 집단 회기에서 많은 것을 얻어갈 수 있음을 알게 되었다.

변화 수용하기　치료 집단에 참여하는 집단원들은 집단에 참여하는 것이 당분간 자신의 외부 생활을 복잡하게 만들지도 모른다는 주의를 들을 필요가 있다. 집단 경험의 결과로써, 집단원들은 자신의 삶에서 상호작용하는 사람들이 의미 있는 변화를 할 준비가 되어 있고, 이를 기꺼이 맞이할 것이라고 생각하는 경향이 있다. 그래서 다른 사람들이 지금 그대로의 방식대로 지내는 것이 '아무 문제 없이 괜찮다'고 생각한다는 것을 알게 되면, 집단원들은 충격을 받을 수 있고, 이러한 마찰의 결과로 익숙한 행동 패턴을 수정하는 것이 이전보다 더 어려워질 수 있다. 그러므로 집단원들은 모든 사람들이 자신이 원하는 변화를 좋아하거나 수용하지는 않을 것이라는 사실에 대하여 미리 알고 마음의 준비를 하는 것이 중요하다.

> **예** 집단을 마치면서 리카르도는, 아내가 두려워서 아내에게 자신이 원하는 것을 지속적으로 표현하지 못하고 마치 자신을 보호해주는 엄마와 관계를 맺듯이 아내와 관계를 맺고 있는 자신을 깨달았다. 만약 그가 아내에게 자기주장을 확고히 하면 아내가 떠날까봐 두려웠던 것이다. 집단에서 리카르도는 자신의 의존적인 성향이 싫어졌을 뿐 아니라, 아내에게 동등하게 대하고 아내를 엄마처럼 만들고 싶었던 자신의 기대를 포기하기로 결심했다. 그러나 리카르도의 아내는 부부 관계의 속성을 변화시키기 위한 이러한 용감한 노력에 협조하지 않았다. 리카르도가 좀 더 자기주장을 많이 할수록 가정에는 불화가 심해졌다. 그가 독립적이 되기 위해 노력하는 반면, 그의 아내는 관계를 예전과 같은 방식으로 유지하려고 애썼으며, 리카르도에게 다른 방식으로 반응하려 하지 않았다.

자신의 새로운 측면 발견하기 집단에서 사람들은 자신이 이전에 가능하다고 생각했던 것보다 자기 삶의 더 많은 부분들을 스스로 통제할 수 있다는 것을 깨닫기 시작하는 경우가 종종 있다. 집단 안에서 강렬한 고통의 감정을 탐색할 때, 집단원들은 이렇게 인식되거나 표현되지 못했던 고통이 진정으로 기쁨을 주는 삶을 살지 못하도록 자신을 방해하고 있었음을 깨달을 수 있다. 이 같은 고통스러운 경험을 다루고 표현함으로써, 집단원들은 자기 내면에서 기쁨을 주는 측면을 되찾기 시작한다. 예를 들어, 많은 집단원들은 내적인 힘을 경험하고, 진정한 재치와 유머 감각을 발견하며, 감동적인 시나 음악을 만들어내거나 다른 사람들 및 자기 자신으로부터 그동안 숨겨왔던 자신의 창조적인 측면을 처음으로 보여주기도 한다.

> **예** 핀은 다음과 같이 말하면서 집단 경험의 긍정적인 면에 대하여 표현하였다. "저는 제가 말하고자 했던 것이 중요하지 않고 다른 사람들에게 줄 수 있는 것이 제게는 거의 없다고 생각하곤 했어요. 그러나 이 집단에서 다른 사람들과 상호작용하면서 제가 느끼고 말하는 것이 다른 사람들에게 영향을 주고 때때로 높이 평가되기까지 한다는 것을 깨달았어요."

경청하기 집단원들은 다른 집단원들이 자신에 대하여 말하는 것을 주의 깊게 경청하되, 이를 전적으로 수용하거나 전적으로 거부해서는 안 된다는 것을 배워야 한다. 집단원들은 가능한 한 개방적인 자세를 취해야 할 뿐 아니라, 또한 그 말들 중 어떤 것이 자신에게 해당되고 어떤 것이 그렇지 않은지를 스스로 결정하면서 분별 있게 경청해야 한다. 집단원들은 반응을 하기 전에 마음을 가라앉히고 자신이 들은 어떤 말이 마음에 와 닿았고 그것이 자신에게 어떤 영향을 주었는지 알아차릴 필요가 있다. 만일 집단원들이 온전히 경청에 집중하지 못한다면, 그들은 자신에게 전달된 바를 충분히 이해할 수 없을 것이다.

> 🖥 어떤 청소년 집단에서, 집단원들은 브렌단에게 그의 수많은 장황한 이야기들을 경청하는 것이 힘들다고 말했다. 비록 몇 가지 이야기들은 흥미로웠지만, 그 이야기들은 그가 집단에 참여했던 이유였던 어려움의 본질에 대한 어떠한 단서도 보여주지 않았기 때문이다. 다른 집단원들은 브렌단이 자신에 대해서 이야기를 할 때 더 쉽게 집중할 수 있었다고 말했다. 브렌단은 화가 나고 방어적이 되었으며, 자신이 그런 방식으로 행동해왔다는 것을 부인했다. 집단지도자는 브렌단에게 집단 내에서 그리고 일상생활에서 스스로를 관찰하고, 다른 사람들의 피드백이 어떻게 영향을 주었는지 생각해보라고 하였다. 또한 그가 피드백을 철저하게 거부하기 전에 자신이 들은 것을 심사숙고해볼 것을 권유하였다.

피드백 받기   집단원들은 피드백이 집단 내 자신의 행동과 그것이 다른 집단원들에게 미치는 영향을 평가하는 데 사용할 수 있는 귀중한 정보의 원천이라는 것을 배울 것이다. 집단원들은 자신이 지속적으로 받는 피드백을 주의 깊게 잘 들어야 한다. 어떤 집단원은 다양한 집단에서 많은 사람들로부터 유사한 피드백을 여러 번 받았음에도 불구하고 그것을 여전히 타당하지 않다고 여기며 묵살할 수 있다. 비록 자신에게 오는 피드백을 식별하여 수용하는 것도 중요하지만, 일관성 있게 다양한 사람들로부터 받아왔던 메시지가 어느 정도 타당할 가능성이 있음을 깨닫는 것 또한 중요하다.

> 🖥 몇몇 집단에서 리암은 그가 다른 사람의 말에 흥미가 없는 듯하고 집단에서 거리를 두고 있는 것처럼 보인다는 이야기를 다른 집단원들로부터 들었다. 리암은 비록 물리적으로는 집단 상담실 안에 같이 있었지만, 자주 천장을 보면서 한숨을 쉰다거나, 의자를 뒤로 빼어 앉는다거나, 하품을 자주 하였다. 집단원들은 그가 다른 집단원들에게 관심이 있는지 궁금하다고 물었고 그와 가까워지는 것이 어렵다고 말했다. 리암은 그들의 피드백에 대하여 놀라면서 집단에서 그의 행동은 집단 밖 생활 속에서 행동과는 많이 다르다고 주장하였다. 즉, 집단 밖에서 그는 사람들과 가깝게 느끼며 흥미를 갖고 몰두한다는 것이다. 그러나 어떤 사람이 집단 안과 밖에서 그처럼 매우 다른 모습을 보일 가능성은 사실 낮기 때문에, 집단지도자는 다음과 같은 방식으로 개입하였다. "이곳에서 당신의 모습은 집단 밖에서의 모습과 아마 다를지 모릅니다. 그렇지만 집단 외부에서 사람들이 당신에게 어떻게 반응하는지, 그리고 이와 유사한 피드백을 집단 밖에서 받은 적이 있었는지 생각해볼 수 있나요?" 이 같은 집단지도자의 반응은 누가 옳고 그른지에 대한 불필요한 논쟁을 피할 수 있게 하였다.

집단원들을 위한 기타 제안　적절하다고 여겨지는 경우, 집단의 초기 단계에서 집단원들에게 제시하는 몇 가지 추가적인 지침을 다음에 간략히 나열하였다.

- 집단의 전과 후에 기꺼이 작업하라. 집단 경험을 보완하는 활동으로 경험 일기를 쓰는 것을 고려해볼 수 있다. 집단에서 학습한 것을 일상생활에서 연습할 수 있는 하나의 방법으로 과제를 고안하는 것이 좋다.
- 집단에서 자신의 진행 정도를 평가할 수 있는 하나의 방법으로 자기평가 기술을 개발하라. 이때 다음과 같은 질문이 도움이 될 수 있다. '나는 집단에 기여하고 있는가?', '이 회기에서 일어나고 있는 일에 대하여 만족하는가? 만일 만족하지 않는다면, 이에 대해 나는 무엇을 하고 있는가?', '이 집단에서 배운 것을 내 생활에서 실천하고 있는가?'
- 회기 중에 탐색하기를 바라는 구체적인 문제나 주제를 생각함으로써, 자신의 목표를 명료화하는 시간을 가지라. 이를 위한 가장 좋은 방법은 자신의 삶에서 구체적으로 무엇을 변화시키기를 원하는지 생각하고, 이 변화를 가져오기 위하여 집단의 안과 밖에서 어떤 일을 기꺼이 할 것인지 결정하는 것이다.
- 집단에서 다른 사람들에게 조언을 하거나 해석을 하거나 개인적이지 않은 질문을 하기보다는 개인적이고 직접적인 말을 하는 데 집중하라. 다른 사람들이 어떠한지 말하는 대신에, 그들이 당신에게 어떤 영향을 끼치는지를 다른 사람들과 나누는 것이 좋다.
- 진짜 작업은 집단 밖에서 실제로 하는 행동에 의해 이루어진다는 것을 깨달으라. 집단을 목적을 이루기 위한 수단으로 여기고, 집단 안에서 배운 것을 어떻게 실천할 것인지를 생각할 시간을 가지는 것이 좋다. 어느 정도 차질을 겪을 수 있음을 예상하고, 변화는 느리고 미묘하게 일어날 수도 있음을 알고 있어야 한다.

너무 많이 구조화하거나 가르치는 것 피하기

비록 우리는 집단이 어떻게 작용할 것인지에 대하여 집단원들에게 알리고 준비시키는 것이 중요하다고 강조해왔지만, 집단 과정에 대한 정보 제공을 지나치게 강조하는 것은 부정적인 영향을 줄 수 있음을 인식해야 한다. 만일 집단원들이 집단에서 어떤 것들을 기대할 수 있는지에 대하여 너무나 많이 듣고, 스스로의 힘으로 배우도록 허용되지 않으면, 자발적인 학습이 일어날 기회가 집단에서 없어질 수 있다. 또한 집단지도자가 제공하는 구조와 지시에 대한 의존성을 키울 가능성이 있다.

집단이 진행됨에 따라 집단지도자의 개입은 줄어들고 집단원들이 점점 더 많은 기능을 할 수 있게 되는 것이 바람직하다. 너무 많은 구조를 제공하는 것과 충분한 구조와 정보를 제공하지 못하는 것 사이에서 섬세한 균형을 이룰 필요가 있다. 특히 집단지도자가 어떤 주어진 시점에서 집단응집력, 집단 규범, 집단 상호작용과 같은 요인을 인식하는 것이 중요하다. 이러한 인식을 바탕으로 집단지도자는 지금 여기에서 일어나는 특정한 행동에 대해 논의하도록 제안하는 것이 시기적절하고 유용한지 결정할 수 있다.

앞에서 거론했듯이, 집단의 단계들은 엄격하게 정의되는 것이 아니라 유동적이며 다소 중복된다. 우리가 집단 과정에 대하여 집단원들을 어떻게 가르칠 것인지는 집단이 전개되는 정도와 많은 관련이 있다. Yalom(2005b)은 집단의 다양한 단계와 주로 관련된 특정한 치료적 요인을 확인하였다. 초기 단계에서는 동일시, 보편성, 희망, 응집력이 중요한 요인이며, 중간 단계에서는 카타르시스, 응집력, 대인관계를 통한 학습, 통찰이 필수적인 요인이다. 또한 집단의 종결이 다가옴에 따라, 실존적 요인이 표면 위로 떠오른다. 이러한 집단의 특성을 이해하는 것은 집단지도자가 집단원들을 언제 얼마나 가르쳐야 할지 결정하는 데 도움을 줄 것이다.

집단 회기를 돕는 경험 일지

집단원들은 집단 밖에서 경험 일지를 쓰는 활동에 참여함으로써 집단 경험을 더 증가시킬 수 있다. 하나의 방법은 집단원들로 하여금 매일 몇 분 동안이라도 특정한 감정, 상황, 행동, 그리고 행동 방침을 위한 아이디어를 경험 일지에 기록하게 하는 것이다. 또 다른 방법으로는, 집단원들로 하여금 그들의 삶 가운데 특정한 시점에 대하여 고찰하고 그에 대해 써보게 할 수 있다. 예를 들면, 어린 시절 사진이나 그 시기를 떠올리게 하는 다른 것들을 꺼내어 보게 하고 무엇이든 마음에 떠오르는 기억이나 감정에 대하여 자유롭게 경험 일지에 써보게 하는 것이다. 검열 없이 자유롭게 글을 쓰는 이 과정은 감정에 집중하게 하는 데 큰 도움을 줄 것이다.

집단원들은 집단에 자신의 경험 일지를 가져와 자신에게 문제를 야기했던 특정한 경험에 대하여 함께 나눌 수 있다. 집단원은 다른 집단원들과 함께 자신이 그 상황을 어떻게 다르게 처리할 수 있었을지에 대하여 탐색할 수 있다. 그렇지만 일반적으로 이러한 경험 일지는 집단원들의 집단 회기에서 개인적인 초점을 증진시키는 데 도움을 주며, 그렇기에 집단원들은 자신이 쓴 소재를 가지고 무엇을 할 것인지를 결정할 수 있다.

한편, 경험 일지는 집단원들이 일상생활에서 다른 사람들과 부딪히는 것에 대한 준비로서 활용될 수 있다. 예를 들어, 제니는 그녀의 남편과 소통하는 데 큰 어려움을 겪고 있다. 그녀는 남편이 하는 또는 하지 않는 많은 일에 대하여 오랫동안 화가 났다. 그러나 그녀는 이러한 화를 속으로 품고 있었고, 그들이 서로를 위하여 시간을 보내지 않는다는 것에 슬픔을 느꼈다. 대개 제니는 슬픔을 남편에게 표현하지 않았고, 아이들의 삶에 관여하지 않는 남편의 태도에 대한 적대감도 그에게 드러내지 않았다. 이 문제를 다루기 위하여, 그녀는 자신이 얼마나 화가 나고, 상처받고, 슬프고, 실망스러운지 온전히 언급하고, 그들의 삶이 어떻게 달라지기를 바라는지 표현하면서, 남편에게 상세하고 검열 없이 편지를 써볼 수 있다. 제니가 이 편지를 남편에게 보여주는 것은 권장되지 않는다. 왜냐하면 이 편지 쓰기는 그녀가 느끼는 것이 무엇인지 명료화하고 집단 안에서 작업하기 위해 그녀 자신을 준비시키는 하나의 방법이기 때문이다. 그 다음에 이 작업은 그녀가 남편에게 무엇을 어떻게 말하고 싶은지를 분명하게 하는 데 도움을 줄 수 있다. 이 과정은 다음과 같은 방식으로 이루어진다. 먼저 집단에서 제니는 자신이 편지에 쓴 핵심 내용을 언급하면서 다른 집단원과 이야기할 수 있다. 이 집단원은 제니의 남편이 되어 역할 연기를 해볼 수 있다. 다른 집단원들은 그들이 제니에 대해, 그리고 그녀가 말하는 방식의 영향에 대해 그들이 어떻게 느끼는지 이야기할 수 있다. 그러한 피드백에 힘입어, 제니는 자기 감정을 남편에게 표현하는 건설적인 방법을 찾을 수 있다.

또 다른 방식은 집단원들이 자발적으로 경험 일지에 집단에서의 자기 자신에 대한 반응을 쓰는 것이다. 특히 몇 번의 초기 회기에서 집단의 마무리 무렵에 이러한 생각을 함께 살펴보도록 할 수 있다. 다음의 질문은 집단원들이 집단 경험을 이해하도록 돕는 데 사용될 수 있다.

- 이 집단에서 나는 어떻게 나 자신을 보고 있는가?
- 집단 안에 있는 것에 대해 나는 어떻게 느끼는가?
- 집단 안의 다른 사람들에 대해 나는 어떤 반응을 가지고 있는가?
- 집단 안에 있는 것에 대한 나의 초기 두려움과 걱정은 무엇인가?
- 집단 회기에서 나는 어떻게 시간을 활용하기를 가장 원하는가?
- 이 집단에서 배우고 싶거나 경험해보고 싶은 것은 무엇인가?

만약 집단원들이 자기 반응을 글로 쓴다면, 그들이 집단 회기 내에서 그러한 반응을 말로 표현할 가능성이 더 커진다. 만약 어떤 집단원이 다른 집단원들이 자신을 부정적으로 판단할지도 모른다고 생각하여 집단 내에서 개방하기를 두려워한다면, 이에 대한 경험 일지를 쓰도록 하라. 이는 집단 회기에서 이러한 두려움을 말로 표현하도록 그 집단원을 준비시킬 수 있다.

우리가 운영하는 집단에서는 집단원들에게 숙제의 일환으로 정기적인 경험 일지를 작성하도록 요구한다. 집단의 필요에 따라, 집단지도자는 집단원들에게 몇몇 미완성 문장을 주고 즉흥적으로 완결시키도록 할 수 있다. 이러한 미완성 문장은 집단 모임이 끝날 무렵에 주어지거나 집에서 경험 일지를 쓰기 위한 자료로써 제공될 수 있다.

다음은 집단 초기 단계에서 숙제로 사용할 수 있는 몇 가지 미완성 문장이다.

- 내가 이 집단에서 가장 원하는 것은…….
- 마지막 집단 회기에서 나의 변화들에 대해 보고할 때, 내가 꼭 말할 수 있기를 가장 원하는 것 하나는…….
- 앞으로 12주 동안 내가 이 집단 안에 있다고 생각할 때, 나는…….
- 집단원으로서 내가 가지고 있는 두려움은…….
- 내가 말해보고 싶은 개인적인 염려나 문제는…….
- 여태까지 내가 이 집단 안에 있다는 것에 대한 나의 주된 반응은…….
- 내가 가장 변화되고 싶은 부분 중 하나는…….

미완성 문장 기법은 집단원들이 초기 회기 동안 자신이 겪는 경험의 세부적 측면에 초점을 맞추도록 도와주며, 이러한 질문 중 몇 가지는 집단원의 목표와 관련된다. 개인적 목표를 되돌아보고 이에 대해 직접 써보게 하는 연습은 집단원들이 무엇을 원하는지 그리고 그것을 얻기 위해 어떻게 하는 것이 가장 좋은지를 명료화하는 훌륭한 수단이다.

경험 일지 촉진 질문

다음은 집단상담의 초기 단계 동안 집단구성원들을 촉진하기 위한 질문이다. 당신이 집단을 운영한다면, 집단 내에서 토론하거나 회기 사이의 경험 일지를 쓸 때 이 질문들이 유용할 것이다. 또한 당신이 실제 집단구성원 또는 상상 속의 집단구성원이라 생각하면서 이 질문들에 대답해보는 것도 좋을 것이다.

1. 당신은 집단, 집단지도자, 또는 다른 집단원들을 어떤 식으로 시험해보았는가?
2. 집단에서 당신은 얼마나 기꺼이 위험을 감수했는가?
3. 당신은 집단, 집단지도자, 또는 다른 집단원들과 얼마나 가깝거나 멀다고 느꼈는가?
4. 어떤 식으로 당신은 집단에 소속감 또는 소외감을 느꼈는가? 당신이나 다른 사람들이 이러한 역동에 어떻게 영향을 미쳤는가?
5. 당신이 다른 집단원들이나 집단지도자를 신뢰하는 데, 또는 그렇지 못하는 데 영향을 미친 것은 무엇인가?
6. 당신이 집단원, 집단지도자, 또는 다른 사람들에게 가지고 있는 부정적이거나 긍정적인 반응은 어떤 것들인가?

초기 단계에서의 숙제

집단 경험의 가치를 극대화하는 최선의 방법 중 하나는 집단원들이 집단의 안과 밖 모두에서 실행할 수 있는 숙제를 고안하는 것이다. 집단지도자는 집단원들과 함께 안건을 만들고 숙제를 고안하며 기술과 새로운 행동을 가르침으로써 적극적인 참여와 협력의 본보기를 보여줄 수 있다.

숙제는 행동 변화를 보장하는 귀중한 도구이다. 집단원들이 집단 밖에서 자신의 문제에 대해 작업하는 데 기꺼이 전념하는 시간이 길면 길수록, 그들이 긍정적인 효과를 얻을 가능성은 더 커진다(Ledley, Marx, & Heimberg, 2010). 4장에서 우리는 숙제를 인지행동적 전략으로 논의했지만, 숙제는 집단지도자의 이론적 근거에 관계없이 어떤 집단에나 포함될 수 있다. 치료적 회기 동안 이루어진 작업의 효과를 강화하고 연장시키는 귀중한 기회를 제공하기 때문이다. 중요한 것은 집단지도자가 숙제의 완성 여부와 그 결과에 대해 검토하는 것이다. 이때 집단지도자는 집단원들이 숙제를 완성하기 위해 노력할 때 어떤 어려움에 부딪혔는지 그들에게 물어볼 수 있다.

 ## 초기 단계의 집단지도자 주제

집단의 초기 과정에서는 그 집단에 적절한 구조화의 정도에 대해, 그리고 집단원과 집단지도자(또는 공동 지도자) 간의 책임의 균형에 대해 생각해보는 것이 특히 중요하다. 만일 공동 지도자와 함께 집단을 운영한다면, 이러한 문제에 대해서 논의하는 것이 필수적인데, 이는 의견이 분산되면 집단의 운영에 해가 될 수 있기 때문이다. 예를 들어, 어떤 집단지도자는 집단을 계속해서 나아가게 하는 대부분의 책임이 집단지도자인 자신에게 있다고 가정하는 반면, 그의 공동 지도자는 집단원들이 집단 시간에 무엇을 할 것인지 스스로 결정해야 한다는 근거에 기반하여 자신은 거의 책임이 없다고 가정할 수 있다. 이러한 경우, 집단원들은 이러한 분열을 감지하고 이로 인해 혼란스러워할 수 있다. 이와 유사하게, 어떤 집단지도자는 구조화가 많이 이루어진 집단에서 가장 작업을 잘 할 수 있는 반면, 그의 공동 지도자는 어떤 구조화든 집단원들에 의해 이루어져야 한다고 생각한다면, 이러한 의견 차이가 집단에 해로운 영향을 끼치게 된다. 비록 공동 지도자들이 완벽히 일치하는 리더십 '유형'을 가질 필요는 없다 하더라도, 집단지도자는 자신의 리더십 유형과 양립할 수 있는 리더십 철학을 가진 공동 지도자를 선택하는 것이 현명하다. 효과적인 공동 지도자는 서로 보완해줄 수 있는 차이점을 가지고 있는 경우가 많다.

공동 지도자들 사이의 차이점이 그들 사이의 갈등으로 이어지면, 이는 집단원들과 집단지도자들 모두에게 불안감을 일으키는 원인이 될 수 있다. 만약 이러한 갈등이 능숙하게 다루어진다면, 공동 지도자들은 건강한 직면과 갈등 해결에 대한 본보기를 집단원들에게 보여줄 수 있을 것이다. 비방어적인 모습, 그리고 기꺼이 서로에게 직면을 하거나 직면을 받는 모습을 보여주는 것은 가치 있는 학습 경험의 기회가 될 수 있다. 특히 일부 집단원들은 '부모 역할을 맡은' 또는 '권위를 가진' 인물이 파괴적이거나 학대적인 방식으로 싸웠던 가족 배경을 가지고 있을 수 있다. 이러한 경우, 공동 지도자들이 갈등을 잘 다루는 모습을 보는 것은 그들에게 치유적인 경험을 제공할 수 있다. 반면에, 잘못 다루어진 갈등이나 직면은 집단원들에게 부당한 부담을 지게 하고, 극단적인 경우에는 집단의 과정과 결과에 해를 끼칠 수 있다. 공동 지도자들의 문제를 그들끼리 사적으로 다루는 것이 좋은지 아니면 집단원들과 함께 그 자리에서 다루는 것이 좋은지 결정하는 것은 공동 지도자들에게 달려있다. 두 가지 접근 모두 장단점이 있기 때문이다. 그러나 만약 집단원들이 갈등을 목격하는 경우라면, 우리는 그것을 집단 안에서 다루는 것을 선호한다.

책임의 분담

집단지도자가 고려해야 할 기본적인 주제 중 하나는 집단의 방향과 결과에 대한 책임이다. 만약 집단이 비생산적이라고 여겨질 때, 이러한 실패는 집단지도자의 리더십 기술 부족 때문인가, 아니면 그 책임은 집단원에게 있는가?

우리는 집단의 초기 단계에서 매우 적극적인 경향이 있다. 우리가 생각할 때, 집단지도자는 집단 안에 어떤 규범을 설정하기 위해 매우 지시적인 방법으로 개입할 책임이 있다. 우리의 의도는 집단지도자에 대한 의존을 불러일으키는 것이 아니라 집단원들에게 자신이 이 집단이 일원으로서 성취하고자 하는 바를 가장 잘 얻을 수 있는 방법을 가르쳐 주는 것이다. 우리는 집단원들에게 그들 자신이 무엇을 생각하고, 느끼고, 행동하고 있는지 관찰하는 과정에서 적극적인 역할을 맡도록 하고, 집단 안에서 별로 도움이 되지 않는 행동을 하고 있지는 않은지에 주목하도록 격려한다.

우리는 집단지도자와 집단원들 사이에 책임의 균형을 맞추고자 노력한다. 우리는 집단지도자들에게 경험 일지를 작성함으로써 자신이 집단의 전반적인 기능에 얼마만큼의 책임을 맡고 있는지 명료화하기를 권한다. 집단지도자들을 교육시킬 때, 우리는 그들에게 자신에 대해서, 그리고 집단을 이끌면서 떠올랐던 반응에 대해서 적어보라고 한다. 우리는 단순히 집단원들 간의 역동을 설명하기보다, 어떤 특정 집단원이 그들에게 개인적으로 어떠한 영향을 주었는지에 집중하기를 제안한다. 다음은 집단지도자들이 그들의 경험 일지에 적고 다루기를 권하는 몇 가지 질문들이다.

- 나는 집단을 이끌면서 나 자신에 대해 어떻게 느꼈는가?
- 이번 회기의 결과에 대해 나는 얼마만큼 책임이 있는가?
- 오늘 집단에서 내가 제일 좋았던 점은 무엇이었는가?
- 이번 회기에서 나에게 가장 두드러졌던 점은 무엇이었는가?
- 나는 각 집단원들에게 개인적으로 어떤 영향을 받고 있는가?
- 이 집단에 나는 얼마만큼 관여하고 있는가? 만약 내가 원하는 만큼 관여하고 있지 않다면, 이 상황을 바꾸기 위해 내가 취할 수 있는 구체적인 방법은 무엇인가?
- 내가 효과적으로 이 집단을 이끄는 데 방해되는 요인이 있는가?

이러한 집단지도자를 위한 경험 일지 작성 기법은 집단 안에서 형성되는 패턴에 관한 훌륭한 기록을 제공해준다. 또한 경험 일지를 작성하는 연습은 집단지도자가 자신의 삶에서 지속적으로 주의해야 할 부분에 집중하도록 하는 유용한 촉진제가 될 수 있다. 이러한 질문들은 공동 지도자나 슈퍼바이저와 함께 당신의 집단 경험에 대해 논의할 때 유용할 수 있다. 당신의 경험에 대해 생각하고 표현하는 시간을 갖는 것은 집단지도자로서의 효과성을 향상시키고 성장하는 데 큰 도움이 될 수 있다.

구조화의 정도

'집단지도자가 구조화를 해야 하는지 아닌지'가 아니라 '어느 정도로 구조화를 해야 하는지'가 중요한 주제이다. 앞서 언급한 책임과 같이, 구조화는 연속선상에서 존재하는데, 집단지도자의 이론적 배경, 집단의 종류, 집단원의 수, 집단의 단계 등의 요인이 구조화의 정도와 종류를 결정하는 데 영향을 준다. 인간중심적 접근을 하는 집단에서 집단지도자는 제한된 정도의 구조화를 한다. 이는 집단지도자가 집단원들과 집단 과정 자체에 대한 신뢰를 가지고 있으며, 집단지도자가 강요하는 구조화는 집단이 건설적인 방향으로 나아가기 위해 필요한 이러한 신뢰를 약화시킬 가능성이 있다고 보기 때문이다. 이와는 반대로, 대부분의 인지행동적 집단지도자는 각 회기를 명확하게 구조화한다. 이러한 집단지도자는 비록 집단원들이 회기를 어떻게 사용할지 결정하는 데 참여하도록 촉구하면서도 각 회기에 대한 분명한 계획을 가질 것이다.

집단의 초기 구조화가 지지적인 집단 규범을 세우고, 집단원들 간의 효과적인 상호 작용을 증진시키는 긍정적인 가치가 있음을 드러내는 연구들이 있다. 집단지도자는 집단이 진행되는 내내 이러한 치료적인 구조화를 주의 깊게 관찰해야 한다. 개인의 경험이나 집단 과정을 이해하는 데 일관된 틀을 제공하는 구조화가 가장 좋다. Yalom(1983, 2005b)은 '집단원들의 의존성을 부추기지 않으면서도, 집단원들에게 전반적인 방향을 잡기에 충분한 구조화를 제공하는 것'을 집단지도자의 기본 과제로 보았다. 즉, Yalom(2005b)이 집단지도자들에게 전한 메시지는 각 집단원의 자율적 기능을 촉진하는 방향으로 집단을 구조화해야 한다는 것이다. 예를 들어, 집단원들이 오직 집단지도자가 초대했을 때에만 말하도록 권장된다면 이는 집단지도자에 대한 의존성을 조장할 것이다. 그 대신, 집단지도자는 자신의 요청 없이도 집단원들이 스스로 상호작용을 하도록 격려할 수 있다.

우리의 구조화 방식은 불필요하게 어쩔 줄 모르고 허둥거리는 것을 줄이고 온전한 참여를 극대화시키는 데 목표를 둔다. 그렇게 하기 위해 우리는 집단에서 최대한의 유익함을 얻을 수 있는 여러 가지 방법을 집단원들에게 가르쳐준다. 어느 정도의 구조화를 제공함으로써 우리는 집단원들이 새로운 수준의 인식을 시험 삼아 해보고 이러한 인식을 바탕으로 새로운 행동을 형성할 기회를 준다. 초기 단계에서 구조화 목표는 집단원들이 그들의 두려움, 기대, 개인적 목표를 확인하고 표현하도록 돕는 것이다. 우리는 집단원들로 하여금 자신의 삶에서 현재 일어나는 문제에 대해 서로에게 좀 더 쉽게 이야기하도록 하기 위해 둘씩 짝을 지어 이야기하기, 돌아가며 이야기하기, 개방형 질문하기 등의 방법을 종종 사용한다. 몇 명의 사람들과 일대일로 이야기를 하고 난 후에, 집단원들은 좀 더 쉽게 전체 집단에서 터놓고 말할 수 있게 된다. 이와 같이 우리가 제공하는 리더십 활동은 집단원들이 자기 자신과 집단에서 가장 탐색하기를 원하는 문제에 초점을 맞추는 것을 돕기 위해 고안된다.

단기로 진행되는 많은 심리교육 집단은 일련의 주제를 중심으로 구조화된다. 예를 들면, 효과적인 양육 기술을 위한 집단에서는 경청하기, 한계 정하기, 존중을 표하는 방법 배우기, 벌주지 않고 훈육하기 같은 주제로 회기가 구성된다. 집단지도자는 때때로 다른 긴급한 문제가 드러남에도 불구하고 구조화된 활동이나 주제에 대한 논의에 너무 집착하기도 한다. 그렇지만 만일 집단에서 갈등이 있다면, 구조화된 활동이나 주제는 잠시 미뤄두고 갈등을 다루는 것이 더 중요하다. 만약 갈등을 스쳐 지나가 버린다면, 주제에 대한 논의가 피상적으로 이루어질 가능성이 크다. 또 어떤 때에는 집단원들이 집단의 주제와는 관련이 없는 문제를 즉흥적으로 가져오는 바람에 집단지도자가 의미 있는 방식으로 주제에 초점을 맞추어 집단을 진행하는 데 어려움을 겪을 수 있다. 그 집단의 집단지도자와 다른 집단원들은 이렇게 주제를 변경하는 것이 그 사람에게 그 주제가 불편했기 때문인지 아니면 실제로 더 관련 있는 주제가 떠올랐기 때문인지 탐색할 필요가 있다. 만약 주제를 변경하는 것이 회피 작전으로 사용되는 경우라면, 집단지도자는 이러한 역동을 짚어줄 수 있다. 이때 중요한 기술은 집단 상호작용과 집단 학습이 일어날 수 있도록 집단원들이 주제와 자기 자신을 의미 있는 방식으로 연계하도록 돕는 방법을 배우는 것이다. 효과적인 집단지도자는 집단원들이 그들 스스로의 구조를 규정하는 것을 책임질 수 있도록 딱 필요한 만큼의 지도 혹은 지침을 제공한다.

집단 회기의 시작과 마무리

여기에서 우리가 집단 회기의 시작과 마무리에 대해 논하는 것은 집단 리더십의 중요한 부분에 대해 당신이 맨 처음부터 알고 있을 필요가 있기 때문이다. 그러나 사실 이러한 기술은 집단 과정 내내 중요하므로, 우리는 당신이 다음 집단 단계에 대해 읽을 때에도 이 논의에 대해 다시 생각해보기를 바란다. 또한 여기에서 우리가 설명하는 개입만 유일하게 '옳은' 것은 아니다. 집단지도자의 이론적 배경이나 리더십 유형 그리고 집단의 종류에 따라 효과적인 개입의 방법이 많이 있을 것이다. 다만 우리는 다음의 지침이 유용하다고 생각한다.

각 집단 회기의 시작에 대한 지침　때때로 집단지도자는 처음에 말하는 집단원에게 초점을 맞추고 그에게 머무르는 데 너무 많은 시간을 들인다. 집단지도자가 흔히 범하는 또 다른 실수는 지난 회기와 앞으로 할 회기를 연계하는 것을 거의 하지 않고, 특정한 회기에 집단원들이 어떻게 시간을 보내고 싶어 하는지 확인하지 않는 것이다. 모든 집단원들과 간략하게 확인해보는 체크인(집단상담에 들어가기) 시간을 가지면서 회기를 시작하는 것은 그 회기에서 가능한 한 많은 집단원들을 생산적인 작업에 참여시키는 것을 촉발시킬 수 있다. 훈련 워크숍을 할 때, 우리(Marianne과 Gerald)는 때때로 우리 자신들도 이러한 체크인 과정에 참여하는지에 대해 질문을 받는다. 만일 우리가 집단에 대해 무언가 생각하고 있는 것이 있다면, 우리는 체크인 시간에 이에 대해 언급할 것이다. 그러나 대부분의 경우 우리는 이러한 체크인 과정에 참여하지 않는데, 특히 집단원들에게 그들이 이번 회기에서 무엇을 이야기하거나 탐색하고 싶은지 말해보라고 할 때에는 더욱 그렇다.

일주일에 한 번 등과 같이 규칙적으로 만나는 집단의 경우, 각 회기를 효과적으로 시작하기 위해 우리는 다음과 같은 절차를 제안한다.

- 이번 회기에서 자신이 무엇을 원하는지 간단히 말함으로써, 체크인 과정에 모든 집단원들이 참여하게 하라. 체크인 시간 동안, 우리의 목표는 집단원들이 지난 회기에 대해 무엇을 기억하는지 그리고 무엇을 말하고 싶은지 들어보는 것이다. 돌아가면서 짧게 이야기를 할 기회를 주면서 집단원들이 추구하고 싶은 주제를 확인

하는데, 이러한 방법으로 어떤 공통적인 문제에 근거한 안건이 형성될 수도 있다. 대체로 우리는 체크인 과정을 마치기 전까지 한 집단원에게 머무르지 않는데, 이는 모든 참여자들로 하여금 각자 이번 회기에 무엇을 가져오고 있는지 표현할 기회를 가지도록 하기 위해서이다. 만일 집단지도자가 처음 말하는 집단원에게 머물러 있다면, 처음 말하는 사람이 회기의 대부분 동안 작업의 중심이 될 것이라는 규범이 생기게 된다. 체크인 과정 절차는 회기의 시작 시점에서 떠오르는 주제를 확인하는 기반을 제공한다. 만일 집단지도자가 집단원들이 특정한 회기에 가져오는 주제를 간과한다면 많은 중요한 자료들을 잃어버리게 될 것이다.

- 집단원들에게 지난 회기 이후에 자신이 집단에서 배운 것을 연습하기 위해 집단 외부에서 무엇을 했는지 간략하게 공유하는 기회를 제공하라. 만약 집단원들이 경험일지 쓰기나 숙제를 하고 있다면, 회기의 시작은 그들이 자신의 생각이나 글, 숙제의 결과 중 일부에 대해 간단하게 말하기에 좋은 시간이다. 몇몇 집단원들은 집단에서 배운 것을 일상의 상황으로 옮기는 것이 어려웠다는 자신들의 경험에 대해 이야기하고 싶어 할지 모른다. 그렇게 되면 이러한 어려움은 그 회기의 작업을 위한 기반이 될 수 있다.

- 집단원들에게 지난 회기에 대한 어떤 생각이나 풀리지 않은 감정을 가지고 있는지 물어보라. 만일 집단원들이 이러한 문제를 언급할 기회를 갖지 못한다면, 언급되지 않은 숨은 안건이 형성되고 효과적인 작업을 방해할 것이다. 하지만 이것을 체크인 시간에 다루는 것은 피해야 한다. 그 대신에 집단원들로부터 일단 체크인 시간이 끝나고 나면 그러한 근심에 대해 다루겠다는 약속을 받아내는 것이 중요하다.

- 집단원들이 둘씩 짝을 지어 이번 회기에서 어떻게 시간을 사용하고 싶은지에 대해 논의하도록 하라. 5분이 지난 후, 각 사람은 그들이 둘씩 짝을 지어 이야기할 때 어떤 이야기를 나누었는지 말할 수 있다. 이러한 활동은 집단원들이 회기에 적극적으로 참여하도록 돕고, 안건을 형성하는 좋은 방법이 된다.

- 몇몇 회기는 집단원들에게 집단의 진전에 대해 그들이 어떻게 생각해오고 있는지 간략히 말하도록 요청하면서 시작하라. 이러한 방법은 집단지도자가 집단에서 어떤 문제가 드러나는 것을 포착하거나 집단이 정체되었다고 생각할 때 특히 적절하다. 집단지도자의 자기개방은 집단원들로 하여금 그 회기에서 무슨 일이 일어나는지 또는 일어나지 않는지에 대한 자신의 반응을 열린 마음으로 나누도록 이끌어줄 수 있다. 만일 집단지도자가 비난하지 않는 방식으로 자신의 반응을 개방했을 때에는 더욱 그러하다.

- 개방 집단의 경우(매주마다 집단원들이 어느 정도 바뀌는 경우), 새로운 집단원을 소개하는 것이 좋다. 이때 새 집단원에게만 집중하기보다는 계속 참여하고 있는

집단원들이 그동안 집단에서 자기 자신의 어떤 점에 대해 배워왔는지 간략하게 돌아보도록 한다. 또한 어떤 집단원들은 단지 몇 회기만 참여하게 될지 모른다는 것을 알려주고, 그들에게 집단에 참여하는 짧은 시간 동안 어떻게 하면 최대한 많은 것을 얻어갈 수 있을 것인지를 물어볼 수도 있다. 때때로 "만약 이번이 당신이 참여할 수 있는 마지막 회기라면, 가장 성취하고 싶은 것이 무엇입니까?"라는 질문을 하기도 한다.

- 집단원들을 현재의 순간으로 이동시키기 위한 방법으로서 **마음챙김**(mindfulness) 연습을 하면서 회기를 시작하라. 마음챙김이란 "현재의 경험을 지각하고 수용하는 것"(R. Siegel, 2010, p. 27)이다. 마음챙김 연습에서, 집단원들은 무비판적인 태도로 자신의 현재 경험에 대해 의도적으로 초점을 맞추도록 스스로를 훈련시킨다. 집단에서 배웠던 마음챙김 기술은 모든 일상적 활동에서도 연습될 수 있다. 예를 들어, 서있거나 걷거나 먹거나 집안일을 하는 동안 스스로의 경험을 의식하는 것이다. 우리는 마음챙김 연습에 대해 입문하기에 좋은 책으로 Ron Siegel(2010)의 책, 『마음챙김 해결책: 일상적인 문제를 위한 일상적인 연습(The Mindfulness Solution: Everday Practices for Everday Problems)』을 추천한다.

비록 우리는 회기를 시작하기 위해 어떤 대사를 외우라고 제안하는 것은 아니지만, 다음과 같은 질문은 집단지도자가 집단을 시작하는 데 유용한 촉진제가 될 수 있다.

- 집단에 오기 전에 어떤 생각과 느낌을 가지고 있었습니까?
- 오늘의 회기를 시작하기 전에, 몇 분간 조용히 당신의 이번 주 생활을 돌아보고, 우리에게 말하고 싶은 것에 대해서 생각해보기를 바랍니다.
- 오늘 여기에 오면서 집단에 있는 사람들 중 누가 가장 많이 의식되었습니까?
- 지난 회기 후에 그에 대해 어떤 생각을 했었습니까?
- 지금 이 순간 이 방 안에서 누구를 가장 의식하고 있습니까? 그리고 왜 그렇습니까?
- 이번 회기가 끝날 때까지 당신이 말할 수 있기를 가장 바라는 것은 무엇입니까?
- 자신의 목표를 달성하는 것을 돕기 위해 당신이 집단에서 다르게 해볼 수 있는 것 한 가지는 무엇입니까?
- 당신은 자신이 이 집단에서 배운 것을 일상생활에 얼마나 적용하고 있습니까?

각 집단 회기의 마무리에 대한 지침 집단지도자가 어떻게 각 회기를 시작하는지가 중요한 것과 마찬가지로, 각 회기를 어떻게 마무리하는지도 중요하다. 많은 경우 집단지도자들은 요약 및 통합을 위한 시도를 하지 않은 채, 그리고 특정한 기술을 연습하도록 집단원들을 격려하지도 않은 채, "오늘 회기의 시간이 다 되었습니다."라고 그냥 선언해버리곤 한다. 하지만 각 집단 회기를 마무리하기 위해 각 집단원이 간단히 회기를 점검하는 체크아웃 과정(집단상담에서 나오기)에 참여하도록 하는 규범을 정하는 것이 좋다. 집단원들에게 이번 회기에서 좋았던 점과 그렇지 못했던 점에 대해서 되돌아보고, 다음 회기 전까지 집단 밖에서 무엇을 하기를 원하는지 이야기하며, 그 회기를 어떻게 경험했는지를 표현할 수 있는 기회를 주기 위해 집단을 끝내기 전에 단 10분이라도 약간의 시간을 따로 남겨두어야 한다. 이렇게 회기의 마무리에 관심을 기울이는 것은 집단에서 배운 학습 내용을 정리하고 통합하도록 해준다.

일주일에 한 번씩 만나는 집단의 경우, 각 회기에 일어났던 일을 요약하는 것은 중요하다. 때로는 이러한 요약을 위해 회기의 중간에 집단을 잠시 멈추고 다음과 같은 질문으로 점검하는 것도 유용하다. '회기 시간이 한 시간 정도 남았네요. 저는 오늘 우리가 지금까지 한 것들에 대해 각자 어떻게 느끼는지 살펴보고 싶습니다. 여러분은 자신이 원하는 만큼 집단에 참여했습니까? 오늘 회기가 끝나기 전에 여러분이 제기하고 싶은 주제가 있습니까?' 이런 점검이 판에 박힌 듯 이루어질 필요는 없지만, 때때로 회기 중에 이러한 평가를 하는 것은 집단원들이 자신의 문제 영역에 주의를 기울이도록 촉진할 수 있다. 특히 집단원들이 자신이 다룰 필요가 있다고 언급했던 것에 대해 이야기하지 않고 있다는 것을 집단지도자가 눈치챈 경우라면 더욱 그러하다.

일주일에 한 번씩 만나는 집단 회기의 마무리에서 다음과 같은 지침을 고려해보자.

- 모든 사람이 편안하게 느끼거나 제기된 모든 문제가 적절하게 다루어졌다고 생각하지는 않을 것이다. 집단원들이 회기 동안 경험했던 것을 숙고하고 그들의 문제를 이어지는 회기에 다시 가지고 올 수 있도록 하라.
- 만일 집단원들이 집단에 참여하지 못하고 있는 느낌이라고 말한다면, 그들에게 집단에 좀 더 참여하기 위해서 무엇을 기꺼이 할 것인지 물어보라. '당신은 자신의 참여가 부족한 것이 괜찮습니까? 아니면 바꾸고 싶습니까?'
- 집단원들이 다른 집단원들과의 관계를 통해서 자기 자신에 대해 배운 것을 간략히 이야기하게 하라. 집단원들은 이러한 통찰을 통해서 자신의 행동이 어떻게 변화되었는지 간략하게 보여줄 수 있다. 만일 집단원들이 자신의 행동을 더 바꾸고 싶다면, 다음 회기 전까지 이행할 세부적인 계획이나 숙제를 개발하도록 권장할 수 있다.
- 만일 집단원들이 비현실적인 것처럼 보이는 숙제를 제안하면, 집단지도자는 집단원들이 그들의 생각을 다듬어서 좀 더 감당할 수 있는 숙제를 만들도록 돕는 것이 좋다.

- 집단원들에게 다음 회기 때 안건으로 삼고 싶은 주제, 질문, 문제 등이 있는지 물어보라. 이러한 요구는 한 회기와 다음 회기 사이를 이어주는 연결고리를 만들어 낸다.
- 집단원들이 서로에게 피드백을 주도록 하라. 집단원들이 실제로 관찰한 것에 대해 그들의 긍정적인 반응을 나누는 것은 특히 도움이 된다. 예를 들어, 만약 그의 목소리가 점점 더 안정된다면, 다른 집단원들은 그에게 이러한 변화가 느껴진다고 이야기해줄 수 있다.
- 만일 집단원들이 어느 정도 바뀌는 개방 집단을 운영한다면, 특정 집단원이 집단을 떠나기 한 주 전에 다른 집단원들에게 그 사실을 상기시켜주는 것이 좋다. 떠나는 집단원이 그동안 집단에서 배운 것에 대해서 이야기할 필요가 있을 뿐 아니라, 다른 집단원들도 자신의 반응을 공유하길 원할지 모르기 때문이다.
- 비록 그 집단 회기가 끝나기 전에 그것을 탐색할 수 없다고 하더라도, 어떤 미해결 과제가 있는지 확인하는 것이 좋다.

회기 시작에 대해서도 그랬듯이, 우리는 특정한 회기를 마무리할 때 고려할 만한 몇 가지 표현을 다음과 같이 제시한다. 물론 모든 표현들이 한꺼번에 사용될 필요는 없다.

- 집단상담이 오늘 당신에게 어땠습니까?
- 당신에게 가장 많은 영향을 준 것은 무엇이며, 무엇을 배웠습니까?
- 여러분 각자는 자신이 습득하고 있는 새로운 기술을 연습하기 위해서 이번 주에 집단 밖에서 무엇을 기꺼이 해보고 싶습니까?
- 집단이 지금까지 어떻게 진행되어왔는지 모두 돌아가면서 짧게 이야기해보면 좋겠습니다.
- 집단상담에서 무엇을 얻고 있으며, 무엇을 얻지 못하고 있습니까?
- 만일 이 집단에서 일어나는 일에 만족하지 않는다면, 당신은 이를 바꾸기 위해서 어떤 일을 할 수 있습니까?
- 집단을 마무리하기 전에, 이번 회기에 대한 저의 반응과 제가 관찰한 바를 좀 나누고 싶습니다.
- 오늘 집단을 경험한 후에, 만일 자기 자신을 가장 잘 표현할 수 있는 색깔을 생각해본다면, 그것이 어떤 색깔일지 모두들 이야기해봅시다. 그 색깔은 집단상담의 시작과 비교하여 어떻게 변했습니까?

집단 회기의 시작과 마무리 기술을 발달시킴으로써, 집단지도자는 회기와 회기 사이의 연속성을 확립할 가능성을 높이게 된다. 이러한 연속성은 집단원들이 집단에서 얻은 통찰과 새로운 행동을 일상생활에 적용할 수 있도록 돕는다. 또한 이는 집단지도자의 격려 및 방향 제시와 더불어, 집단원들이 각 회기에 대한 자신의 노력 정도에 대해 지속적으로 평가하도록 촉진할 수 있다.

만일 공동 지도자와 작업을 한다면, 회기를 어떻게 시작하고 마무리할 것인지에 대한 문제를 논의할 필요가 있다. 다음은 탐색을 위한 몇 가지 질문이다.

- 누가 대체로 회기를 시작하는가?
- 두 공동 지도자 모두 언제 어떻게 회기를 마무리 지을지에 대해 동의하는가?
- 회기가 끝나기 5분 전에, 한 집단지도자는 그 회기를 요약하려고 시도하는 반면, 다른 집단지도자는 작업을 계속하기를 원하는가?
- 두 집단지도자 모두 회기의 끝부분으로 미루어놓은 미해결 과제에 주의를 기울이고 있는가?

비록 우리가 공동 지도자들 사이에 회기를 시작하고 마무리하는 시간과 기능을 기계적으로 나누기를 제안하는 것은 아니지만, 누가 이러한 책임을 지는 경향이 있는지는 주목할 가치가 있다. 만일 한 집단지도자가 대체로 회기를 시작한다면, 집단원들은 이 집단지도자를 향해 이야기하는 경향이 있을 수 있다. 우리가 운영하는 집단에서는 한 집단지도자가 시작을 하지만, 다른 집단지도자도 이를 더 자세히 설명하거나 덧붙여 이야기를 한다. 이러한 방법으로 공동 지도자 간의 자발적인 의견 교환이 '자, 이제 당신이 말할 차례입니다.'라는 식의 접근을 대체할 수 있었다.

집단의 초기 단계

초기 단계의 특성

집단의 초기 단계는 오리엔테이션과 집단의 구조를 결정하는 시기이다. 이 단계에는 다음과 같은 특성이 있다.

- 집단원들은 분위기를 시험하며 친숙해진다.
- 집단원들은 무엇이 기대되는지, 집단이 어떻게 기능하는지, 또 집단에 어떻게 참여하는지를 배운다.
- 위험을 감수하는 행동이 상대적으로 적고, 탐색도 머뭇거리면서 일어난다.
- 집단원들이 자신이 집단 안에 있는 것과 관련하여 자신의 생각이나 느낌을 기꺼이 표현한다면, 집단응집력과 신뢰가 점차 형성된다.
- 집단원들은 자신이 집단에서 받아들여지는지 아니면 소외되는지에 관심을 기울이고, 집단 안에서 자신의 위치를 찾아가기 시작한다.
- 집단원들이 집단에서 모든 종류의 감정이 수용되는지 결정하기 위해 시험해보는 과정에서 부정적인 반응이 나타나기도 한다.
- 신뢰하는지 신뢰하지 못하는지의 여부가 핵심적인 주제이다.
- 침묵과 어색함이 느껴지는 순간이 있기도 하며, 이런 순간에 집단원들은 누군가가 방향을 지시해주기를 바라거나 집단에서 무슨 일이 벌어지고 있는지 궁금해할 수 있다.
- 집단원들은 집단 내에서 누구를 신뢰할 수 있는지, 어느 수준까지 자기개방을 할 것인지, 집단이 어느 정도로 안전한지, 누구에게 호감이 가고 누구에게 반감이 느껴지는지, 어느 정도로 참여할 것인지를 결정한다.
- 집단원들은 존중, 공감, 수용, 관심, 반응의 기본적인 태도를 배우며, 이러한 태도는 모두 신뢰 형성을 촉진한다.

집단구성원의 역할

집단 과정 초기에는 다음과 같은 집단구성원의 몇 가지 특정한 역할과 과제가 집단을 형성하는 데 중요하다.

- 신뢰하는 분위기를 만들기 위한 적극적인 시도를 한다. 불신과 두려움은 참여에 대한 집단원들의 저항을 높이기 때문이다.
- 자신의 감정이나 생각을 표현하는 것을 배운다. 이는 그러한 감정이나 생각이 집단에서 일어나는 상호작용과 관련되는 경우에 특히 중요하다.
- 집단과 관련된 두려움, 희망, 염려, 의구심, 기대를 기꺼이 표현한다.
- 집단에서 다른 사람들에게 흔쾌히 자신을 알린다. 숨어있는 집단원은 집단과 의미 있는 상호작용을 가지지 못할 것이다.
- 집단 규범을 만드는 데 가능한 한 많이 참여한다.
- 집단 참여를 이끌어줄 개인적이고 구체적인 목표를 세운다.

- 집단 과정의 기초를 배운다. 특히 어떻게 집단의 상호작용에 참여할 수 있는지를 배울 필요가 있다. 해결책이나 충고를 주는 것은 집단원들 사이의 긍정적인 집단 상호작용을 방해한다.

집단지도자의 역할

집단의 오리엔테이션 및 탐색 단계에서 집단지도자가 해야 할 주요 과제는 다음과 같다.

- 집단원들에게 일반적인 지침을 알려주고, 생산적인 집단을 만들기 위해 적극적으로 참여하는 방법을 가르친다.
- 기본적인 규칙을 개발하고 규범을 세운다.
- 집단 과정의 기초를 가르치고 강화한다.
- 집단원들의 두려움과 기대를 표현하도록 도움으로써 신뢰의 형성을 위해 노력한다.
- 치료적 행동을 촉진하는 차원에서 모범을 보인다.
- 집단원들에 대해 열린 마음을 갖고 심리적으로 그들과 함께한다.
- 책임의 분담을 명확히 한다.
- 집단들이 구체적인 개인 목표를 설정하도록 돕는다.
- 집단원들의 염려와 질문을 개방적으로 다룬다.
- 집단원들이 너무 의존하지도 않고 너무 혼란스러워 하지도 않을 정도로 적당한 구조화를 제공한다.
- 집단 내에서 일어나고 있는 일에 대한 집단원들의 생각이나 느낌을 나누도록 돕는다.
- 집단원들에게 적극적으로 경청하고 반응하기와 같은 기본적인 대인관계 기술을 가르친다.
- 집단의 필요(needs)를 가늠하고 그러한 필요가 충족되도록 이끈다.

집단 초기 단계에서의 촉진

1. **초기 회기** 이 연습을 하기 위해 6명의 학생들은 초기 집단 회기의 집단원 역할을 하기로, 2명의 학생들은 공동 지도자 역할을 하기로 자원한다. 공동 지도자들에게 집단의 목적, 집단지도자의 역할, 집단원들의 권리와 책임, 기본적인 규칙, 집단 과정 절차, 그리고 집단의 첫 회기에 그들이 줄 것 같은 다른 관련 정보를 설명하는 간단

한 오리엔테이션을 제공함으로써 집단상담을 시작하도록 한다. 그 후 집단원들은 자신의 기대와 두려움에 대해 이야기하고 집단지도자는 그러한 기대와 두려움을 다루려고 시도한다. 이 과정이 약 30분 동안 진행된 후, 학급의 나머지 학생들은 집단에서 어떤 일이 일어났는지에 대해 자신이 관찰한 것을 이야기한다. 집단원 역할을 했던 학생들은 그 회기 동안 자신이 느꼈던 점을 이야기하고 공동 지도자 역할을 했던 학생들에게 여러 가지 제안을 한다. 피드백을 받기 전 또는 피드백을 받은 후에, 공동 지도자 역할을 했던 학생들도 자신이 했던 경험을 서로 나누고 스스로 느끼기에 공동 지도자 역할을 얼마나 잘 했는지 이야기할 수 있다.

2. **집단을 시작하는 단계** 이 연습은 집단원들이 서로에게 친숙해지도록 사용될 수 있지만, 이것이 어떤 식으로 이루어지는지 보기 위해 학급에서도 실행할 수 있다. 학생들은 둘씩 짝을 짓고, 매 10분마다 짝을 바꾼다. 짝을 바꿀 때마다 새로운 질문 또는 주제를 생각한다. 이 연습의 주요 목적은 집단원들로 하여금 다른 집단원들 모두와 접촉하고 다른 사람들에게 스스로를 드러내기 시작하도록 하는 것이다. 다음의 주제 목록에 당신이 가지고 있는 질문이나 진술을 추가하기 바란다.

- 집단의 가치에 대한 당신의 의구심을 이야기하라.
- 집단에 대해 당신이 두려워하는 점은 무엇인가?
- 당신이 집단 경험으로부터 가장 얻기 원하는 것은 무엇인가?
- 당신이 이 집단을 얼마나 신뢰하고 있는지 이야기하라. 당신은 집단에 참여하고 있다고 느끼는가? 집단에 대한 당신의 신뢰 또는 불신에 어떤 것들이 영향을 주었는가?
- 당신과 당신의 짝, 둘 중 누가 더 지배적이었는지 생각해보라. 각자 자신의 위치에 대해 만족하는가?
- 당신의 짝에게 만일 당신이 그와 함께 집단을 운영한다면 어떤 느낌이 들지에 대해 말해보라.

3. **공동 지도자와 만나기** 학급에서 당신이 집단을 함께 운영하고 싶은 사람을 한 명 선택한다. 그리고 그 짝과 함께 초기 단계의 집단에 대해 아래에 제시된 몇 가지 점에 대해 탐색한다.

- 당신과 당신의 짝은 집단원들이 집단에서 최대한 많은 것을 습득하도록 어떻게 도울 것인가? 집단원들을 집단에 활발하게 참여시키기 위해 어떤 지침을 논의하고 싶은가?
- 당신과 당신의 짝은 집단의 초기 단계에서 신뢰를 형성하기 위해 어떤 시도를 할 것인가?

- 집단 초기에 당신과 당신의 짝은 각자 얼마나 많이 집단을 구조화시키고 싶은 가? 두 사람은 집단이 효과적으로 기능하는 것을 촉진하는 구조화의 정도에 대해 생각이 일치하는가?
- 만일 집단이 어쩔 줄 모르고 허둥거린다면 그것은 누구의 책임이라고 생각하는 가? 첫 회기에서 집단이 방향을 잃고 헤매는 것처럼 보이는 경우, 당신은 어떤 조치를 취할 것 같은가?
- 집단원들이 집단에서 무엇을 탐색하기를 원하는지에 관하여 개인적인 목표를 규정하는 것을 돕기 위해 당신과 당신의 짝은 각자 어떤 구체적인 절차를 사용하겠는가?

4. **신뢰를 형성하는 방법에 대한 브레인스토밍** 하위집단을 구성하여 집단에서 신뢰를 형성하는 것을 촉진할 수 있는 가능한 한 많은 아이디어와 방법을 탐색해본다. 어떤 요인들이 신뢰를 유발할 것 같다고 생각하는가? 당신이 집단에서 신뢰감을 느끼도록 만드는 것은 무엇인가? 집단에서 신뢰의 발달을 방해하는 주요한 장애물은 무엇이라고 생각하는가?

5. **집단 평가하기** 만약 당신의 집단상담 수업에서 체험적인 집단을 경험한다면, 그 집단의 성격이 이 장에서 설명되었던 초기 단계와 비교하여 어느 정도 비슷한지 평가한다. 당신의 집단 분위기는 어떠한가? 당신은 어떤 종류의 집단 참가자인가? 집단에 대한 당신의 만족도는 어느 정도인가? 집단에서 어떤 변화를 보고 싶다면 이러한 변화를 만들기 위해 당신이 취할 수 있는 조치가 있는가? 신뢰는 어느 정도 형성되고 있으며 집단의 안전도는 어느 정도인가? 이러한 초기 단계에서 어떤 규범이 형성되고 있는가?

▶『집단상담의 실제: 진행과 도전-DVD와 워크북』을 위한 안내

다음은 『집단상담의 실제: 진행과 도전―DVD와 워크북』의 첫 번째 프로그램인 「집단의 진행」 중 초기 단계 부분과 함께 이 장을 최대한 활용할 수 있도록 돕는 제안이다. 만일 수업에서 이 DVD를 보지 않거나 이 프로그램을 가지고 작업하지 않는다면, 다음의 연습은 건너뛰어도 된다.

1. **초기 단계 집단의 특성** 이 장에서 설명되었던 초기 단계 집단의 특성들이 DVD에서 묘사된 집단의 초기 단계에서 얼마나 분명하게 나타났는지 생각해본다. 집단원들은

무엇에 대해 불안해하고 있으며, 대부분의 집단원들은 맨 처음부터 얼마나 안전하다고 느꼈는가? 집단원들이 말한 초기 염려는 무엇이었는가? 잠재적인 숨은 안건이 있는가? 만일 있다면 그것들은 무엇인가? 집단원들이 서로 친숙해질 수 있도록 돕기 위해 어떤 과정이 사용되고 있는가?

2. **신뢰의 형성 : 집단지도자와 집단원의 역할**   신뢰의 문제는 절대 한 번에 완전히 결정되지 않는다. DVD의 첫 부분을 보면서, 초기 단계 동안 이 집단의 신뢰는 어느 정도라고 생각되는가? 당신이 이끌 집단에서 어떻게 신뢰를 촉진할 수 있을지 생각해보라. 어떤 요인들이 신뢰를 유발할 것 같다고 생각하는가? 당신이 집단에서 신뢰감을 느끼도록 만드는 것은 무엇인가? 집단에서 신뢰의 발달을 방해하는 주요한 장애물은 무엇인가? 집단원들은 어떤 구체적인 두려움에 대해 이야기했으며 이러한 두려움은 초기 회기에서 어떻게 다루어졌는가? 이 집단의 초기 단계를 보면서 집단에서 신뢰를 형성하는 어떤 방법을 배웠는가?

3. **목표의 확인과 명료화**   만일 당신이 이 집단을 이끈다면, 집단원들이 집단 경험에서 무엇을 얻기를 원하는지 명확하게 알 수 있을 것 같은가?

4. **초기 단계의 집단 과정 개념**   구조화는 집단의 초기 단계에서 중요한 과정이다. 당신이 관찰하기에 우리는 어떤 구조화를 제공하고 있는가? 만일 당신이 이 집단을 이끈다면 어떻게 다른 식으로 구조화를 제공하겠는가? 집단의 초기 단계에서 나타난 문화적 다양성에 대한 문제를 우리는 어떻게 다루었는가? 이 집단의 초기부터 우리는 어떤 구체적인 규범을 형성하고자 적극적으로 시도하고 있는가?

5. **집단 회기의 시작과 마무리**   DVD에서 체크인과 체크아웃 절차를 어떻게 사용하는지에 주목하라. 당신이 이끄는 집단에서 회기를 시작하기 위해 어떤 기술을 사용할 것인가? 집단원들이 체크인하고 그 회기 동안 어떻게 시간을 보내고 싶은지 말하도록 하는 집단지도자의 개입에 대해 당신은 무엇을 배웠는가? 회기를 마무리하는 구체적인 기술에 대해서는 무엇을 읽었으며 DVD에서는 무엇을 관찰했는가? 집단 회기를 마무리하는 것의 중요성에 관해 당신이 배운 것은 무엇인가?

6. **DVD와 함께 워크북 활용하기**   만일 DVD와 워크북을 사용하고 있다면, 워크북의 "2부: 초기 단계" 부분을 참고하고 모든 연습 문제를 완성하라. 이 부분을 읽고 질문을 다루는 것은 본문과 DVD 그리고 워크북을 통합시켜 집단 과정을 개념화하는 데 도움을 줄 것이다.

CHAPTER 7

집단상담의 과도기 단계

도입 | 과도기 단계의 특성 | 지도자로서 다루기 어려운 집단원 | 방어적 행동을 치료적으로 다루기 | 전체 집단의 회피 다루기 | 전이와 역전이 다루기 | 과도기 단계에서 공동 지도자의 문제 | 기억해야 할 핵심 사항 | 연습 | 『집단상담의 실제: 진행과 도전─DVD와 워크북』을 위한 안내

학습 목표

1. 집단의 과정 및 발달과 관련된 역동을 기술한다(CACREP, 2016, Standard B).
2. 과도기 단계 집단의 핵심적 특성을 확인하고 이해한다.
3. 방어적인 태도와 주저하는 행동을 효과적으로 다루는 방법을 탐색한다.
4. 저항의 개념을 비판적으로 평가한다.
5. 집단구성원들이 공통적으로 가지는 두려움과 불안을 이해한다.
6. 집단에서 갈등을 탐색하는 방법에 대해 더 깊이 이해한다.
7. 직면의 효과적인 방식과 비효과적인 방식을 구별한다.
8. 문제 행동을 치료적으로 다루는 방법을 탐색한다.
9. 집단구성원들이 보이는 문제 행동의 역동을 이해한다.
10. 전체 집단의 회피를 드러내는 행동을 기술한다.
11. 집단에서 전이와 역전이의 역동을 이해한다.
12. 과도기 단계에서 공동 지도자 문제를 확인한다.

당신은 지역사회 기관에서 일주일에 한 번씩 만나는 집단을 공동으로 운영하던 중, 집단원들 중 어떤 한 집단구성원과 함께 작업하는 것이 점점 더 힘들다는 것을 알게 되었다. 당신은 그 집단원이 당신이 과거에 알던 사람을 떠올리게 하기 때문에 그를 좋아하기가 어렵다는 것을 깨달았다. 당신이 가진 이러한 역전이에 더하여, 몇몇 집단원들은 당신과 당신의 공동 지도자에게 매우 방어적인 것 같다. 당신이 그들에게 도전하려고 시도할 때 그들은 서로 종종 결탁하곤 했다. 지난 회기에서 그들 중 한 집단원은 당신에게 공개적으로 직면하고 "당신은 한 번도 제 입장이 되어보지 않았는데, 어떻게 저를 도울 수 있겠어요?"라고 물었다. 그 회기 후에, 당신과 공동 지도자는 집단상담에 대해 이야기를 나누었다.

- 집단의 과도기 단계에서 보편적인 이러한 문제는 어떤 방식으로 일어나는가? 당신은 자신의 역전이가 문제를 어떻게 다루겠는가?
- 당신과 공동 지도자는 집단원들의 '방어적인 태도'를 다루기 위해 어떤 전략을 사용할 것인가?
- 당신에 대한 집단원의 직접적인 도전에 대해 당신은 어떻게 반응하겠는가?
- 그 집단원의 질문에 대해 당신이 치료적으로 반응할 수 있는 방법은 무엇인가?
- 당신은 그 집단원의 질문 아래에 깔려있는 감정이 무엇이라고 생각하는가?

 # 도입

집단은 작업 단계라고 불리는 깊은 수준의 작업으로 발전되기 전에 대개 과도기 단계를 경험한다. 만약 집단원들이 자기 자신의 내부에서 또는 다른 집단원들과의 사이에서 어떤 식으로 고군분투하고 있는지 드러내려 하지 않는다면, 집단이 발전하여 나아갈 수 없고 더 깊은 차원의 작업에 필수적인 신뢰도 발달시킬 수 없다. 집단원들과 지도자가 이러한 과도기 단계에서 무엇을 하는지는 집단원들이 의미 있는 대인관계 탐색에 참여하는 것을 가능하게 하는 응집력 있는 공동체로 그 집단이 발전될 것인지의 여부를 종종 좌우한다. 집단이 지속적으로 발전해갈 수 있는 능력은 집단원들과 지도자가 '지금 여기'의 맥락에서 표출되는 어떤 것이든 다루려는 능력과 의지를 가지고 있는지에 따라 달라진다.

집단의 과도기 단계는 특히 집단지도자에게 도전이 되지만, 집단원들에게도 또한 어려운 시간이다. 과도기 단계 동안, 집단에서 종종 나타나는 특성으로는 불안, 방어, 조심성, 양가감정(ambivalence), 저항, 통제와 관련된 다양한 문제, 집단원들 간의 갈등, 지도자에 대한 도전, 그리고 여러 가지 형태의 문제 행동이 있다. 이러한 어려움은 집단 과정 전개의 정상적인 일부이며, 이때 지도자는 집단원들의 방어적 행동에 대해 비판적으로 반응하기보다 호기심 있는 태도를 유지하는 것이 더 좋다. 비협조적인 행동으로 보이는 것이 집단에 확고하게 자리 잡는 것을 피하기 위해서 지도자는 자신의 태도를 바꾸어 특정한 행동이 집단원들의 두려움, 혼란, 조심성의 결과일 수도 있다는 점을 인정할 필요가 있다. 예를 들어, 만약 지도자가 어떤 집단원의 주저하는 행동을 두려움 때문에 나타나는 증상으로 이해하거나, 또 다른 집단원의 침묵을 어떻게 집단에 참여하는 것이 가장 좋은지에 대한 지식의 부족을 드러내는 표시라고 이해한다면, 지도자는 이러한 행동에 대해 보다 긍정적인 태도를 가질 것이다. '저항적'이라는 꼬리표를 좀 더 설명적이고 판단적이지 않은 용어로 변경함으로써, 지도자는 다루기 어렵게 보이는 집단원들에 대한 태도를 바꿀 가능성이 크다.

지도자가 집단원들의 행동을 인지하는 관점을 바꾸게 되면, 좀 더 이해하는 태도를 취하고 집단원들로 하여금 자기 자신의 주저하고 자기보호적인 행동방식을 탐색하도록 격려하는 것이 더 용이할 것이다. 여기에서 중요한 것은 지도자가 비방어적인 태도를 유지하고 집단원들을 도와 지도자나 다른 집단원들을 신뢰하고 싶지 않은 타당한 감정을 표현하도록 하는 것이다. 이러한 방식으로 집단원들의 저항을 이해함으로써, 지도자는 또한 주저하는 행동의 특정한 징후와 관련된 문화적 측면에 접근할 수 있을 것이다. 예를 들면, 어떤 집단원이 침묵하거나, 권위자의 의견에 따르거나, 또는 많은 조언을 주는 경우, 이 집단원이 일부러 다루기 어려운 행동을 보인다기보다는 문화적 규범 때문에 그렇게 하는 것인지도 모른다. 지도자는 집단원들의 과거와 현재 경험을 말로 표현하도록 돕고, 그들의 행동을 지도자 또는 다른 집단원들에 대한 신뢰의 부족에 기초하여 해석하기 전에 그들의 감정을 먼저 인정해야 한다. 사람들은 다른 사람들이 자신의 이야기를 경청하고 인정한다고 느낄 때 변화에 대해 좀 더 개방적일 수 있기 때문이다.

집단에서 일어나는 가장 생산적인 작업 중 몇몇은 집단의 과도기에 이루어진다. 과도기는 집단원들과 지도자 모두에게 있어 변화를 위한 서로의 능력과 방식에 대해 배워나가는 시기이다. 집단원들은 어려운 상황을 다루는 새로운 방법, 즉 갈등 상황을 피하기보다 갈등 상황에 머무르는 것과 같은 방법을 습득할 수 있다. 이야기를 계속해 나가면서, 집단원들은 마침내 해결책에 도달하고 그들의 관계는 더욱더 깊어진다. 집단원들이 방어적 행동을 드러내는 방식은 그들이 가진 자아의 강도를 들여다보는 창문과 같다. 지도자가 이러한 정보를 관찰하고 정리해두는 것은 사후 평가 작업 단계에서 이루어지는 개입을 견디도록 하는 데 활용할 수 있기 때문에 유용하다.

집단이 과도기 단계의 작업를 수행하도록 돕기 위해서, 지도자는 이 단계의 집단 특성과 역동에 대해 명확하게 이해할 필요가 있다. 또한 지도자는 자기 자신의 반응에 특별히 주의를 기울여야 하는데, 특히 집단에서 발생하는 모든 일에 대해 지도자가 전적으로 책임을 떠맡거나 아니면 모든 책임을 집단원에게 떠넘기는 성향이 있지는 않은지 유의할 필요가 있다. 이 장에서는 과도기 단계에 있는 집단의 전형적인 특성을 다루고 이 단계에서 발생할 수 있는 문제를 다루기 위한 개입 방법을 제안할 것이다.

과도기 단계의 특성

불안과 방어는 과도기 단계에 나타나는 집단원들의 많은 행동들의 바탕이 된다. 이 단계를 넘어서기 위해 집단원들은 반드시 방어를 효과적으로 다룰 수 있어야 한다. 이때 지도자가 해야 할 일은 집단원들이 자신의 두려움을 확인하고 직면하며, 가능한 갈등이나 통제와 관련된 문제에 대해 작업해나가는 것을 돕는 것이다. 과도기의 목표는 집단원들이 위험을 감수하도록 독려하는 안전하고 신뢰할 수 있는 분위기를 만드는 것이다. 일부 집단원은 집단에 참여하는 데 이해나 경험이 부족할 수 있다. 그리고 새로운 행동 방식을 배우려는 그들의 투쟁을 방어적인 것으로 분류해서는 안 된다. 사람들은 자신의 전형적인 의사소통 방식을 집단에 가져오며, 그들은 때때로 자신을 표현하는 보다 효과적인 방법을 배우기 위해 개방적이다.

신뢰의 형성

신뢰의 형성은 집단의 발전에서 초기 단계에 이루어져야 하는 핵심적인 과제지만, 집단원들은 과도기 단계에서도 여전히 집단이 그들에게 안전한 장소인지에 대해 궁금해할 수 있다. 이때 집단원들은 상당히 망설이는 태도를 보이거나 다른 집단원들 또는 지도자를 관찰하는 경우가 흔하다. 신뢰하는 분위기가 점차 형성되면, 집단원들은 질책을 받거나 판단 받는 것에 대한 두려움 없이 그들의 반응을 표현할 수 있다. 한 집단원이 자신의 염려나 두려움을 드러내는 위험을 감수하려는 의지를 보일 때, 다른 집단원들도 그와 같은 행동을 하는 경우가 종종 있다. 이러한 개방은 높은 수준의 신뢰를 형성하는 데 전환점이 된다.

　신뢰가 높을 때, 집단원들은 집단 활동에 적극적으로 참여한다. 즉, 집단원들은 자신의 개인적인 측면을 다른 집단원들과 나누고, 집단의 안과 밖에서 위험을 감수하며, 다른 사람들이 아닌 자기 자신에게 집중하고, 의미 있는 개인적 주제를 집단에서 적극적으로 다루며, 신뢰의 부족과 같은 지속적인 감정을 개방하고, 집단에서 다른 집단원들을 지지하거나 그들에게 도전한다.

　반면, 신뢰가 부족함을 보여주는 몇 가지 분명한 징후는 다음과 같다.

- 집단원들이 작업을 시작하지 않는다.
- 집단원들이 자주 늦게 나타나거나 회기가 끝나기 전에 일찍 나가거나 회기를 빼먹는다.
- 집단원들이 직면을 받는 것에 대한 두려움 때문에 참여하기를 주저한다.
- 집단원들이 자신의 반응을 속으로 숨기거나 간접적으로만 표현한다.
- 집단원들이 사실적 이야기를 장황하게 하면서 중요한 주제를 피한다.
- 집단원들이 과도하게 침묵을 지킨다.
- 집단원들이 자신의 개인적인 걱정을 이야기하기보다 다른 사람들을 돕거나 다른 사람들에게 조언을 하는 데 더 많은 에너지를 투여한다.
- 집단원들이 집단지도자에게 집단을 주도하라고 요구한다. 집단원들은 "우리가 무엇을 해야 하는지 이야기해주세요."라고 말한다.
- 몇몇 집단원들은 집단에서 다루기에는 너무 큰 문제를 가지고 있다고 말한다. 한편, 또다른 집단원들은 자신은 아무런 문제를 가지고 있지 않다고 말한다.
- 집단원들이 갈등을 드러내놓고 다루기를 피하거나, 심지어 갈등 자체를 인정하지 않는다.
- 집단원들이 집단 내에서 하위집단을 이루며 서로 분리된다.
- 집단원들이 집단지도자나 다른 집단원들로부터 그들의 안건을 계속 숨긴다.

신뢰가 부족할 때, 집단원들은 집단에서 무슨 일이 일어나는지 계속 점검한다. 그러나 이러한 점검은 조용히 이루어지기 때문에 집단 내에서 무슨 일이 일어나는지 탐색하는 것을 어렵게 만든다. 몇몇 집단원들은 지도자를 시험하기도 하는데, 특히 권위 있는 사람과 부정적인 경험을 했던 사람들이 그렇다. 이렇게 시험하는 행동은 또한 억압을 경험했거나 지도자 또는 다른 집단원들이 어떤 점에서 편견을 가지고 있지 않은지 점검하는 집단원들에게도 종종 나타난다. 지도자는 집단원들이 무엇을 관찰하고 어떻게 결론을 내리고 있는지 말로 표현함으로써 이렇게 시험하는 과정을 보다 명확하게 하도록 그들을 격려하는 것이 좋다. 한편 어떤 집단원들은 비판적인 의견을 개진할 수 있는데, 이는 집단에 열린 태도로 참여하는 것을 방해한다. 우리는 집단에서 일어나는 많은 문제가 집단원들이 표현하는 감정과 생각 때문이 아니라 그들이 표현하지 않은 반응 때문에 발생한다는 사실을 지속적으로 발견한다. 그러므로 과도기에서 해야 할 지도자의 핵심 과제는 집단원들로 하여금 집단 내에서 일어나고 있는 일과 관련된 자신의 생각과 감정을 소리 내어 말하도록 지속적으로 격려하는 것이다. 우리는 종종 집단원들에게 미완성 문장을 완성하라고 하면서 이를 촉진한다. 이러한 문장의 예를 들면, '제가 이 집단에서 말하기 두려워하는 한 가지는…….', '만일 당신이 나를 진짜 잘 안다면, 당신은…….', '사람들을 신뢰하는 것은 나에게 어려운 일이다. 왜냐하면…….' 등이다.

불신은 집단의 초기 단계에서 정상적인 현상이다. 만약 지도자가 집단에서 집단원들마다 신뢰를 구축하는 방식이 다르다는 것을 인정하고 이것이 정상적이라고 느끼도록 돕는다면, 집단원들이 관계에서 신뢰를 구축하고 유지하는 것과 관련된 자신의 과거 및 현재 경험에 대해 이야기하는 것을 촉진할 수 있다. 각 집단원은 다른 사람들을 신뢰하는 것에 대해, 그리고 신뢰를 형성하는 과정을 방해하는 주제를 다루는 것에 대해 스스로 열린 태도를 갖도록 적극적으로 작업해야 한다.

드문 경우에, 문장을 완성시키는 연습 활동은 집단원들이 마음을 터놓고 서로에 대해 어느 정도 위험을 감수하기 시작하도록 할 때 유용할 수 있다. 내(Cindy)가 이끌었던 한 집단에서 집단원들은 자신이 침묵하면서 적극적으로 참여하고 있지 않다는 점을 잘 인지하고 있었다. 나는 나의 동료인 Denny Ollerman이 사용한 방법을 각색한 활동을 하면서, 다소 위험성이 큰 활동을 시도해볼 의향이 있는지 집단원들에게 물어보았다. 그리고 집단 내에서 취약한 모습을 보이고 위험을 감수하려는 나의 의지를 본보기로 보여주는 방법으로써 나도 그 활동에 참여했다. 내가 가장 먼저 참여함으로써 집단원들을 위한 분위기를 잡은 다음, 나는 각 집단원에게 3명의 다른 집단원들 앞에 서서 다음과 같이 시작하는 문장을 완성하라고 요청했다. '나에 대해서 당신에게 알리고 싶지 않은 것은…….' 예를 들면, 어떤 여성 집단원은 다른 집단원에게 '나에 대해서 당신에게 알리고 싶지 않은 것은 내가 내 몸을 싫어한다는 것이다.'라고 한 다음에, 또 다른 집단원에게는 '나에 대해서 당신에게 알리고 싶지 않은 것은 내가 남자들을 믿지 않는다는 것이다.'라고 할 수 있다. 모든 집단원들이 세 번씩 돌아가면서 이처럼 미완성 문장을 완성시킨 후에는, 논의할 수많은 주제와 공유할 반응이 준비되게 된다. 이러한 유형의 연습은 신중하게 이루어져야 한다. 지도자는 집단원들이 이처럼 자신을 취약하게 만들면서도 강렬한 영향을 미치는 활동에 참여한 결과로 인해 초래되는 감정을 다루도록 돕는 데 능숙할 필요가 있다.

두 명씩 짝을 지어 이야기하도록 하는 것은 조용하거나 주저하는 집단에 아직 개발되지 않은 활기를 불어넣는 또 다른 방법이다. 내(Cindy)가 공동으로 이끌었던 작은 집단에는 활기가 없었고, 나는 집단 내의 그러한 기운을 바꾸고 싶었다. 그래서 나는 집단원들에게 두 명씩 짝을 짓고 다음의 두 가지에 대해 자신의 짝과 돌아가면서 대답하도록 하였다. (1) '당신은 나에 대해 어떻게 생각하고 느낍니까?' (2) '내가 당신과 가깝게 느끼는 것을 가로막는 것은…….' 이러한 활동은 몇몇 매우 솔직하고 통찰력 있는 대화로 이끌었고, 전체 집단이 보다 활기를 띠게 되었다. 다음 회기에서 집단원들은 좀 더 깊은 수준에서 이야기를 나누고 서로에 대해 이전에는 감수하려고 하지 않았던 위험을 감수하려는 의지를 더 많이 보이는 것 같았다.

방어와 주저하는 행동

집단구성원들은 한편으로 안전하고 싶기를 원하면서, 다른 한편으로는 위험을 감수하기를 원하는 마음도 동시에 경험하는 경우가 많다. 사실 집단원들이 집단에서 조심스럽게 작업해 나가는 것은 이해할 만하다. 안전한 분위기가 형성될 때까지 집단원들은 심리적으로 강렬한 작업을 시작하지 않을 것이다. 지도자와 집단원들 모두는 방어적이거나 조심스러운 행동의 의미를 반드시 이해해야 한다. 지도자가 집단원들의 심리내적 과정과 방어에 대해 존중하고 인내하는 것은 중요하다. 정신분석학적 관점에서, 저항은 개인이 예전에 억압되거나 거부되었던 위협적인 일을 의식 상태로 가져오는 것에 대한 주저함으로 정의된다. 저항은 또한 집단원들이 무의식적 경험을 다루는 것을 막는 모든 행동이라고도 볼 수 있다. 좀 더 넓은 관점에서, 저항은 우리가 개인적 갈등이나 고통스러운 감정을 탐색하는 것을 막는 모든 행동으로 볼 수도 있다. 저항은 불안으로부터 우리 자신을 보호하기 위해 우리가 시도하는 하나의 방법으로 간주된다.

> 안전한 분위기가 형성될 때까지 집단원들은 심리적으로 강렬한 작업을 시작하지 않을 것이다.

어떤 집단원의 방어를 존중한다는 것은 지도자가 주저하는 사람을 벌하지 않고 그 사람이 보이는 망설임의 근원을 탐색한다는 의미이다. 사실 집단원들은 자신이 주저하는 것에 대한 현실적인 이유를 종종 가지고 있다. 예를 들어, 한 여성은 집단에서 대체로 조용했고 다른 사람들이 그녀를 언급할 때에만 이야기를 했다. 집단지도자가 이와 같은 점을 지적했을 때, 그녀는 자신의 억양 때문에 말하는 게 부끄럽다고 이야기했다. 그녀는 자신이 다른 사람들이 이해할 만큼 충분하게 영어를 잘 말하지 못한다고 믿고 있었고, 이것이 그녀를 계속 침묵하게 만들었다. 비록 그녀는 이 문제에 대해 이야기를 꺼내길 원했지만, 주목의 대상이 된다는 생각이 불안을 크게 유발했기 때문에 가능한 한 적게 이야기했다. 이러한 내담자를 저항적이라고 평가하는 것은 그녀의 진짜 주저함에 대한 존중의 부족을 드러내며, 모국어가 아닌 언어로 말해야 하는 사람으로서 차별받는 지극히 현실적이고 고통스러운 경험을 무시하는 것일 수 있다.

영어가 모국어가 아니었던 나(Marianne)는 영어를 말하면서 나 자신을 매우 많이 의식했고, 올바른 문법을 사용하는 것에 대해 걱정했다. 그리고 나보다 영어 구사 능력이 좋은 독일 동료들 옆에 있으면 나 자신을 더 많이 의식하게 되었다. 한국 사람들과 한국에서 집단상담을 한 적이 있었는데, 그때 나는 집단 내에 이러한 느낌이 팽배해 있다는 점을 발견했다. 몇 번의 회기 동안 집단 내에서 집단원들이 소리 내서 말하기를 망설이고 있는 점에 대해 탐색했을 때, 그들은 자신이 문법을 실수하지 않고 스스로에 대해 영어로 표현할 수 있는 방법을 머릿속에서 연습하고 있었다고 말했다. 몇몇은 집단 밖에 있을 때 자신을 영어로 어떻게 표현할지에 대해 생각하고 다음 회기에 말하고 싶은 것을 미리 연습했다고 했다. 특히 집단원들이 모두 한국인이고 영어 구사 능력 수준이 다양한 사람들로 구성된 집단에 속해있다는 것이 '정확하게' 말하는 것에 대한 불안감을 증가시켰다. 이렇듯 그들이 왜 소리 내서 말하지 않는지 탐색함으로써 그들이 왜 집단에 잘 참여하지 않는지에 대한 새로운 의미를 알게 되었다.

집단원들이 자기 자신을 표현하기 주저하는 것은 때때로 어려움을 극복하기 위한 대처 전략을 나타내는데, 이 전략은 과거의 어느 시점에는 적응적인 기능을 제공했지만, 더 이상은 유용하게 사용되지 못하는 것이다. 지도자는 집단원들이 그들의 저항을 새롭게 바라보도록 도울 수 있다. 만일 지도자가 집단원들의 망설임을 이해할 수 있다면, 집단원들은 특정한 대처 전략이 이전에는 삶에서 어려운 상황에 대한 최선의 대응이었지만 이제는 더 이상 효과적이지 않다는 것을 깨닫고 평가하게 될 수 있다. 저항은 치료적 과정의 자연스러운 부분이며, 집단에서 생산적인 탐색을 유도할 수 있다. 따라서 저항을 인정하고 이에 대해 이야기하며 이해할 필요가 있다.

어려운 행동을 다루는 가장 치료적인 방법은 지도자가 관찰한 것을 집단원들에게 단순히 묘사하고 자신이 보고 듣는 것들로 인해 어떤 영향을 받는지를 집단원들에게 알려주는 것이다. 이러한 접근은 집단원들로 하여금 자신이 하고 있는 행동이 스스로에게 도움이 되는지 가늠하도록 촉진한다. 만약 지도자가 불안에 대한 집단원들의 방어를 존중하지 않는다면 그것은 집단원들 자체를 진정으로 존중하는 것이 아니다. 예를 들어, 멜로디라는 집단원은 몇 가지 고통스러운 사건을 꺼내놓았고 그런 다음 갑자기 멈추며 더 이상 말하고 싶지 않다고 했다. 멜로디의 저항을 존중하기에 지도자는 그녀에게 고통을 다루는 것을 계속하라고 강요하기보다 무엇이 그녀를 멈추게 했는지 물어보았다. 멜로디는 다른 사람들의 존중을 잃게 될까봐 두렵다고 했다. 여기에서 집단의 주제는 고통스러운 개인적인 문제에서 집단에 대한 신뢰의 부족으로 바뀌었다. 만일 지도자가 이처럼 저항을 존중하는 방식으로 집단을 계속 운영한다면, 멜로디는 결국 개인적인 문제에 대해 보다 열린 태도로 이야기하게 될 가능성이 크다. 반면, 만일 지도자가 멜로디에게 마음을 열도록 강요함으로써 초기의 망설임을 무시했다면, 그녀는 마음의 문을 닫고 말하지 않았을 가능성이 크다. 한편, 지도자가 멜로디가 보인 주저함의 의미에 대하여 탐색하지 않았다면, 그녀는 자기 탐색에 도달할 수 있는 유용한 길을 닫아버렸을지도 모른다.

때때로 집단원들의 주저하는 태도는 지도자의 자질 부족, 공격적이거나 무관심한 리더십 유형, 또는 집단에 참여하도록 집단원들을 제대로 준비시키는 것에 대한 실패와 같은 요인 때문에 발생한다. 리더십의 핵심적인 과제 중 하나는 어려움을 촉발시킨 근원이 집단원들의 두려움인지 아니면 비효과적인 리더십 때문인지 정확하게 평가하는 것이다. 만일 지도자가 집단원들이 보이는 행동의 맥락을 이해하려는 의지를 보인다면, 집단원들의 협조적 태도나 위험을 감수하려는 경향이 증가할 것이다.

집단원들이 비자발적으로 참여하게 되는 집단은 냉소주의와 침묵을 통해 협조적 태도의 부족을 드러낼 수 있다. 이러한 비협조적인 행동은 집단원들이 스스로 무력하다고 느끼는 상황에서 어느 정도의 힘을 느끼게 해준다. 만일 지도자가 이러한 비협조적인 행동에 대해 부정적인 방식으로 대응한다면, 지도자는 이러한 패턴을 단단히 자리 잡게 할 개연성이 있다. 따라서 참여하기를 원하지 않는 내담자를 다룰 때에는 지도자가 방어적으로 대응하지 않는 것이 중요하다. 예를 들어, 다음의 대화는 방어적이지 않은 개입을 보여준다.

드와이트: 저는 여기에 있고 싶지 않아요! 이 집단은 나에게 아무런 도움이 안 될 거예요.

지도자: (방어적이지 않은 어조로) 그래요, 당신은 여기에 있고 싶지 않군요. 당신은 자신이 여기에 왜 있는지 알고 있나요? 당신의 관점에서 볼 때, 당신은 왜 이곳에 오도록 요청받았다고 생각하나요?

드와이트: 그들이 저를 여기 보냈는데, 저는 이 집단이 필요 없어요. (어깨를 으쓱하면서) 그렇지만 저는 선택권이 없어요.

지도자: 당신이 원하지 않는 무언가를 한다는 것이 어렵다는 것을 알겠어요. 다른 경우에도 사람들이 당신에게 무엇을 하라고 말한 적이 있었나요? 그때 당신은 어떤 기분이었나요?

드와이트: 어떤 기분이었는지는 몰라요. 그냥 제게 진짜 선택권이 없다는 것을 알 뿐이에요.

지도자: 저는 당신과 논쟁하고 모든 사람은 궁극적으로 선택권이 있다고 말할 수도 있어요. 그렇지만 그건 우리에게 아무 도움이 되지 않겠지요. 저는 다른 집단원들도 이 집단에 대해 당신과 마찬가지로 느낀다는 사실을 알고 있어요. 하나의 집단으로서 우리가 어떻게 이것을 다룰 수 있을지 함께 이야기해보는 건 어떨까요?

저항과 맞서 싸우거나 개인적으로 받아들이기보다는 그 집단원이 주도하는 바를 따르고 그의 부정적인 반응을 받아들이는 것이 중요하다. 앞서 언급한 드와이트의 주저함에 대해서는 여러 가지 방식으로 대응할 수 있다. 아래에 제시되는 개입을 위한 몇 가지 진술은 비자발적 집단원이 자발적인 참여자가 될 가능성을 높여줄 수 있다.

- 많은 집단원들이 집단에서 당신과 마찬가지로 느꼈어요. 아마도 그들은 자신이 집단에서 어떤 기분이 들었는지 당신에게 말해줄 수 있을 것 같네요.
- 당신이 상담에 대해 아는 것은 무엇인가요? 당신은 이전에 집단에 참여해본 적이 있나요?
- 다른 사람들이 당신을 왜 이 집단으로 보냈다고 생각하나요?
- 당신을 이 집단으로 보낸 사람이 저에게 당신이 왜 여기에 있는지에 대해 말한다면, 뭐라고 할 것 같나요?
- 당신이 자신이 원하지 않은 무언가를 해야 되는 상황에 어떻게 대처하나요?
- 당신은 어떻게 되기를 바랍니까? 그렇게 되기 위해 당신은 무엇을 할 수 있나요?

만일 지도자가 어떤 집단원의 부정적인 반응의 역동을 이해하고 방어적으로 반응하지 않는다면, 문제 행동의 강도는 서서히 약해질 것이다. 이러한 비협조적 행동을 당하는 사람으로서, 지도자는 아마 개인적으로 거부당했다고 느낄지 모르지만, 지도자는 거절에 취약한 감정을 느끼는 호사를 누릴 수 없다. 지도자의 반응은 자기성찰, 슈퍼비전, 또는 자문(consultation)을 통해 추후에 다루어야 한다.

저항 개념에 대한 비판

심리치료 분야의 많은 저자들은 저항에 대한 전통적 관점에 도전했고 치료 안에서 저항의 역할을 재개념화하였다. 게슈탈트 치료의 선두 주자인 Erving & Miriam Polster(1973)는 종종 저항이라고 통하는 것은 단지 치료의 방해물이 아니라 "어려운 세상을 살아 나가기 위한 창조적인 힘"(p.52)이라는 것을 시사했다. 그들은 '저항'이라는 개념은 불필요하고 게슈탈트 치료와 잘 어울리지 않는 것이라고 주장했다(Polster & Polster, 1976). 어떤 행동에 저항이라는 꼬리표를 붙이는 것이 문제가 되는 것은 그러한 행동이나 특성을 이질적으로 보고 그 사람이 건강하게 기능하기 위하여 이를 제거할 필요가 있다는 것을 암시하기 때문이다. 저항이라는 용어의 사용 자체를 피함으로써 상담자는 내담자가 부적절하게 행동하고 있다는 가정을 하지 않을 수 있다. Polster 등은 내담자의 행동을 바꾸거나 무언가를 일어나게 하려고 시도하는 대신, 현재 무엇이 실제로 일어나고 있는지에 집중하고 내담자와 이것을 탐색하도록 촉구한다.

해결중심 단기 치료의 선구자 중 하나인 Steve de Shazer(1984)는 '저항의 죽음'에 대해서 썼다. 그는 내담자의 저항이라는 개념이 상담자로 하여금 상담에서 발생하는 일에 대한 책임을 회피할 수 있게 용인하면서, 상담에서 진전이 없는 것에 대한 비난의 대부분을 내담자 탓으로 돌리게 만든다고 믿는다. de Shazer는 내담자가 자신이 원하는 것과 필요한 것을 이해하는 능력을 가지고 있다고 가정한다. 내담자가 자기 능력을 확인하고 만족스러운 삶을 창조하는 데 그 능력을 사용하도록 돕는 것은 상담자의 책임이다. 만약 내담자의 유능감에 대한 개념을 수용한다면, 내담자의 저항은 상담자의 저항으로 더 잘 이해될 것이다. de Shazer에 의하면 치료적 어려움은 상담자가 내담자들을 경청하고 이해하는 데 실패함으로써 초래된다.

de Shazer처럼 Bill O'Hanlon(2003)은 내담자의 저항을 상담자 쪽에서의 오해와 경직성의 탓이라고 본다. O'Hanlon의 관점에서 보면 상담자들이 저항이라고 부르는 것은 종종 내담자 쪽에서 보이는 진실한 염려를 반영하는 것으로 이해할 수 있다. O'Hanlon의 해결중심 치료는 내담자들이 정말 변화를 원치 않고 있으며, 그래서 치료에 저항적이라고 가정하는 많은 상담자들의 기본적 신념에 도전한다. O'Hanlon & Weiner-Davis(2003)는 상담자들이 내담자에 대해 가지는 기본적인 가정에 대해 의문을 던지고 상담에서 그들이 언어를 사용하는 방식을 지속적으로 관찰할 것을 제안했다. 그들은 또한 상담자에게 저항이 자기충족적 예언이 되지 않도록 저항을 찾는 것에 집중하지 말라고 주의를 주었다.

이야기 치료(narrative therapy)의 관점에서 상담에서의 저항에 관해 글을 쓰면서, Winslade, Crocket, & Monk(1997)는 치료적 관계를 강조하였다. 그들에 의하면, 상담이 힘들어졌을 때 상담자들은 내담자에게 책임을 넘기지 않아야 하는데, 왜냐하면 이는 치료적 관계에서 일어나는 일에 대해 내담자를 비난하는 결과를 초래하기 때문이다. 그 대신 Winslade와 동료들은 상담에서 겪는 어려움에 대한 가능한 이유를 발견하기 위해 내담자와의 대화에 세심한 주의를 기울인다.

동기강화 면담(motivational interviewing)은 저항을 건강한 반응으로 새롭게 바라보고, 상담자가 내담자들의 주관적인 세계를 더 잘 이해하기 위한 하나의 방법으로서 반영적 경청(reflective listening)을 강조한다(Miller & Rollnick, 2013). 변화에 대한 주저함은 정상적이고 예상되는 치료 과정의 일부로 여겨진다. 사람들은 삶에서 변화를 만드는 것의 이점을 알면서도, 변화하는 것에 대한 많은 염려와 두려움도 또한 가지고 있다. 상담을 받는 사람들은 변화를 좋아하면서도 싫어하는 양면적인 마음을 종종 가지고 있으며, 변화에 대한 그들의 동기도 상담 과정에서 변할 수 있다. 동기강화 면담에서 중심 목적은 내담자의 가치에 기반을 두고 변화하려는 내적 동기를 증가시키는 것이다. 동기강화 면담을 사용하는 상담자들은 저항을 존중하는 태도를 취하고 일부 내담자들이 보이는 주저함이나 양면적인 태도를 치료적으로 작업한다. 내담자들이 변화에 더딘 모습을 보일 때, 이는 그들이 현재 상태 그대로 남아있는 납득할 만한 이유와 변화를 위한 이유를 모두 가지고 있기 때문이라고 추정된다.

인지행동적 이론을 지향하는 집단 상담자들은 집단원을 탓하지 않도록 저항의 개념 우리가 어떤 사람의 행동을 해석하는 방식은 우리가 그에 대해 반응하는 방식에 직접적으로 영향을 미친다. 만일 어떤 사람이 당신에게 거짓말을 했을 경우, 당신은 당연히 상처를 받거나 화가 날 만하다. 그렇지만, 만약 당신이 이러한 감정이 지나가길 바란다면, 그 사람이 당신에게 거짓말을 했던 이유를 찾아볼 수 있다. 그 사람은 당신을 실망시키기 두려웠던 것일까? 또한 그 사람은 거절당할 것에 대해 걱정했던 것일까? 당신은 자신에게 거짓말을 하는 사람과 자신을 두려워하는 사람에 대해 각각 다르게 반응하는가? 만약 당신이 다른 관점에서 그 사람과의 상호작용을 바라본다면, 당신의 개입은 어떻게 달라지겠는가?

우리는 다른 사람들의 행동을 판단할 때보다 자기 자신의 행동을 판단할 때 보다 더 많은 이해심을 가지고 대한다. 예를 들어, 당신이 고속도로에서 차선을 바꿀 때 자신의 옆에 있는 다른 자동차를 보지 못했다면, 당신은 자신의 행동이 의도적이지 않았다는 것을 알고 있다. 그러나 도로에서 당신에게 진로를 방해받았던 그 자동차의 운전자는 아마 당신이 의도적으로 그런 행동을 했다고 가정하고 화가 날 수 있다. 당신을 괴롭혔던 당신과 가까운 누군가의 행동에 대해 생각해보자. 그런 일이 일어났을 때 당신은 어떤 기분을 느꼈는가? 그 사람에 대한 당신의 초기 반응은 어떤 것이었나? 그 사람의 행동에 대해 당신은 어떻게 판단을 내렸나? 이제 똑같은 행동을 살펴보되, 그것을 덜 방어적인 태도로 묘사해보자. 이처럼 방어적이지 않은 태도로 행동을 묘사하는 것은 우리의 삶에서 하기 어려운 경우가 많지만, 이는 집단에서 문제 행동을 보이는 내담자들과 함께 작업할 때 유용한 기술이다.

을 새롭게 바라보는 경향이 있다. 이런 집단 상담자들은 먼저 평가를 하고 그 다음에 집단원의 필요에 맞춰 치료 계획을 고안하는 데 주의를 기울인다(Beck, 2005, 2011). 그들은 집단원들과 집단지도자 모두가 집단의 목표에 동의하도록 집단원들과 치료적 협력 관계를 형성하는 것을 강조한다. 이러한 협력적인 방식을 통해, 집단원들의 협조적인 태도가 증가할 가능성이 크다.

요약하면, 게슈탈트 치료, 해결중심 치료, 이야기 치료, 동기강화 면담, 인지행동적 치료는 저항이 전형적으로 사용된 방식에 대한 타당성과 유용성에 의문을 던지는 치료적 접근이다. 이러한 각 상담 모형은 현재 치료적 관계의 맥락 및 집단 자체에서 일어나고 있는 일에 상담자들이 주목하도록 권장함으로써 저항이라는 현상을 재개념화한다. 우리는 집단원들에게 그들이 저항하고 있다고 말하기보다 우리가 관찰한 것을 집단원들에게 중립적으로 기술하는 방법을 생각해내려고 노력한다. 그리고 우리는 집단원들로 하여금 자신이 행동하는 방식이 자신이 원하는 것을 얻는 데 도움이 되거나 방해가 되는지에 대해 생각해보도록 요구한다. 존중, 관심, 이해를 가지고 저항처럼 보이는 것에 접근하면, 집단원들의 방어적 행동이 줄어들 확률이 증가할 것이다.

집단원들이 공통적으로 경험하는 두려움과 불안

집단원들이 자신들의 두려움을 속으로 숨기고 있을 때, 이러한 두려움은 다양한 회피

행동을 통해 표현될 수 있다. 비록 지도자가 집단원들에게 자신의 두려움을 말하도록 강요할 수는 없지만, 집단원들로 하여금 자신이 경험하고 있는 것이 많은 집단원들이 공통적으로 겪고 있는 것임을 인식하도록 독려할 수 있다. 집단원들이 두려움을 이기고 나아가도록 강요하거나 이 집단 경험에서는 두려움을 느끼지 않을 것이라고 너무 성급하게 안심시켜주기 전에, 집단원들의 감정을 먼저 인정하는 것은 거의 대부분의 경우에 도움이 된다. 지도자는 집단원들에게 집단에서 위험을 감수하려는 그들의 의지가 긍정적인 결과로 마무리될 것이라고 장담할 수 없다. 그러나 치료 집단은 집단원들이 다른 사람들과 관계를 맺는 새로운 경험을 할 수 있는 가장 좋은 장소 중 하나이다. 그 결과, 집단은 과거나 현재의 관계에서 비롯된 오래된 상처와 두려움을 치유할 수 있다. 집단원들이 집단을 그들의 두려움을 탐색하는 안전한 장소로 활용할 때, 그들은 집단 내에서 그리고 다른 사람들과의 일상생활 속에서 자신의 문제를 다루는 새로운 방법을 배운다.

과도기 단계에서는 개인 내에서 그리고 집단 전체 내에서 불안 수준이 매우 높다. 만일 집단원들이 그들의 불안한 생각을 소리 내어 기꺼이 말한다면, 그들의 감정은 탐색되고 좀 더 충분하게 이해될 수 있다. 예를 들면, 크리스티는 "나는 앞으로 내가 알게 될 것에 대한 두려움 때문에 더 진행하기가 정말 겁난다."라고 자신의 내면적인 염려를 표현한다. 한편, 서니는 다른 사람들이 어떻게 생각하는지에 대해 좀 더 불안해 하면서 "나는 몇몇 사람들이 비판적인 것처럼 보여서 여기에서 말하는 게 두렵다."라고 말한다. 이러한 염려는 아마 크리스티와 서니가 가진 심리적인 투사일지 모르지만, 그들이 보여준 자신의 감정을 표현하려는 의지는 집단이 과도기 단계에서 작업 단계로 진행하는 데 중추적인 것이다. 집단원들이 다른 집단원들과 지도자를 좀 더 충분히 신뢰함에 따라, 그들은 자신의 염려를 점점 더 많이 나눌 수 있다. 이러한 개방성은 집단원들이 다른 사람들에게 자신의 있는 그대로의 모습을 알게 하는 것에 대한 불안을 줄여준다.

집단원들은 그들의 고통을 드러내거나, 진부하게 들리거나, 격렬한 감정에 압도되거나, 오해되거나, 거부되거나, 아니면 어떤 일이 발생할지 모른다는 것을 두려워할 수 있다. 과도기에 나타나는 공통적 두려움과 불안에 대한 간략한 설명은 집단원들에게 도움이 될 만한 가능한 개입과 함께 제시될 수 있다. 집단원들과 함께 공통적 두려움과 염려를 나누는 것은 그들이 집단에서 느끼고 있을지 모르는 것을 정상적으로 받아들이고 집단에서 자신의 두려움을 표현할 수 있는 안전한 환경을 형성하는 것을 돕는 데 유용할 수 있다.

자기개방에 대한 두려움　집단원들은 자신이 준비도 되기 전에 마음을 터놓으라는 압력을 받을 것이라고 생각하면서 자기개방을 종종 두려워한다. 이때 지도자는 집단원들이 다른 사람들에게 자신을 알려줄 수도 있고 동시에 그들의 사생활을 지킬 수도 있다는 점을 강조하여 알려주는 것이 좋다. 다음의 예를 보라. 니콜이 "저는 다른 사람들이 여기에서 하는 것처럼 제 부모님에 대해 부정적으로 말하는 것을 상상할 수 없어요."라고 말했다. "만약 제가 부모님에 대해 그런 방식으로 이야기한다면, 저는 수치심과 배신했다는 생각으로 압도될 거예요." 지도자는 니콜이 가지고 있는 특정한 문화적 가치관을 알고 있었기 때문에 그녀의 결정을 존중한다고 말해주었다. 지도자는 나중에 그녀가 후회할 수도 있는 일을 하라고 압력을 가하지 않았다. 대신에 지도자는 니콜이 자신에게 의미 있는 방식으로 어떻게 집단에 참여할 수 있을지 생각해보도록 격려했다. 문화적인 규범 때문에 생기는 주저함과 두려운 영역으로 나아가는 것에 대한 조심스러움 사이에 미묘한 균형을 유지해야 한다. 5장에서 이야기했듯이, 무엇을 얼마나 이야기할 것인지를 결정하는 것은 집단원들이 선택한다. 집단원들이 다른 사람들에게 자신에 대해 무엇이라 말할지 선택하는 것을 자신이 통제할 수 있음을 인식하게 될 때, 그들은 자기개방에 대해 덜 두려워하는 경향이 있다.

심리적으로 노출되고 취약한 상태에 처할 것에 대한 두려움　몇몇 집단원들은 취약한 상태에 있다는 기분을 피하고 싶어서 집단에 충분히 참여하기를 망설이기도 한다. 일상적인 관계에서 다른 사람들에게 자신을 표현한 것 때문에 수치스러움을 느꼈거나, 공격이나 비난 또는 비웃음을 받았던 집단원들은 개인적인 방식으로 자신에 대해 나누는 것이 너무 위험하다고 느낄 수 있다. 이때 집단지도자가 해야 할 중요한 일은 이런 집단원들이 집단 안에서 취약한 상태가 됨으로써 새롭고 더 건강한 경험을 하도록 촉진하면서, 동시에 그들이 자신의 과거 경험을 표현할 수 있도록 돕는 것이다. 예를 들어, 마리사는 그녀의 가족에게 자신의 감정을 표현하려 시도했던 일로부터 부정적 과거 경험을 가지고 있었다. 지도자는 마리사가 안전함을 느끼기 위해 지도자나 다른 집단원들로부터 필요한 것이 무엇인지를 그녀에게 질문했다. 그리고 나서 다른 집단원들은 그녀의 개방에 대한 자신의 반응을 나누었다. 지도자는 마리사에게 지도자와 집단원들의 반응을 들음으로써 그녀가 얼마나 안전하다고 느끼는지 말해보도록 부탁했다. 집단에서 마리사는 일단 자신의 감정이 알아차려지고 받아들여지면 자신이 안전하다는 느낌도 증가한다는 것을 배웠다. 이 경우, 집단지도자는 마리사가 현재 자신을 드러내는 정도를 결정할 때 그녀의 가족 내에서 일어났던 일보다 현재 집단상담에서 일어나고 있는 일에 기반을 두도록 함으로써 그녀가 자신의 두려움을 극복하도록 도울 수 있었다.

거절에 대한 두려움　우리는 종종 집단원들이 거절에 대한 두려움 때문에 집단에서 다른 집단원들과 깊게 관련되기를 꺼린다고 말하는 것을 듣는다. 스티븐은 사람들이 자신과 어떤 것도 함께하기를 원치 않을 것이라는 두려움에 대해 반복해서 말했다. 그는 거절의 고통으로부터 자신을 보호하기 위해 벽을 쌓았고, 만일 그가 자신에 대해 드러내면 집단이 자신에게서 등을 돌릴 것이라고 가정했다. 이때 지도자는 그에게 "이 방을 둘러보고 정말 여기 있는 모든 사람들이 당신을 확실히 거절할 것 같은지 생각해보겠어요?"라고 질문했다. 스티븐은 잠시 동안 방 안을 둘러보고는 10명의 집단원들 중에서 4명은 자신을 거절할 것이라고 확신하고 2명은 잘 모르겠다고 대답했다. 스티븐은 계속 작업하기를 동의했고, 지도자는 스티븐으로 하여금 자기를 거절할 것이라고 생각하는 사람들에게 "저는 당신이 …… 때문에 저를 거절할 것 같아서 두렵습니다."라고 말하게 함으로써 그러한 생각이 자신의 투사임을 '인정'하도록 촉진했다. 스티븐은 또한 자신을 좀 더 받아들여줄 것 같은 사람들에게도 그가 그들에 대해 왜 그렇게 생각하는지 이야기했다. 스티븐이 작업을 끝냈을 때, 다른 집단원들은 배려하는 방식으로 그에게 반응하면서 왜 그들이 스티븐을 두려워했는지 또는 왜 그와 가까워지는 것이 어려웠는지 설명했다. 이 탐색을 통해 스티븐은 거절감을 형성하는 과정에 자신도 한몫을 하고 있다는 것을 알게 되었다. 이러한 연습을 할 때, 만일 집단원들이 방어적인 태도를 취하게 되고 스티븐에게 반응하기를 원해서 그의 작업 흐름을 방해하게 되면, 지도자는 이에 반드시 개입해야 한다. 여기에서 집단원들은 스티븐이 말하고 있는 것이 집단원들에 대한 것이라기보다 그 자신에 대한 것임을 배우는 것이 중요하다. 이 작업은 집단원들이 그 순간에 실제로 스티븐을 거절했는지 아닌지의 여부를 밝히는 것보다 스티븐의 투사와 거절당하고 있다는 지각을 다루는 것이다.

오해받거나 판단될 것에 대한 두려움　어떤 사람들에게는 판단되거나 오해받을지도 모른다는 두려움이 자신을 집단에 알리는 데 매우 큰 걸림돌이 된다. 이것은 특히 다양한 형태로 억압 또는 차별을 경험했던 집단원들에게 어려울 수 있다. 집단 작업에서 다양한 문화적 배경을 가진 집단원들이 그들이 특정한 문화 집단에 속했다는 이유로 낙인찍히거나 판단받고 그 문화 집단에 속한 다른 사람들과 자기 자신을 방어해야 하는 것처럼 느끼는 고통스러운 경험을 나누는 것을 듣는 일은 흔하다. 몇몇 집단원들은 그들이 '다르다'는 이유로 명시적으로 그리고 암시적으로 어떤 집단(전형적으로는 학교)에서 웃음거리가 되거나 차별당했던 초기 기억을 가지고 있다. 이러한 집단원들에게 중요한 것은 지도자가 그들의 내력을 이해하고 존중하며, 이 집단이 이전의 집단과 다를 것이라고 그들을 너무 빨리 안심시키려 하지 않는 것이다. 집단원들이 오해받거나 판단됨으로써 겪은 예전의 고통을 표현하도록 도움으로써 지도자는 보다 긍정적인 결과를 가져다 줄 위험을 감수하는 새로운 방법을 탐색하는 도구를 제공할 수 있다.

도전받거나 소외될 것에 대한 두려움 어떤 집단원들은 지도자나 다른 집단원들로부터 도전을 받는 것에 대한 두려움을 피하는 하나의 방법으로 집단에서 침묵하거나 숨어있기도 한다. 어떤 사람들은 갈등이 일어나는 것을 극도로 어려워하고 집단에서 초점이 자신들에게 집중될 것을 두려워할 수 있다. 그들은 '말하도록 요청되기만 하면' 그것이 부정적일 거라고 믿으면서 **이분법적 생각**에 빠져있을지 모른다. 이런 두려움이 성격, 문화적 요소, 인생 경험 중 어떤 요인 때문이든지 간에, 지도자는 주저하는 집단원들이 두려움으로 마비되지 않으면서 집단에 참여하고 다른 사람들과 함께 어울리는 방법을 찾도록 도울 수 있다. 지도자는 이러한 집단원들이 숨어있음으로써 그들 스스로와 다른 사람들을 속여 귀중한 만남을 할 수 있는 가능성을 빼앗고 있다는 점을 알도록 도와야 한다. 이로 인해 지도자는 두려워하는 집단원들이 그들을 스스로 드러내는 방향으로 나아가기 위해 조치를 취하기 시작하는 것을 도울 수 있다.

통제를 잃을 것에 대한 두려움 어떤 집단에서 마린은 자신의 고통스러운 부분에 대해 이야기한 후에 훨씬 더 상처입기 쉬운 상태로 남게 될 것에 대한 두려움을 표현했다. 그녀는 그 두려움이 '너무 깊이 들어가는 것'에 대한 불안이라고 표현했다. 그녀는 '내가 그 고통을 견뎌낼 수 있을까? 문제들이 지금과 같이 그냥 그대로 남아 있는 게 최선일지도 몰라. 내가 울기 시작하면 절대 멈추지 못할 거야! 비록 집단 내에서 지지를 얻는다 해도, 집단이 끝나면 내가 무엇을 할 수 있을까?'라고 생각했다. 지도자는 "당신은 지금까지 외로웠고 그것은 고통스러운 경험이었을 것이라고 생각합니다. 이런 일이 일어날 때 당신은 보통 어떻게 합니까?"라고 물었다. 마린은 다음과 같이 대답했다. "방문을 잠그고, 누구와도 말하지 않아요. 단지 혼자서 울고, 그러고 나면 또 우울해지죠." 지도자는 마린에게 집단원들 중에서 자신의 고통을 가장 잘 이해해줄 것 같은 두세 사람을 선택하고 그들을 바라보면서 자신의 삶의 고통에 대해 이야기해보라고 했다. 이러한 작업을 하면서, 그녀는 고통 가운데 혼자 고립되어 있는 것과 다른 사람들과 고통을 나누고 지지를 받는 것 사이의 차이를 발견하게 되었다. 또한 자신이 그렇게 하기로 선택하지만 않는다면, 고통을 그녀 혼자 다루지 않아도 된다는 것을 깨닫게 되었다. 또한 지도자는 그녀에게 집단 안에서 그리고 집단 밖의 삶에서 도움이 필요할 때 접근할 수 있는 몇몇 사람들을 찾아보도록 요구할 수 있다.

그 외 몇 가지 두려움 집단원들은 그 밖의 다양한 두려움을 종종 표현한다.

- 나는 여기 있는 사람들을 집단 밖에서 만났을 때 그들이 나에 대해 어떻게 생각할지 염려됩니다.
- 집단 밖에서 사람들이 나에 대해 이야기할까봐 두렵습니다.
- 집단에 의존하게 되고 내 문제를 해결하기 위해 다른 사람들의 도움을 너무 많이 필요로 하게 될까봐 두렵습니다.
- 만약 내가 화가 나면, 통제를 잃고 누군가에게 상처를 줄까봐 두렵습니다.
- 나는 일단 마음을 열면 다시는 그 마음을 닫을 수 없을까봐 걱정됩니다.
- 나는 신체적 접촉이 불편합니다. 내가 원하지 않을 때에도 내가 다른 사람들을 포옹해야 할까봐 두렵습니다.
- 내가 내 문제에 대해 이야기하느라 집단의 시간을 너무 많이 사용해서 다른 사람들을 지루하게 할까봐 걱정됩니다.
- 나는 여기에서 사람들과 가까워지지만 집단이 끝나고 나면 다시 만나지 못하게 될까봐 두렵습니다.

이러한 두려움을 모두 제거하려는 것은 비현실적인 기대이지만, 우리는 집단원들로 하여금 이러한 두려움에 대해 이야기함으로써 그것에 직면하도록 격려할 수 있다. 지도자로서의 본보기를 보여주는 것을 통해, 지도자는 집단원들이 편안한 마음으로 자신의 두려움을 시험해보고 현실적인 두려움과 비현실적인 두려움을 구별해볼 수 있을 정도의 신뢰하는 분위기를 형성하는 것을 도울 수 있다. 만일 집단원들이 그들의 두려움에 대해 이야기하기로 결정하고, 이러한 결정이 상대적으로 집단의 초기에 이루어진다면, 집단이 전개되면서 다른 개인적 염려를 건설적으로 다루는 것을 가능하게 해줄 훌륭한 신뢰의 기초가 형성된다.

경험 일지 촉진 질문

집단원들이 때때로 얼마나 취약한 상태에 있다는 기분을 느끼는지 상기하기 위한 하나의 방법으로서 지도자가 자기 자신의 두려움을 성찰해보는 것이 도움이 될 수 있다. 지도자는 리더십 역할이 주는 안전감 뒤에 숨고, 들여다보기에는 불편하지만 연민과 공감을 증가시킬 수 있는 자기 내면의 일부에 스스로를 연결하는 것을 잊어버리기 쉽다.

1. 당신이 집단에서 경험했던 두려움의 예를 하나 들면, 그것은 무엇인가?
2. 이러한 두려움이 당신의 집단 참여에 어떤 영향을 미쳤는가?
3. 당신은 이러한 두려움에 어떻게 도전할 수 있었는가?

통제와 관련된 어려움

집단에서 통제감을 유지하는 것은 과도기에서 일반적인 주제 중 하나이다. 몇 가지 특징적인 집단 행동으로는 책임의 분배나 의사결정 절차에 대한 토론 등이 포함된다. 과도기에서 집단원들의 주요한 불안은 책임을 너무 많이 지게 되거나 너무 적게 지는 것과 관련된다. 이러한 주제를 건설적으로 다루기 위해, 집단원들은 그 주제를 표면으로 나타내서 이야기를 나누어야 한다. 만약 '지금 여기'의 문제가 무시된다면, 집단은 숨겨진 주제 때문에 방해를 받을 것이다.

여기에서 지도자의 과제는 통제를 유지하기 위해 집단원들이 노력하는 것이 어쩌면 더 깊은 작업을 하는 것으로부터 스스로를 보호하기 위한 방법일지 모른다는 것을 집단원들이 이해하도록 돕는 것이다. 예를 들어, 헤더가 다음과 같이 말했다고 가정하자. '제가 어떤 말이나 행동을 하든지 간에 그게 결코 올바른 것으로 평가되는 것 같지는 않네요. 왜 저는 그냥 제 방식대로 할 수 없는 거죠?' 지도자는 다음과 같이 반응할 수 있다. '저는 당신이 하는 것들을 옳은지 옳지 않은지의 관점에서 보고 있지 않아요. 그보다는 당신이 무엇을 하는 것이 당신이 세운 목표를 달성하는 데 도움이 될까에 더 관심이 있어요. 저는 당신이 삶에서 어려운 부분에 대해 이야기하기를 회피하는 것같이 느꼈어요.' 또 다른 방식으로는 지도자가 헤더에게 '이 집단에서 당신의 시간을 어떻게 사용하고 싶습니까?'라고 물어보거나, '이 집단에서 어떤 것이 당신에게 도움이 되었고, 어떤 것이 도움이 되지 않았는지를 좀 더 이야기해주십시오.'라고 말할 수도 있다.

갈등

어떤 사람들에게 갈등은 집단에서나 일상생활에서나 모두 다루기 어려운 주제이다. 그들은 갈등이 무엇인가가 본질적으로 잘못되었다는 신호이고 어떻게 해서라도 피해야 한다고 가정한다. 집단 안에서 갈등이 있을 때, 지도자나 집단원들은 갈등을 해결하기 위해 필수적인 시간과 노력을 들이기보다는 갈등을 피하고 싶어 하는 경우가 가끔 있다. 그러나 이러한 회피는 집단의 작업을 방해할 수 있다. 갈등은 모든 관계에서 일어날 수 있으며, 문제가 되는 것은 갈등을 회피하는 태도인 경우가 많다. 탐색되지 않은 갈등은 대체로 방어적 행동, 직접적이지 못함, 신뢰의 전반적인 부족 등으로 나타난다. 집단은 갈등을 효과적으로 다루는 법을 배울 수 있는 이상적인 환경을 제공한다. 집단 발달의 모든 단계에서 그렇기는 하지만, 특히 초기 단계에서 신뢰의 수준이 높아질 수 있도록 갈등을 인정하고 효과적으로 다루는 것은 매우 중요하다. 그러므로 집단 상담자가 해야 할 중요한 과제 중 하나는 건설적인 방식으로 갈등을 해결해나가는 일의 가치를 집단원들에게 가르치는 것이다.

제니퍼는 어떤 집단 안에서 다음과 같이 갈등을 표현했다. "여기에 있는 몇몇 사람들은 말을 전혀 하지 않네요." 휴스턴이 즉시 방어적으로 대답했다. "모든 사람들이 당신처럼 말을 많이 해야 할 필요는 없어요." 레티시아가 가세하여 비꼬는 투로 말했다. "음……, 제니퍼, 당신은 얘기를 너무 많이 해서 제가 참여할 기회조차 주지 않았어요!" 알레한드로는 "당신들이 이 논쟁을 멈추었으면 좋겠어요. 이런 식으로 하면 집단은 어떤 방향으로든 나아가지 못해요."라고 말했다. 이때 상담자의 효과적이지 않은 개입은 '알레한드로, 당신에게 동의해요. 우리 그냥 사이좋게 지내려고 노력해보는 게 어떨까요?' 또는 '제니퍼, 당신이 맞아요. 이 집단 안에 말을 거의 하지 않는 사람들이 있어요. 저는 그 사람들이 당신처럼 위험을 감수했으면 좋겠어요!' 등의 반응이다. 이러한 발언은 집단원들의 방어를 오히려 증가시킨다.

이렇게 드러난 갈등은 지도자가 집단원들이 이야기한 내용이나 이야기하지 않은 내용 밑에 숨겨진 역동을 탐색하는 접근을 취할 때 건설적으로 다루어질 수 있었다. "알레한드로, 당신에게 동의해요. 지금 우리들은 애를 먹고 있지요. 그러나 저는 사람들이 이야기를 멈추지 않았으면 좋겠어요. 왜냐하면 우리들은 이 모든 것들이 어떤 의미인지 알아야 하니까요." 또한 제니퍼에게 지도자는 다음과 같이 질문했다. "이 모든 반응에 대해 어떻게 느낍니까? 특히 얘기를 듣고 싶은 사람이 있습니까? 사람들이 말을 많이 하지 않을 때 어떻게 느껴집니까? 사람들이 더 많이 말을 한다면 그것이 어떻게 도움이 되겠습니까?"

제니퍼가 원래 했던 말은 방어적이었고 집단을 전반적으로 질책하는 것이었다. 집단은 이에 대해 이해할 만한 방어로 반응했다. 지도자는 이 집단에서 제니퍼가 겪는 어려움에 초점을 맞추었고, 그녀가 침묵하고 있다고 생각한 사람들에 의해 어떤 영향을 받았는지 좀 더 구체화시키려고 노력했다. 이 갈등은 제니퍼가 사람들이 이야기를 별로 하지 않을 때 그들이 그녀에 대해 판단하고 있을까봐 두려워했다는 것과, 다른 사람들이 자신을 어떻게 생각하고 있는지에 관심이 많다는 것을 집단원들에게 알림으로써 해결되었다. 만약에 제니퍼가 레티시아에게 다음과 같이 말했다면 이러한 갈등은 일어나지 않았을 가능성이 크다. '당신은 조용히 있는 것 같아요. 저는 당신이 저에 대해 어떻게 생각하고 있는지 종종 궁금해요. 당신의 이야기를 듣고 싶어요.' 이 같은 말은 제니퍼가 질책하듯 말했을 때보다 그녀의 심정을 더 정확하게 반영했을 것이다. 지도자가 집단원들 사이에서 갈등의 표현을 차단하지 않고, 감정과 생각을 좀 더 직접적이고 개인적인 방식으로 표현하도록 촉진하는 것이 중요하다.

갈등은 집단 안에 존재하는 다양성 문제에 주의를 기울이지 않기 때문에 일어나기도 한다. 갈등과 불신의 잠재적 근원이 되는 집단의 다양성의 영역에는 나이, 성, 언어,

성적 지향성, 사회 경제적 지위, 권력, 특권, 장애, 인종, 민족, 교육 정도 등에 있어서의 차이가 포함된다. 지도자는 다른 문화에서 온 사람들이 다른 방식으로 갈등을 다룰 수 있다는 것을 알고 있어야 한다. 어떤 문화에서 갈등처럼 보이는 것이 다른 문화에서는 규범적인 상호작용일 수도 있다.

한편, 집단원들은 그들의 문화적 배경과는 상관없이 원가족에서 습득한 패턴 때문에 갈등을 다루는 데 어려움을 겪을 수 있다. 어떤 사람들은 갈등이라는 것이 누군가가 다치거나 승자나 패자가 발생하는 상황이라는 의미를 가지는 가족 안에서 성장한다. 이러한 집단원들은 건강한 관계의 한 부분으로서 갈등을 다루는 법을 습득하지 못했을지도 모른다. 특권을 가진 계층에 속한 사람들은 특권을 가지지 못한 계층의 사람들의 경험을 이해하기 어려울 수 있다. 예를 들어, 백인 남성인 조지는 자신이 어떤 면에서도 특권을 가졌다고 보지 않으며, 그의 삶은 전적으로 자신의 힘든 노력의 결과라고 주장했다. 조지는 자신의 인종이나 성과 관련된 어떠한 특권도 단호하게 부정했다. 조지의 이러한 주장에 대해 많은 유색인종 집단원들과 여성 집단원들은 조지(또는 그와 유사한 사람들)가 자신의 특권적 위치를 검토해보려는 인식이나 의지가 부족하다고 주장하면서 좌절감을 표현했고, 더러는 화를 내기도 했다. 이처럼 많은 문화적 갈등의 경우에서 중요한 핵심은 다른 집단원들을 판단하거나 비난하지 않으면서 주제 및 그와 관련된 감정에 대해 탐색하도록 촉진할 수 있어야 한다는 것이다. 이런 종류의 촉진적 개입을 하기 위해서는 복잡한 다문화적인 주제에 대한 이해와 집단 과정에 대한 경험이 필요하다.

또 다른 예로, 이중 문화에 속한 집단원 마리아가 특유의 억양으로 말한다고 생각해 보자. 만약 마리아가 그녀의 억양에 대해 사람들이 어떻게 반응할지 불안하다고 이야기하는데, 차별당하는 문제로 고심할 필요가 없었던 다른 집단원들이 그녀의 염려에 대해 공감할 수 없다면, 마리아는 일상생활에서 자주 그랬던 것처럼 집단에서도 다시 상처를 받게 될지도 모른다. 그렇게 되면 마리아는 이해받거나 안전하다는 느낌을 받지 못하기 때문에 다른 중요한 주제에 대해 이야기하지 않을 가능성이 크다. 신뢰하는 분위기가 형성된다면, 집단원들의 차이를 이해하거나 인정하지 못하는 결과로 발생하는 모든 갈등에 대해 반드시 공개적으로 다루어지고 작업이 이루어져야 한다. 만약 이러한 갈등이 무시된다면, 불신이 나타나게 되고 집단이 더 이상 발전하지 않고 멈출 수 있다.

지도자는 상반된다고 느껴질 수 있는 입장들 사이에서 깊은 보살핌과 관심을 가지고 균형을 이루어야 한다. 즉, 집단원들로 하여금 상호작용으로 인해 상대방의 말을 막지 않으면서 동시에 다른 집단원들의 경험을 경청하도록 해야 한다. 이는 상호작용이 예의바르게 이루어져야 한다거나 심지어 편안해야 한다는 것을 의미하지 않는다. 그와 반대로, 다양성에 대한 의미 있고 진솔한 논의는 어느 정도 강렬하고 고조된 감정을 수반하는 경우가 많다. 지도자가 할 일은 이런 감정이 앞으로 나아가는 것을 방해할 정도로 사람들을 마비시키지는 않되, 집단원들이 다양한 문화적 맥락과 삶에 관한 더 큰 자기 인식과 다른 사람들의 관점에 대한 더 나은 이해를 얻기 위해 서로 생각과 감정을 교환하는 것에 힘쓰도록 동기를 부여하는 방식으로 촉진하는 것이다.

일반적으로 집단의 응집력은 갈등이 인식되고 건강한 방법으로 표현된 이후에 증가된다. 무엇이 집단원들을 조심스럽게 만드는지에 대해 이야기하는 것은 집단의 자유와 신뢰성을 시험해보는 하나의 방법이다. 과도기 단계에서 집단원들은 이 집단이 개방적으로 다른 의견을 이야기할 수 있는 안전한 장소인지, 그리고 어떠한 격렬한 감정을 표현하더라도 받아들여질지에 대해 계속 시험한다. 갈등이 건설적으로 논의될 때 집단원들은 그들의 관계가 솔직한 수준의 도전을 견딜 만큼 충분히 견고하다는 것을 알게 되는데, 이는 많은 사람들이 집단 밖의 관계들에서도 이루고 싶어 하는 것이다.

지도자는 자신이 이끄는 집단에서 발생한 갈등을 다루는 것에 대한 스스로의 염려를 성찰해볼 필요가 있다.

- 갈등이 자신을 대상으로 한 경우 당신은 그 갈등을 얼마나 자신 있게 다룰 수 있는가?
- 당신은 집단원들 사이의 갈등을 효과적으로 다루기 위해 필요한 기술을 가지고 있는가?
- 집단에서 발생하는 갈등을 효과적으로 다루도록 집단원들을 돕는 자신의 능력을 향상시키기 위해 당신은 어떤 조치를 취할 수 있는가?

직면

만일 사람들이 좀 더 깊고 정직하게 자신을 들여다보길 원한다면, 내면의 감정을 표현하는 위험을 기꺼이 감수하는 것은 필수적이다. 비록 그렇게 하는 것이 말하기에도 듣기에도 둘 다 어렵다 하더라도 말이다. 만일 직면이 돌보는 태도와 존중하는 방식으로 이루어진다면, 이러한 개입은 종종 변화를 촉진한다. 또한 대부분의 건강한 관계에서 그렇듯 직면은 집단과정에서도 기본적인 부분이라는 것을 집단원들이 아는 것이 중요하다.

지도자는 집단원들에게 무엇이 직면이고, 또 무엇이 직면이 아닌지, 그리고 건설적으로 상호작용하는 방법은 무엇인지 가르쳐줄 책임이 있다. 직면은 (1) 다른 사람들을 비방하는 것이 아니고, (2) 부정적인 피드백으로 다른 사람들을 공격하고서 뒤로 물러나는 것이 아니며, (3) 다른 사람들에게 상처를 주려는 목적으로 적대시하는 것이 아니고, (4) 다른 사람들에게 그들이 근본적으로 무슨 문제가 있는지 이야기해주는 것도 아니며, (5) 다른 사람들의 본래의 모습을 공격하는 것도 아니다. 돌보는 태도로 하는 직면은 집단원들이 그들 스스로에 대한 정직한 평가를 할 수 있게 도와주고 그들의 반응에 대해 더 이야기할 수 있도록 해준다. 이상적으로, 우리는 직면을 건설적인 피드백의 한 형태, 즉 집단원이 변화하기를 원하는지 결정하기 위해 그들의 대인관계 양식이나 삶의 어떤 측면들에 대해 바라보도록 집단원들에게 기회를 주는 것으로 본다.

다양한 문화적 배경을 가진 사람들 사이에는 다른 사람들에게 직면하는 방법이나 직면에 대해 반응하는 방법이 각양각색으로 나타난다. 따라서 다양한 문화적 배경을 가진 내담자들과 작업할 때, 어떤 집단원에게는 '간접적으로' 말하는 것이 문화적 가치일 수 있다는 것을 명심하는 게 중요하다. 만약 그들의 간접성에 대해 직면을 한다면, 또는 그들이 변화하기를 기대한다면, 이러한 집단원들은 그러한 직면을 무례함의 표시라고 인식할 수 있다. 심지어 그들은 당혹감을 느끼고, 이는 그들이 집단으로 돌아가지 않기로 결정하는 결과를 가져올지도 모른다. 적절한 시기를 포착하는 것과 집단원의 문화적 배경에 대해 세심하게 헤아리는 것은 직면이 효과적일지 아닐지를 결정하는 핵심 요인이다. 유사한 문화를 공유하는 집단원들 사이의 직면은 다른 문화적 또는 인종적 배경을 가진 집단원들 사이의 직면보다 덜 방어적으로 다루어질 수 있는데, 이는 그들이 이미 어느 정도 공통된 이해를 공유하고 있기 때문이다. 예를 들어, 한 아프리카계 미국인 남성 집단원이 또 다른 아프리카계 미국인 남성 집단원에게 언급한 것은 다른 백인 미국인 남성 집단원이 같은 언급을 했을 때보다 덜 방어적으로 받아들여질지 모른다.

집단에서 우리는 집단원들에게 적절하고 책임감 있는 직면을 위해 다음과 같은 지침을 제공한다.

- 집단원들이나 지도자는 자신이 왜 직면을 하고 있는지 알아야 한다.
- 직면은 그 사람이 어떤 사람인지에 대해 독단적으로 말하는 것이 아니다.
- 직면할 때, 직면의 대상이 되는 집단원을 단순히 낙인찍거나 판단 또는 분석하기보다 그가 다른 집단원들에게 어떤 영향을 미쳤는지에 대해 이야기를 해준다.
- 직면은 구체적이고 관찰이 가능한 행동에 초점이 맞춰졌을 때 더 효과적이다.
- 직면의 목표 중 하나는 다른 사람들과 더 가깝고 진실한 관계를 발전시키는 것이다.
- 민감성은 효과적인 직면의 중요한 요소이다. 직면을 하는 사람이 자신이 직면을 받는 사람의 입장에 있다고 상상하는 것도 도움이 된다.

- 직면을 하는 사람은 자신이 다른 사람에게 하도록 요구하고 있는 것을 자신도 기꺼이 하고자 하는 마음이 있는지 스스로에게 물어보아야 한다.
- 직면은 다른 사람들이 그 피드백에 대해 반응하거나 피드백을 따라 행동하도록 기대하기 전에 그들이 받은 피드백에 대해 깊이 숙고할 기회를 제공하는 것이어야 한다.
- 직면은 내담자가 대안적인 관점을 고려하도록 해주는 수단이다.

집단에서 일어나는 직면의 질은 집단이 얼마나 효과적인지를 보여주는 지표가 된다. 더 응집력이 있는 집단일수록 집단원들과 지도자는 더 많이 도전할 수 있다.

직면에 대한 주제를 좀 더 구체화하기 위해 몇 가지 예시를 살펴보자. 각 항목의 첫 번째는 비효과적인 직면이고, 두 번째는 효과적인 직면이다. 이러한 예시는 집단원들이 서로 이야기를 나눌 수 있는 여러 가지 방법 중 일부를 보여준다. 지도자의 역할은 직면의 더 **효과적인** 방법을 사용하는 본보기를 보여주고 그 방법에 대해 집단원들을 가르치는 것이다. 다음의 예시들을 읽으면서 당신이 효과적인 직면과 비효과적인 직면 모두를 받는 사람이라고 상상하고, 이러한 각각의 말들을 듣는다면 어떤 기분일지 생각해보라. 각각의 상황에서 당신은 어떻게 반응할 것 같은가?

비효과적인 직면: 당신은 항상 모든 사람들에게 조언을 하는군요. 저는 당신이 이번 한 번만은 자기 자신에게 초점을 맞추기를 바랍니다.

효과적인 직면: 당신이 저에게 조언을 줄 때 그것을 듣기가 어렵습니다. 만약 당신이 자신의 경험에 대해 좀 더 말해준다면 저는 그것을 더 잘 받아들이게 될 것 같은데 말이지요.

비효과적인 직면: 당신은 이 집단에서 아무것도 얻지 못하고 있습니다. 당신은 아무 말도 하지 않고 단지 관찰만 하고 있습니다. 우리는 당신에게 단지 흥미로운 사례들일 뿐이지요.

효과적인 직면: 저는 당신을 더 알고 싶습니다. 당신은 자신에 대해 이야기하기보다는 우리의 이야기를 듣는 데 더 관심이 있는 것처럼 보이기 때문에 당신과 가깝다는 느낌을 받기 어렵습니다.

비효과적인 직면: 당신은 정말 동성애혐오자인 것 같아요.

효과적인 직면: 당신은 LGBT(여성 동성애자, 남성 동성애자, 양성애자, 성전환자를 포함하는 성적 소수자들) 공동체에 대해 일반화를 많이 했고, 저는 당신이 했던 말 때문에 마음이 상했습니다. 저는 당신이 저를 더 잘 알기

를 바라지만, 한편으로는 당신에게 저를 더 공개하고 상처 받을지도 모르는 상태가 되는 것이 안전하게 느껴지지 않습니다.

비효과적인 직면: 당신은 항상 너무나 판단적입니다.

효과적인 직면: 당신이 저를 어떻게 생각할지 두렵기 때문에 저는 당신에 대해 불편함을 느낍니다. 당신의 의견은 저에게 중요해요.

비효과적인 직면: 당신은 정직하지 않아요. 당신은 항상 웃고 있지만, 그건 진짜가 아닙니다.

효과적인 직면: 저는 당신을 신뢰하기 어려워요. 왜냐하면 당신은 화가 난다고 말할 때에도 종종 웃고 있기 때문입니다. 그래서 저는 어떤 것을 믿어야 할지 알기 어렵습니다.

비효과적인 직면: 저는 당신의 수작에 질렸어요.

효과적인 직면: 당신의 말을 믿기 어려워요. 제가 당신에 대해 이렇게 느낀다는 것이 불편하고 이에 대해 당신과 이야기해보고 싶습니다.

위에서 비효과적인 직면의 각 예시를 보면, 직면을 받는 사람들은 자신이 어떤 사람인지에 대한 이야기를 듣고 있으며, 어떤 점에서는 무시당하고 있다. 반면, 효과적인 직면에서는, 직면을 하는 집단원이 상대방에 대한 자신의 인식과 느낌을 드러내고 있다. 이때 직면을 하는 집단원이 상대방에 의해 어떤 영향을 받았는지 말하는 것은 단지 상대방에 대해서뿐만 아니라, 그 자신에 대해서 말하는 셈이기도 하다. 그들의 어려움에 대해 다른 사람들을 탓하지 않음으로써, 집단원들은 존중과 이해를 가지고 서로에게 직면할 수 있다.

집단지도자에 대한 도전

지도자는 집단 과정 전체에 걸쳐 도전을 받지만, 과도기 단계에서는 개인적인 측면과 전문가적인 측면 둘 다에서 더 많은 직면을 받는다. 예를 들어, 몇몇 집단원들은 지도자가 '올바른' 유형의 리더십을 갖고 있지 않다고 불평하면서 지도자의 능력에 대해 도전할 수도 있다. 지도자가 모든 직면을 자신의 기술이나 본래의 모습에 대한 공격이라고 가정하는 것은 잘못된 것이다. 대신, 지도자는 집단원들이 말한 내용을 살펴봄으로써 도전과 공격을 구별할 수 있어야 한다. 지도자가 집단원들의 직면에 어떻게 반응하는지는 집단원들이 나중에 얼마나 신뢰를 가지고 직면에 접근할 것인지에 영향을 준다.

만약 오스카가 상담자에게 '저는 이 집단이 지루해요. 이 집단이 좀 더 잘 진행되도록 당신이 무언가를 했으면 좋겠습니다.'라고 말했다고 하자. 이때 치료적인 반응은 '제가 어떻게 하기를 바라는지, 또는 당신이 집단에서 바라는 것이 무엇인지 좀 더 말씀해주십시오.', '당신이 보기에 이 집단상담에서 빠진 것이 무엇인지 좀 더 말씀해주십시오.', '이 집단상담을 당신에게 더 의미 있게 만들기 위해 당신이 지속할 수 있는 것은 무엇입니까?' 등을 포함할 수 있다. (말을 함으로써, 오스카는 자기 힘으로 상황을 변화시키는 첫 걸음을 이미 내딛은 것이다.) 지도자가 집단을 다르게 운영해 달라는 오스카의 요구를 즉각적으로 따를 필요는 없다. 그러나 지도자는 오스카의 불만을 경청하고 그가 이러한 불만을 충분히 표현할 수 있도록 해야 한다. 지도자가 오스카의 지루함에 대한 모든 책임을 짊어질 필요는 없지만, 오스카와 함께 집단을 더 의미 있고 생산적으로 만들기 위해 그들의 공동 책임에 대해 탐색해야 한다. 그리고 지도자는 다른 집단원들이 오스카의 말에 대해 가지고 있는 반응을 표현하도록 돕는다.

도전이 지도자에게 있어서 편안한 것은 결코 아닐 수 있지만, 많은 경우에 이러한 직면은 집단원들이 지도자를 시험함으로써 지도자의 인정에 덜 의존하게 되기 위해 나아가는 중요한 첫 단계임을 인식하는 것이 중요하다. 집단의 어떤 단계에서든지 지도자가 자신의 리더십에 대한 도전을 어떻게 다루는지는 집단의 신뢰 수준에 중대한 영향을 미친다. 지도자가 열린 태도로 반응하고 방어적으로 되는 것을 피한다면 좋은 역할 본보기가 될 수 있다. 그러나 지도자가 비판에 과도하게 민감하고 약한 자아를 가지고 있다면, 그러한 직면을 개인적으로 받아들일 가능성이 크다. 그렇게 되면, 지도자로서의 효과성뿐만 아니라, 서로에 대한 신뢰와 열린 태도를 형성하는 집단의 능력도 제한될 것이다.

여기에서 묘사된 많은 도전들은 아마 집단원들과 지도자 모두에게 부정적이고 비관적이며 어렵고 불편해 보일지 모른다. 그러나 집단원들이 그들의 어려움들을 표현할 준비가 되었을 때만 긍정적이고 생산적인 결과가 나올 수 있다. 만일 이 장에서 다루는 많은 주제를 효과적으로 다룬다면, 집단에서 대인 관계가 깊어지고, 응집력을 증가시키며, 신뢰를 높이는 결과를 가져올 수 있다.

방어적 행동에 대한 집단지도자의 반응

방어적 행동은 과도기 동안에 다양한 형태로 나타난다. 중요한 것은 지도자가 집단원들의 방어를 인지하고 다루는 것을 배우며, 집단원들이 보이는 방어적 행동에 대한 지도자 자신의 반응을 알아차리는 것이다. 집단에서 어려운 시기를 만났을 때 몇몇 지도자들은 자신의 역동이나 자신이 개인적으로 어떤 영향을 받는지에 초점을 맞추기보다 '다루기 어려운 집단원들'이나 어려운 상황들 자체에만 초점을 맞추려는 경향이 있다.

전형적으로 지도자들은 다양한 감정들을 가지는데, 예를 들면 리더십 역할에 대해 도전받았다고 인지함으로써 느끼는 위협감, 집단원들의 협조나 열정이 부족함에 대한 분노, 자신이 집단을 이끌 자격이 있는지에 대한 의문이 들 정도의 부적절감, 어떤 문제가 있다고 명명된 몇몇 집단원들에 대한 원망, 집단의 느린 진행 속도에 대한 불안감 등이다.

비자발적인 집단을 운영하는 지도자는 집단원들의 비협조적인 행동에 당면할 가능성이 있다. 11장에 나오는 집단 제안서에는 Paul Jacobson이 고안한 가정폭력 집단이 포함되어 있는데, 이는 의무적으로 참여하는 집단에서 치료적으로 작업하는 지도자의 좋은 예를 보여준다. Paul Jacobson은 집단원들의 협조 부족을 최소화하기 위해 사용하는 구체적 전략을 기술하고, 치료 집단의 긍정적인 결과를 어떻게 최대화하는지 보여준다. 비록 집단원들이 집단상담에 의무적으로 참여했다 하더라도, 지도자는 다양한 종류의 문제 행동을 효과적으로 다루기 위한 많은 선택권을 가지고 있다.

지도자가 방어라고 인식한 행동에 대해서 강렬한 감정을 경험했을 때 개입하는 가장 강력한 방법 중 하나는 자기 자신의 감정과 그 상황에서 가능한 방어적인 반응에 대해 다루는 것이다. 만약 지도자가 자신의 반응을 무시한다면, 지도자는 집단에서 일어나는 상호작용에서 스스로를 제외시키는 것이다. 게다가, 집단원들에게 반응을 함으로써 지도자는 갈등과 문제 상황을 건너뛰거나 참고 견디기보다 그것을 다루는 직접적인 방식을 집단원들에게 본보기로 보여주게 된다. 지도자 자신의 생각, 감정, 관찰한 내용은 방어적 행동을 다루는 데 있어서 가장 강력한 자료가 될 수 있다. 집단에서 진행되는 것에 대한 지도자의 감정과 생각을 나눌 때(집단원들의 결함에 대해 비난하거나 비판하지 않고), 지도자는 집단원들에게 자신과의 정직하고 건설적인 상호작용을 경험하도록 해주는 것이다. 이렇게 함으로써 이 단계에서 종종 시험되는 신뢰가 형성된다. 많은 집단원들에게 지도자의 솔직함은 집단에서 작업할 수 있는 환경을 만드는 데 매우 중요하다.

문제 행동과 어려운 집단원들을 다루는 방법에 대해 설명한 다음 절을 읽을 때에도 이러한 점을 잘 기억하기 바란다. 비록 지도자가 '문제 집단원들'과 그들이 일으킨 혼란을 다루는 방법에 대해 배우기를 원한다는 점은 이해할 만하지만, 집단원들을 문제 있는 사람으로 명명하기보다는 실제 행동 그 자체에 중점을 두어야 한다. 문제 행동은 대부분의 집단원들이 집단의 진행 과정 동안 한 번쯤은 보이는 스스로를 보호하기 위한 행동의 발현이라고 생각하는 것이 도움이 된다.

지도자로서 다루기 어려운 집단원

때로는 집단지도자의 문제 행동 때문에 집단원들이 문제 행동을 보이게 되기도 한다. 그렇지만 가장 효과적인 집단지도자가 개입하는 집단에서조차도 집단원들은 자기 스스로나 다른 집단원들, 그리고 지도자를 어려움에 빠트릴 만한 문제 행동을 보일 가능성이 있다. 문제 행동을 최소화하는 규범을 형성할 때, 지도자는 집단원들에게 특정한 비생산적인 행동을 하지 말아야 하는 이유를 충분히 제공해야 한다. 예를 들어, 질문하기, 조언하기, 또는 사실적 이야기를 자세히 말하기 등이 왜 권장되지 않는지 집단원들이 궁금해 할 때, 지도자는 그들에게 충분한 대답을 해주어야 한다. 집단 경험에서 최대한 많은 것을 얻을 수 있게 해줄 생산적인 집단행동을 하도록 집단원들을 교육하는 것은 지도자가 해야 할 일이다. 지도자는 집단원들이 좀 더 효과적으로 의사소통하도록 도움을 줄 수 있다. 그뿐만 아니라, 지도자는 자신이 어떻게 개입하는지에 따라 집단원들의 문제 행동이 감소하거나 증가할 수 있음을 염두에 둘 필요가 있다.

치료 집단의 기본적 목적은 사람들에게 스스로를 새로운 관점에서 바라보고 다른 사람들이 자신을 어떻게 인식하는지를 보다 정확하게 알 수 있는 기회를 제공하는 것이다. 통찰과 변화를 촉진하기 위해서는, 지도자가 문제 행동을 근절하려고 너무 성급하게 시도해서는 안 된다. 우선, 지도자는 집단원들이 자기 자신을 스스로에게 또는 다른 사람들에게 문제를 일으키는 존재로 보고 있는지 알아내기 위해, 그리고 집단원들이 그들의 행동을 통해 의사소통하려고 시도하는 것은 무엇인지 발견하기 위해 집단을 관찰해야 한다. 만일 방어적 행동이 좀 더 건설적인 표현으로 바뀌는 중이라면, 다른 집단원들과 지도자 모두는 반드시 인내심이 있고 비판적이지 않아야 한다. 생산적인 집단 경험은 집단원들에게 이제는 더 이상 효과적이지 않은 행동 양식을 고집할 필요가 없다는 것을 가르칠 수 있다. 집단에서 제공되는 안도감을 가지고, 집단원들은 위험을 감수하고 보다 효과적으로 살아가는 방식을 발견하기 시작할 수 있다.

> **지도자는 자신이 어떻게 개입하는지에 따라 집단원들의 문제 행동이 감소하거나 증가할 수 있음을 염두에 둘 필요가 있다.**

다음은 지도자로서 다루기 어려운 집단원들과 상호작용할 때 도움이 될 만한 몇 가지 개입이다.

- 집단원들의 인격을 폄하하지 않으면서 그들에 대해 자신이 느끼는 어려움을 표현한다.
- 냉소적인 말에 대해 냉소적인 방식으로 반응하지 않는다.
- 집단원에게 집단이 어떻게 운영되는지 교육시킨다.

- 집단원들이 스스로를 방어하는 그들의 방식을 포기할 것을 너무 성급하게 기대하기보다는 집단원들로 하여금 자신의 방어를 탐색하도록 격려한다.
- 집단원에게 꼬리표를 붙이는 것을 피하고, 대신에 그 집단원의 행동을 기술한다.
- 관찰한 사실이나 직감적으로 느낀 것을 권위적인 태도로 말하기보다는 잠정적인 방식으로 이야기한다.
- 집단원의 문화적 배경을 민감하게 고려하고, 개인에 대해 고정관념을 갖는 것을 피한다.
- 자신의 역전이 반응을 관찰한다.
- 집단원들이 고통스럽고 어려운 부분을 다루도록 배려하고, 존중하는 방식으로 도전하고 격려한다.
- 갈등을 회피하지 않고, 그것을 탐색할 수 있는 방법을 찾는다.
- 집단원들의 반응을 개인적으로 받아들이는 것을 피하고, 지나치게 방어적인 방식으로 반응하지 않는다.
- 단순하거나 빠른 해결책을 제시하려 하기보다는 문제의 탐색을 촉진하도록 노력한다.
- 집단원들을 희생하면서 지도자 자신의 필요를 채우는 경우, 이에 주의를 기울이고 솔직한 태도를 취한다.
- 집단원들에게 판단이나 평가, 비난을 하지 않으면서 자신이 다른 집단원들의 문제 행동으로 인해 개인적으로 어떤 영향을 받았는지 이야기할 수 있는 기회를 준다.
- 만일 집단원들이 지도자에게 내적 반응을 불러 일으키면, 이것에 대해 치료적인 방식으로 집단에서 공유하거나 공동 지도자 또는 슈퍼바이저와 이야기를 나눈다.

다루기 어려운 집단원들과 함께 작업할 때, 지도자는 자신이 지도자로서 가지는 힘(power)을 알아차릴 필요가 있고, 집단원들과 지도자 사이에 존재하는 힘의 차이가 미치는 영향을 인식해야 한다. 또한 지도자는 지도자 자신의 행동을 관찰하고 자신의 개인적인 반응이 집단원의 방어적 행동 중 일부를 일으키고 있는 것은 아닌지 검토하는 것이 좋다. 이를 위해 지도자는 스스로에게 다음과 같은 질문을 해볼 수 있다.

- 이 집단원과 함께 작업할 때 나는 무엇을 생각하고 느끼는가?
- 나는 이 문제를 일으키거나 악화시키는 데 어떤 역할을 하는가?
- 이 집단원을 보면 내가 알고 있는 다른 누군가가 생각나지는 않는가?
- 이 집단원의 어떤 점이 나를 힘들게 하는가?

집단 기능에 역효과적인 행동을 다룰 경우, 이러한 행동이 개별 집단원에게 어떤 의미를 갖는지 이해하는 것은 유용하다. 집단에서 사람들은 비록 자신이 하는 행동이 그들에게 도움이 안 된다는 사실을 깨닫게 되더라도 자신이 지금까지 알던 방식으로 최선을 다하려고 하기 쉽다. 그러므로 지도자는 집단원들이 집단을 찾은 바로 그 이유가 자신을 표현하고 다른 사람들을 대하는 좀 더 효과적인 방법을 찾기 위한 것이었음을 상기해야 한다. 지도자가 다양한 문제 행동의 역동을 이해할 때, 그들은 이러한 행동을 집단에서 치료적으로 다루고 탐색하는 방법을 찾을 수 있다. 만일 지도자가 집단을 이끄는 자신의 능력에 대해 의문을 가지는 경우가 종종 있다면, 슈퍼비전이나 동료의 지지를 구하는 것이 좋다. 지도자는 개인적으로 그리고 직업적으로 성장할 수 있는 이러한 기회를 활용하고, 자신이 현재 배우고 있는 중이며 스스로에게 약간의 의심을 품고 있는 것은 정상적이라는 것을 인식해야 한다.

침묵과 참여 부족

침묵과 참여 부족은 대부분의 지도자가 접하게 되는 두 가지 형태의 어려운 행동이다. 침묵하는 집단원은 집단의 기능을 방해하지 않는 것처럼 보이지만, 이러한 행동은 그 집단원과 전체 집단 모두에 문제를 야기할 수 있다. 만약 조용한 집단원이 주목되지 않은 채로 지나간다면, 그의 침묵하는 패턴으로 인해 집단에서 다룰 필요가 있는 문제가 숨겨질 수 있다. 대체로 집단원들은 집단에서 침묵하는 사람들에 의해 영향을 받는다.

어떤 침묵하는 집단원은 그가 말을 하지 않는 것이 자신이 집단에 참여하고 있지 않기 때문은 아니라고 주장할 수도 있다. 그는 다른 집단원들의 문제를 경청하고 그것과 동일시함으로써 자신도 배우고 있다고 주장할지 모른다. 이러한 집단원은 '저는 다른 사람들이 말하는 것이 제가 말해야 하는 것보다 더 중요하다고 느껴요.'라고 말할 수도 있다. 또는 '저는 그들이 말할 때 방해하고 싶지 않아요. 그래서 나는 기다리는데, 그런 다음에는 내가 말해야 하는 것이 더 이상 연관되지 않는 것 같아요.'라고 말할 수도 있다. 지도자는 집단원들과 함께 침묵의 의미를 탐색해보아야 한다. 집단원들이 말을 하면서 참여하는 것이 불편하다고 하는 경우에, 지도자는 집단 회기 동안 일어난 일에 의해 그들이 어떻게 영향을 받았는지를 알 수 있는 방법이 없다. 집단원들은 다른 집단원들이 하고 있는 탐색에 의해 촉발된 반응을 가질 수 있는데, 만일 이러한 반응에 대해 이야기하지 않는다면, 그들이 집단에 속해 있는 것은 그들과 전체 집단 모두에게 사실상 역효과를 초래할 수 있다.

지도자는 침묵하는 집단원에게 지속적으로 말하도록 요청하는 것을 피해야 한다. 계속 그런 식으로 요청하면 그 집단원이 집단에서 상호작용을 시작해야 한다는 책임을 벗어나게 되기 때문이다. 이는 지도자에게 좌절감을 줄 뿐 아니라, 침묵하는 집단원과 나머지 집단원들 모두를 화나게 할 수 있다. 그러나 지도자는 집단 속에 다양한 문화권에서 온 집단원들을 포함시키도록 노력함으로써 그들이 집단에 참여하기에 충분히 편안해지도록 도울 필요가 있다. 다음은 참여하지 않는 행동에 대한 여러 가지 가능성 있는 이유다.

- 지도자에게 경의를 보이면서 지도자가 말을 하도록 요청할 때까지 기다림.
- 자신에게는 말할 가치가 있는 것이 별로 없다고 느낌.
- 자신에 대한 것을 이야기하면 안 된다고 느끼거나, 사람은 말보다는 행동으로 보여야 한다고 생각함.
- 집단 과정이 어떻게 진행되는지에 대해 불확실성. 예를 들어, 무슨 말이 적절하고 언제 그런 말을 해야 하는지 잘 모르는 것에 대한 두려움.
- 특정한 집단원들이나 지도자의 권위에 대한 두려움.
- 지도자나 다른 집단원들의 억압으로부터 자신을 보호하려고 함.
- 거절당할 것에 대한 두려움.
- 집단 내 신뢰의 부족.
- 집단원들이나 지도자에 대해 표현되지 않은 분노감.
- 비밀 누설에 대한 두려움.
- 다른 집단원들과 비교하여 자신은 기대에 미치지 못한다는 느낌.

침묵에 대해 집단원들을 비난하지 말고, 그 대신 그들이 참여할 수 있도록 격려하는 것이 중요하다. 지도자는 그러한 집단원들에게 그들의 침묵에 대해 판단을 내리기보다 관심을 표현하며 접근해야 한다. 지도자는 조용한 집단원들이 자신에 대해 공유하는 것을 돕기 위해 여러 가지 창의적인 방식으로 작업할 수 있다. 집단원들이 미술, 시, 음악 같은 다른 형태의 자기표현 방식을 가지고 있는지 탐색하는 것도 도움이 될지 모른다. 기존의 틀에서 벗어난 생각을 함으로써 조용한 집단원뿐만 아니라 모든 집단원을 집단에 참여시키는 창의적인 방법을 개발할 수 있다.

조용한 집단원들이 집단에 참여하도록 격려하는 또 다른 방법은 다른 사람들의 말에 대한 그들의 비언어적 반응을 관찰하는 것이다. 지도자는 자신이 무엇을 관찰했는지 언급할 수 있고, 이를 이용하여 그들을 집단에 참여하도록 할 수 있다. 예를 들어, 만약 노라가 자신의 학대적인 엄마에 관한 경험을 이야기할 때, 어떤 '조용한' 집단원이 눈물이 핑 돌거나 주의 깊게 경청하는 것을 지도자가 발견했다면, 지도자는 '제가 보기에 당신은 노라가 말하고 있는 것에 대해 뭔가 느낀 것이 있는 것 같아요. 무엇 때문에 당신이 자극되었는지 노라에게 말해줄 수 있나요?'라고 말할 수 있다.

때때로 지도자와 집단원들은 적극적인 언어적 참여에 지나치게 초점을 맞춤으로써 다양한 문화적 배경을 가진 집단원들이 보이는 비언어적 상호작용의 풍부함을 놓치기도 한다. 사실 모든 집단원들이 똑같이 참여하지는 않을 것이며, 몇몇 집단원들은 신뢰를 형성하는 데 좀 더 시간을 필요로 할지 모른다. 집단원들의 문화적 규범을 이해함으로써 그들의 부족한 언어적 참여에 대한 해결의 실마리를 찾을 수 있다. 지도자는 다양한 문화적 배경을 가진 사람들로 구성된 집단을 운영할 때 집단원들이 언어적으로 그리고 비언어적으로 자신을 드러내는 다양한 방식들을 반드시 인식하고 인정해야만 한다.

지도자가 집단원들로 하여금 그들의 침묵이 무엇을 의미하는지 탐색하도록 촉진하는 것은 종종 유용하다. 예를 들어, 그들은 집단 밖에서도 집단 안에서와 마찬가지로 침묵하는 모습을 보이는가? 이 집단에 있다는 것이 그들에게 어떻게 느껴지는가? 그들은 집단에서 좀 더 말을 많이 하면서 적극적으로 참여하고 싶은 바람을 가지고 있는가? 집단원들은 일반적으로 침묵하는 집단원들에 대한 반응을 가지고 있기 때문에, 나머지 집단원들도 이 논의에 참여할 수 있다. 그들은 그 사람에 대해 거의 아는 것이 없기 때문에 속았다는 느낌을 가지거나, 자신들이 위험을 감수하고 스스로를 드러낼 때 그 사람은 자신을 관찰하고 있었다는 것 때문에 두려워할지도 모른다. 만약 집단에서 거의 말을 하지 않는 집단원들이 몇 사람 있다면, 이야기를 적극적으로 하는 집단원들도 신뢰의 문제 때문에 점점 자신을 덜 드러내게 될 수 있다.

각 회기의 마지막에 가지는 체크아웃 과정(집단상담에서 나오기)은 조용한 집단원들로부터 최소한의 참여라도 이끌어내기 위해 종종 사용된다. 이는 침묵하는 경향이 있는 집단원들이 집단에서 무엇을 경험했는지 나눌 수 있게 하는 덜 위협적인 방법이다. 또한 비참여적인 집단원들이 회기 동안 말을 거의 하지 않고 있으면, 다른 집단원들은 그 원인을 자신에게 투사하는 경향이 있다는 것을 비참여적인 집단원들에게 가르치는 것도 중요하다. 지도자는 집단원들에게 매 회기마다 몇몇 시점에서 자신의 반응을 집단에서 공유한다는 계약을 하도록 요청할 수 있다. 또한, 한 회기를 마칠 무렵, 그들이 집단에 있는 것이 어떻게 느껴졌는지 물어보거나 그들이 얻기를 원했던 것들을 집단에서 얻고 있는지 질문할 수도 있다. 만일 그들이 집단에 참여하기를 원했지만 시간이 지나 기회를 놓친 순간들이 있었음을 내비친다면, 다음 회기에서 그 주제에 대해 처음으로 이야기할 수 있는 기회를 주는 계약을 하도록 할 수 있다.

독점하는 행동

집단 참여의 정도를 연속선상에 두고 생각해볼 때, 침묵하는 집단원의 반대편 끝에는 집단의 활동을 독점함으로써 높은 수준의 자기중심성을 보이는 집단원이 있다. 독점하는 집단원은 자신이 종종 다른 집단원들과 동일시한다고 주장하지만, 다른 집단원들의 말을 단지 자신의 삶에 대한 세부적인 이야기를 시작하는 부분으로만 받아들이는 경우가 많다. 이러한 집단원은 다른 집단원들이 집단 시간을 공유하지 못하도록 방해한다. 사람들은 때때로 좋은 집단원이란 말을 많이 하는 사람이라는 가정을 가지고 행동한다. 지도자는 이런 집단원들로 하여금 자기의 행동 이면에 있을 수 있는 가능한 역동을 탐색하도록 도와줄 필요가 있다. 그들이 말을 많이 하는 이유는 불안하거나, 지금까지 무시당하면서 살아왔거나, 집단에 대한 통제를 유지하려고 시도하고 있거나, 또는 다른 사람들로 하여금 자신의 말을 경청하게 하고 말을 하는 어떤 기회이든 이용하는 데 익숙한 특권을 가진 계층에 속하기 때문일 수 있다. 이처럼 독점하는 집단원들은 말을 많이 하지만, 자신에 대해 거의 드러내지 않는다는 점에서 그들의 최종 결과는 침묵하는 집단원들의 최종 결과와 결국 비슷할 수 있다.

집단의 초기 단계 동안에, 지도자뿐 아니라 집단원들도 다른 누군가가 처음으로 말을 시작하면 안도감을 느끼고, 아무도 그 사람이 집단의 중심 무대에 서는 것을 막지 않을 수 있다. 그러나 시간이 지나면서 지도자와 집단원들 모두는 점점 더 좌절을 느끼게 될 것이다. 회기가 계속됨에 따라 집단은 대체로 독점하는 사람을 견디기 어려워하는데, 이러한 짜증이 초기에 다뤄지지 않는다면 집단원들은 나중에 폭발적인 방식으로 감정을 표출할지 모른다.

윤리적인 이유와 실질적인 이유 모두에서, 독점적인 집단원에게 자신의 그러한 행동이 집단에 어떤 영향을 미치고 있는지를 살펴보도록 정중하게 도전하는 것이 중요하다. 윤리 지침은 지도자가 횡설수설하는 말을 방지하는 데 필수적인 개입 기술을 습득할 것을 제안한다. 집단원들이 좌절감 때문에 반응하고 적대적으로 되기 전에 지도자가 개입하는 것이 바람직하다. 다음은 지도자가 사용할 수 있는 몇 가지 개입 방법이다.

- '타냐, 당신은 많이 참여하는 것처럼 보입니다. 저는 당신이 집단에서 제기된 대부분의 문제들과 동일시한다는 것을 알아차렸어요. 저는 당신이 우리에게 이야기하려고 노력하고 있는 것이 무엇인지 잘 모르겠어요. 우리가 당신에 대해 들어주기 가장 원하는 것을 한 문장으로 말한다면 그것은 무엇인가요?'
- '타냐, 당신은 이야기를 많이 합니다. 이 방에 있는 다른 집단원들에게 돌아가면서 다음과 같은 말로 시작하는 문장을 완성해볼 수 있겠어요? '당신이 저에 대해 들어

주기 가장 원하는 것은⋯⋯.'이라는 문장 말이에요.' 생산적인 탐색으로 이끌 수 있는 또 다른 가능한 미완성 문장에는 다음과 같은 것들이 있다. '만약에 내가 ⋯⋯를 이야기하지 않았다면⋯⋯', '만약 내가 다른 사람들에게 ⋯⋯를 이야기하게 한다면⋯⋯', '나는 이야기할 것이 많습니다. 왜냐하면⋯⋯.', '사람들이 내 이야기를 듣지 않을 때 나는 ⋯⋯를 느낍니다.', '나는 당신이 내 이야기를 들어주기를 원합니다. 왜냐하면⋯⋯.'

지도자는 타냐에게 이 문장 가운데 어떤 것이든 하나를 완성하는 과정을 통해 각 집단원들과 차례차례 이야기를 하면서 방을 한 바퀴 돌아다니도록 요구할 수 있다. 이때 중요한 것은 그녀가 잘 다듬어 상세히 설명하지 않고 마음속에 처음 떠오르는 것을 이야기하도록 하는 것이다. 타냐가 돌아가면서 집단원들에게 이야기하는 동안 집단원들이 그녀에게 반응하지 않도록 교육하는 것이 좋다. 이러한 연습을 통해 지도자는 모든 집단원들이 독점하는 행동이 가지고 있는 기능을 보다 잘 이해하도록 돕는 중요한 정보를 대개 발견한다.

지도자가 타냐의 행동에 대해 어떤 말을 하기 전에, 밴스라는 다른 집단원이 타냐에게 적대적인 태도로 직면했다고 가정해보자. 밴스는 타냐에게 '여느 때와 달리 말을 좀 그만하는 것은 어때요? 여기서 말할 거리를 가진 사람이 당신 혼자뿐이라고 생각하나요?'라고 말했다. 이때 지도자가 할 수 있는 적절한 개입은 다음과 같다. '밴스, 제가 듣기에 당신은 타냐 때문에 좌절감을 느끼는 것 같네요. 그녀를 평가하지 않으면서 그녀가 당신에게 어떤 영향을 미치고 있는지에 대해 타냐에게 좀 더 말해볼 수 있겠어요? 그리고 당신이 그렇게 이야기하기 전에 어떤 느낌과 생각이 들었는지 타냐에게 말해주는 것도 도움이 될 것 같아요.'

우리는 타냐의 행동을 단지 성가신 것으로 여겨 묵살할 수도 있고 또는 그것을 방어로 생각하여 다른 방어기제들을 다룰 때처럼 그녀의 방어에 대해 탐색해보도록 격려할 수도 있다. 타냐는 처음에 동기가 높은 집단원인 것같이 보였지만, 그녀가 집단에 적응하기 위해 너무 열심히 노력하는 듯하다고 생각해보자. 그녀는 자신의 개인적인 부분들을 드러냈고, 다른 사람들에게 기꺼이 제안을 하기도 했으며, 이야기를 하는 거의 모든 사람들에 동일시할 수 있었고, 자신의 과거에 대해 상세하게 이야기했다. 비록 타냐가 이것을 표현하지는 않았을지 몰라도, 그녀의 행동은 '나에게 주목하고 나를 좋아해 주세요.'라는 메시지를 전달하는 것이었다. 타냐는 아마 자기 딴에는 자신에게 기대되는 행동을 하고 있다고 느끼고, 스스로를 열심히 참여하는 사람이라고 보고 있을 수 있다. 그런데 그녀가 처음에 다루고 싶다고 말했던 문제 중 하나는 사람들과 가까워지는데 어려움을 느낀다는 것이었다. 그녀는 친구가 거의 없고 사람들이 대개 그녀를 귀찮아한다는 것을 인정했는데, 이는 그녀에게 당혹스러운 일이었다. 솔직하고도 세심하게 배려하는 방식으로 타냐에게 직면함으로써, 지도자는 그녀가 하는 어떤 행동이 사람들과 가까워지는 것을 방해하는지 알도록 도와줄 수 있었다. 그녀는 어렸을 때 사람들이 자신을 종종 무시하고 자신의 이야기를 경청하지 않았다는 것을 발견할 수도 있다. 그녀는 자신이 이야기를 많이 하지 않으면 무시당할 것이라고 마음속으로 생각하게 되었을 수도 있다. 또는 그녀가 조금만 더 열심히 노력하면 다른 사람들이 그녀에게 반응할 것이라고 생각했을 수도 있다. 그러나 여기에서 분명한 사실은 그녀에게 익숙한 이러한 행동이 집단 안에서나 집단 밖에서나 그녀가 원하는 것을 얻지 못하게 한다는 것이다. 집단 경험은 그녀에게 자신이 원하는 것을 만족시켜줄 수 있는 방법을 찾을 가능성을 제공한다.

지도자는 타냐처럼 다루기 어려운 집단원들에게 관심을 가지고 다가갈 수 있다. 지도자는 마음속으로 다음과 같은 질문들을 해볼 수 있을 것이다. '타냐가 나의 관심을 끌기 위해서 열심히 노력하고 있는데, 나는 왜 그녀에 대해서 이해가 잘 되지 않는 것일까? 왜 그녀는 집단의 모든 사람들이 그녀에게 화가 나도록 만들고 있을까? 그녀는 어떻게 해서 집단 밖에서 문제가 되는 행동을 이 집단 안에서도 반복하고 있는가?' 만약 지도자가 타냐에 대해서 짜증만을 느낀다면 효과적이 될 수 없다. 그 대신, 이러한 행동이 그녀의 삶에서 어떤 의미가 있는지 그 맥락을 탐색해보아야 한다. 다른 방식으로는, 지도자 자신에게 '내가 하고 있는 어떤 것이 그녀가 이 집단에서 달리 행동하는 것을 어렵게 하고 있는 것은 아닌가?'라는 질문을 해보는 것도 좋다.

> " 많은 경우에, 가장 다루기 어려운 집단원들은 지도자가 가장 소중하게 여기는 바로 그 사람들이 된다. "

때때로 학생인 지도자들은 타냐처럼 어떤 특정한 집단원이 자신의 집단에 있는 것을 원하지 않는데, 이는 그 집단원에게 문제가 있기 때문이라고 말한다. 우리는 그들의 이러한 태도를 보다 수용하는 자세로 바꾸도록 돕기 위해 최선을 다한다. 왜냐하면 몇몇 집단원들은 의도적으로 스스로를 불쾌하게 만들 것이기 때문이다. 종종 집단에 가장 피해를 입히는 집단원들은 또한 가장 피해를 받아온 사람들이기도 하다. 집단지도자는 자신에게 부정적으로 영향을 미치는 집단원들에 대한 자신의 초기 반응에도 불구하고, 그들이 집단에서 유익함을 얻어갈 수 있도록 도울 방법을 찾을 필요가 있다. 만일 다루기 어려운 행동을 그 사람이 가진 성격의 한 면으로 보기보다는 고통의 징후로 바라볼 수 있다면, 지도자가 인내심을 키우고 그 집단원에게 효과적으로 개입할 가능성이 더 크다. 많은 경우에, 가장 다루기 어려운 집단원들은 지도자가 가장 소중하게 여기는 바로 그 사람들이 된다.

사실적 이야기를 장황하게 말하기

일부 집단원들은 자기개방을 자신의 과거와 현재의 삶에 대하여 오랫동안 설명하는 것이라고 종종 잘못 이해하곤 한다. 집단원들이 자신의 개인사를 과도할 정도로 상세하게 이야기하는 것에 대해 직면하면, 그들은 자기개방을 위해 위험을 감수하고 있다고 주장하면서 분한 마음을 표현할지 모른다. 집단 과정에 대해 가르칠 때, 지도자는 사실적 이야기를 장황하게 말하는 것과 자기개방을 차별화할 필요가 있다. 사실적 이야기를 장황하게 말하는 것은 자신이나 주변 사람들에 대해 단순히 상세하게 이야기하는 것인 반면에, 자기개방은 자신이 현재 어떻게 생각하고 느끼고 있는지를 이야기하는 것이다. 지도자는 다음과 같은 질문들을 반드시 고려해야 한다. '이 이야기가 그 집단원을 더 잘 이해하는 데 도움이 되는가? 아니면 이 이야기가 그 집단원의 문제를 경청하고 이해하는 것을 방해하는가?', '그 집단원이 자신의 목표를 달성하는 것을 더 잘 도울 수 있도록 이 이야기가 나에게 정보를 제공하는가?'

집단의 초기 단계에서는 몇몇 집단원들이 자신의 사실적 이야기를 장황하게 말하는 것을 통하여 스스로를 표현할 수 있다. 집단에 새로 들어온 사람들은 집단에서 편안해지기 위해서 다른 사람들에 대한 사실적 정보를 듣거나 자신의 과거 중 일부에 대해 나눌 필요가 종종 있기 때문이다. 그러나 사실적 이야기를 장황하게 말하는 행동이 하나의 규범으로 자리 잡으려고 한다면(집단 전체에게 또는 어떤 한 집단원에게) 지도자는 이 문제를 인식하고 다루어야 한다. 예를 들어, 만일 빈센트가 자신이 상사에게 어떤 취급을 받았는지에 대한 상세한 이야기를 한다면, 지도자는 이야기의 세부사항보다는 그의 감정에 좀 더 초점을 맞추도록 하기 위해 다음과 같은 방식으로 개입할 수 있다. '이 상황이 당신에게 어떤 영향을 주나요? 상사와 그런 긴장된 관계를 가지고 있다는 것이 당신에게 어떻게 느껴지나요? 지금 당신은 자신에 대해서보다 당신의 상사에 대해 더 많이 말을 하고 있는 것 같네요. 우리에게 당신에 대해 더 말해줄 수 있나요, 빈센트?' 집단지도자가 해야 할 일은 집단원들이 단순히 관련 없는 사실적 이야기를 장황하게 말하는 것을 넘어서도록 돕고, 개인적이고 구체적인 방식으로 자기 자신을 표현하도록 가르치는 것이다. 이것은 지도자의 적극적인 개입을 요구한다. 집단지도자는 아마 다음과 같이 말할 수 있을 것이다. '만약 당신이 방금 말한 것을 단 한 문장으로 말한다면, 그것은 무엇인가요?' 그리고 빈센트의 상세한 이야기는 간단하게 '저는 그녀가 나를 대하는 방식 때문에 제 상사에 대해 분한 마음을 가지고 있습니다!'라고 진술될 수 있을 것이다.

지도자는 집단원들에게 치료적이고 의미 있는 사실적 이야기하기와 역효과를 초래하는 사실적 이야기하기를 구별할 수 있어야만 한다. 지도자는 집단원들이 그들의 이야기 속에서 방향을 잃지 않은 채 자신이 걱정하는 것의 본질을 나누도록 그들을 도울 수 있다. 예를 들어, 안젤리카는 대체로 그녀의 과거 경험에 대해 세세한 부분까지 모두 이야기했다. 그러나 집단원들은 과거에 그녀에게 일어난 일에 대해 많이 알았음에도 불구하고, 그녀가 그 경험에 대해 어떻게 생각하고 느끼는지는 거의 알지 못했다. 안젤리카는 집단원들과 자신의 사생활을 나누기 위해 개방하고 있다고 믿고 있었지만, 집단원들은 그녀가 그러한 상황에 의해 어떤 영향을 받았는지 좀 더 알기를 원했다. 지도자는 자신이 안젤리카에 대해 아는 것에 정말 관심이 있지만, 그녀가 제공하는 정보들이 안젤리카를 아는 것에 도움을 주지 못하고 있다는 점을 알려주었다.

사실적 이야기를 장황하게 하는 것이 방어의 수단으로서 사용되는 경우, 집단원들은 집단 밖에서의 삶에 대해 현재와 거리를 두는 방식으로 어떤 형태의 이야기든 할 수 있다. 그러나 어떤 집단원이 아무리 많은 세부사항을 언급하면서 사실적 이야기를 장황하게 한다고 해도, 집단은 여전히 그 사람에 대해 알 수 없다. 이때 집단으로부터 판단적이지 않으면서도 직접적인 피드백이 주어지면, 이는 그 집단원이 자신의 개인적인 이야기를 하고 감정과 생각과 반응에 초점을 맞추는 것을 도울 수 있다. 그러나 사실적 이야기를 하는 것이 모두 나쁘다거나 회피의 징후라고 생각하지는 말아야 한다. 지도자는 집단원들로 하여금 다른 집단원들의 관심을 유지시킬 수 있을 것 같은 방식으로 자신의 이야기를 하도록 도울 수 있다. 궁극적으로 집단원들은 자신의 개인적인 목표를 달성할 수 있게 하는 방법으로 자신의 이야기를 할 필요가 있다. 집단원들이 자신을 더 생생하게 드러내도록 할 수 있는 한 가지 방법은 미리 숙제로 자신의 이야기를 써오도록 하고 집단에서는 그 숙제를 하면서 어땠는지에 대해서만 공유하도록 하는 것이다.

질문하기

집단에서 일어나는 또 다른 비효과적인 행동 유형은 심문하듯이 질문하는 것이다. 어떤 집단원들은 다른 사람들에게 질문을 함으로써 관계를 맺는 방식을 발달시키며, 부적절한 때에 별로 도움이 되지 않는 방법으로 끼어든다. 지도자는 습관적으로 질문하는 집단원에게 그러한 행동이 다른 집단원들과 그 집단원 자신에게 일반적으로 도움이 되지 않는다는 점을 깨닫도록 가르칠 수 있다. 다른 사람들에게 질문하는 것은 자신을 숨기면서 집단 안에서 안전하게, 알려지지 않은 채로 남아있게 해주는 방법일지도 모른다. 그것은 또한 질문하는 사람 자신이 아닌 다른 사람들에게 관심의 방향을 맞추게 한다. 지도자가 집단원들에게 질문은 사람들로 하여금 생각에 집중하게 하고 그들이 그 순간에 경험하고 있는 감정으로부터 멀어지게 하는 경향이 있음을 가르쳐주는 것은 도움이 된다.

지도자가 '질문은 하지 마시고 표현만 하세요.'라고 되풀이하여 말하는 것보다는 질문이 어떠한 기능을 하며 질문하기가 개인의 작업을 어떻게 종종 방해하는지에 대해 집단원들을 교육시킬 수 있다. 질문은 다른 사람들을 매우 방해할 수 있고 질문자 자신에 대해서는 아무것도 드러내지 않은 채 다른 사람들을 곤혹스럽게 만들 수 있다. 대체로 우리는 질문을 하는 사람에게 그런 질문을 하게 된 계기가 무엇인지 말하도록 권한다. 예를 들면, 만약 미리암이 다른 집단원에게 왜 그렇게 조용히 있는지 물어보았다면, 지도자는 그녀가 그 질문을 하기 전에 어떤 마음이 들었는지 이야기하도록 격려할 수 있다. 이때 미리암은 지도자에게 다음과 같이 말할지 모른다. '저는 조엘이 거의 말을 하지 않는다는 것을 알았어요. 그래서 저는 그에게 관심이 갔고 그에 대해 더 알고 싶었어요.' 이러한 표현을 통해 미리암은 조엘을 곤혹스럽게 만들지 않은 채 자신이 했던 질문의 의도를 드러내게 된다. 질문은 사람들을 종종 방어적으로 만드는 반면, 개인적 표현은 그럴 가능성이 적다.

질문은 하고자 하는 모든 이야기를 담고 있지 않기 때문에, 대체로 지도자는 질문을 하는 집단원들에게 좀 더 자세하게 이야기하라고 요청하게 된다. 지도자는 다음과 같이 말할 수 있다. '당신이 ……라고 질문하게 된 계기는 무엇입니까?', '그것이 알고 싶어진 이유는 무엇입니까?', '당신이 질문하게 된 계기에 대해 당신이 지금 이 순간 알아차리고 있는 것은 무엇입니까?' 혹은 '당신이 질문한 사람에게 당신이 질문하게 된 계기를 말해보세요.' 다음은 질문과 그것이 담고 있는 가능한 숨겨진 메시지의 몇 가지 예시이다.

- '당신은 몇 살입니까?'('저는 당신보다 나이가 훨씬 많은데, 제가 당신과 동일시할 수 있을지 모르겠군요.')
- '당신은 왜 셜리를 울렸나요?'('저는 당신이 한 일을 신뢰할 수 없어요. 그래서 그녀가 했던 방식으로 당신에게 저 자신을 결코 개방하지 않을 겁니다.')
- '당신은 사람들에게 왜 그렇게 강요하나요?'('저는 두렵고, 제가 어느 정도 깊이로 작업을 해야 하는지 모르겠어요.')
- '왜 웃지요?'('저는 당신이 이 집단에서 일어나고 있는 일들을 진지하게 받아들이지 않는다고 생각합니다.')
- '당신은 저에 대해 어떻게 생각합니까?'('저는 당신을 좋아하고 존경합니다. 그래서 당신이 저를 어떻게 생각하는지가 제게는 매우 중요합니다.')
- '당신은 왜 남편을 떠나지 않나요?'('저는 당신에 대해 그리고 당신이 고생하고 있는 방식에 대해 마음이 쓰이고, 왜 그러한 관계를 지속하고 있는지 알고 싶어요.')

- '왜 여기에 있는 사람들은 항상 자신의 부모를 비난하지요?'('저는 부모입니다. 그래서 제 아이들도 저를 비난하지는 않는지 궁금합니다.')

집단원들에게 질문을 하는 것보다 직접적인 표현을 통해 자기 자신의 생각과 감정을 함께 나누는 방법을 가르치는 것은 이러한 행동이나 상호작용이 회기에서 일어날 때 시기에 맞게 적절하고 섬세한 방식으로 이루어져야 가장 효과적이다.

조언하기

질문하기와 관련되는 문제 행동 중 하나는 조언을 하는 것이다. 다른 집단원들에게 자신의 생각과 의견을 제시하는 것은 그들이 어떻게 느껴야 하고, 무엇을 하거나 하지 말아야 할지를 이야기하는 것과 전혀 다르다. 우리가 종종 집단원들에게 요구하는 것은 다른 사람들에게 문제의 해결책을 제시하기보다 자신들이 특정한 문제와 어떻게 씨름하고 있는지 나누도록 하는 것이다. 조언은 '저는 당신이 이렇게 해야 한다고 생각합니다.'라는 말과 같이 언제나 직접적으로 이루어지지는 않는다. 다음과 같이 조언하기는 교묘하게 이루어질 수 있다. '당신은 당신 부모님이 이혼한 것에 대해 죄책감을 느낄 필요가 없어요. 왜냐하면 그것은 그분들의 결정이고 당신이 그렇게 만든 것은 아니기 때문이에요.' 이 말이 사실일지라도, 중요한 것은 그녀가 죄책감을 느끼고 있을 뿐아니라 그녀 자신만 아니었다면 부모님이 이혼하지 않았을지도 모른다고 믿고 있다는 점이다. 그렇기 때문에 죄책감을 느끼지 말라는 조언은 그녀에게 별로 도움이 되지 않는다. 그녀는 이 감정을 스스로 해결해야 한다. 그녀에게 죄책감을 느낄 필요가 없다고 말한 집단원은 죄책감을 없애기 원하는 자신의 동기를 점검해봄으로써 스스로 성장할 수 있다. 이 행동은 그 집단원에 대해서 무엇을 말해주는가? 이 시점에서 집단의 초점은 조언을 한 사람에게 옮겨가며, 그러한 조언을 하는 행동의 의미가 탐색될 수 있다.

> 이미 정해진 해결책을 제시하는 것보다 집단원들이 어려움과 노력을 나누는 것이 더 도움이 된다.

때때로 조언하기는 좀 덜 교묘한 방식으로 이루어진다. 니샤는 그녀의 남편뿐 아니라 10대인 두 명의 딸들 역시 남편과 함께 남겨두고 떠나려고 생각하고 있었다. 그녀는 혼자 살고 싶다고 생각했지만, 다소 죄책감이 들었다. 로빈이 다음과 같이 개입했다. "니샤, 당신이 원하는 것을 실행하는 것에 대한 책임은 당신에게 있어요. 당신은 지난 9년 동안 두 딸을 주로 돌보는 사람이었어요. 이제는 당신 남편이 주요한 시간을 두 딸과 보내도록 하는 것이 어때요?" 이런 식의 행동은 로빈에 대한 많은 질문을 야기했다. 그녀의 가치관은 무엇이며 그녀의 마음속에 해결되지 않은 문제는 무엇인가? 왜 로빈은 니샤에게 어떻게 해야 한다고 조언할 필요를 느꼈나? 로빈은 무엇이 니샤에게 최선인지를 결정해주는 대신 자신의 문제를 이야기할 수는 없었을까? 이 시점에서 집단은 다른 사람들에게 해결책을 제시하려는 로빈의 욕구에 대해 초점을 맞출 수 있고, 로빈은 조언을 함으로써 자신이 얻는 것이 무엇인지에 대해 깨달을 수 있다. 나아가 로빈은 자신에게 효과적인 것이 다른 사람에게는 그렇지 않을 수 있음을 배울 필요가 있을지도 모른다.

조언하기는 집단원들이 생각과 감정을 표현하는 것을 방해하고 의존성을 증가시키는 경향이 있다. 만약 니샤에게 자신의 갈등을 좀 더 충분히 탐색할 수 있는 넉넉한 시간이 주어졌다면, 그녀는 스스로 결정을 더 잘 내릴 수 있었을 것이다. 본질적으로, 많은 조언을 주는 것은 그녀에게 스스로 문제를 해결할 수 있는 능력이 없다고 말하는 것이며, 지침을 받으려고 다른 사람들에게 더 의존하게 되도록 그녀를 조건화시킨다. 비록 제시된 조언이 도움이 되고 건전한 것이라 하더라도, 장기적으로 보면 조언을 통해서는 새로운 문제가 발생했을 때 니샤가 스스로 해결책을 찾는 과정을 가르칠 수 없다. 이미 정해진 해결책을 제시하는 것보다 집단원들이 어려움과 노력을 나누는 것이 더 도움이 된다.

집단원들과 지도자 모두는 다른 사람들로 하여금 그들이 바라는 변화를 일으키기 위해 취해야 하는 행동에 대해 스스로 통찰을 얻도록 도와주는 기술을 습득할 필요가 있다. 물론 지도자는 집단원들이 어려움을 극복할 수 있게 정보와 아이디어를 제공할 수 있다. 그러나 만약 지도자가 집단원들에게 어려운 상황을 해결할 수 있는 방법에 대해 자신의 생각을 먼저 말하도록 요청한다면, 그것은 언제나 더 강력하며 의존성을 줄일 수 있다. 구체적인 결과를 고집하기보다 과정에 초점을 맞춤으로써, 지도자는 집단원들의 결정이 어떤 결과를 가져올 수 있는지, 그리고 그들이 감수하기에 최선의 결과는 무엇인지 점검하도록 집단원들을 도울 수 있다. 예를 들어, 만약 한 집단원이 직장에서 자신이 동성애자라는 사실을 개방할지 말지 생각해보고 있다면, 지도자가 할 일은 그에게 특정한 방향을 강요하는 것도, 일반적으로 도움이 되는 조언을 제공하는 것도 아니다. 그가 내리는 결정을 감수해야만 하는 사람은 지도자가 아니라 바로 그 집단원이기 때문이다. 집단원들이 문제를 해결하는 방법을 배우도록 돕기 위해서는, 지도자가 다음과 같이 질문할 수 있다. '그동안 문제를 해결하기 위해 당신이 했던 행동 중 어떤 것이 효과적이었고, 어떤 것이 효과적이지 못했나요?', '당신 스스로에게 어떤 조언을 하고 싶은가요?' 이러한 질문은 조언하기가 다른 사람들과 연결되는 긍정적인 방법으로 여겨지는 문화적 배경을 가진 집단원들과 함께 작업할 경우 특히 적절할 수 있다.

집단지도자는 자신이 운영하는 집단의 목표와 목적을 명확히 해야 한다. 그뿐만 아니라 집단원을 선별할 때나 집단에 대한 오리엔테이션을 할 때 잠재적 집단원들에게 집단의 목적을 알려주는 것은 매우 중요하다. 어떤 심리교육적 집단은 정보나 지침을 제공하고 구체적인 기술을 가르치도록 명확하게 설계되어 있다. 때때로 사람들은 자신의 문제를 해결하기 위한 조언을 얻으려는 특정한 의도를 가지고 집단에 참여할 것이다. 이러한 집단원들은 지도자를 제안과 전문 지식을 제공하는 일을 하는 전문가로 볼 개연성이 있다. 지도자는 조언을 구하는 집단원들의 기대에 대해 논의하고, 지도자가 실제로 제공할 것이 무엇인지 그들에게 알려주어야 한다.

의존성

지나치게 의존적인 집단원들은 보통 지도자 또는 다른 집단원들이 자신에게 나아갈 방향을 알려주고 자신을 돌보아줄 것을 기대한다. 때때로 지도자가 집단원의 의존성을 조장하기도 한다. 예를 들어, 어떤 지도자는 남들이 자신을 원하고 필요로 하기를 바라는 욕구가 강해서 집단원들이 지도자에게 의존할 때 자신이 중요한 존재라는 느낌을 받는다. 이는 집단의 치료적 성과를 방해하는 지도자의 결핍된 심리적 욕구를 보여주는 하나의 예시이다. 지도자는 다음과 같은 많은 이유 때문에 집단원들과 결탁하여 의존적인 동맹 관계를 형성한다.

- 지도자가 집단원들이 참석함으로써 생기는 경제적 보상을 필요로 한다.
- 집단이 사회생활에서 결핍된 지도자의 욕구를 채워줄 수 있다.
- 어떤 지도자는 다른 사람들의 삶에 대해 방향을 제시한다는 의미에서 부모가 되고 싶은 욕구를 가지고 있다.
- 지도자는 남들로부터 감사하다는 말을 듣고 인정을 받는 주요한 원천으로서 집단에 의존할 수 있다.
- 지도자는 집단을 이용하여 자신의 미해결 과제에 대해 작업하려고 시도할 수 있다.

이러한 예들은 지도자의 성격이 집단에서 때때로 나타나는 문제 행동과 얼마나 분리되기 어려운 관계에 있는지 보여준다. 지도자의 행동과 집단원들의 행동은 서로 영향을 주고받는다.

의존적 행동이 항상 문제가 되는 것은 아니다. 이러한 행동은 그것의 기능을 결정하는 문화적 렌즈를 통해서 볼 필요가 있다. 어떤 문화에서 지나치게 의존적인 행동의 징후로 여겨지는 것이 다른 문화에서는 적절한 행동 규범으로 여겨질 수 있다. 조언을 구하고 조언을 줄 때 그렇듯이, 집단원의 문화적인 배경은 그들이 진술한 행동 변화 목표와 더불어 반드시 고려되어야 한다.

일시적 위안 주기

질문하기나 조언하기처럼 부적절한 지지를 제공하는 것도 그런 지지를 제공하는 사람에게 어떤 의미를 가지는지 점검해볼 필요가 있다. 스스로 고통을 느끼는 것을 용인하지 못하는 사람들은 다른 사람들의 고통을 보는 것도 힘들어할 수 있다. 이러한 유형의 지지적인 사람들은 고통스러운 경험을 나눌 수 있다는 것이 가지는 치유력을 깨닫지 못하고, 고통을 표현하는 집단원의 주의를 전환시키려고 시도할지 모른다. 예를 들어, 에르네스토는 이제야 겨우 자신과 아들들 사이의 거리감에 대한 슬픔을 느낄 수 있었고, 자신이 더 좋은 아버지가 되기를 얼마나 원했는지에 대해 이야기하면서 울었다. 에르네스토가 자신이 느끼는 감정을 충분히 표현하기 전에, 랜디는 에르네스토의 어깨에 손을 얹으며 적어도 에르네스토가 아이들과 함께 살았기 때문에 그렇게 나쁜 아버지는 아니었다는 점을 확신시키려고 시도했다. 랜디는 에르네스토의 기분을 좋게 만들고, 그렇게 함으로써 결국 자신의 마음이 좀 더 편해지길 바랐을지도 모른다. 고통스러운 감정을 경험하는 것을 회피하고 싶어 하는 집단원들은 종종 이러한 감정에 대해 그들 자신이 가지고 있는 불편함 때문에 일시적 위안을 준다. 그러나 그렇게 하는 과정에서 에르네스토는 내면에 갇혀있던 슬픔을 끝내 표현할 수 있는 경험이 차단되고 말았다.

일시적 위안을 주는 것과 돌봄, 관심, 공감을 진심으로 표현하는 행동 사이에는 실질적인 차이가 있다. 진정한 돌봄이 있다면, 고통을 경험하는 집단원들의 이익이 가장 중요하다. 가끔은 고통을 겪는 사람들이 그들의 고통을 깊이 경험하도록 허용하는 것이 가장 좋을 때가 있는데, 이는 궁극적으로 볼 때, 그들이 그러한 경험을 하는 편이 더 나을 수 있기 때문이다. 고통의 표출은 마음의 치유를 위해 꼭 필요한 첫 단계인 경우가 많다. 이러한 가르침은 지도자에 의해 분명하게 언급될 필요가 있다.

> **고통의 표출은 마음의 치유를 위해 꼭 필요한 첫 단계인 경우가 많다.**

신체적 접촉은 고통을 경험하고 있는 집단원을 위로하려는 배려의 진실된 표현일 수 있지만, 때때로 그 집단원에게 방해가 되기도 한다. 집단원들과 함께 신체적 접촉의 장단점에 대해, 그리고 신체적 접촉이 어떤 식으로 집단원의 진행을 지지하거나 방해할 수 있는지에 대해 이야기해보는 것은 유용하다. 중요한 것은 신체적 접촉 뒤에 숨은 동기이다. 신체적 접촉을 시도하는 사람은 '나는 당신이 고통받는 모습을 견디기가 어렵다. 그래서 당신이 그만 고통을 받았으면 좋겠다.'라는 마음을 전하고 싶은 것인가? 아니면 '나는 당신이 얼마나 힘든지 이해할 수 있다. 그리고 내가 당신을 지지한다는 것을 당신이 알기 바란다.'라는 마음을 전하고 싶은 것인가? 놀랍게도, 고통을 경험하고 있는 사람들은 종종 매우 정확하게 신체적 접촉의 의미를 파악하곤 한다.

적대적 행동

적대감은 종종 간접적으로 표현되기 때문에 집단에서 다루기가 어렵다. 적대감은 신랄한 말, 농담, 빈정댐, 그리고 그 외 수동-공격적 전략의 형태를 취할 수 있다. 집단원들은 집단 회기에 결석하는 것, 지각하는 것, 누가 봐도 집단에서 분리된 것처럼 행동하는 것, 집단을 떠나는 것, 지나치게 공손한 것, 또는 지루함이나 짜증을 표현하기 위해 곁눈질을 하는 것 등을 통해 그들의 분노를 표현할 수 있다. 심하게 적대적인 사람들은 집단 분위기를 훼손하기 때문에 집단에 참여시키기에 좋은 대상이 아니다. 왜냐하면 사람들은 집단에서 놀림을 당하거나 다른 방법으로 자신의 가치가 절하될 개연성이 있을 때 자신의 취약함을 드러내지 않으려 하기 때문이다. 만약 집단에서 적대적 행동에 대한 직면이 이루어지지 않으면, 이는 집단원들과 집단 과정을 장악할 수 있다. 우리가 목격한 몇몇 상황에서는 적대적인 집단원이 너무 강력해서 다른 집단원들이 그 사람에게 직면하기를 원하지 않았고, 이는 적대적인 집단원에게 집단에 대한 더 많은 통제권을 부여하는 결과를 초래했다.

적대적인 방식으로 행동하는 사람을 다루는 한 가지 방법은, 다른 집단원들이 그의 행동으로부터 어떤 영향을 받고 있는지 말하는 동안 그 사람은 반응하지 않은 채 경청하도록 요청하는 것이다. 앞서 설명되었던 돌보는 방식으로 하는 직면 기술이 이러한 논의에서 본보기로 사용되어야 한다. 집단원들은 집단에서 그들이 적대적인 사람에 대해 어떻게 느끼는지, 그리고 그 사람이 어떤 식으로 달리 행동하기를 바라는지를 기술할 수 있다. 그 후에는 다시 적대적인 집단원이 집단에서 원하는 것을 확인해야 한다. 적대적 행동은 친밀해지는 것이 두렵다거나 자신의 취약한 부분을 수용하는 능력이 부족하다는 표현일 수 있다. 만약 적대감 밑에 숨겨져 있는 두려움을 표면화시켜 다룰 수 있다면 적대감은 감소될 수 있다.

예를 들어, 집단에서 사나와 좋은 관계를 가지고 있던 칼이 갑자기 그녀를 '모든 것을 자기 뜻대로 하려는 사람'이라고 불렀다. 사나가 자신의 당황함, 상처, 분노 등을 표현할 기회를 갖기 전에 칼은 그녀 안에서 자신의 아내를 보았고 자신이 화를 내는 진짜 대상은 사나가 아니라고 말했다. 칼은 그가 말한 것을 철회하고자 시도했지만, 여전히 사나는 상처받은 감정을 계속 가지고 있었다. 사나는 칼이 자신에게 전이 반응을 한다는 점을 지적인 수준에서는 이해할 수 있었지만, 감정적인 수준에서는 이미 상처를 받았고 그에 대해 불신하게 되었다. 사나는 감정적으로 회복할 시간이 필요했다. 결국 칼은 자신이 그녀에게 상징적인 아내로서뿐만 아니라 개인적으로 부정적인 감정을 실제로 가졌음을 인정했다. 그러나 그는 그녀가 강하게 반응하는 것을 보았을 때 재빨리 물러나려고 했던 것이다.

주로 부정적인 행동 때문에 관심을 받는 가족에서 자라난 사람들은 지도자와 집단원들로부터 부정적인 반응을 불러일으킴으로써 종종 이런 역동을 집단 안에서도 반복한다. 우리가 운영했던 집단에서 어떤 집단원(카라)은 조금이라도 자신이 취약하다고 느낄 때마다 비난하거나 적대감을 드러내거나 빈정대면서 다른 사람들을 격렬하게 몰아세웠다. 카라의 빈정댐은 사실 그녀가 착용했던 가면으로, '나는 당신에 대해 신경 쓰지 않아요.'라고 다른 사람들에게 외부적으로 전달하는 것이었다. 그러나 그녀의 좀 더 솔직한 메시지는 아마 '나는 당신에게 관심이 아주 많아요. 그래서 당신이 나에게 상처를 줄까봐 두려워요.'일 것이다. 이러한 종류의 행동은 다루기에 피곤할 수 있고, 지도자가 이러한 적대감에 대해 좌절감이나 분노로 응수하는 것은 구미가 당기는 유혹일 수 있다. 그러나 지도자가 이러한 집단원들과 함께 그들의 가족사에서 그리고 집단 내에서 그들의 적대감이 어떻게 기능하는지 알도록 작업함으로써, 소위 말하는 '적대적' 집단원들은 덜 방어적이 될 수 있다. 우리의 방어가 대부분 그렇듯이, 적대감은 우리를 보호하는 장벽을 제공한다. 만약 이러한 행동이 우리에게 어떻게 기능을 하는지 먼저 점검한다면, 자기 보호를 위한 대안적이고 보다 건전한 방법을 선택하기가 더 쉬울 것이다.

우월한 것처럼 행동하기

몇몇 집단원들은 우월하다는 태도를 보인다. 그들은 도덕주의자처럼 굴고 다른 사람의 행동에 대해 판단하거나 비판할 구석을 찾는다. 그들은 자기 삶 속에서 어떤 긴급하거나 절실한 문제를 파악할 수 없다. 그들의 태도와 행동은 적대감만큼이나 집단에 큰 영향을 미치곤 한다. 그들로 인해 집단원들은 경직되는데, 이는 사람들이 완벽한 사람이라는 이미지를 내보이는 누군가 앞에서 자신의 약점을 개방하는 것을 더 꺼리기 때문이다. 아론의 예를 들어보자. 그는 다음과 같이 말한다. "제 문제는 당신들의 것과 비교하면 정말 별것 아닙니다. 저는 여러분 중 많은 사람들이 지독하게 어려운 아동기를 지냈다는 것에 대해 매우 유감입니다. 그리고 저는 부모님이 저를 정말 사랑해주셨다는 점에서 다행이라고 느낍니다." 아론은 자신의 문제를 이야기하고 있는 집단원에게 '나도 당신과 같은 문제를 가지고 있었지만 이제는 더 이상 그런 문제가 없다.'라는 식으로 반응할 개연성이 있다. 그는 '전 당신과 동일시할 수 있어요. 왜냐하면 저도 한때는 당신과 같은 입장이었으니까요.'와 같은 말로 다른 이들에게 반감을 줄 것이다.

지도자는 아론이 집단에서 원하는 것이 무엇인지 질문함으로써 그가 했던 말에 도전할 수 있다. 다음과 같이 말하는 것은 가능한 개입 중 하나이다. '당신은 자신의 문제를 여기에 있는 다른 사람들의 문제와 비교하고 있어요. 당신이 이 집단에서 얻고자 하는 것은 무엇이지요? 당신은 이 집단에 속한 것에 대해 어떻게 느끼나요? 당신이 듣고 있는 여러 가지 이야기들로 인해 개인적으로 어떤 영향을 받고 있나요? 집단원들이 당신에게 짜증내는 것에 대해 어떻게 느껴지나요?' 이러한 개입은 아론이 부인할 것 같은 문제를 찾으라고 압력을 가할 가능성을 줄여준다. 대신에 그에게 그가 집단에서 어떤 영향을 받고 있는지에 대해 이야기할 여지를 제공한다. 논쟁적 입장을 취하는 것은 대개 성과 없고 실망스러운 토론을 초래하므로, 그보다는 아론이 이 집단에 계속 참여하는 이유에 초점을 맞추는 것이 더 생산적이다.

또 다른 개입 방법으로는 집단원들로 하여금 아론의 행동이 그들에게 어떤 영향을 미치고 있는지 알려줌으로써 아론에게 반응을 하도록 요청하는 것이다. 그러나 여기에서 중요한 것은 집단원들이 자신들의 느낌과 반응에 대해 말하되, 아론을 판단하지 않는 것이다. 지도자는 자신의 행동이 집단원들에게 미치는 영향에 관한 피드백을 듣는 것에 대해 아론이 열린 마음을 가지고 있는지 물어봐야 한다. 또한 지도자는 아론에게 주어지는 피드백의 양을 적당한 수준으로 조절하는 데 주의해야 한다. 만약 아론이 한 번에 받아들일 수 있는 것보다 더 많은 피드백을 받는 것처럼 보이면, 지도자는 다음과 같이 말하면서 개입할 수 있다. '아마 아론은 지금 당장 생각할 거리를 충분히 가지고 있는 것 같아요. 우리 각자에게 무슨 일이 일어나고 있는지 좀 더 초점을 맞춰보는 것이 어떨까요?' 이와 더불어 아론을 희생양으로 삼고 그가 문제를 가지고 있어야만 한다고 고집하는 경향을 차단하는 것도 매우 중요하다.

사회화

어떤 집단에서는 집단원들의 사회화가 집단 내에서, 그리고 심지어는 집단 밖에서도 권장된다. 집단원들이 집단 회기 밖에서 만날 때 집단응집력은 증가될 수 있다. 그들은 집단에서 배우고 있는 것을 비공식적인 모임에서까지 확대할 수 있다. 또한 그러한 만남은 집단에서 세운 계획과 약속을 이행하도록 집단원들에게 도전하는 데에도 유용할 수 있다. 더욱이 노인을 위한 입원 환자 집단 같은 특별한 집단에서는 집단 밖의 만남이 그들을 지지해주는 유일한 인적 네트워크일지도 모른다. 집단지도자는 집단 밖에서의 관계가 도움이 될 수 있는 방법에 대해, 그리고 사회적 관계가 형성되고 그것이 집단 내의 역동 내에서 잘 다루어지지 않았을 때 발생할 수 있는 문제의 유형에 대해 집단원들과 함께 개방적인 태도로 논의해야 한다.

집단 밖에서의 관계 중 어떤 것은 문제가 되고 집단응집력을 방해할 수 있다. 이는 특히 집단원들이 하위집단을 형성하여 집단에 관련된 문제를 하위집단에서만 말하고, 정작 집단 회기 내에서는 그들이 이야기했던 것을 나누기를 꺼릴 때 더욱 그렇다. 비생산적인 사회화를 보여주는 또 다른 징후는 파벌을 형성하고 특정 집단원들을 모임에서 제외시키는 것, 집단에서 공개하지 않은 채 로맨틱한 관계를 형성하는 것, 우정이 깨질 것을 두려워하여 집단에서 서로에게 직면하지 않는 것, 사교 생활의 원천으로 오직 집단에만 의존하는 것 등이다.

회기 밖에서 이루어지는 만남이 집단이 진전되는 것을 방해할 때, 그런 문제를 집단에서 공개적으로 검토하는 것이 중요하다. 지도자는 효과적으로 기능하는 집단을 만드는 데 얼마나 진심으로 전념하는지 집단원들에게 물어볼 수 있다. 지도자는 집단원들이 파벌을 형성하고 규정된 집단 회기 밖에서만 정보를 간직하기로 약속하는 것이 역효과를 낳고 집단의 발전을 저해한다는 것을 알도록 도울 수 있다.

주지화

우리는 대부분 사고에 의존하며, 지적 능력을 사용한다고 잘못된 것은 아니다. 그러나 주지화가 감정을 경험하지 않기 위한 방어로 사용될 때, 그 사람의 삶에서 그리고 그 사람의 집단 내 기능 측면에서 문제를 일으킬 수 있다. 어떤 집단원들이 정서적으로 영향을 받을 만한 주제에 대해 마치 지적인 관심만을 가진 것처럼 매우 초연하게 이야기할 때, 우리는 그 집단원들이 주지화를 하고 있다고 할 수 있다. 최대의 효과를 위해서는 인지적 작업이 정서적 작업과 통합되는 것이 가장 바람직하다.

지도자는 주지화하는 집단원들에게 그들이 무엇을 하고 있는지 인식시켜줄 필요가 있다. 지도자는 지적 능력에 지나치게 의존하는 집단원들에게 다음과 같은 질문을 해볼 수 있다. '당신이 대부분의 시간 동안 하고 있는 행동이 당신이 원하는 것을 얻도록 해주고 있습니까? 이것은 당신이 변화시키기 원하는 것입니까?' 게슈탈트 이론과 심리극에서 빌려온 몇 가지 경험적인 상담기법은 이러한 집단원들이 자기가 말하는 사건과 연관된 감정을 더 직접적으로 경험하도록 돕는 데 유용하다. 지도자는 집단원에게 역할 연기 기법을 통해 '지금 여기'에서 사건을 재경험하도록 지시할 수 있다.

집단지도자는 기꺼이 강렬한 감정을 내보이지 않은 집단원에 대해 성급한 판단을 내리고 그들을 '감정이 없다'거나 '감정으로부터 분리되었다'거나 대인관계 유형에 문제가 있다고 낙인찍는 것을 피해야 한다. 많은 사람들에게는 감정을 공공연하게 내보이는 것보다 인지적인 관점에서 기능하는 것이 좀 더 문화적으로 적절할 수 있다. 따라서 집단원들로 하여금 이러한 의사소통 방식이 그들에게 언제 효과적이고 언제 비효과적인지 파악하도록 도와주는 것이 더 유익하다. 또한 집단원들에게 이러한 대응기제를 완전히 근절하도록 하기보다 그들의 방어를 조정하도록 도와주는 편이 더 쉽다.

주지화가 바람직하지 않다고 전달하는 것을 피하는 것이 중요하다. 오히려 이러한 유형의 의사소통이 갖는 강점이 인정되어야 한다. 비록 관계적 측면에서는 주지화가 그 사람에게 효과적이지 않다고 해도, 이러한 유형의 의사소통은 그 사람의 성별이나 직업과 관련될 수도 있다. 남성 집단원들의 경우 성 역할 사회화의 결과로서 의사소통 방식으로 주지화를 사용하는 경향이 더 많다. 예를 들면, 미구엘은 인생에서 어려움을 헤쳐 나가기 위해 자신의 지적 능력을 사용하는 것을 습득했다. 미구엘은 지적 능력에 의존하는 것에 더하여 감정적 차원도 사용하기 원한다는 점을 인정한다. 이때 미구엘이 주지화의 사용을 연속선상에서 바라보도록, 그리고 주지화가 그에게 어떻게 도움이 되고 또 어떻게 도움이 되지 않는지 탐색하도록 돕는 것이 중요하다. 만일 지도자가 미구엘에게 그의 의사소통 양식을 포기하기보다는 그것을 미세하게 조정한다는 목표를 가지고 접근한다면, 미구엘은 기존에 학습된 패턴에 대해 작업하는 데 열린 태도를 보이고 새로운 행동방식을 증가시키는 것을 고려할 가능성이 훨씬 더 크다.

보조 지도자가 되려는 집단원

집단원들이 자신의 생각과 감정으로부터 스스로 거리를 두는 또 다른 방법은 자기 자신을 지도자의 위치에 놓는 것이다. 이러한 집단원들은 보조지도자의 역할을 취하여 질문을 하고, 정보를 탐색하며, 조언을 주려고 시도하고, 다른 집단원들과 집단의 역동에 관심을 집중하는 등의 대인관계 양식을 개발함으로써 자신의 취약성을 드러내지 않게 스스로를 보호한다. 그들은 자신이 집단 안에서 어떤 영향을 받는지에 대해 집중하는 대신에, 개입을 하거나 상담자의 역할을 떠맡음으로써 초점을 다른 집단원들에게로 옮긴다. 이와 같은 역할을 취하면서 숨어버리는 집단원들은 자신이 애초에 집단에 참여하는 계기가 되었던 문제를 다룰 기회를 상실하게 된다. 지도자는 그러한 집단원들에게 그렇게 행동하는 것이 자신이 궁극적으로 원하는 것을 이루게 해줄지 아닐지를 평가하도록 도전할 수 있다. 이런 문제 행동을 다루는 것은 필수적이다. 왜냐하면 다른 집단원들은 이런 행동을 싫어하는 경향이 있고, 이는 집단의 진전을 종종 방해하기 때문이다.

이러한 행동이 방어로 인식되면, 지도자는 그러한 집단원에게 그가 자신보다 다른 집단원들에게 더 많은 관심을 집중하느라 집단으로부터 얻을 수 있는 최대의 이익을 얻지 못한다는 점을 지적함으로써 그런 문제 행동을 민감하게 방지할 수 있다. 집단원들은 자기 자신의 고민을 탐색하기 위해 집단에 참여하였다. 그러나 만약 그들이 지도자의 역할을 계속 취함으로써 집단 과정에 스스로 참여하지 않는다면 그들은 목표가 무엇이었는지 잊어버릴 수 있다. 지도자는 이러한 집단원들이 보이는 상호작용 때문에 그들을 꾸짖거나 무시하지 말고, 그 대신 그들의 행동을 유발하는 가능한 동기를 살펴보도록 그들에게 요청해야 한다. 왜냐하면 집단원들은 자신이 이 집단 경험에 대한 자신의 목표를 추구하고 있는지의 여부를 스스로 알아낼 필요가 있기 때문이다.

 방어적 행동을 치료적으로 다루기

다루기 어려운 집단원들과 싸우기보다 그들과 함께 작업하도록 촉진할 수 있는 많은 개입들이 있다. 아래의 사례에 제시된 개입들은 집단원들로 하여금 꺼리는 마음을 극복하여 집단에 좀 더 충분히 참여하도록 도울 수 있다. 먼저 우리는 특정한 망설임이나 어려움을 묘사하는 말의 예시를 제시하고, 그 뒤에는 내담자가 앞으로 나아가도록 돕기 위해 지도자가 사용할 수 있는 몇 가지 반응을 덧붙였다. 물론 이러한 모든 반응이 각 집단원의 말에 대해 동시에 사용되어야 하는 것은 아니다.

랜디: 저는 아무것도 모르겠습니다.

지도자: 당신이 알고 있는 척해보십시오. 만약 당신이 알고 있다면 뭐라고 말할 것 같습니까?

당신이 알고 있는 것은 무엇입니까?

집단 내에서 다른 집단원들이나 저를 보고 당신이 깨닫는 것은 무엇입니까?

당신의 마음에 가장 먼저 떠오른 것을 말해보십시오.

헨리: (역할 연기를 하면서) 저는 아버지에게 무슨 말을 해야 할지 모르겠어요.

지도자: 바로 그 점이 시작하기 좋은 부분이군요. 바로 그것을 아버지에게 말해보세요.

만약 이것이 당신이 아버지께 말할 수 있는 마지막 기회라고 한다면, 당신은 무엇을 말하고 싶은가요?

만약 당신이 아버지라면, 당신은 무엇을 말하고 싶을까요? 만약 당신이 아버지라면, 당신의 아들이 무엇이라고 말할 것 같아 두려워할까요?

당신이 아버지께 말하는 것을 막는 것이 무엇인지 아버지에게 직접 말해보세요.

실바나: 저는 적절하게 말하는 것이 너무 어렵습니다.

지도자: 지금 당장 당신의 마음에 가장 먼저 떠오른 것을 말해보십시오.

크게 소리 내어 연습해봅시다.

만약 당신이 부적절하게 말한다면 무슨 일이 일어날 것 같아 두려운가요?

케이트: 저는 여기에 있고 싶지 않아요.

지도자: 당신이 어디에 있는 것이 낫겠습니까?

당신이 여기에 있기 어려운 이유가 무엇입니까?

당신은 누구 또는 무엇 때문에 여기에 오게 되었습니까?

당신이 오늘 여기에 오기를 원치 않았다면, 어째서 당신은 여기에 있게 되었습니까?

발레리: (격렬한 작업 이후) 저는 더 이상 주목 받고 싶지 않아요.

지도자: 무엇 또는 누구로부터 도망가고 싶으세요?

몇몇 사람들에게 가서 '나는 당신으로부터 도망치고 싶습니다. 왜냐하면……'이라는 문장을 완성시켜 보세요.

당신의 느낌에 대해 좀 더 말해보세요.

소피야: 저는 이것에 대해 더 이상 말하는 것이 두렵습니다.

지도자: 무엇이 당신을 멈추게 했는지 말해줄 수 있나요?

만약 당신이 더 이상 말하면 무슨 일이 일어날 것 같아 두려운가요?

당신이 더 이상 말하지 않는다면 어떤 일이 일어날 것이라고 생각하시나요?

당신이 여기서 좀 더 안전하게 느끼려면 무엇이 필요한가요?

말하는 것에 대한 당신의 두려움에 대해 좀 더 이야기해주시기 바랍니다.

몇몇 집단원들: 우리 자신을 여기에서 표현하는 것보다 커피숍에서 다른 집단원들과 말하는 것이 훨씬 쉽습니다.

지도자: 안쪽에 하나의 원을 만드세요. 그리고 당신이 커피를 마시고 있다고 상상해보십시오. 당신은 서로에게 무엇을 말하고 있습니까?

여기에 있는 것에 대한 당신의 어려움에 대하여 적어도 두 가지 이상을 몇몇 집단원들에게 말해보십시오. (집단원에게 완성하도록 제시되는 몇 가지 미완성 문장들의 예시: '나는 여기에서 말하는 것이 힘듭니다. 왜냐하면…….', '나는 이야기 하는 것이 두렵습니다. 왜냐하면…….', '내가 말하는 것을 중단할 때 내가 깨달은 것은…….')

조엘: 저는 집단에서 사람들이 화내는 것이 매우 불편합니다.

지도자: 화를 내는 사람들에게 그들로부터 당신이 어떤 영향을 받는지 이야기해보

십시오.

당신의 삶에서 사람들이 화를 표현할 때(또는 표현했을 때) 어떤 일이 일어납니까(또는 일어났습니까)?

(집단원들에게 완성하도록 제시되는 몇 가지 미완성 문장들의 예시: '나는 이렇게 화를 내는 것이 두렵습니다. 왜냐하면…….', '당신이 나에게 화를 낼 때 나는…….', '나는 내가 화내는 것이 두렵습니다. 왜냐하면…….', '화내는 것을 볼 때 나는 ……을 원합니다.')

첼시(대체로 사실적 이야기를 장황하게 늘어놓는 집단원): 그러나 당신은 이해하지 못해요. 당신이 저를 이해할 수 있도록 모든 것을 더 상세하게 이야기할 필요가 있습니다.

지도자: 잠시만 참아주세요. 저는 당신이 너무 많은 세부 정보를 주어서 당신을 이해하는 데 어려움을 겪고 있어요. 제가 당신에 대해 들어주기 가장 원하는 것을 한 문장으로 말한다면 그것은 무엇인가요?

이 집단에서 이해받지 못하는 것에 대해 어떤 느낌이 드나요?

사람들이 당신의 이야기를 듣고 싶어 하지 않는다는 것을 알게 되어 어떤 느낌이 드나요?

이 이야기는 당신이 삶에서 지금 어려움을 겪고 있는 방식과 어떻게 연결이 되나요?

제가 당신의 이야기에 경청하는 것이 중요한 이유는 무엇입니까?

에리카: 제가 느끼기에 제 문제는 중요하지 않은 것 같아요.

지도자: 여기에서 누구의 문제가 더 중요한가요?

만약 당신의 문제를 다른 사람의 문제와 비교하지 않는다면, 당신에 대해 우리에게 어떤 이야기를 더 할 수 있겠습니까?

모든 문제에 대해 집단에서 듣는 것이 당신에게 어떤 영향을 미쳤습니까?

당신의 사소한 문제 중 한 가지만 이야기해주십시오.

스카일러(집단에서 다른 사람들과 친밀함을 느끼는 집단원): 저는 이런 친밀감이 두렵습니다. 왜냐하면 저는 그것이 지속되지 않는다는 것을 확신하기 때문입니다.

지도자: 당신은 사람들과 친해지기 위해 무엇을 하나요?

몇몇 사람들에게 당신이 왜 그들과 친해지면 두려움을 느끼는지에 대해 그 이유를 말해보세요.

당신이 어떻게 해서 이 집단 안에서는 사람들과 친밀해질 수 있지만 자신의 삶에서는 그렇지 않을 수 있는지에 대해 말씀해주십시오.

만약 사람들이 당신과 친밀하다면, 당신에게는 그것이 어떻게 느껴집니까? 당신이 느꼈던 친밀감을 유지하지 못하도록 방해하는 것 한 가지를 든다면 그것은 무엇일까요?

만약 아무것도 변하지 않는다면 어떨 것 같습니까? 당신이 혼자됨으로써 얻을 수 있는 이점에 대해 말해보십시오.

카일(대체로 침묵하는 집단원): 저는 항상 말해야 한다고 생각하지는 않아요. 저는 관찰을 통해서 많은 것을 배웁니다.

지도자: 당신이 관찰해온 것에 대해 말씀해주시겠습니까?

당신은 침묵을 지키는 것에 대해 만족합니까? 아니면 바꾸기를 원합니까?

말로 좀 더 표현하는 것을 방해하는 요인에는 어떤 것들이 있습니까?

당신이 관찰해왔던 두 사람을 선택해서 그들이 어떻게 당신에게 영향을 미쳤는지 이야기해보겠습니까?

저는 당신이 말하고 싶은 것이 무엇인지에 대해 관심이 있고, 당신으로부터 더 많은 것을 듣고 싶습니다.

당신이 저를 관찰하고 저에 대해 조용하게 추측할 때 마음이 불편합니다. 저에 대한 당신의 추측을 공개하고 저와 함께 그것을 점검해보기를 바랍니다.

당신이 자신에 대해 이야기하지 않는다면, 사람들은 당신에게 투사를 할 경향이 있고 당신을 오해하게 될 소지가 큽니다.

페리(사람들에게 충고하는 경향이 있는 집단원): 저는 당신이 자신에 대해 그만 비판해야 한다고 생각합니다. 왜냐하면 당신은 멋진 사람이니까요.

지도자: 지금까지 몇 주 동안 당신은 이 방에서 다른 사람들을 관찰해왔습니다. 각 사람들에게 중요한 충고를 하나씩 해주십시오.

당신이 충고할 때, 이것이 당신이 알고 있는 어떤 사람을 상기시키나요?

다른 사람이 당신의 충고를 거절했을 때 어떻습니까?

당신이 다른 사람들에게 해주려는 충고를 떠오르게 하는 것은 무엇입니까?

당신이 충고를 줄 때 당신의 감정도 함께 말해줄 수 있겠습니까?

당신은 다른 사람들의 충고를 받아들일 수 있습니까? 그것은 언제나 도움이 됩니까?

위에 제시된 지도자의 반응은 대체로 저항을 초기에 중단시키기보다는 집단원들이 더 많은 이야기를 하도록 격려하는 것들이다. 이런 질문은 대체로 개방형이며 초대의 형식을 취한다. 위에 제시된 모든 개입은 집단원들이 제시한 실마리에 근거해서 나온 것이며, 집단원들이 혼란스러워질 때 추구할 수 있는 방향을 제시하도록 고안되었다.

 ## 전체 집단의 회피 다루기

지금까지는 주로 개인의 방어적 행동을 치료적으로 다루는 방법에 대해 논의했다. 하지만 때때로 전체 집단이 생산적 수준의 작업을 달성하는 것을 거의 불가능하게 만드는 행동을 보일 때도 있다. 이 절에서는 우리(Marianne과 Gerald)가 전체 집단의 회피를 경험했던 사례 하나를 설명하고자 한다. 이 사례는 전체 집단이 작업을 하지 않기로 선택하고 몇 가지 숨겨진 주제를 다루려는 의지를 보이지 않는 경우에 어떤 일이 일어날 수 있는지 보여준다. 또한 이는 숨겨진 주제가 집단 전체의 차원에서뿐만 아니라 개인적 차원에서도 집단원들에게 어떤 식으로 영향을 미치는지 설명할 것이다.

우리가 진행했던 집단 상담자들을 위한 훈련 워크숍 중 한 집단에서, 신청자들을 개별적으로 선별하는 절차를 가질 수 없었던 적이 있었다. 선별 절차 대신에, 우리는 이 집단에 관심을 가진 모든 사람들에게 워크숍에 대한 설명과 참여자들에게 기대되는 바에 대한 개요를 담은 상세한 편지를 제공했다. 우리는 이러한 정보를 첫 번째 회기에 반복해서 제공했고, 참여자들은 질문할 기회를 가졌다. 우리에게는 그들이 사적으로 집단에 참여하게 될 것이며, 회기에 따라서는 집단원으로서의 역할뿐만 아니라 공동 상담자로서의 역할도 담당할 것이라는 사실을 이해하는 것이 매우 중요했다. 전체 집단은 8명씩 두 집단으로 나누어졌다. 슈퍼바이저로서 우리들은 두 시간짜리 각 회기마다 집단을 바꾸어 참여했다. 이러한 변화는 몇몇 집단원들에게 문제로 나타났는데, 그들은 같은 슈퍼바이저가 지속적으로 자신의 집단에 참여하지 않았기 때문에 그들의 참여가 억제되었다고 말했다.

집단 중 하나(집단 1)는 자리에서 일어나서 서로와 함께하기를 적극적으로 선택한 사람들에 의해 형성되었다. 반면에 다른 집단(집단 2)은 자기 자리에서 앉은 채로 있으면서 "저는 여기서 기다리겠어요. 제 집단에 참여하기를 원하는 사람은 누구든지 여기에 들어올 수 있어요."라고 말했던 한 집단원에 의해 주로 형성되었다. 시간이 지남에 따라 두 집단 사이에 재미있는 차이가 나타났다. 집단 2는 다른 집단원과 의미 있는 상호작용을 하지 않으려는 특징을 보였다. 많은 집단원들이 집단 과정에서 사적인 상호작용을 해야 하는 것을 이해할 수 없다고 불평했다. 그들은 적극적으로 관여하기보다 우리가 하는 일을 관찰함으로써 집단에 대해 배우기를 기대했다고 말했다. 몇몇 집단원들이 선뜻 자기개방을 했음에도 불구하고, 다른 집단원들은 자신의 이야기를 나누기를 거부했고 상호작용은 거의 이루어지지 않았다. 결과적으로 이는 모든 집단원들이 스스로를 숨기고 있다는 느낌만 더 많이 가지게 만들었다.

집단 2에 참여한 집단원들은 서로 많은 것을 드러내지 않고 있다는 것을 분명하게 느끼고 있었다. 그들 중 몇몇은 집단 시간을 즐기고 있다고 말했지만 그들은 참가할 때 거의 말하지 않았고 무관심한 듯이 보였다. 집단원들은 휴식 시간에 회기 동안 경험했던 어려움에 대해 이야기했다. 그러나 그러한 정보를 집단 안으로 가져와서 말하지는 않았다. 그중 특히 두 집단원들은 풀리지 않은 갈등을 가진 채 어떤 회기를 끝냈고 휴식 시간 동안 상황을 개선하기로 결심했지만, 집단에 그 결과에 대해 알리지 않았다. 슈퍼바이저에 의해 약간의 탐색이 되고 나서야 집단원들은 자신이 갈등을 가졌던 두 집단원들에 대한 걱정으로 가득 차 있었다는 사실을 결국 인정했다. 여기에서 슈퍼바이저는 하위집단을 형성하는 것이 집단 전체 차원에서의 신뢰에 얼마나 해로울 수 있는지 다시 한 번 가르쳐주려고 시도했다.

집단 2에 속한 몇몇 여성 집단원들은 한 남성 집단원에 대해 매우 심하게 직면했다. 슈퍼바이저가 그 남성 집단원에게 직면을 통해 어떤 영향을 받았는지 질문했을 때 그는 자신은 기분이 상하지 않았다고 재빨리 주장했다. 그러나 몇 회기가 지난 후, 그는 집단에 있는 모든 사람들(슈퍼바이저를 포함해서)에게 화를 냈고 그때 그가 사실은 얼마나 화가 많이 났는지를 말했다. 그는 집단을 떠날 것이라고 선언했다. 집단의 분위기는 다시 주저하는 분위기로 바뀌었고, 집단원들은 매우 조심스럽게 상호작용하였다.

또한 집단 2의 집단원들은 집단 1의 집단원들과 비교하여 자기들이 속한 집단을 부정적으로 평가하는 경향이 있었다. 집단 1과 함께 공동으로 참여했던 회기에서, 집단 2의 집단원들은 집단 1의 특징으로 보이는 강렬함과 친밀감에 대해 질투를 표현했다.

집단이 종결되기 하루 전날에도 집단 2의 신뢰 수준은 계속 낮았다. 집단원들은 사적인 모습을 보이거나 다른 집단원들과 상호작용하는 것을 굉장히 꺼렸다. 슈퍼바이저 중 한 사람(Gerald)은 다시 한 번 그들의 신뢰 수준을 돌아보고 그들이 자신의 목표를 이 집단에서 얼마나 성취하고 있는지의 정도를 평가하도록 요청했다. 그리고 그들에게 다음과 같이 말했다. "이제 이 워크숍은 거의 끝나가고 있습니다. 만약 오늘이 마지막이라면 당신은 어떤 기분이 들까요? 만약 당신이 만족스럽지 못하다면 이러한 상황을 변화시키기 위해서 당신이 할 수 있는 것은 무엇일까요?" 집단 2의 집단원들은 처음으로 점심식사를 같이 하기로 하였다. 집단 회기는 정각 1시에 다시 시작하기로 계획되어 있었지만, 집단원들은 웃고 농담하면서 기분이 매우 좋은 채로 1시 30분에야 비로소 돌아왔다. 그들은 슈퍼바이저에게 자신들이 점심 식사를 하면서 매우 멋진 시간을 보냈고, 이제껏 집단에서 그랬던 것보다 방금 전에 가졌던 점심시간에 더욱 편안하고 응집력을 느꼈다고 말했다.

집단으로서 우리는 일어난 일에 대한 역동을 탐색했다. 나(Marianne)는 다음과 같은 말로 그들에게 직면하였다. "여러분들이 말하기를 점심시간에 이야기하는 것은 매우 편안했고 서로 간에 친밀감을 느꼈다고 했습니다. 여러분들은 또한 이 방에 들어오면 질식할 것 같다고 했습니다. 둘 사이에 무엇이 다르다고 생각하십니까?" 물론 가장 명백한 변인은 슈퍼바이저가 있다는 사실이었다. 집단원들은 마음을 열기 시작하면서 처음에는 두 명의 슈퍼바이저 모두를 맹렬히 공격했다. 그들은 우리가 그들에게 너무 많은 것을 요구하고, 사적인 동시에 학문적이길 기대하며, 자연스럽기보다는 뭔가를 수행하길 원하고, 그들이 문제가 없음에도 불구하고 문제를 가지고 있기를 바란다고 인식했다. 그들은 우리가 그들에게 가지고 있던 기대를 명확하게 전달하지 않았다고 주장하였다. 나는 그들의 불평을 경청하였고, 방어적으로 되지 않기 위해 노력하였지만, 그것은 나에 대한 직접적인 적대감의 정도가 심할 때는 쉽지 않았다. 나는 그것이 어려운 워크숍이었고 실제로 많은 것이 요구되었다는 것은 인정했지만, 나의 기준에 대해 사과하지는 않았다.

결국, 그들은 집단으로서 다른 집단이 가지고 있는 듯한 친밀감을 부러워했다는 사실을 인정했고, 점심시간에 그러한 친밀감을 자신들도 똑같이 만들어 보려고 노력했다고 말했다. 그때 나는 Gerald가 점심시간 전에 한 것처럼 그들이 마음속으로 연습하고 있는 것과 서로에 대해 말하지 못하고 있는 것을 깊이 생각해보고 말로 표현하기 시작하도록 그들에게 다시 도전하였다.

마지막 회기에서, 집단원들은 마침내 좀 더 솔직해지는 위험을 감수했다. 그들은 우리의 도전을 심각하게 받아들이고 워크숍 동안 그들이 했던 행동을 생각해보았다. 그들은 집단에서 그들의 행동에 대해 각자가 가진 책임을 기꺼이 받아들였고, 서로에 대해 책망하지 않았다. 그들은 자신의 마음에 있는 것을 말하려는 의지를 보였기 때문에, 마지막 회기에서 더 많은 것을 성취했다. 그들이 경험적인 방식으로 배우게 된 것은 그 워크숍이 진행되는 한 주의 대부분 동안 그들이 표현하지 않았던 것이 생산적인 집단을 만들지 못하게 방해해왔다는 사실이었다. 그러나 집단원들이나 우리 중에서 그 누구도 집단이 실패작이었다고는 생각하지 않았다. 왜냐하면 그들은 자신의 행동이 집단이 앞으로 나아가는 것을 어떻게 방해했는지 깨달았고, 그들 중 대부분은 자신이 어떤 식으로 위험을 적게 감수함으로써 집단의 신뢰 수준을 억제해왔는지 파악할 수 있었기 때문이다. 마침내 그들이 집단에서 자신의 참여에 대하여 정직하게 말하기 시작했기 때문에, 그들은 집단 과정뿐만 아니라 한 개인으로서의 자기 자신에 대해 중요한 교훈을 배울 수 있었다.

집단원들이 작성하도록 요구되었던 집단상담 후 보고서에서, 집단 2의 집단원들은 회기에서 결코 말하지 않았지만 일주일 동안 경험했던 그들의 반응을 기록하고 있었다. 우리는 만일 그들이 그 내용을 집단 시간에 표현하기로 마음먹었다면, 집단으로서 그리고 개인으로서 매우 다른 경험을 했을 것이라고 확신한다. 슈퍼바이저로서 우리는 수많은 숨겨진 주제를 가진 집단과 함께 작업하는 것이 얼마나 소모적일 수 있는지를 경험했다. 또한 우리는 이 경험으로부터 현재 무슨 일이 일어나고 있든지 간에 그것을

변화에 대한 장애물

사색은 종종 변화의 첫 단계이다. 때로는 변화에 대해 생각하는 것조차 압도적이어서 변화를 시작하기도 전에 어떤 사람을 멈추게 할 수 있다. 당신 자신에 대해 변화하고 싶은 무언가를 생각해보라. 예를 들어, 당신은 화가 났을 때, 더 거리낌없이 자신의 화를 표현하고 싶은가, 아니면 화가 난 반응을 덜 보이고 싶은가? 일단 당신의 구체적인 목표를 마음속에 세우고 나면, 종이 가방이나 신발 상자를 이용하여 콜라주(색종이나 사진 등의 조각들을 붙여 만든 그림)를 만들어볼 수 있다. 이때 그 가방이나 상자의 바깥쪽은 당신이 이러한 변화를 만드는 것을 고려하고 있을 때 존재한다고 느껴지는 외부적 장애물을 상징화하는 모든 이미지나 단어를 가지고 장식한다. 이러한 **외부적 장애물**은 다른 사람들로부터 받는 지지의 부족, 제한된 자원, 억압적 환경, 다른 사람들의 부정적 반응에 대한 위협 등과 같은 것일 수 있다. 그 다음에는 그 가방이나 상자의 안쪽에 당신이 바라는 변화에 도달하지 못하게 하는 내부적 장애물을 상징화하는 이미지나 단어를 붙인다. 변화에 대한 **내부적 장애물**은 자신의 성공을 방해하는 자기 자신에 대한 신념과 스스로에게 하는 말을 일컫는다. 또한 내부적 장애물은 자신이 바라는 변화를 향해 나아가지 못하게 하는 자기 자신의 행동도 포함한다. 이러한 콜라주 프로젝트에 사용할 이미지와 단어를 찾기 위해서는 오래된 잡지나 신문을 훑어보는 것이 좋다. 일단 당신이 이 프로젝트를 완성하고 나면, 우리는 당신이 수업이나 집단에서 그것을 공유할 것을 권장한다.

공유를 위한 과정 질문
당신의 콜라주를 집단에서 공유하면서, 다음과 같은 생각에 대해 논의해보자.

- 당신이 원하는 변화는 무엇이며, 이러한 변화를 만들기 위해 당신은 어떻게 집단을 활용할 수 있는가?
- 콜라주를 만드는 과정에서 당신은 어떤 기분이 들었는가? 콜라주를 만드는 작업이 당신에게 어려웠는가? 이미지와 단어를 선택하고 콜라주에 그것을 붙일 때, 당신은 어떤 느낌이 들었으며 어떤 내적 성찰을 했는가?
- 당신은 어떤 외부적 장애물을 확인하였는가?
- 당신은 어떤 내부적 장애물을 확인하였는가?
- 당신의 콜라주에서 가장 마음이 끌리는 부분은 무엇인가?

피드백을 주고받는 것에 대한 조언
- 콜라주를 공유하는 사람에게 너무 많은 말이나 질문을 하는 것을 삼가야 한다. 관찰자로서 당신의 역할은 자신이 보는 것을 해석하지 않은 채 경청하는 것이다.
- 만일 그 사람이 공유하는 것이 당신과 관련된다면, 당신이 말할 때 주의를 기울임으로써 공유하는 사람으로부터 다른 사람들의 관심을 빼앗지 않도록 해야 한다.

직면하고 숨겨진 주제를 밖으로 표현하며, 그리고 무엇보다 중요하게도 포기하지 않겠다고 마음을 굳게 먹는 것의 중요성을 배웠다. 지도자로서 우리는 좌절이나 짜증스러움과 같은 감정에 빠지지 않도록 주의를 기울일 필요가 있다. 이것은 우리에 대한 문제가 아니라, 어떻게 우리가 더 생산적인 수준의 작업으로 집단을 촉진하는 것을 지속할 수 있을까에 대한 문제이다. 비록 이 집단이 응집력을 가지게 되지는 못했지만, 우리와 함께 집단에서 자신의 반응을 나누려는 집단원들의 의지는 개인으로서 그들의 성장을 방해한 것이 무엇인지, 그리고 과도기에서의 이러한 교착상태가 응집력 있고 생산적인 집단이 되기 위한 그들의 노력을 얼마나 가로막았는지에 대한 중요한 교훈을 배우도록 만들었다.

 ## 전이와 역전이 다루기

우리가 앞에서 강조했듯이, 집단을 운영할 때 지도자는 자신이 가진 해결되지 않은 개인적인 문제가 집단원들의 문제 행동으로 느껴질 수도 있다는 사실을 인식하도록 노력해야 한다. 이러한 상호작용은 전이와 역전이를 포함한다. 전이(transference)는 내담자가 상담자에게 투사하는 감정이다. 이러한 감정은 보통 내담자들이 과거에 경험한 대인관계와 관련된다. 그와 같은 감정을 집단 상담자에게 투사할 때, 그 감정의 강도는 현재 상황보다는 그 집단원의 삶에서 아직 해결되지 않은 요소와 더 관련 있다고 볼 수 있다. 내담자의 갈등에서 기원한 전이는 심리치료의 건강하고 정상적인 부분으로 여겨지며, 이때 상담자는 중립적인 상태로 남아있어야만 한다. 역전이(countertransference)는 상담자가 자신의 해결되지 않은 갈등을 내담자에게 투사하는 감정이다. 만일 역전이가 지도자에 의해 적절하게 다루어지지 않는다면, 이것은 집단원들에게 해를 끼칠 수 있다. 지도자는 역전이를 없애려고 시도하기보다 그 반응을 생산적이고 치료적인 방법으로 사용해야 한다. 특히 정신역동적 이론을 지향하는 집단 상담자는 전이와 역전이 둘 다의 역동을 이해하는 것의 가치를 인식한다. 전이와 역전이는 집단에서 일어나는 일을 발전시키는 데 필수적인 핵심 개념이다.

집단 상황에서는 잠재적으로 많은 전이들이 존재한다. 집단원들은 집단에서 지도자에게뿐만 아니라 다른 집단원들에게도 투사할 수 있다. 집단의 유형에 따라 집단원들은 현재 또는 과거에 그들의 삶에서 중요한 사람에게 가졌던 감정을 연상시키는 사람을 집단에서 찾아낼 수도 있다. 다시 말해, 집단의 목적에 따라서, 이러한 감정이 생산적으로 탐색될 수 있고, 그렇게 함으로써 집단원들은 얼마나 자신의 오래된 패턴을 현재의 관계에까지 고수해왔는지를 깨닫게 될 것이다. 집단은 심리적으로 취약한 패턴을 인식할 수 있는 이상적인 장소이다. 집단원들은 그들이 가지고 있는 해결되지 않은 갈등이 현재 어떤 식으로 특정한 역기능적인 행동 패턴을 만들었는지에 대한 통찰을 가질 수 있다. 또한 집단 회기에서 일어나고 있는 일에 초점을 맞춤으로써, 집단원들은 집단 밖의 상황에서 그들이 어떻게 기능하고 있는지에 대한 역동적 이해를 할 수 있다.

집단원들은 자신의 삶의 역사와 이전 경험을 집단에 가지고 들어온다. 몇몇 집단원들은 다른 집단원들이나 지도자와 유대감이나 신뢰를 형성하는 것을 방해하는 다른 문화적 배경을 가진 사람들에 대한 신념을 지니고 있을 수 있다. 예를 들어, 동성애자인 어떤 집단원은 이성애자 공동체로부터 수많은 판단과 거절을 경험해왔고, 그로 인해 이성애자인 집단원들은 자신을 받아들이지 않을 것이라고 성급하게 결론을 내려버렸을지 모른다. 치료 집단이 제공하는 유익한 점 중 하나는 집단원들이 자신의 과거 경험이 현재의 상호작용에 어떻게 영향을 주고 있는지를 탐색할 수 있다는 것이다.

집단원들이 지도자로 하여금 자신을 멀리하게 하도록 만드는 데 매우 열심인 것처럼 보일 때, 이러한 자기 파괴적인 행동으로부터 그들이 잠재적으로 어떤 이익을 얻는지 탐색하는 것은 치료적으로 유용할 수 있다. 그리고 집단원들이 지도자나 다른 집단원들에게 보이는 전이 반응은 이러한 전이의 대상이 되는 사람들로부터 강렬한 감정을 불러일으킬 수 있다. 이러한 현상이 치료적 환경에서 적절하게 다루어진다면, 집단원들은 집단에서 다른 사람들에 대한 감정과 반응을 경험하고 표현하며, 자신이 집단 밖의 상황을 어떻게 집단 내부에 투사하고 있는지를 발견할 수 있게 된다. 이러한 감정이 집단 내에서 생산적으로 탐색될 때, 집단원들은 종종 그들의 반응을 적절하게 더 잘 표현할 수 있다.

집단지도자는 자신의 역전이를 집단에서 발생하는 어려움에 대한 가능한 원인으로 여기는 것이 좋을 것이다. 어떤 지도자들은 '다루기 어려운 집단원'에게 지도자 자신의 문제와 미해결 과제를 투사한다. 또한 몇몇 지도자들은 자신의 권위나 능력에 도전하는 집단원에 의해 직면을 받을 때 자신이 힘과 특권을 가지고 있다는 사실을 인식하지 못하고 무력하다고 느낀다. 지도자가 자기 자신의 문제를 다루려고 하지 않는다면, 집단원이 변화를 위해 필요한 위험을 무릅쓰는 것을 어떻게 기대할 수 있겠는가? 지도자가 자신이 운영하는 집단에서 어떤 식으로 감정적으로 촉발될 수 있는지 생각해볼 때에는 자신이 다루기 어려웠다고 생각하는 집단원에 대한 자신의 반응을 검토해보는 것이 좋다. 기억해야 할 것은 집단원이 단지 지도자를 짜증나게 하고 싶었다고 가정하는 것은 일반적으로 유용하지 못하다는 점이다. 그보다는 지도자가 스스로에게 이러한 질문을 해보는 것이 좋다.

> "
> 집단원이 단지
> 지도자를 짜증나게 하고
> 싶었다고 가정하는 것은
> 일반적으로 유용하지
> 못하다.
> "

- 집단원들이 보이는 다양한 형태의 전이에 대해 나는 어떻게 반응하는가?
- 어떤 종류의 전이가 나의 역전이를 불러일으키는 경향이 있는가?
- 나는 집단원들의 방어적 행동을 개인적인 공격으로 받아들이지는 않는가?
- 나는 충분히 숙련되지 못했다고 스스로 자책하고 있는가?
- 나는 내가 문제라고 생각하는 내담자들과 금방이라도 싸울 듯한 태도를 취하지는 않는가?
- 문제 행동에 대해 내가 반응하는 방법이 일부 집단원들의 방어적 행동을 증가시키 거나 감소시키는 경향이 있는가?

집단지도자는 자신을 대상으로 형성된 집단원들의 전이 반응을 다루어야 하는 과제를 안고 있지만, 이를 해결하는 것은 매우 복잡하고, 관계가 발전되는 이면의 상황에 달려있는 경우가 많다. 지도자는 자신에 대한 집단원들의 반응을 단순히 전이라고 성급하게 치부하지 말아야 한다. 즉, 지도자는 자신이 그들을 대했던 방식에 대한 진실한 반응을 집단원들이 보이고 있을지 모른다는 가능성을 기꺼이 탐색해보아야 한다. 지도자는 집단원들이 지도자에게 무엇을 말하든지 무비판적으로 믿지 말아야 하는데, 특히 초기에는 더욱 그렇다. 집단원들이 비현실적으로 지도자에게 귀인하는 것을 성급하게 받아들이지 않도록 주의할 필요가 있다. 반면에, 지나치게 비판적이 되거나 진실한 긍정적 피드백을 무시하는 것도 피해야 한다. 지도자를 도움이 되는 혹은 현명한 사람으로 바라보는 집단원들 모두가 '전이 장애'를 갖고 있는 것은 아니다. 집단원들은 집단지도자에 대해 진실한 애정과 존경을 느낄 수 있다. 마찬가지로, 집단원들이 지도자에게 화를 낸다고 해서 그들이 부모를 향한 화를 지도자에게 전이하고 있다는 의미는 아니다. 그들은 아마도 진짜 화를 잘 내는 사람이거나 지도자가 나타내는 어떤 행동 때문에 지도자에게 개인적으로 부정적인 반응을 가졌을 수도 있다. 지도자가 자신이 어떤 내담자에게 민감하지 못했을 수도 있다는 점과 내담자의 반응이 정당하다는 것을 인정하는 데는 용기가 필요하다. 그러나 집단원들은 종종 지도자가 그들의 삶에서 중요한 영향을 끼친 사람인 것처럼 지도자를 대할 것이고, 이로 인해 지도자는 자신이 받을 만한 것보다 더 많은 반응을 겪게 된다. 특히 집단원들이 지도자와 거의 접촉을 하지 않았음에도 불구하고 지도자를 향해 강한 감정을 드러냈다면 이것은 전이일 가능성이 크다. 요약하면, 집단지도자를 향한 집단원들의 모든 감정이 내담자의 유익함을 위해 '해결해야 할' 전이로 '분석'되어야만 하는 것은 아니다. 지도자가 스스로에게 적용할 수 있는 유용한 지침은 일관된 패턴의 피드백을 듣게 되는 경우, 자신이 들은 것을 진지하게 검토해야 한다는 것이다. 그러한 피드백이 정당하다고 생각될 때, 지도자는 자신의 행동을 조금이라도 변화시킬 가능성이 있다.

저명한 게슈탈트 치료자 Erving Polster(1995)는 전이 현상의 관점에서 생각하기를 피했는데, 왜냐하면 그는 전이라는 개념이 비인격화하는 영향을 미칠 수 있다고 믿었기 때문이다. 대신, Polster는 내담자와 상담자 사이에서 진정한 접촉을 하는 것을 강조했다. "접촉 경험은 말하고, 반응하고, 제안하고, 웃고, 실험해보는 것, 즉 실제로 일어나고 있는 모든 것으로 구성되어 있다. 그러나 이러한 접촉적인 관계맺음이 가지는 힘에 상징적인 요소가 더해지면, 그것이 전이로 표시되게 된다"(p. 190). Polster는 전이에 초점을 맞추는 것은 치료적 만남에서 실제로 일어나고 있는 일을 무시함으로써 '지금 여기' 관계에서 상담자를 벗어나게 한다고 보았다. 그뿐만 아니라, 그는 상담자가 특정 사건에 대해 전이의 관점으로 바라보면서 해석을 하면, 그 사건에 대한 내담자 스스로의 경험을 신뢰하지 않는 오류를 범할지도 모른다고 주장했다. 그러므로 전이를 개념적으로 해석하는 것은 결과적으로 유대감을 감소시킬 수 있다는 것이다.

집단원들의 반응이 실제에 근거한 것일 가능성과 전이의 상징적 요인을 나타내는 것일 가능성 둘 다를 고려하는 것이 중요하다. 비록 집단원의 반응이 전이 감정에 의한 것이라는 생각이 강하게 든다 하더라도, 지도자가 '당신은 저에게 투사를 하고 있습니다. 이것은 저에 대한 문제가 아닙니다.'라고 말하는 것은 그 사람을 무시하는 것일 수 있다. 덜 방어적인 반응은 '제가 당신에게 어떤 영향을 미쳤는지 좀 더 말해주세요.'라고 말하는 것이다. 이러한 개입은 그 집단원이 어떻게 해서 지도자에 대한 일련의 반응을 보이게 되었는지에 대한 추가적인 정보를 이끌어낸다. 이러한 언급을 하는 시기가 매우 중요한데, 이는 어떤 집단원의 행동에 대한 어떤 해석을 제공하기 전에 그 집단원의 반응을 탐색하는 것이 중요하기 때문이다.

집단원이 지도자를 전이 대상으로 볼 때, 좋은 치료적 작업의 여지가 있다. 지도자는 상징적인 역할을 맡고 집단원에게 지도자를 향해 이야기하도록 함으로써 미해결 과제를 다룰 수 있다. 게다가 감정을 탐색하고 통찰을 얻기 위한 방법으로 지도자와 집단원이 역할을 서로 바꾸어볼 수도 있다. 예를 들어, 폴이라는 한 집단원이 자신이 아버지에게 하듯 지도자에게 행동하는 것을 알아차렸다고 가정해보자. 역할 연기를 통해, 폴은 자신의 아버지 역할을 하는 지도자에게 다음과 같이 말한다. "당신의 삶에서 제가 중요하다고 느껴지지 않습니다. 당신은 너무 바쁘고, 저를 위해 시간을 가져본 적이 전혀 없습니다. 제가 무엇을 하든 아버지를 충족시킬 순 없을 거예요. 저는 어떻게 하면 아버지의 인정을 받을 수 있는지 모르겠어요." 지도자는 폴의 아버지가 어떻게 폴과 관련되는지 모르기 때문에 폴에게 아버지가 반응할 것이라고 상상하는 대로 반응하면서 아버지의 역할을 맡아보라고 요청할 수 있다. 폴이 자신과 아버지 간에 있을 상호작용을 여러 번 연습한 후, 지도자는 폴이 아버지와 어떻게 갈등하고 있는지에 대해 더 분명히 감지할 수 있다. 이러한 정보를 가지고, 지도자는 폴이 아버지와의 사이에서, 그리고 지도자와의 사이에서 가지고 있는 미해결 문제를 풀어나가도록 도울 수 있다. 이러한 치료적 작업의 과정을 통해, 폴은 자신이 갈등을 겪고 있는 아버지로서가 아니라 있는 그대로의 개인으로서 지도자를 볼 수 있다. 또한 폴은 아마 자신이 아버지에게 어떤 식으로 말을 하는지, 그리고 아버지에 대한 감정을 일상생활에서 다른 사람에게 어떻게 전이하는지에 대한 깨달음을 얻을 수 있을지도 모른다.

그러나 이것은 전이 문제가 어떻게 처리될 수 있는지에 대한 몇 가지 예에 불과하다. 중요한 점은 이러한 감정이 우선 (1) 인식되고 표현되어야 한다는 것, 그 다음에는 (2) 치료적인 방식으로 해석되고 탐색되어야 한다는 것이다. 전이를 해석하는 것은 집단원의 정신내적 삶을 설명하는 하나의 방법이다(Wolitzky, 2011b). 해석은 집단원들이 자신의 삶을 이해하고 자신의 의식을 확장시키는 것을 돕기 위해 협력적인 방식으로 제공될 수 있다. 집단지도자는 집단원이 해석을 할 준비가 되어 있는지를 가늠하는 기준으로 그 집단원의 반응을 사용할 필요가 있다. 해석이 적절한 시기에 이루어지는 것이 중요한데, 왜냐하면 집단원은 지도자에 의해 주어진 시기적절하지 못한 해석은 거절할 것이기 때문이다.

보다 민감한 문제는 지도자가 집단원에게 느끼는 감정을 어떻게 가장 효과적으로 다룰 수 있는가 하는 것이다. 무의식 영역을 이해하고 해결하기 위해서 상담자들에게 몇 년간의 분석 시간을 갖도록 하는 정신역동적 전통을 따르는 집단에서조차 역전이는 잠재적인 문제이다. 그래서 이는 초심 집단지도자에게 특히 큰 문제일 수 있다. 어떤 사람들은 도움을 주는 사람으로서 존경받고, 필요한 사람으로 인정되며, 칭송받고, 전문가로 여겨지며, 심지어는 사랑을 받을 것이라고 어느 정도 상상했기 때문에 이 직업에 매력을 느낀다. 아마도 그들은 다른 사람들은 돕는 반면에 자신이 느끼는 수용과 자신감을 자신의 일상의 삶에서 결코 경험하지 못했을 것이다. 그러한 지도자들은 다른 방법으로는 충족되지 않을 자신의 욕구를 충족시키는 데 집단을 이용하고 있을 수 있다.

우리 모두는 미해결된 갈등, 개인적 취약성, 무의식적 '약점'을 가지고 있고, 이런 것들이 우리의 전문적 작업을 통해 활성화되기 때문에, 지도자의 역전이 반응은 불가피하다(Curtis & Hirsch, 2011; Hayes, Gelso, & Hummel, 2011; Wolitkzy, 2011a). 따라서 집단지도자의 자기 이해와 슈퍼비전은 집단원들의 전이와 지도자의 역전이 반응을 둘 다 효과적으로 다루는 방법을 습득할 수 있는 중요한 방법이다. 집단지도자가 깨닫지 못한 부분은 집단원들이 다양하게 보이는 다루기 어려운 행동이나 집단원들의 고통을 다룸에 따라 드러나는 자신의 오래된 상처를 다루는 능력을 쉽게 방해할 수 있다. 지속적인 슈퍼비전은 지도자로 하여금 자신의 반응에 대한 책임을 받아들이게 하되, 이와 동시에 특정한 집단원들이 택하는 방향에 대해 전적으로 책임지는 것을 방지할 것이다. 공동 지도자와 함께 어떤 집단원에게 자신이 어떤 영향을 받았다는 것을 이야기하는 것도 어려운 상황에 대한 다른 사람의 관점을 얻을 수 있는 좋은 방법이다.

지도자는 집단원들을 향해 자신이 느끼는 모든 감정이 역전이로 분류될 수 있는 것은 아님을 알아차려야 한다. 지도자는 자신이 객관적인 자세를 유지해야 하고 모든 집단원을 동등하게 돌보아야 한다는 잘못된 생각을 가지고 집단을 운영하고 있을 수 있다. 역전이는 다양한 집단에서 다양한 내담자에 대하여 되풀이되는 경향이 있는 지속적이고 극대화된 감정으로 표현된다. 지도자는 몇몇 집단원을 다른 집단원들보다 더 좋아할 수 있지만, 집단의 모든 집단원들은 지도자로부터 존경과 호감을 받을 기회를 가질 권리가 있다. 중요한 것은 지도자가 집단원에 대한 자신의 감정을 인식하고 치료적이지 못한 감정적 연루를 피하는 것이다.

힘에 대한 주제는 역전이를 이해하는 것과 밀접한 관련이 있다. 집단원들은 지도자를 전문가, 완전한 인간 또는 요구가 많은 부모의 수준으로 높이 보면서, 자신의 힘의 대부분을 포기한다. 이때 스스로에 대해 잘 인식하고 집단원의 복지에 주로 관심을 가지고 있는 지각 있는 집단지도자는 집단원이 열등한 위치에 머무르게 놔두지 않을 것이다. 그러나 적절하고 힘이 있다는 느낌을 가지기 위해 집단원의 복종적 위치에 의존하는 불안한 지도자는 집단원을 무기력하게 놔두는 경향이 있을 것이다.

우리는 집단지도자가 집단에서의 작업을 통해서 자신의 욕구 중 일부를 충족시키는 것이 부적절하다는 인상을 주기를 원하지는 않는다. 또한 지도자가 힘이 있다고 느끼면 안 된다고 시사하는 것도 아니다. 사실, 우리는 지도자가 일을 통해 자신의 욕구를 충족시키지 않는다면, 열정을 잃어버릴 위험이 있다고 생각한다. 그러나 지도자 자신을 충족시키는 수단으로 집단원들을 이용하지 않는 것은 매우 중요하다. 지도자가 자신의 욕구를 우선시하거나 집단원들의 욕구에 민감하지 못했을 때 문제가 발생하는 것이다.

역전이 감정은 로맨틱하거나 성적인 영역에서, 특히 어떤 집단원이 지도자에게 로맨틱한 관심을 표현할 때 발생하곤 한다. 집단지도자는 자신의 전문적인 역할을 맡기 전에는 다른 사람들이 자신에게 그런 식으로 호감을 갖는다고 느껴보지 못했을 수 있다. 이제 그런 호감을 받고 있기 때문에, 지도자는 이러한 피드백을 위해 집단원들에게 의존할 위험이 있다. 훈련을 통해서, 집단지도자는 특정한 집단원들에 대한 매력이나 반감 같은 감정을 슈퍼바이저와 함께 탐색할 기회를 가질 수 있다. 만일 지도자가 집단을 독자적으로 이끌면서 역전이 문제가 생길 가능성이 보이는 패턴을 깨닫게 된다면, 이러한 문제를 다루기 위해 다른 상담자와 상의를 해야 한다.

1. 사건에 대한 설명

섭식장애를 가진 입원환자 집단의 5번째 회기에서, 집단 내의 유일한 페르시아인 집단원인 림은 자신이 대학원 석사 과정에서 소수 민족 여성으로서 겪었던 경험을 나누었다. 처음에 림은 자신의 민족성 때문에 동급생들과 어울리지 못해서 느꼈던 자신의 감정에 대해 말했다. 그리고 림은 동급생들과 교수님들에게 자기 역량을 입증해 보여야 한다고 종종 느꼈다고 말했다. 나머지 집단원들은 그녀의 경험에 대해 질문하기 시작했고, 그에 대해 림은 "당신들 중 누구도 나를 온전히 이해하지는 못할 것입니다. 왜냐하면 당신들은 페르시아인이 아니고 소수자가 된다는 것이 어떤 것인지 알지 못하기 때문입니다."라고 반응했다. 그러자 다른 집단원인 첼시가 방어적인 태도를 보이면서 자신의 가장 친한 친구가 페르시아인이라고 말했다. 더 나아가 첼시는 그 친구가 그들 사이의 문화적 차이점에 대해 종종 이야기했는데, 그 친구가 그들의 차이점을 지나치게 강조하는 것처럼 느꼈고, 때로는 너무 많이 불평을 하는 것으로 보였다고 말했다. 집단원들이 침묵 속에서 불안한 마음으로 지켜보는 동안, 림과 첼시 사이의 논의는 더욱 격렬해졌다.

집단지도자는 당황했고 그 순간에 상황을 어떻게 다루는 것이 가장 좋을지 알지 못했다. 자신 또한 페르시아인 여성이었던 지도자는 개입 방법에 대한 스스로의 내적 갈등을 자세히 살펴보려 애썼다. 지도자는 첼시가 림의 경험을 인정하지 않고 초점을 자신에게로 돌렸다고 느꼈다. 그러나 만약 지도자가 림을 대신하여 개입한다면, '편향된 사람으로 보이고 부당한 동맹을 림과 조성하는' 것처럼 보일까봐 두려웠다. 또한 만일 지도자가 첼시에게 어떤 말을 하면, 자신이 림을 '구조하는' 것처럼 보일까봐 걱정이 되기도 했다.

2. 집단지도자를 위한 과정 질문

- 당신은 이 사건의 집단지도자처럼 자신의 개입이 어떻게 인식될지 걱정했기 때문에 어찌해야 할지를 모르고 답답하게 느꼈던 적이 있는가?
- 당신은 지도자가 림과 첼시에게 반응하는 것에 대한 자신의 내적 갈등의 일부를 집단원들과 나누는 것이 적절했을 것이라 생각하는가? 그렇다면, 혹은 그렇지 않다면, 이유는 무엇인가?
- 지도자가 페르시아인 여성으로서 자신의 경험을 나누거나 림이 이야기했던 바를 확인해주는 것으로부터 초래될 수 있는 잠재적 피해는 무엇인가?
- 지도자가 자신을 림과 동일시함으로써 초래될 수 있는 잠재적 유익함은 무엇인가?
- 지도자는 자신이 그렇게 보일지 모르겠다고 두려워했던 것처럼 림을 대신해서 말하거나 림을 '도와주기 위해' 나서지 않은 채, 첼시로 하여금 그녀의 말이 미친 영향을 깨닫도록 도울 수 있었겠는가?
- 백인 지도자가 자신의 문화적 정체성과 경험을 사용하여 개입하는 경우와 유색인종 지도자가 그렇게 하는 경우 다른 점이 만일 존재한다면, 어떤 점에서 차이가 나겠는가?

3. 임상적 고찰

이 사건의 지도자는 림과 지나치게 동일시하는 것에 대해 매우 두려워했기 때문에 집단원과 지도자가 문화적 연대감을 가지는 것으로부터 오는 잠재적 유익함을 알아채는 기회를 일시적으로 놓쳤다. 지도자의 내적 갈등은 그녀가 집단에 치료적으로 개입하는 것을 방해했다. 유색인종으로서 지도자는 어느 정도의 판단과 림이 말했던 것에 대해 다른 사람들의 승인을 구할 필요를 경험했을 가능성이 있다. 반어적으로, 지도자는 림이 그랬던 것과 비슷한 방식으로 자기 자신을 제지하고 있었다. 지도자가 그 순간에 자신의 어려움을 집단원들과 나누는 것에 대해 충분히 편안하게 느꼈다면 어땠을까? 자신이 림과 부당하게 동맹을 맺거나 림을 구하러 오는 것처럼 보이기를 원하지 않는다는 것을 지도자가 집단에서 공유했다면, 지도자는 개입하는 것에 대해 좀 더 편안하게 느꼈을지도 모른다. 또한 지도자는 '이 집단 내의 누구도 나를 이해하지 못한다.'와 같이 느끼는 림의 경험을 타당화하면서, 집단원들에게 다른 모든 사람들과 다르다는 것이 어떤 느낌인지에 대한 더 많은 통찰을 제공했을 수 있다. 지도자가 하는 대부분의 개입은 집단원들에게 영향을 미치게 되는데, 지도자가 집단에서 나누는 것이 어떤 결과를 낳을지 예측할 수 없는 경우가 많다. 지도자가 이 사건에 개입하지 않는 것이 가지는 한 가지 잠재적 단점은 림이 버림받았다고 느끼거나 심지어 자신의 이야기를 나누기 이전보다 더 오해받았다고 느낄지 모른다는 것이다. 전체 집단을 편안하게 유지하기 위한 노력의 일환으로, 지도자는 특정 주제나 개념을 배우는 것이 가능하거나 가장 쉬워진 순간의 기회를 놓쳤다.

4. 가능한 개입

- 지도자는 자신의 내적 갈등의 일부를 집단원들과 나눔으로써 자기 반응을 소리 내어 정리해나가는 것의 유익함을 집단원들에게 본보기로 보일 수 있다. 예를 들어, 지도자는 다음과 같이 말할 수 있다. '저는 비슷한 처지에 있는 페르시아인 여성으로서 제가 림과 동일시하는 방식에 대해 이야기하고 싶어요. 그렇지만 저는 다른 사람들이 제가 림의 편을 든다고 얼마나 인식할지에 대해 의식하고 있다는 것을 깨달았어요.' 이렇게 말하는 것은 지도자가 자신의 말에 대한 집단원들의 언급과 반응을 촉진하면서 자기 감정을 공유하는 것을 잠재적으로 가능하게 한다. 이로써 집단 전체가 림과 첼시에 의해 이미 공유된 문화적 쟁점과 관련된 대화를 할 수 있게 된다. 자신의 생각과 감정을 공유함으로써, 지도자는 집단 내에서 신뢰와 진정성을 형성하는 것을 도울 수 있다.
- 지도자는 자신의 내적 갈등을 나눈 다음, 모든 집단원들에게 혹시 그들이 지도자가 집단에서 느낀 것과 림이 대학원에 대해 이야기한 경험과 비슷한 점을 가지고 있지는 않은지 물어볼 수 있다. 다시 말해, 이는 지도자의 반응을 이용하되, 작업의 초점을 지도자보다는 집단에 두도록 하는 것이다.
- 지도자는 자신의 경험이라고 직접적으로 말하지 않은 채 자신의 개인적 경험을 활용할 수 있다. 지도자는 림이 말한 것을 약간 이해했을 수 있고,

지도자는 자신의 이야기를 반드시 드러내지는 않으면서 그러한 이해의 일부를 집단과 나눌 수 있다. 지도자의 이론적 지향성과 개인적으로 편안함을 느끼는 정도에 따라, 지도자는 자신의 정체성을 활용하고 개입하는 것에 대한 선택권을 가진다.
- 지도자는 집단원들로 하여금 자신이 어떤 집단에서 소외감을 느꼈던 적이 있었는지 이야기하도록 요청할 수 있다.
- 림과 첼시에게 각자가 역할 연기에 참여할 의향이 있는지 물어보라. 림은 첼시를 바라보면서 몇몇 미완성 문장(예시: '내가 당신과 다르다고 느끼는 한 가지는…….', '당신이 나를 이해하지 못한다고 내가 인식하는 방법은…….')을 완성하도록 요청될 수 있다. 또한 림은 모든 집단원들에게 차례로 돌아가면서 다음과 같은 문장을 완성하도록 요청할 수 있다. '내가 당신과 다르다고 느끼는 한 가지는…….'

  이러한 역할 연기 활동이 이루어지는 동안, 집단원들은 림이 말하는 것에 대해 반응하기를 피하고 그저 자신이 들은 바를 그대로 받아들이도록 요청받을 수 있다. 만약 림이 자신의 차이점이라는 주제에 계속 초점을 맞춘다면, 집단원들은 림이 자신을 어떻게 다른 존재로 보고 있는지에 대한 정보를 얻는다. 또한 이는 첼시에게도 집단 밖에 있는 자신의 친구에 대한 약간의 통찰력을 줄 수 있다.
- 지도자는 '저는 림과 첼시의 논의에 대한 반응을 가지고 있고, 이에 대해 기꺼이 이야기할 용의가 있습니다. 그러나 저는 다른 집단원들이 림과 첼시의 논의를 어떻게 경험하고 있는지 먼저 나누어주기를 원합니다.'라고 말할 수 있다. 그들의 생각을 먼저 나누도록 집단원들을 초대하는 것은 집단이 작업 단계로 나아가는 과정을 촉진할 수 있다.

과도기 단계에서 공동 지도자의 문제

과도기는 집단 과정 전체를 통틀어 결정적으로 중요한 시기이다. 갈등과 저항이 어떻게 다루어지는지에 따라 집단이 더 좋은 방향으로 또는 더 나쁜 방향으로 나아갈 수 있다. 만약 지도자가 공동 지도자와 함께 작업한다면, 집단에서 일어난 일에 대한 지도자 자신의 반응에 초점을 맞추기 위해 공동 지도자와의 회기 전 및 회기 후 만남 시간을 효율적으로 이용할 수 있다. 다음은 이 시기에 공동 지도자들 간에 발생할 수 있는 몇 가지 문제이다.

공동 지도자 중 한 명에 대한 부정적인 반응 만약 집단원들이 당신의 공동 지도자에게 저항하거나 부정적인 반응을 표현할 경우, 지도자로서 당신은 공동 지도자의 편을 들면서 집단원들을 공격하지 않고, 그렇다고 집단원들의 편을 들면서 공동 지도자를 단체로 공격하지도 않는 것이 중요하다. 그 대신 방어적이지 않은 태도로(그리고 가능한 한 객관적인 태도로) 상황을 건설적으로 탐색하도록 촉진함으로써 당신의 지도자 역할을 유지해야 한다. 이를 위해 지도자는 공동 지도자에 대해 부정적인 반응을 가진 집단원으로 하여금 공동 지도자에게 직접적으로 말하도록 요청할 수 있다. 또한 지도자는 공동 지도자가 무엇을 듣고 있는지 그리고 어떤 영향을 받고 있는지 말하도록 촉진할 수 있다.

두 공동 지도자 모두에 대한 도전 몇몇 집단원들이 '당신네 지도자들은 여기 집단에서 우리에게 자기개방을 요구하지만, 우리는 당신들에 대해 개인적으로 거의 모릅니다. 만약 지도자들이 우리 집단원들의 문제점을 알고 싶다면 지도자들도 자기 문제에 대해 기꺼이 말할 수 있어야 합니다.'라고 말하면서 지도자와 공동 지도자 모두를 비난했다고 가정해보자. 이런 경우에 만약 지도자 중 한 명은 방어적으로 대처하는 반면, 다른 한 명은 집단원들로부터의 이러한 직면을 기꺼이 다루려고 하면 문제가 생길 수 있다. 이상적으로는, 두 지도자들 모두 직면에 대해 객관적으로 이야기해야 한다. 만일 그렇게 되지 못하면, 이러한 불일치는 집단 밖에서 이루어지는 공동 지도자들의 모임이나 슈퍼비전 시간 동안 논의해야 할 매우 중요한 주제가 될 것임에 틀림없다. 모든 어려움이 공동 지도자들 간의 사적인 논의에서만 항상 다루어져야 하는 것은 아니다. 회기 중에 일어나는 일과 관련된 문제들은 되도록 집단 전체와 논의해야 한다.

문제 행동 다루기 앞에서 우리는 지도자와 공동 지도자 모두가 직면해야 할지 모르는 다양한 유형의 '다루기 어려운 집단원의 행동'에 대해 논의했었다. 그러한 집단원들이 무슨 행동을 하거나 무슨 행동을 하지 않는지에 대해 끊임없이 논의만 할 뿐, 그런 행동이 자신에게 어떤 영향을 미치는지에 대해서는 결코 탐색하지 않는 공동 지도자들의 경향에 유의해야 한다. 그러한 문제 행동에 대한 공동 지도자들의 반응을 무시한 채 문제 행동을 보이는 집단원들을 '치료'하는 전략만을 거의 전적으로 강조하는 것은 잘못이다.

역전이 다루기 지도자가 모든 집단원들과 똑같이 효과적으로 작업하기를 기대하는 것은 비현실적이다. 그러나 때때로 공동 지도자들 가운데 한 명이 역전이 반응을 보이는 것은 비효과적인 결과를 초래한다. 예를 들어, 한 남성 지도자가 여성 집단원에게 강하고 비논리적인 부정적 반응을 보일 수 있다. 이러한 경우, 지도자가 이 집단원으로부터 자신의 전 부인의 모습을 발견하고 이혼에 대한 미해결된 문제로 인해 치료적이지 못한 방식으로 반응한 것일 수 있다. 이런 상황이 발생할 때, 공동 지도자는 그 집단원뿐 아니라 도움이 못 되는 그 지도자에게도 치료적으로 도움을 줄 수 있다. 공동 지도자는 집단 밖에서 남성 지도자와 이러한 역전이 반응을 탐색할 수 있고, 집단 회기 동안 직접 개입할 수도 있다. 서로를 객관적이고 솔직한 태도로 대하려고 하는 공동 지도자는 이러한 상호 직면 과정을 통해 긍정적인 영향을 줄 수 있다.

경험 일지 촉진 질문

다음은 집단상담의 과도기적 단계 동안 집단구성원들을 촉진하기 위한 질문들이다. 당신이 집단을 운영한다면, 집단 내에서 토론하거나 회기 사이의 경험 일지를 쓸 때 이 질문들이 유용할 것이다. 또한 당신이 실제 집단구성원 또는 상상 속의 집단구성원이라 생각하면서 이 질문들에 대답해보는 것도 좋을 것이다.

1. 당신은 어떤 방식으로 집단 전체에 의해 또는 개별 집단원에 의해 수용되거나 거부되는 것을 깨닫거나 걱정했는가?
2. 당신은 집단이 자신에게 안전한지 알아내기 위해 집단에서 지도자나 다른 집단원을 어떻게 시험했는가?
3. 당신은 어떤 방식으로 집단에서 안전을 위해 몸을 사리거나 위험을 감수했는가?
4. 당신은 집단에서 통제와 힘과 관련된 문제를 어떻게 표현하거나 탐색했는가?
5. 당신은 지도자들이 믿을 만한지 아닌지 가늠하기 위해 그들의 어떤 점을 관찰했는가?

집단상담의 과도기 단계

과도기 단계의 특성

집단 발달의 과도기 단계에서는 불안과 방어가 다양한 행동 패턴의 형태로 나타나는 것이 특징이다.

- 집단원들은 만일 자기 자각이 증대되면 스스로를 어떻게 생각하게 될 것인지, 그리고 다른 사람들이 자신을 수용할지 또는 거부할지에 대해 염려한다.
- 집단원들은 집단 환경이 얼마나 안전한지 판단하기 위해 지도자와 다른 집단원들을 시험한다.
- 집단원들은 안전을 위해 몸을 사리기를 원하는 마음과 집단에 참여하기 위해 위험을 무릅쓰기를 원하는 마음 사이에서 갈등한다.
- 통제와 힘과 관련된 문제가 드러나거나, 몇몇 집단원들은 집단 내의 다른 사람들과 갈등을 경험하기도 한다.
- 집단원들은 공동 지도자들이 신뢰할 만한지 파악하기 위해 그들을 관찰한다.
- 집단원들은 다른 사람들의 경청을 이끌어내기 위해서 어떻게 자신을 표현해야 할지에 대해 배운다.

집단원의 역할

이 시기에 집단원들의 주된 역할은 다양한 유형의 방어를 인식하고 다루는 것이다.

- 집단원들은 어떠한 지속적인 반응이라도 인식하고 표현한다. 왜냐하면 표현하지 않은 감정은 불신의 분위기를 만드는 원인이 될 수 있기 때문이다.
- 집단원들은 그들 자신의 방어를 존중하되, 이를 기꺼이 다루어나간다.
- 집단원들은 의존으로부터 독립으로 전향해나간다.
- 집단원들은 다른 사람들이 방어적인 태세 뒤로 숨어버리지 않도록 건설적인 방식으로 직면하는 방법을 습득한다.
- 집단원들은 집단 내에서 일어나는 일에 대한 반응을 직면하고 다룬다.
- 집단원들은 침묵을 지키거나 집단 밖에서 하위집단을 형성하기보다는 갈등을 헤쳐나간다.

지도자의 역할

과도기에서 지도자가 직면하는 주요 도전은 분명한 경계를 가진 안전한 환경을 제공하는 것이다. 이 시기의 또 다른 도전은 집단에서 세심하고 시의적절하게 개입하는 일이다. 지도자가 해야 할 주요한 과업은 집단 내에 존재하는 갈등이나 부정적 반응을, 그리고 불안에 대한 그들의 방어에서 기인한 특정 행동을 직면하고 해결하기 위해 집단원들에게 필수적인 격려와 도전을 제공하는 것이다. 이러한 도전에 대응하기 위해 지도자는 다음과 같은 일을 해야 한다.

- 갈등 상황을 인식하고 충분히 다루는 일에 대한 가치를 집단원들에게 가르쳐준다.
- 집단원들이 자신의 방어적 패턴을 인식할 수 있도록 돕는다.
- 불안과 방어적 행동을 존중하고 자기 보호를 위한 시도를 건설적으로 다룰 수 있도록 지도한다.
- 개인적인 측면에 대한 것이든 전문가적인 측면에 대한 것이든, 어떤 도전도 직접적이고 요령 있게 다룸으로써, 집단원들에게 본보기를 제공한다.
- 집단원들을 낙인찍는 일은 삼가되, 특정한 문제 행동을 어떻게 이해할 수 있는지 배운다.
- 집단원들이 서로 의지하면서도 독립적인 사이가 될 수 있도록 돕는다.
- 회기 중에 '지금 여기'에서 일어나는 것과 관련된 반응을 표현할 수 있도록 집단원을 격려한다.

연습

집단구성원을 위한 자기평가 척도

이 자기평가는 본래 집단구성원들이 집단 내에서 그들의 행동을 평가하는 것을 돕는 것을 목적으로 하고 있지만, 집단지도자들 또한 이것을 사용할 수 있다. 당신의 강점과 약점을 가늠하기 위해 이 자기평가 척도를 사용해보라. 현재 당신이 자기 자신을 어떻게 바라보고 있는지 스스로 평가하라. 만약 당신이 어떤 종류의 집단 경험도 없다면, 현재 참여하고 있는 수업에서 볼 수 있는 당신의 행동을 기준으로 평가할 수도 있다. 이 연습을 통해 당신이 집단에서 얼마나 생산적인 집단원인지 가늠할 수 있을 것이다. 만약 당신이 특정한 문제 영역을 발견한다면, 당신은 당신의 집단에서 그 문제를 해결하기 위해 작업할 수도 있을 것이다.

모든 사람이 이 척도를 작성한 다음에는, 수업에 참여한 전체 학생을 하위집단으로 나누되 가급적 서로 가장 잘 아는 사람들끼리 모이도록 한다. 그러고는 각 하위집단의 집단원들에게 각자 실시한 자기평가를 서로 바꾸어 다시 평가해보도록 한다.

각 항목에 대해 자신을 평가해서 1에서 5까지의 척도로 표시하라.

1: 이 항목은 내게 전혀 해당되지 않는다.

2: 이 항목은 내게 드물게 해당된다.

3: 이 항목은 내게 때때로 해당된다.

4: 이 항목은 내게 자주 해당된다.

5: 이 항목은 내게 거의 항상 해당된다.

_____ **1.** 나는 집단에서 다른 사람들을 쉽게 신뢰할 수 있다.

_____ **2.** 다른 사람들은 집단에서 나를 신뢰하는 경향이 있다.

_____ **3.** 나는 사적이고 의미 있는 정보를 개방하곤 한다.

_____ **4.** 나는 구체적인 목표를 세우고 계약을 체결할 의향이 있다.

_____ **5.** 나는 보통 관찰자라기보다는 적극적인 참여자이다.

_____ **6.** 나는 집단 내에서 일어나는 사건에 대한 나의 느낌과 반응을 개방적으로 표현할 의향이 있다.

_____ **7.** 나는 다른 사람의 이야기를 주의 깊게 경청하고 그의 말에서 단순한 내용 이상의 것을 알아차릴 수 있다.

_____ **8.** 나는 집단으로부터 오는 압력에 굴복해서 내 생각과 다른 행동이나 말을 하지 않는다.

_____ **9.** 나는 다른 사람들에게 직접적이고 솔직한 피드백을 줄 수 있고, 내 행동에 대한 다른 사람들의 피드백을 받는 데 열린 마음을 가지고 있다.

_____ **10.** 나는 내가 집단 경험으로부터 무엇을 얻기를 원하는지, 그리고 그러한 목표를 달성하기 위해 무엇을 할 의향이 있는지 생각해봄으로써 내가 참여할 집단을 위해 나 자신을 준비시킨다.

_____ **11.** 나는 집단 시간을 독점하는 것을 피한다.

_____ **12.** 나는 사실적 이야기를 장황하게 하는 것을 피하고 내가 지금 경험하고 있는 것을 말한다.

_____ **13.** 나는 다른 집단원들에게 질문하는 것을 피하고, 그 대신에 그들에게 하고 싶은 말을 직접 한다.

_____ **14.** 나는 다른 집단원들에게 일시적 위안을 주지 않고 적절할 때 진실한 지지를 보낼 수 있다.

_____ **15.** 나는 내가 그들로부터 어떤 영향을 받는지에 대해 알려줌으로써 직접적이지만 배려하는 방식으로 다른 사람들에게 직면할 수 있다.

탐색을 위한 시나리오

다음의 연습들 중 대부분은 하위집단에서의 상호작용 및 토론에 아주 적절하다. 이 질문을 집단지도자의 입장에서 탐색해보라.

1. **집단원들의 두려움 다루기** 다양한 집단원들이 다음과 같이 말했다고 하자.
    - '저는 집단에서 바보같이 보일까봐 염려됩니다.'
    - '제가 가진 가장 큰 두려움은 다른 집단원들이 저를 거부하는 것입니다.'
    - '저는 제가 텅 비어 있다는 것을 발견할까봐 자신을 돌아보기가 두렵습니다.'
    - '저는 제 진정한 모습을 다른 사람들에게 알리는 것이 꺼려집니다. 왜냐하면 지금까지 그렇게 해본 적이 없기 때문입니다.'

    각 집단원들의 말에 대하여 당신은 어떻게 말하거나 행동하겠는가? 당신은 이러한 두려움을 표현하는 집단원과 작업하는 방법을 생각해 볼 수 있겠는가?

2. **안전을 위해 몸을 사리는 단계 넘어서기** 당신이 운영하는 집단이 '안전을 위해 몸을 사리는' 단계를 넘어서기를 원하지 않는 것 같다고 상상해보자. 집단원들의 자기개방은 표면적이고, 그들은 거의 위험을 감수하려고 하지 않으며, 다양한 문제 행동을 내보인다. 그러한 상황에서 당신은 무엇을 할 수 있겠는가? 그러한 집단을 운영하면서 당신은 어떤 기분이 들 것 같은가?

3. **갈등에 직면하기** 당신이 운영하는 집단에서 꽤 많은 갈등이 발생했다고 하자. 당신이 집단원들에게 이러한 불화를 지적하고 그들에게 그것을 다루어보라고 했을 때, 대부분의 집단원들은 그러한 문제는 '변화하지 않을 것'이기 때문에 말해야 소용없다는 반응을 보였다. 이때 당신은 어떻게 반응하겠는가? 당신은 이처럼 갈등을 직면하거나 다루기를 피하고자 하는 것처럼 보이는 집단을 어떻게 다룰 것 같은가?

4. **침묵하는 집단원에게 개입하기** 베티는 침묵하는 집단원으로서, 심지어 말을 하라고 격려를 받아도 거의 말을 하지 않는다고 하자. 다음과 같은 지도자의 개입에 대한 당신의 반응은 어떤 것인가?

    - 무시하고 지나친다.
    - 다른 집단원들에게 그녀의 침묵에 대한 그들의 반응을 물어본다.
    - 집단 참여에 대한 그녀의 책임을 상세히 알려주면서 그녀가 집단에서 맺었던 계약을 상기시킨다.
    - 그녀가 참여하지 않고 있는 이유에 대해 그녀에게 물어본다.
    - 그녀에게 반응을 끌어내기 위해 자주 시도한다.

    당신은 어떤 방식으로 개입할 것 같은가?

5. **질문자의 방향을 바꾸기** 래리는 다른 집단원들에게 질문을 많이 하곤 했다. 당신은 래리의 질문이 집단원들의 주의를 산만하게 하고 감정 표현을 방해한다는 점을 알게 되었다. 당신은 래리에게 무엇이라고 말할 것 같은가?

6. **사실적 이야기를 장황하게 말하는 집단원에게 직면하기** 제시카는 말을 시작하면 아주 구체적인 사실까지 이야기하는 습관이 있다. 그녀는 대체로 자신의 생활 속에서 주변에 있는 사람들에 관한 구체적인 사실을 이야기하며, 자신이 그들에게 어떤 영향을 받았는지에 대해서는 거의 이야기하지 않는다. 결국 다른 집단원이 그녀에게 다음과 같이 말했다. "저는 당신의 이야기를 듣고 있기가 어려워요. 당신이 다른 사람들에 대해 심할 정도로 자세하게 이야기하는 동안 저는 지루해지고 당신에게 짜증이 나요. 저는 당신에 대해서는 더 많이 듣고, 다른 사람들에 대해서는 덜 듣고 싶어요." 제시카는 다음과 같이 대답했다. "그 말을 들으니 정말 화가 나는군요. 저는 제 삶의 문제에 대해 당신들에게 이야기함으로써 위험을 많이 감수해왔다고 생각했어요. 저는 이제 더 이상 아무것도 이야기하고 싶지 않군요." 이 시점에서 당신은 어떻게 개입하겠는가?

7. **집단원의 적대감 다루기** 부모님들이 투옥되어 있는 중학생들로 구성된 집단을 당신이 진행해왔다고 상상해보라. 집단원들은 당신 및 다른 집단원들과 강한 유대감을 발달시키기 시작했다. 몇몇 집단원들은 그들이 참아왔던 고통스러운 경험 중 일부에 대해 개방했다. 그때 한 집단원이 다른 집단원들에게 공격을 하고 '싸움을 걸기' 시작했다. 그는 또한 특정한 집단원들이 말을 할 때, 인종 차별주의적인 속어를 사용하고 동성애 혐오적인 언급을 했다. 그러자 또 다른 집단원은 "이것은 바보 같군요. 저는 집단에 더 이상 오지 않을 겁니다."라고 말했다. 하위집단을 형성하여 다음과 같은 질문에 대해 생각해보도록 하라.

   • 당신은 집단에서 어떤 역동이 일어나고 있다고 보는가?
   • 이러한 문제 행동 뒤에는 어떤 동기가 있을 수 있겠는가?
   • 한 집단원에 의해 만들어진 인종차별주의적인 속어와 동성애 혐오적인 언급에 대해 당신은 어떻게 반응하겠는가? 그리고 집단에 돌아오기를 원하지 않는다는 집단원에게 당신은 어떤 전략을 사용할 수 있겠는가?
   • 당신은 이 모든 것을 집단 내에서 어떻게 다룰 수 있겠는가?

8. **당신의 경험적 집단 평가하기** 만약 당신이 집단 수업의 일환으로 경험적 집단에 참여하고 있다면, 이것은 그 집단에서 과도기 단계에 전형적으로 나타나는 특징을 평가할 수 있는 좋은 기회가 될 수 있다. 집단에서 당신 자신의 참가 수준을 평가해보라. 당신이 참여하는 집단의 집단원으로서 당신은 어떻게 변화하고 싶은가? 하나의 집

단으로서 다음과 같은 질문을 탐색해보라.

- 집단에서 저항을 어떻게 다루고 있는가?
- 집단은 얼마나 신뢰하는 분위기를 가지고 있는가?
- 만약 갈등이 존재한다면, 이는 어떻게 다루어지고 있고 집단 과정에 어떤 영향을 주는가?
- 숨겨진 주제가 존재하는가?
- 집단 기능을 효과적으로 만들거나 효과적인 집단 상호작용을 방해하는 것에 대해 당신은 무엇을 배우고 있는가?

토론을 위한 질문

교실에서 하위집단을 이루어 탐색할 때 아래의 질문 중 하나 이상을 선택하여 논의해보라.

- 당신은 저항의 개념을 어떻게 이해하는가? 종종 저항으로 여겨지는 것을 설명하기 위해 당신은 저항 이외에 어떤 대안적인 개념을 생각할 수 있는가?
- 어떤 집단원의 행동이 지도자로서 당신이 가장 다루기 어렵거나 도전적일 것 같은가? 왜 그러한가? 그 집단원의 행동이 당신의 집단 운영 방식에 어떻게 영향을 미칠 것 같은가?
- 한 집단원이 침묵을 지킨다면 당신은 어떻게 개입할 것인가? 그 집단원의 참여 부족을 설명할 수 있는 요인은 무엇인가?
- 한 집단원이 당신의 삶에서 관계있는 누군가를 상기시켰다면 당신은 무슨 말이나 행동을 하겠는가? 당신은 이러한 잠재적 역전이를 어떻게 다루겠는가?
- 당신은 집단원들의 방어를 증대시키지 않은 채 돌보는 방식으로 그들에게 어떻게 도전할 수 있겠는가?
- 집단원에게 직면하기 전에 당신은 어떤 문화적 차원을 고려할 필요가 있는가?

▶ 『집단상담의 실제: 진행과 도전-DVD와 워크북』을 위한 안내

집단의 진행

다음은 『집단상담의 실제: 진행과 도전—DVD와 워크북』의 첫 번째 프로그램인 「집단의 진행」 중 과도기 단계 부분과 함께 이 장을 효과적으로 사용하기 위한 몇 가지 제안이다.

1. **과도기 단계의 특성** 이 장에서 우리는 과도기 단계에 있는 집단의 몇 가지 주요 특성을 알아보았다. DVD를 보면서 당신은 과도기 단계 동안 집단에서 나타나는 어떤 특성을 관찰할 수 있는가?

2. **집단원의 공통된 두려움** 약간의 공통된 두려움은 과도기에 전형적으로 나타난다. DVD에서 집단원들은 그들의 두려움을 명확히 표현한다. 만일 당신이 이런 유형의 집단에 속했다면 어떤 두려움을 느꼈을 것 같은가?

3. **갈등과 직면 다루기** 갈등은 과도기에 종종 일어나지만, 초기 집단 회기에서 드러날 수도 있다. DVD에서는 초기와 후기 두 단계 모두에서 갈등이 일어난다. 이러한 회기들을 관찰하는 것을 통해 대립이 일어나는 시기와 상관없이 갈등을 다루는 방법에 대해 무엇을 배웠는가? 갈등을 무시하거나 효과적으로 다루지 못했을 때 예상되는 결과는 무엇인가? 집단원들에게 효과적으로 직면하는 방법을 가르치기 위해 당신은 어떤 지침을 주기 원하는가?

4. **워크북 활용하기** 당신이 DVD와 워크북을 사용한다면, 워크북의 '제3부: 과도기 단계'를 참고하고 모든 연습 문제를 완성하라. 자기평가목록을 작성하고 Corey & Corey의 논평을 재검토하라.

집단지도자가 당면하는 도전

다음은 『집단상담의 실제: 진행과 도전―DVD와 워크북』의 두 번째 프로그램인 「집단지도자들이 당면하는 도전」의 첫 부분과 함께 이 장을 효과적으로 사용하기 위한 몇 가지 제안이다.

1. **과도기 단계의 특성** 두 번째 프로그램을 보면서, 당신은 과도기 단계의 전형적인 특성을 이 집단에서 관찰할 수 있는가?

2. **과도기 동안의 도전** 지도자로서 우리의 과제는 집단을 안전하게 만들고 집단원들이 그들의 주저함에 대하여 말할 수 있는 분위기를 제공하는 방식으로 개입하는 것이다. 두려움, 걱정, 의구심과 관련하여 집단원들이 집단에 무엇을 가져오든지 주의 깊게 다루는 것이 어떤 점에서 중요한가? 만약 집단이 대인관계 상호작용의 더 깊은 단계로 나아가도록 돕고 싶다면, 이 같은 과도기 작업이 얼마나 필수적인가? 이 장을 읽고 DVD를 보면서 집단의 과도기 단계 동안 지도자가 수행해야 할 과업에 대해 무엇을 배울 수 있는가?

3. **문제 행동과 다루기 힘든 집단구성원** 당신이 DVD의 첫 부분을 관찰하고 연구함에 따라 일부 집단구성원들에게서 문제 행동의 징후를 발견할 것이다. 또한 방어와 주저함의 징후, 그리고 집단원들이 저항을 표현하고 다루는 방법을 알게 될 것이다.

DVD의 해당 부분에서 나왔던 주제는 집단지도자들이 많은 다른 집단들에서 전형적으로 맞닥뜨리게 되는 도전들을 잘 드러낸다. 그러한 주제는 다음과 같은 것을 포함한다.

- 체크인(집단상담에 들어가기): 집단에 돌아온 것이 어떻게 느껴집니까?
- 집단지도자들이 저를 실망시켰어요.
- 저는 여기서 안전함을 느끼지 못해요.
- 저는 집단에 다시 돌아오기를 원치 않았어요.
- 제가 이 집단에 있는 것은 저의 뜻이 아니에요.
- 감정은 저를 불편하게 해요.
- 저는 제 억양에 대해 남의 이목을 의식해요.
- 저는 지도자들이 자신을 더 공개하기를 원해요.
- 저는 조용히 있음으로써 많이 배워요.
- 저는 침묵으로 기능을 해요.
- 저는 자신을 공개해야 한다는 압박감을 느껴요.
- 다른 사람들을 돕는 게 무슨 문제가 있나요?
- 이 모든 갈등을 멈출 수 없나요?
- 저의 감정을 드러낼 때 저는 약해지는 것 같아요.
- 체크아웃(집단상담에서 나오기): 이 회기를 통해 여러분 각자가 무엇을 얻었습니까?

하위집단에서 이러한 질문을 탐색해보라. 어떤 유형의 다루기 어려운 집단원이 당신에게 가장 큰 도전을 제기할 것 같은가? 왜 특정한 문제를 가진 집단원이 다른 집단원들보다 당신을 더 '자극'하는지에 대해 알고 있는가? 집단원들이 문제로 여겨지는 행동을 보일 때 공동 지도자들이 어떻게 하는지에 대해 당신은 무엇을 관찰하고 있는가? 집단원들의 저항을 어떻게 치료적으로 다루는지에 대해 어떤 교훈을 배우고 있는가? 당신은 이 장에서 이루어졌던 저항을 새롭게 바라보는 것에 대한 논의를 DVD에서 일어나고 있는 일을 더 잘 이해하는 데 어떻게 적용할 수 있겠는가?

4. **집단원들에게 도전하기와 연대감 만들기** 집단원들이 전형적으로 스스로를 보호하는 몇 가지 방법을 파악하고 그들이 스스로를 어떻게 억제하고 있는지를 표현하는 데 있어서 신뢰를 구축하는 것은 특별히 중요하다. 지지하는 것과 직면하는 것 사이의 중요한 균형에 대해서 당신은 무엇을 알게 되었는가? DVD의 첫 부분을 보면서 집단원들이 어떻게 도전받는지 그리고 그들이 어떻게 반응하는지 관찰하였는가? 공동 지도자로서 우리는 집단원들에게 집단에서의 경험과 관련되어 그들이 어떻게 생각

하고 느끼고 있는지 더 말하도록 지속적으로 요청한다. 우리는 또한 집단원들이 서로 연대감을 구축하고 집단에서 서로 직접 이야기할 수 있는 기회를 모색한다. 집단원들이 더 충분히 스스로를 드러내도록 격려하는 방법에 대해 당신은 무엇을 배우고 있는가?

5. **워크북 활용하기** DVD와 워크북을 사용하고 있다면, 워크북의 "첫 부분: 집단에서 문제 행동을 다루는 도전"을 참고하고, "반영과 반응"이라는 부분에 당신의 의견을 적어보라. 그리고 그 회기에 대한 Corey & Corey의 반영과 그들의 논평을 재검토하라.

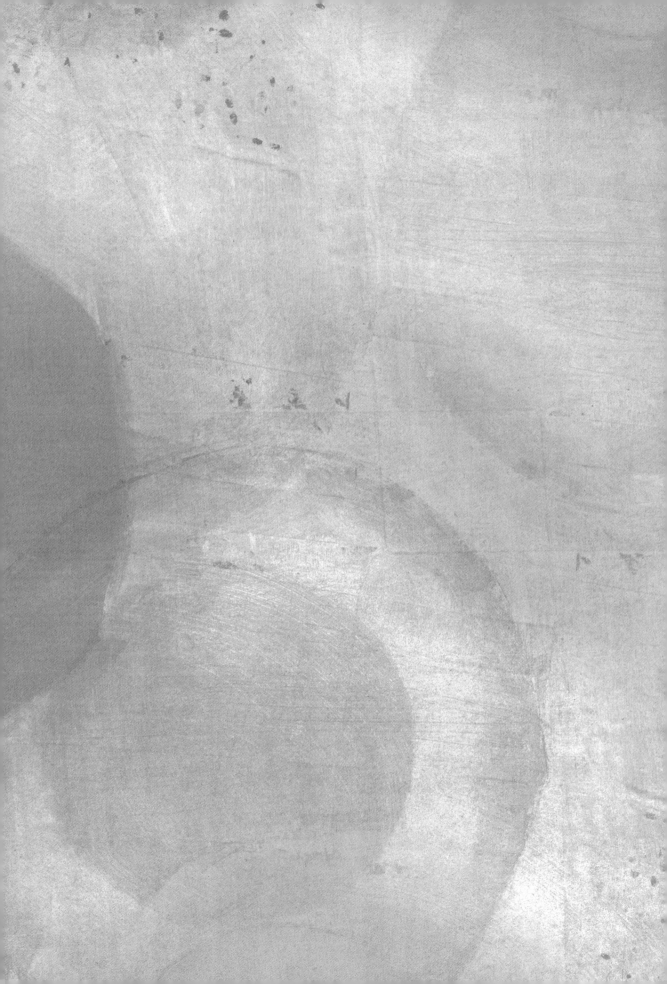

CHAPTER 8

집단상담의 작업 단계

도입 ┃ 작업 단계로의 진전 ┃ 집단구성원의 두려움에 대처하는 지도자의 개입 ┃ 작업 단계의 과제 ┃ 집단에서 작동되는 치료적 요인 ┃ 작업 단계에서 공동 지도자의 문제 ┃ 기억해야 할 핵심 사항 ┃ 연습 ┃ 『집단상담의 실제: 진행과 도전─DVD와 워크북』을 위한 안내

학습 목표

1. 집단 과정 및 개발과 관련된 역동을 기술한다(CACREP, 2016, Standard B).
2. 어떤 집단의 다양한 단계에서 나타날 수 있는 집단원의 공포를 탐색하기 위한 집단지도자의 다양한 개입을 보여준다.
3. 작업 단계 집단의 핵심적인 특성을 확인하고 정의한다.
4. 효과적으로 작업하는 집단과 그렇지 않은 집단 간의 차이에 주목한다.
5. 집단을 기획하고 촉진하는 데 윤리적이고 문화적으로 적절한 전략을 확인한다(CACREP, 2016, Standard G).
6. 작업 단계에서 가능한 선택에 대해 익숙해진다.
7. 구체적인 치료적 요인과 그러한 요인이 어떻게 집단의 효과성에 기여하는지에 대해 논의한다(CACREP, 2016, Standard C).
8. 집단구성원의 자기개방에 대해 지침을 제시한다.
9. 집단지도자의 자기개방에 대해 지침을 제시한다.
10. 주고받는 피드백의 지침에 대해 기술한다.
11. 작업 단계에서 공동 지도자의 쟁점을 확인한다.

당신은 지난 몇 달간 남성 범죄자의 가정폭력에 관련된 집단상담을 진행해왔다고 가정해보자. 지난 상담 시간에 집단구성원 중 한 사람이 가정폭력과 심각한 가정 학대를 겪은 경험을 털어놓았고, 고통스러운 사건에 대해 자세히 설명하기 시작했는데, 그것은 술 취한 자신의 아버지가 어머니를 거의 죽음으로 몰고 갈 뻔했던 내용이었다. 그가 이야기할 때, 다른 집단구성원들은 눈에 띄게 영향을 받은 것처럼 보였다. 몇 명은 울음을 참았고, 몇 명은 동요되었다. 또한 거의 참여하지 않았던 사람은 "너무 충격적인 이야기라서, 더 이상 들을 수가 없네요."라고 말했다. 처음 이야기를 나눴던 집단원은 "저는 이전에 아무에게도 이 경험을 이야기해본 적이 없었어요. 소리 내어 말하고 나니 제 짐이 좀 덜어지는 것 같네요."라고 말했다. 그러자 또 다른 집단원도 말할 용기가 생겼고, 어린 시절 학대받았던 이야기를 털어놓았다.

- 당신은 학대 경험을 밝힌 집단구성원에게 무엇을 이야기할 것인가?
- 당신은 다른 사람의 반응도 다룰 것인가?
- 몇몇 집단원이 눈에 띄는 감정적인 반응을 보였을 때, 감정을 다룰 집단원을 어떻게 결정할 것인가?
- 공개하는 것은 윤리적 혹은 법적 영향이 있는가?
- 당신은 가정폭력에 대한 집단원의 반응을 각 집단원이 어린 시절에 경험한 희생과 어떻게 연결시킬 수 있는가?
- 만약 어떤 집단원이 '왜 우리가 이러한 모든 고통스러운 경험을 이야기해야 하죠?'라고 물으면 어떻게 대답할 것인가?
- 당신에게 만약 어린 시절 고통스러웠던 경험이 떠올랐다면 당신은 어떻게 그 상황에 대처할 것인가?

 도입

작업 단계는 상담 시간 동안 제기된 중대한 문제를 탐색하고자 하는 집단구성원의 노력과 역동성에 대한 관심으로 특징지을 수 있다. 이 단계에는 초기 단계와 전환 단계에 비해 덜 구조적인 개입이 요구된다. 작업 단계에 이르게 되면 참가자는 질문 받기를 기다리기보다 스스로 집단 상호작용에 참여하는 방법을 배우게 된다.

집단구성원은 집단상담에서 발생하는 작업에 대한 책임감이 좀 더 커짐에 따라 집단이 채택하는 방향에서 핵심적인 역할을 수행하게 된다. 이는 집단구성원이 공동 지도자가 된다는 뜻이 아니라 집단원이 작업을 좀 더 손쉽게 시작한다는 의미이다.

집단이 변화하는 단계마다 명확한 구분선이 있는 것은 아니다. 실제로는 단계들이 여러 부분 겹쳐서 나타나며, 특히 전환에서 작업 단계로 넘어갈 때 그러한 현상은 더욱 두드러지게 나타난다. 예를 들어, 밴스가 '말하고 싶은 것이 있지만, 몇몇 사람들이 제 이야기를 듣고 놀릴까봐 두렵다.'라고 말했다고 가정해보자. 만약 밴스가 더 이상 이야기를 하지 않을 경우, 그의 행동은 전환적으로 될 것이다. 그러나 만약 그가 좀 더 이야기하리라고 마음먹는다면, 자신을 놀려댈 것이라고 두려움을 느꼈던 그 사람들이 그를 지지하고 있다는 것을 발견할 수 있을 것이다. 그는 마음속에 품고 있는 이야기를 표현하기로 결정하고, 그러한 의향을 밝힘으로써 좀 더 심도 있는 작업 수준으로 나아갈 수 있다.

집단이 모두 진정한 작업 단계에 도달하지는 않지만, 중요한 작업은 반드시 작업 단계에서뿐만 아니라 대부분의 단계에서 발생한다. 집단이 침체되어 있거나 혼란스럽거나 집단원이 극도로 불안해하고 머뭇거리는 상태에 있다고 해도 많은 것을 배울 수 있다. 어떤 집단은 집단원이 신뢰, 단결, 연속성을 발전시킬 기회를 충분히 갖지 못했기 때문에 작업 단계에 진입하기가 쉽지 않다. 앞서 기술한 것과 같이, 숨겨진 의도를 다룰 의향이 없거나, 명백한 갈등을 해결하기를 거부하거나, 불안이나 두려움으로 인해 주저하는 집단구성원은 집단 내에서 좀 더 심도 있는 탐색을 가능케 하는 분위기와 응집력을 창조해낼 수 없다. 시간적 제한이나 상담 회기별 집단구성원의 변화 또한 집단이 작업 단계에 도달하지 못하게 한다.

집단이 작업 단계에 돌입했다고 해서 반드시 모든 집단구성원이 최적의 기능을 발휘하는 것은 아니며, 집단원의 준비 수준이 모두 같은 것도 아니다. 실제로 어떤 사람은 집단 주변에 머물러 있을 수도 있고, 어떤 사람은 심도 있는 탐색을 할 준비가 되어 있지 않을 수도 있다. 또한 자신이 집단의 중심이 아니라고 느끼는 사람도 있을 것이다.

그와 반대로 저항이 큰 집단에서도 기꺼이 생산적인 집단 활동을 하려는 사람이 있을 수 있으며, 다른 사람보다 동기 유발이 높은 사람도 있을 것이고, 유달리 저항이 많거나 위험을 꺼리는 사람도 있을 수 있다. 집단원 개개인의 차이는 모든 집단 단계에서 나타나는 특징이다.

이 장에서 살펴볼 질문은 다음과 같다.

- 과도기 단계에서 작업 단계로의 이동을 촉진하기 위해 지도자는 어떻게 해야 하는가?
- 한 집단구성원이 두려움을 느꼈을 때, 집단 발달 단계에 따라 두려움을 어떻게 다르게 다룰 수 있는가?
- 개인과 집단 내에서 변화를 일으킬 수 있는 요소는 무엇인가? 그리고 그런 변화는 어떻게 가져올 수 있는가?
- 응집력이 집단구성원 간의 효율성을 어떻게 고양시킬 수 있는가?

- 작업 단계에서 지도자와 집단구성원이 자신을 개방하는 것은 얼마나 중요한가?
- 작업 단계에서의 집단구성원에게 특히 중요한 피드백은 어떤 것인가? 피드백을 주고받을 때 필요한 지침은 무엇인가?
- 이 단계에서 고려해야 할 공동 지도와 관련된 잠재적인 문제는 무엇인가?

작업 단계로의 진전

작업 단계에 다다른 집단에서는 집단구성원이 집단의 진전을 방해하는 장벽에 직면하고 통과하기 위해 전념하는 것이 필수적이다. 의미 있는 작업과 학습은 매 단계에서 일어나지만, 더 심도 있는 탐색과 성숙한 수준의 집단응집력은 일반적으로 집단의 작업 단계에서 일어난다. 다음 예시는 지도자의 개입이 과도기 단계의 집단을 작업 단계로 갈 수 있도록 어떻게 도울 수 있는지 보여주고 있다.

> 📱 프랭크와 주디는 집단이 침체되어 있어 지겹다며 불만을 토로했다. 이럴 경우 만약 지도자가 방어적인 태도를 취한다면 그들은 물러서기 쉽다. 치료적 개입이 될 수 있는 다음의 예시를 살펴보자.
> - 어떤 일이 일어나기를 바라는 거죠?
> - 당신에게 이 집단을 좀 더 생산적으로 만들기 위해 할 수 있는 일은 무엇일까요?
> - 여기 있는 각각의 사람들에게 이 집단상담을 향상시키기 위해 그들이 어떻게 하기를 바라는지 한 가지씩 말해보세요.
> - 내 방식에 불만이 있을 수도 있겠군요. 나한테 하고 싶은 말은 없나요?

이런 개입은 프랭크와 주디가 단순히 불평하는 것을 넘어서 그들이 가진 불만의 원천을 찾아내며, 그들이 원하는 것을 표현할 수 있도록 도와준다. 다른 집단구성원인 라이언이 그들에게 이 집단이 마음에 들지 않으면 나가라는 식의 적대적인 발언을 했을 경우, 상담자는 라이언에게 '나가라'는 말 대신 프랭크와 주디에게 직접 말하도록 요청한다. 라이언은 주디와 프랭크의 반응을 이야기하면서 다른 사람과 풀지 못했던 과제들을 집단에 가지고 오게 되는데, 이를 통해 자신의 문제를 잘 인식할 수 있을 뿐 아니라 좀 더 개인적인 문제에 관여할 수 있게 된다. 라이언이 적대적인 발언을 했을 때 지도자가 개입하지 않으면 집단에 부정적인 영향을 끼치게 될 것이다.

> **예** 서니는 집단에서 자신에 대해 말하는 것이 꺼려진다고 했다. 이 역시 생산적인 개입을 할 수 있는 좋은 기회이다. 우선 지도자는 서니에게 그녀가 다른 사람의 판단하에 놓여 있다는 상황을 인정하게 한다. 지도자는 다음과 같은 개입을 통해 서니의 작업을 진행시킬 수 있다
> - 여기 있는 사람들 중에 당신을 비난하고 있다고 생각되는 사람과 대화할 의향이 있나요? 그 사람이 당신에 대해 어떻게 생각할 것 같은지 그 집단원에게 모두 말해주세요.
> - 각 집단원마다 돌아가면서 다음 문장을 완성해봅시다. '당신이 나를 알게 된다면, 당신은 날 ······라고 판단할까 두려워요.'
> - 눈을 감고 여기에 있는 사람들이 당신에 대해 어떤 판단을 하고 있을지 모두 상상해보세요. 그걸 말로 옮길 필요는 없습니다. 그저 여기 있는 모든 사람들에게 평가받고 있다는 것이 어떤 기분인지 느껴보세요.

이러한 각각의 개입은 서니가 다른 사람들의 판단에 대한 두려움으로 인해 그녀 스스로를 어떻게 억압하고 있는지 깨닫도록 도움으로써 더 큰 탐색으로 이끄는 잠재력을 가지고 있다. 만약에 그녀가 이러한 지도자의 어떠한 제안이라도 따른다면 그녀의 두려움을 바탕으로 작업할 수 있는 것이다. 또한 그녀는 사람들에 대해 근거 없는 많은 가정을 만들고 있다는 것을 발견할 것이다.

> **예** 제니퍼는 자신이 이 집단에서 한 번도 주목을 받은 적이 없으며 지도자조차도 다른 집단구성원들에게 더 마음을 쓰는 것 같다고 말한다. 지도자는 그녀가 소중한 집단원임을 그녀에게 즉시 알리지 않는다. 대신 지도자는 그녀가 보기에 지도자의 주목을 더 받고 있는 것처럼 보이는 집단원에게 직접 말하도록 부탁한다. 그녀는 밀려나 있어야 했던 자신의 감정에 대해서 이야기한다. 어느 시점에서 지도자는 "당신이 집단에서 가지고 있는 그 감정이 집단 밖의 당신의 삶에서도 흔히 나타나는지 궁금합니다."라는 말로 개입을 한다. 이러한 개입은 제니퍼로 하여금 집단에서 '지금 여기'에서 자신의 과거와 현재의 삶을 연결하여 한층 깊은 차원에서 작업할 수 있도록 격려한다.

만약 제니퍼가 가족으로부터, 특히 아버지로부터 종종 무시당하는 느낌을 받았다면, 지도자는 그녀가 지도자를 아버지와 동일시하고 있을지도 모른다는 점을 스스로 탐색할 수 있도록 도움으로써 그녀가 작업을 계속할 수 있는 기회를 제공해주어야 한다. 제니퍼가 아버지를 향한 감정과 지도자를 향한 감정이 혼돈되어 있다는 것을 알아차린다면, 아버지에 대한 문제를 자유롭게 해결할 수 있을 것이다. 또한 그녀는 나이가 많고 권위 있는 남성에게 과민반응해온 자신을 발견할 수 있을 것이다. 그녀는 이러한 상호작용을 확대하여 해석했던 것이다.

집단에서 온당한 관심을 받지 못했다는 제니퍼의 진술은 과도기 단계에서의 전형적인 반응이다. 지도자가 이러한 감정을 다룸으로써, 제니퍼는 집단지도자(그리고 다른

사람들)를 아버지로 바라보았다는 새로운 통찰을 얻게 된다. 제니퍼의 통찰력과 행동 변화는 작업 단계에서 중요한 상호작용이 진행되고 있음을 보여준다. 지도자의 개입은 그녀의 반항을 부채질하는 대신 그녀의 삶에서 중요한 변화를 일으켰다. 게다가, 그녀는 아버지에 대해서 극심한 감정을 경험하고 있을지도 모르며, 집단에서 그런 고통스러운 감정을 표현하고 탐색하고 싶을 것이다. 집단 작업의 결과, 이제 제니퍼는 아버지와 함께 있을 때, 그녀가 느끼는 것에 집중하며, 아버지를 대하는 새로운 방법을 시도한다. 또한 그녀는 권위적인 남성을 대할 때 나타나는 자신의 경향을 알기에 이제 다르게 행동할 수 있다.

 ## 집단구성원의 두려움에 대처하는 지도자의 개입

집단구성원은 집단이 진행될수록 불안함을 느끼게 된다. 집단의 지도자와 집단구성원 간의 관계는 다음 단계로 넘어갈수록 더욱 깊어지고, 그에 따라 지도자의 개입도 달라진다. 이 과정에서 한 가지 가정을 해보고, 각 집단의 단계에서 어떤 집단구성원이 두려움이 어떻게 나타나는지 조사해보자. 그레이스라는 집단의 한 집단구성원이 "저는 여기 있는 사람들이 저를 비판할까봐 사실 두려워요. 저는 다른 사람들이 제가 앞뒤가 안 맞는 말을 하고 있다고 생각하지 않도록 제 자신을 분명하게 표현하고 싶기 때문에 말하기 전에 몇 번이고 연습해요."라고 했다. 그레이스는 똑똑하게 보이기를 원했다. 그녀가 말한 것처럼, 그녀의 두려움은 집단에 참여할 때 발생한다. 지도자는 그레이스와 유사한 종류의 어려움을 겪는 집단구성원들을 보았는데, 그들은 다른 사람이 자신을 어리석고, 횡설수설하고, 이상하며, 이기적으로 생각할까봐 두려워했다. 지도자는 남들로부터 비판받을까봐 두려운 그레이스의 감정을 다른 종류의 두려움에도 적용시킬 수 있다. 지도자가 그녀와 작업한 방법은 그녀와 함께한 관계의 깊이에 따라 달라진다.

초기 단계에서의 개입

초기 단계의 지도자 개입 목표는 그레이스에게 용기를 주는 데 있다. 그녀가 판단받을까 두려워하는 마음과 이러한 두려움이 어떻게 느껴지고, 집단에서 어떻게 하고 있는지를 말해주어야 한다. 지도자는 다음과 같이 개입할 수 있다.

• 지도자는 다른 집단구성원이 가진 다양한 두려움, 특히 다른 사람이 그들을 어떻게 받아들이는지에 대한 염려에 대해서 용기를 준다. 만약 수장이 다른 사람의 반

응을 두려워한다면 그녀가 그레이스와 직접적으로 이야기할 수 있도록 할 것이다. (여기에서 지도자는 집단원 대 집단원 개입을 가르치는 것이다.)

- 수잔과 그레이스가 이야기를 끝냈다면, '혹시 다른 감정을 가진 사람이 있습니까?' 라고 물어본다. (지도자의 목적은 그들이 수잔과 그레이스 사이를 규명하는 단계의 개입에서 다른 사람을 포함시키는 것이다.)
- 만약 집단구성원 중에 이러한 두려움을 가진 사람들이 있다면, 그레이스와 같이 나누도록 한다. 지도자는 개방적인 구조를 취함으로써 집단원이 느낀 감정을 나눌 수 있도록 한다. (지도자는 위압적이지 않은 방법으로 그레이스의 작업과 다른 사람의 작업을 연결시키고 있다. 그 결과 신념과 응집력이 모두 확립되고 있는 중이다.)

과도기 단계에서의 개입

만약 과도기 단계에서 그레이스가 '여기 있는 사람들이 저에게 비판적일까봐 두려워요.'라고 말했다면, 지도자는 그녀가 스스로 알아차릴 수 있도록 용기를 주어야 한다. 또한, 지도자는 그녀가 이미 판단에 대한 두려움 때문에 자기 자신을 예전부터 억압시켜왔다는 사실을 깨달을 수 있도록 격려해야 한다. 집단 내에서 특정한 두려움을 느끼고 있는지 물어볼 수도 있다. 이러한 개입은 초기 단계보다 그녀에게 더 많은 것을 요구한다. 지도자는 그녀에게 이렇게 물어볼 수 있다.

- 언제 그런 두려움을 느끼고, 이 방에서 누구를 가장 의식했나요?
- 무엇에 대해서 두려움을 느끼고 있나요?
- 이 집단에서 그 두려움이 당신에게 어떤 제약을 주었나요?
- 당신이 생각하거나 느꼈지만 표현하지 못한 것은 무엇인가요?

마침내 그레이스는 특히 세 명의 집단구성원이 그녀에 대해서 어떻게 생각하고 판단하고 있을지에 대해서 염려된다고 밝혔다. 지도자는 그레이스가 그렇게 판단한다고 느끼는 사람들에게 그들이 그녀에 대해 어떻게 생각하고, 느끼고 있는지 신경 쓰고 있음을 직접 말하도록 권유할 수 있다. 이런 식으로 지도자는 그녀가 투사할 가능성이 있다는 점을 알려주고 자신의 가정을 확인하는 방법을 배우도록 해야 한다. 이러한 작업은 나중에 지도자가 집단에서 유용하게 사용할 수 있는 정보를 제공하기도 한다.

지도자는 그레이스의 말에 대한 집단구성원들의 의견을 나눔으로써 집단구성원들이 상호작용에 참여할 수 있도록 할 수 있다. 그녀와 다른 집단원 간의 의견 교환은 더욱 깊은 탐색으로 이끌어준다. 아마도 그레이스는 집단 내에 다른 집단원의 부정적인 반응이 두려워 그들을 회피하면서 그녀와 집단원 사이의 거리를 멀어지게 해왔을 것이다. 타인에 대한 그녀의 반응에 대해 이야기함으로써, 자신이 만들어왔던 거리감에 대한 책임을 지고, 회피했던 사람들을 새로운 시각으로 볼 수 있을 것이다.

지도자가 앞에서 언급한 작업은 어느 단계에서든 수행할 수 있지만, 이러한 시나리오가 특히 과도기 단계에서 주목받는 이유는 이 단계에서 집단원이 인식하고 있었지만 드러내지 못했던 반응과 인식을 표현하기 때문이다.

작업 단계에서의 개입

만약 작업 단계에서 그레이스가 두려움을 드러낸다면, 지도자는 모든 집단구성원과 함께 그녀의 작업에 동참해야 한다. 집단구성원들은 그녀에게 무시당했는지 그녀가 자신들을 판단했는지 자신들이 정말 그녀를 얼마나 모르고 있었는지를 깨닫게 될 것이다. 물론 이런 집단원의 반응을 효과적으로 다룰 필요가 있다. 집단원은 마음속에 품고 있던 감정을 표현함으로써 과도기 단계에서 작업 단계로 나아가게 된다. 그들은 반응과 지각을 깨닫고 추측과 오해를 풀고 나서 갈등을 해결해나간다. 집단원이 헤쳐 나가지 못하고 신뢰의 수준을 떨어뜨리는 반응을 보인다면 당연히 그 집단은 과도기 단계에서 정체될 수 있다. 난관을 해결하려는 집단원의 집념에 의해 집단은 작업 단계로 이동하게 된다.

또한 지도자는 다른 방법으로 그레이스가 더 심도 있는 자기 탐색을 할 수 있도록 도와줄 수 있다. 그중 하나는 그녀가 과거와 현재를 연결시켜 인생에서 자신을 판단한다고 느꼈던 사람이 누구인지 알아보는 것이다. 그리고 그녀의 삶에서 중요한 사람에 대해 어떤 느낌이 들었는지 이야기해달라고 할 수 있다. 물론 이 과정에서 다른 사람도 삶에서 중요하지만 미해결된 일에 대해 말함으로써 정화됨을 느낄 수 있다.

여기에 지도자가 수행할 수 있는 또 다른 방법을 살펴보자.

- 그레이스에게 이 집단에서 그러한 두려움을 가지고 어떤 기분으로 있는지 말할 수 있도록 해준다. '당신이 말하거나 행동하기 두려워하는 일은 무엇입니까?', '만약 판단당할 것이라는 두려움이 없어진다면, 당신은 이 집단에서 어떻게 달라졌을까요?'
- 그레이스는 말하기 전에 생각하는 것에 대해서 주의를 주던 어머니를 떠올리게 하는 집단구성원과 역할 연기를 할 수 있다.
- 그레이스는 실제로는 보내지 않겠지만, 어머니에게 편지를 자유롭게 쓸 수 있다.

- 역할을 바꾸어, 그레이스가 그녀의 어머니가 '되어' 방에서 각 사람들에게 돌아가며 그들이 어떻게 행동해야 하는지 이야기해보도록 한다.
- 그레이스는 집단상담 시간 사이사이에 자신의 행동을 관찰함으로써 판단당한다는 두려움 때문에 스스로 억압했던 일상생활에서의 상황을 파악하게 된다.
- 인지적인 과정을 통해, 그레이스는 자신의 내면과 더 깊은 대화를 나누고 결국 스스로 새로운 메시지를 전하는 방식을 배운다. 그녀는 자기 패배적인 메시지를 전하는 대신 보다 긍정적으로 말하기 시작한다. 더불어 부정적인 신념이나 추측도 긍정적으로 바꾸게 된다.
- 전형적으로 그렇듯이 조용하게 말하는 대신 큰 소리로 말하는 등 그레이스는 집단상담 동안 다르게 행동하겠다고 결심할 수 있다.
- 그레이스는 집단에서건 일상에서건 두려움을 극복하고 원하는 말과 행동을 하도록 구축해나갈 것을 스스로에게 약속한다.

이상에서 보았듯이 지도자가 그레이스의 두려움에 개입하는 것은 집단에서 형성된 신뢰와 그녀와의 관계 수준, 집단의 발달 단계에 따라 다를 수 있다. 지도자는 그녀가 사람들에 대한 자신의 생각을 검토해보는 것이 중요하다는 것을 인식할 수 있길 바란다. 지도자는 그녀가 계속 새로운 방식으로 행동하게끔 격려한다. 비록 이것이 그녀가 생각, 감정, 행동에 대해 평가를 받는 위험을 감수하게 될지라도 말이다. 이제 그레이스는 남들에게 조정당하지 않고 자신의 두려움에 도전할 수 있는 개인적인 힘이 생겼을 것이다. 그녀는 자신이 말하고 싶어 하는 모든 것들을 생각할 필요가 없다는 것을 깨달았다. 대신에, 그녀는 판단에 대한 고려 없이 생각과 감정을 자발적으로 표현할 수 있게 되었다.

종결 단계에서의 개입

지도자는 그레이스에게 집단에서 실행했던 변화가 자신의 인생에서 중요한 사람에게 어떠한 영향을 미칠 것인지, 새로운 방식과 관련하여 가능한 결론을 생각해낼 수 있는지, 그리고 그녀의 새로운 행동이 그녀에게 귀기울이도록 도울 수 있을지 아닐지에 대해 생각해볼 것을 부탁했다. 비록 그레이스의 작업이 집단에서 효과적이었다 할지라도, 이러한 새 행동이 그녀의 모든 일상에서 완벽하게 작용하지 않을 수 있다.

집단의 종결 단계에서 그레이스가 지금까지 배운 것을 되새겨보고, 어떻게 깨달았는지 이해하고, 나아가 그것을 집단 밖에서 행동으로 연결시키는 것이 더욱 중요하다.

작업 단계의 과제

작업 단계에서 집단이 상당히 높은 수준의 생산성에 도달했다 할지라도, 그 수준을 유지하지 못할 수도 있다. 집단은 적정 수준에 머물러 있다가 초기나 과도기 단계에 직면한 문제로 특정화되는 초기 발달 단계로 돌아갈 수도 있다. 침체 시기는 당연한 것이며 예상될 수 있다는 것을 인정한다면 도전으로 받아들이고 해결할 수도 있다. 집단이 고정된 존재가 아니기 때문에, 지도자와 집단구성원은 집단의 효율성뿐만 아니라 계속 변화하는 집단을 정확하게 평가할 의무가 있다.

집단 규범과 행동

작업 단계 동안, 이전 단계에서 형성된 집단의 규범은 보다 발전하고 확고해진다. 집단구성원은 더욱 촉진적으로 행동을 하게 되고 암묵적인 규범도 명확해진다. 이 단계에서 발생하는 집단 행동을 구체적으로 살펴보자.

- 집단구성원은 도전과 지지를 모두 받게 되고, 상담 시간 동안이나 끝난 후에 행동 변화를 더욱 강화시키게 된다.
- 지도자는 더 심도 있는 자기 탐색을 위해 고안된 다양한 치료적 개입을 도입하고 그것을 실험삼아 새로운 행동을 하도록 이끈다.
- 집단구성원은 보다 직접적인 방법으로 서로 간에 상호작용을 하게 된다. 따라서 지도자에게 덜 의존하게 되고, 집단원이 이야기할 때 지도자의 눈치를 덜 보게 된다.
- 집단 내에서 집단구성원 간의 갈등이 일어나게 되면, 그들은 토론에 기초해서 행동하고 함께 해결해간다. 집단구성원은 집단 내에서 서로 어떻게 상호작용하게 되는지에 주의를 기울임으로써, 갈등 상황에 대해 어떻게 다룰 수 있는지를 알게 된다.
- 집단구성원은 집단 안에서 자신이 누구인지 인지하는 경험을 함으로써 치료 능력을 점점 발전시키게 된다. 또한 그들은 자신의 내면 깊은 곳을 보여주어도 존중받을 수 있다는 것을 배워감으로써 가면을 쓸 필요가 없어진다.

이제 지도자는 작업 집단과 비작업 집단의 차이점에 대해 논의하고자 한다.

작업 집단과 비작업 집단의 차이점

성장과 진보는 집단의 성향과 집단구성원에 따라서 다르게 보이기도 한다. 예를 들어, 성범죄 가해자 집단에서의 진보는 상담 전문가 과정에 있는 대학원생 집단의 진보와는 매우 다르다.

아래의 표는 당신이 집단의 작업 단계의 지도자로서 경험할 수 있는 전형적인 집단원의 행동을 기술하고 있다. 지도자로서 어떤 집단원의 행동이 당신에게 자극이 될 것인가? 그에 어떻게 반응할 것인가? 당신은 집단에서 발생하는 일에 대해 모든 책임을 떠맡으려는 경향이 있는가? 집단에서 일어나고 있는 일에 대해 당신 자신, 또 다른 지도자, 혹은 집단원을 비난할 것인가? 당신의 반응을 집단과 공유할 것인가? 왜 그렇거나 그렇지 못하는가? 아래의 표를 가이드라인과 촉매제로서 참고하여, 당신의 집단원들과 집단 내에서 어떤 발전이 생길 수 있을지 생각해보라.

작업 집단 목록에서, 행동에 대한 기술은 이상적인 것을 나타낸다. 심지어 가장 이상적인 집단에서도, 모든 집단원이 이러한 수준에서 기능하는 것은 아니다. 비작업 집단 행동을 보이는 집단도 덜 명시적이고, 쉽게 알아차릴 수 없는 방식으로 작업하고 있을 수 있다는 것을 고려해보라. 변화는 집단 또는 집단원에 대해 동일한 속도 혹은 방식으로 발생하지 않는다. 어떤 집단원은 작업 단계 내에서 몰두할 준비가 되어있고 그럴 의지도 있는 반면, 다른 집단원은 신뢰를 쌓기 위해 계속 노력하는 작업이 필요할 수도 있다. 지도자는 집단원들이 스스로가 원하는 변화의 방향으로 움직이고 있다는 것을 인식하는 것이 중요하다. 때로는 변화에 저항하기 위해 노력하는 것이 집단원의 발전을 위해 필요한 단계이기도 하다. 유능한 지도자는 한 집단 내에서 모든 '작업'과 '비작업' 행동을 활용할 것이다.

작업 집단	비작업 집단
집단구성원은 다른 집단구성원과 지도자를 신뢰하며, 신뢰가 부족하더라도 최소한 이를 공개적으로 이야기한다. '지금 여기'의 의미 있는 반응을 나누면서 위험도 기꺼이 감수한다.	내재된 적대감으로 불신이 있을 수 있다. 집단구성원은 스스로 억제하고 생각이나 느낌을 표현하지 않는다.
목적이 명확하고 구체적이며, 집단구성원과 지도자가 합동해서 결정한다. 집단 행동을 지시해서 목적을 실현하려 한다.	목표가 혼란스럽고 추상적이며 식상하다. 집단구성원은 개인의 목표가 불분명하고 심지어 목표가 없는 경우도 있다.
대부분의 집단구성원은 소속감을 느끼며, 제외된 집단원은 보다 능동적인 참여를 격려 받는다. 그들의 대화는 열려있고, 자신의 경험을 정확하게 표현할 수 있다.	많은 집단구성원이 소외되었다고 느끼고, 다른 집단구성원에 대해 인식하지 못하고 있다. 파벌이 형성되어서 분열을 이끄는 경향이 있다. 자신이 제외되었음을 표현하는 데 두려움을 느낀다. 하위집단이나 동맹을 형성하는 경향이 있다.

작업 집단	비작업 집단
'지금 여기'에 초점이 맞춰져 있고 참가자는 자신이 경험한 것을 서로에게 직접적으로 이야기한다.	사람들은 타인에게 집중하며 자신에게는 관심을 두지 않으며 스토리텔링은 식상하다. 서로 간에 반응을 다루는 것에 거부감을 가지고 있다.
집단구성원은 다른 사람들의 작업에 동참하는 것을 자연스럽게 여기며 지도자로부터 허락을 기다리지 않는다.	집단구성원은 모든 일에서 지도자에게 의존한다. 집단원뿐 아니라 집단원과 지도자 사이에도 갈등이 존재한다.
다소 거부감을 일으킬 수 있는 일이라도 주저없이 공개한다. 집단구성원은 서로를 알아가게 된다.	참가자는 뒤로 물러서 있고 자신을 최소한으로 공개한다.
응집력이 높다. 집단원 간에 인간의 보편적인 경험을 공유하는 친밀한 정서적 유대감이 있다. 집단원은 서로를 알아가게 되고 친밀감이 형성되어 새로운 행동 방식을 지지하기 때문에 기꺼이 실험적 행동을 시도한다.	집단은 분열이 존재하며, 집단구성원은 서로 멀게 느껴지고, 공감의 부재가 느껴진다. 집단원은 서로 독려하지 않고 새롭고 위험한 행동을 직면하지 않으며, 익숙한 방식만을 고수한다.
집단구성원의 사이 혹은 지도자와의 갈등이 있음을 인정하고 그것에 대해 토론하며 대개는 해결된다.	갈등이나 부정적인 반응은 무시하고 거부하거나 회피한다.
집단구성원은 문제를 해결하는 데 어떤 행동을 취할지를 결정하는 책임을 받아들인다.	집단구성원은 개인적 어려움에 대해 서로 비난하고, 변화를 위한 조치를 취하지 않으려 한다.
피드백이 자유롭게 오고가며 거부감 없이 받아들인다. 피드백을 정확하게 반영하려는 의지가 있다.	피드백을 약간만 주어도 방어적인 태도로 거부한다. 피드백은 배려나 연민 없이 이루어진다.
집단구성원은 희망에 차 있다. 그들은 건설적인 변화가 가능하다고 생각한다. 즉, 원하는 대로 될 수 있다고 생각한다.	집단구성원은 좌절과 절망, 무력감, 피해 의식 등을 느낀다.
자신의 생각을 누군가와 공유할 때 갈등이 일어날 수 있지만, 이것은 무분별한 공격이 아니라 개인의 행동을 검토하게 되는 도전으로 인식된다.	적대적이고 공격적인 태도로 반박한다. 공격받은 사람은 부당하게 판단받거나 거부당한다고 느낀다. 때로는 집단구성원이 한 명을 희생양으로 삼아 소외시키기도 한다.
의사전달이 명확하고 직접적이다. 최소한의 판단과 최대한의 존중해주는 대화가 있다.	의사소통이 불분명하고 간접적이다.
집단구성원은 서로를 하나의 원천으로 생각하며, 서로에게 관심을 보인다.	집단구성원은 오직 자기 자신에게만 관심이 있다.
집단구성원은 스스로에게나 다른 집단구성원에게 호감을 느낀다. 그들은 서로 힘이 있다고 느낀다.	집단구성원은 자신과 사람들을 좋아하지 않는다.
집단 발전 과정에 대해 인식을 하고 집단구성원들은 무엇이 집단 기능을 효율적으로 만드는지 알게 된다.	집단 내에서 행해지는 일에 대해 무관심하거나 제대로 알지 못하는 것이 대부분이며, 집단의 역동성은 거의 논의되지 않는다.
다양성, 힘, 특권 같은 요인이 소개되고, 개인과 문화의 다양성에 대해 존중한다.	동일성이 우선시되고 개인이나 문화적 차이는 무시당한다. 집단구성원은 자신과 다른 사람들을 존중해주지 않고, 힘이나 특권에 대해 논의할 때 방어적으로 행한다.

작업 집단	비작업 집단
집단구성원과 지도자는 집단 규범을 개발한다. 규범은 명확하고 집단원의 목표를 달성하도록 고안된다.	규범은 집단구성원의 동의 없이 지도자에 의해 강요된다. 이러한 규범은 명확하지 않다.
감정과 사고의 기능 조합을 강조한다. 정화와 감정의 표현이 일어나지만, 다양한 감정 표현의 의미도 생각한다.	집단은 감정 표현을 강요하지만, 감정 표현에 대한 통찰을 통합하는 것은 거의 강조하지 않는다.
집단구성원은 상담 외의 시간에도 집단 내에서 일어난 문제를 작업한다.	집단구성원은 상담 시간 이외에는 집단 활동에 대해 거의 생각하지 않는다.

작업 단계에서 깊은 신뢰 쌓기

집단 내 안정은 집단 발달의 다음 단계에서도 문제가 된다. 따라서 신뢰는 다시 재정립될 필요가 있다. 몇몇 집단구성원은 강도 높은 작업이 주는 부담을 느끼고, 경험에 대한 회의감을 품게 되고, 재고를 하며 현 상태에 그대로 머물고 싶어서 폐쇄적으로 되고 움츠리게 된다. 아니면 집단구성원 간에 고통스러운 경험을 표현하는 역할에 겁을 먹고 있거나, 집단의 극단적인 결말을 예상하고 너무 이르게 긴장이 풀려버렸기 때문에 아마 자신을 개방하지 않거나 회피할 것이다.

집단에서 신뢰가 변화하는 현실은 청소년 집단의 예에서 볼 수 있다. 상담 기간 동안 집단구성원은 집단 안팎에서 다른 사람들과 비교적 생산적인 일을 했다. 사전 모임에서, 어떤 집단구성원은 강렬한 감정적 정화를 경험하기도 했다. 상담 초기에 '다른 사람들 앞에서 실패하고 우는 것'이 자신의 두려움이라고 표현했던 펠릭스는 결국 울음을 터뜨렸고, 아버지로부터 인정받지 못해 오랫동안 쌓이고 억눌러온 고통을 표현했다. '아버지'와의 역할 연기에서, 펠릭스는 화를 냈고, 아버지의 무관심으로 인해 얼마나 자신의 마음이 아팠는지 이야기했다. 역할 연기 후반에 그는 울면서 '아버지'에게 정말로 사랑한다고 말했다. 상담을 떠나기 전에, 펠릭스는 마음의 안정을 느꼈다고 이야기했다.

이러한 경험은 높은 수준의 신뢰, 위험 부담, 보살핌, 응집력으로 가능해진다. 하지만 지도자는 다음 회기 때 사람들이 말하는 것을 얼마나 어려워하는지 알고 깜짝 놀랐다. 집단구성원은 말하기를 꺼렸고 펠릭스도 거의 이야기하지 않았다. 지도자는 특히 잘 진행되었던 지난 회기를 떠올리면서 그들에게 무엇이 그렇게 이야기하기 힘들게 만들었는지 질문했다. 집단원들은 "지도자는 항상 문제를 가지고 와야 하나요?", "좋은 집단원이라는 것을 보여주기 위해서는 울어야 하나요?", "저는 오히려 당신이 지도자를 힘들게 몰아세운다고 생각해요."와 같은 이야기를 하며 불만을 표시했다. 결국 펠릭스는 '감정을 폭발시킨 것'에 대해 매우 당황스러웠고, 지난 한 주 동안 다른 집단구성원이 자신을 나약하고 바보라고 생각했을 거라는 확신이 들었다고 했다. 또 그는 남자는 절대 사람들 앞에서 눈물을 보이지 않아야 한다고 덧붙였다. 몇몇 다른 사람들은 펠릭스가 한 행동이 충분히 가치 있다고 생각하지만 다른 사람들이 어떻게 생각할지 두려워 자신은 그렇게 하고 싶지 않다고 말했다. 또 다시, 이 집단의 과제는 다른 사람에 대한 신뢰의 부족을 다루는 것이다. 한마디로 '나는 다른 사람들이 나를 어떻게 생각할지가 두렵다.'라는 것이다. 이러한 집단원의 반응은 지도자에 대한 신뢰가 부족함을 의미하며, 지도자는 서둘러 이 문제에 대해 논의가 진행될 수 있도록 해야 한다.

중대한 사건　**문화적인 왜곡과의 갈등**

1. 사건의 설명

여성 백인 지도자인 나딘은 인종적으로 그리고 민족적으로 다양한 10명의 성인 치료 집단을 지원했다. 집단은 12주 동안 만났고, 이것은 여덟 번째 만남이었다. 집단은 매우 응집력 있고, 신뢰하며, 기꺼이 서로 피드백을 주고받으며, 의욕도 높았다. 그들은 집단에서 작업할 뿐만 아니라 집단에서 배운 내용을 바깥 세상에도 적용했다. 나딘은 두 명의 집단구성원 간 긴장감을 느꼈을 때 놀랐다. 흑인 여성인 니콜은 파트너와의 갈등에 관해 이야기했다. 백인 여성 베스는 "다시는 그러지 말지."라고 중얼거렸다. 니콜은 이 의견을 들었고, 베스에게 이 말이 그녀를 정말 화나게 했다고 말했다. 베스는 무시하는 듯한 말투로 니콜에게 "너무 민감하네요."라고 말했다. 니콜은 약간 언성을 높이고 계속해서 베스에게 그 말이 얼마나 자신을 화나게 했는지 알려주었다. 베스는 니콜에게 소리 지르지 말고 침착하라고 말했고, 이로 인해 니콜은 더욱 좌절하게 되었다. 니콜은 고통으로 가득찬 눈으로 베스에게 물었다. "왜 내가 목소리를 조금만 키우면, 소리를 지르지 말라고 비난하는 거죠?" 베스는 조용해졌고, 눈물을 글썽이며 자리를 벗어나 방에서 나갔다. 다른 집단원들은 침묵했다. 집단의 지도자는 니콜과 베스 모두 집단 내의 갈등을 계속 탐색하도록 했다.

2. 집단지도자를 위한 절차 질문

- 이 시나리오에서 처음에 드러나는 주요 쟁점은 무엇인가?(치료적, 문화적 문제에 대해 생각해

보라.)
- 니콜이 소리지른 것을 베스가 인식하는 방식에 문화적 요소가 어떻게 작용했는가? 이 문제에 대한 논의를 어떻게 촉진할 수 있을 것인가?
- 지도자로서, 당신의 주의를 어디에 초점을 둘 것인가? 당신 자신과 이 갈등에 대한 불편함에 둘 것인가? 다른 집단구성원의 걱정에 둘 것인가? 아니면 베스와 니콜에 대한 걱정에 둘 것인가?
- 당신은 니콜에게 어떤 개입을 할 것이며, 왜 그렇게 할 것인가?
- 당신은 베스에게 어떤 개입을 할 것이며, 왜 그렇게 할 것인가?
- 이 갈등에 의해 설명된 집단응집력의 변화에 대해 당신은 어떤 생각을 하는가?
- 집단지도자로서, 이 시나리오는 당신에게 어떤 감정을 불러 일으키는가?
- 베스가 방에서 나가려고 할 때, 당신은 어떻게 개입할 수 있는가?
- 집단의 침묵을 어떻게 다룰 수 있는가?
- 베스나 니콜에게 개입하거나 그들을 도우려는 집단구성원을 어떻게 다룰 수 있는가?

3. 치료적 반영

우리는 응집력 있고 신뢰하는 집단에서도 갈등이 나타날 수 있음을 인식할 필요가 있다. 나딘은 베스와 니콜이 집단에서 중요한 일을 했으며 집단 밖에서도 친구라고 알고 있었다. 나딘은 베스가 니콜을 무시한 발

지도자는 어떻게 행동해야 했을까? 지도자가 전형적인 두려움을 기억하고 이를 다뤘거나, 감정에 대한 보편적인 시연과 반대되는, 그 문화적 한계를 다뤘더라면 펠릭스가 덜 당황스러워했을 것이다. 아마 지도자는 이렇게 이야기했을 수도 있다. '펠릭스, 저는 당신이 다른 사람들 앞에서 우는 것이 두렵다고 했던 게 기억납니다. 당신이 방금 그렇게 했었는데, 어떤 느낌입니까?' 또한 지도자는 다른 사람들에게 펠릭스의 작업을 통해 어떤 영향을 받았는지에 대해 이야기하는 것을 제안할 수 있었을 것이다.

펠릭스가 '저는 괜찮아요. 그리고 많은 것을 얻을 수 있었어요.'라고 말했다고 가정

언은 그들이 집단 밖에서도 친구이기 때문에 더욱 해로울 것이라고 예상했다. 나딘의 주 목표는 그들의 상호작용을 촉진해 어느 쪽도 차단하지 않으며, 다른 집단구성원에게 갈등이 미친 영향을 평가하는 것이었다. 불편한 상황이지만 나딘은 집단이 이 갈등을 다룰 수 있도록 돕기를 원했다.

지도자는 이 갑작스러운 상황에 놀랐으며, 베스가 니콜에게 문화적 고정관념을 떠올리게 했음을 알게 되었다. 집단원 간의 갈등에서 지도자의 목표는 한 사람의 편을 들어주는 것이 아니라, 관계를 지지하는 것이다. 집단이 지도자를 신뢰하려면 나딘은 분쟁을 너무 빨리 끝내려는 노력보다는 분쟁 해결에 대한 의지를 보여줄 필요가 있다. 또한 집단구성원은 갈등에 대한 반응과 그것이 갈등에 어떻게 영향을 미치는지에 대해 이야기할 의지가 필요하다. 집단원이 이 같은 불편한 상황을 다루지 않으면 신뢰가 회복되지 않을 것이다. 이 시나리오에는 여러 면에서 갈등이 있었지만 이것 또한 교훈을 얻을 수 있는 순간이다. 나딘은 문화와 의사소통 방식을 포함하는 진솔한 토론을 이끌어낼 수 있다. 나딘이 그 주제를 피한다면, 어떤 집단원들은 오해하고 소외감을 느낄 것이다.

4. 가능한 개입
- 지도자는 니콜과 베스에게 그들이 서로의 반응과 의견에 의해 영향을 받는 방법을 물을 수 있다.
- 지도자는 니콜이 흑인으로서 백인과 소통할 때 그녀의 좌절을 표현하는 과정을 촉진하기를 원할

수 있다.
- 지도자는 모든 집단원이 니콜과 베스의 갈등을 볼 때, 어떤 감정을 느꼈는지에 대해 표현할 수 있는지 확인할 수 있다.
- 나딘은 백인이기 때문에, 그녀는 니콜에게 그녀가 지도자로서의 반응을 보이는지 물어볼 수 있다.
- 지도자는 니콜과 베스 사이에서 관찰되는 것에 대해 소리 내어 이야기하고 문화적 고정관념이 어떻게 작용할 수 있는지를 이야기함으로써 문화적 반응을 모델링할 수 있다.
- 베스는 눈물이 나서 방에서 나가려고 했다. 지도자는 베스에게 어떤 일이 일어났는지, 그리고 그녀가 나가려 했던 것에 대해 니콜에게 이야기하도록 할 수 있다.
- 지도자는 집단에 문화가 그들이 고통을 표현하는데 미치는 다양한 방법을 탐색하도록 할 수 있다. 예를 들어, 한 집단은 눈물을 흘리는 게 일반적이지만, 또 다른 집단은 분노가 취약성을 보여주는 안전한 방법이라고 느낄 수도 있다.
- 지도자는 '지금 여기'의 갈등을 촉진한 후 가능한 전이 반응을 살펴볼 수 있다. 지도자는 이전 회기에서 베스가 분노했고 자신을 학대한 아버지가 있었다는 사실을 알고 있으며, 니콜은 백인에게 대응하는 가장 좋은 방법이 회피라고 교육받았다는 사실을 알고 있다고 가정해보자. 지도자는 니콜과 베스 간의 반응을 설명할 수 있는 둘 다에 해당하는 깊은 문제를 살펴볼 수 있다.

하자. 그러면 지도자는 아마 이렇게 대답할 것이다. '이틀 후에 오늘 있었던 일을 되돌아 보면 어떤 기분이 들지 상상해보세요. 오늘 한 일을 후회하거나 자신을 원망하게 될까요?' 펠릭스는 아마 이렇게 답할 것이다. '제가 지금 한 일에 대해 비난받는 것처럼 느껴질 것 같아요.' 그다음에 지도자는 그에게 자신이 한 작업을 후회하게 된다면, 이 방에서 다른 사람들이 그에게 보낸 지지와 그의 용기를 인정한 것에 대해 기억해볼 것을 말해준다. 한편, 지도자의 질문에 펠릭스가 바닥을 내려다보면서 '저는 당황스러워요.'라고 대답했다고 가정하자. 이때 지도자는 이렇게 대답할 수 있다. '저는 당신이 이러한 방법으로 당신 자신을 표현하는 것이 얼마나 어려운 일인지 알고 있어요. 하지만 앞으로도 당신이 이 문제를 회피하지 않기를 바랍니다. 이 방에서 다른 사람들, 특히 당신이 가장 민망해하는 사람들을 바라보세요. 지금 그 사람들이 당신에 대해서 어떻게 말할 것 같나요?' 펠릭스가 자신의 생각을 말하면 그다음에는 다른 집단원들에게 솔직하게 대답해주기를 부탁한다. 대개의 경우, 누군가가 중요한 작업을 한 이후에 집단원들은 함부로 말하지 않는다. 이 예에서 볼 수 있듯이, 강도 높고 효율적인 집단상담을 할 때 신뢰의 문제가 다시 생기는 일이 종종 일어난다. 그 이후에, 집단원들은 겁을 낼 것이고 다시 이 문제를 다룰 필요가 있을 것이다. 지도자는 이러한 경향을 알아보고 예방 조치를 취할 필요가 있다. 집단이 역행하는 것처럼 보일 때, 지도자의 가장 중요한 개입은 집단원에게 무엇이 일어나고 있는지를 설명해주는 것과 보고, 생각하고 느끼는 것을 말로 표현하도록 도와주는 것이다.

작업 단계에서 해야 하는 선택

집단 발전의 초기 단계에서 지도자는 '신뢰 대 불신', '알력 다툼', '자아 중심 대 타인 중심'과 같은 여러 가지 중요한 문제에 대해 이야기했다. 집단 과정 중 더 강도 높은 작업 단계 동안의 중요한 문제는 개방 대 익명성, 진정성 대 조심성, 자발성 대 통제, 수용 대 거부, 응집 대 분열 등을 포함한다. 집단의 정체성은 집단구성원이 이러한 중대한 문제를 어떻게 해결하는지에 따라 형성된다.

> **"**
> 진정한 친밀감은 사람들이 잘 모르거나, 그들이 솔직한 감정을 숨겨야 한다는 압박을 느낄 때에는 형성될 수 없다.
> **"**

개방 대 익명성 집단구성원은 중요하면서 적당한 방법으로 자신을 개방하는 것과 두려움 뒤에 계속해서 숨어있는 것 중 하나를 선택한다. 많은 사람들이 다른 사람들에게 자신을 알리고, 더 심도 있는 방식으로 다른 사람과 자신에 대해 알고 싶어서 집단에 오는 반면, 익명성을 통해 자신을 보호하기도 한다. 집단 활동이 효과적으로 진행되면, 그들은 스스로를 터놓고 말할 수 있을 것이다. 자기 자신을 알기 위해서는 자기개방이 필요하기 때문이다.

진정성 대 조심성 치료적 집단의 성공을 위해 집단구성원은 인정받기 위해서 진실을 속이고 숨겨야 한다고 생각하지 않아야 하며 진실이 알려져야 한다. 진정한 친밀감은 사람들이 잘 모르거나, 그들이 솔직한 감정을 숨겨야 한다는 압박을 느낄 때에는 형성될 수 없다. 다양한 이유로 집단원은 진정성을 갖추기보다 스스로를 감추곤 한다. 때때로 어떤 사람은 거부에 대한 두려움으로 인해 자신의 일부를 숨긴다. 또 어떤 사람은 인종 차별과 다양한 차별 경험 때문에 특정 상황에서 가면을 쓰기도 한다.

자발성 대 통제 지도자는 집단 참가자에게 통제되고 반복된 방식을 포기하고, 순간적인 사건에 더 자발적으로 반응할 것을 권유한다. 또한 그들과 다른 사람들이 내적인 과정을 이해하는 순간적인 경험을 할 수 있도록 집단구성원에게 '크게 소리 내어 반복할 것'을 독려한다. 내담자에게 그동안 말하지 못했던 것을 이야기하거나 행동하지 못했던 것을 행하는 것이 괜찮다고 느끼도록 함으로써 자발성을 향상시킬 수 있다. 이것이 다른 사람을 신경 쓰지 않고 '제멋대로' 하라는 말은 아니다. 가끔 집단구성원은 끊임없이 자신이 말하는 모든 것을 연습함으로써 자신을 억압한다. 결과적으로 그들은 조용하게 앉아있고 속으로 연습하게 된다. 지도자는 보통 내담자에게 이치에 맞지 않아 보일 수 있을 때에도 밖으로 표현해서 연습할 것과 조금 더 자유롭게 이야기하겠다는 다짐을 받는다. 그들이 집단상담에서는 연습하지 않은 행동을 시도하도록 독려한다면 그들은 집단으로부터 벗어나 변화하고 싶은 행동을 할 수 있다.

수용 대 거부 집단 과정을 거치면서, 집단구성원과 자주 수용—거부 양극성에 대해 다룬다. 지도자는 종종 집단원들이 "저는 제 자신이길 원해요. 하지만 만약에 제가 될 경우 수용되지 않을까봐 두려워요. 가끔은 제가 이 집단에 적합하지 않은 것 같아서 걱정이 되어요."라고 말하는 걸 듣는다. 이러한 두려움의 근원은 종종 비현실적인 두려움에 기초한다는 것을 알 수 있다. 집단구성원은 다른 사람들이 자신을 거부하는 것보다 어쩌면 자기 자신이 스스로를 거부하고 있다는 사실을 깨닫게 될 수 있다. 이러한 집단원은 아마 그들이 거부되는 것뿐만 아니라 수용되는 것에 대해서도 지레 겁먹고 있다는 것을 알게 된다. 그들에게 거부당하는 것이 즐겁지는 않지만 이것은 익숙한 느낌이고, 수용된다는 것은 불안하게 만드는 느낌으로 받아들여질 수 있다. 그것은 '만약에 당신이 저를 수용하거나 사랑하거나 신경써준다면, 저는 어떻게 반응해야 할지를 모르겠어요.'라는 말과 마찬가지이다.

집단상담은 집단원에게 특정한 행동을 함으로써 스스로를 거부당할 수 있게 하는 방식에 대해 알 수 있는 기회를 제공한다. 지도자는 수용적이거나 거부적인 분위기를 조성하고 집단원이 자신의 역할과 책임감을 인식함으로써 그들은 스스로의 행동이 개인으로서 수용될 것인지 거부될 것인지 결정할 수 있다는 것을 이해하게 될 것이다.

라라는 집단에서 자신의 섭식 장애를 드러내기 꺼려 했다. 어느 집단원들도 이 주제를 이야기한 적 없었고, 라라는 다른 사람들이 자신을 판단하거나 섭식 장애 행동에 의해 혐오감을 가지게 될까봐 두려웠다. 그녀가 집단 밖에서 이 문제를 누군가에게 털어놓았을 때, 그는 라라에게 폭식과 폭음에 대한 충동에 맞서는 의지력을 갖기 위해 노력할 필요가 있다고 충고해주었다. 이때 라라는 고민을 아무에게도 말하지 않는 것 좋지 않다는 확신이 들었다.

지도자가 집단에서 라라가 자신을 어떻게 통제했는지에 대한 작업을 할 때, 그녀는 집단에 자신을 드러내는 것에 대한 두려움을 좀 더 상세하게 표현하기 시작했다. 지도자는 라라가 자신의 특정한 문제가 무엇인지 말하지 않은 상태에서 라라에게 집단구성원들로부터 받고 싶은 반응에 대해 말해볼 것을 격려했다. 라라는 마음을 개방함으로써 다른 집단구성원들과 신뢰를 형성하기 시작하도록 돕는, 예상치 못한 경험을 할 수 있었다.

응집 대 분열 응집은 집단에서 대체로 공동체의 느낌을 발전시키고 다른 사람들의 유대관계를 형성시키며 활동적으로 작업하게 해준다. 집단구성원은 주로 자신을 사람들에게 알리기로 결심하고, 고통을 공유하며, 서로 염려하며, 의미 있는 대화를 시작하게 된다. 그리고 다른 사람들에게 솔직한 피드백을 줌으로써 공동체 느낌을 형성한다. 응집된 집단은 유머러스하고 재미있는 순간을 공유하는 것을 시작으로 의미 있고 고통스러운 현실에 대해서도 작업한다.

만약 집단이 편안한 상태를 유지하거나 피상적인 상호작용을 유지하기로 결정했을 경우, 공동체 의식은 거의 일어나지 않을 것이다. 집단구성원이 두려움, 불신, 실망, 의심을 표현하지 않을 때가 있는데, 이렇게 반응을 숨길 때 분열과 신뢰의 부족이 일어나게 된다. 일부 집단원이 집단 밖에서 만나거나 파벌을 만들거나 집단지도자 혹은 다른 집단원에 대한 험담을 한다면 집단 안에서의 신뢰는 침체될 것이다. 이러한 하위집단은 의미 있는 교류를 방해하는 강력한 숨은 의도의 표본이 된다. 그런 태도나 이런 하위집단은 인정받기를 원한다. 이러한 분열 상황을 바로 잡기 위해서는 집단 전체가 함께 논의할 필요가 있다.

집단의 모든 외부적인 만남이 단일 집단에 꼭 피해를 주는 것만은 아니다. 특정 부류의 하위집단화는 유익함을 줄 수도 있다. 예를 들면, 주거 시설 안에 있는 입원 환자 집단은 활동 범위 내에서 다 함께 프로젝트 활동에 참여한다든지, 레크리에이션 활동을 위해서 집단 밖에서 만날 수 있다. 이러한 하위집단은 집단구성원이 다른 집단원들을 배제시키지 않고 오히려 치료 시설에서 다른 집단원들과 더 소통할 수 있는 기회를 준다. 또 다른 예로, 지도자(Marianne와 Gerald)는 이 하위집단에서 25년 동안 여름마다 일주일에 걸쳐서 함께 거주하는 개인 성장 집단이 매우 유익하다는 것을 알게 되었다. 이 집단에는 16명의 집단원과 4명의 지도자가 있다. 지도자는 전체 집단과 매일 만나고 하위집단(8명의 집단원과 2명의 지도자)과도 매일 만났다. 더불어 매일 자유 시간에 집단원에게 다른 사람들과 함께 다양한 활동을 할 수 있는 기회를 제공했다. 이렇게 격식을 따지지 않는 모임은 집단원이 집단으로 다시 돌아올 수 있는 치료적인 작업을 촉진하기도 한다.

작업 단계에서 해야 할 과제

집단은 집단 그 자체가 목적이 아니다. 집단구성원은 회기 내에서 새로운 태도와 광범위한 삶의 기술을 습득하며 집단 밖에서도 이러한 기술과 태도를 실행할 필요가 있다. 이상적으로는 집단구성원에게 매 회기마다 자신의 과제를 고안하도록 장려한다. 과제는 집단에서의 학습을 도와주고, 일상생활에서 다양한 상황을 해석하고 적용할 수 있도록 해주는 수단이다. 집단원이 과제를 만들어내고 잘 해낸다면, 그들의 동기와 전반적인 응집력의 수준도 올라갈 것이다.

지도자는 집단구성원에게 집단 밖에서 할 수 있는 활동을 고려해보도록 제안했지만, 집단원에게 규범 사항을 지시하거나 과제를 반드시 해야 한다고는 말하지 않는다. 대신 일기를 계속해서 쓸 것을 권장한다. 이는 집단 내에 새로운 태도를 격려하기 위한 촉매제가 될 수 있다. 집단구성원이 자원하는 분위기에서 제시된 이 과제는 집단 경험으로부터 자신이 원하는 것을 얻을 수 있는 기회를 준다. 집단원은 이를 통해 집단에서 배운 것을 실행하는 실제 기술을 터득하며, 격려와 방향성도 제공받을 수 있다. 따라서 과제는 집단구성원이 집단에서 배우고 있는 실제 기술을 연습하도록 자극하기 때문에 작업 단계에서 매우 유용하다. 과제는 인지행동 접근의 모든 기본이기도 하지만 이 접근은 다른 이론적 틀로 체계화된 집단 안에서도 적합한 기술이라 할 수 있다. 더 자세한 내용은 4장에서 과제의 사용을 유용하게 하는 특정 이론을 참고하길 바란다.

집단구성원은 종종 집단 회기 내에서의 의미 있는 관계에 대해 매우 열심히 탐구한다. 집단구성원이 관계에 대해 말하는 것이 긴장을 푸는 데 도움이 되거나 역동적인 관계 속으로 들어가 통찰력을 얻을 수 있게 한다고 할지라도 그것은 단지 변화의 시작일 뿐이다. 그다음에 집단원은 자신의 삶에서 이 사람에게 다르게 이야기하는 것에 관심이 있는지를 결정할 수 있다.

예를 들면, 로사는 다음 과제를 하기로 결정했다. 그녀는 그녀의 어머니에게 논쟁이나 방어적인 방식이 아닌 다른 방식으로 접근하기를 원했다. 처음으로 그녀가 집단에서 어머니에게 하고 싶은 표현을 연습했다. 이러한 방법으로 그녀는 어머니와 상징적인 상호작용에 대해 다른 집단원들에게 피드백과 지지를 받았다. 집단에서 로사가 행동 연습을 통해 어머니에게 원하는 것을 명확히 이해하면, 어머니에게 더 좋은 태도를 취할 준비가 될 것이다. 이런 식으로 집단원이 일상에서 중요한 변화를 만들어가도록 도움을 주기 위해 집단행동과 과제는 자주 병행된다.

 ## 집단에서 작동되는 치료적 요인

집단 내에서의 다양한 영향력은 치유 혹은 치료가 될 수 있으며, 이러한 힘은 건설적인 변화를 만들어내는 데 중요한 역할을 한다. 이 부분에서 논의되는 치료적 요인은 집단의 모든 단계에서 다르게 작동하지만 대체로 작업 단계 동안에 더 명확해진다. 집단상담을 이끌어온 경험을 토대로, 선행 집단과 지도자 집단에 참석했던 많은 사람들의 보고서를 참고한 결과(많은 집단의 참가자들에게 아래와 같은 반응, 즉 그들의 태도와 행동에서 변화를 가능하게 하는 요인을 기술지에 쓰도록 하였다.) 다음과 같은 치료적 요인을 발견할 수 있었다. 이 밖에, 지도자는 치료 집단에서 치료적 요인을 구분하는 데 Yalom(2005b)의 선행 연구로부터 많은 도움을 받았다.

자기개방과 집단구성원

다른 사람에게 자기를 소개하려는 자발적 의지는 집단상담 모든 단계에서 필요하지만, 집단의 작업 단계에서 자기개방은 좀 더 빈번하며 개별적이다. 집단에서 집단구성원은 자기개방을 예상하고 지도자는 그들을 가르쳐 집단구성원이 자기개방을 가능케 하도록 한다. 집단원의 자기개방 규범이 비록 바람직하다고 해도, 임상적 발견에서는 더 많은 자기개방이 '더 낫다'라는 개념을 항상 지지하지는 않는다. 너무 많거나 너무 적은 자기개방은 역효과를 가져올 수 있다. 그러므로 지도자는 이 같은 자기개방을 점검해야 하며, 각 집단원이 폭로의 깊이나 빈도에서 다른 집단원과 너무 큰 차이를 보이지 않도록 해야 한다(Yalom, 2005b). 비록 자기개방 그 자체가 중요한 것이 아니라 할지라도 집단 안에서 대화를 원활하게 하는 수단이 될 수 있다.

집단구성원은 다른 사람에게 자기개방을 통해서 자신에 대한 이해를 심화시킬 수 있다. 집단원은 더 풍부하고 통합된 자기 이미지를 발전시키며 자신이 다른 사람들에게 더욱 좋은 영향력을 미친다는 것을 인식할 수 있다. 이 과정을 통해서 참가자는 치유의 힘을 경험하고 대개 원하던 삶의 변화로 이어지는 새로운 통찰력을 얻는다. 그러나 자기개방이 안전한 주제로 제한되면 집단은 표면적 수준을 넘어서는 진전이 불가능할 것이다.

특히 집단 안 경험과 관련되어 있을 때 지도자는 집단구성원에게 자기개방이 반드시 필요한 요소라는 사실을 알려야 한다. 사람들은 자신을 잘 표현하지 않는 사람에게는 자기 감정을 투사하는 경향이 있기 때문에 자기개방이 원활하게 이루어지지 않으면 자칫 오해가 생길 수 있다. 예를 들면, 안드레아는 월터가 자신에 대해 매우 비판적으로 여긴다고 생각했다. 마침내 월터가 입을 열었을 때 그는 안드레아가 두려우면서도 끌린다는 것을 털어놓았다. 월터가 안드레아에게 말했을 때 어떠했는지 그 자신의 느낌을 나누게 할 수 있다. 자기개방은 현재 분투하며 해결되지 않는 목표와 야망, 두려움과 기대, 희망, 아픔, 즐거움, 강점과 약점, 개인적 경험 등 개인적인 문제를 드러내는 것을 수반한다. 집단원이 개인적인 것에 대한 이야기를 덜 하거나 익명성을 유지한다면, 다른 집단원들이 그들을 보호하는 것을 어렵게 할 것이다. 진정한 관심은 사람을 아는 것으로부터 온다. 이러한 개방이 단순히 개인적인 것을 밝히는 것에 국한되어 있는 것은 아니다. 집단지도자와 다른 집단원들을 향한 지속적인 반응도 개방이다.

선두 집단에서 자기개방성의 가치 평가 규준을 모든 집단구성원에게 동등하게 적용할 수 없다. 사람들 사이에는 문화적 배경, 성적 취향, 나이와 같은 다양한 차이점이 존재한다. 예를 들면, 자신의 결혼에 대하여 공공연히 말해본 적 없는 중년 여성에게는 아마도 이러한 주제에 접근하는 것이 큰 걸음을 내딛는 것일 것이다. 그녀가 감수할 위험을 존중해야 하며, 그녀와 다르게 자유롭게 자기개방을 한 집단원들과 그녀를 비교하는 것은 피해야 한다. 처음으로 자신이 레즈비언이라고 자기개방을 한 여성이 내재화된 동성애 혐오증으로 인해 스스로 자신의 성 정체성을 의심하는 것을 경험할지도 모른다. 집단지도자는 참가자가 성 정체성을 개방하고 난 뒤 그 집단원을 향한 부정적인 반응뿐만 아니라 후회하거나 뒤따라오는 생각에 대해서도 주의를 기울일 필요가 있다. 집단지도자는 그녀가 레즈비언이라는 것에 대해 개방한 것이 처음이 아니더라도 그녀에게 새로운 집단 사람들 사이에서 자기개방을 한 것이 어땠는지 물어보아야 한다.

일부 집단구성원들의 자기개방에 있어 문화적 맥락도 고려되어야 한다. 예를 들면, 당신이 최근 집단에 들어온 참가자에게 부모와의 갈등을 탐색하도록 한다면 저항과 두려움을 가질 수도 있다. 그는 그의 가족에 대한 이야기를 하는 것에 대해 부끄럽거나 가족을 배신하는 것처럼 느낄지도 모른다. 위의 예에서 집단원이 집단에서 그들의 목표 달성을 가능하게 하는 의미 있는 참여 방법을 탐색하는 것이 가장 중요하다.

개방이 아닌 개방 집단 참가자는 자기개방의 의미를 사적인 것을 모두 말하는 것과 많이 말하는 것으로 빈번하게 오해한다. 집단에서 비밀을 개방함으로써, 집단구성원은 그들의 유용한 정보를 자기개방을 한다고 느낄 수 있지만 실제로는 별로 그렇지 않다. 집단 참가자는 자기개방의 적절함과 부적절함(혹은 유용함과 유용하지 않음) 사이의 차이를 배우는 것이 필요하다. 아래를 통해 어떤 것이 자기개방이 아닌지 살펴보자.

- 자기개방은 단순히 지난 과거에 대해 반복되고 기계적 태도로 이야기하는 것이 아니다. 그것은 그때 그곳에서의 사건을 보고하는 것이 아니다. 내담자는 '현재 갈등과 관련하여 드러내야 하는 것이 무엇이며 어떻게 해야 하는지'에 대한 질문을 하는 것이 필요하다.
- 자신을 개방하고 솔직해야 한다는 명목 때문에, 그리고 다른 집단구성원들의 압력의 결과로 인해 사람들은 다른 사람의 이해를 위해 필요 이상 더 많이 말하게 된다. 지극히 사적인 사항까지 모조리 털어놓는 것을 자기개방이라고 착각한 결과 그들은 다른 사람들 앞에서 무방비 상태가 된 기분을 느낀다.
- 다른 사람들에 대한 순간적인 감정과 느낌의 표현을 자기개방과 혼동해서는 안 된다. 어떤 반응에 대한 나눔이 얼마나 적절한지에 대한 판단이 필요하다. 지속적인 반응은 잘 공유되어야 하겠지만 요령 있게, 분별력 있게 솔직해질 필요도 있다.

집단의 적절한 자기개방을 위한 지침 자기개방이란 무엇이고, 언제가 적절하고 효율적이며, 무엇을 개방하는 것인지 도울 수 있는 방법에 대한 지침을 제시하고자 한다.

- 자기개방의 정도는 집단의 목표 및 목적과 관련되어야 한다.
- 집단에서 어떤 사람에 대해 지속적으로 반응하는 집단구성원이 있다면, 비난 없이 참여 수준을 제지하는 개방으로 이끌도록 격려해야 한다.
- 집단구성원은 다른 사람들이 자신에 대하여 '무엇'을 '얼마만큼' 알기 원하는지 결정해야 한다. 그들은 또한 기꺼이 위험을 무릅쓰고자 하는 것과 그들이 얼마나 멀리 가고자 하는지를 결정해야 한다.
- 자기개방을 위해서는 어느 정도 위험을 감수해야 한다. 집단이 안전한 개방에만 제한되어 있다면, 상호작용은 점점 무의미해질 수 있다.
- 집단의 발전 단계는 자기개방의 적절함과 관련이 있다. 초기 단계에서의 개방은 너무 지나칠 수 있지만, 작업 단계에서는 적절할 수 있다.

집단지도자의 자기개방은 집단구성원의 자기개방 문제와 관련이 있다. 이제 어떤 개방이 집단에 효과적인지 집단지도자가 판단하는 데 도움이 되는 지침을 살펴보자.

자기개방과 집단지도자

집단지도자들은 다양한 이유로 자신을 개방한다. 질문의 핵심은 집단지도자가 집단에서 자신에 대하여 개방해야 하는지의 문제가 아니라, 오히려 '얼마나 많이, 언제, 그리고 무슨 목적을 위해서' 개방해야 하는지가 중요하다. 지도자의 적당한 자기개방은 위험을 감수하는 모델에 사용될 수 있고, 참여와 신뢰 구축의 주요 요소가 될 수 있다. 자기개방은 지도자에겐 약간의 위험성이 따른다. 그러나 숙달된 치료자는 집단구성원과 유용한 논의를 촉진하기 위해 심지어 실패했던 경험을 다루기도 한다. 때때로 지도자는 스스로 자기개방에 대한 결정을 의외로 빨리 하기도 한다. 또 어떤 경우에는 그 순간에 적절하거나 집단원이 지도자에게 직접적으로 사적인 질문을 하기 때문에 지도자는 보다 즉흥적으로 집단에 도움을 주기도 한다.

어떤 집단지도자는 집단에 사적으로 드러내지 않고, 집단에서 개인적 관여를 최소한으로 유지하도록 노력하는 것에 주의한다. 이론에 치우치다 보니 그렇게 된 것일 수 있다. 정신분석에 기초한 집단 치료자의 역할은 집단구성원이 그들의 삶에 부모와 주요 인물에게서 경험한 느낌을 투사하려고 하는 전이 대상으로 본다. 익명으로 남겨짐으로써, 초기 관계부터 집단원의 투사를 북돋을 수 있다. 이러한 풀리지 않는 갈등이 개방될 때 그들은 집단 내에서 다룰 수 있다. 경험과 관계지향적인 집단 상담자는 집단에서 자기개방을 수반하는 방법을 치료적으로 이용하기도 한다. 인간중심 집단과 실존주의 집단, 게슈탈트 치료 촉진자는 집단원과 집단지도자 사이에 신뢰를 깊게 하고 모델링을 제공하기 위해서 자기개방을 채택하기도 한다.

어떤 집단구성원들은 타인에 관한 사적인 지식을 타인에 대한 신뢰감으로 요구하는 문화적 배경을 갖고 있다. 삶의 경험과 자아 정체성 문제를 공유하는 것은 우리와 아주 다른 집단구성원과 어울리는 데 도움이 되었다. 집단구성원과 이러한 공유는 우리를 더 신뢰하는 데 도움이 되었다고 집단원은 말해주었다. 때때로 우리는 우리의 반응이나 느낌을 공유한다. 그렇지 않으면 우리는 그 집단과 거리를 유지하게 될 것이고 결국 작업 과정을 방해할 것이다. 어떤 집단원이 구체적인 개인적 정보를 물었을 때, 지도자는 왜 이것이 그 집단원에게 중요한지 이해하려고 노력해야 한다. 지도자가 자기개방 요구에 너무 빨리 반응해버리면 지도자가 집단원에게 정말 중요한 것이 무엇인지에 대하여 더 배울 기회를 놓치게 만든다. 자기개방은 집단원의 자기 이해를 증진시키기 위해 가장 많이 사용된다.

집단지도자는 때때로 경계를 희미해지게 하면서까지 자기개방에 관여한다. 그리고

> **지도자의 자기개방은 집단구성원의 선을 위해서 적절하게, 적시에, 도움이 되게, 목적적으로 되어야 한다.**

도와야 할 책임이 있는 집단에 개인적으로 참여한다. 지도자는 지도자 되기를 멈추게 하는 집단의 압력과 집단의 한 집단원이 되라는 압력을 피해야 한다. 비록 지도자는 때때로 개인적인 방법으로 참여할 수 있지만, 집단지도자의 주요 역할은 집단구성원 사이의 상호작용 과정을 시작하게 하기, 돕기, 지도하기, 평가하기이다. 지도자의 자기개방은 집단구성원의 선을 위해서 적절하게, 적시에, 도움이 되게, 목적적으로 되어야 한다. 집단지도자로서 스스로에게 물어보라. '내가 말하려는 것이 어떻게 치료적인가, 또는 집단원에게 유용한가?' 지도자는 자신의 개방성에 대하여 이론적 근거를 들어 입증할 수 있어야 한다. 집단지도자는 자기개방에 연루되는 자신의 동기를 정확히 평가할 필요가 있다. 그리고 그러한 자기개방이 집단원들의 개인과 전체로서의 집단에 주는 영향을 정확히 평가할 필요가 있다.

초심 상담자는 지도자 자기개방의 사용을 잘못 판단하는 경우가 있다. 때때로 자기개방의 욕구는 집단구성원의 과정을 돕는 도구로서가 아니라, 집단원들이 자신을 좋아하게 만들려는 필요에서 생긴다. 자기개방은 너무나 쉽게 경계를 모호하게 할 수 있다. 그리고 어떤 경우에, 지도자의 지각된 능력을 훼손할 수 있다. Yalom(2005b)은 지도자의 자기개방은 '집단구성원'의 목적 달성을 위해 **집단원을 돕는 도구**가 되어야 한다고 강조했다. 그는 선택적 치료자의 자기개방을 요구했다. 이는 집단원의 승인, 지지, 그리고 격려를 제공한다. 집단지도자는 집단원의 변화를 돕기 위해 과거로부터 자세한 개인적 사건을 개방하기보다는 즉각적 반응으로 자기개방을 한다.

나(Marianne)는 나를 집단구성원에게 완전히 드러나는 것을 막기 위해 사적인 것을 개방한 적이 있다. 그 시도가 잘 경청되지 않는 마음을 숨기려고 애쓰는 것이 관계의 단절을 낳고, 그로써 집단원은 각자가 되어 버리게 한다는 것을 발견했다. 어떤 상황에서는 집단구성원이 나에게 신경써주고, 그들의 문제가 나에게 짐이 되는 것을 원치 않았기 때문에 일부 집단원이 자신의 문제를 다루는 것을 망설였다. 내가 이것을 알아차렸을 때, 나는 집단원에게 나의 현재 경험을 간단히 공유하는 것이 그들을 위해 필요하다는 것을 알려주었다. 개방에 대한 나의 지침은 다음과 같이 정리될 수 있다. 나를 현재에 있게 하지 않으려고 집단원에게 도움을 주는 것을 방해하는 무언가가 대단히 중요할 경우, 나는 집단에 부담이 되지 않게 간략한 방법으로 알리는 편이다.

지도자가 자기개방을 해야 할지 말아야 할지에 대한 확고한 원칙은 없다. 일반적으로 집단 활동을 촉진함으로써 얻는 경험이 많을수록, 자기개방에 집단원에게 도움이 될 수 있는 순간을 더 잘 판단할 수 있다. 비록 집단의 발전된 단계에서는 개방이 적절할 수도 있지만, 초기에 공유하는 것은 참여자로 하여금 지도자를 도와야 한다거나 고통을 없애주어야 한다는 부담을 줄 수 있다. 근친 상간의 피해자 집단을 이끌면서 대부분의 집단원은 지도자가 그들 자신도 같은 경험을 했는지 아닌지 밝히지 않은 것에 대해 안도했다. 대부분의 집단구성원은 지도자가 근친상간 피해자라는 것을 알았다면 지도자를 보호했을 것이라고 생각했으며, 이는 지지를 위해 지도자에게 의지하는 능력이 제한될 수 있다. 한 집단원은 지도자에 대해 더 많이 아는 것이 그녀가 지도자를 좀 더 신뢰할 수 있도록 도와줄 것이라고 느꼈다.

당신의 집단의 타이밍과 집단원 수를 고려하는 것은 당신의 개인적인 치료 방식과 호환 가능한 것을 하는 데 중요하다. 특히 집단구성원이 지도자를 전문가로 본다면, 어떤 집단원은 지도자의 자기개방에 대해 당혹감과 불편함으로 대응할 수 있다는 것을 아는 것이 중요하다. 수행에 대한 불안감을 공유하는 것과 같이, 어떤 지도자의 자기개방은 지도자의 능력에 대한 집단원의 인식을 감소시키고 신뢰를 쌓는 것을 방해할 수 있다.

자기개방에 대한 결정은 당신의 이론적인 방향, 임상적인 직관, 집단원의 잠재적인 이익에 기초해야 한다. 우리는 '이 개방은 누구에게 도움이 되는가?'라는 질문을 던져볼 수 있다. 집단지도자의 자기개방에 관한 문제에 대하여, 자신의 위치를 규정하도록 돕는 네 가지 지침을 아래에서 살펴보자.

1. 당신이 탐색하고 싶은 문제가 있다고 판단될 경우, 당신 자신을 위한 치료적 집단을 찾아보라. 이는 당신의 사생활이 집단구성원들에게 영향을 끼치는 것에 대한 염려 없이 당신이 집단원으로 활약할 수 있다. 당신은 해야 할 일이 있다. 당신은 지도자로서의 역할과 집단원의 역할을 혼동하여 일을 더 어렵게 만들지 말아야 한다.

2. 왜 당신이 사생활을 개방했는지 스스로 물어보라. 집단구성원과 별 차이 없는 일반적인 사람으로 보이고 싶었는가? 타인에게 행동을 개방하는 모델로서인가? 당신이 정말로 사생활을 집단원에게 보여주기 위함인가? 이는 집단원들에게 당신과 당신의 고통을 알게 함으로써 진행되는 치료 과정일 수 있다. 그러나 그들에게 일부러 자세한 내용을 알릴 필요는 없다. 예를 들어, 한 집단원이 온전히 사랑받지 못한다는 두려움이 있다고 털어놓았다면, 당신은 아마도 당신 또한 이러한 두려움과 싸우고 있다고 간단히 말해줄 수 있을 것이다. 당신의 개방은 내담자에게 동질감을 줄 것이다. 당신은 나중에 따로 자신의 이야기를 조금 더 자세하게 할 수도 있다.

3. 집단에 무엇이 일어나고 있는지와 관련된 자기개방은 가장 효과적이다. 예를 들어, 당신이 집단구성원에 대하여 지속적으로 갖는 어떤 느낌이나, 무슨 일이 일어나고 있는지(또는 일어나지 않는지)에 대하여 마음속에서 떠오르는 감정을 드러내

는 것이 가장 바람직하다. 만약 당신이 한 집단원의 행위에 화가 난다면, 그 집단원에게 당신의 감정을 알게 하는 것이 좋다. 만약 당신이 집단원들이 뭔가를 내키지 않아하는 것을 감지했을 경우, 집단원들의 신중함과 그것이 어떻게 느껴지는지에 대해 공개적으로 이야기하는 것이 가장 좋다. 당신이 집단 내에서 어떻게 느끼는지에 대해 개방하는 것은, 집단 내에서 오가는 상호작용과 무관한 개인적 사항을 개방하는 것보다 더욱 적절하다.

4. 당신이 만나게 될 많은 사람들에게 당신 개인적 삶에 관하여 얼마나 드러내길 원하는지 자신에게 물어보라. 다른 워크숍에서, 다른 집단에서, 그리고 학습에서 지도자는 개인적 모습을 마음껏 드러냄으로써 해방감을 느끼고 싶어 한다. 그러나 동시에 지도자는 사생활을 지키고 싶어 한다. 더욱이, 만약 지도자가 자신에 대해 사람들에게 자세한 설명을 하는 것이 습관화된다면, 나중에는 마음이 내키지 않을 때도 자발성을 잃고 설명을 하게 된다. 이렇게 반복하다 보면 신선하고 되풀이되지 않은 방식을 유지하는 것은 불가능하다.

지도자의 자기개방의 목적과 역할을 집단구성원과 논의하는 것은 지도자의 자기개방 여부와 관계없이 유용할 수 있다. 잠시 시간을 내어 언제 자기개방이 적절한지, 집단 내 상호작용을 발전시킬 수 있는지 결정할 수 있는 가이드라인을 반영할 수 있도록 하라. 지도자의 자기개방에 대한 견해를 공식화하기 위한 방법으로 다음 질문에 답해보라.

- 집단원이 질문할 경우 개인적인 삶의 측면을 공유할 의향이 얼마나 있는가?
- 당신의 모습을 드러내는 것이 집단원에게 도움이 될지 어떻게 결정할 수 있는가?
- 특정 집단원의 작업으로 인해 유발되는 경우, 자신이 경험하고 있는 것을 공개하는 것이 중요하다고 생각하는가?
- 집단 내에서 일어나는 일에 대한 당신의 지속적인 반응을 집단원들에게 알리고 싶을 때, 얼마나 공개할 것인가?
- 집단구성원과 어려움을 겪고 있다면, 당신이 어떻게 영향을 받고 있는지 알릴 것인가?

피드백

집단상담에서 학습할 수 있는 가장 중요한 방법 중에 하나는 자기개방과 피드백을 통해 가능하다. 이것은 집단의 친밀감의 수준을 높여주기도 한다. 대인관계에서 오는 피드백은 다양한 치료적 요인의 발달에 영향을 준다. 피드백은 집단구성원이나 지도자가 다른 사람의 행동에 관한 관찰과 개인적인 반응을 공유할 때 발생한다. 피드백은 집단구성원이 변화에 대한 동기를 강화시키고, 타인에게 영향을 주는 자신의 행동에 대해 통찰하게 하고, 기꺼이 위험을 감수하게 하며, 집단 경험을 더 긍정적으로 생각하게 하는 것과 관련이 있다. 피드백이 정직하고 신중하게 주어졌을 때, 집단구성원은 타인에게 미치는 영향을 이해할 수 있고, 대인관계에서 무엇을 바꾸고 싶은지 결정할 수 있도록 한다. 상호 피드백 교환 과정을 통해서, 집단구성원은 대인관계 방식을 다른 새로운 관점으로부터 볼 기회를 갖고, 행동에 대해 의미 있는 변화를 할 수 있다(Stockton, MorMorran, & Chang, 2014). 대인관계 피드백의 과정은 집단구성원이 집단의 결과와 다른 사람들과 관련된 방식의 변화에 대해 책임을 지도록 한다.

자기개방과 마찬가지로, 지도자는 참가자에게 피드백을 교환하는 방법을 가르칠 필요가 있다. 지도자는 효과적인 피드백 전달을 모델링하고 회원들로 하여금 사려 깊은 피드백 교환에 참여하도록 권장한다(Stockton et al., 2014). 인지행동 집단에서, 집단구성원은 어떤 종류의 피드백이 도움이 되고 어떻게 타인으로부터 최상의 피드백을 받는지에 대한 특정한 지시를 받는다. 집단구성원(혹은 지도자)에게 도움이 되는 피드백을 받으려면, 타인이 하는 말과 반응에 귀기울이는 것이 중요하다. 집단원은 긍정적이거나 지지적인 피드백과 지적하고 도전적인(때때로 '부정적'인 피드백으로 언급된다.) 피드백을 비교 평가할 때, 그리고 신뢰 수준이 확립되었을 때 듣기 불편하다고 생각하기 쉽다. 하지만 명확하고, 배려하고, 존중해주는 피드백으로부터 집단원은 도움을 받을 수 있다.

집단 과정에서의 피드백은 9장에서 더 자세히 다루겠지만, 효과적인 피드백은 작업 단계에서도 중요한 구성 요소이다. 다음은 작업 단계에서 지도자가 집단구성원들에게 효과적인 피드백에 대해 제시할 때 사용하는 몇 가지 지침이다.

- 분명하고 정확한 피드백이 모호한 발언보다는 더 도움이 된다. 예를 들어, 릴리아는 브레드에게 말할 때 상당히 분명하고 직설적이다. "저는 제 개인적인 이야기를 할 때 당신이 미소 짓는 걸 보고 불편했어요. 당신이 제 이야기를 진지하게 생각하는지 의심스럽더군요."
- 다른 사람들에게 피드백을 주자. 그리고 그들에게 충고나 판단을 하기보다 그들이 당신에게 어떤 영향을 주었는지에 대해 더 많이 이야기를 나누라. 앞의 예에서, 릴리아는 브레드의 무신경함에 대해 꾸짖기보다, 그녀의 불편함과 브레드의 미소에 그녀가 어떤 영향을 받았는지에 대해서 이야기를 했다. 이것이야말로 피드백을 부정적인 것이 아니라 도전적으로 만드는 것이다.
- 집단에서 행동과 관련된 특정한 '지금 여기' 피드백이 특히 유용하다. 릴리아가 브

레드에게 한 말은 그의 행동이 그녀에게 어떻게 영향을 주었는지 설명해준다. 만약 릴리아가 지금 말을 꺼내지 않았더라면, 그녀의 불편함은 계속 커져서 적절하지 못한 시기에 터져나왔을지도 모른다.

- 적절한 시기에 무비판적인 방식으로 제공되는 피드백은 받아들이는 사람이 그 정보에 대해 반영할 기회를 제공한다. 릴리아의 경우, 그녀의 피드백은 순전히 자신의 개인적인 반응과 감정에만 초점을 두고 있다. 그것은 약간 위험한 자기개방이었다.

- 대인관계와 관련된 피드백이 가장 의미 있다. 예를 들어, 브레드에게 피드백이 주어졌을 때, 릴리아가 이렇게 덧붙일 수도 있다. '저는 당신과 가까워지고 싶어요. 그렇지만 당신이 무슨 생각을 하는지 모르기 때문에 제가 당신 곁에 있을 때 말하는 게 조심스러워요. 제가 말할 때 당신이 다른 곳을 보고 웃거나 찡그리면, 당신이 제가 말한 것을 어떻게 받아들이는지 모르겠어요. 제가 당신을 더 신뢰할 수 있으면 좋겠어요.' 릴리아는 그녀의 두려움과 불확실성에 대한 감정에 대해 이야기를 하고 있지만, 또한 브레드에게 좀 더 나은 관계를 원한다는 것을 알려주고 있다.

- 피드백을 줄 때, 당신이 그 사람에게 경험한 어려움에만 특히 집중하기보다 개인의 강점을 말해주는 것이 대인관계 피드백의 반응을 증가시킬 수 있다. 예를 들어, 지도자는 이야기의 주요한 부분을 빠뜨리는 집단구성원에게 이렇게 말할 수도 있다. '당신이 말을 꺼내줘서 기뻐요. 당신은 자신보다 타인에 대해 이야기를 더 많이 하기 때문에, 이야기를 따라가고 집중하는 데 어려움이 있네요. 하지만 당신이 겪고 있는 어려움을 더 잘 이해하게 되었어요. 그런데 자신의 경험에 좀 더 초점을 맞추면 좋겠어요.'

집단구성원은 때때로 전면적인 선언을 하기도 하고, 집단에서 즉흥적으로 피드백을 요구하고, 다른 집단구성원을 지목하기도 한다. 다음은 이러한 접근을 대표하는 사례이다.

> 📦 페르난도가 말했다. "저는 당신이 저를 어떻게 생각하는지 알고 싶어요. 피드백을 좀 해주세요!" 만약 지도자가 이런 말을 들었다면, 지도자는 아마 집단에서 이렇게 말할 것이다. '페르난도에게 피드백을 주기 전에, 이러한 반응을 궁금해 하는 이유가 무엇인지 들어보기로 해요.' 이러한 개입은 페르난도가 다른 사람들에게 의견을 요구하기 전에 자신이 먼저 상당한 자기개방을 할 것을 요구하는 것이다. 집단구성원은 그가 피드백을 요구하는 이유를 알았을 때 더 반응하기 쉬워진다. 그의 질문 뒤에는 아마 이런 의미가 있었을지도 모른다. '저를 좋아하는지 아닌지 모르겠고, 또 두려워요', '저는 사람들이 저를 좋아하지 않을까봐 두려워요.', '저는 친구가 별로 없어요. 그래서 사람들이 저를 좋아하는 것이 중요해요.'

만약 페르난도가 자신에 대해 별로 말하지 않았다면, 그에게 많은 반응을 주기는 어려울 것이다. 다른 사람들이 그를 어떻게 생각하는지 알기 위해 자신을 먼저 알리는 것은 필수적이다. 그의 피드백을 원하는 이유를 살핀 후에, 집단지도자는 집단구성원에게 그에게 반응하기를 원하는지 물어볼 수 있다. 그러나 지도자는 집단 내에서 그에게 의견을 제시하라고 강요해서는 안 된다. 사람들이 피드백을 주기 전에, 지도자는 페르난도에게 주의 깊게 다른 사람들의 말을 듣도록 한다. 그리고 새로 깨닫게 된 사실에 대해 어떻게 할 것인지 생각하라고 할 수 있다.

집단이 작업 단계로 진행되면서 대체로 지도자는 집단구성원들끼리 자유롭게 피드백이 오가는 것을 본다. 요청하고, 받아들이고, 피드백을 주는 기준은 집단 초기 단계에 확실히 할 필요가 있다. 게다가, 어떻게 유용한 피드백을 제공하는지에 대해 집단원에게 가르치는 것은 지도자의 임무이다. 집단구성원이 다른 사람의 말이나 행동에 자신이 받은 영향을 즉시 이야기할 수 있을 때 피드백은 최고조에 도달했다고 할 수 있다. 예를 들어, 집단원들은 아마 이렇게 말할지도 모른다. '저는 당신이 어머니 역할을 연기하는 것에 매우 감명받았어요. 그것은 제가 어머니의 감정을 이해하는 데 겪는 어려움을 상기시켰어요.' 이러한 종류의 피드백은 집단원을 비슷한 갈등을 겪는 다른 이들과 연결시킨다. 다음은 피드백이 집단원에게 유용하게 도움이 되고 있는 또 다른 예이다.

> 📋 찬이 자신이 다른 사람들로부터 따돌림 당한다는 것을 깨닫고 집단에 참여했다. 곧 그는 그 집단에서도 따돌림을 받게 되었다. 그는 집단 내에서 사람들에게 빈정거리는 투로 이야기했고 바로 그런 태도 때문에 빠르게 다른 사람들로부터 소외되었다. 집단구성원들이 그에게 따뜻하게 대해도 빈정거리는 말투가 거리를 두는 것처럼 느껴진다고 말했고, 결국 그는 일상적으로 경험해온 거리감과 친밀성의 부족을 자초한 책임을 통감했다. 집단의 격려에 힘입어 그는 단절되어 있던 아들과의 관계가 회복되었다. 그가 빈정거림을 버리고 아들에게 진정성 있게 말했을 때, 아들이 기꺼이 자신의 말에 귀기울여준다는 것을 그는 깨달았다.

직면

6장, 7장에서 언급했듯이 관계에서의 건설적인 직면은 건강한 관계에 있는 효과적인 집단의 기본 요소이다. 돌봄과 존중적인 직면을 통해 집단구성원은 그들이 말하고 행하는 것 사이에서의 불일치를 검증하게 되고 잠재적인 가능성을 점차 인식하게 되며 깨달음을 행동으로 옮길 방법을 찾게 된다. 민감한 직면은 궁극적으로 자기 대면 능력을 향상시켜 집단원이 집단상담에서 배운 것을 일상생활에서 마주치는 문제에 적용시키는 데 도움이 된다. 효과적인 직면은 지속적인 행동의 변화를 가져다준다.

예 알렉산더는 항상 피곤함을 느끼고 녹초가 된다며 불평했다. 그는 삶에서 모두가 자신에게 의존적이라고 했다. 집단에서, 그의 행동방식은 항상 도우미 역할을 하는 것이었다. 그는 남들이 필요로하는 것에는 주의를 기울였지만 그 자신에 대해선 아무것도 요청하지 않았다. 마침내 그는 자신이 집단에서 얻는 게 없으며 집단 회기에 더 이상 올 수 없을 것 같다고 말했다. 상담자는 알렉산에게 직언했다 "제가 집단 회기에서 당신이 삶에서 사람들에게 했던 것 그대로 집단에서 행동하는 것을 여러번 봤어요. 당신은 집단에 매우 도움이 되었지만 당신 자신에 대해서 묻진 않더군요. 당신이 집단으로다시 오고 싶지 않다는 게 놀랍지도 않습니다. 당신이 집과 똑같은 환경을 이 집단에서 만들어왔습니다. 전 당신이 이것을 감지한 것이 기쁘군요. 당신은 바로 이런 점을 바꾸고 싶어 한 것이지요?"

응집력과 보편성

집단응집력은 초기 단계의 집단상담을 위한 한 기준이다(6장 참고). 지도자는 이 주제로 다시 돌아왔는데, 왜냐하면 집단응집력은 효과적인 상담 집단에서의 치료 방식 요소이기 때문이다. 응집력은 집단원들이 자유롭게 의미 있는 교류를 하도록 분위기를 제공한다. 응집적인 집단의 특성은 지지하는 분위기, 유대감, 경험 공유, 상호 집단 안에서의 소속감, 온기, 친밀함, 배려와 수용을 담고 있다. 다른 집단구성원에게 자신을 의미 있는 방법으로 알리고자 하는 집단구성원의 의지는 신뢰를 깊어지게 하며, 이는 높은 응집력을 가능케 한다.

집단응집력은 자기개방, 서로 주고받는 피드백, 즉각적인 상호작용, 집단 내 갈등의 건설적인 표출, 위험을 감수하는 의지, 행동으로 옮기는 실행 등 이러한 실행적인 행동을 육성한다. 응집은 효과적인 집단상담을 위해 필수적이나 충분조건은 아니다. 어떤 집단은 편안함과 안전함에 머물고, 새 단계로 진입하길 꺼린다. 또 어떤 집단은 의미적인 상호작용을 집단원과 가지길 원치 않아 곤경에 빠지기도 한다.

Yalom(2005b)은 응집력은 집단상담에서 많은 긍정적 특성과 관련 있다고 주장한다. 응집력이 높은 집단은 참석률이 좋고 이탈률이 낮은 특성을 보인다. 응집력이 높은 집단의 집단원은 더 높은 수용력과 친밀감, 이해도를 보인다. 응집력은 또한 집단원이 갈등을 통해 해결하고 인식하는 것을 돕는다. 집단원은 집단이 안전하고 헌신을 보장한다고 느끼면 분노를 자유롭게 표현하고 갈등을 다루길 주저하지 않는다. 응집력은 처음에는 집단의 지지와 수용을 북돋으며 치료적 요소로 작용하다가 나중에는 대인관계에 대해 배우는 과정에서 중대한 역할을 한다.

집단상담의 단계에서 집단구성원은 삶의 보편성에 직면하게 되고 공통점을 보는 것이 가능해진다. 한 예를 들면, 지도자의 상담 치료 집단은 나이, 성적 지향, 사회 및 문화적 배경, 직업 진로, 교육 수준 등 삶의 여러 측면에서 다양했다. 비록 초기 단계에서 그들은 서로의 차이점에 경계했고 분리됨을 느꼈지만 집단응집력이 강해질수록 이러한 차이점이 잘 느껴지지 않았다. 집단원들은 점차 그들이 얼마나 다른지보다 그들이 얼마나 비슷한지를 더 많이 언급했다.

50대 초반의 한 여성은 그녀가 여전히 집단 내 20대 초반의 남성처럼 부모님의 허락을 얻으려고 애쓰는 것을 발견했다. 한 남성은 남성성을 향한 자신의 분투가 여성성에 대한 한 여성의 염려와 다르지 않은 것을 깨달았다. 한 여성은 한 레즈비언 여성이 가진 관계 시작의 두려움이 자신의 경우와 비슷하다는 것을 발견했다. 관계 거절에 대한 두려움은 서로 연결되어 있음을 알게 되면서 말이다.

아마도 이들을 상처와 실망으로 이끈 주변 요인은 사람마다, 문화마다 다를 것이다. 그러나 이로 인해 그들이 겪은 감정은 같았다. 비록 이들은 같은 언어로 말하거나 같은 사회에서 오진 않았지만 지도자는 각자 겪은 고통과 즐거움을 통해 연결되어 있다. 집단구성원이 일상 경험의 사사로운 사건을 더 이상 이야기하지 않고 보편적이고 인본주의적인 주제에 더 분투할 때 집단의 응집력은 최고조에 이른다. 상담자는 공동으로 나타나는 기초적인 문제, 감정, 욕구에 집중함으로써 집단의 응집력을 높이도록 도울 수 있다.

이제 집단원들은 그런 감정에서 더 이상 혼자가 아니라는 사실을 깨닫게 되는데, 이러한 유대감은 집단이 앞으로 나아갈 수 있는 원동력을 제공한다. 한 여성은 가족이 자신에게 지나치게 의지하는 것에 대한 분노를 느끼는 게 자신만이 아님을 다른 여성의 이야기 속에서 알게 되면서 지대한 안도감을 경험했다. 한 남성은 남자들의 눈물과 애정을 공유하는 것이 자신의 남성다움을 잃는 것이 아님을 알게 되었다. 지역사회 기관의 남성 집단 제안서(11장 참고)를 보면, 집단은 남성들에게 보편적인 주제를 찾게 해주었고 심도 있게 사적인 고민을 발견하고 나누면서 집단원 간의 유대감은 강해졌음을 알 수 있다.

상담자는 집단구성원들을 연합시킬 수 있는 공통적 주제를 끄집어내며 응집력을 높일 수 있다. 어린 시절, 청년기의 고통스러운 경험, 외로움과 방치를 당한 경험, 필요성의 인식, 사랑의 두려움, 인식으로부터 차단당한 감정의 배움, 삶에서의 의미 탐색, 지도자를 하나의 인간으로 연결하는 보편적 주제의 인식, 끝나지 않은 부모와의 문제에 대한 인식, 특정한 사람과의 진실한 연결의 탐색 등이 보편적인 주제이다. 때로는 분명한 차이점이 있음에도 불구하고, 집단이 발전하면서 참가자가 다른 참가자를 통해 찾고 인식하는 이러한 보편적 주제는 끝이 없다.

작업 단계 중의 특성인 응집력은 집단구성원들, 시간, 헌신 등을 공유하며 더 깊이 발전하는 친밀감이다. 이러한 유대감은 고통스러운 경험을 공유하며 이루어낸 진정한 돌봄과 순수한 배려의 또 다른 형태라 할 수 있다.

미국으로 이주한 두 여성은 고국을 떠나오며 겪은 고통을 말했다. 이때까지 그들은 다른 집단구성원들로부터 다소 고립됨을 느꼈다. 그들의 어려움은 집단 안의 모두에게 다가왔다. 집단구성원들은 비록 같은 경험을 공유하진 않았지만 그들의 고통과 상실을 느낄 수 있었다. 이 두 여성의 참여는 다른 집단구성원들에게 매우 생산적이었을 뿐만 아니라 다른 집단원이 자신의 삶에서 깊은 상실을 느꼈던 경험을 이야기하도록 자극했다. 상담이 끝나면서 집단원들은 그들이 모임을 통해 어떻게 영향을 받았고 얼마나 가까워졌으며 신뢰와 유대감이 발전했는지를 이야기했다. 서로 다른 배경을 가졌음에도 이 집단의 집단원들은 보편적 주제와 감정을 각자 가슴 깊이 느낌으로써 하나로 단결되었다.

희망

희망은 변화할 수 있다는 믿음이다. 어떤 사람은 자신이 외부적 환경을 제어할 힘이 절대로 없다고 확신을 가지고 집단에 접근한다. 의무적으로 집단에 참여하도록 종용받은 집단구성원들은 극도로 염세적이고 아무것도 변하지 않을 것이라고 확신한다. 그러나 그들은 치열하게 분투해온 다른 사람들을 직면하며 삶을 효과적으로 제어할 수 있게 된 사람들을 만나게 된다. 다른 사람들을 지켜보고, 그들과 어울리다 보면 자신의 삶도 달라질 수 있을 것이라는 낙관적인 감각에 영감을 얻는다. 그들이 변화를 선택할 힘 혹은 삶의 환경을 변화시킬 수 있는 힘이 있다는 자신감을 집단원에게 주기 때문에 희망은 그 자체로 치료법이다.

사람들은 때때로 삶을 변화시킬 수 있는 것이 아무것도 없다고 낙담한다. 상담자는 이런 절망적인 집단구성원들이 절망감에 빠지지 않도록 보호해야 하며, 변화와 더 좋은 결과가 가능하다는 확신과 함께 집단에 다가가는 것이 필수적이다. 예를 들어, 나의 내담자 마리안느는 자신의 삶이 바뀔 희망은 없다며 끊임없이 나를 설명해왔다. 하루는 그녀가 "당신은 아무것도 몰라요. 저는 **정말로** 희망이 없어요."라고 소리쳤다. 나는 그녀에게 나 또한 그녀처럼 비관적으로 된다면 아마 그녀에게 큰 도움이 되지 않을 것이라고 인지시켰다. 나는 그녀가 포기하지 않도록 북돋으며 그녀의 절망감에 공감했다. 나는 보았으나 그녀가 발견치 못한 희망적인 점은, 그녀가 도움을 청하고 있다는 점이다. 여러 번에 걸친 실망, 상처, 심지어 학대를 통해 희망이 사라질 수 있으며 사람들은 절망에서 헤어나오지 못하게 된다. 집단구성원을 이해하고 지지하는 것은 도움이 되지만 또한 집단원의 절망과 체념에 이르는 상황을 점검해보도록 해야 한다. 지도자는 그들이 과거에서 벗어나도록 돕기 전에 희망의 부재 속에 있는 심리 기능을 이해할 필요가 있다.

> **예** 참전 용사인 트레비스는 전쟁 중에 당한 부상 때문에 반신불수가 되었다. 그는 자신이 더 이상 할 수 없는 일만 생각하며 대부분의 에너지를 낭비하고 있었다. 그러다가 의사의 격려와 함께 재활 집단에 참여했고, 그 모임에서 한때 지금의 자신과 같은 생각을 했던 부상당한 참전 용사를 만나게 되었다. 그들이 만고의 노력 끝에 장애를 극복하게 되었다는 이야기를 듣고 트레비스는 자신도 보다 나은 삶을 살 수 있다는 사실에 희망을 갖게 되었다.

모험과 신뢰

모험한다는 것은 상처받을지도 모르는 상황에 자신을 개방하는 것이며 변화하기 위해 적극적으로 행동하는 것이다. 또한 자신에 대해 이미 알려져 있고 남들에게 알려도 괜찮은 사실을 개방하는 것에서 이제 불확실한 영역으로 나아가는 것이다. 만약 집단구성원이 편안한 상태에 머무르려고만 한다거나 새로운 시도를 하려 하지 않는다면 집단상담에서 얻게 되는 것이 별로 없다. 누군가 자신을 개방하고자 하는 것은 다른 집단구성원과 지도자를 얼마나 믿는지에 달려있다. 집단의 신뢰 수준이 높아질수록 집단구성원은 안락한 수준에서 벗어나려고 스스로 노력한다. 첫 시간에 집단에 참여하게 된 느낌을 말하는 것에서부터 모험은 시작된다고 볼 수 있다. 몇몇 사람들이 아주 조금이라도 용기를 내어 말하기 시작하면 다른 사람들도 그 뒤를 따른다. 현재 자신의 느낌을 과감히 밝힘으로써 집단원은 활발히 신뢰감을 형성하며 보다 깊은 수준의 자기 탐색이 가능하게 된다. 신뢰는 치유적 요소가 강하다. 신뢰는 사람들로 하여금 자신의 여러 면을 드러내게 하며 과감한 행동을 부추기고 스스로를 새로운 각도로 보게 한다.

> **예** 카르멘은 집단 내의 남성들에게 상당한 분노와 적대감을 표시했다. 마침내 그녀는 어린 시절 계부에게서 성 학대를 받은 경험이 있다고 털어놓았다. 탐색을 계속해나가며 그녀는 일상에서 만나는 남성들이나 집단의 남성들에게 자신이 대체로 불신감을 가지고 있음을 알게 되었다. 또한 다시는 남성들이 그녀를 성적으로 학대하지 못하도록 늘 남성을 멀리한다는 사실도 깨닫게 되었다. 결국 그녀는 사이가 가까워진다고 해서 모든 남성이 자신에게 상처를 입히지는 않을 것이라는 새로운 결정을 하게 되었다. 만약 그녀가 용기를 내어 자신을 개방하지 않았다면 이러한 변화는 불가능했을 것이다.

관심과 이해

관심은 그 사람의 말을 들어주고 공감하는 것이다. 또한 친절, 동정심, 지원, 심지어 반박도 관심으로 표현될 수 있다. 관심을 나타내는 방법 중 하나는 누군가가 받아들이기 어려운, 정곡을 찌르는 피드백을 받았을 때 그 사람 곁에 함께 있어주는 것이다. 다른 집단구성원이나 지도자가 자신에게 관심이 없다는 생각이 들면 자신의 가면을 벗어버리고픈 마음도 줄어들게 된다.

관심은 이해, 즉 다른 사람들로부터 진정한 지지로 '지도자는 당신의 모든 기분을 이해합니다. 여기서는 모든 것을 털어놓아도 됩니다. 당신을 마음껏 드러내세요. 모든 사람을 기쁘게 하려고 노력할 필요가 없습니다.'라는 말을 듣는 것과 같다. 이해는 자신의 감정과 가치를 가지고 그것을 표현할 수 있는 권리를 지지한다는 것을 포함한다.

관심과 이해는 타인의 괴로움을 진정으로 이해하는 공감으로 발전한다. 집단에 나타난 공통성은 집단구성원을 하나로 묶어준다. 외로움, 이해받고 싶은 욕구, 거절당하는 것에 대한 두려움, 가까워지는 것에 대한 두려움, 과거 경험에서 받은 상처 등 지도자 모두가 이런 문제를 안고 있다는 것을 깨달으면 외롭다는 감정은 줄어들게 된다. 또한 다른 사람을 자신과 동일시하는 과정에서 지도자는 지도자 자신을 더 잘 들여다볼 수 있다.

> 예 아이들을 위한 집단상담에서 바비는 마침내 치명적인 사고로 인해 아버지를 잃은 것에 대한 슬픔에 대해 눈물을 흘리며 털어놓기 시작했다. 다른 아이들도 바비의 말을 경청했고 바비가 아까 울어서 창피하다고 말하자 다른 두 소년들은 자기들도 역시 울었다고 말했다. 이렇게 외로움과 상처를 함께 나눔으로써 아이들은 더욱 가까워지고 자신들의 감정이 정상적이라는 것을 배우게 된다.

힘

힘은 자신의 내부에 아직 개발되지 않은 자발성, 창의성, 용기, 강점이 있다는 깨달음에서 비롯된다. 여기서 말하는 힘은 다른 사람에 대한 지배력이 아니라 자기 인생의 진로를 결정하는 데 필요한 힘이 자신에게 있다는 깨달음이다. 전에는 거부했던 방식을 통해 집단구성원은 개인적 힘을 경청할 수 있고 자신의 힘을 가로막고 있는 것이 무엇인지 발견하게 된다. 참가자 중에는 피해의식에 사로잡혀 자신에게 스스로의 운명을 선택할 힘이라고는 조금도 없다고 생각하는 사람도 있다. 정말로 다른 사람에 의해 인생을 망쳤는지는 몰라도 그들은 여전히 나머지 세상도 그들에게 해를 끼치려 한다는 검증되지 않은 가정 속에서 살고 있다. 현재 상황에서 더 나은 삶을 영위하기 위해 앞으로 나아갈 수 있다는 깨달음을 얻을 때 그들은 힘을 갖게 된다. 그러나 지도자가 그 집단원이 경험할지 모르는 무기력함의 배경을 이해하는 것이 중요하다. 일부 개인이 모든 일상생활에서 새롭게 생긴 힘을 주장하는 것은 안전하지 못하다. 예를 들어, 알폰소의 아버지는 만약 알폰소가 아버지에게 저항한다면 다시는 그와 이야기하지 않을지도 모른다. 상담자는 집단원이 언제, 어디서 스스로를 전적으로 표현해야 하는지뿐만 아니라 그것이 초래하는 잠재적 결과를 평가할 수 있도록 도와야 한다.

이디스는 어린 시절, 부모의 눈에 띄기만 하면 매를 맞았다. 따라서 신체적으로나 정신적으로 자신을 보호하기 위해 어릴 때부터 몸을 움츠리고 다녔다. 집단상담에 참여하는 동안 그녀는 자신이 아직도 다른 사람에게 맞을까봐 두려워하는 사람처럼 행동하고 있다는 사실을 깨달았다. 집단에서 자신을 드러내지 않기 때문에 사람들은 그녀에게 거리감을 느끼며 냉정하고 쌀쌀맞다고 생각했다. 이디스는 차츰 자신이 더 이상 잔혹한 어른들의 세계에서 자신을 보호할 수 없는 무력한 아이가 아니라는 사실을 깨닫게 되었다. 그동안 자신이 지니고 있던 믿음에 도전함으로써, 그리고 집단상담에서 용기를 내어 자신을 개방함으로써 그녀는 자신의 감정과 다른 사람이 자신을 대하는 방식에 더 많은 힘을 행사할 수 있게 되었다.

정화

억압된 감정의 표출은 그 자체만으로 치료적 효과가 있는데, 그것은 위협적인 감정을 억누르는 데 쓰였던 에너지가 분출되기 때문이다. 이러한 표출되지 못한 감정은 종종 만성 두통, 위궤양, 근육의 긴장이나 고혈압 등의 신체적 증상으로 나타나기도 한다. 집단구성원은 신체가 마음의 고통을 짊어지면서 다양한 신체적 증상을 일으키고 있다는 사실을 모른 채 그저 고통스러운 감정을 기억하고 싶지 않다고 말한다. 마침내 쌓여 있던 고통과 그간 나타내지 않았던 감정을 표현하고 나면 사람들은 대개 엄청난 신체적, 정신적 해방감을 느끼게 된다. 예를 들어, 한 집단구성원은 자신의 고통스러운 감정을 표현한 후에 만성적인 목의 통증이 사라졌다고 말했다. 정화는 자주 경험적 접근, 특히 게슈탈트 치료와 심리극과 함께 나타난다.

감정의 표출은 집단상담에서 매우 중요한 역할을 하며 감정의 표출은 신뢰와 응집력을 촉진한다. 하지만 때때로 지도자와 집단구성원 모두 오로지 정화만이 '진정한 작업'이라고 결론내리는 실수를 저지른다. 감정을 표출하지 않은 집단구성원은 자신이 효과적으로 집단 활동에 '참여하지' 못한다고 생각할 수도 있다. 지도자는 정화의 강렬함에 매료되어 개방된 자료만 가지고 명확한 방향성이나 작업에 대한 확신과 기술도 없이 무조건 표출하라고 강요할 수 있다. 때때로 초심 지도자는 정화의 표출만이 유일하게 의미 있다고 느끼며, 집단구성원이 이루어온 다른 작업을 과소평가할 수 있다. 집단의 지도자는 스스로에게 다음과 같이 물어보는 것이 좋다. '나는 무엇을 하고 있는 건가? 왜 나는 그것을 하고 있는가? 그리고 어떻게 나와 집단원들이 그러한 작업을 처리할 수 있는가?'

치료의 효과가 있기는 해도 정화 그 자체만으로는 장기적인 변화를 가져오는 데 다소 한계가 있다. 집단원은 자신의 감정을 인식하는 법을 배워야만 하는데, 그 방법 중 하나는 자신의 강렬한 감정을 말로 표현하여 그것을 이해하려고 시도하는 것이다. 집단구성원이 자신의 사고 패턴과 행동을 진단하는 데 도움을 주는 가장 좋은 방법은 종종 그들이 느끼고 있는 감정을 동일시하고 표현하며 다루도록 격려하는 것이다. 정화를 강조하고 감정의 표출 자체를 중요하게 보도록 부추길 수도 있다.

하지만 이것은 집단 경험이 궁극적으로 목표로 하는 것이 아니라 감정을 표출하고 난 후 감정적인 상황과 이러한 감정적 패턴 아래에 놓인 인지와 연관된 집단원의 통찰을 다루는 것이 중요하다. 이상적으로 지도자는 집단원이 감정적 탐색을 인지적이고 행동적인 작업과 연결시키도록 도움을 줄 수 있을 것이다. 집단지도자는 집단원으로 하여금 강한 감정에 직면하도록 도움을 줄 수 있으며 동시에 이러한 통찰이 집단상담 내에서 긍정적인 활동으로 나타날 수 있도록 격려할 수 있다. 4장에서 제시된 인지행동 기반의 개념과 기법을 통해 정서적 작업을 더욱 진전시킬 수 있다.

> **예** 셀레네는 자신이 어머니에 대해서 애정과 미움을 동시에 느끼고 있다는 것을 깨달았다. 그녀는 어머니가 끊임없이 그녀의 삶을 통제하려고 하는 것에 분노를 느끼며 오랫동안 그 감정을 억눌러왔다. 그녀는 집단상담에서 자신이 어머니에게 분노를 느끼고 있음을 털어놓았고 상징적인 방법으로 그러한 분노를 마음껏 표현했다. 지도자는 역할 연기를 통해 그녀가 왜 어머니에게 분노를 품게 되었는지 그 많은 이유를 털어놓도록 도와주었다. 그렇게 억압된 감정을 표현한 후에 그녀는 큰 안도감을 느꼈다. 상담자는 그녀에게 상담에서 한 말을 실제로 어머니에게 하는 일이 없도록 주의를 주었다. 굳이 어머니에게 심한 면박을 주거나 그녀의 모든 고통과 분노를 표현할 필요는 없다. 대신에 셀레네는 어머니에 대한 자신의 분노가 현재, 어머니나 다른 사람과의 관계에 중요하게 영향을 미치고 있다는 것을 깨달았다. 셀레네와 다른 사람과의 관계에서 문제가 된 것은 통제의 문제였다. 감정을 표출함으로써 그녀는 모든 사람들이 자신을 통제하지 않는다는 것을 보다 잘 인식하게 되었다. 가장 중요한 것은 그녀가 어머니에게 진정으로 원하는 것이 무엇이고 어머니와 보다 가까워지지 못하도록 막고 있는 것이 무엇인지 깨닫는 것이다. 셀레네는 자신이 어머니에게 하고 싶은 말을 선택할 수 있으며, 또한 앞으로는 보다 직접적이고 솔직한 태도로 어머니를 대할 수 있다.

인지적 요인

감정을 경험한 집단구성원은 종종 이러한 경험에서 깨달은 것을 통합하는 데 난감해한다. 특정 경험과 관련된 강렬한 감정의 의미를 개념화하는 것은 개인의 고통을 더 깊게 탐색하기 위해 필수적이다. 인지적 요인은 설명, 명백화, 해석, 사고의 정립, 그리고 문제에 대한 새로운 시각을 제공해주는 인지적 틀의 제공을 포함한다.

인지행동적 접근은 행동 측면에서의 생각과 행동을 강조하고, 이러한 강조는 경험적으로 익숙한 집단을 생산적으로 통합할 수 있다(4장 참고). Yalom(2005b)은 실질적인 연구를 통해 집단 경험의 유익함을 얻기 위해서는 집단구성원에게 '지금 여기' 경험의 관점을 제공하는 인지적 틀이 요구된다고 하였다. 정서 경험의 인지적 과정에 대해 집단구성원에게 말할 때 시기의 선택은 중요하다. 만약 너무 일찍 강렬한 감정 분출에 대해 묻는다면, 집단원은 지도자가 둔감하다고 생각할 것이다. 지도자는 집단원에게 감정 표현이 무엇을 의미하며 그것을 통해 어떤 통찰을 얻었는지 적절한 시점에 물어야 한다.

> **예** 앞서 지도자는 억눌린 아픔을 표현한 청소년 펠릭스에 대해 언급했다. 그는 울고 나서 처음에는 기분이 나아졌지만 곧 다시 후회하기 시작했다. 펠릭스는 감정 교환의 의미를 말로 표현하는 것이 필요했고, 그랬다면 다음과 같은 사실을 깨달았을 것이다. 그는 아버지에게 화가 나있고, 아버지에 대한 분노와 사랑의 감정을 동시에 가지고 있지만, 아버지가 결코 변하지 않을 것이라는 결론을 내렸으며, 아버지에게 해야 할 많은 말과 아버지에게 얼마든지 다른 방식으로 행동할 수 있다는 것 등이다. 그가 억눌린 감정을 표출하는 것은 치료적으로 중요하며, 그가 통찰을 분명히 하고, 그것을 통해 아버지와의 관계를 발전시키는 것 또한 중요하다.

변화의 의지

변화의 의지는 집단구성원이 집단 과정을 통해 행동을 바꾸기 위한 방법을 모색하겠다는 것을 의미한다. 참가자는 자신이 왜 집단 속에 있는지 되돌아보며, 삶의 변화를 위한 행동 계획과 전략을 수립해야 한다. 집단은 집단원이 현실적이고 책임질 수 있는 계획을 세우고, 그것이 얼마나 효과적인지 평가할 수 있도록 돕는다. 집단구성원은 스스로 계획에 집중하는 것이 중요하며, 집단에서는 집단원이 몰입할 수 있는 동기를 부여해주어야 한다. 만약 집단원이 계획을 실행하는 것이 어렵다거나, 계획한 것을 행하지 않는다면, 집단에서 이러한 어려움에 대해 이야기를 나누는 것이 필요하다.

> **예** 펄은 자신이 상담 시간 마지막 부분에야 고민을 털어놓는다는 사실을 깨달았다. 그녀는 삶에서 원하던 것을 얻지 못했던 다양한 상황을 설명했다. 그녀는 변화하고 다르게 행동하기를 원한다고 말했다. 지도자는 다음과 같이 제안했다. "펄, 다음 집단상담 시간 때 맨 처음 말해볼까요? 또한 이번 한 주 동안 스스로 뒤로 물러났기 때문에 당신이 원하는 것을 실현하지 못했던 하나 이상의 상황을 생각해보면 좋겠어요. 당신 스스로 더욱 긍정적인 결과를 가져오기 위해 또 무엇을 할 수 있을까요?" 그리고 지도자는 펄에게 집단상담 안에서와 실제 삶에서 행동하는 새로운 방법을 시도할 수 있는 방법을 제시했다. 만약 그녀가 하겠다고 말한 것을 실천하지 않아서 원하는 것을 이루지 못한다면, 지도자와 집단구성원은 그녀에게 의지가 부족하다고 지적해줄 수 있다.

시도의 자유

집단은 새로운 행동을 실험하기에 안정적이다. 집단구성원은 일상에서 감추고 있는 자신의 모습을 보여줄 수 있다. 얼마든지 수용 가능한 집단의 분위기에서, 수줍은 집단구성원도 자발적으로 행동하고, 적극적인 모습을 보일 수 있다. 평소에 말이 거의 없던 사람도 여기서는 더 말을 많이 하고자 시도할 것이다. 새로운 행동을 시도한 후에 집단원은 자신이 얼마나 변화하고 싶은지 인지하게 된다.

> 📋 예시니아는 부끄러움을 많이 타는 것에 지쳤고, 다른 사람에게 자신을 좀 더 알리고 싶었다. 지도자는 "예시니아, 이 집단에서 당신과 정반대의 사람을 한 명 골라볼래요?"라고 물었다. 예시니아는 메이라를 선택했다. 메이라가 승낙한 후에, 지도자는 예시니아에게 다음과 같이 제안했다. "이 방에 있는 집단구성원들에게 다가가서 메이라처럼 행동해보세요. 그녀의 자세, 몸동작, 목소리 톤도 따라 하세요. 그러고 나서 다른 사람들에게 본인이 알리고 싶은 이야기를 하세요." 예시니아가 이 시도를 통해 얻은 것은 그녀가 외향적인 자질을 가지고 있다는 것과 얼마든지 스스로 다르게 행동할 수 있다는 것이다.

그 과정에서 예시니아가 모든 집단원에 대한 생각과 느낌을 함께 나눠볼 것을 제안할 수도 있다. 또한 메이라가 예시니아의 코치를 받고 이 과제를 수행하도록 돕는 것을 포함시킬 수도 있다. 다른 사람인 척할 때 집단원은 놀랄 만큼 외향적으로 변하게 된다.

유머

유머는 집단구성원이 문제에 대해 통찰이나 새로운 시각을 갖게 해주며, 치료에 효과적이다. 그러나 유머를 통해 집단구성원을 당황스럽게 해서는 안 된다. 효과적인 피드백은 종종 유머러스한 방식으로 전달되며, 다른 사람들과 함께 웃는 것 또한 그렇다고 한다. 실제로 유머의 치료 효과에 대해 많은 연구가 이를 증명하고 있으며, 몇몇 워크숍은 유머의 치료적 측면에 대해 초점을 맞추고 있다.

유머는 새로운 시각에서 사람들의 문제를 보게 하며 집단에 있는 모든 사람들을 가깝게 만들 수 있다. 유머는 종종 문제에 새로운 시각을 제공하고, 즐거운 분위기에서 작업이 이루어질 수 있도록 돕는다. 치료적 도구로서 유머의 힘은 다소 과소평가되었다. 유머는 종종 집단구성원과 지도자 간의 관계의 균형을 유지하게 하고, 집단구성원에게 힘을 주며, 가장 효과적인 치료적 환경을 조성한다. 유머는 집단구성원이 그들의 상황을 바라볼 때 모순적이고 역설적인 관점을 찾아낼 수 있게 하는 전략이자, 그들이 직접적으로 통제하지 않는 상황을 극복하고 균형감과 통제력을 갖도록 하는 변형적 특성을 가지고 있다. 자기개방과 마찬가지로 유머는 남용되거나 잘못 사용될 수 있다. 지도자가 상황을 불편하게 느끼고 유머를 사용하는 것은 집단의 분위기를 가볍게 하기 위한 것인가, 아니면 지도자 자신의 불안을 줄이기 위한 것인가? 사람들이 웃는 것은 집단원이 지도자를 좋아해야 할 필요성을 만족시키고 있는 것인가? 집단의 지도자는 유머가 사용되는 목적을 알고 있어야 하며, 집단원이 유머를 어떻게 인식하는지 점검해야 한다.

'미리 계획된 유머'는 분명 호응을 얻지 못할 것이므로, 자연스러움은 유머를 효과적으로 사용하는 비결이라고 할 수 있다. 신뢰 관계는 유머를 스스럼없이 사용하기 전에 반드시 형성되어야 한다. 이러한 유형의 유머는 사람을 '향한' 웃음이 아니라 애정과 관심에서 '함께' 웃는 것이다.

> 예 새뮤얼은 조용하게 가만히 앉아서 집단의 다른 사람들을 관찰하기만 하는 진지한 사람이었다. 집단지도자가 새뮤얼의 방관적 자세에 대해 이의를 제기했을 때, 그는 이 집단에 대한 코미디를 쓸 수 있다고 말했다. 집단지도자는 그가 창의적인 작가라는 사실을 알고 있었기에 글을 쓰는 방식으로라도 개입하기를 원했고, 그에게 이 집단에서 일어난 일에 대한 재미있는 이야기를 써올 것을 제안했다. 나중에 그가 집단에 대해 써온 글을 읽었을 때 모든 집단구성원이 웃었다. 그 과정에서 새뮤얼도 유머를 통해 집단의 다른 사람들과 자신의 많은 부분을 공유할 수 있었다. 분명한 것은 그가 다른 사람을 비웃은 것이 아니라 그곳에서 일어난 일 중 유머러스한 차원의 부분을 포착해낸 것이다. 유머를 통해 활력을 얻음으로써 그는 매우 통찰력 있는 피드백을 몇몇 집단원에게 주었다. 이는 그가 계속 조용히 앉아있기만 했다면 불가능했을 것이다. 그는 글을 쓰는 과정에 자신의 행동 중 가장 즐거운 면을 찾았고, 그로 인해 사람들은 그에 대해 완전히 다른 인상을 받게 되었다.

 ## 작업 단계에서 공동 지도자의 문제

지도자가 집단상담 또는 단기적인 워크숍을 공동으로 진행할 때, 집단구성원의 작업에 동기부여를 하면 활기를 띠게 된다. 효과적인 집단의 집단구성원은 많은 일을 하는데, 이야기 나누고 싶은 주제를 가져오고, 적극적으로 자신에 대해 이야기하기 때문이다. 집단상담 시간 사이에 지도자는 다른 사람들과 상호교류하면서 다양한 집단구성원과 관련된 주제를 생각하고, 집단에서 그들의 행동을 이해하며, 그들의 몇몇 갈등을 해결하는 것을 돕기 위해 가능한 방법을 모색하기 위한 시간을 갖는다. 또한 지도자는 지도자로서 하는 일을 엄격하게 분석하고, 지도자의 행동이 집단에 미치는 영향, 그리고 집단이 지도자에게 끼치는 영향도 분석해야 한다. 이를 위해 지도자는 그들에게 지도자의 행동이 어떤 영향을 주는지에 대해 파악하기 위해 집단원으로부터 받은 피드백을 반영해야 한다. 지도자는 또한 집단의 과정과 역동에 대해서도 이야기를 한다. 만약 지도자들이 집단 과정에 대한 다른 관점을 지니고 있다면, 그 차이점에 대해 논의한다.

공동 지도자의 만남에 대한 사항

집단상담 동안에 공동 지도자의 만남의 중요성은 아무리 강조해도 지나치지 않다. 이전 장에서 한 많은 제안은 이러한 만남에서 논의해야 하는 문제를 제안했는데, 그중 많은 부분이 작업 단계에서도 적용된다. 다음에서 특히 작업 단계와 관련 있는 다른 사항을 살펴볼 수 있다.

집단의 진행 평가 공동 지도자는 집단의 방향과 생산성 수준을 평가하는 데 집중하는 시간을 가져야 한다. 종료일(16주)이 미리 설정된 종결 단계의 집단에서, 공동 지도자는 8주쯤 집단의 진행 상태를 잘 평가해야 한다. 이 평가는 개별적으로, 또는 집단 내모두가 논의할 수 있다. 예를 들어, 만약 두 지도자가 집단이 침체 상태에 빠졌다고 하고 집단원들이 흥미를 잃었다는 데 동의하게 되면, 지도자는 이를 집단에 가지고 와서 집단구성원이 방향과 과정의 만족도를 돌아볼 수 있게 해야 한다.

논의의 기술 집단을 이끄는 기법과 지도력의 방식에 대해 공동 지도자와 논의하는 것은 매우 유용할 것이다. 지도자가 기법에 대한 시도를 주저하게 되는 한 가지 이유는 실수에 대한 두려움이며, 이것은 다음 단계에서 어디로 가야 할지 헤매거나 기법을 소개하는 것에 대한 허락을 수동적으로 기다리기 때문이다. 지도자 간의 방식 차이와 마찬가지로 이러한 주제는 논의되어야 할 것이다.

이론적 방향 이전에 언급했듯이, 공동 지도자가 집단 작업에 있어 이론을 공유하는 것은 필수적인 것이 아니며, 오히려 다른 이론적 선호는 종종 훌륭히 조화를 이룰 수 있다. 지도자는 이론을 실제에 적용하는 것에 대해 논의함으로써 많은 것을 배울 수 있다. 따라서 당신이 책을 읽고, 워크숍과 특별 세미나에 참석하고, 당신의 공동 지도자와 배운 것을 의논하는 것을 권장한다. 이를 통해 집단상담 시간에 새로움과 흥미로운 변화가 나타날 수 있다.

자기개방 문제 공동 지도자는 적절하고 치료적인 차원의 자기개방에 대한 느낌을 탐색해보아야 한다. 예를 들어, 당신이 집단 문제에 대해서만 개방하려 하고 개인적인 문제는 보류하는 반면 당신의 공동 지도자는 결혼생활에 대해 자유롭게 모두 이야기한다

경험 일지 촉진 질문

다음은 집단상담의 작업 단계 동안 집단구성원들을 촉진하기 위한 질문이다. 당신이 집단을 운영한다면, 집단 내에서 토론하거나 회기 사이의 경험 일지를 쓸 때 이 질문들이 유용할 것이다. 또한 당신이 실제 집단구성원 또는 상상 속의 집단구성원이라 생각하면서 이 질문들에 대답해보는 것도 좋을 것이다.

1. 집단구성원 간에 높은 수준의 신뢰나 응집력이 있음을 보여주는 것을 관찰했는가?
2. 이 단계의 집단에서 어떤 의사소통 방식이 나타나는가?
3. 참여 수준에 어느 정도 만족하는가? 설명하라.
4. 집단에서 어떤 방법으로 위험을 감수하고 싶은가?
5. 집단 내에서 발생하는 갈등을 집단원과 지도자는 어떻게 처리하는가?
6. 집단구성원 또는 지도자로부터의 피드백과 대립을 어떻게 다루고 있는가?
7. 집단구성원이나 지도자의 지지를 어떤 방법으로 느끼는가?
8. 이 집단에 속한 결과 어떤 변화가 일어날 것으로 기대하는가?
9. 집단 밖에서 변화를 가져오려면 어떻게 행동하겠는가?

면, 집단구성원은 당신이 몸을 사린다고 생각할 것이다. 이러한 문제 역시 집단 안에서 또는 개인적으로 당신의 공동 지도자와 함께 논의되어야 한다.

직면 문제 위에서 언급한 자기개방은 직면 문제에도 적용되어야 한다. 만약 당신은 모든 사람이 개방할 필요가 없다고 믿는 반면에, 공동 지도자는 집단구성원이 개방하도록 거칠고 무자비하게 지적한다면 뒤따를 수 있는 문제는 상상이 갈 것이다. 당신은 '좋은 사람 지도자', 공동 지도자는 '나쁜 사람 지도자'라는 꼬리표가 붙을 것이다. 만약 두 사람의 방식에서 이러한 차이가 존재한다면, 집단에 해가 되지 않기 위해서, 당신과 공동 지도자는 그것들에 대해 충분히 이야기를 나누어야 한다.

집단의 작업 단계

작업 단계의 특성

집단이 작업 단계에 도달할 때 그 주요 특성은 다음과 같다.

- 신뢰와 응집력이 높다.
- 집단 내에서의 의사소통은 개방적이고 자신이 경험한 것에 대해 정확히 표현한다.
- 집단구성원은 다른 사람들과 자유롭고 직접적으로 상호 교류한다.
- 기꺼이 위험을 감수하고 자신을 타인에게 알리려는 의지가 있다. 집단구성원은 더 탐색하고 이해하기를 원하는 주제를 집단에 가져온다.
- 집단구성원 간 갈등이 무엇인지 잘 인식하고 있으며 직접적이고 효과적으로 다루어진다.
- 피드백이 자유롭게 주어지고 주저 없이 수용하고 숙고한다.
- 직면은 배려와 예의를 갖춘 상태에서 이루어진다.
- 집단구성원은 집단 밖에서 행동의 변화를 가져오려고 노력한다.
- 집단구성원은 변화에 대한 자신의 시도가 지지받는다고 느끼며 새로운 행동을 과감하게 시도한다.
- 집단구성원은 행동을 취할 의지가 있다면 스스로 변화할 수 있다는 희망을 느끼며 무기력한 기분이 들지 않는다.

집단구성원의 임무와 역할

작업 단계는 개인적으로 의미 있는 주제를 탐색하는 것이 특징이다. 이 단계에 이르기 위해, 집단구성원은 다음과 같은 임무와 역할을 충족시켜야 할 것이다.

- 논의하고자 하는 개인적 문제를 집단상담 시간에 가져온다.
- 다른 집단원들이 더 불안해하더라도 피드백을 제공하고, 다른 집단원의 피드백에 개방적인 자세를 갖는다.
- 새로운 기술과 일상생활에서의 행동을 연습하고, 그 결과를 상담 시간에서 다룰 의지가 있다. 독단적인 통찰은 변화를 일으킬 수 없다.
- 위험을 감수할 의지가 있다. 집단구성원이 지나치게 이완되거나 편안함을 느끼면 작업은 중지될 수 있다.
- 집단에 대한 자신의 만족 수준을 끊임없이 평가하며, 필요시 집단 활동을 적극적으로 바꾸어 나간다.

지도자의 역할

작업 단계에서 지도자는 다음과 같은 주요한 역할을 한다.

- 계속해서 적절한 행동의 모델이 되며, 특히 대립을 돌보고, 계속되는 반응을 집단에게 개방한다.
- 위험을 감수하려는 집단원의 의지를 지지하며, 그들이 일상생활에서도 적용할 수 있도록 돕는다.
- 적절한 때에 행동방식의 의미를 설명함으로써 집단원이 더 깊은 수준의 자기 탐색에 도달할 수 있게 해주며 변화된 행동을 생각할 수 있도록 한다.
- 사람들에게 보편성을 제공할 수 있는 공통의 주제를 탐색하고 한 사람 이상의 집단구성원의 작업을 집단 내의 다른 사람들의 작업과 연계한다.
- 통찰을 행동으로 옮기는 것의 중요성을 강조한다. 집단구성원이 새로운 행동방식을 실행할 수 있게 독려한다.
- 응집력을 높이는 행동을 독려한다.

연습

작업 단계 평가

1. **핵심 신호** 집단이 작업 단계로 판단하게 결정하는 것은 무엇인가? 특히 이 단계에서 연관된 것으로 보이는 구체적인 특징을 확인해보자. 집단이 어느 정도의 작업 단계로 발전해왔는가? 이 집단에서 개인적 목표를 어느 정도 성취하고 있는가?

2. **개방 집단에서의 집단구성원 변경** 집단구성원이 바뀌고 있는 집단을 당신이 이끌고 있다고 가정해보자. 비록 끊임없이 참석하고 있는 중심적인 집단원도 있지만, 결국 기간이 다하면 새로운 집단원이 집단에 참여하게 된다. 만약 이 집단이 작업 단계에 이르렀다면, 집단원은 어떤 장애물을 다루어야 하는가? 이러한 집단에서 응집력을 높이기 위해 어떤 방법을 이용해야 하는가? 예전 집단원이 나가고 새로운 집단원이 들어오는 현실을 어떻게 다루어야 하는가?

3. **자기개방을 위한 지침** 적절한 자기개방에 대해 집단구성원에게 어떤 지침을 제안할 것인가? 집단원에게 개인적인 것과 공동의 가치를 설명할 수 있는가? 다음과 같은 경우에 어떻게 반응해야 할까? '저는 제가 생각하고 느낀 것을 다른 사람에게 말하는 것이 왜 중요한지 모르겠어요. 저는 개인적인 성향이 강하기 때문에 이 모든 사

적인 대화가 불편해요.' 현재의 집단이 자발적 참여에 의한 집단이라면 이를 어떻게 대처할 것인가? 만약 비자발적 집단이라면?

4. **효과적인 직면** 효과적인 직면과 비효과적인 직면에는 중요한 차이가 있다. 집단구성원에게 이러한 차이점을 어떻게 설명할 것인가? 한때 당신의 집단에 있었던 사람이 다음과 같이 이야기한다면 어떻게 대처할 것인가? '저는 지도자가 왜 그렇게 문제와 부정적인 감정으로 사람들에게 반박하는 것에 초점을 맞추는지 모르겠어요. 저는 이 모든 것들을 피하고 싶어요. 긍정적인 피드백을 듣지 못하기 때문에 저는 더 이상 이야기하고 싶지 않아요.'

토론을 위한 질문

하위집단에서 다음과 같은 질문을 탐색해보자.

1. 작업 집단과 비작업 집단 사이의 주요한 차이점은 무엇인가? 또, 작업 집단원과 비작업 집단원 사이의 주요한 차이점은 무엇인가?

2. 작업 단계에서 집단구성원들에게 변화를 가져오는 데 가장 중요하게 고려해야 할 세 가지 주요 치료적 요소는 무엇인가?

3. 지도자로서 당신에게 자기개방이 적절하거나 촉진제가 될 수 있을지 분별하기 위해 따르는 지침은 무엇인가?

4. 작업 단계에서 피드백을 교류하는 것과 관련하여 집단원에게 무엇을 가르치고 싶은가?

5. 비록 생산적인 작업이 집단의 모든 단계에서 일어날 수 있지만, 모든 집단이 이 장에서 소개하는 작업 단계의 특성을 달성하지는 못한다. 무엇이 집단을 작업 단계에 도달하는 것을 방해하는가?

집단구성원의 집단에 대한 주간 평가

지시문: 이 평가 훈련은 집단구성원의 만족도의 빠른 지표를 위해 집단 마지막 회기에 집단원에게 주어진다. 당신은 결과를 요약하고, 평가지에서 알 수 있는 경향에 맞춰 상담을 시작할 수 있다. 다음의 척도를 통해 집단구성원에게 각 문제에 따라 원하는 숫자에 동그라미 치도록 요구하라.

| 1~2: 매우 조금 | 3~4: 다소 조금 | 5~6: 보통 | 7~8: 다소 많이 | 9~10: 매우 많이 |

1. 당신은 이번 주에 집단 활동을 위한 준비(반응하기, 주제에 대해 생각하기, 읽기, 쓰

기)를 어느 정도로 했는가?

    1   2   3   4   5   6   7   8   9   10

2. 오늘 집단에서 당신은 어느 정도 개입했는가?

    1   2   3   4   5   6   7   8   9   10

3. 집단의 개입 수준은 어느 정도인가?

    1   2   3   4   5   6   7   8   9   10

4. 다른 집단구성원들과 당신의 생각과 느낌을 공유하고 행동하는 참가자가 되기 위해
오늘 위험을 어느 정도 감수했는가?

    1   2   3   4   5   6   7   8   9   10

5. 당신이 이 집단에서 한 경험에 대한 만족감은 어느 정도인가?

    1   2   3   4   5   6   7   8   9   10

6. 당신은 집단에서 개인적이고 의미 있는 문제(지적인 논의와 반대되는 감정 공유)를
어느 정도 다루었다고 느끼는가?

    1   2   3   4   5   6   7   8   9   10

7. 집단 안에서 당신은 어느 정도의 신뢰를 경험했는가?

    1   2   3   4   5   6   7   8   9   10

8. 오늘 상담에서 지도자의 개입과 기여도는 어느 정도인가?

    1   2   3   4   5   6   7   8   9   10

9. 따뜻함, 존경, 지지, 공감, 믿음이 존재하는 좋은 집단 환경을 조성하는 데 지도자의
능력은 어느 정도 발휘되었는가?

    1   2   3   4   5   6   7   8   9   10

『집단상담의 실제: 진행과 도전-DVD와 워크북』을 위한 안내

다음은 『집단상담의 실제: 진행과 도전—DVD와 워크북』의 첫 번째 프로그램인 「집단의
전개과정」 중 작업 단계 회기와 함께 이 장을 효율적으로 활용할 수 있는 몇 가지 제안
이다.

1. 작업 단계의 특징 작업 단계에서 두드러지는 집단의 특성을 간략히 살펴보라. DVD
에서 집단구성원은 초기 단계와 과도기 단계와 비교해볼 때 작업 단계에서 어떻게

다른가? 이 장에서 설명된 작업 단계 집단과 비작업 단계 집단 간의 차이를 검토해 보라. 이러한 차이점이 이 집단에는 어떻게 적용되는가?

2. **집단 내에 작용하는 치료적 요소** DVD를 보면서 집단에 나타나는 집단구성원의 작업에 대한 구체적인 실례를 찾아보라. 다양한 집단구성원에 의해 작업 단계에서 보일 수 있는 몇 가지 시나리오에 대해서는 워크북을 참조하라. 역할 연기의 중요성과 지금 당장 작업할 수 있도록 집단원을 격려하는 것, 그리고 서로에 대한 반응을 공유하는 것과 관련해 배울 수 있는 것은 무엇인가? 집단원으로 하여금 고통스러운 문제에 대해 자신의 감정을 표현하도록 하는 것이 왜 중요한가? 집단원을 공통적인 주제로 결속하고 동시에 몇몇 집단원과 함께 작업을 추구하도록 하는 것이 왜 중요한가? 역할 연기는 집단상담 과정에 어떠한 영향을 미치는가? DVD에서 한 집단원의 작업이 다른 집단원들을 상호작용하게 하는 촉매제 역할을 했다는 것을 식별할 수 있는가? 본문과 DVD에서는 역할 연기를 통해 자신의 모국어로 부모에게 상징적으로 이야기하는 것에 대한 실례를 들고 있다. 집단에서 상징적으로 부모에 대해 다루는 것을 통해 자아발견을 촉진하는 기법에는 무엇이 있는가? 현재 벌어지는 일에 초점을 두는 것이 어떻게 좀 더 심층적인 자아발견에 도움을 줄 수 있는가?

3. **은유적인 표현 다루기** DVD에서는 공동 지도자가 내담자가 사용하는 은유적인 표현에 주의를 기울임으로써 내담자의 이야기를 이해할 수 있다는 것을 보여주고 있다. 이러한 작업에서 은유적인 표현을 다루는 것이 왜 중요한가?

4. **DVD에서 집단을 자기 자신에게 적용하기** 작업 단계 부분을 보면서 자문해보라. 어떤 부분에서 어떤 집단원이 눈에 가장 잘 띄는가? 그리고 그 이유는 무엇인가? 이러한 지도자의 역할이 설명되고 있는가?

5. **워크북 활용하기** 워크북의 네 번째 부분인 작업 단계를 참고하고 모든 평가 척도와 연습문제를 완성하라.

집단상담의 종결 단계

도입 ∣ 집단상담 종결 단계의 과업: 학습의 강화 ∣ 집단 경험의 종결 ∣ 집단 경험의 평가 ∣ 집단 종결 단계에서 공동 지도자의 문제 ∣ 후속 상담 ∣ 기억해야 할 핵심 사항 ∣ 연습 ∣『집단상담의 실제: 진행과 도전–DVD와 워크북』을 위한 안내

학습 목표

1. 집단 과정과 발달에 관련된 역동을 기술한다(CACREP, 2016, Standard B).

2. 집단 종결 단계의 집단지도자와 집단원의 주요 과업을 기술한다.

3. 집단 경험을 효과적으로 종결하는 문제를 확인한다.

4. 분리 감정을 다루는 것의 중요성을 설명한다.

5. 마지막 인사를 효과적으로 하는 지침을 제시한다.

6. 집단 경험을 검토하는 방법을 설명한다.

7. 집단 밖에서 행동 변화를 일으키기 위해 필요한 연습이 어떤 것인지를 이해한다.

8. 종결 단계에 유용한 피드백의 종류를 명료화한다.

9. 계약과 숙제가 집단원의 학습을 촉진하는지를 기술한다.

10. 실패를 다루고 붕괴 예방을 설명하는 방법을 이해한다.

11. 집단에서 배운 것을 일상생활에서 적용하는 지침을 탐색한다.

12. 집단 경험을 평가하는 방법을 확인한다.

13. 집단의 종결에서 공동 지도자 문제를 탐색한다.

14. 집단 종결 후에 후속 모임 방법을 기술한다.

인턴십이

끝날 즈음 당신은 10개월 동안 이끌던 집단을 마치고자 한다. 집단원은 모자 가정의 어머니로 약물 재활과 아동 학대로 입원한 환자들이다. 많은 여성들이 삶의 역사에서 유기와 상실의 문제를 가지고 있다. 마지막 회기에 집단원 한 명이 결석했고 당신은 그 이유를 모르고 있다. 다른 한 집단원은 마지막 시기에 다룰 수 없는 심각한 문제를 이야기했다. 집단은 응집력이 매우 강했고 놀랍게도 집단원 중 두 사람 간에 적대적인 직면도 있었다.

- 종결 단계에 이러한 문제를 집단에서 어떻게 다루어야 하는가?
- 여러분은 이런 일이 일어나지 않도록 할 수 있었을 것인가?
- 여러분은 결석한 집단원에게 무엇을 하려고 생각하는가?
- 집단에서 이러한 결석 문제를 어떻게 전달해야 할 것인가?
- 여러분이 가지는 상실감에는 어떤 문제가 있으며, 실제 삶에서 이별을 어떻게 다루고 있는가?
- 이 단계에서 집단원은 어떤 임상적인 문제를 다루어야 하는가?
- 여러분의 이론적 지향성이 이러한 행동을 하는 집단원을 어떻게 이해하고 개입해야 하는지에 영향을 미치는 방식은 무엇인가?

 ## 도입

집단 발달의 초기 단계는 아주 중요하다. 이 시기에 집단원은 서로 얼굴을 익히고, 기본적인 신뢰를 쌓아나가며 후반기의 강도 높은 작업에 적용될 기준을 정하고, 이 집단만의 독특한 집단 정체성을 형성한다. 마지막 단계 역시 처음 못지 않게 중요한데, 집단원은 집단에서 자신이 경험한 것의 의미를 명확히 하고 자신이 얻은 깨달음을 더욱 공고히 하며, 일상생활에 적용하고 싶은 새로운 행동이 무엇인지 결정한다. 더욱이 상담 마지막 단계에서 집단원은 관계를 잘 마무리할 수 있는 경험을 기회를 가진다.

이 장에서는 집단 경험을 어떻게 종결할 것인지 그 방법을 논의한다. 아울러 집단원으로 하여금 집단에서 한 경험을 어떻게 평가하도록 도울 것인지 알아보고자 한다. 집단의 종결 단계에서 우리가 전달하고자 하는 중요한 주제는 다음과 같다.

- 집단원이 종결 과정에서 달성해야 할 과업
- 집단원이 배웠던 것을 견고히 하고 미해결 과제를 다루는 기법
- 집단의 종결 시점에 집단원의 생각과 감정을 탐색하는 것

- 집단을 떠나 일상생활에서 새로운 행동을 적용하기 위해 집단원을 준비시키는 것
- 집단의 효과성을 평가하고 집단원으로부터 피드백을 받는 것

치료 집단의 종결에서 흔히 정서적으로 무겁고 복잡한 사건들이 발생한다. 집단의 종결 단계에서 몇 가지 과업을 해결할 필요가 있지만, 모든 문제를 다룰 일반적인 지침을 제시하는 것은 어려운 일이다. 종결을 위해 어느 정도의 시간이 필요한지는 많은 변수가 고려되어야 한다. 예를 들어, 집단상담에서의 경험을 뒤돌아보고 통합하는 데 할애되는 회기의 수는 집단상담이 얼마나 지속되었는지와 집단이 개방형인지, 폐쇄형인지에 달려 있다. 어떤 집단이든 간에 충분한 시간을 할애하여 각자의 경험을 통합하고 평가해야 한다. 마지막 시간에만 모든 것을 정리하려는 것은 무모한 일이며, 그것은 실제 삶으로 전이할 수 있는 학습으로 이끌지 못하고 집단에 분열을 일으킬 수 있다. 집단 경험에 있어 가장 중요한 것은 집단원이 새롭게 학습한 것을 실제 삶의 질을 높이는 방식으로 적용하는 것이다.

> **"**
> 치료 집단의 종결에서
> 흔히 정서적으로
> 무겁고 복잡한 사건들이
> 발생한다.
> **"**

집단상담 종결 단계의 과업: 학습의 강화

집단상담의 마지막 단계는 집단원이 학습을 강화하고 집단상담을 통해 배운 것을 일상생활에 적용할 수 있는 전략을 발전시키는 시기이다. 이 시기에 집단원은 집단의 경험이 자신들에게 어떤 의미였는지를 표현하고 앞으로 어떻게 달라질 것인지를 이야기할 수 있다. 또한 집단에서 경험한 것에 대한 기분이나 생각을 표현하고 처리하는 시간이다. 많은 집단원에게 종결은 힘들게 느껴진다. 집단원은 상담이 끝난다는 현실을 직면하고 작별하는 법을 배워야 한다. 만약 집단이 진실로 치료 효과가 있었다면 그들은 슬픔과 상실감을 느끼는 가운데에도 바깥세상에서 더 많은 것을 배워나갈 것이다.

집단 상담자로서 여러분의 과업은 집단원이 집단에서 일어났던 일을 의미 있게 여길 수 있도록 하는 법을 배우도록 도와야 한다. 집단의 목적 중 하나는 집단에서 배운 것을 일상생활에서 실행시키는 것이다. 만일 상담자가 집단원이 깨달은 바를 검토하고 통합하도록 도와주지 못한다면 집단원은 인생의 큰 교훈을 얻는 기회를 놓치게 된다. 상담을 종결짓는 문제를 잘 다루지 못하면 많은 집단원에게 영향을 미친 근심이 무엇인지 탐색해볼 기회를 잃게 되고 내담자 치료는 위기에 빠지게 된다.

모든 회기에 같은 집단원으로 구성된 **폐쇄** 집단에서는 집단원이 각자의 작업 및 처

음부터 마지막 상담에 이르기까지 전체 상담의 패턴을 다시 검토하도록 상담자가 도울 수 있다. 집단원이 변화를 시도한 일에 대해 피드백을 주고받는 것은 특히 중요하다.

　개방 집단에서는 다양한 시점에 기존의 집단원이 집단을 떠나고 새로운 집단원이 집단에 합류하므로 폐쇄 집단과는 다른 도전 과제를 안고 있다. 한 집단원이 떠날 때나 한 집단원이 들어올 때 집단원의 생각이나 기분을 탐색하는 충분한 시간을 갖는 종결 과정은 매우 의미가 있다. 개방 집단에서 곧 나가게 될 집단원에게는 다음의 작업을 완수해야 한다.

- 개방 집단의 집단원이 집단을 떠날 시간이 결정되었다면 그것이 언제인지를 알릴 수 있도록 교육하라. 이것은 집단원이 현재 미해결된 작업을 모두 마칠 수 있는 시간을 갖도록 해준다.
- 그에게 정서적으로 종결을 준비할 수 있도록 시간적 여유를 주라.
- 다른 집단원과 작별 인사를 하고, 자신의 생각을 나누고, 그들에게 피드백을 줄 기회를 주라. 남아있는 다른 집단원은 종종 집단원을 잃어버린 상실감을 느끼게 되므로 자신의 생각과 기분을 표현할 기회를 갖는 것이 중요하다.
- 종결에 대한 지각과 이해를 위한 문화적 영향을 탐색하라. 관계의 연속성을 강조하는 문화에서는 지속적인 관계 유지보다는 방해받는 것으로 보인다. 다른 문화에서는 단절을 영원한 관계 유지라고 생각한다. 끝맺음에 대한 서로 다른 이해와 반응이 집단 내에서 적절히 처리될 필요가 있다(Mangione, Forti, & Iacuzzi, 2007).
- 집단을 떠나는 집단원에게 집단상담에서 배운 것, 특히 그것을 일상생활에서 어떻게 활용했는지에 대해 다시 돌아보게 한다. 집단에서 습득한 방법으로 미래의 도전에 어떻게 맞서야 하는지를 학습하도록 도와주어야 한다.
- 집단에서 배웠던 것을 재검토하도록 돕고, 이 학습과 관계된 것이 구체적으로 어떤 것인지를 확인하라. 집단원 각자가 경험했던 변화가 무엇인지 검토하고 그것을 강화하라.
- 필요하다면 의뢰하라.

　때로는 집단원이 사전 예고 없이 집단을 떠나기도 한다. 이것은 언제나 가능한 일이기 때문에 상담자는 종결에 대한 동기를 탐색하도록 하고 집단에 충분히 오랫동안 남아 있으면서 종결에 대한 가능한 이유를 탐색하도록 격려해야 한다. 예기치 않는 상황 때문에 집단을 떠나고자 말하는 사람을 어떻게 다룰 것인가? 이 집단원이 남아있기는 하지만 상당한 시간 참여하지 않으면 당신은 어떻게 처리할 것인가?

집단 경험의 종결

종결 단계에서 일어나는 문제는 집단원에 따라 다양하다. 그러나 많은 집단에서 공통으로 나타나는 문제도 있다 어떤 집단원은 집단을 더 쉽게 떠나기 위해 스스로 거리를 두거나 문제가 많은 것으로 행동하며, 논쟁을 좋아하는 모습을 드러낸다. 어떤 경우에는 자신이나 다른 집단원이 이루어낸 일들을 폄하하기도 한다. 집단원이 드러낸 행동처럼 집단을 떠나는 그들의 방식은 그들이 고통이나 해결하지 못한 상실감, 그리고 슬픔을 어떻게 다루어왔는지에 대한 모습을 많이 보여주고 있다. 많은 사람들은 자신의 삶에서 부정적이거나 건강하지 못한 이별을 경험하고 있는데, 지도자는 집단원에게 종결을 어떻게 처리하며 집단이나 집단 바깥의 관계에서 종결을 하는지를 가르친다.

어떤 집단 상담자는 종결은 집단 첫날부터 시작되며, 상담자는 결국 집단이 끝날 것이라는 것에 대해서 집단원을 집단 과정에서 준비시켜야만 한다고 믿는다. 가장 중요한 것은 적절한 시기에 종결의 문제를 다루는 것이다. 상담자가 다가오는 종결에 대해서 이야기하는 방법은 여러 가지 요인에 따라 다르다. 개방 집단인지, 폐쇄 집단인지, 집단원이 경험한 상실감과 버려짐, 집단원들이 함께해온 시간, 집단원들의 나이, 집단의 심리적 기능과 집단의 응집력 수준에 따라서 종결이 다르게 다루어져야 한다. 이러한 것들은 종결을 언제, 어떻게 전달할지를 결정하는 데 고려해야 할 몇 가지 요소에 불과하다.

집단의 종결을 보여주는 집단 제안서

10장과 11장에 제시되는 다양한 집단 제안서에 집단원에게 집단의 종결을 어떻게 준비시키고 종결 회기를 구조화하는지를 제시하고 있다. 10장의 학대 아동 집단에서 마지막 회기는 집단 경험을 축복한다. 주된 목적은 집단원이 자신과 다른 사람에게서 배운 것을 생각해보는 맥락을 제공하는 것이다. Teresa Christensen은 자신의 집단에서 아이들에게 종결 회기를 구조화하는 데 참여하는 기회를 주었는데, 이렇게 종결을 위한 구조는 다양하다. 그러나 그녀는 집단원이 다음의 정보를 나누도록 했다. (1) 집단원이 자신의 개인적인 강점이나 재능에 관해 배운 것, (2) 집단 밖에서 긍정적인 선택을 하고 건강한 관계를 구축하기 위한 계획하기, (3) 각 집단원이 스스로를 돌볼 수 있는 계획을 세우기.

11장에서는 나이 많은 성인 참여자에게 집단이 끝날 때 건강한 방식으로 상실감을 다루어 가는지를 배우는 기회를 제공하고 있다. Alan Forrest는 죽은 사람, 다른 집단원, 또는 촉진자에 대한 미해결된 감정을 나누도록 격려한다. 집단원은 집단에서 경험

1. 중대 사건 기술

자기성장 집단의 마지막 회기에 집단 상담자는 집단원이 관여가 줄어들고 상호작용을 하지 않으려는 것을 알게 되었다. 상담자는 이러한 종결 회기가 흐지부지하게 끝날 것에 대해 걱정을 했다. 집단 상담자가 집단원에게 자신의 이러한 관찰에 대해 이야기를 나누었을 때, 한 집단원이 "집단에서 우리의 일이 끝난 것처럼 느껴지고 그래서 무엇을 말해야 할지 모르겠어요."라고 했다. 다른 집단원은 "몇몇 집단원에게 화가 났지만 집단이 끝나가고 있기 때문에 그것에 대해 더 이야기하지 않겠어요."라고 했다. 세 번째 집단원은 "저는 '안녕'이라고 하고 싶지 않아요. 우리가 집단으로 더 만날 수 없나요?"라고 했다.

2. 집단 상담자를 위한 과정 질문

1. 집단의 종결 과정에 집단원은 왜 침묵하는가?
2. 집단원이 종결 회기에 어떤 느낌을 가지는가?
3. 당신은 종결 회기를 위해 집단원을 어떻게 준비시키는가?
4. 당신이 집단원에게 제시하는 종결 활동은 어떤 것인가?
5. 당신은 어느 단계에서 집단원에게 종결 문제를 말하는가?
6. 집단을 탈퇴하는 집단원의 스타일은 집단 밖에서의 과거 또는 현재 관계를 어떻게 드러내고 있는가?
7. 당신은 효과적인 작별 인사를 어떻게 기술할 수 있는가?
8. 당신은 당신 자신의 삶에서 작별이나 안녕 인사를 전형적으로 어떻게 하고 있는가?

3. 임상적 고찰

집단 상담자는 집단원의 행동을 '낮은 에너지'와 '비관여'로 해석했다. 사실 집단원은 집단의 종결에 대해 매우 다양한 감정과 생각을 갖고 있다. 평이함의 느낌을 갖는 것은 집단의 중요성을 최소화하는 집단원의 방식이다. 어떤 집단원은 갈등을 증폭시킬 수도 있고, 힘든 작별 인사를 피하기 위해 정서적으로 관여하지 않을 수도 있다. 때로는 집단원이 화를 내거나 진정으로 돌봄을 받지 않았다고 말한다면 집단원이 서로 헤어지기가 더 쉬울 것이다. 긍정적인 감정을 인정하고 좋은 말로 다른 사람을 떠나는 것은 많은 사람들에게는 익숙하지 않은 경험이다.

집단 상담자는 일찍 집단원에게 종결을 준비시킬 필요가 있다. 집단의 종결에 대해 말하는 시기를 결정하는 데에는 많은 요인이 작용한다. 어떤 집단원의 경우에는 집단 종결 전 2~3회기 동안 종결 문제를 충분히 다룬다. 그리고 다른 집단원에게는 집단의 각 단계마다 종결을 언급할 수 있다. 집단원이 서로 종결을 어떻게 하는지는 집단 전체를 통해 무엇을 학습했는지만큼 중요하다. 우리는 많은 집단원이 일상생활에서 경험했던 작별 인사에 대해 후회를 하고, 어떻게 효과적인 방식으로 마무리하는지를 확신하지 못한다는 점을 알고 있다. 종결은 집단의 씁쓸하면서도 달콤한 단계이기도 하다. 이것은 집단원에게 상실을 경험하고 종결을 하고 집단원 서로에게 끼쳤던 영향을 알게 되는 새로운 방식을 제공한다. 집단 상담자 자신의 삶에서 종결을 다루는 감정은 집단에 종결 문제를 어떻게 전달하는지에 매우 의미 있는 영향을 미칠 수 있다.

4. 가능한 개입

1. 침묵을 집단원을 점검하는 것으로 해석하기보다는 집단에서 주목한 것을 나눈다. "나는 오늘 집단에서 상당히 많은 침묵이 흐르고 있다는 것을 알게 되었어요."
2. 집단 상담자는 집단 내에서 말하지 않는 반응을 알아보기 위해 문장완성 검사를 사용할 수 있다. '돌아가면서' 집단원에게 다음과 같은 미완성 문장 중 하나를 완성하라고 요청할 수 있다. '이 집단이 종결이 다가옴에 따라 나는 _____을 느낀다', '나는 다른 사람에게 _____ 한 사람으로 기억해주기를 원한다', '내가 집단 경험에 대해 기억하기를 원하는 것은 _____이다'. 집단 상담자는 이러한 활동을 통해 집단에서 말로 표현되지 않았지만 현재 존재하는 미해결된 과제를 드러내도록 도와준다.

한 것을 서로에게 피드백하고 이별을 이야기 하도록 격려받는다. 집단원은 더 이상 이 집단을 유지하지 못하는 것에 대해 이야기하고, 집단 경험이 자신에게 어떤 의미가 있는지를 탐색하고, 지지를 계속하기 위한 계획을 검토할 수 있다. 집단원들이 죽은 사람을 나타내는 촛불을 켜고 죽은 사람에 대한 반응을 나누는 의식은 집단에서 배운 것을 강화하고 더 많은 정서적 치유를 하도록 돕는다. 이러한 마지막 경험을 나누면서 빛은 통찰과 조명의 은유로서 사용되고, 초는 집으로 돌아갈 때 가져가는 구체적인 상징물로 제공된다. 10장과 11장에 나오는 여러 가지 집단 제안서를 살펴보면, 집단 상담자의 대부분은 종결 문제를 심각하게 다루고 있으며, 집단 종결에 대한 집단원의 생각과 기분을 다루도록 준비시키고 있다.

분리 감정 다루기

집단상담의 초기 단계를 설명할 때, 우리는 상담자가 집단원에게 두려움이나 기대감을 털어놓도록 격려하여 집단원들 간의 신뢰를 다지는 데 방해되는 일이 없도록 하는 것이 얼마나 중요한지 이야기했다. 상담이 막바지에 이를수록 집단원이 자신의 반응을 표현하는 것은 초기 못지 않게 중요하다. 그들은 분리에 대해 두려움이나 불안감을 품을 수 있다. 어떤 이들에게는 집단을 떠나는 것이 집단에 처음 가입하는 것만큼이나 겁나는 일일 수 있다. 현재 집단 내에서 느끼는 신뢰감이 바깥세상에서는 불가능하다고 확신하는 사람도 있을 것이다. 이 시기에 상담자가 해야 할 중요한 일은 참가자들에게 현재 그들이 느끼는 일체감은 집단 활동을 열심히 한 결과라는 사실을 다시금 상기시키는 것이다. 집단원들은 친밀한 관계가 우연히 이루어진 것이 아니라는 것을 깨달아야 한다. 그것은 우연이 아니라 개인적 갈등과 씨름하고 끝까지 작업한 결과이다.

설령 집단원이 집단 외부에서도 의미 있는 관계와 자신을 지지해주는 집단을 형성할 수 있다는 사실을 깨달았다 해도 그들은 이 특별한 모임이 해체되는 것에 대해 여전히 상실감과 슬픔을 느낄 것이다. 종결은 죽음과 소멸, 분리와 버려짐, 그리고 새로운 시작에 대한 희망과 같은 정서적 반응을 불러일으킨다(Rutan et al., 2014). 이러한 이별 감정을 표현하도록 촉진하기 위해서는 상담자가 안녕라고 말하는 데 어려움을 느끼는 자신의 경험을 살펴보는 것은 중요하다. 정신분석 접근의 상담자는 자신의 역전이를 확인하고 관리하는 데 초점을 두어야 한다. 왜냐하면 이 역전이는 집단의 종결에 대한 집단원의 반응을 탐색하도록 집단원을 도와주어야 하는 능력을 방해한다. Mangione과 그의 동료들(2007)은 상담자가 종결을 다루는 데 있어서 윤리적이면서 효과적으로 집단을 돕고자 한다면, 종결 및 상실과 관련된 개인적인 한계를 반드시 깨달아야 함을 강조하고 있다. 이 연구에 참여한 62%에 해당하는 지도자들은 자신의 개인적 삶에 일어났던 사건들 때문에 집단을 종결하는 것에 어려움을 경험한 적이 있다고 했다.

집단 상담자가 집단의 성과에 일부 기여할 수 있지만, 집단원이 성공적인 집단을 만

활동을 통해 배우기 작별 인사 편지

종결을 맞이하는 집단에서 지내온 시간에 대해 생각하면서 집단 경험에 대한 작별 인사 편지를 기록하라. 당신의 편지나 회고록에서 다음과 같은 질문에 대한 답을 포함할 수도 있다.

- 이 집단에서 당신에게 좋았던 경험은 어떤 것인가?
- 시작부터 지금까지 당신의 경험을 기술하라.
- 당신은 어떻게 집단에 들어갔는가?
- 당신은 어떻게 집단을 떠나는가?
- 당신 자신에 관해 배운 것 중 기억하기를 원하는 것은 무엇인가?
- 당신의 관계 맺기를 도와준 다른 집단원에게서 배운 것은 무엇인가?
- 당신이 알고 싶은 다른 집단원으로부터 무엇을 얻어가고 있는가?
- 집단에서 누구에게 감사하고 싶으며, 무엇에 대해 감사하고 싶은가?
- 당신이 집단에서 어떻게 참여했는지를 되돌아보면 어떻게 다르게 하기를 원하는가?
- 일반적으로 당신은 작별 인사를 어떻게 다룰 것인가?
- 이 집단에서 당신의 시간이 끝나갈 때 어떤 감정과 생각이 일어나는가?
- 당신에게 집단에 작별 인사를 하거나 집단을 떠나고자 하는 점이 있는가?
- 당신이 집단에서 나누고 싶은 다른 사람에 대한 희망이나 소망을 가지고 있는가?
- 당신의 문화적 배경이 작별 인사를 하는 방법에 어떻게 영향을 주는가?

우리는 당신이 집단원과 함께 쓴 편지를 나누라고 격려한다. 당신 자신에게 글로 쓰고 앞으로 일을 하면서 지속적인 학습을 하는 회상 자료로 지금부터 6개월 후에 이 편지를 다시 읽어 보라.

참고: 이 활동은 집단의 한 구성원으로서, 집단을 끝마친 사람으로서, 또는 집단원으로서 작성될 수 있다. 당신은 당신이 이끈 집단의 종결에서 이러한 연습을 활용할 수 있다.

들기 위해 한 일을 인식시켜 주도록 돕는 것이 중요하다. 집단원이 우리가 생각했던 것보다 더 많은 공로를 지도자에게 돌릴 경우, 다음과 같이 대답해줄 수 있다. '여러분 모두 열심히 노력했기 때문에 집단이 성공할 수 있었습니다. 여러분이 여기서 특별히 하신 일과 원하는 변화를 이룬 것을 기억한다면 이 집단상담이 끝나고 일상생활로 돌아가서도 비슷한 변화를 만들어낼 수 있을 것입니다.'

집단 내 초기 지각과 후기 지각 비교

지금까지 해왔던 많은 집단상담에서 우리는 첫 시간에 집단원에게 잠시 조용히 방 안을 둘러보라고 한다. "각기 다른 사람을 보면서 어떤 생각이 드는지 잘 관찰해보세요. 특히 더 끌리는 사람이 있습니까? 이 중에 벌써 위협적으로 느껴지는 사람은 있나요? 다른 사람에 대해 벌써 제멋대로 판단을 내리고 있습니까?" 잠시 동안 조용히 방 안을 둘러보게 한 후 우리는 집단원에게 방금 떠오른 생각이나 느낌은 말하지 말라고 한다. 그러고는 마지막 시간에 이 일을 한 번 더 할 거라고 일러준다. 마침내 마지막 시간이 되면 우리는 이렇게 말한다. "방안을 다시 한 번 둘러보고 모든 사람들을 한 번씩 바라보세요. 첫 시간에 사람들을 보면서 어떤 생각을 했는지 기억하나요? 다른 집단원에 대한 생각이 바뀌었나요? 첫 시간과 비교해서 이 자리에 앉아 있는 기분이 어떤가요?" 마지막 시간에 집단원이 주로 할 일은 상담을 하는 동안 일어났던 일과 자기 자신 및 다른 사람에 대해 깨달은 사실을 말로 표현하는 것이다. 집단이 첫 시간과 달라 보인다면 자신들이 했던 것이 무엇인지 생각해보고, 개인적으로나 집단으로 이러한 변화를 가져온 것을 생각해보게 한다.

미해결 문제 다루기

집단의 종결 단계 동안에는 집단원 간의 관계나 집단의 과정 및 목표에 관련된 미해결 문제를 표현하고 작업하는 데 시간을 할애해야 한다. 상담자는 종결 시에 가령 집단 초기에 드러났던 두 사람 간의 적대적인 직면과 같은 미해결된 갈등이 표면으로 드러나는 것을 막지 말아야 한다. 그러한 분출 행동에는 많은 이유가 있다. 어떤 집단원은 다른 집단원의 '가치를 절하함으로써' 고통을 경감시키려고 하거나 관계에서 분노를 가질 수 있다. 어떤 집단원은 다른 집단원에 대한 해결되지 않은 느낌을 가지고 앉아 있을 수 있다. 우리가 집단의 마지막 회기가 되기 전까지 그러한 반응을 드러내도록 집단원을 준비시켜야 함에도 불구하고, 그러한 문제는 끝까지 일어난다. 마지막 회기에 그러한 미해결된 과제나 갈등을 해결할 시간이 거의 없음에도 불구하고 집단의 끝자락에 그러한 반응을 하는 집단원의 선택에 대한 적절성과 영향을 논의하는 것은 유용하다. 그 집단원은 이러한 경험으로부터 배울 수 있고 미래에 유사한 상황에서 그러한 생각과 감정을 표현할 가치를 평가할 수 있게 된다.

현실적으로 생각해볼 때 탐색을 시도한 문제가 모두 해결될 수는 없다. 앞서 이야기했듯이 상담 기간이 얼마 남지 않았을 때 집단원에게 이 사실을 상기시켜주면 그들은 남은 시간 동안 각자 계획했던 것을 달성하려 할 것이다. 우리는 종종 다음과 같은 질문을 던진다. "만약 오늘이 상담 마지막 시간이라면 당신의 행동에 대해 어떻게 느끼게 될까요? 다르게 행동한다면 어떻게 하고 싶나요?" 게다가 집단상담을 통해 상담이 끝나고도 계속 작업해야 할 다양한 문제점을 발견할 수 있다.

집단 경험의 의미를 표현하는 집단원의 개인의 행동

종결 회기 동안에 집단원이 지도자나 다른 집단원에게 감사의 선물이나 토큰을 제공하기를 원하는 것은 흔히 있는 일이다. 당신의 상담 이론이나 개인적 스타일이 이러한 행동을 어떻게 보는지에 영향을 줄 수 있다. 우리의 경험으로 이것은 집단에서 성취했던 일의 의미 있는 부분일 뿐만 아니라 선물을 주고받는 것에 대해 공개적으로 논의하여 열매를 맺는 것에 대한 토론에 이르게 할 수 있다. 선물을 주는 것에 대한 당신의 정책이 무엇이든, 이것은 집단에서 집단원의 의도를 탐색하는 데 도움이 될 수 있다. 예를 들어, 그것이 감사의 표시인가? 아니면 상담이 끝나고 당신과의 개인적 관계를 맺기 위한 갈망으로부터 나온 것인가? 멘토 또는 교사에게 선물을 주는 것이 집단원의 문화에서 통상적인 일인가? 흥미롭고 호기심 어린 방식으로 집단원의 의도를 탐색함으로써 활발한 논의가 이루어질 것이다.

종결 시에 또 다른 일반적으로 일어나는 일은 집단원이 당신에게 포옹을 하거나 당신이 다가가서 집단원을 포옹하기를 원하는 것이다. 일반적으로 당신이 먼저 포옹을 개시하는 것보다는 집단원이 포옹을 요청할 때까지 기다리는 것이 가장 안전하다. 당신이 미리 포옹에 어떻게 반응할 것인지를 생각하는 것은 도움이 된다. 어떤 상담자에게는 접촉이 내담자의 느낌을 제한하는 것으로, 어떤 상담자에게는 상담 전 과정을 통해 친숙함이나 깊은 관계에 대한 자연스런 표현으로 생각한다. 모든 상황에서 적합하게 포옹을 다룰 수 있는 방법은 없다.

집단 경험 뒤돌아보기

상담의 마지막 단계에 우리는 집단원에게 이번 상담을 통해 배운 것이 무엇이고 어떻게 그런 교훈을 얻게 되었는지 돌아보게 한다. 예를 들어, 아담은 자신의 분노를 마음속에 담아두기만 함으로써 매사에 의기소침하고, 심리적 요인으로 인한 많은 병을 앓고 있었다. 그는 상담 시간에 미소 지으며 마음속의 분노를 부인하는 대신, 표현하는 연습을 했고 중요한 기술들을 습득했다. 그러한 행동이 다른 사람들로 하여금 아담 자신을 진지하게 받아들이도록 하는 것이라고 생각하는 것이 아담에게 도움이 된다. 그래야 어렵게 깨우친 교훈을 쉽게 잊지 않을 것이다.

우리가 집단상담을 마무리 지을 때 사용하는 방법 중 하나는 모든 참가자와 이번 상담에서 배운 것, 전환점이 되었던 순간, 집단상담에서 좋았던 점과 싫었던 점, 어떻게 하면 더 좋은 집단상담이 되었을 것인지, 이번 상담을 전체적으로 어떻게 보는지에 대해 토의하는 시간을 마련하는 것이다. 의미 있는 평가 작업을 위해서는 참가자들에게 구체적으로 진술하도록 해야 한다. 집단원이 '이번 상담은 정말 최고였어요. 이번 일로 전 많이 성숙해졌어요.'라든가 '여기서 배운 것들을 결코 잊지 못할 거예요.'와 같이 일반적인 발언을 하면 우리는 그들이 보다 상세히 말하도록 유도해야 한다. 이렇게 물어볼 수 있다.

- 이 집단이 어떤 면에서 당신에게 의미가 있었나요?
- 당신은 많이 성장했다고 했는데, 구체적으로 어떤 면에서 변했다고 생각하죠?
- 당신이 깨달은 것 중 기억하고 싶은 것은 무엇인가요?

집단에서 스스로에 대해 배웠던 것을 떠올리게 하는 질문을 통해 집단원은 이러한 증가된 지식을 가지고 자신이 기꺼이 무엇을 하고자 하는지를 보다 잘 결정하게 된다. 우리는 집단원에게 자신이 깨우친 것을 구체적인 언어로 표현하고 그들이 얻은 통찰을 어떻게 행동으로 옮겼는지 설명하는 것이 얼마나 중요한지 강조하곤 한다.

활동을 통해 배우기 ▶ **집단과 집단 경험 재검토하기**

소그룹으로 나누어서 이 시점에서 여러분이 생각하기에 집단지도자로서 당신의 효과성에 기여한 것과 방해받은 것을 통해 자신에 대해 어떤 것을 학습하였는지 토론하라.

- 당신은 이 집단에서 기꺼이 위험을 감수했는가?
- 당신의 집단과 집단 경험을 통해 집단이 어떻게 잘 기능하는지(효과적인 집단이 되는 방법)에 대해 배운 것은 무엇인가?
- 당신의 집단은 종결 과정을 어떻게 다루었는가?
- 집단에서 중요한 변곡점은 어떤 것이었는가?
- 집단 전체적으로 당신은 상호작용과 응집력의 수준을 어느 정도로 평가하는가?

행동 변화의 실습

매주 열리는 집단상담을 통해 집단원은 새로운 행동을 실습해볼 기회를 갖는다. 집단원에게 상담이 끝난 후에도 그런 작업을 계속하도록 격려하자. 그들은 과제를 실행하고 다음 시간에 자신들이 여러 상황에서 어떻게 새로운 행동을 시도했는지 발표한다. 이런 방식으로 배운 것을 최고로 활용하는 것이다. 집단원은 집단 내에서 새로운 행동을 연습할 뿐만 아니라 이러한 연습을 통해 새롭게 떠오르는 문제를 다룰 때 좀 더 효과적인 대처 기술을 갖는다.

집단의 마지막 단계 동안에 우리는 집단원의 학습을 공고히 하는 인지행동적인 접근으로부터 많은 개념과 기법을 가져온다. 우리는 각자의 학습을 강화하고 명확히 하는 수단으로서 이러한 실행(집단 상황과 외부 생활 모두에서)의 중요성을 다시 한 번 강조한다. 주로 역할 연기와 예상된 반응에 대한 행동 연습을 통해 집단원은 자신이 원하는 대로 행동할 수 있는 구체적 기법을 습득한다. 또한 집단원에게 집단 외부의 사람들을 상대로 새로운 행동을 계속 시도하라고 격려한다.

우리는 집단원에게 다른 사람을 변화시키려고 고심하기보다는 자신을 바라보고, 자신이 원하는 방향으로 변화하라고 말한다. 만일 다미앵이라는 한 남성이 부인이 가정에 좀더 충실하고 그의 변화를 받아들이기 원한다면 우리는 그에게 자신과 **자신의 변화**에 대해 부인과 진지한 대화를 해보라고 격려할 것이다. 부인이 달라지기를 요구해서는 안 된다. 리허설과 역할 연기에서 우리는 각자의 인생에서 중요한 사람에게 하고 싶은 말의 핵심만을 간략하게 말하도록 연습시킨다. 그렇게 해서 가장 전달하고 싶은 메시지를 흐리는 일이 없도록 하는 것이다.

보다 심도 있는 학습 수행하기

집단상담의 마지막 단계에서 해야 할 일 중 하나는 변화를 집단 밖 환경에 적용할 수 있도록 구체적인 행동 계획을 발전시키는 것이다. 집단원이 자신들이 배운 것을 행동으로 옮길 수 있도록 돕는 것이 상담자의 가장 중요한 역할이라 할 수 있다. 이 시기에 참가자는 집단상담에서 배운 것을 다른 상황에서 사용할 수 있도록 하는 다양한 방법에 관해 정기적으로 토론한다. 많은 집단원에게 있어 집단상담은 단지 개인적 변화의 시작에 불과할 뿐이다. 어떤 집단원은 집단을 자신의 작업을 하는 데 사용하지만, 다른 집단원은 집단이 단지 '변화를 준비하는 곳'이기도 하다. 때론 집단원은 성장에 저항하는 데 시간을 보낼 수도 있고, 변화를 숙고하는 데 시간을 보낼 수도 있다. 시간이 거의 끝나갈

> 집단원이 자신들이 배운 것을 행동으로 옮길 수 있도록 돕는 것이 가장 중요한 상담자의 역할이라 할 수 있다.

때 집단원은 자신의 삶에서 다른 방식으로 처리하려고 하는 동기를 발견할 수 있다. 이러한 집단원이 새로운 자각을 행동으로 옮기기 시작하는 발을 내딛도록 도와주는 것이 매우 중요하다. 너무 늦으면 변화는 결코 일어나지 않으며, 집단원은 집단 회기 동안에 얻은 통찰과 일상생활에서 새로운 방식을 배우는 것 간에 양가감정을 느낄 수 있다.

성공적인 집단의 집단원은 자신이 일으키는 문제를 다루는 데 있어 따라야 할 몇 가지 새로운 방침을 가지고 있다. 게다가 집단원은 개인적 성장을 계속하기 위해 몇 가지 필요한 도구와 자원을 획득하게 된다. 이러한 이유로 인해, 토론이 가능한 프로그램과 의뢰할 수 있는 기관이 집단상담이 종결되어 가면서 특히 필요하게 된다.

집단원으로 하여금 스스로를 미래에 투사해보라고 요청하는 것은 집단원이 몇 가지 장기적 방침을 개념화하는 데 도움을 주는 하나의 전략이 될 수 있다. 상담자는 집단원에게 앞으로 6개월 혹은 일 년 후에 만들고 싶은 변화를 생각해보도록 요청한다. 그러고 나서 집단원에게 전 집단원이 지정된 시간에 한데 모이는 상상을 하게끔 한 다음 그때 서로에게 무슨 말을 하고 싶을지 말해보도록 시킨다. 이때 집단원은 장기적 목표를 달성하기 위해 해야 될 일을 말해도 좋다.

종종 심리극에서 사용되는 **미래 투사 기법**은 집단원이 자신의 미래에 대한 불안을 표현하는 것을 돕기 위해 고안되었다. 집단원에게 단지 미래에 무엇을 하고 싶은지 말하게 하기보다 현 상황에서 미래를 그려보도록 한다. 예를 들어, 사랑하는 사람과 하고 싶은 대화를 다른 집단원과 역할 연기를 통해 할 수 있다. 이러한 미래의 시간과 장소를 집단원과 연기해보고 이러한 사건을 현재로 불러옴으로써 자신이 원하는 것을 얻기 위해서 얼마나 노력해야 하는지 새롭게 깨닫게 된다. 미래 투사 기법의 사용 근거에 대한 더 많은 정보는 4장에 제시되어 있다.

피드백 주고받기

집단 내 다른 사람으로부터 받는 피드백은 집단원에게 특히 도움이 된다. 이것을 통해 집단원은 자신이 일상에서 만들려고 하는 변화를 인식하고자 한다. 집단원이 집단에서 학습한 것의 효과를 최대화하기를 원한다면 집단 밖에 있는 사람을 다루기 위한 이러한 준비는 매우 필요한 것이다. 집단원은 새로운 대인관계 기술을 연습하고 피드백 받고 이것에 대해 논의하고 새로운 행동을 수정함으로써 집단을 떠난 후에 원하던 변화를 이끌어낼 수 있다.

전체 집단을 통해 집단원은 피드백을 주고받는데, 집단원이 다른 집단원에 대해 가지는 영향을 진단하는 데 도움을 준다. 그러나 종결 회기에 우리는 집단원 개인에게 초점이 맞추어진 피드백을 강조한다. 우리는 집단에서 자신들을 어떻게 지각했는지, 집단이 그들에게 어떤 영향을 주었는지, 점점 더 두드러진 갈등은 무엇인지, 결심한 것이 무엇인지를 묻는 것부터 시작한다. 한 집단원에 대해 나머지 집단원은 어떻게 지각하고 어떤 영향을 주었는지에 대해 피드백을 제공한다.

여기서 문제가 될 가능성이 있는 사항이 한 가지 있다. 이 시기에 사람들은 오직 긍정적 피드백만 주려고 한다는 것이다. 우리는 보편적인 피드백은 지양하는데 그런 피드백은 기억도 나지 않을뿐더러 남들이 자신을 어떻게 보는지 파악하는 데 별로 도움이 되지 않기 때문이다. 우리는 다음과 같은 감상적인 표현을 사용하지 말라고 주의를 준다. '나는 당신이 정말 좋아요', '당신과 친해진 것 같아요', '당신은 대단한 사람이에요', '당신을 항상 기억할 거예요.' 인지행동적 접근에 영향을 받아 다음과 같은 식으로 의미 있는 피드백을 주는 지침을 제공한다.

- 나는 당신이 ……이기를 바래요.
- 내가 당신에게 하나를 준다면 이것은…….
- 당신에게서 배운 것은…….

이 시점에서 피드백은 학습의 통합과 종합에 초점을 둔다. 집단이 거의 끝남에 따라 집단원이 마무리를 지을 기회를 갖는 방식으로 건설적인 피드백이 주어져야 한다. 이것은 '치고 도망가기' 시간은 아니다. 우리는 사람들이 서로에게 부정적이고 비판적인 피드백을 받은 상태로 남겨지길 원하지 않으며, 집단원이 이전 집단에서 가슴속에 담아 두었던 것을 풀어 놓는 것은 바람직하지 못하다. 이 시기에 공격을 받은 사람은 그러한 피드백을 작업해나갈 기회가 없기 때문이다.

경험 일지 촉진 질문

다음은 집단상담의 종결 단계 동안 집단구성원들을 촉진하기 위한 질문이다. 당신이 집단을 운영한다면, 집단 내에서 토론하거나 회기 사이의 경험 일지를 쓸 때 이 질문들이 유용할 것이다. 또한 당신이 실제 집단구성원 또는 상상 속의 집단구성원이라 생각하면서 이 질문들에 대답해보는 것도 좋을 것이다.

1. 집단의 종결 및 당신과 집단원 간의 이별에 대해 어떻게 느끼는가? 집단에서 이러한 감정에 대처하기 위해 당신이 무엇을 하는가?(당신은 뒷걸음을 치는가? 싸우는가? 관여하지 않는가? 슬픔을 표현하는가?)
2. 집단을 마치면서 종결에 대한 당신의 반응을 다른 집단원과 어떤 방식으로 나누는가?
3. 집단에서 학습한 것을 일상생활의 다른 영역으로 적용하기 위해 어떤 계획을 갖고 있는가?
4. 만약 상실감 또는 버려짐의 문제가 당신에게 일어난다면 그것은 어떤 문제인가?
5. 집단원과 집단 상담자, 집단 경험에 대해 어떻게 작별 인사를 하고 싶은가?

이 기간 동안 우리는 참가자들에게 상담이 끝난 후에도 계속 탐색하고 싶은 문제를 찾아보라고 강조한다. 어떤 집단의 경우에는 후속 상담을 제안하기도 하는데 그럴 경우 집단원은 자신의 결심을 실천할 방법에 대해 더욱 열심히 모색하게 된다.

계약과 과제의 활용

집단에서 집단원에게 새롭게 시작한 것을 지속하게 하기 위한 유용한 방법은 종결 단계의 어느 한 회기에 앞으로의 다짐을 쓰게 하는 것이다. 이 다짐은 상담이 끝난 후에도 집단원이 자신의 목적을 성공적으로 달성하기 위한 대략적 계획이다. 중요한 것은 집단원 각자가 계획을 짜야 하며 스스로 실패했다고 여기지 않도록 너무 거창한 계획을 짜지 않는 것이다. 인지행동적 접근은 집단의 종결 단계에 다짐과 과제를 많이 준다. 예를 들어, 현실 치료자는 성공적인 행동 계획을 만드는 것을 구체적으로 가르치는 데 많은 시간을 보낸다. 만약 당신의 이론적 지향성이 경험적이고 관계중심적이라면 집단원은 현실 치료 집단에 중심이 되는 계획 절차에서 도움을 받을 수 있다.

참가자들이 동의하면 자신이 쓴 것을 큰 소리로 읽게 하여 다른 사람들이 그에 대한 구체적 제안을 할 수 있도록 한다. 특히 매주 받았던, 집단의 지지를 받지 못하는 시점에서 집단원에게 집단 내에서 한 사람을 골라 그 사람에게 자신의 진척 상황을 알리도록 하는 것도 좋은 일이다. 이 방법은 책임감을 지워줄 뿐 아니라 잠시 주춤하거나 용기가 꺾일 때 자신을 지지해주는 사람들이 있다는 것이 얼마나 큰 도움이 되는지 깨닫게 해준다. 다음은 마지막 시간에 집단원이 할 수 있는 다짐들이다.

- 아만다는 수업 시간에 좀더 자주 발표하는 일을 시도해왔다. 그녀는 앞으로도 수업 시간에 계속 발표할 것이며 학기가 끝날 때마다 최소한 두 명의 집단원에게 전화해 자신의 진척 상황을 알리기로 했다.
- 로랜드는 사람들로부터 스스로를 고립시키는 자신의 성격을 탐색한 결과, 집단 내부에서나 외부에서 사람들에게 접근하는 법을 배우게 되었다. 그는 기분이 한결 좋아졌다고 말했으며 앞으로도 한 달에 한 번씩 집단 외부에 있는 몇몇 사람들에게 전화나 이메일로 연락하겠다고 했다.
- 제이슨은 자신의 생각과 행동 방식이 다른 사람에게 편견을 가지고 있음을 알게 되었다. 집단상담에서 그는 평소라면 자신과 생각이 다르다는 이유로 꺼렸을 사람에게 다가갔고 결과는 아주 만족스러웠다. 그는 상담이 끝난 후에도 계속 이런 식으로 행동하고 싶어했다. 그는 처음에 꺼렸던 몇몇 집단원에게 이메일이나 전화로 자신의 진척 상황을 알리기로 했다.

우리는 집단상담의 전 과정 동안 집단원에게 과제를 내줄 것을 권장한다. 하지만 집단상담이 마지막 단계로 접어들면서 다양한 성격의 과제를 세심하게 다루어야 한다. 과제에는 집단원이 세운 다짐이 포함되는데 이는 집단원이 스스로에게 부여한 임무가 기대했던 것처럼 실현되지 않을 때 도움을 주기 위해 토론될 수 있다.

좌절 극복하기

열심히 노력하고 참여했음에도 불구하고 집단원이 기대했던 것을 항상 얻을 수 있는 것은 아니다. 집단상담의 마지막 단계에서 집단원이 현실적인 방해 요소를 극복하고 낙담하거나 포기하지 않도록 강화시키는 것이 도움이 된다. 지원 체계를 만들어 집단원을 돕는 것은 그들이 좌절을 극복하고 자신들의 목표를 달성하기 위해 필요한 것에 계속 초점을 맞추는 데 도움이 되는 좋은 방법이다. 집단원이 작은 변화조차도 새로운 방향으로 첫 단계를 내딛는 것을 실현시키는 것은 중요하다.

퇴보 예방은 많은 인지행동적 집단에서 기본적인 것이다. 당신이 어떤 이론적 지향성을 가지고 있더라도 퇴보와 기대하지 않았던 결과를 극복하는 방법에 대해 토론하는 것이 매우 중요하다. 집단원이 그동안 스스로에게 다루기 쉬운 과제를 주어왔을 경우 실망스러운 결과가 나올 경우는 줄어들게 된다. 각 집단원이 과제를 자신의 계약에 맞추고 너무 지나친 계획을 세우지 않도록 하는 것이 중요하다. 집단상담이 끝나고 후속 모임이 있을 경우 이는 다짐들을 재평가하고 집단원의 과제가 어느 정도 효과적인지 평가할 수 있는 절호의 기회이다(이 장의 뒷부분에서 후속 모임에 대해 살펴보기로 하자). 우리는 항상 집단원에게 후속 모임에 참여하는 것이 얼마나 중요한지를 강조한다. 집단상담이 끝나고 자신이 하겠다고 결심했던 일을 다 하지 못했을 경우는 특히 그렇다. 후속 회기는 미래의 활동에 대한 각 집단원의 계획을 평가할 수 있는 또 다른 기회를 제공한다.

집단상담에서 배운 것을 실생활에 옮기는 지침

특정한 행동이나 태도는 집단 내에서 의미 있는 자기 탐색을 증가시킨다. 이 시점에서 6장에 나와 있는 집단 경험을 최대로 활용하는 지침을 다시 한 번 읽어보기를 권한다. 처음 집단상담을 시작할 때 우리는 집단원들에게 어떻게 해야 집단 활동에 활발히 참여할 것인지 가르쳐준다. 그러한 가르침은 상담 내내 계속된다. 마지막 단계에서는 집단원이 각자 배운 것을 공고히 하고 그것을 일상생활에 활용할 수 있도록 가르쳐야 한다. 상담이 후반기에 접어들수록 참가자들은 자신이 배운 것을 어떻게 넓혀갈 것인지 진지하게 고민한다.

집단상담은 목표가 아니라 하나의 수단이라는 것을 인식하라 우리는 집단상담 그 자체를 목표로 생각하지 않는다. 집단에서 다른 사람에게 친밀감을 느끼는 것은 즐거운 일이지만, 집단상담의 목적은 참가자들로 하여금 일상생활에서 중요한 사람과 친하게 지내는 것을 포함하여 자신의 삶에서 어떤 변화를 가져올 것인지 결정하도록 하는 일이다. 치료적인 집단은 사람들에게 자신을 바라보게 하고 자신의 현재 모습에 만족할 것인지, 변하겠다면 변화의 계획을 세우도록 격려해준다.

집단상담이 끝나 갈수록 집단원에게 자신이 배운 것은 무엇인지, 어떻게 그런 깨달음을 얻었으며 그런 통찰을 어떻게 할 것인지 심사숙고하도록 돕는 것이 상담자의 임무이다. 그러면 집단원도 스스로 학습한 것에 대해 어떻게 할 것인지 결정하게 된다.

변화는 천천히, 눈에 띄지 않게 일어난다는 사실을 알라 사람들은 때때로 저절로 변하기를 바라며 일단 변화를 시도하면 그것이 영원히 지속되기를 바란다. 그런 기대감 때문에 일시적 후퇴가 찾아왔을 때 사람들은 낙담하게 된다. 이런 후퇴가 찾아올 때는 집단에 그 문제를 털어놓는 것이 바람직하다. 변화의 과정이 느리다는 사실은 집단에서 탐구해야 할 좋은 주제 중의 하나이다.

한 번의 집단상담만으로 인생이 달라지기를 기대하지 말라 집단상담의 치료 효과를 기대하는 사람들은 비현실적인 기대에 매달려 갑작스럽고 극적인 변화를 기대한다. 단 한 번의 집단상담은 그것이 아무리 그 자체로 중요한 변화를 일으키는 촉진제의 잠재성이 크다 해도 그들의 결심을 지속시키는 데 충분하지 못하다는 것을 기억할 필요가 있다. 사람들은 수십 년간 가면과 방어기제를 포함한 자신만의 고유한 성격을 형성해왔다. 보다 바람직한 성격을 형성하는 데는 시간이 걸린다. 사람들은 익숙한 방어기제를 쉽사리 포기하지 않으며 설령 고통이 따른다 해도 그러한 방어기제를 계속 작용시킨다. 변화는 말 그대로 과정이지 결과가 아니다.

> **그렇게 얻은 진실로 무엇을 할 것인지는 궁극적으로 집단원 자신에게 달렸다.**

자신이 배웠던 것을 어떻게 다룰 것인지 결정하라 집단상담이 최고조에 이르면 집단원은 자신이 누구이며 자신이 남에게 어떻게 비춰지는지 그 진실을 보게 된다. 그렇게 얻은 진실로 무엇을 할 것인지는 궁극적으로 집단원 자신에게 달렸다. 집단원은 집단에서 학습한 것을 일상생활로 옮길 때 주의를 기울여야 한다. 사람들이 집단상담에 참가하는 이유 중의 하나는 삶을 의미 있게 살 능력을 상실하고 스스로 결정하지 못하고 다른 사람에게 삶의 방향을 맡긴 채 그들에게 책임을 전가하기 때문이다. 그들은 집단이 자신을 위해 결정해주기를 바라고 집단이 자신에게 기대하는 것에 예민하게 반응한다. 집단상담이 실제로 유익할 경우 집단원은 일상생활에서 어떻게 달라지기를 원하는지에 대해 결정할 수 있도록 배우게 될 것이다.

비밀 보장을 상기하는 것

마지막 회기에서 우리는 집단을 끝마치고 난 후에도 비밀 보장의 중요성을 언급한다. 우리는 다른 사람에게 집단상담에서 있었던 일을 상세하게 이야기하다 보면 자기도 모르게 비밀을 폭로하는 경우가 있음을 알려준다. 우리는 비밀을 폭로하지 않고도 집단상담의 경험을 이야기하는 법을 가르쳐주는데, 즉 자신이 깨달은 사실만 이야기하고 그 과정까지는 상세히 설명하지 말라는 것이다. 항상 '과정'을 설명하다 보면 다른 사람의 이름까지 나오게 되는 법이다. 또한 자신에 관한 이야기만 하고 다른 참가자의 문제에 대해서는 말하지 말라고 당부한다.

 ## 집단 경험의 평가

평가는 어떠한 집단 경험에서도 볼 수 있는 기본적인 측면이며 이를 통해 집단원과 상담자 모두 이익을 얻을 수 있다. 평가는 집단 과정 전체를 통해 진행되는 과정이며, 집단 과정의 중요한 시점에서 집단원이나 집단 자체의 발전을 추적하는 과정이다. 몇몇 평가 척도는 각각의 집단원이 이번 상담에서 어떤 경험을 했고 집단상담을 어떻게 평가했는지 상담자에게 알리는 역할을 한다. 표준화된 도구 또한 개개인의 태도와 가치의 변화를 보다 상세하게 알려준다. 그러한 실질적 평가 도구는 집단원으로 하여금 각자 집단에 대한 평가를 내리게 하고 또 상담자에게는 어떤 개입이 효과적, 또는 비효과적이었는지 알게 해준다. 집단의 구조를 평가하려는 노력은 또 다른 집단상담을 이끄는 데 밑거름이 될 것이다.

상담이 끝난 후에는 때때로 집단원에게 설문지를 돌린다. 한동안 집단과 떨어져 있었을 경우 집단에 대한 집단원의 지각은 다양하게 나타난다. 몇 가지 질문에 대한 답변을 집단원에게 글로 작성하도록 요청함으로써 집단원이 한번 더 곰곰이 생각해보도록 하고 다시 한 번 집단 경험의 의미를 되새기도록 한다. 집단 경험에 대한 자신의 지각을 글로 작성함으로써 집단원은 집단상담이 자신에게 얼마나 효과적이었는지를 평가할 수 있게 된다. 집단 경험에 대한 집단원의 지각에 대한 답변을 통해 그 집단이 그들에게 얼마나 효과적이었는지를 평가할 수 있게 된다.

다음은 질문지의 예이다.

1. 집단상담이 당신의 인생에 전반적인 영향을 미쳤습니까?
2. 당신의 삶의 방식이나 태도, 대인관계에 대해 구체적으로 깨닫게 된 것은 무엇입니까? 집단상담을 통해 당신 인생에서 조금이라도 변했다고 생각하는 부분은 무엇입니까?
3. 집단상담이 끝난다는 사실과 변하겠다는 결심을 실행하는 과정에서의 문제점은 무엇입니까?
4. 당신의 생각에 집단 참여가 당신의 일상생활에서 만나는 중요한 사람에게 어떠한 영향을 미쳤다고 생각합니까?
5. 상담이 종결될 때까지 일상생활에서 위기를 맞은 적이 있습니까?
6. 집단을 경험하지 않았다면 지금 당신의 생활이 어떠할 것 같습니까?
7. 집단상담 동안 또는 끝난 후에 당신 자신과 당신의 경험에 보탬이 되는 것은 어떤 것입니까?

집단상담이 얼마나 효과적이었는지 평가하기 위해 다음의 방법을 사용한다.

- 각 집단원과 개별적으로 상담을 갖거나 계속 연락하며 지낸다. 일대일로 만나지 못할 때는 편지나 전화로라도 이야기를 나눈다.
- 한 번 이상의 후속 모임을 갖는다. 여기에 관해서는 뒤에서 보다 상세히 다룰 것이다.
- 집단원이 상담에서 가장 유익한 것 또는 가장 쓸모없는 것으로 생각하는 것이 무엇인지 알기 위해 위에서 말한 것과 같은 간단한 질문지를 작성하게 한다.
- 집단원에게 상담 일지를 계속 쓰라고 강하게 요구한다(이것은 집단의 성격에 따라 다르다). 그 개인적인 일지를 바탕으로 집단 외부에서 했던 행동은 물론 집단에서 있었던 개인적 경험을 쓰게 한다. 상담 기간 동안 및 상담이 끝난 후에 그 글을 제출하게 한다.

집단원은 집단 동안이나 회기가 끝난 후에 변화를 이끌게 한 매우 의미 있었던 것을 쓰고 그것을 보고하도록 했다. 글을 쓰는 전 과정을 통해 집단원은 상담의 전체적인 흐름과 자신에게 발견된 중요한 사실에 대해 초점을 맞출 수 있었다. 그러한 쓰기 작업을 통해 그들은 각자가 경험한 것을 명료화하고, 중요한 사람에게 하고 싶은 말을 미리 연습해보는 기회를 갖게 된다. 또한 상담하면서 전환점이 되었던 순간을 돌이켜보고 집단상담의 영향력을 평가하며 이 경험을 바탕으로 보다 의미 있는 관점을 갖게 된다.

 상담 종결 단계에서 공동 지도자의 문제

이 단계에서는 공동 지도자들이 집단이 끝나기 전에 더 이상 충분히 작업할 수 없는 새로운 문제는 탐색하지 않기로 합의하는 것은 도움이 된다. 이따금씩 집단원은 집단이 끝날 때까지 쌓아두었던 주제를 탐색할 시간이 없는 시기에 다루기를 원하기도 한다. 그럴 경우 한 명은 새로운 작업에 착수하고 싶은 유혹을 느끼고 다른 사람은 상담을 마무리 지으려 할지도 모른다.

다음은 종결 단계 동안에 공동 지도자와 함께 상의해야 할 구체적 사항이다.

- 특별히 염려되는 집단원이 있는가? 특정 집단원에게 하고 싶은 말이 있는가?
- 당신이나 공동 지도자가 상담이 끝나기 전에 집단원과 함께 나누는 데 도움이 되는 지각이나 반응을 가지고 있는가?
- 두 사람 모두 상담이 끝나고 상담원과 헤어지는 데서 오는 감정을 다스릴 수 있는가? 그렇지 못하다면 집단 종결과 관련된 감정을 집단원과 공모하여 그러한 감정의 언급을 회피할 수 있다.
- 두 사람 모두 집단원에게 집단상담의 경험을 뒤돌아보고 그 가르침을 일상생활에 실천하도록 하는 데 가장 효과적인 방법은 무엇이라 생각하는가?
- 상담이 끝나기 전이나 후속 상담 때 집단원이 집단상담을 평가하는 데 도움이 될 만한 계획이 있는가?

상담이 끝난 후에도 우리는 공동 지도자들이 다시 만나 함께 작업한 경험을 토론하고 집단상담을 전체적으로 정리하도록 격려한다. 이러한 실습은 상담자가 상담자 자신과 집단원, 슈퍼바이저, 혹은 다른 동료와 함께 집단상담 작업을 탐색할 수 있도록 고무하는 ASGW(2008)의 『최선의 상담 실무 지침』의 내용과 일치한다. 다음은 집단상담의 경험과 깨달음을 통합하는 과정에서 공동 지도자와 함께 탐색해볼 만한 주제들이다.

- 공동 지도자와 책임의 균형 문제에 대해 토론하라. 주로 한 사람만 이끌고 다른 사람은 그냥 따라가는 식은 아니었는가?
- 한 상담자가 모든 영역에서 너무 과도하게 개입하고 다른 한 사람은 너무 적게 개

입하였는가?

- 두 사람의 지도 방식은 어떻게 조화를 이루었으며 그것은 집단에 어떤 영향을 미쳤는가?

- 집단의 나아갈 방향이라든가 집단 활성화에 필요한 요소를 결정하는 것과 같은 기본적 문제에 있어 의견일치가 이루어졌는가?

- 함께 작업하면서 좋았던 점과 도전해야 했던 점을 이야기하자. 상대방에게서 개인적으로나 직업적으로 배운 점, 이를테면 약점과 장점, 기술, 상담을 이끄는 방식 등에 대해 허심탄회하게 토론하면 많은 도움이 될 것이다.

- 스스로에 대한 평가뿐 아니라 서로 상대방을 평가해주는 것이 좋다. 상담자로서 자기 자신에 대한 평가와 상대방의 평가를 비교해보는 것은 매우 유용하다. 특히 앞으로 신경 써야 할 부분이 무엇인지 알게 되는 것은 큰 도움이 된다. 그 결과 집단을 이끄는 기술은 더욱 향상될 것이다.

- 두 사람 모두 집단에서의 중요한 순간을 돌아봄으로써 많은 것을 배울 수 있을 것이다. 맨 처음 집단은 어떻게 시작되었는가? 어떻게 끝났는가? 집단의 성공 혹은 실패 요인은 무엇인가? 이런 식의 보편적 평가는 집단상담의 과정을 이해하도록 도우며 앞으로 집단상담을 하는 데도 필요한 정보가 될 것이다.

집단지도자가 전체 집단상담에 대한 평가를 글로 남기고, 필요하다면 각 집단원에 대해 간략히 평가를 하는 것이 바람직하다. 특히 집단의 발전 과정에 관해 계속 일지를 쓰는 것은 앞으로의 집단상담에서 변화를 만들어내는 것과 관련해 특히 도움이 된다.

 후속 상담

집단 종결 후 회기

집단이 상담이 끝나고 후속 집단 회기를 계획하는 것은 매우 중요한 평가 도구가 될 수 있다. 이러한 평가와 후속 모임은 ASGW(2008) 『최선의 상담 실무 지침』에 다음과 같이 권장되어 있다. "상담자는 집단 성과를 평가하거나 집단원이 요청할 경우 후속 모임을 갖는다"(C.3).

집단원은 자신이 정한 목표를 얼마나 잘 지켰는지 모여서 평가할 것임을 알면 변화의 단계를 내딛는 데 동기부여가 된다. 마지막 시간에 집단원은 상담이 끝나고 다시 만날 때까지 무엇을 할 것인지 계약서를 작성한다. 집단원은 다른 집단원을 자신의 지지 체계로 활용한다. 결심을 실천하는 어려움이 느껴지면 함께 그 어려움에 대해 상의한다. 이때 상대에게서 조언을 구하는 의존적 관계라기보다는 서로를 지지해주는 관계로서 상의한다.

후속 상담 시간에는 상담이 끝난 후로 집단원이 계속 직면했던 어려움을 공유하고 계속적인 변화를 위해 취했던 구체적인 방법을 이야기하며 아울러 상담하는 동안 겪었던 가장 긍정적 경험을 잊지 않기 위해 어떻게 했는지도 이야기한다. 또한 집단상담에서의 경험과 관련된 생각 및 감정을 표현하고 작업할 기회도 갖는다. 마지막에 집단의 응집력이 높았을 때에는 집단원이 집단에서 자신의 역할에 대한 후회의 감정을 지워버리려는 유혹에 빠질 수 있다. 그러나 집단 경험에서 소원해지게 됨에 따라 특정한 후회나 생각이 뒤늦게 생겨날 수도 있다. 후속 모임은 상담이 끝나고 일정한 시간이 흐른 후 집단 경험에 대한 이러한 생각과 감정을 표현할 수 있는 수단을 제공해준다. 이는 집단상담 속에 내재된 위험요인을 줄여준다.

11장에 기술된 근친상간 피해 여성의 지지 집단을 위한 집단 제안서는 처치 프로그램에 후속 모임의 절차를 다룬 예시를 보여준다. 집단 상담자인 Lupe Alle-Corliss는 몇 회기의 후속 모임(집단이 끝난 후 6~12주)을 계획하여 집단원이 매주 진행된 집단보다는 집단 외부의 지지 체계의 도움을 받도록 했다. 또한 11장에는 지역사회 기관에서 남성 집단을 위한 집단 제안서가 제시되어 있다. 집단 성과를 평가하기 위한 방법으로 집단지도자(Randy Alle-Corliss)는 '재결합 집단(reunion group)'이라고 하는 후속 집단을 계획했다. 이 집단은 집단에서 의미 있었던 것과 집단에서 배운 것을 일상생활에 어떻게 적용하는지에 대해 다른 관점으로 보도록 하는 기회를 주었다. 집단원은 새로운 스타일을 행동을 수행하는 데 당면하는 어려움을 논의하는 기회를 가졌다.

집단상담 시간에 우리는 집단원에게 후속 모임의 목적이 무엇인지를 일깨워준다. 후속 모임은 새로운 작업을 시도하기보다 집단 경험을 일상에 어떻게 적용했는지를 알아내기 위한 것이다. 집단원은 자신에 대한 새로운 깨달음을 외부 세계와의 관계에도 적용했는지, 했다면 어떻게 했는지도 이야기하게 된다. 후속 집단 모임은 지도자와 집단원 모두에게 책임을 갖도록 한다. 우리는 집단원에게 자신들이 원하는 것을 얻기 위해 계속 노력해왔는지를 묻는다. 만약 그러한 노력이 있었다면 어떤 변화를 경험했는지, 좀 더 많은 모험을 감행했는지, 새로운 행동을 시도하고 있다면 어떤 결과를 얻을 수 있는지와 같은 것이 후속 모임 중에 탐색해볼 수 있는 주제이다. 보다 다양한 주제와 질문에 대해서는 평가를 위한 토대로서 앞서 설명한 질문지를 참조하기 바란다.

후속 모임은 사람들에게 그들이 되고자 했던 자신의 삶에 대해 책임을 느끼도록 일깨워주는 또 다른 기회를 제공하고, 의미 있는 변화를 위해서 노력을 기울일 필요성을 느끼게 한다. 후속 모임은 집단원이 했던 작업을 계속 이어갈 수 있는 다른 수단을 고무하고 토론할 수 있는 시기 적절한 기회를 제공한다.

당신이 집단원의 신념이나 가치관, 태도, 적응 수준 등에 대해 사전 평가를 했다면, 사후 평가 모임이야말로 사전과 사후를 비교하기에 이상적인 지점이다. 상담을 시작하기 전(또는 초기 단계)에 집단원을 대상으로 실시했던 평가를 마지막 시간, 그리고 상담이 끝나고 시간이 지난 후속 상담 시간에도 다시 한 번 사용할 수 있다. 집단원이 자신이 목표를 얼마나 잘 달성했는지 알아보기 위해 개별적으로 면담할 경우, 이러한 평가 도구는 태도나 행동 면에서 그 사람이 얼마나 변했는지 구체적으로 알려준다.

물론 후속 상담이 늘 가능한 것은 아니다. 후속 상담을 못할 때는 대신 집단에 대한 집단원의 생각과 집단상담이 그의 삶에 미친 영향력을 평가하는 간단한 설문지를 보낸다. 다른 방법으로는 안전한 온라인 실시간 화상 채팅으로 집단원을 만나는 경우도 있다. 잠재적인 사생활 침해나 비밀 보장을 위반하는 것을 피하기 위해 사전에 집단원과 연락을 취하는 방법에 관해 동의를 얻는 것은 중요한 일이다.

기억해야 할 핵심 사항

집단의 종결 단계

종결 단계의 특성

종결 단계에는 주로 다음과 같은 특성이 나타난다.

- 헤어진다는 사실에 대해 슬픔과 불안을 느낀다.
- 집단원은 상담이 곧 끝난다는 사실에 움츠러들며 이전보다 집단 활동에 참여를 덜 한다.
- 집단원은 자신이 취할 행동이 어떤 것인지를 결정한다.
- 집단상담에서 배운 것을 실생활에 옮길 수 있을 것인지에 대한 두려움은 물론 집단이 해체되는 것에 대한 두려움도 느낀다.
- 집단원은 서로 간에 두려움과 희망, 근심을 표현한다.
- 집단 회기 동안에 집단원이 일상생활에서 마주하는 주요한 사람들과의 관계에 대처하는 연습을 한다. 일반적으로 역할 연기 및 타인에게 보다 효과적으로 대처하는 행동 리허설이 일어난다.

- 집단원은 집단 경험에 대한 평가 작업을 한다.
- 후속 상담에 대해 이야기를 나눈다. 그리하여 집단원이 변하겠다는 계획을 더욱 열심히 수행할 수 있도록 격려한다.

집단원의 역할

상담의 마지막 단계에 집단원이 직면하는 주요한 문제는 배운 것을 강화하여 외부 환경에 적용시키는 것이다. 이제는 집단상담의 의미를 되돌아보고 인지적으로 구조화시킬 때다. 이 시기에 집단원이 해야 할 일은 다음과 같다.

- 집단원이 집단과 소원해지지 않도록 집단원과 헤어지고 상담을 끝내는 데서 오는 감정을 다룬다.
- 집단원 집단 작업의 중요성에 실망하거나 무시하지 않도록 배움을 일상생활에 적용시킬 준비를 한다.
- 집단 내에서 일어난 문제든 집단원의 개인적 문제든 아직 해결되지 않은 문제를 정리한다.
- 집단상담이 미친 영향을 평가하고 변화는 시간과 노력, 연습이 필요한 것임을 기억한다.
- 어떤 면에서 변화할 것인지 결정하고 그것을 어떻게 실천할지 계획한다.

집단이 끝난 후에 집단원의 주요 역할은 집단 내에서 학습한 것을 일상적인 삶에 행동적 실천으로 적용하는 것이고, 집단을 평가하고 (실제 가능하다면) 후속 모임에 참여하는 것이다. 집단원의 핵심 과업은 다음과 같다.

- 집단의 지지 없이 스스로를 강화시킬 수 있는 방법을 모색한다.
- 집단의 지지적인 환경이 주어지지 않더라도 변화를 위한 자기 주도적인 프로그램으로 새로운 행동을 지속시키는 방법을 모색한다.

상담자의 역할

이 단계에서 집단지도자의 주요 목표는 참가자에게 집단에서의 경험이 어떤 의미를 갖는지 명확하게 하고 상담에서 배운 사실을 일상생활에 적용하도록 돕는 것이다. 상담자의 주요 역할은 다음과 같다.

- 상담이 끝나는 데서 오는 감정을 잘 다스리도록 돕는다.
- 집단원에게 집단에서 해결하지 못한 문제를 표현하고 다룰 수 있는 기회를 제공한다.

- 집단원의 변화를 강화하고 그들에게 더 발전할 수 있는 자원에 대한 정보를 확인시켜준다.
- 집단원이 다양한 생활을 하는 상황에서 구체적인 기술을 어떻게 적용할지를 결정하는 데 도움을 준다.
- 집단원이 했던 변화를 요약하고 다른 집단원과의 공통점을 나눈다.
- 변화하는 실질적 방법으로서 집단원이 구체적 다짐을 하고 과제를 실천하도록 한다.
- 집단원의 이해, 통합, 강화를 돕는 개념적 구조화를 통해 집단원이 상담에서 깨달은 사실을 잊지 못하도록 한다.
- 집단원에게 바람직한 피드백을 주고받을 기회를 준다.
- 상담이 끝난 후에도 집단에서 있었던 일에 대해 비밀을 유지할 것을 다시 한 번 당부한다.

집단 종결 후에 지도자는 다음과 같은 일을 해야 한다.

- 집단원이 원한다면 개인 면담을 갖도록 한다. 단 몇 번이라도 집단상담의 경험에 대해 이야기하도록 한다.
- 가능하다면 후속 집단상담이나 개인 면담을 통해 집단상담이 미친 영향을 평가한다.
- 계속 상담받기를 원하는 사람에게 다른 상담을 구체적으로 소개해준다.
- 계속 지지와 도전을 받을 수 있는 길을 찾을 수 있도록 집단원을 격려하여 집단상담의 종결이 새로운 방향을 이끌 수 있도록 한다.
- 가능하다면 공동 지도자와 만나 집단의 전반적인 효과를 평가한다.
- 개인적 변화의 특성과 집단의 장단점을 평가할 수 있도록 후속 집단평가 도구를 사용한다
- 집단상담 내용을 요약하고 비밀스러운 장소에 기록을 보관한다

집단의 종결 단계

다음은 집단상담의 종결 단계에 적절한 몇 가지 연습문제이다. 대부분 학교에서나 상담 집단 모두에서 사용할 수 있는 것들이다.

1. **깎아내리는 연습**   소피아는 상담이 끝난 뒤 많은 사람들에게 친밀함을 느끼고 가까워지려 노력했다. 그러던 중 직장 동료들에게 그러한 시도를 했으나 거절만 당하자 그녀는 집단에서의 경험이 현실과는 다르다고 생각하기 시작했다. 집단상담에서의 경험을 깎아내리려 하거나 옛날 생활방식이 불쑥불쑥 튀어나와 새로운 행동을 굳히는 데 방해가 되는 행동은 상담이 끝난 후 참가자들이 보이게 되는 공통적인 반응이다. 이 연습을 위해서 우리가 변화하려는 계획을 좌절시키기 위해 스스로에게 말할 수 있는 모든 것을 상상해보라. 그럼으로써 새로운 행동 방식을 확립시키는 데 우리 스스로가 방해한다는 사실을 공개적으로 알게 될 것이다.

2. **집단상담 종결 연습**   학생들이 이제 막 끝나려고 하는 집단의 지도자가 되어본다. 집단을 떠나는 집단원을 어떻게 준비시킬 것인지를 생각해본다.

3. **종결 면담 연습**   자원을 받아 한 사람이 집단지도자 역할을 맡도록 하여 한 집단원(자원자)과 면담을 하도록 한다. 상담자는 약 10분간 집단원과 그간의 상담이 어땠는지 이야기를 나눈다. 연습 후에 면담을 받은 집단원에게 면담에 대한 반응을 들어본다.

4. **미래 투사 연습**   마지막 시간에 1년(혹은 5년이나 10년)이 흐른 뒤에 다시 만나는 상상을 한다. 자신이 어떤 인생을 살았고 어떻게 변했으며 집단상담이 집단원에게 어떠한 영향을 미쳤다고 말하고 싶은가? 다시 만나는 것과 관련해 집단원은 어떤 두려움을 가질 수 있는가?

5. **기억하는 연습**   집단상담을 하면서 중요한 변화가 있었던 순간들을 단순히 돌이켜보는 것만으로도 큰 도움이 된다. 집단원 각자 자신에게 가장 의미 있었던 사건을 회상해보도록 한다.

6. **구체적 다짐하기**   후반기에 집단원은 자신들의 변화를 강화하기 위해 기꺼이 어떠한 행동을 하겠다는 다짐을 해야 한다. 이 다짐을 글로 써서 집단에서 발표한다. 다른 사람들은 피드백이나 목표를 실천할 수 있는 다른 방법 등을 제시한다.

토론을 위한 질문

여기에는 학급의 토론 집단에서 탐색할 몇 가지 질문이 있다.

1. 집단을 종결할 때 집단 상담자의 책임은 무엇인가?

2. 개방 집단에서 집단을 그만두는 집단원을 어떻게 대할 것인가? 집단에 새로운 사람이 들어올 때 어떻게 소개하겠는가?

3. 분리와 종결 문제를 다루는 데 있어 당신의 어떤 개인적인 특성이 집단원을 도와주는 방식에 관여될 수 있는가?

4. 집단원이 집단에서 배운 것을 생각하고 이 교훈을 일상생활에서 적용하는 방법을 알수 있도록 도와주기 위해 어떤 지침을 개발할 수 있는가?

5. 효과적인 행동 계획의 핵심 특징은 무엇이며, 집단원이 이 계획을 완성하도록 어떻게 격려할 것인가?

6. 집단의 시작과 종결에서 평가할 도구는 무엇인가?

7. 집단을 설계할 때 평가 연구를 어떻게 할 것인가? 집단 작업에서 연구와 실제를 결합하는 것이 가치가 있다고 보는가?

8. 집단의 종결 후에 당신의 공동 지도자와 어떤 문제를 논의하고자 하는가?

『집단상담의 실제: 진행과 도전-DVD와 워크북』을 위한 안내

다음은 『집단 발전(Evolution of a Group)』의 마지막 단계 부분과 함께 이 장을 효율적으로 활용할 수 있는 몇 가지 제안이다.

1. **마지막 단계의 과제** 이 장에서 제시한 집단상담의 마지막 단계에서 달성해야 할 과제를 살펴보라. DVD 집단의 종결 단계를 학습하면서, 어떤 과제가 달성되고 있다고 보는가?

2. **집단 경험의 종결** 집단원은 집단상담의 종결을 위해 어떠한 준비를 하는가? 집단원은 자신들이 배운 것을 어떻게 개념화하는가? 초기 발달 단계와 비교해볼 때 이 단계에서 집단은 어떠한 차이를 보이는가?

3. **워크북 활용하기** 워크북의 '5: 마무리 단계'를 참조하고 모든 연습문제를 완성하라. 이 부분을 읽고 질문을 검토하는 것이 본문과 DVD, 그리고 워크북을 통합함으로써 집단상담 과정을 개념화하는 데 도움을 줄 것이다.

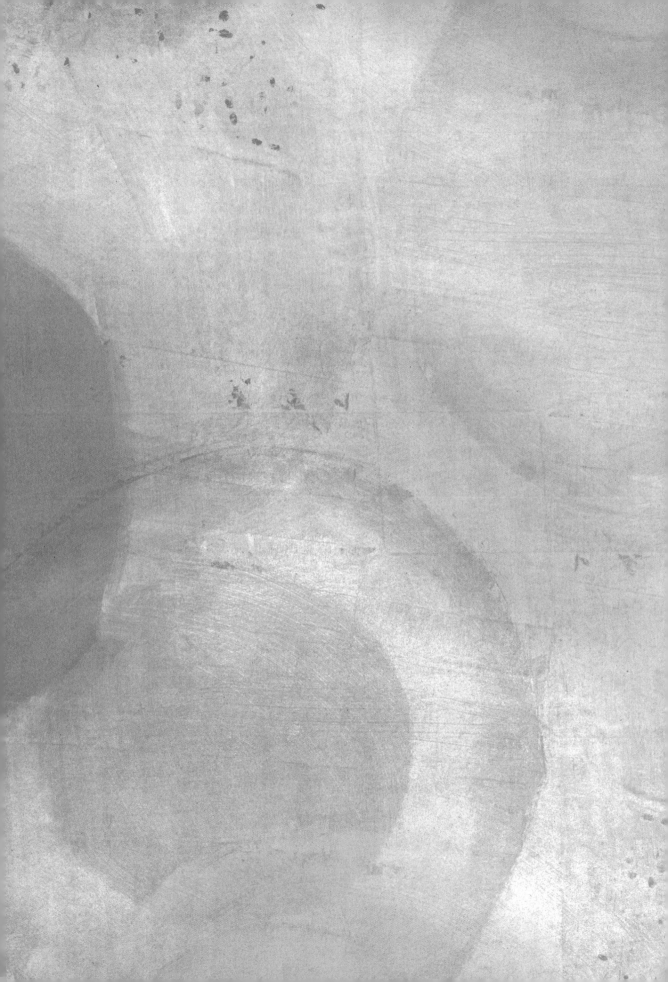

PART 3

학교와 지역 기관 현장에서 집단 과정 적용하기

3부에서는 집단 과정의 이론과 실제가 어떻게 특정한 내담자의 욕구에 맞게 사용되는지를 보여준다. 아동, 청소년, 성인, 노인과 작업하는 집단지도자는 특별한 책임을 갖는다. 우리가 초청한 저자들은 이러한 특별한 집단을 어떻게 구성하고, 집단을 설계할 때 도움이 될 수 있는 방법을 어떻게 공유하는지에 대해 기술하도록 도움을 준다. 이러한 특별한 집단을 계획하고 이끌어갈 때, 지도자는 집단을 촉진하는 데 필요한 역량을 가져야만 한다. 2장에서 다룬 집단에 대한 지식과 기술뿐만 아니라 집단이 목표로 하는 사람들의 특정한 욕구에 친숙해질 필요가 있다.

상담 및 관련 프로그램에서 학생들은 다양한 사람들, 아동이나 청소년, 대학생, 노인, 물질남용 문제를 가진 내담자, 입원 환자, 지역사회 기관에 있는 외래 환자와 함께 일하는 인턴십을 받아야 할 필요가 있다. 지역사회는 정신건강 상담자에게 다양한 집단을 구성하고 운영하도록 요구한다. 물론 이 책에서 이러한 특별한 집단을 모두 다루는 것은 아니다. 몇몇 프로그램은 당신의 개인적인 스타일, 내담자, 근무하는 기관에 적합한 집단을 만드는 데 적용할 수 있는 아이디어를 줄 것이다. 기술된 대부분의 집단 제안서는 집단 조직하기, 집단 목표, 집단 형식, 집단 성과와 같은 구성 요소를 갖고 있다. 다양한 집단 제안서를 읽은 후에 당신이 자신의 집단을 구조화하는 데 도움을 받을 수 있는 공통된 특징을 찾아보라.

어떤 집단을 설계하는지 상관없이 사전 동의를 받기, 신뢰를 형성하기, 숨겨진 주제 다루기, 집단의 여러 발달 단계에 따라 집단구성원 촉진하기 등의 요인에 당신은 관심을 가질 것이다. 당신은 또한 집단의 과정과 성과를 기록하는 책임을 져야 한다. 당신이 이끄는 집단의 종류, 집단 작업을 하는 환경과 내담자들은 당신이 관심을 기울여야 할 부분을 결정하는 데 영향을 준다.

3부에 제시된 집단 제안서는 학교와 다양한 지역사회 기관에 있는 집단 전문가에 의해 개발되었다. 이들은 자신들의 관심과 이러한 집단 환경에 있는 내담자의 요구에 따랐다. 이 제안서는 이전 장에서 논의되었던 많은 개념을 우리의 집단에 어떻게 적용하는지에 대한 실제 사례를 보여준다. 당신이 봉사하는 내담자들이 갖고 있는 욕구를 충족하면서, 당신이 흥미로워하는 집단상담을 실시하는 방법을 조사하길 바란다.

학교 현장에서의
집단상담

도입 ¦ 학교 현장에서의 집단상담 ¦ 아동 및 청소년의 집단 활동 지침 ¦ 아동 및 청소년 집단상담
에서의 놀이 치료 ¦ 청소년기의 발달 테마 ¦ 청소년 집단을 이끌면서 만나게 되는 문제와 도전 ¦
분노와 갈등에 찬 청소년 돕기 ¦ 대학생을 위한 집단상담 ¦ 기억해야 할 핵심 사항 ¦ 연습

학습 목표

1. 학교 환경에서 집단을 수행하는 데 영향을 미치는 집단 유형 및 기타 고려 사항을 설명한다 (CACREP, 2016, Standard F).
2. 회원 모집, 선별 및 선정을 포함한 집단 형성 접근법을 기술한다(CACREP, 2016, Standard E).
3. 아동 및 청소년의 집단 활동 지침을 확인한다.
4. 아동 및 청소년 집단에서 놀이 치료와 관련된 치료 요소를 확인한다.
5. 청소년기의 핵심 발달 주제를 기술한다.
6. 청소년 집단의 주요 도전 과제에 대해 토론한다.
7. 청소년이 분노와 갈등을 해결할 수 있는 제안서를 목록화한다.
8. 대학 상담센터에서 집단을 구성하는 데 사용되는 주제를 설명한다.

도입

이번 장에서는 학교 현장에서 아동 및 청소년에 적합한 집단상담에 대해 소개하고자 한다. 학교, 대학교 상담센터, 사설 기관, 공공 치료센터와 같은 다양한 환경의 집단에서 적용할 수 있는 일반적 집단 구조에 대해 설명할 것이다. 그리고 아동, 청소년, 대학생의 요구를 해결하는 집단을 구성하는 데 필요한 많은 아이디어를 제시할 것이다. 그러나 학교 현장에서 집단상담을 진행하기에 이 장에서 제시하는 내용만으로는 부족할 것이다. 상담자는 집단을 촉진하는 기술을 익히고 훈련해야 하며, 집단 과정에 관한 지식을 상담자의 집단상담에서 적용해야 한다. 그러므로 이와 관련된 서적을 더 많이 읽고, 전문적인 워크숍에 참석하면서 이 분야의 집단상담 경험이 많은 전문가들과 함께 운영하고, 현장 경험을 하기 바란다.

이번 장에서는 학교 환경에서의 집단에 대해 설명하고 있지만, 공공 정신 보건 기관 등과 같은 그 외의 기관에서도 이용할 수 있을 것이다. 학교 상담자의 역할과 기능은 공공 정신 보건 상담자와는 다르며, 각기 다른 목적을 가질 수 있다. 또한 법, 규정, 정책, 그리고 학교나 단체의 임무는 다를 수 있다. 집단 전문가는 이러한 차이점에 대한 지식을 갖고 있어야 할 필요가 있다. 학교와 공공 기관에서의 집단은 뚜렷한 경계가 없다.

학교 현장에서의 집단상담

학교 내 상담 집단은 다양한 주제와 형식으로 이루어진다. 아동과 청소년 집단은 학교에서 제공하는 상담 서비스 중에서도 대다수의 비중을 차지하고 있는데, 이는 정보와 치료를 제공하는 데 효율적이기 때문이다. 소규모 집단은 많은 학생들이 좀 더 심각한 정신건강 문제를 치료받기 이전에 영향을 끼칠 수 있는 잠재력이 있다. 학교 기반 집단은 학생의 건강한 발달과 일상에서의 더 효율적인 방법을 찾는 것을 돕기 위해 예방과 개입 전략을 강조한다(Sink, Edwards, & Eppler, 2012). 학교 기반 상담 연구는 소규모 집단이 학생 참가자와 교내 상담자 모두에게 가치가 있다는 것을 입증하였다. 이러한 프로그램들은 학생의 개인적이고 사회적 기능에 영향을 줄 뿐만 아니라 학업 수행을 증진시키는 효과가 있었다(Sink et al., 2012; Steen, Bauman, & Smith, 2007). 집단은 정보 및 치료 제공의 효과 때문에 아동 및 청소년을 위한 포괄적인 발달 학교 상담 프로그램에서 중요한 역할을 한다(Steen, Henfield, & Booker, 2014).

많은 학교 상담 집단은 개인 및 사회 발전을 향상시키는 동시에 심리교육 목적(예:

학습 기술 교육)을 갖춰야 한다. Steen과 동료들(2014)은 정규 교육 과정에 속한 교내 상담자가 학생들의 학업 및 개인 사회 개발을 집단 활동으로 통합할 수 있도록 돕기 위해 고안된 집단상담 모델을 설명한다. Villalba(2007)는 정규 교육 과정에 속한 아동들의 개인적·사회적 그리고 학업 문제를 대처하는 심리교육적 집단에 대해 연구하였다. 아동과 청소년 대상 집단 활동은 따돌림을 감소시키고 알코올 의존 가정의 아동의 자존감을 높여주었으며, 자연재해에서 생존한 아동의 트라우마와 관련된 불안을 감소시켜주었고, 이혼 가정 자녀들의 불안을 낮추고 학업 수행 능력을 증진시켰다. Villalba는 건강관리 예방이 그렇듯이 학교 현장에서 소규모나 대규모 집단 작업이 이상적인 개념적 접근이라고 주장한다.

DeLucia-Waack, Segrist, & Horne(2007)의 DVD에서는 고등학교 학생들의 심리교육적 집단의 가치에 대해 보여주고 있다. DVD에서는 구조화된 집단과 구조화된 활동이 어떻게 상호작용을 원활하게 하는지에 대하여 보여주고 있다. 또한 집단 구성 준비의 가치, 집단 규칙을 만드는 방법, 어색한 분위기를 누그러뜨릴 아이스브레이킹* 활동과 집단구성원 간의 관계 증진 방법, 마지막으로 집단구성원들이 복습하는 과정에서 서로 도움을 주는 방법에 대해서 보여주고 있다. '심리교육 집단'은 '심리치료 집단'과 다른 목적을 지니고 있지만 두 집단 모두 유사한 과정을 펼친다.

학교 내에서의 집단상담은 일반적으로 간단하고, 구조화되었으며, 문제중심적이고, 집단원 간의 동질성을 띠며, 인지행동적 지향성을 가지고 있다. '예방'과 '정신적 건강'을 초점에 두고 있는 상담 집단과 심리교육 집단 모두 학교 현장에 알맞다. 전체 학생들에게 기본 기술들을 생활 지도 시에 가르치고, 위험에 처한 아동과 청소년의 소규모 집단에게 한 단계 나아간 도움을 제공하는 것은 아동들의 대처 기술과 의사소통 기술의 발달을 돕는다. 좀 더 심각한 문제의 치료는 일반적으로 학교에서 제공하는 상담의 범위에는 해당하지 않는다. 모든 아동들 혹은 청소년들이 집단에 참여할 준비가 되어 있는 것은 아니기에 그들에게 대안을 제시하는 방법을 아는 것이 중요하다. 그러므로 교내 상담자는 의뢰할 상담소를 알고 있다가 아동과 청소년이 가장 필요로 할 때 이런 외부 상담소를 이용해야 한다.

일반적으로 학교 내 상담자는 비현실적으로 많은 사례를 처리한다. 상담자가 얼마나 유능한지에 관계없이 중요한 행동의 변화를 야기하기 위해 할 수 있는 일에는 한계가 있다. 상담자의 시간은 흔히 예방 프로그램을 개발하기보다는 아동의 즉각적인 필요에 반응하는 데 소비된다. 적절한 자원과 유능한 상담자의 수가 늘어남에 따라, 학교 지도 프로그램에 초·중등 교육 수준의 집단상담이 포함되기를 기대한다. 사려 깊고 자비로

---

* icebreaking. 얼음같이 차가운 분위기를 깨고 모임의 목표를 이루기 위한 최상의 분위기를 만들어나가는 프로그램이다.—옮긴이 주.

운 개인을 양성하기 위한 목적의 집단상담은 아들러학파에서 이야기하는 '사회적 관심'을 형성하기 위한 이상적인 토론의 장이 될 수 있다. 집단의 맥락에서, 아동과 청소년이 거부감, 분노, 소외감, 고립감에 대처할 수 있도록 우선 순위를 부여할 수 있다. 또한 집단은 어린 사람들이 소속의 의미와 사회에 공헌하는 것을 배울 수 있는 장소이기도 하다.

학교 현장의 집단상담에 대한 더 자세한 사항은 Falco & Bauman(2014), Sink, Edwards, & Eppler(2012), Sklare(2005), Steen(2009), Steen, Bauman, & Smith(2007, 2008), Steen & Bemak(2008), Steen, Griffin, & Shi(2011), Steen, Henfield, & Booker(2014), Murphy(2015), Winslade & Monk(2007)를 살펴보면 될 것이다.

 # 아동 및 청소년의 집단 활동 지침

이 절에서는 아동 및 청소년의 집단 활동을 준비할 때, 교내 상담자가 고려해야 할 실제적인 지침을 소개하고자 한다.

바람직한 개발서 개발하기

5장에서 이미 집단 계획의 구성에 대해 자세히 논의하였다. 학교 현장에서 아동 및 청소년을 위한 집단을 계획할 때도 역시 동일한 원칙이 적용된다. 집단을 계획할 때, 다음과 같은 과정을 명심해야 한다.

- 상담자의 목적과 목표를 분명히 나타내라.
- 집단이 가지는 장점을 포함하여 계획하는 집단에 대한 분명한 이론적 근거를 마련하라.
- 학교 행정 담당 직원에게 집단상담이 학교 상담 프로그램에서 필수적이며 학생의 행동 변화와 교육적 경험을 높이는 데 효과적이라는 증거를 제시하라(Sink et al., 2012).
- 아동 또는 청소년이 치료적 집단에서 얻을 수 있는 이점에 대해 학교 담당자, 교사, 부모에게 명확히 설명하라. 그리고 이 집단이 학교의 교육 목적에 얼마나 부합하는지, 또 학생들에게 학문적·개인적·사회적으로 얼마나 도움이 되는지 분명하게 인정하게 하라(DeLucia-Waack, 2006c; Steen, Bauman, & Smith, 2007).
- 집단의 목표, 과정, 제시할 질문, 평가 과정을 비롯하여 상담자가 이용할 서류 양

식에 대해 서술하라.

- 출석에 대한 방침을 정하라.
- 아동의 부모들에게 집단에 대한 오리엔테이션을 제공하라.

법적 고려 사항

미성년자 집단 활동에 대한 법률을 숙지하고 있어야 한다. 아동 및 청소년 상담에 대한 윤리적 원칙뿐만 아니라 본인이 속한 학교의 정책과 진행 절차 그리고 그것들이 어떻게 적용되고 있는지 또한 알아야 한다. 아동들에게 상담자가 속한 기관이나 학교 관계자에게 상담 동안 있었던 일에 대해 비밀을 보장할 것을 쉽게 약속하지 말아야 한다. 상담자는 상담자가 속한 기관이나 학교 기관장에게 아동들에 대한 정보를 제공해야만 할 수도 있기 때문이다. 사적인 비밀에 대해서 지켜줄 수 있는 것과 없는 것을 명확히 해야 한다. 그리고 상담자는 학대 또는 방임이 의심되는 경우, 보고해야 할 의무가 있음을 알고 있어야 한다. 아동이 학대나 방임을 당했다는 것을 말할 때, 학교 상담자는 아동 보호 서비스 기관에 보고할 의무가 있다. 이러한 상황에서 비밀 보장에 대한 약속은 깨질 수밖에 없다. 법은 상담자가 알려야 할 의무를 강조하기 때문이다. Bertram (2011)은 집단상담의 치료 기준, 집단 인원 구성, 사전 정보 동의, 비밀과 면책 특권, 비밀의 파기가 필요한 상황, 마지막으로 자신 또는 다른 이의 위험과 관련한 윤리적이고 법적인 부분에 대해 간결하게 제시하고 있다. 그 밖에 미성년자에 대한, 집단에서 고려할 윤리적 사항에 대해서는 3장과 5장에서 논의한 기준을 다시 살펴보면 될 것이다.

실제적 고려 사항

집단의 규모와 기간은 집단구성원의 연령을 고려해야 한다. 일반적으로 아동이 어릴수록 집단의 규모는 작아지고 기간도 짧아진다. 4~6세의 어린 아동의 집중 시간은 10~12세 아동의 집중 시간과 다르기 때문이다. 또 다른 고려 사항은 아동이 지닌 문제의 심각성이다. 예를 들어, 행동이 거친 12세 아동의 집단을 구성할 때는 학령기 이전 아동 집단의 인원수만큼 적은 인원으로 집단을 구성해야 한다. 그리고 집단 내의 아동이 어떠한 약을 먹는지 또는 다른 건강상의 문제가 있는지를 반드시 확인해야 한다. ADHD 아동이 약물을 복용하는 경우 행동상 부작용이 나타날 수 있다. 이러한 것은 상담자가 집단에서 관찰할 수 있는 행동과 증상을 이해할 수 있도록 한다. 상담자는 또한 상담자를 힘들게 하는 아동을 다루는 데 인내심을 가져야 한다. 그리고 성인 집단과 마찬가지로, 아동 또한 상담자에게 역전이를 불러일으킬 수 있다. 만약 상담자가 이를 인식하고 있다면, 상담자의 감정이나 반응이 아동과 작업하는 데 필요한 능력을 방해할 확률은 많이 낮아질 것이다.

장소 아동 대상으로 집단을 구성할 때는 상담자가 상담 대상들과 진행하길 원하는 집단상담의 효과를 고려하여 장소를 선택해야 한다. 자유롭게 돌아다니고, 옆방에 방해되지 않도록 아동들에게 계속 작은 목소리로 말하라고 요구하지 않아도 되는 곳인지, 개인적인 이야기를 할 때 주위의 방해를 받지 않고 집단상담을 할 수 있는 곳인지, 아동이 다치지 않거나 아동으로 인해 손상되기 쉬운 물건이 방 안에 있지 않은지, 방 안 가구가 활동적인 아동에게 적절한지 등을 고려해야 한다.

기대 제시하기 아동과 청소년에게 집단의 목적이 무엇인지, 그들에게 무엇을 기대하는지, 그리고 그들이 상담자로부터 무엇을 기대할 수 있는지를 그들의 언어로 말할 수 있어야 한다. 기본적이고 바꿀 수 없는 규칙을 그들에게 이해시켜야 하며, 집단의 규칙을 정하고 강화하는 데 그들을 참여시키도록 해야 한다.

아동과 청소년은 상담자가 그들을 안전하게 지켜줄 것이라고 생각하면서 그들의 한계를 시험해보곤 한다. 이러한 시험은 일반적으로 집단에 안전감이 생기면 줄어들게 된다. 하지만 이것은 언제든 발생할 수 있다. 상담자가 아닌 훈육자가 되는 것을 피하기 위해서는 매 회기마다 의도적으로 인내할 필요가 있다.

준비 매 회기를 적절하게 준비하되, 자연발생적인 상황에 대비할 수 있도록 주어진 회기마다 구성과 주제를 조절할 수 있는 융통성이 있어야 한다. '의제'를 반드시 지키는 것을 피하기 위해서는 경솔하지 않아야 하며 창의적이어야 한다. 집단의 목표를 반드시 기억하고 집단 내 사건을 집단구성원들의 새로운 기술에 대한 노력을 돕는 교육적인 순간으로 사용해야 한다. 또래의 영향력이 가장 효과적이기 때문에 집단 내 상호작용이 원활히 일어날 수 있도록 개방적인 태도를 유지해야 한다.

부모 참여시키기 어떤 집단에서는 부모의 동의를 구하는 것이 법적으로 필요하지 않을 수 있다. 하지만 학교와 관련된 프로그램에서의 집단상담에 참가하는 18세 미만 청소년에게는 부모나 보호자의 동의서를 받는 것이 안전하다. 그렇게 하는 것이 법적 보호자와 관계를 맺으면서 협조를 받기가 쉽다. 동의서에는 부모의 관점에서 그들의 자녀가 요즘 어떻게 행동을 하는지 평가할 수 있는 질문을 넣어 상담자의 판단을 도울 수 있다. 만일 부모나 보호자와 만나게 되면 그들에게 동의서에 서명을 하도록 요청해야 한다. 이것은 부모로 하여금 아동의 치료에 더 협조적이도록 할 것이다. 서약서에는 집단에서 따라야 할 절차나 다른 중요한 정보를 포함시킬 수 있다.

부모(또는 법적 보호자)와 상담자는 아동 또는 청소년을 돕고자 하는 공통의 목표를 가진 파트너이다. 어린 아동일수록 부모에게 집단의 목적과 기대를 설명하여 부모가 의심스러워하지 않고 이해할 수 있도록 해야 한다. 상담자는 '당신은 당신의 자녀와 작업하는 것과 관련하여 저를 어떻게 도와줄 수 있나요? 그리고 우리가 공동 목표를 가진 한 팀으로서 어떻게 해야 하나요?'라는 태도로 부모에게 다가가야만, 부모의 저항과 방어를 일으킬 위험을 줄일 수 있을 것이다. 저녁 시간에 부모들에게 집단에 대해 소개하는 시간을 갖거나, 집단에 대해 소개하는 간단한 편지를 쓰는 것도 좋다. 부모들에게 집단의 목표에 대한 개요, 주제, 예시 활동을 알려주는 것은 상담자에게 비밀 보장을 깨는 질문을 하지 않고도 집단 내에서 무슨 일이 일어나고 있는지 이해할 수 있게 도와준다. 만약 보조 지도자가 있다면 자녀들이 그들의 집단에 참여하고 있는 같은 시간에 부모 집단을 구성하는 것도 좋다. 그들의 자녀는 새로운 기술을 배울 수 있으면서, 부모나 가족 또한 비슷한 기회를 얻을 수 있게 될 것이다.

Steen, Bauman & Smith(2007)는 학교 상담자들은 부모와 교사, 학교 담당자에게 집단들이 어떻게 활동하는지를 이해시키기 위한 방법으로 하위집단 활동과 연관된 치료적 요소에 관해서 설명할 필요가 있다고 제안했다. 또한 하위집단 활동이 학문적 프로그램에 전반적으로 얼마나 도움이 되는지 설명할 필요가 있다고 제안했다. 부모와 교사의 조언은 학교 내 집단 활동에서 필요한 지지를 얻는 중요한 단계일 것이다.

집단 내의 전략

자기개방　자기개방을 얼마나 격려할 것인지를 결정하는 데에 있어 집단의 목적과 목표를 먼저 고려해야 한다. 특히 가족생활과 관련된 주제나 개인적 트라우마를 다룰 때는 더욱 그러하다. 어떤 개인적 주제는 집단의 목적에서 벗어날 수도 있고 이런 경우에는 개인적 치료가 더 적합할 수 있다. 집단에서 아동의 개인적 문제를 자세히 다룰 때는 적절한 판단을 내리는 것이 중요하다. 아동이 어떠한 개인적 문제에 대해 밝힐 때 상담자는 이것에 대해 어떻게 접근할 것인지 예측해야 한다. 예를 들어, 초등학교 내 집단에서 상담자는 아동이 명백한 신체적 학대 상황에 대해 자세하게 이야기하는 것을 원하지 않을 수 있다. 만약 이러한 일이 발생하면 아동에게 그들에게 이 사건으로부터 어떤 영향을 받았는지 표현하도록 하되 회기가 끝난 후 빠른 시일 내에 이를 학교 또는 기관에 잠재적인 아동 학대로 보고하기 위한 절차를 따라야 한다.

비밀 유지의 강조　학교에서의 집단상담은 개인적 장소에서 운영하는 집단상담보다 비밀을 유지하기가 훨씬 어렵다. 학교에서는 아동과 청소년이 집단 밖에서 더 많은 시간을 보내기 때문에 비밀이 새어 나가기 쉽다. 성인과 마찬가지로 학생들에게도 비밀 유지 규칙을 깨트리지 않고 집단 활동에 대해 이야기하도록 가르치는 것이 도움이 된다. 학생들이 집단 내에서 공유한 정보는 그들의 것이지만 집단 내에서 듣거나 배운 정보는 집단의 것이라는 것을 이해시켜야 할 것이다. 상담자는 아동의 연령과 발달에 맞는 언어로 비밀 유지의 중요성에 대해 이야기해야 할 필요가 있다. 아동들과 함께 누군가 그들에게 집단에 대해 알려고 할 때 어떻게 집단에 대해 이야기할지 가르치고 연습하는 것이 좋으며, 이것에 대한 특별한 지침을 제시해야 할 것이다. 부모와 교사에게 오히려 아동의 집단 활동에 대한 질문을 하게끔 격려해서 도움을 얻을 수도 있다. 그러나 부모, 가족, 교사에게 다른 아동에 대해 알려고 하지 않고 그들의 아동이 비밀 유지를 깨지 않도록 상기시켜야 할 것이다.

아동들이 서로에 대한 책임감을 갖게 하는 데 특별히 주의를 기울여야 한다. 성인 집단에서는 다른 집단구성원이 밝힌 개인적 이야기를 존중해주는 것에 대한 논의를 함으로써 비교적 간단히 비밀 유지에 대해 알려줄 수 있다. 그러나 아동의 경우 비밀 유지에 대해 확실하게 설명해주어야 하며, 이 문제에 대해 집단 내에서 논의할 필요가 있다. 집단지도자는 아동에게 다음과 같이 물어볼 수 있을 것이다. '만약 다른 집단구성원이 네가 말했던 것이나 행동했던 것에 대해 교실이나 놀이터에서 말을 한다면 기분이 어떻겠니?', '만약 누군가 선생님에게 집단 내에서 다른 학생의 이야기나 행동을 전달하면 어떻겠니?' 아동들은 집단 상담자가 부모님이나 선생님께 이야기할 수 있다는 것을 알아야 할 필요가 있다. 그리고 그들은 어떤 정보가 공유되고 공유되지 않는지 알 권리가 있다. 아동들은 우리가 생각하는 것보다 훨씬 사려가 깊고 이해력이 뛰어나며 세심하다.

중립적 태도 유지하기 부모나 특정한 기관에 맞서서 아동이나 청소년의 편을 들지 않도록 해야 한다. 아동이나 청소년은 상담자의 인내력과 이해력 때문에 상담자를 좋아하고 높이 평가하면서 부모와 교사가 그렇지 못한 것을 불평한다. 그러나 그들이 집단지도자로서 상담자와 한 경험이 다른 성인들과 다르다는 것을 아는 것만으로 충분하다.

적절한 실습과 기법 사용 집단상담 초기 단계에서는 자기개방을 깊숙이 하지 않는 상호작용 활동을 하는 것이 좋다. 아동과 청소년은 집단이 진행됨에 따라 친해지며, 활동들은 점점 도전 의식을 북돋게 한다. 상담자는 효과를 감소시키지 않는 일반적인 방법으로 활동의 목적에 대해 설명을 해야 한다. 만약 그들이 불편함을 느낄 때는 집단 활동에 참여하도록 강요해서는 안 된다. 활동에 참여하기 싫은 이유가 활동에 대한 이해의 부족 때문이기도 하지만, 아동과 청소년은 때때로 이런 활동의 목적을 의심하거나 다른 이에게 우습게 보일 수도 있다는 것을 걱정하기 때문에 집단 활동 참여를 내켜하지 않기도 한다. 인내를 가지고 집단 내에서 다른 아동을 관찰하면서 집단에 참여하길 내켜하지 않았던 집단구성원이 마침내 전적으로 참여하길 결정할 수도 있다.

Foss, Green, Wolfe-Stiltner & DeLucia-Waack(2008)은 아동과 청소년의 집단상담에서 적절한 연습과 활동에 대한 좋은 자료를 만들었다. 다양한 형태의 다문화 집단이나 이혼과 관련된 집단에서의 집단 활동은 Salazar(2009)의 것을 보면 될 것이다. Bauman & Steen(2009)의 DVD 6번째 부분에는 5학년 학생들의 다양한 상담 집단에서 학생들의 자기이해 증진, 문화의 다양성에 대한 이해, 아동의 발달 단계에 따라 적절한 활동을 선택할 수 있는 증거, 집단의 활동을 어떻게 진행할지에 대해 보여준다. 또한 Bauman & Steen(2012)의, 중학교 2학년 학생들로 이루어진 다양한 집단을 위한 '다양성을 격려하기: 중학생을 위한 다문화 집단 이끌기'라는 제목의 DVD도 있다.

경청과 개방적 태도　　유능한 집단 상담자는 언어뿐만 아니라 행동까지도 주의를 기울일 것이다. 지도자는 아동과 청소년에게 반영적인 대화를 통해 집단구성원들이 자신의 경험을 자신의 언어로 이야기할 수 있도록 도와줘야 한다. 창조적인 예술 활동(음악, 춤, 움직임, 미술, 드라마, 연극, 유머 등)을 이용하여 집단에서 대화가 원활하게 가능하도록 해야 한다(Gladding, 2016; Veach & Gladding, 2007).

상담자는 아동 또는 청소년이 주도적으로 나서서 실마리를 풀도록 해야 한다. 그리고 어린 내담자들이 자신의 언어로 감정을 표현할 수 있도록 용기를 주어야 한다. 내담자들의 말을 경청하되, 행동에서 의미하는 내용 또한 관심을 기울여야 한다. 예를 들어, 아동이 외현화 문제를 보이는 것은 '나를 멈춰주세요. 왜냐하면 나는 나를 멈출 수 없어요.'라는 의미를 전달하는 것일 수 있다. 만약 아동이 끊임없이 큰소리로 부를 때 '나를 봐주세요! 어느 누구도 나를 봐주지 않아요.'라는 표현일 수 있다. 아동이 자기 자신에 대해 말하고자 애쓰는 것을 마음을 열고 기다려주는 것이야말로 그들을 도울 수 있는 방법이다. 상담자에게 선입견을 줄 수 있는 아동의 꼬리표와 진단명에 대해 조심해야 한다. 상담자와 함께하는 아동들에게 이러한 꼬리표가 붙어있을 때가 자주 있다. 변화하고자 하는 아동의 능력을 아동이 마치 꼬리표 자체인 양 답하면서 한정짓지 않게 조심해야 한다. 상담자는 아동을 지지하도록 훈련된 몇 안 되는 사람 중 한 명일 수 있다. 아동이 잠재된 능력에 도달하지 못하도록 하는 숨겨진 다른 요소도 계속 찾아야 한다.

종결 준비 아동과 청소년은 자신들에게 관심을 갖고 돌봐주는 성인과 빠르게 애착을 형성한다. 집단이 해체되기 전(12회기 집단상담의 경우 3회기 전, 단기 집단상담의 경우 최대한 빨리) 상담자는 집단에 참여하고 있는 아동들에게 종결 시점이 얼마 남지 않았음을 알려주어야 한다. 이러한 안내는 아동들이 감정을 표현할 수 있게, 상담자도 상담자의 감정을 그들과 함께 나눌 수 있게 해줄 것이다. 만약 그들과 지속적인 연락이 가능하지 않다면, 계속 연락을 취할 것이라는 약속을 하는 것을 피해야 한다. 만약 상담자가 이 부분에 대해 이야기하지 않는다면 그들은 상담자가 그들로부터 도망가 버리게 되며 그들이 믿을 수 없는 또 한 명의 성인이라 생각할 수도 있다. 아동들에게 집단상담을 통해 형성된 집단이 집단 밖에서도 지지 기반이 될 수 있도록 도와주어야 한다. 그리고 종결되고 있음을 그들에게 알리기 위해 상담자는 집단에서 배운 것과 다른 친구에게서 어떤 영향을 받았는지 확인할 수 있는 활동을 제공해야 한다(DeLucia-Waack, 2006a, 2006b).

또 다시 집단상담에 참여하지 않을 아동, 청소년은 이런 종류의 졸업을 통해 얻는 것이 있을 수도 있다. 예를 들어, 수료증을 집단구성원들에게 제공하는 것은 그들에게 성취감을 줄 수 있다. 학생들에게 만약 새로운 정보, 어려움, 성공 경험이 생기면 다시 함께 모일 수 있는 기회를 제공하라. 이러한 만남은 종종 모임을 만들고, 학생들에게 새로운 모임이 또 가능하다는 것을 알려주어 안심시킬 수 있을 것이다. 집단 마지막 단계에 대한 지침은 종결에 대해 좀 더 많은 정보가 있는 9장을 참고하라.

개인적 자격 및 전문적 자격

아동 또는 청소년 집단의 운영이 개인적으로 상담자에게 영향을 미친다는 것을 아는 것은 매우 중요하다. 예를 들어, 학대받고 방임된 청소년들과 집단상담을 하게 되면 그들의 실생활과 지도자 자신을 분리시키는 것이 어렵다는 것을 실감하게 될 것이다. 만약 지도자가 그들의 문제에 끊임없이 열중하게 되면, 그것이 지도자의 삶과 인간관계에 부정적인 영향을 끼치는 것을 발견하게 될 것이다. 작업이 흥미롭고 창조적이게 만들기 위해 지도자가 얼마나 재충전할 것인지뿐만 아니라 지도자가 얼마나 헌신할 수 있는지를 살펴보는 것은 개인적으로 참 중요한 문제이다.

아동을 대상으로 집단상담을 진행할 때 집단지도자가 갖춰야 할 **성격적 특징**은 인내심, 돌봄, 진실성, 유머 감각, 공감 능력, 자신의 아동기와 청소년기에 대한 기억 능력, 처벌이 아닌 단호함, 융통성, 빈정거리지 않고 분노를 표현하는 능력, 아동을 진심으로 걱정하고 관심을 가져주는 마음, 아동이 치료 과정에 적극적인 참가자가 될 수 있다고 보는 긍정주의 등이 있다. 그 밖의 다른 집단지도자의 특징에 대해서는 2장을 참고하면 된다.

아동 또는 청소년 집단을 이끌 때 가장 중요한 **전문적 요건**은 다음과 같다.

- 각 연령 집단의 발달 과업과 발달 단계에 대한 철저한 이해
- 아동과 청소년이 함께할 때 집단 단계에 대한 적절한 이해
- 문화적으로 다른 아동과 청소년이 효과적으로 작업하는 데 필요한 인식, 지식, 기술
- 혼자서 아동과 청소년 대상의 집단을 이끌어 가기 전에 필요한 전문적 수련
- 아동과 청소년 대상으로 집단상담을 할 때 유용한 문헌 및 의미 있는 연구 참고
- 집단이 운영되는 학교나 기관의 기대에 대한 분명한 이해

절박하고 심각한 문제가 있는 아동이나 청소년과 함께 집단을 운영하게 되면 자신의 능력 이상의 일을 할 가능성이 있다. 그러나 현실적이어야 하며 상담자가 모든 학생들과 효과적으로 작업할 수 없으며 그들이 필요로 하는 모든 서비스를 제공할 수는 없음을 깨달아야 한다. 당신이 속한 단체에서 자원에 대한 지식을 갖추게 되면 내담자의 필요에 맞는 서비스를 찾을 수 있도록 지원할 수 있다. 상담자의 능력 한계와 직무 범위를 알아야 한다. 치료 집단과 발달적, 예방적, 교육 중심의 집단이 어떻게 다른지 알아야 한다. 학교에서의 집단상담은 일반적으로 예방 및 발달적 문제에 초점이 맞춰져 있으며 교육적 목표와 관련이 있다.

학교 상담 집단에서 도움 얻기

학교 관리자나 교사 및 기관의 도움은 집단을 구성하는 데 특히 중요하다(Sink et al., 2012; Steen et al., 2007). 만약 상담자가 잘 구조화된 집단을 구성한다면, 상담자는 그들로부터 건설적인 제안과 도움을 얻게 될 것이다. 만약 상담 집단이 비효율적으로 운영되거나 학교와 타협을 하게 되면 학교 책임자(상담자가 아니라)가 비판의 대상이 된다는 것을 기억해야 한다. 만약 상담자가 부모 동의를 간과하게 되면 가족들의 원성이 빗발칠 것이다. 이번 장의 집단 제안서는 조심스럽게 고려해야 할 점과 성공적인 만남에 대해 보여주고 있다. 또한 상담자 스스로 집단을 구성하는 데 적용할 수 있는 많은 아이디어들을 보여주고 있어서 도움을 줄 것이다.

어떤 지도자는 '이혼 집단(divorce group)'이라는 이름의 아동 집단을 제안하였을 때 학교 책임자의 저항을 경험하게 되었다. 이에 집단은 '상실 집단(loss group)'이라 다시 이름을 붙였고, 이는 지도자가 생각하기에 더 서술적이고 그 결과 집단의 지지를 얻었

다. 하지만 이 새로운 이름은 아동들을 혼란스럽게 했다. 그들은 "우리는 버려진(lost) 집단이다. 우리는 찾으러 왔다."라고 말을 하였다. 집단명은 정확히 집단의 목적을 묘사해야 하며, 참가자, 부모, 책임자를 혼란시키지 않아야 한다.

만약 학교에서의 집단상담에 대해 더 관심이 있다면 다음을 참고하길 바란다. Ashby, Kottman, & DeGraaf(2008), DeLucia-Waack, Bridbord, Kleiner, & Nitza(2006), Falco & Bauman(2014), Foss, Green, Wolfe-Stiltner, & DeLucia-Waack(2008), Halstead, Pehrsson, & Mullen(2011), Murphy(2015), Salazar(2009), Sink, Edwards, & Eppler(2012).

 ## 아동 및 청소년 집단상담에서의 놀이 치료

아동 및 청소년의 집단에서 놀이 치료가 인기를 끌고 있다. 노스텍사스 대학교와 몇몇 다른 대학교들은 놀이 요법에 대한 학위 프로그램을 제공하고 있으며, 현재는 이 주제에 관한 많은 책들을 이용할 수 있다. 아동 치료에 있어서 놀이 치료는 오랜 역사를 가지고 있다. 노스텍사스 대학교 놀이 치료센터 창립자이며 이전 센터장인 Garry Landreth(2002)는 놀이 치료를 통한 아동 중심 접근법을 만들어 내담자 중심 치료 철학을 형성하였다. Landreth는 놀이 치료는 아동과 치료자 사이의 상호관계라고 보았다. 치료자는 선별된 놀이 도구를 제공하며, 아동의 감정, 생각, 경험과 놀이를 통한 행동을 자유롭게 표현할 수 있는 안전한 장소를 창조해야 한다. 놀이는 아동들이 가장 손쉽게 이야기할 수 있는 자연 언어이다. 놀이 치료는 직접 말로 하는 의사소통보다 덜 위협적으로 자기표현을 할 수 있게 한다. 놀이는 인지 능력, 언어 능력, 대처 기술 및 어린 시절의 발달 과제의 발달을 돕는다. 학교에서 집단 놀이 치료는 학업 진도를 돕거나 방해하는 대인관계 문제를 탐구하는 데 초점을 맞출 수 있다. 놀이 치료의 개입을 학업 성취와 연결시키는 것은 학교 환경에서 이 접근법을 정당화하는 데 도움이 된다. 집단 놀이 치료는 아이들이 학교를 안전하게 느끼고, 긍정적인 학교 관계를 형성하며, 내적인 산만함이 없는 학습 공간을 제공하는 데 도움이 될 수 있다(Sweeney, Baggerly, & Ray, 2014).

놀이에 기초한 활동은 상담자가 이끄는 집단의 형태와 상관없이 아동들이 집단 내에서 일어나는 일을 처리할 수 있도록 돕는다. 놀이 치료는 12세 미만 아동에게 가장 일반적으로 사용되지만, 때때로 청소년에게 실시하기도 한다. 아동들은 활동에서 매우 열정적으로 반응을 하는데 그것은 아동의 발달 과정에 적합하기 때문이다. 놀이는 아동들이 말하기 어렵거나 고통스러운 일에 대해 심리적 거리를 제공한다. 아동들은 종 종 놀이 치료 경험을 통해 행복한 상태가 되기도 하며, 열정적으로 다음 회기가 오길 기대하기도 한다. 집단 놀이 치료에서 아동들은 친구들과 한 시간 동안 놀기 위해 온다 고 생각한다.

기존의 집단 양식은 약간의 놀이 치료의 요소와 통합하여 바꿀 수 있다. 아들러학파 놀이 치료, 정신분석적 놀이 치료, 아동 중심 놀이 치료, 인지행동 놀이 치료, 생태학 적 놀이 치료, 게슈탈트 놀이 치료, 융학파 놀이 치료, 주제 놀이 치료와 같이 놀이 치 료에는 많은 이론적 배경이 있다(Sweeney et al., 2014). 아들러학파 접근법은 특히 아 동들의 집단 활동에 적합하다(Kottman & Meany-Walen, 2016 참고). 행동에 어려움을 지닌 사춘기 이전 아동들에게 발달적으로 적절한 치료법으로 적용될 수 있는 모래놀이 치료는 아동들에게 효과적이라는 것이 입증되었다(Flahive & Ray, 2007). 다양한 이론 의 개념과 방법은 다양한 아동 집단에서 구체화할 수 있는데, 이 장 뒷부분의 집단 제 안서에서 자세히 알 수 있다.

만약 아동 및 청소년 집단 놀이 치료자로 일하길 원한다면, 전문적 놀이 치료자로부 터 임상적 경험을 지도받고 정식 훈련 과정을 거치는 것이 중요하다. 많은 전문 프로 그램에서 놀이 치료 과정을 제공하고 있으며, 놀이치료협회와 지부 같은 조직들이 전 지역에서 교육 프로그램을 제공하고 있다. 놀이치료협회(2008)는 놀이 치료 전문가와 슈퍼바이저에 대한 안내를 한다. 회의, 수련, 인맥 관리, 연구 등 다른 자료도 이 조직 을 통해 이용할 수 있다. 더 많은 놀이 치료에 대한 정보는 『놀이 치료: 기본과 그 너머 (Play Therapy: Basics and Beyond)』(Kottman, 2011), 『놀이 파트너: 놀이 치료에 대한 아들러학파 접근(Partners in Play: An Adlerian Approach to Play Therapy)』(Kottman & Meany-Walen, 2016), 『집단 놀이 치료: 역동적 접근(Group Play Therapy: A Dynamic Approach)』(Sweeney, Baggerly, & Ray, 2014), 『아동과 청소년을 대상으로 하는 융학파 놀이 치료 안내(The Handbook of Jungian Play Therapy With Children and Adolescents)』 (Green, 2014)를 참고하면 된다.

6~11세 아동을 대상으로 하는 학교 상담 집단

이 부분은 Marianne Schneider Corey의 관점에서 작성되었다.

나는 초등학교에 다니는 6~11세 아동을 대상으로 진행할 집단 프로그램을 설계하였다. 10~15명의 아동이 참여했으며, 총 24회기로 구성된 이 프로그램은 일주일에 1회 약 1시간씩 실시하였다. 아동들은 교장, 교사, 또는 학교 간호사에 의해 의뢰되었고, 이 아동들은 거의 예외 없이 학습 문제를 가진 것으로 확인되었다. 종종 이러한 학습 장애는 그들의 정서적 갈등을 반영하였다. 나는 학교에서 아동들의 행동을 바람직하게 하는 집단을 설계하는 책임을 맡았다.

집단 구성
학교 담당자와의 만남
외부인은 때때로 학교 안에서 신뢰받지 못한다는 것을 알기 때문에, 나의 첫 번째 목표는 학교의 교사나 관리자에게 신뢰를 얻는 것이었다. 나는 그들이 이 프로젝트를 통해 무엇을 성취하길 바라는지 확실히 하기 위해 그들과 만났다. 나는 그들과 친밀하게 일하기를 원하며, 그들에게 아동들에 대한 피드백을 제공할 것이며, 상세한 건의 사항을 마련하고 그들의 제안을 수용할 것이라고 했다. 나는 개인적으로 또는 집단으로 아동과 상담하고자 하며 치료 과정에 가능하면 부모를 참여시키고자 한다는 점을 알렸다.

따라서 나는 아동들의 교사, 교장, 부모와 지속적으로 만나면서 프로그램을 개발했다. 교사와 교장은 나와의 만남 이후에 매우 협조적이었다. 또한 나는 학교 심리학자와 학교 사무관과도 자주 만나 이야기를 나누면서 아동들에 관한 많은 정보를 수집했다. 이 정보는 매우 도움이 되었다.

장소
아동들을 대상으로 작업할 장소는 이상적인 환경은 아니었다. 그 학교는 공간이 모자라서(새로운 학교가 지어지고 있었다), 나는 아동들을 만날 수 있는 장소를 계속 찾아다녔다. 날씨가 좋을 때는 때때로 학교 잔디밭에서 만났다. 나는 아동들이 탐색하고, 만지고, 크게 이야기하고, 화나면 소리치고, 그들이 경험했던 감정을 표출할 수 있는 장소가 필요했다. 만약 아동들과 학교 밖으로 나가거나 특별한 일을 하려고 할 때는, 나는 먼저 부모와 학교 담당자에게 동의서를 받아야 했다. 이상적인 장소가 없다고 해서 집단 운영 효과를 방해할 수는 없었고, 우리는 자주 장소를 같이 찾아다녔다. 아동들은 매우 잘 적응했고, 나도 이상적이지 않은 상황에 적응하는 방법을 배워야만 했다.

나는 장소 설정 때문에 교실로 가서 아동들을 데려와야만 했는데, 나는 이 부분이 걱정되었다. 아동들이 집단에 선발된 것에 대해 어떻게 반응할 것인가? 그들에 대한 나의 특별한 관심이 또래 집단 사이에서 부정적인 영향을 주게 되면 어쩌나? 그러나 다행스럽게도 반대의 현상이 일어났다. 아동들은 내가 데리러 갔을 때 매우 긍정적으로 반응했고, 심지어 쉬는 시간에도 나랑 같이 가려고 항상 준비하고 있었다.

부모와의 첫 만남
어떤 아동을 집단상담에 참여시킬지에 대해 아는 학교 운영진과 만난 후, 나는 아동의 부모들을 개인적으로 만났다. 내가 방문하기 전에 이미 부모들은 내가 그들의 자녀를 집단상담에 참여시키고자 하는 이유를 알고 있었다. 왜냐하면 내가 담당자와 아동의 담임 교사에게 부모와 만날 수 있도록 도움을 요청했기 때문이다. 나는 부모들과 처음 만났을 때, 교사가 학급에서의 자녀의 행동을 염려하여 집단상담에 참여하도록 추천했다는 것을 설명하였다. 이러한 면담을 통해 부모들은 나를 알고 질문할 기회를 갖게 되었고, 그들의 자녀들이 집단상담에 참여해도 좋다는 동의를 받을 수 있었다. 또한 나는 부모들이 자녀를 키우면서 갖는 어려움에 대해 이야기를 나누고, 좀 더 상세히 알아야 할 아동의 인적 사항에 대해 알게 되었다. 만약 부모들이 **자신의** 자녀가 집단상담에 참여할 것을 권유받았다는 것에 대해 불안하게 느낄 때는, 나는 부모에게 선생님은 너무 많은 학생을 한꺼번에 돌봐야 해서 아동 개개인이 원하는 것에 모든 관심을 기울여주기가 힘들기 때문에 내가 그 일을 할 수 있다고 설명했다. 이렇게 특별한 주의를 기울이는 것이 내 일이라고 말했다.

아동들이 집단에 참여하기 위해서는 부모 동의서가 있어야 한다고 학교 정책에 명시되어 있기는 하지만, 반드시 모두 요구하는 것은 아니다. 지역마다 미성년자 상담 동의서에 관한 법 또한 다르다. 일반적으로 부모의 동의를 얻고 그들과 동맹을 맺고 작업하는 것이 부모의 동의를 구하지 않은 상태에서 위험하게 상담을 진행하는 것보다 더 바람직하다고 생각한다. 그러나 예외도 있다. 상담자가 합법적으로 부모의 동의를 받지 않아도 될 때와 부모에게 알리는 것이 미성년 내담자에게 해롭게 될 수 있을 때는 아동의 복지를 언제나 최우선으로 여긴다.

대부분의 부모들은 자녀가 상담을 받는 것에 대해 기꺼이 협력하고 동의한다. 자주 면담하고 시간이 지나면서 부모들은 좀 더 많이 개방적으로 되었지만 내가 아동들이 학교에서 하는 행동을 이해하기 위해 아동들과 집에서 겪었던 어려움에 대해 부모에게 물어보면 그들은 경계를 먼저 하였다. 이를 전하는 내 의도는 그들이 '나쁜' 부모라는 것을 말하려는 것이 아닌데, 이것이 그들의 방어기제를 발동시킬 수도 있다. 그들의 자녀가 어려움을 겪고 있으니, 이 문제를 해결해나가기 위해서는 부모의 도움이 절실히 필요하다고 나는 간청했다. 아동들의 가정을 방문함으로써 나는 아동들이 다른 상황에서 어려움을 보였던 문제와 연관된 정보를 얻을 수 있었다.

나는 부모들에게 그들의 자녀가 학교, 가정, 또래와 관련된 문제를 나와 함께 이야기하게 될 것이라고 말했다. 그리고 나는 상담 회기가 진행되는 동안에 한 이야기는 가능한 한 비밀이 보장되길 바란다고 설명했다. 나는 일반적으로 아동과 어떻게 진

행하는지를 알려주고 법으로 강요되는 상황이 아닌 한, 어떠한 내용도 밝히지 않을 것이라고 설명했다.

또한 나는 때때로 부모에게 자녀와 함께 만나고 싶다고 얘기했다. 하지만 어떤 부모들은 직장 때문에 첫 만남 이후 다시 보기 힘들었다. 대부분의 부모와는 적어도 한 번 이상 추가적인 만남을 가졌고, 나머지 부모들과는 전화로 이야기를 나누었다.

집단 밖에서 주의를 요하는 특수한 문제

부모의 경우와 마찬가지로, 상담이 진행되는 동안에 담임 교사들도 나에게 아동이 변화해가는 모습에 대해 알려주었다. 교사에게 얻은 이러한 정보를 통해 얼마나 오랫동안 아동을 만날 것인지, 혹은 어떤 문제에 초점을 맞춰야 할 것인지를 결정하였다. 또한 교사들은 집단상담 프로그램 지도자에 대한 평가서를 작성하였고, 평가서를 가지고 나와 이야기를 하였다. 나는 교사와 부모와의 면담 내용을 기록해두었을 뿐만 아니라 집단상담에서 아동과 한 작업, 아동에 관한 관찰 정보, 교사에게 줄 나의 건의 사항 등을 문서로 정리해 보관했다.

아동과 함께 집단상담을 진행하면서 나는 아동이 해결해야 할 다양한 발달적 문제를 겪고 있음을 보게 되었다. 이러한 문제를 해결할 수 있는 상담을 해나가기 위해서 상담자는 가능한 한 많은 자원과 사람을 동원해야 한다. 다양한 욕구와 다양한 문화적 배경을 지닌 아동을 대상으로 집단상담을 진행하는 상담자는 풍부한 창의력이 필요하다. 그리고 부모나 법적 보호자에게 집단상담 프로그램에 대해 설명해주고 그들 역시 조력 과정에 참가하는 재원이라는 것을 알게 해주었다.

나는 그들에게 필요한 개별적 지도를 제공해줄 수 없으므로, 가까운 대학교에 연락하여 아동심리 코스 학점을 이수받을 수 있도록 하고 아동을 개별 지도하는 대학원생 다섯 명을 모집하였다. 이들은 아동들에게 개인지도 서비스를 제공할 뿐만 아니라, 그 외의 긍정적인 개인적 관심까지도 보여주었다. 이러한 개별 지도는 아동과 대학원생 모두에게 매우 성공적이었다.

간혹 아동에게서 건강상의 문제를 발견했을 경우,

나는 학교 간호사에게 아동을 보냈다. 그리고 아동 방임이나 아동 학대가 의심되는 경우, 적절한 조치를 취했다. 미성년자와 작업하는 상담자들은 법에 의거하여 상담 현장에서 아동 학대가 의심될 경우 신고해야 한다. 상담자는 정해진 절차에 따라 신고하는 방법을 알고 있어야 한다. 학교의 경우, 그 첫 번째 단계는 담당자에게 상황을 보고하는 것이다. 아동 학대가 의심될 때 학대 기준을 평가하고 신고하는 정보를 얻기 위해서 사회복지과에 연락을 취하면 도움이 된다.

많은 아동들은 영양결핍 상태이고, 적당한 옷도 없으며, 의료적 지원, 여가 생활의 기회, 방과 후 관리를 필요로 한다. 이러한 기본적인 욕구가 충족될 때 상담은 더욱 효과적이다. 나는 아동과 그 가족을 위한 음식, 의복, 금전 또는 그 외 특별한 지원을 위해 더 많이 발품을 팔아야 함을 알게 되었다. 나는 필수적으로 많은 사례의 관리에 대한 책임을 졌다. 어떤 가족들은 자존심 때문이거나 낙인이 찍힐까봐 두려워하거나 아니면 도움을 받는 곳에서 무시당할까봐 외부 기관으로 가는 것을 반대했다. 가족들이 정서적, 경제적, 의료적 문제로 정말 도움받기를 원할 때, 나는 그들을 적합한 기관에 의뢰했고, 그후에도 나는 자주 그 기관들과 연락을 취했고 필요한 문서 업무를 수행하기도 하였다. 대개 상담자들은 내가 이야기한 대로 연락을 취할 시간적 여유가 없으므로 이런 업무를 다른 사람에게 위임하는 방법을 찾을 수도 있다.

집단 형식

아동과의 첫 만남

아동들은 질문에 대답하는 데만 익숙해서 대화를 나누는 것을 주저하였다. 그래서 아동들이 자기 자신을 표현하는 데 어떤 지침이나 구조가 필요하며, 이것이 그들에겐 어려운 것임을 아는 것도 필요했다. 나는 아동들에게 나를 소개하면서 나는 상담자라고 하는 특별한 선생님이라고 이야기하였다. 나는 아동들에게 선생님이 교실에서의 그들의 행동에 대해 걱정하고 있으며, 일주일에 서너 번씩 개인적으로나 집단에서나 또는 집에서 나와 이야기를 나눌 것이라고 설명해주었다. 그리고 우리는 학교, 집, 또래 속에서 겪고 있는 문제에 대해 토론하게 될 것이라고 말했다.

나는 사생활을 보호받을 아동의 권리가 무시되고 침해당하고 있다고 생각하기 때문에, 아동의 부모와 교사에게 내가 그들에 대해 이야기할 수 있음을 알려주었다. 또한 그렇게 말할 때에는 집단구성원들에게 알리겠다고 했다. 내가 집단구성원에게 집단 내 비밀을 유지하겠다고 약속을 했을지라도, 그들이 어려움에 대해 도울 수 있는 것에 대해 부모 및 교사와 논의를 할 것이라고 말했다. 또한 이때 집단원들이 말한 내용을 다른 사람에게 말해서는 안 된다고 알려주었다. 이는 우리가 집단 회기 시간에 다시 논의했던 규칙 중 하나이다. 그리고 집단상담 시간에는 두려움이나, 상처와 같은 걱정에 대해 이야기할 수 있다. 또한 집단원의 안전을 해치는 일에 대해서는 모든 것을 비밀로 할 수 없음에 대해 말했다. 그들이 이해할 수 있는 언어로 비밀 유지의 원칙과 범위에 대해 이야기를 하였다. 그들에게 또한 다른 아동에게 언어적으로나 신체적으로 상처를 주는 것, 물건을 부수는 것은 허락되지 않는다고 일러두었다. 다른 규칙들이 만들어졌고, 그들이 책임에 대해 인식할 수 있게끔 하였다. 이런 규칙을 지키는 것에 동의해야만 집단의 집단원이 될 수 있었다.

집단 내에서 아동과 함께하기

나는 집단상담 시간에 아동의 부적응적인 행동에 초점을 두면서 자기 자신과 타인에게 상처를 주지 않으면서 어떻게 감정을 표현할 것인지를 가르치고, 감정을 자유롭게 표현할 수 있는 환경을 제공하는 것에 목표를 두었다. 나는 아동들에게 분노와 같은 감정이 문제를 일으키는 것이 아니며, 오히려 이런 감정을 표출하는 특정한 방식이 문제를 일으킬 수 있다는 것을 알려주었다. 그리고 그들의 감정을 안정적으로 표출할 수 있는 방식을 가르치기 위해, 그들을 역할 연기, 놀이 치료, 특정 상황에서 행동 표출하기, 이야기 완성하기, 인형극, 음악 연주, 운동, 무용을 포함한 다양한 활동에 참여시켰다.

3~5명의 동일한 연령과 성별의 아동으로 집단을

구성하는 것이 가장 쉽고 생산적이었다. 더 많은 아동이 참여할 경우, 나는 (1) 집단구성원끼리 긴밀한 유대감을 형성할 수 없고, (2) 산만해지는 것을 막으려고 지도자가 엄격한 역할을 하며, (3) 아동들이 지도자의 관심을 얻으려고 경쟁하는 것에 좌절감을 느끼며, (4) 집단 역동에 주의를 기울일 시간이 충분하지 않았다. 게다가 6~11세 아동은 자신이 이야기할 차례를 참지 못하는 경향이 있다.

위축된 아동들과 활발한 아동들이 함께 어울리게 했지만 비슷한 갈등을 경험하는 아동들이 한 팀이 되는 것도 중요하다고 느꼈다. 예를 들어, 부모의 이혼과 재혼으로 인해 강한 분노, 고통, 슬픔, 혼란을 느끼는 두 소년을 같은 집단구성원으로 배치하였다. 그들은 떨어져 사는 부모를 자주 만날 수 없을 때 느끼는 감정을 표현하는 방법을 천천히 배웠다. 처음에는 놀이를 통해서 상징적으로 감정을 나타냈지만, 차츰 자신의 감정을 말로 하는 것을 배웠다.

내가 계획했던 것처럼 나는 아동들에게 나의 관심을 혼자만 받을 수 있는 시간을 마련했다. 집단의 모든 아동들이 서로에게 질투심을 덜 느끼게 되고, 나를 한 번 이상 만나면서 나를 더 신뢰하게 되었다.

이것만으로도 아동들은 좀 더 협력적이고 덜 경쟁적이게 되었다. 그들은 바람직하지 않은 방법으로 타인의 관심을 얻으려 하는 욕구를 덜 느꼈다. 어른들과 같이 개인적인 시간을 갖는다는 것은 아동들이 자신이 중요함을 느끼게끔 한다. 담임 교사의 동의를 받고 나는 자주 집단에 참여하는 아동들이 교실이나 운동장에서 시간을 보낼 때 직접 방문하고, 때로는 관찰만 하거나 때로는 가볍게 접촉하거나 대화하기도 하였다. 비록 시간이 걸리는 일이었지만, 이렇게 아동들에게 관심을 가짐으로써 더 오랫동안 생산적인 효과가 있었다.

계획된 집단과 개인 회기가 일주일에 두 차례 진행되었고, 30분~1시간 동안 회기가 진행되었다. 그리고 아동들의 집중력은 회기마다 달라지기 때문에 집단상담 시간은 항상 정해진 시간만큼 진행되어야 한다고 생각했던 나의 주장은 오판이었다.

아동들이 회기를 그만두고 나가고 싶어 할 때 나는 그들이 언제든지 이 자리를 떠날 수 있지만 이 시간이 끝날 때까지 있어주면 좋겠다고 친절하게 말했다. 그러면 대개 아동들은 회기가 끝날 때까지 집단을 떠나지 않았다. 그럼에도 불구하고 아동이 나간다 하면 그 회기에 돌아오는 걸 허락하지 않았다. 대부분의 시간 동안 아동들은 회기에 즐겁게 참여했다. 회기가 끝나간다는 걸 알려주고 그때 집단이 끝날 것이며, 집단이 계속되기를 원하는 그들의 요구를 들어주지 않을 것이라고 미리 알려준 것은 좋은 시도였다.

집단상담이 시작되었더라도 새로운 집단구성원이 참여할 수 있었다. 이미 집단 내 아동들은 이런 상황을 잘 다룰 수 있었다. 아동들은 학교에 새로운 전학생이 온 걸 알고 있었고, 그 아동에게 부정적으로 반응하지 않았다. 상담 시간이 진행되는 동안, 나는 아동들이 스스로 집단에 참여하도록 허용했고 그들이 말하는 것이나 다양한 상징적 의미의 내용을 경청했다. 인형극은 아동들이 갈등을 유발하는 상황을 연기하고 다양한 감정을 표현할 수 있는 좋은 방법이다. 나는 초등학교 1~2학년 아동에게 유용하게 사용하려고 인형을 만들었는데, 4~5학년 학생들이 마음속에 갇혀있는 감정을 풀어내는 데도 인형극은 유용하다는 걸 알았다.

집단은 갈등을 불러일으키는 감정을 밖으로 드러내는 상황을 연출하는 기회를 가졌다. 내가 문제 상황을 제시하기도 하였고, 때론 아동들이 문제를 선택하기도 하였다. 아동들은 교장, 교사, 친구, 부모, 형제, 자매, 누구든 문제와 연관된 인물의 역할을 맡아보았다. 역할 연기를 하면서 타인에게 상처를 주지 않으면서 자신의 감정에서 편하게 벗어날 수 있게 되었다.

아동들이 자유롭게 말하기 전에 여러 회기가 지나갈 수도 있다. 나는 집단상담 시간 동안 아동들 가까이 바닥에 앉아 자주 신체적 접촉을 유지하였는데, 이것은 그 자체로도 안정적인 효과가 있는 것 같았다. 집단구성원들이 말하는 것을 주의 깊게 경청하고 때로는 그들이 말하는 것을 반영해주었다. 그러나 그보다 더 중요한 것은 내가 집단원들의 곁에서 그들이 말하는 것을 중요하게 여기고 그들의 말에 관심을 갖고 있음을 비언어적으로 전달했다는 것이다. 나는 집단원들이 서로의 이야기에 귀를 기울여야 함을 강조하였고, 모두 이야기를 할 수 있는 시간을 갖고 있다고 확실하게 이야기해주었다. 그러나 이러한 활동들은 나눔을 아직도 배우고 있는 6~7세 아동들에게는 결코 쉽지 않을 것이다.

상담 시간이 비생산적이었다고 생각한 회기가 끝난 후에도, 나는 교사에게 아동의 변화된 행동에 대한 이야기를 듣고 가끔 놀랄 때가 있다. 이런 상담 시간이 지난 다음, 매우 파괴적이고 반항적인 소년이 또래들과 잘 지내고 협동적으로 변했다는 것이다. 비생산적인 활동으로 보일 수 있는 찰흙덩어리를 사정없이 두드리는 활동은 그 소년에게 매우 중요한 영향을 주었음이 드러났다. 즉, 소년은 찰흙 작업을 통해 마음속의 분노를 풀면서 다른 사람을 때리고 싶은 욕구를 줄일 수 있었던 것이다.

때때로 나는 아동과 하는 집단 작업이 잘 되고 있는 건지 아닌지 의심해본다. 아동의 행동이 매우 천천히 변하기도 하고 때로는 급속하게 변하기도 하였다. 어떤 아동은 일주일 만에 상당히 향상되기도 하였지만, 그다음 주엔 또 다시 부정적인 행동을 보이기도 했다. 아동들에게 변화의 기회를 주기만 하면 변할 수 있다는 나의 확고한 신념이 거듭 무너질 뻔했다. 그러나 교사나 부모나 내가 관찰했을 때 대부분의 아동들은 분명히 변화되었다. 무단결석이 잦았던 아동은 점차 규칙적으로 학교에 다니기 시작했다. 물건을 훔치고 그것을 다른 아동에게 줌으로써 또래들로부터 사랑을 받던 한 소년은 자신의 행동이 다른 사람들에게 미움받을 이유가 된다는 것을 배우고 나서 점차 바람직한 행동을 하게 되었고 관심을 받게 되었다. 그리고 사람을 믿지 못하는 한 소녀는 처음에는 무척 두려워했지만 사람들에게 먼저 다가가고 친구를 사귀는 방법을 점차 배워나갔다.

가정에서도 이러한 변화를 격려함으로써 강화해 나가야 한다. 대부분의 부모들이 자녀의 새로운 행동 변화를 반가워하지만 몇몇 부모들은 이를 위협적으로 느꼈다. 한 소녀는 아빠가 없는 이유에 대해 본격적으로 질문함으로써 엄마로 하여금 불안감을 느끼게 하였다. 나는 그 어머니에게, 그리고 비슷한 상황에 처한 다른 부모들에게도 자녀의 이야기를 수용적으로 경청하도록 용기를 주었다.

집단상담에 참여한 후로 어떤 아동은 가정에서 힘든 상황을 자주 겪게 된다는 사실을 알게 되어 당황스럽기도 했지만, 나는 상담자로서 그 부분은 해결하지 못한다는 것을 깨달았다. 그래서 나는 아동들이 집에서 겪는 상황을 변화시켜줄 수 없다는 사실로 인해 낙담하기보다는, 학교에서 그들에게 건설적인 영향을 줄 수 있는 긍정적인 경험을 제공할 수 있도록 하였다. 상담자로서 우리는 우리가 할 수 있는 부분에 초점을 두고, 우리가 할 수 없는 것들로 인해 압도당해서는 안 된다.

집단 종결하기

아동들과 집단상담을 할 때 나는 아동들에게 본 집단상담이 학교에서 한정된 시간 내에서만 진행될 것이라는 점을 미리 말해두었다. 집단이 종결되기 몇 회기 전부터 서서히 집단이 곧 끝나게 될 것임을 아동들에게 알리고 종결에 대해 이야기를 나누었다.

애정을 다하여 집단상담을 이끌어가는 것은 바람직하지만, 엄마를 대신하거나 집단구성원들의 욕구를 영원히 만족시켜주는 사람으로 상담자 자신을 세움으로써 아동들을 기만해서는 안 된다. 나는 집단의 주요 목표를 실행하면서 적절한 한계선을 만들어나갔다. 집단을 시작할 때부터 상담자로서의 역할이 지난 한계를 현실적으로 인식하여 아동의 종결이 비극적 경험이 되는 것을 막을 수 있었다.

상담 프로그램에 대한 교사 평가

학부모와 마찬가지로 교사들도 아동의 진행 중인 변화에 대한 다양한 정보를 주었다. 그리고 나는 이러한 정보를 통해 특정한 아동을 얼마나 더 만날 것인지, 그리고 어떤 문제에 초점을 두고 상담할 것인지를 결정하는 데 도움을 얻었다. 또한 교사들은 프로그램 관리자 평가지를 작성해주었고 이를 토대로 다 함께 집단상담의 효과를 평가할 수 있었다.

이혼 가정과 변형 가정의 초등학생을 대상으로 하는 집단

이번 내용은 학교 상담자인 Karen Kram Laudenslager의 관점으로 작성된 것임을 미리 알려둔다. 좀 더 많은 정보가 필요하다면 다음의 주소, 전화, 이메일을 참고하기 바란다. Karen Kram Laudenslager, 주소: Allentown School District, 31 S. Penn Street, Box 328, Allentown, PA 18105, 전화: 484-765-4055, 이메일: Klaudenslager@aol.com.

어느 초등학교에서든 이혼한 가정의 아동들을 쉽게 보게 된다. 이 아동들은 외로움, 부모의 이혼에 대한 책임감, 나누어진 충성심의 경험, 또한 부모의 갈등에 어떻게 대처해야 할지 모르고 가족의 안정감 상실과 같은 많은 심리적·사회적 문제에 직면하게 된다. DeLucia-Waack(2011)은 아동들이 이혼과 관련된 심리적·사회적·학문적 문제를 호소할 수 있는 집단이 효과가 있다는 것을 발견했다. 학교와 지역사회 기관들은 부모의 이혼을 경험한 아동들을 대상으로 집단상담을 실시함으로써 그들의 요구에 대처할 수 있다. 이 집단 제안서는 이혼 가정과 변형 가정의 아동들을 위해 설계된 집단상담을 서술한 것이다.

집단 구성

실제로 집단상담을 진행하기 전에 매우 주의 깊은 사전 작업이 필요하다. 아동의 욕구 조사하기, 아동과 교사에게 집단에 대해 소개하기, 부모의 동의 구하기, 아동에게 집단 규칙 설명하기, 그리고 아동과 학부모와 교사와 학교 관리자에게 집단의 목표에 대해 명확하게 전달하기 등의 사전 준비 작업이 포함된다. 만약 사전에 적절하게 주의를 기울이지 않는다면, 그 집단은 결코 실현되지 못할 것이다.

아동의 요구 조사

집단 프로그램을 결정하기 전에 아동의 요구를 평가하는 것이 매우 유용하다. 나는 이를 알아보기 위해 학급을 방문하여 교사와 아동에게 얼마나 집단상담이 유익한 것인지 토론한다. 이때 나는 집단의 중요한 주제에 대해 설명하기도 하고 집단을 일종의 '모임(Club)'으로 소개하기도 한다. 가족 모임은 초등학교 2~5학년 아동을 포함하여 운영될 수 있다. 나는 특별한 날이나 특별한 시간에는 학년별로 모이고, 전 학년이 같이하는 모임은 일주일에 한 번 30분씩 6회기를 진행한다고 설명한다.

요구 조사 설문지를 나누어주고, 나는 모든 학생들에게 이런 문제에 대해 생각해보고 솔직하게 반응해주기를 요구한다. 나는 이러한 요구 조사는 지극히 개인적인 것이기 때문에 학급 담임과 나만 볼 수 있다고 설명한다. 상담 학생의 선별은 학생과 선생님 모두의 대답에 기초를 둔다. 이 질문지의 예는 DeLucia-Waack(2001)을 참조하라.

부모의 동의 구하기

집단에 참여하기로 동의한 모든 아동들의 가정에 편지를 보낸다. 편지에는 집단에서 다룰 주제, 학부모 동의서, 부모의 지지와 참여를 요청하는 내용 등이 담겨있다. 나는 가능하다면 양쪽 부모 모두를 참여시키는 것이 더욱 효과적이라는 점을 확신한다. 나는 아동이 참여하기로 한 집단에 대해 아버지, 어머니와 함께 토론하도록 격려한다. 동의서의 예는 DeLucia-Waack(2001)을 참조하라.

집단 규칙

학생들은 자발적으로 집단상담의 집단구성원이 되는 것에 동의한다. 나는 부끄럼을 타거나 시도하는 것을 주저하는 아동들에게 용기를 주려고 한다. 그리고 집단을 떠나려는 아동이 있다면, 자유롭게 떠나게 한다.

아동들은 항상 침묵할 권리가 있다. 나는 다른 사람의 말을 경청하고 다른 사람들로부터 배우도록 강조한다. 몇몇 아동들은 그들이 개인적으로 느끼는 주제나 문제에 대해서 반드시 집단구성원과 공유할 필요는 없다는 점을 알고 한결 편안하게 느낀다. 그리고 다음과 같은 규칙들도 있다. (1) 원한다면 누구든지 이야기할 기회가 있다는 점, (2) 모두 잘 들어주어야 한다는 점, (3) 집단구성원의 이야기에 웃거나 조롱해서는 안 된다는 점, (4) 집단 내에서는 정직함이 필요하다는 점, (5) 비밀을 지켜야 한다는 점 등이다.

학생들은 나의 안내에 따라 첫 회기에서 앞으로 지킬 집단 규칙을 만든다. 학생들은 대개 스스로 위의 모든 규칙을 제안한다. 만약 집단이 중요한 규칙을 구체화하지 못한 경우, 나는 집단 규칙 목록에 중요한 규칙을 첨가한다. 그리고 규칙이 필요한 이유에 대해 설명하고, 그 밖에 아동들이 집단 규칙을 덧붙일 기회를 준다. 마지막으로, 집단 규칙에 대한 책임과 동의를 확인하고 우리 모두 서명을 한다. 매 회기를 시작할 때마다 이러한 규칙을 붙여놓고 다시 확인한다.

집단 목표

아동이 알아야 하는 것

그동안 연구하고 문헌을 읽고 아동들과 직접 만나서 경험해본 결과, 아동들이 듣고 싶어 하는 몇 가지 중요한 메시지가 있다는 사실을 발견하였다. 6주간의 회기 동안 나는 이러한 말로 토론하고 설명하며 강화하려고 계속 노력했다.

- 너는 특별해.
- 너는 이 힘든 시간을 이겨낼 수 있어.
- 너를 아끼는 사람들이 있단다.
- 부모님의 이혼이나 별거는 너의 잘못이 아니야.
- 너는 비난받을 이유가 없어.
- 네가 이혼한 것이 아니며 아무도 너를 홀로 떼어 놓지 않을 거야. 엄마와 아빠 두 사람이 서로 헤어진 것일 뿐이야.
- 너로 인해 부모님 사이에 문제가 일어난 것이 아니기 때문에, 네가 그 문제를 해결해줄 수 없단다.
- 너희들은 서로를 도울 수 있어.

상담자가 성취하고자 하는 것

집단은 다음과 같은 목표를 갖고 있다.

- 필요할 경우에는 도움을 주라.
- 아동들로 하여금 그들이 혼자가 아님을 알게 하라.
- 대처 기술을 가르치라.
- 아동 자신의 요구를 말하고 감정을 다루는 것을 강화하라.
- 아동들이 가진 감정적이고 행동적인 문제를 해결하게끔 도와서 학업에 집중하고 내면에 지닌 잠재력에 도달할 수 있게끔 촉진하라.
- 필요에 따라서는 학생과 학부모에게 독서 치료나 외부 개인 상담과 같은 자원을 제공하라.
- 아동들로 하여금 주위의 다른 친구, 교사, 부모와 교류하는 범위를 넓혀가도록 도우라.

이혼 가정 아동들에 대한 상담과 심리교육적 집단, 도움 집단은 이혼 상황의 현실과 이러한 현실과 관련된 감정에 대처할 수 있도록 하는 데 중점을 두어야 한다. Falco & Bauman(2014)은 이혼 가정의 아이들에게 집단의 중요성을 이렇게 설명한다. "집단상담은 이혼과 관련된 부정적인 감정을 줄이는 데에 도움을 주기 위하여 아동들이 감정과 경험에 대해 큰 소리로 이야기할 수 있도록 하기 때문에 실제적이고 효과적인 치료법이 될 수 있다"(p. 321).

DeLucia-Waack(2001)은 이혼 가정 아동 집단의 일곱 가지 구체적인 목표를 확인했는데 이 목표는 모두 우리 집단의 목표이기도 했다. (1) 대화와 정보를 통해 이혼 과정의 정확한 그림을 갖도록 도우라. (2) 이혼으로 인해 흔히 나타나는 감정들을 이야기하라. (3) 이혼과 관련된 아동의 고민을 얘기할 수 있는 안전하고 힘을 주는 장소를 마련하라. (4) 이혼에 대한 감정을 구체화하고 나타내고 이해하라. (5) 이혼의 결과로 나타난 감정과 상황을 대하는 새로운 대처 기술을 습득하라. (6) 현실에 적응하는 걸 도우라. (7) 미래에 대한 계획을 세우라.

집단 형식

이 모임의 초점은 성장과 예방이다. 집단상담은 도움을 제공하고 대처 기술을 가르치며, 변형 가족의 아동들로 하여금 자신을 표현하는 방법을 탐색하여 감정 다루는 걸 잘 도울 수 있도록 설계되었다. 좀 더 강한 상담 개입이 필요하다면, 부모들에게 항상 연락을 취하여 외부 기관으로 의뢰한다.

초등학교에서 근무하는 상담자는 교사와 부모에게 피드백과 지지를 받는 것의 중요성을 검증할 수 있다. 나는, 부모, 교사, 학교 관리자가 아동과 상담자의 협력자가 되기 위해서는 그들을 집단 프로그램에 참여시키는 것이 매우 중요하다는 것을 알게 되었다. 프로그램이 부모, 교사, 학교 관리자의 지원을 받으면 집단이 성공적으로 진행된다. 반면 이러한 지원이 부족할 경우 집단의 진전에 방해를 받는다.

교사들은 매일 학생들을 보고 행동 변화를 관찰할 수 있기 때문에 집단을 진행함에 있어서 교사의 피드백은 매우 중요하다. 나는 가능한 한 담임 교사와 이야기를 나누려고 한다. 교사들은 학생들이 지닌 자신감, 자기 확신, 동료들과의 관계, 그리고 과제를 완성해오는 정도에 대한 정보를 상담자에게 이야기해줄 수 있다. 그리고 교사들은 학생들이 학급에서 말하는 내용이나 써내는 과제에 대해서 상담자에게 조언을 해줄 수도 있다. 이러한 모든 정보는 학생의 정서적이고 사회적인 진전 상태를 검토할 수 있도록 도와준다.

1회기당 30분, 일주일에 1회, 총 6주 동안 집단상담이 진행되는 것이 가장 적절하다. 이러한 일정은 집단을 좀 더 잘 진행하면서 좀 더 자세히 학생들을 볼 수 있는 시간을 준다. 가족의 변화를 겪고 있는 학생들과 집단상담을 진행할 때, 나는 가능한 한 도움을 주려고 노력한다. 이러한 시간 구성은 학급에서 이루어지는 전체 학습을 아주 조금만 방해한다. 나는 학습 과정에 방해가 되지 않도록 교사와 학생들의 반응에 예민해지려고 노력한다. 장기간 교실 밖에서 너무 많은 시간을 보낸다면 또 다른 스트레스를 야기할 수 있다. 그리고 우리는 학습 진전을 방해하는 것이 아니라 지원하고 촉진하는 데 모든 관심을 쏟는다.

최초 모임

첫 회기는 이 모임의 목적, 집단 촉진자로서 나의 역할, 그리고 아동들이 왜 이 집단에 있는지를 깨닫도록 하는 이야기를 나눈다. 우리는 '이름 게임'을 하는데, 아동들이 자신을 소개할 때 그들의 이름과 같은 철자로 시작하고 자신을 잘 나타내는 형용사를 택하여 소개하는 것이다(예: Wonderful Wanda나 Nice Nick). 이때 선택하는 형용사는 반드시 긍정적인 표현이어야 한다. 우리는 '가족'을 정의내리고, 그리고 '나는 누구일까요? 그리고 우리 집에는 누가 살고 있을까요?'와 같은 질문에 대답해가면서 아동들이 각각 자기 자신을 소개한다. 만약 아동들이 다소 어릴 때는 엄마와 아빠가 각각 살고 있는 다른 집을 그림으로 표현하도록 하였다. 우리가 사는 곳이 얼마나 다르며 누구와 같이 사는지에 대해 얘기를 나눈다. 나는 가족 내에서 그들이 어떻게 존재하는지를 나타내보도록 격려한다. 첫 회기에서는 집단 규칙을 세우고 이를 종이에 기록하여 이후의 회기에서도 사용하도록 한다. 이런 상황에 있어도 결코 혼자가 아니라는 사실을 아동들이 깨달을 수 있도록 돕는 것이 첫 회기에서 나의 목표다. 만약 시간이 될 경우, 나는 그들이 자기 가족 상황과 유사한 점, 차이점을 다른 아동에게 말할 수 있도록 용기를 준다. 그래서 나는 '자신의 가족이 다른 가족들과 어떻게 같은지 또는 어떻게 다른지 이야기해줄 사람이 있나요?'라고 묻는다.

이후의 네 회기

나는 1회기에서 나누었던 주제에 따라 집단이 다소 다르게 진행된다는 것을 알아냈다. 나는 상호작용에 초점을 두고 선택된 활동을 활용한다. 첫 회기 이후의 회기 동안에는 집단구성원의 욕구에 따라 구조화되었다. 이 기간 동안 자주 사용한 몇 가지 활동은 다음과 같다.

- '감정 게임(feeling game)'을 사용한다. 학생들이 생각나는 대로 자신의 느낌을 떠올리고 그것을 그대로 종이에 쓰게 하라. 그중에서 자신의 가족에 대해 느끼는 감정 세 가지를 골라 그것에 대해 이야기를 나누도록 한다.

- 아동들은 가정에서 바라는 세 가지 소원을 밝힌다. 기본적으로 떠오르는 가장 압도적인 소원은 그들의 어머니와 아버지가 다시 함께하는 것이다. 또한 법적으로 친권이 없는 부모와 함께 많은 시간을 보내기를 소원한다. 이러한 아동들은 다툼의 한가운데에 남겨진 것이 얼마나 힘든지에 대해 자주 표현하며, 평화를 원한다. 그들은 이러한 화합과 조화를 원하며, 그것들을 이루기 위해 어떤 것이든지 할 의향이 있다.
- 우리는 테이블 주위를 돌며 아동들이 어떻게 느끼는지에 대한 감정과 그 이유에 대해 1점부터 10점까지 척도를 매기며 확인한다.
- 아동들은 '엄마, 아빠가 알았으면 하는 것'에 대해 결정한다(만약 적절할 시에는 의붓어머니, 의붓아버지, 이복자매, 이복형제도 포함할 수 있다). 나는 아동들이 양부모에 대해 어려움이 있다는 사실을 드러내는 것을 주저하는 모습을 자주 발견한다. 그들은 새로운 가정에 있게 된 것에 대한 감정을 부모들이 알아주길 바란다. 가끔씩 아동들은 그들이 준비가 되기도 전에 강제적으로 적응하게 만든다고 느끼기도 하며, 이전에 의논되지 않았던 것에 대해 불편한 감정을 가지고 있다.
- 우리는 아동들이 제어할 수 있는 것과 할 수 없는 것에 대해 이야기한다. 예를 들어, 아동들은 그들의 행동을 제어할 수 있다. 또한 그들의 특정한 감정을 제어할 수 있는 방법에 대해 이야기하기도 한다. 그러나 그들은 부모가 결정한 이혼 또는 현재의 가정 상황을 제어할 수 없다. 나는 아동들에게 이러한 사실이 '그들' 사이의 이혼은 아니라고 설명해준다. 다시 말해서, 어머니와 아버지 간의 이혼이지, 아동과 부모 사이의 이혼은 아님을 밝혀두는 것이다. 집단구성원들이 느꼈으면 하는 나의 바람은 그들이 이혼의 요인이 아니며, 그 상황을 '바꿀' 수 없다는 것이다. 많은 집단 시간을 아동들이 가정에서 그들 스스로를 변화시키기 위한 대안을 탐색하거나 대처 방법을 짜내는 데 투자한다.
- 우리는 어떠한 변화가 진행되었는지에 대해 의논한다. 아동들은 새로운 가정에서 긍정적, 부정적 변화라고 생각되는 부분들을 이야기한다.
- '질문 상자(question box)'는 모든 회기 동안 이용할 수 있다. 학생들은 익명으로 질문을 써낼 수 있고, 그들이 집단구성원들과 나누기 불편한 걱정을 써서 질문 상자에 넣는다. 이것들은 다음 회기에 다루고 이야기하게 된다.

마지막 회기

첫 번째 회기와 마찬가지로, 마지막 모임도 적절하게 구성되어야 하며, 상담 업무의 종료가 수반된다. 일반적으로 아동들이 마지막 회기에 느끼는 감정에 대해 이야기하고, 이러한 상담을 통해 어떤 것들을 배웠는지에 대해 밝힌다. 또한 컵케이크나 팝콘 등으로 특별하게 축하하는 시간을 갖기도 한다. 각 학생들은 "상담 선생님께서 저는 특별한 존재라고 말씀하셨어요."라고 적힌 수료증을 받는다.

집단 결과물
학생의 인식

학생들은 이 모임에 참여하여 그들이 혼자가 아니라고 깨달았을 때 그들 스스로, 또한 그들이 속한 가정 환경에 대해서도 더욱 편안함을 느꼈다고 이야기했다. 아동들은 자신과 비슷한 걱정과 느낌을 경험하고 있는 다른 아동들과 동일시하는 것이 필요했다. 집단구성원들은 함께 헤쳐나가는 과정을 이해하기 시작하고, 그들 스스로 돕는 법을 배우며 좀 더 나은 감정을 갖게 되었다. 이러한 집단 활동을 통하여, 그들은 자기가 제어할 수 없는 것을 흘려보내는 것과 자신이 제어할 수 있는 것에 대해 책임감을 가지는 법을 배운다.

부모의 인식

부모들은 자녀가 이 모임을 즐기며, 집에 돌아와 무엇을 이야기했는지에 대해 자주 나눈다고 보고했다. 그들의 자녀는 어떻게 적응해야 하는지 배우는 과정을 통해 이혼에 대한 좀 더 나은 이해를 얻었다고 한다. 부모들은 별거 혹은 이혼 과정에서 큰 벽을 경험했지만 그 과정에서 다른 누군가가 자신의 자녀를 지원해준 것에 대하여 안심이 되고 행복했다고 이야기했다.

부모들은 자녀가 이 집단 모임에서 무엇을 하는지 관심을 보였으며, 집단 모임에서 추천해준 책을 자주 자녀와 함께 읽었다. 또한 많은 부모들은 아동에게 줄 수 있는 도움에 대한 정보를 더 나누고 싶다고 말했다. 그래서 나는 저녁 워크숍과 부모 수업을 제공했다. 나는 계속하여 어른에게 필요한 부모 지지 집단을 개발하기 원한다. 또한 부모와 자녀를 함께 도울 수 있는 한 회기 또는 두 회기 모임을 계획하고 있기도 하다.

후속 지도

후속 지도는 교사들과 함께 수업 방문을 하거나 그들을 개인적으로 만나거나 그들에게 용기를 북돋아줌으로써 상담 종결 후에도 학생들의 상태와 과정을 확인해본다. 또한 다음해에 '동창' 모임을 열어서 어떻게 진행되고 있는지 보기도 한다.

상담 중 혼란의 원인

상담 중 나에게 가장 큰 혼란과 좌절은 이 집단상담을 종결하는 것이다. 아동들은 항상 마지막을 싫어하며 더 많은 모임을 지속하기 원한다. 아동들이 이야기하는 것과 배워야 함을 더욱 필요로 할 때, 회기를 종결하는 것은 너무도 힘든 일이다. 나는 아동들의 몇몇 문제들을 직접적으로 해결해줄 수 없으며, 그러한 사실은 나의 좌절감을 한 단계 올려놓는다.

여기에 아동들이 마주하는 복잡한 몇몇 문제들은 다음과 같다.

- 부모의 감정적인 문제 때문에 드문드문 방문하는 경우
- 부모의 관계가 동반된 간섭으로 인한 아동의 혼란
- 성적 폭행과 연관되어 빈번한 법원 증언 중일 때
- 가정 폭행

- 부모의 무관심
- 한 부모만 선택하라고 요구되는 상황에서의 충돌
- 부모의 간통
- 알코올, 약물 중독
- 배우자 학대
- 육체적 · 정신적 학대
- 감금
- 경제적 문제

다른 좌절감의 요인은 시간이다. 도움이 필요한 학생들을 모두 보기에는 항상 시간이 부족하다. 또한 모든 부모를 만나 자녀에 대하여 이야기하는 것도 항상 시간이 부족하다. 그러나 집단상담이 진행 중인 동안에 좀 더 깊은 상담이 필요한 가정에는 따로 상담실 밖에서 상담을 진행한다.

마지막 조언

나는 이 집단 경험이 학생들의 변화와 가족의 문제에 매우 효과적이며 학생들을 지원하는 하나의 도구로써 사용될 수 있음을 알게 되었다. 학생들은 각자 서로를 연계하고 지지할 수 있으며, 용기를 북돋아주고, 조언을 해주거나 희망을 준다. 집단 안에서 그들은 서로의 감정을 이해하고 어려운 상황을 어떻게 다루어야 하는지 배운다. 나의 경험에서 보면 이 작은 집단 구조는 굉장히 유익하다. 나는 학생들을 위한 이러한 상담 서비스를 상담자들이 제공하는 것을 강력하게 추천한다. 이혼 가정의 아동에 대한 유용한 책으로는, Janice DeLucia-Waack의 책, 『이혼 가정 아동들을 위한 음악; 상담자를 위한 회기별 지침서(Using Music in Children of Divorce Groups: A Session-by-Session Manual for Counselors)』(2001)가 있다. 이러한 책은 어떠한 활동과 음악이 아동의 감정 표현에 도움을 줄 수 있는지와 집단 활동을 통해 아동이 배운 것을 일상생활에서 적용하기 등에 대해 서술하였다.

학대 아동을 위한 집단

이 내용은 Teresa M. Christensen 박사의 관점으로 작성된 것임을 미리 알려둔다. 좀 더 많은 정보가 필요하다면 다음의 주소, 전화, 이메일을 참고하기 바란다. Teresa M. Christensen, 주소: Regis University, CPS, Department of Education and Counseling, 전화: 303-964-5727, 이메일: tchriste@regis.edu.

개요

아동 학대의 영향은 매우 넓고 광범위하다. 폭행으로 인한 명백한 육체적 상해를 떠나서, 폭력에 노출된 아동들은 대부분 분노, 적개심, 두려움, 걱정, 취약함, 무기력함, 슬픔, 상실, 수치심, 죄의식과 연관된 감정과 생각을 경험한다. 아동 학대의 해로운 결과물로 아동들은 신뢰 관계, 자기 비난, 우울, 고립, 낮은 자존감, 그리고 많은 내적 관계 문제를 부모로부터 경험한다(Gil, 2006).

연구와 문헌은 학대나 트라우마에 영향받는 아동들에게 특정한 정신건강 서비스가 필요하다고 이야기하고 있다. 이러한 분야의 전문가들은 이미 이러한 요구에 반응해오고 있지만(Gil, 2010; Terr, 2009), 상담자들은 지속적으로 학대에 노출된 아동을 관리하는 새로운 방법을 찾고 싶어 한다. 많은 전문가들은 적절한 감정 표현, 긍정적 자기 이미지, 내적 관계 기술에 집중하여 효과적인 중재 방법과 다양한 사회 상황 유대관계 재형성에 대해 논쟁중이다(Gil, 2010). 그러므로 학대로 고통받는 아동들에게 내적, 사회적 관계를 탐색하는 중재를 하는 것이 매우 효과적이다. 특별히, 집단상담은 비판적이지 않으며, 안전한 분위기를 제공하여 자기와 비슷한 경험을 하는 또래 집단과 관계 형성을 하며 아동을 지원한다. 나는 수년간의 경험 이후에, 학대로 인한 아동들에게 가장 도움이 되는 상담 집단을 찾게 되었다. 나의 경험에 의하면, 여러 다양한 형태의 학대로 인한 아동들에게는 개인, 집단, 가정 상담자가 필요하다.

집단의 목적

이 집단 모임의 주목적은 학대받은 아동들이 다른 아동이나 어른들로부터 안전하다는 느낌을 충분히 경험하기 위한 치료적 신뢰를 얻는 과정 중에서의 관계 형성이다. 집단은 안전한 환경을 제공하고 아동들에게 권리를 부여하며 자존감을 올려주기 위해 구성된다. 또한 아동들의 경험과 감정이 혼자의 것만은 아니라는 것을 발견하게 도와주고, 학대 경험으로부터 아동들 스스로 어렵고 복잡한 자신의 감정과 행동을 표현할 수 있게 하는 환경을 제공해주는 것이다. 폭행을 한 이를 향한 아동들의 혼란스럽고, 복잡한 감정을 충분히 표현할 수 있게 도와줌으로써 아동들은 이 모임의 또 다른 목적인 감정의 제어와 지배를 경험하게 된다(Gil, 2010). 집단 모임을 마침으로써, 모든 아동들이 자신의 감정을 적절하게 표출하는 방법을 배우고, 개인이 지닌 능력을 인지하며 건강한 내적 반응과 관계에 필요한 기술을 개발할 것이다.

집단 구성

선발

선발 과정은 학대당해온 아동을 상담할 때 매우 중요한 과정이며, 아동이 집단상담을 결정하기 위한 준비를 할 때의 타이밍도 중요하다. 우선적으로 아동은 상담받을 준비가 꼭 되어야 하며, 치료 과정에서 또래 아동들과 게임을 하거나 이야기하며 시간을 보내기 위한 욕구가 필요하며 상호작용하기 위한 의지를 가져야 한다. 모든 아동들은 나의 집단 모임에 가입했거나 개인 상담과 가족 상담에 동시에 포함되었고, 나는 심사 과정을 위해 임상적인 느낌과 사례 기록을 활용하였다. 나는 아동들이 준비되었다고 믿을 때, 집단상담에 그들이 참여할 수 있도록 초대하였다. 나는 그들이 변화할 수 있다고 강조하여 그들이 선택할 수 있는 힘을 실어주었다.

집단상담은 (1) 최근 학대가 일어났을 때, (2) 학

부모님, 혹은 법적 보호자님께,

이미 잘 알고 계시다시피, 아동 학대의 나쁜 결과는 종종 신뢰 문제로 고생하고, 자기 비난, 우울증, 불안감, 고립, 낮은 자아상, 그리고 많은 다른 대인관계에 대한 문제로 나타납니다. 당신의 자녀가 가지고 있는 이러한 문제들이 현재 개인 상담 또는 가족 상담을 통해 다루어지고 있거나 과거부터 다루어져왔다면, 저는 집단상담이 아직 상당히 효과적이고 당신 자녀의 정신에 좋은 영향을 줄 수 있는 또 다른 기회가 될 수 있다고 생각합니다.

상담자와 행동 치료자로서의 제 경험을 통해, 저는 학대의 영향을 받은 많은 아동들이 또래 관계라 불리는 대인관계에 힘들어하는 것을 보았습니다. 집단상담이 많은 아동들에게 (1) 타인을 신뢰하는 방법에 대해 배우기, (2) 아동들의 경험 속에서 그들이 혼자가 아니라는 사실을 이해하기, (3) 건전한 대인관계 기술 개발, (4) 사회적 상황 속에서 통제와 지배에 대한 아동들의 제어 감각 함양에 도움을 준다고 연구 자료에서 나타나있고 저 또한 이를 확신하고 있습니다. 아동들은 비슷한 감정, 경험, 걱정을 지니고 있는 타인과의 상호작용을 통해 아동들의 감정과 생각을 보다 효과적으로 받아들이고 대처하는 방법을 배웁니다.

임상적 관찰과 제 전문적인 판단에 근거하여 저는 귀하의 자제분이 집단상담에 대해 준비되어 있다고 믿습니다. 이러한 연유로 저는 _____(자녀 이름)이 비슷한 걱정거리를 가진 유사한 연령, 체격, 성별을 지닌 5~7명가량의 다른 아동들과 함께하는 10주간 진행하는 집단상담에 참가할 수 있도록 허가를 내주시길 당신에게 요청드립니다.

집단상담은 구조화된 대화와 비구조화된 대화, 학대와 연관된 프로그램과 기타 정신건강 문제가 포함될 예정입니다. 모든 아동들과 부모님들은 비밀이 보장된 상태에서 연락을 받게 되겠지만 저는 이 아동들이 프로그램 밖에서 어떤 말을 하는지 어떤 행동을 하는지 통제할 수는 없습니다. 그러나 저는 비밀이 유지되도록, 그리고 아동들의 물리적, 감정적 안정을 확실히 하기 위해 모든 노력을 다하겠습니다. 집단상담에 대해 질문이나 우려하시는 사항이 있으시면 부디 제 연락처인 _____(연락처)로 연락주시기 바랍니다.

이 문서에 서명하시는 것은 당신이 당신의 자녀가 이 집단상담에 참가하시는 것으로 인정하고 지지하시는 것으로 보고 서면 동의를 제공하시는 것이 됩니다.

_____   _____
부모님 혹은 법적 보호자의 서명   날짜

_____   _____
증인 서명   날짜

_____   _____
테레사 엠, 크리스틴슨 박사   날짜

대가 아동에게 여전히 큰 충격을 안겨줄 때, (3) 아동이 자살 행동, 자해, 심한 감정 기복, 또는 환각이나 망상과 같은 심각한 심리적 장애를 경험했거나, (4) 아동이 한 번에 두 명 이상의 여러 사람들에게 학대당한 경우에는 상담 참가를 금지한다. 하지만 나는 모든 아동들이 준비된 상태라면 집단상담에서 도움을 얻을 수 있다고 믿는다.

집단의 기능과 분위기는 장래 집단구성원들의 행동 방식에 의존한다. 따라서 유사한 나이, 신체적 크기, 성별을 가진 집단구성원들의 균형이 매우 중요하다. 또한, 집단을 구성할 때 다른 아동의 이야기로 다시 트라우마를 경험하지 않도록 학대의 심각성에 대한 유형을 고려해야 한다. 일단 아동들이 적절한 집단상담을 승낙한 것으로 여긴다는 법적 보호자의 동의를 얻어야 한다.

부모 또는 법적 보호자의 동의

대부분의 경우, 나는 부모나 법적 보호자와 직접 이야기를 하지만 가끔은 동의서를 보내곤 한다. 그 편지는 기밀성의 문제, 치료 요인, 집단에서 논의될 주제, 학대를 받은 아동에게 합리적인 집단상담을 제공하는 과정에 대한 설명 등에 대한 개요를 설명한다(아래 편지 참고). 나는 집단이 현재 치료 계획의 보충이 되지 않으면 개인 상담이 가족 상담을 대신하지 못한다고 강조한다.

아동들에게 집단에 대해 안내하기에 앞서 법적 보호자에게 먼저 서면 동의를 얻는다(이것은 특히 아동이 생물학적 부모와 살지 않는 경우, 법적 후견에 대한 증거를 확보하는 데 중요하다). 법적 보호자는 입양 또는 위탁 부모, 조부모, 또는 대가족의 집단구성원을 포함할 수 있다.

집단 구성과 특성

이러한 유형의 집단은 같은 유형의 학대로 고통받는 비슷한 연령(나이차가 1~3세 나는)의 아동들로 구성하는 것이 가장 효율적이다. 청소년들 또한 이러한 집단에서 이익을 얻을 수 있지만, 여기에서 설명한 활동들은 7~12세 연령의 성적 학대를 당한 아동들에게 적용된다. 발달상의 문제와 성별 문제를 고려할 필요가 있기 때문에, 각각의 집단은 집단구성원들의 특정한 필요에 따라 조금씩 다르게 구성된다. 신뢰, 힘, 제어, 집단응집력, 경제 문제와 같은 요인 때문에 폐쇄 집단이어야 한다. 집단은 5~7명 정도로 구성되어 한 주에 한 번 45~60분 정도 구조화된 회기로 만난다.

환경

4~12세 아동의 집단을 용이하게 하기 위한 이상적인 환경은 놀이방이나 집단구성원들을 수용하기에 적합한 크기의 놀이방과 유사하게 설계된 공간이다. 이 공간은 표현 예술과 활동의 다양성을 포함한 직접적이고 간접적인 놀이를 포함한 다양한 활동을 가능하게 한다. 치료적인 장난감과 게임, 미술용품, 인형, 비눗방울 불기, 모래와 미니어처, 그 밖의 창의적인 재료 등이 수업에 필요하다.

집단 형식

나는 집단 과정 전반에 걸쳐 직접적이고 간접적인 기술을 통합한다. 개발과 과정 문제를 각 집단 회기별로 준비, 작업, 종결의 세 부분으로 나눠 설명한다. 모든 회기는 5~10분 정도 준비하며 시작하는데, 여기엔 (1) 각 집단구성원들에게 오늘 기분이 어떤지 확인하고, (2) 지난 회기에 일어난 일을 되돌아보며 이야기하는 시간을 갖고, (3) 집단 회기가 어떤 방향으로 진행되었으면 하는지 논의하는 것이 포함된다. 다음 25~35분은 작업 단계로, 구조화된 활동이나 자유 활동을 포함한다. 마지막으로 10~15분은 T&T(Treat and Talk time)라고 알려진 '간식 먹으며 말하는 시간'을 가지며 회기를 마무리한다. T&T 동안 집단구성원들은 건강에 좋은 간식을 제공받고 이번 회기의 반응을 차례로 돌아가며 공유함으로써 용기를 얻는다. 이번 회기에서 집단원들이 무엇을 배우고 이 경험을 집단 밖 그들의 삶에서 어떻게 일반화시킬 수 있는지에 초점을 맞추어 논의한다.

각 회기의 구조와 주제는 어떤 문제이고 집단구성원 개개인 또는 집단 전체의 요구에 달려 있으며 각기 달라진다. 그러므로 첫 회기(오리엔테이션)와 마지막 회기(기념 행사)를 제외하고, 주마다 회기별로 구조화된 활동과 비구조화된 활동을 번갈아가며 한다. 1~4, 6, 8, 10회기는 학대와 관련한 주제에 초점을 맞춘 하나 이상의 활동을 통한 높은 구조화를 한다. 구조화된 회기에서, 치료 경험과 다른 자원들로부터 끌어낸 다양한 표현 예술, 활동, 역할 연기, 게임을 활용한다. 5, 7, 9회기에서는 과정을 지향하고 놀이방이나 다양한 게임, 장난감, 미술 도구가 있는 공간에서 집단구성원들이 자유롭게 선택하여 활동할 수 있는 비구조화된 시간을 보낸다. 아래 지침들은 각 회기별로 주제와 활동의 예를 포함하고 있다.

1회기: 오리엔테이션

첫 회기는 비밀 보장, 집단 구성의 목적 및 때리지 않기, 한 번에 한 사람씩 이야기하기와 같은 몇 가지 기본 규칙(정책)에 대해 논의한다. 나는 보통 이 집단의 일부가 되기로 한 집단구성원들에게 감사의 말을 전하는 것으로 시작한다. 또한 나는 이 집단에 있는 모두가 학대를 받았지만 그것이 집단원으로 선택된 유일한 이유는 아니라는 것을 말한다. 나는 이 집단이 다른 사람을 알아가고 어떻게 적절하게 감정을 표현하는지 배우고 어떻게 긍정적인 선택을 할 수 있는지 배우는 것임을 알려준다. 아동들이 서로 친해지는 걸 돕기 위해 나는 아동들이 자신의 이름과 몇 가지(좋아하는 색깔, 동물 또는 무엇이든)를 차례로 말하여 딱딱한 분위기를 부드럽게 한다. 이 활동은 15~20분 정도 차례로 돌아가며 계속한다.

이 회기의 중간 정도에 나는 집단구성원들이 규칙 목록을 만들도록 요청하고 '집단 방침'에 대해 논의한다. 집단 경험을 공동으로 구성하기 위해 아동들에게 권한을 부여하여 분위기를 형성한다. 나는 이러한 정보를 기록하여 '집단 선언문'이라고 명명하여 벽보로 붙이고 다양한 미술 재료를 제공하여 아동들이 그들의 이름과 각 집단 회기별로 전시되고 제한을 설정하여 필요할 때마다 언급될 집단 현수막을 꾸밀 수 있도록 격려한다. 나는 집단구성원들이 신체적, 감정적 안전을 포함하는 규칙인지, 어떤 규칙을 쓰고 선택하는지 면밀히 관찰하고 확인한다. 나는 우리의 선언문이 아동들에게 침묵을 지키거나

순서대로 돌아가는 활동을 넘어갈 자유가 주어졌는지 확인하고, 신체적 접촉, 자기개방, 비밀을 지키는 것과 같은 경계 문제를 강조한다. 대부분의 경우, 집단구성원들은 규칙이나 내가 정한 한도를 초월한 방침을 떠올리곤 한다. 그에 맞춰 나는 그들이 너무 많은 방침을 설정하거나 방침이 너무 엄격하지 않도록 확인한다. 이 집단 회기의 마지막에는 돌아가면서 T&T로 마무리한다.

2회기: 자각 활동

이번 회기는 집단구성원의 상호작용을 증진하고 통찰력을 얻을 수 있는 관계 형성 활동을 포함한다. 집단구성원들은 그들이 자신을 어떻게 보고 있는지 묘사한 4~5개의 잡지 사진, 문장이나 단어를 선택해서 '정체성 콜라주(identity collage)'를 만든다. 치료자들은 발달 단계에 적합하고 다양성을 지지할 수 있는 여러 종류의 잡지를 선택하도록 하였다. 집단구성원들이 그들의 '정체성 콜라주'를 가지고 이야기를 나눌 기회를 가질 때 상담자는 집단구성원이 학대받은 이후로 어떻게 변화되었는지 생각해보도록 격려한다. 상담자는 학대의 결과로 변화된 것과 변화에 대하여 어떻게 느끼는지를 표현할 수 있는 한 가지 이상의 아이템, 단어, 문장을 선택하도록 집단구성원들을 격려한다. 이러한 아이템들은 기존 콜라주를 바꾸는 데 사용되어왔고, 집단원들은 다시 수정된 콜라주를 이야기할 수 있는 기회를 갖는다.

이 활동을 통해서 집단구성원들은 학대가 어떻게 영향을 미쳤는지에 대해 자기 반영과 자기 탐색을 해볼 수 있는 기회를 갖게 된다. 활동 중에 우연한 변화뿐 아니라 학대와 관련된 격정적인 다양한 감정에 대한 이야기를 하는 것은 중요하다. 예를 들어, 나는 성폭행당한 아동을 대상으로 한 집단에서 다음과 같은 이야기를 나누었다. "나는 엄마, 아빠와 더 이상 같이 살 수 없어서 정말 슬퍼요.", "나는 남자인 게 싫어요! 내 몸에 이상하고 더러운 게 달려 있어요.", "나는 남편을 찾을 수 있을지 모르겠어요. 아빠랑 있었던 일을 알게 된다면 어떤 남자도 나랑 결혼하려고 하지 않을 거예요."

3회기: 비밀과 접촉

이 회기는 안전하거나 불안전한 비밀, 부적합하거나 적합한 접촉의 구체적인 활동을 포함한다. 이 활동은 어떻게 아동들이 적합한 육체적 접촉의 한계를 긋고, 어떻게 안전하거나 안전하지 않은 비밀 사이를 구별하는 방법을 알려주도록 고안되었기 때문에, 발달적으로 아동들에게 적합한 용어의 개념을 명시시키는 것은 중요하다. 예를 들면 이렇게 말할 수 있다. '안전한 비밀은 깜짝 생일파티를 비밀로 하는 것처럼 누구에게도 해가 되지 않는 것을 말하지 않는 거야. 반면에 불안전한 비밀은 누군가가 상처를 주거나 위험한 어떤 일이 너나 다른 사람에게 일어났을 때, 비밀을 유지하는 거야.' 집단 활동 동안, 집단구성원들은 적합한 접촉과 부적절한 접촉의 형태, 안전한 비밀과 불안전한 비밀의 목록을 작성하게 된다. 이 활동은 집단원들이 앞으로 어떤 건강한 방법으로 비밀과 접촉을 다룰 수 있는지의 계획을 세우면서 마무리된다.

4회기: 신뢰성 활동

출석 점검 후에 이 회기에서는 신뢰감을 쌓는 활동에 초점을 맞춘다. '믿음 걸음(trust walk)'에서 집단구성원들은 둘이 한 조가 되어 한 집단구성원이 눈을 가리고 다른 집단원은 안내자가 된다. 이 활동의 목적은 신뢰감을 형성해서 서로 의사소통하며 미로를 통과하고 안내자가 알려주는 방향으로 무사히 가는 것이다. 눈을 가린 집단원은 취약성, 무력감, 위험 감지, 불안의 문제를 직면하고 다른 사람의 도움에 의존하게 된다. 눈을 가리지 않은 집단원은 리더십과 숙달의 기회를 경험하게 된다. 집단원들이 믿음 걸음을 체험할 때, 그들의 삶에서 신뢰하는 사람들의 명단을 만들고 왜 신뢰하는지를 배우게 된다. 집단원들이 남은 사람들과 이 명단을 보여주는 것은 선택사항이다. 마지막에 집단원은 다음 회기에 비지시적인 놀이를 포함해서 어떻게 함께 시간을 보낼 것인지, 또 무엇을 선택할 것인지 생각하도록 지시받는다.

5회기: 적응 과정

출석 점검 후에 집단구성원들은 이 회기 동안 무엇을 하고 싶은지 스스로 선택하도록 한다. 지도자로서 나는 집단원들이 서로 어떻게 하는 것인지 일반적인 아이디어를 제시한다. 예를 들면, "너는 게임이나 활동, 역할 연기 등 함께할 수 있는 것을 선택할 수 있어." 또는 "너는 혼자 노는 것을 선택할 수 있어."라고 한다. 이때 지도자는 유용한 재료를 제시할 수는 있지만 대부분은 비지시적이어야 한다. 여기에서 지도자로서의 역할은 집단원이 상호작용하는 동안 아동이 어떤 식으로 다른 집단원과 교류하는지 예리하게 관찰하는 것이다. 지도자는 집단원들이 이 회기 동안 무엇을 할 것인지 그것이 집단적인 선택인지 개인적인 것인지에 따라 언어적이고 비언어적인 격려이자 반영을 제공한다. 아동들은 종종 함께 모래상자 놀이를 선택하지만, 어떤 아동들은 혼자서 그림을 그리거나 탐색하는 시간을 사용하기도 한다. 회기는 전형적인 T&T 시간으로 마무리하고 아동들은 선택한 활동에 대한 경험을 떠올려보고 이야기할 수 있는 기회를 가진다.

6회기: 대인관계 상호작용 활동

이 단계의 주요 특징은 집단응집력이 발전한다는 것이다. 지도자는 집단구성원들이 관계성과 집단역동, 잠재적인 문제를 표현할 수 있도록 돕는 것에 초점을 맞춘다. 나는 '나-전달법'을 사용함으로써 의사소통과 관련된 다양한 주제를 다룬다. 구체적으로는 정서적이고 신체적인 경계를 존중하는지를 보여주는 방법과 필요로 하는 것을 요청하는 방법, 그리고 적절하게 자기 감정을 표현 방법에 대해 알게 된다. 게임과 구조화된 활동은 특별히 (1) 말하기, 느끼기, 행동하기 게임, (2) 역할 연기, (3) 인형극, (4) 가족화, (5) 전화 게임을 포함하여 이런 주제들을 표현하도록 설계되었다. 나는 특정한 학대와 트라우마와 관련된 문제를 나타내는 영화를 보거나 음악을 듣거나 책을 볼 수도 있다.

학대받거나 트라우마가 있었던 아동들은 가끔 변화에 이르는 과정에서의 과도기 단계에서 고군분투한다(Gil, 2010; Terr, 2009). 그래서 특별히 집단의 종결 단계에서 주의를 더 기울인다. 6회기 마무리에 지도자는 우리가 단지 집단이 마무리될 때까지 3회

정도의 회기가 남아있다고 알려주고, 어떻게 다른 집단들이 그들이 삶에서 마무리가 되었는지 집단구성원들에게 생각해보도록 한다. 지도자는 클럽 활동이나 졸업 등의 이유로 더 이상 만날 수 없게 되는 경우를 말해봄으로써 집단 종결의 예를 제시한다. 특별히 집단원들이 서로에게 마무리 인사를 어떻게 나눌지를 나눠본다. 또한 집단원들이 가족과 지역사회에서 경험했던 '이별 의식'을 이야기하면서 서로에게 어떻게 마지막 인사하기를 원하는지 결정하고 이 중요한 경험을 마무리하며, 집단 종결을 준비하기 시작한다.

7회기: 적응 과정

이 회기 동안 아동들은 또 다른 비지시적인 놀이 경험을 하게 된다. 그들은 대부분 책을 읽거나 애완동물과 놀거나, 미술 재료들을 활용해서 그림이나 그들 자신을 위한 일기장을 만든다.

8회기: 회복 활동

8회기의 목표는 집단구성원들이 긍정적인 자아상을 발달시키도록 돕는 것이다. 아동들이 개인의 강점을 명확히 인식하도록 돕고 미래에 건강한 선택을 하는 데 강점을 사용하는 방법을 배우는 것에 초점을 맞춘다. 이 회기 초반부에 나는 집단구성원들이 개인의 강점을 찾아내고 그들 자신 스스로가 인정하는 네 가지 이상의 장점 목록을 만들어볼 수 있는 시간을 제공한다. 예를 들면, 다음과 같다. '나는 사람들의 이야기를 잘 들어 줍니다.', '나는 좋은 친구입니다.', '나는 다른 사람을 다치게 하지 않고 화가 났을 때 대처하는 방법을 알고 있습니다.', '나는 거절하는 법을 알고 있습니다.' 아동 학대에 의해 자아 존중감이 손상되었을 수도 있기 때문에 특히 이 회기에서 집단 상담자의 도움이 꼭 필요하다. 하나의 집단으로서 우리는 우리의 강점을 창조적으로 나타내기 위해 할 수 있는 것이 무엇인지 결정한다. 어떤 활동이나 게임은 이 임무를 완수하는 데 사용될 수 있으며, 나는 집단구성원에게 무엇이든 만들어보라고 격려한다. 때때로 그들은 미술을 사용하기도 하고 연이나 개인적인 또는 가족 방패, 이름이 새겨진 운전번호판, 티셔츠를 만든다. 집단원들은 삶에서 바라고 필요한 것의 목록을 작성하며 어떻게 건강한 방법으로 원하는 것을 만족시키는 데 장점을 활용할 수 있는지 이야기를 나눠본다. 나는 아동들이 과거에 다른 사람들이 그들에게 말했던 것과 상관없이 삶의 많은 측면에서 선택할 수 있음을 강조한다. 우리는 강점이 건강한 선택을 하는 데 어떻게 도움이 되는지, 미래에 필요를 충족시키는 데 어떻게 사용되는지, 생각과 감정을 어떻게 표현하는지에 대해 이야기를 나눈다.

이 회기를 마무리할 때, 우리는 다가오는 축하 회기에 대해 논의한다. 우리는 그들이 회기에서 원하는 것(활동, 게임, 미술, 이야기, 노래, 춤)이 무엇인지 생각나는 대로 아이디어를 말한다. 나는 집단구성원들에게 음료수(일반적으로 주스)와 간식(일반적으로 과일이나 팝콘)을 제공한다고 알린다.

9회기: 적응 과정

집단의 발전과 신뢰감이 향상됨에 따라, 집단구성원들은 9회기에는 더욱 활발하게 상호작용하게 된다. 예를 들면 아동들은 보드게임을 하거나 그림을 그리고 함께 나눈다.

10회기: 축하

마지막 회기는 집단구성원들이 자신과 다른 사람에 대해 배운 것을 함께 이야기 나누는 것을 포함해서 집단에서 경험을 추억하고 집단의 종결을 축하하는 시간이다. 이 회기의 의도는 성공적으로 종결하는 것이다. 또한 집단구성원들이 이 회기를 계획하는 데 주도권을 가지기 때문에 다양하게 구성된다. 마지막 회기는 다음과 같은 활동을 포함하지만 한계가 있는 것은 아니다. 어린 아동들은 모든 집단원의 서명이 담긴 굿바이 그림을 그리고 싶어 하거나, 함께 게임을 하거나 역할 연기 또는 짤막한 연극을 하고 싶어 한다.

더 연령이 높은 아동과 청소년은 이전 회기에의 추억을 자유롭게 나누고 집단에서 경험했던 것을 이야기하는 시간을 갖도록 간접적인 방식으로 감상하기를 더 선호하는 경향이 있다. 많은 경우, 연령대가 높은 아동과 청소년은 마지막 회기에서 집단에서 모든 집단구성원들이 경험했던 기억을 바탕으로 해서 만든 미술 활동 자료를 포트폴리오로 만들어 마지막 회기에 감회를 새롭게 가지는 시간을 가진다. 형식에 관계없이, 나는 모든 집단원들이 다음과 같은 정보를 공유하도록 요구한다. (1) 그들이 각자의 강점과 재능에 대해 배운 점, (2) 그들이 어떻게 긍정적인 선택을 하고 집단 밖에서 건강한 관계를 형성하는지에 대한 계획, (3) 그들 스스로를 돌보는 방법에 대한 개인적 계획.

기대되는 집단 결과

학대를 받아온 아동들은 안전하고 건설적인 환경에서 다른 사람들과 자신의 생각, 감정, 전반적인 반응을 표현할 기회를 가져야 한다. 나는 학대의 영향을 받아온 아동들과 함께한, 적어도 20년 이상의 집단 경험의 통해 집단상담이 성인들뿐만 아니라 아동들도 혼자가 아니라는 것을 배우고, 치유 과정을 시작하며 다른 아동들과 건강한 관계를 형성하는 방법을 배우는 이상적인 환경을 제공한다고 믿게 되었다. 집단에서 아동들은 그들의 가장 내부에 있는 갈등을 표현하고, 잘못된 책임을 분명히 하며, 다른

사람들과의 상호작용에 대해 좀 더 편안함을 느끼면서 고립된 장벽을 무너뜨릴 수 있다. 나는 집단의 환경은 학대를 받아온 아동들에게 심도 있는 치료 단계를 제공한다고 믿는다. 향상된 대인관계 기술, 자신감과 독립성의 증가, 자기 확신은 이들 집단에 참여하는 아동들이 보여주는 결과의 일부일 뿐이다. 학대 경험을 치유함에 있어서 아동을 지원하는 것은 복잡하고 어려울 수 있지만, 나는 집단 상담자들에게 학대 영향을 받아온 아동에 개입함에 있어서 집단 작업의 치료적 요인을 도입할 수 있는 독특하고 창조적인 방법을 추구하라고 독려한다.

추천 자료

이 집단을 설계할 때 유용한 자료는 다음과 같다. Gil(1991, 2006, 2010), Hindman(1993), Kleven(1997), Lowenstein(1999), Spinal-Robinson and Wickham(1992a, 1992b, 1993), Sweeney, Baggerly, and Ray(2014), Terr(1990, 1991, 2008, 2009). 집단 및 놀이 치료에서 창의적 접근에 유용한 자료에 대해서는 Gladding(2016), Kottman (2011), Kottman & Meany-Walen(2016)을 참조하면 된다.

청소년기의 발달 테마

청소년의 고유한 요구에 대한 세부적인 기술을 이 책에서 모두 다룰 수는 없다. 청소년 집단지도자에게 청소년 심리학 과정은 필수적이다. 자신의 청소년기 경험을 반영하는 것과 이러한 경험의 일부를 되살리는 것은 청소년 상담을 준비하는 또 하나의 가치 있는 수단이 될 것이다.

삶에서 청소년기는 정체성과 자기 삶의 과정에 영향을 주는 가치 체계를 확립하는 시기이다. 청소년기는 스트레스와 갈등을 제공하지만, 그것 또한 주요 인지 발달과 사회적 관계의 관심 증가 및 생리적 변화에 대한 중요한 성장 시기이다. 청소년은 그들의 경험이 현재의 감정과 행동에 어떻게 나타나는지 이해하는 데 관심을 조금씩 더 갖는다. 이 시기의 가장 중요한 욕구 중 하나는 성공을 경험하고자 하는 것인데, 개성과 사

교성의 감각을 가져다주고 개인의 고유성과 정체성을 이끌어내어 자신감과 자기 존중을 가져다준다. 청소년들은 자신의 감정의 넓은 범위를 탐구하고 이해하며, 자신의 욕구, 감정, 생각, 신념을 발달시킬 수 있는 방식으로 중요한 다른 사람과 의사소통하는 방법을 배울 기회가 필요하다.

대부분의 청소년들에게 사회적 관계는 매우 중요하다. 청소년들은 사회적 관계를 통해 자아, 세계, 그리고 다른 사람에 대해 배운다. 사회적 관계를 향한 관심의 증가는 독립의 필요성을 증가시킨다. 그러나 청소년과 그들의 부모는 가끔 독립에 대한 필요성을 부모의 시간과 관심의 감소에 대한 요구와 동일시하는 잘못된 인식을 가지고 있다. 뛰어난 회복력을 지닌 청소년들은 강한 사회적 기술을 가지고 있으며, 그들의 부모와 건강한 관계를 맺고 있다. 이러한 가족의 연결 관계는 장기적인 성공을 위해 매우 중요하다.

청소년기의 스트레스 요인

많은 청소년들은 집에서의 삶과 학교에서의 삶 사이의 긴장을 경험한다. 그들은 이 두 세계 사이에 갇혀버렸다고 느끼는데, 그 이유는 두 체계의 규칙과 기대가 일치하지 않으며 부조화를 이루는 것이 스트레스의 주요 요인으로 작용하기 때문이다. 특정 인종과 문화 집단의 청소년은 인종 차별, 빈곤, 그리고 그 밖의 사회정치적, 사회적, 환경적 요인과 관련된 추가 스트레스를 경험할 수 있다. 자아를 찾아감에 있어, 청소년들은 부모, 보호자, 또는 조부모와 충돌을 겪을 수 있다. 또 다른 청소년들은 가족을 부양하기 위해 일을 해야 한다는 압박에 스트레스를 받는다. 자유를 누리는 방법을 배우는 것과 의존과 독립 사이의 갈등이 이 시기의 핵심 감정이다.

청소년은 성공에 대한 압박을 받고 종종 다른 사람들의 기준에 따라 수행하길 원한다. 그들은 종종 인정을 받고 싶은 욕구를 느낄 때가 있는데, 그것이 다른 사람으로부터의 인정인지 자신으로부터의 인정인지 구분하는 법을 배워야 한다. 청소년들이 신뢰받을 수 있고 중요한 의사결정을 내릴 자유가 주어지는 것은 문화적 기대에 근거한다. 서구권 문화에서 청소년은 보호자의 지원과 믿음 안에서 의사결정을 하도록 독려받지만 지침과 한계가 필요하다. 이민자 부모와 미국인으로 자란 청소년 간의 문화 충돌은 스트레스의 중요한 요인이 된다. 이 청소년들은 그들의 부모와는 다른 수준의 동화 또는 통합으로 기능할 것이다. 가치, 믿음, 문화적 관습은 부모와 자식 간 갈등의 원인이 될 수 있다.

청소년을 위한 발달적 집단상담

청소년기 삶의 주된 경향에 대한 간략한 개요는 이 집단에서 발달적 상담의 필요성을 강조한다. 일반적으로, 청소년은 자기보다 어린 아이들보다 또래 관계에 더 관심이 있으며, 부모로부터의 분리와 자아정체성의 발달로 고군분투한다. 또래는 중요한 지지 자원이 되며, 그것은 청소년들로 하여금 집단이 선택적 치료를 하도록 한다(Shechtman, 2014). 집단지도자는 청소년의 발달 요구를 이해하고 서비스를 제공하는 지역사회의 문화적 인식을 가질 필요가 있다. 우리 사회의 급변하는 인구 통계에 비추어, 집단지도자는 다양성의 문제를 해결하기 위해 공동의 노력을 해야 한다.

매우 유사한 과정을 겪고 있는 또래와 관계를 맺을 수 있는 기회는 치유의 경험을 줄수 있다. Akos, Hamm, Mack & Dunaway(2007)는 초기 청소년기 동안 또래 관계의 발달의 중요성과 집단 작용이 또래와 함께 그들 자신의 문제를 탐구하는 집단구성원들에게 얼마나 유용한 자원을 제공하는지를 설명한다. 어린 청소년들은 자연스럽게 또래를 같은 편이자 친구로 생각하는데, 이것은 이 연령 집단에서 나타나는 특징이다. 중학교 상담자들은 학생들의 개인적·사회적 발전을 향상시키기 위한 적절한 공개 토론을 열면서 다양한 발달적 과업을 해결하는 것을 돕는 집단을 구성해야 한다.

집단상담은 청소년의 강점과 고군분투 모두를 보여줄 수 있는 이상적인 장소이다. 또한, 집단지도자는 집단 구조를 개발할 때 교육 목표와 개인적 주제를 결합할 기회를 가진다. 긍정적 집단 경험을 통해 청소년들은 그들 자신과, 그들의 신념, 관계, 선택 가치에 대해 배울 수 있다. 집단은 명확한 목적과, 적절한 주제와, 집단구성원들이 집단에 대한 신뢰를 발전시킬 수 있는 구조가 반드시 있어야 한다. 사회적 관계에 대한 관심의 증가는 집단 과정과 아름답게 조합된다. 따라서 소외감은 감소하고, 사회적 기술이 습득되며, 심리적 요인을 이해하는 기회가 제공된다.

 # 청소년 집단을 이끌면서 만나게 되는 문제와 도전

청소년이 적극적인 집단 참여자가 되도록 동기를 유발하는 것은 어려운 일이다. 집단지도자는 회기가 진행되는 동안 해야 할 일들의 기본 규칙에 대하여 분명하게 설명하고, 집단구성원들의 동의를 구할 필요가 있다. 집단상담이 의미 있게 이루어지기 위해서는 창의성이 요구될 수도 있다. Gladding(2016)은 고등학생 집단의 상호작용을 위한 촉매제로 음악, 동작, 시각적 작품, 드라마, 연극, 유머 등의 창의적인 집단 기술이 어떻게 사용될 수 있는지 설명하였다. 이러한 창의적인 방법은 청소년들이 자신의 감정을 적절하게 표현하고 건강하고 개성 있게 행동하며, 그들 자신과 다른 사람에 대한 통찰을 얻을 수 있게 한다. 창의적 기술을 이용한 커플 집단(coupling group) 작업은 청소년들에게 비교적 매력적이고 친숙한 형식이다. 그러나 아무리 우리가 창의적이라 할지라도 청소년 집단을 원활하게 진행하는 것에는 분명히 어려움이 있다. 신뢰를 형성하고 자기개방의 한계를 드러내는 것은 다음 부분에서 논의될 일반적인 어려움에 속한다.

신뢰감 형성

청소년 집단을 촉진하기 위한 첫 번째 과제는 라포르를 형성하는 것인데, 이것은 자기자신이 되는 것과 가식적이지 않는 것에 달려 있다. 신뢰 관계를 형성하고, 효과적으로 청소년들과 작업을 수행하기 위해 집단지도자는 문화적 민감성을 가지고 현재의 유행에 대해 이해하고 존중한다는 것을 보여주어야 한다.

당신은 집단구성원들의 하위문화인 속어나 다른 사람에게 말하는 방식, 좋아하는 음악이나 오락 미디어, 그리고 지금은 그들의 삶의 일부가 되어버린 다양한 형태의 소셜 미디어를 포함한 의사소통 방식 같은 문화에 익숙해져야 한다. 집단지도자는 청소년들이 서로 의사소통하는 다양한 방식에 대하여 전반적으로 잘 이해할 수 있어야 한다. 당신은 청소년들이 당신에게 그것들을 가르쳐줄 때 즐거워하는 것을 보게 될지도 모른다. 그들의 문화를 함께할 기회를 갖는 것은 신뢰감 형성의 기반을 제공할 수 있다.

집단의 문화 차원을 이해하는 방법은 집단상담을 시작할 때 집단 참여자들에게 그들의 삶의 주제 혹은 철학을 나타내는 노래를 가져오거나, 가장 좋아하는 영화 또는 토론하기 좋아하는 주제를 알아오게 하는 것이다. 이 토론은 집단지도자가 집단 참여자들의 문화를 이해하는 것을 돕고, 집단에서의 일반적인 언어에 대하여 어떠한 비유를 만들어서 사용할 수 있게 된다. 당신이 청소년들의 비속어나 말하는 방식을 흉내내어 그들과 비슷하게 말하는 것이 필수는 아니지만, 만약 당신이 그들의 '문화'에 대하여 조금씩 알아간다면, 그들의 세계를 이해하고 함께하는 데 있어 도움이 될 것이다. 청소년 집단의 세계를 이해한다는 것이 당신이 그들 중의 하나처럼 되는 것을 의미하는 것은 아니다. 받아들여지고자 노력하는 것이 너무 힘들다면 당신은 청소년들의 신뢰와 존중을 잃을지도 모른다.

직접적이고, 솔직하고, 개방적으로 집단구성원들을 대하라. 만약에 당신이 그들에게 위축되어 있다면 그들은 알아차릴 것이다. 만약 당신이 하고 있는 일에 대하여 명확하게 알지 못하고 동조하고 있는 척하고 있다면, 청소년들은 이것을 알아차릴 것이다. 그러나 청소년과의 라포르 형성으로 향하는 긴 여정에서는 청소년에게 친절하고, 표현적이고, 따뜻하게 대해야 한다. 품위 있고, 친절한 사람이 되라는 것은 치료적인 목적을 간과하라는 것이 아니라, 당신이 청소년들을 편하게 해줄 수용적인 사람이라는 것을 전달하는 것이다.

시작 회기에서 논의는 집단 내에서의 상호작용이 적절하고 촉진적인 방식으로 이루어지기 위해 비밀 보장, 집단 규칙, 집단 규범, 경계를 만드는 것, 그리고 집단 밖에서의 적용을 위해 피드백을 하고 제안하는 것을 포함해야 한다. (집단 초기 단계에 신뢰를 쌓기 위한 방법으로 우리가 전형적으로 다루는 다른 주제들은 6장 집단의 초기 단계에서 언급되었다.)

자기개방에 대한 편안한 지대 알기

청소년들은 당신에게 직접적이고 개인적인 질문을 할지도 모른다. 이것은 때때로 당신이 이야기하는 방식이 그들과 의사소통하려고 노력하는지를 시험하는 방식이다. 청소년들은 집단에 대하여 말한 것들이 어떤 의미로 정의되는지 알기 위해 종종 집단지도자를 시험한다. 예를 들어, 청소년들은 집단지도자에게 '마약을 복용한 적이 있나요?', '부모님이 이혼했나요?', '결혼은 하셨나요?', '애인이 있나요?', '자식은 있나요?', '혼전 성관계에 대하여 어떻게 생각하나요?'와 같은 질문을 자주 할 것이다. 진심으로 청소년들을 대하는 것은 솔직하게 대답하는 것이 요구되지만, 이것은 신중해야 한다. 예를 들어, 마약의 사용에 관한 상담자의 대답은 이렇다. "그것은 서로 해가 되는 질문이구나. 만약에 내가 그렇다고 대답한다면, 너는 '당신은 마약하는 게 괜찮다는 것이니, 내가 마약을 하는 것도 괜찮겠네요.'라고 하겠지. 만약에 아니라고 대답한다면, 너는 '그럼, 당신은 나를 이해하지 못하겠네요. 그리고 내가 하는 말을 신뢰하지 않겠군요.'라고 말하면서 나를 무시하겠지." 집단지도자가 이러한 직접적인 질문에 어떻게 대답하는지는 집단구성원들이 집단지도자를 얼마나 신뢰할지를 말해준다. 만약에 이러한 시험이 비판단적이고 수용적인 태도로 받아들여진다면, 청소년들의 신뢰는 증가할 것이고 집단 참여에 대한 망설임은 줄어들 것이다. 청소년들은 적절하게 집단과 자신을 공유하고, 보살피는 태도, 열정과 활력, 개방성, 진솔성 등을 보여주는 지도자에게 더 잘 대답하는 경향이 있다. 만약 당신이 진심으로 청소년들을 존중하고 좋아한다면, 그들도 당신을 존중해줄 것이다.

청소년들은 당신이 진심이 아니라면 그것을 매우 빠르게 간파해낼 것이다. 집단지도자의 핵심 과제는 말과 행동의 일치를 보여주는 것이다. 그러나 이것은 언제든지 지도자의 사적인 생활을 개방해야 할 필요가 있다는 것은 아니다. 집단지도자는 그가 성인 집단에서 하듯이 개방에 대한 압박을 견디는 적절한 선택을 보여줄 수 있다. 많은 청소년들은, 특히 '시스템' 속에 있거나 힘든 가족 환경에 있는 청소년들은 긍정적인 역할 모델이 필요하며, 지도자는 청소년 집단원들에게 그것을 제공할 수 있다.

집단 제안서인 '청소년의 변화 이끌어내기(Teens Making a Change: T-MAC)'에서는 청소년들을 위해 사회와 학교 현장에서 적용할 수 있는 집단을 세울 수 있는 방법을 기술하고 있다. 이것은 집단의 목적이 조심스럽게 고려될 때, 성취될 수 있는 것을 보여주는 훌륭한 예다. 또한 이 집단 제안서는 학교, 이웃 또는 단체 등의 시스템 안에서 어떻게 작업이 이루어지는지에 대한 이해의 중요성에 대해서 설명하고 있다.

집단 제안서

청소년의 변화 이끌어내기(T-MAC): 청소년 비행 예방 집단

이 내용은 Sheila D. Morris 박사의 관점을 중심으로 작성되었다. T-MAC에 대한 더 많은 내용은 『아파트에서 십대 비행 청소년과의 전쟁(Combating Teen Delinquency in an Apartment Setting Through Village Building)』(Carter, 1998)이라는 안내서를 참고하라. 이에 대한 좀 더 많은 정보가 필요하다면 다음의 주소, 전화, 이메일을 참고하기 바란다. Sheila D. Morris 주소: 1672 W. Avenue J., Suite 207, Lancaster, CA 93534, 전화: 661-951-4662, 이메일: drsheila_2000@yahoo.com

지역사회를 중심으로 자연스럽게 형성된 문제 청소년 집단의 경우, 이들 청소년의 장래는 신중하게 고려해야 할 부분이다. 이러한 집단에는 집단 심리학적 접근에 기초하여 같은 아파트 단지 내에서 무리를 지어 행동하는 문제 청소년들을 돕기 위하여 예방적·중재적 조치를 취하게 되는데, 주로 낮은 사회경제적 지위 및 직업군에 속하는 아프리카계 또는 라틴계 미국인 가정이 집단구성원으로 참여한다. 집단은 사회적·환경적 요인으로 인하여 비행 행동을 범할 가능성이 높은 청소년들을 자녀로 둔 가정을

지원하는 역할을 수행한다. 이와 같은 집단에서는 십대 데이트, 함께 어울려 다니며 말썽을 일으키는 갱단, 인종적 차이 및 동질감은 물론 전통적인 비행 행동 등을 다루게 되는데, 이러한 집단의 목적은 집단의 비행 행동에 대한 인식의 증진, 가정 내 대화의 촉진, 자존감 및 소속감의 고취 등 다양한 구성요소들을 통합시킴으로써 달성된다. 가장 기본이 되는 집단 설계는 같은 아파트 단지에 거주하는 청소년들을 대상으로 하고 있지만 소년원에 포함될 수 있으며, 학교 현장, 청소년 공동 거주시설 등의 기관에도 일반화하여 적용할 수 있다.

집단 구성

이 집단은 청소년이 그들의 가족과 함께 거주하는 지역적 환경을 비롯하여 이웃은 물론 지역사회 인사, 전문 기업가, 정치인 등과 관련되어 있다. 집단 구성원은 12~19세의 청소년으로, 청소년이 직접 신청하여 집단에 참여할 수 있다. 집단은 지역사회, 학교, 가정에서 청소년들이 보다 생산적인 삶을 영위할 수 있도록 돕기 위한 요소들로 구성되어 있다. 이 집단은 '불량 집단에서의 삶이 삶의 전부가 아니

다.'라는 좌우명 아래 그 자신이 직접 몸담고 있는 삶의 환경 밖 세계로 나아가는 데 초점을 두고 있다. 집단은 촉진자 및 부모/이웃 자원봉사자와 일주일에 60분씩 집단 내 접촉을 갖는다. 일반적으로 집단은 개방 집단으로 이루어지기 때문에 집단구성원들의 참여와 탈퇴가 비교적 자유로우나 이러한 구조는 유동적이며, 집단의 필요를 기반으로 한다.

T-MAC을 학교 현장에 적용하기 위해서는 집단 운영을 제안하고, 그 집단의 운영이 학생들과 학교 그리고 크게는 지역사회에 어떤 유익함을 미칠 수 있는지에 대한 판단을 내리기 위해 학교 행정부와의 접촉이 필요하다. 교사, 상담자 또는 부모는 청소년들을 T-MAC 집단 프로그램에 의뢰할 수 있다. 또한 이 집단은 학년과 상관없이 모든 학급의 교사, 학교 상담자 및 심리학자의 참여를 통해 학급 단위로 운영될 수 있다. 이 집단은 시간제한적 집단이며, 학생들을 그들의 가장 가까운 지역사회 밖의 장소에 노출시키는 현장 학습이 집단의 활동 중 하나이기 때문에, '가정 내의 삶이 유일한 삶이 아니다.'라는 모토가 강화될 것이다.

집단에서는 집단 내 행동, 그 행동의 결과, 그리고 리더십에 관한 규칙에 있으며, 이에 대하여 집단구성원 간의 합의가 이루어져야 한다. 비밀 보장 및 안전성과 관련된 문제들 또한 논의되고 이행되어야 한다. 촉진자는 부모의 참여와 집단 참여자 자신 또는 타인에게 위해를 가할 위험이 우려되는 경우에 수반되는 비밀 보장의 한계에 대하여 설명해주어야 한다. 집단에서는 집단구성원 상호간에 열린 태도로 비행 행동에 관한 문제를 다루어야 한다. 이를 위해 비디오를 보거나 외부 강사를 초청하여 이 주제와 관련된 강의를 듣는 한편 인터넷이나 역할 연기를 활용하는 방법도 있다. 다음은 T-MAC 집단 프로그램의 성공적인 예이다.

- 토론 집단 오늘날의 기술시대에서도 대부분의 10대 청소년들은 건강한 형태로 다른 사람의 조언을 수용하고 그 자신을 표현하는 방법을 강구하고 있다. 그들은 대부분 데이트, 성, 또래 친구, 가족관계, 진로, 음악, 패션과 같은 주제에 많은 관심과 흥미를 가지고 있다. 대부분의 도시 빈민가 청소년들은 자신을 자유롭게 표현할 수 있는 기회를 갖지 못하는 경우가 많으며, 성인과의 관계 속에서 특히 더 그렇다. 집단은 집단원들로 하여금 자신의 관심 분야에 대해 자유롭게 이야기할 수 있도록 독려해야 한다.

- 학교 현장에의 적용 또래 친구들과의 상호작용 및 관계 형성은 청소년들에게 있어 매우 중요한 주제이며, 고등학생들에게는 특히 그렇다. 학교는 학생들이 단체 활동을 포함한 대인관계를 시작할 수 있는 최초의 장이 될 수 있는 곳이다. 청소년들에게서 나타나는 빈약한 친구 관계, 분노, 소원한 가족관계 문제는 청소년 자신이 속해 있는 동료 집단에 의해 많은 영향을 받는다. T-MAC은 집단이 범죄를 예방하기 위한 목적 가운데 운영될 수 있도록 설계되며, 학교 현장에서 학교 상담자는 십대 청소년들이 범하는 비행 행동의 위험성에 대해 탐색하고, 가장 흔히 발생하는 사안을 추려내게 된다.

- 활동 및 체험 학습 체험 학습은 청소년들로 하여금 그들에게 주어진 기회들을 현실화하도록 돕는다는 점에서 T-MAC 집단 프로그램 운영의 중요한 부분이다. 청소년들은 자신을 둘러싼 환경과 사람들을 통해 사회적 유해 환경으로부터 살아남는 법을 습득하기도 하는데, 이러한 방법은 많은 사람들에게 알려진 방법이라 할 수 있다. 체험 학습을 통해 세계는 넓고 자신감을 향상시킬 수 있는 기회는 무한하며 새로운 미래를 탐색할 수 있는 기회가 많다는 사실을 보여주어야 한다. T-MAC에서 운영하는 체험 학습 프로그램에는 새크라멘토(미국 캘리포니아주의 주요 도시)로의 여행이나 도보 여행, 박물관이나 놀이공원 방문, 눈 덮인 산 여행, 무언극 관람, 그 외 다른 현장 학습과 활동의 운영 등이 포함된다. 또한 집단구성원들은 낙서를 지우는 활동을 하는가 하면 정치인과 인근 지역을 돌며 범죄와 폭력 반대 운동을 펼칠 수도 있다. 제한적인 환경에서 체험 학습은 가상으로 이루어질 수 있을 뿐만 아니라 소셜미디어와 인터넷을 활용할 수도 있다. 학교는 체험 학습을 미리 준비해야 하며, 정치인

들이나 지역사회 지도자들에게 재정적인 지원을 받을 수 있을 것이다.

- 기금-마련 T-MAC 프로그램은 자연스럽게 형성된 집단에서 운영된다. 집단에서 이루어지는 현장 학습과 다양한 활동을 위한 자금을 마련하기 위해 모금 행사가 진행된다. 이와 관련하여 집단구성원들은 기금 마련과 관련된 아이디어를 제시하게 되는데, 여기에는 빵 판매, 세차, 인터넷상에서의 복권 판매 등을 통해 집단에서 그들이 수행해야 하는 임무와 추구하는 모토를 현실화시키고자 한다. 또한 이들은 기부와 협찬(후원)을 받기 위해 다양한 방법을 강구한다.
- 외부 인사 강의 폭력단, 자존감, 데이트, 폭력, 대학 진학 및 진로 선택과 같은 주제에 대해 강의를 하는 외부 인사들은 청소년들에게 다양한 주제에 대한 새로운 관점을 제시하고 동기를 유발하는 데 있어 중요한 역할을 수행하게 된다. 이들은 청소년들에게 역할 모델이 되는가 하면 멘토로서의 의미를 갖기도 하며, 지역 인사, 법 집행기관, 비즈니스 및 연예 분야의 강사들은 지역사회와 학교 그리고 개인 사이의 가교 역할을 하기도 한다.
- 부모 참여 학부모 참여는 집단을 운영하는 데 있어 가장 어려운 측면 가운데 하나라 할 수 있다. 부모들은 대부분 집단에 참여하지 않는데, 이러한 경우 해당 집단구성원은 그들의 부모가 참석해야 이루어지는 집단 과정에 온전히 동참하지 못하게 된다. 반면 몇몇 학부모들은 차편을 제공해주거나 음식을 준비해주기도 하며, 집단에 참여한 청소년들의 인솔자로서 그 역할을 감당하기도 한다.
- 지역사회의 참여 지역 사업가, 지역사회 인사, 정치인은 기부를 하기도 하고 필요한 비품을 공급해주는가 하면 후원을 하는 등 집단 운영에 필요한 다양한 자원을 제공해준다. T-MAC은 일반적으로 십대 청소년 비행을 예방하는 데 있어 지역 인사와 학교 행정가 간의 가교 역할을 수행한다. 이와 같은 가교로서의 역할은 청소년들의 활동 영역이 지역사회에서 학교로 이행하는 것을

돕고, 학생으로 하여금 안정적이고 안전한 집단 내 일체감을 느낄 수 있도록 해준다. 지역사회 인사, 지역사업가, 학부모 참여자들은 집단 프로그램과 관련하여 다양한 서비스를 제공하는가 하면 집단 내 논의를 이끌기도 하고 더 나아가 학교와 지역사회를 연계 하는 역할을 한다.

집단 목표

집단의 주요 목표는 갱단, 약물, 10대 임신, 왕따, 범죄 및 폭력, 가난과 같은 스트레스 요인을 다루고 이러한 문제를 해결하는 데 필요한 대안을 제공함으로써 청소년들이 더 이상 비행 행동을 하지 않도록 하는 것이다. 또한 집단 참여를 통해 청소년들은 그 자신의 세계관을 확장시켜 나갈 수 있을 뿐 아니라 성공적인 삶의 기회를 발견할 수 있다. 이와 같은 목적을 달성하기 위해 프로그램은 다음의 목표에 초점을 맞춘다.

- 긍정적인 행동 학습하기
- 학교와 지역사회에서의 경험 연계하기
- 사회적 기술 증진하기
- 자신과 타인에 대한 긍정적 태도 증진하기
- 학교에서 필요한 기술 및 학습 능력 향상하기
- 지역사회의 생산력 향상하기
- 지역사회에서 범했던 난폭한 행위 완화하기
- 지역 공동체 의식 함양하기
- 영향력 있는 성인이 긍정적인 롤모델로서 기능하기
- 도움이 필요한 가족에게 지역사회 자원 지원하기

집단 형식

T-MAC은 특정한 대상들의 요구를 충족시키기 위해 고안된 집단 프로그램이라 할 수 있다. 지역사회가 추구하는 심리적 관점은 집단에서 다루게 될 주제와 운영의 구성 요소에 직접적인 영향을 미치게 된다. 학교 현장 또는 소년원에서의 T-MAC은 이 계획서를 활용하여 구조화할 수 있다. 여기에서는 지역사회를 중심으로 형성된 청소년 갱단을 대상으로 한 15회기 집단 운영의 개요를 서술하고자 한다. 학급을 단위로 한 T-MAC 프로그램에서는 또래와

의 관계를 비롯한 타인과의 의사소통, 진로, 기술 향상, 가상 여행을 통한 세계관의 확대 등과 같은 주제를 다루게 된다. 각 회기는 특별한 주제를 소개함으로써 시작되고 집단을 통해 배운 새로운 지식을 검토하고 통합함으로써 종결된다. 집단의 각 회기는 집단이나 집단원에 맞게 수정하여 적용할 수 있다.

1회기: 집단 소개하기
- 촉진자는 집단의 목적과 초점에 대해 설명하고 집단의 안전성과 비밀 보장에 대해 안내한다.
- 집단구성원들은 자신에 대해 설명하고, 집단 규칙(누군가가 이야기를 할 때는 이를 존중해야 하며, 다른 사람의 어떤 발언에 대해서도 모욕적인 언행은 하지 말 것)을 함께 정하며, 집단에서 이루어지는 논의의 주제를 발전시켜 나간다.

2, 3회기: 갱단의 역사
- 촉진자는 다양한 읽기 자료들을 통해 갱단의 역사에 대해 설명한다.
- 집단구성원들은 읽기 자료를 읽고 여기서 얻은 정보를 갱단에 대해 자신이 가지고 있던 지식과 연관 지어 논의한다.
- 집단구성원들은 두 명씩 짝을 지어 읽기 자료에 대해 논의한다.
- 두 명씩 짝을 이루어 도출해낸 견해를 나누도록 한다.

4, 5, 6회기: 갱단에 대한 개인적 경험
- 집단구성원들은 동네에서 어떤 갱단이 눈에 띄며 어떤 색이 그들을 상징하는지에 대해 논의한다.
- 집단구성원들은 갱단에 속하거나 친밀했던 자신의 개인적 경험을 나눈다.
- 갱단에 대하여 집단구성원들이 갖는 우려와 두려움에 대하여 함께 이야기한다.
- 집단구성원들은 갱단이 이웃과 아파트 단지에 어떠한 영향을 끼치고 있는지에 대하여 이야기한다.
- 집단구성원들은 가족이나 친구들이 갱단에 연루된 경험이 있는지에 대해 이야기를 나눈다.
- 집단구성원들은 집단 전체적으로 갱단 내 자신의 경험에 대해 이야기한다.

- 집단구성원들은 다른 집단원들로부터 받은 질문에 대답한다.

7회기 및 8회기: 다큐 작품 시청
집단구성원들은 다큐 영화 〈겁먹은 직선을 넘어서(Beyond Scared Straight)〉나 〈갱단의 땅(Gangland)〉의 한 에피소드를 보고 함께 논의하는 시간을 갖는다. 이러한 활동을 할 때, 뉴스 기사와 인터넷 동영상은 유용한 도구로 활용된다.

- 촉진자는 에피소드를 요약한다.
- 촉진자는 집단원들에게 갱단에 소속되지 않은 새로운 삶의 대안에 대하여 모색해보도록 한다.

9회기: 연결하기
- 촉진자는 집단구성원들에게 다큐 작품의 내용을 이웃, 학교 또는 스스로의 삶을 얼마나 반영하고 있는지에 대해 이야기하도록 독려한다.
- 집단구성원들은 갱단에 소속되지 않은 새로운 삶의 대안에 대해 논의해보고, 각 다큐에 등장하는 다양한 등장인물 중 선택한 인물의 인생 결말을 써보도록 한다.
- 집단원 자신이 새롭게 창조해낸 인물에 대해 이야기를 나눈다. 예를 들면, 그들은 '새로운 인물의 행동은 종전의 삶의 모습과 어떻게 다르며, 이 차이점이 전체적인 이야기의 맥락에 어떠한 영향을 미치는가?'라는 질문을 받을 수 있다.

10, 11회기: 변화하기
- 촉진자는 만약 갱단이 없어진다면 그 이웃 또는 아파트 단지가 어떻게 변화될 수 있을지에 대해 논의할 수 있도록 돕는다.
- 집단구성원들은 '청소년들이 갱단에 소속되지 않고도 자신의 삶을 건강하게 영위할 수 있는 긍정적인 대안에는 무엇이 있는가?'라는 질문과 '어떻게 하면 갱단이 부정적인 이미지에서 벗어나 긍정적인 이미지를 획득할 수 있을까?'라는 질문에 대답한다.
- 집단구성원들은 갱단의 악영향으로부터 자유로워진 그들의 동네에 대해 생각해본다.

12회기: 역할 연기 이용하기

- 촉진자는 역할 연기를 위한 시나리오를 제공한다.
- 집단구성원들은 만약 갱단이 그들에게 접근하거나 그 자신의 친구와 비행을 저지르고 있는 장면을 목격할 경우, 어떻게 대처할 것인지에 대한 역할 연기를 구성한다.
- 집단구성원들은 시나리오 제작과 역할 연기에 모두 참여한다.
- 집단구성원들은 역할 연기를 통한 자신의 개인적 경험에 대해 기록한 후, 짝을 이루어 그 경험을 함께 나누도록 한다.

13, 14, 15회기: 대안

- 갱단과 함께했던 삶의 경험에 대해 이야기할 수 있는 외부 강사를 초청한다.
- 촉진자는 집단구성원들이 갱단에 대한 주제에 대하여 토론하고 요약하도록 돕는다.
- 촉진자는 갱단의 문제를 다룰 수 있는 새로운 지식 및 대응 전략 실시 방법을 확인할 수 있도록 돕는다.
- 집단구성원들은 갱단에 연루됨으로써 발생하는 문제를 해결하기 위한 대안과 새로운 방법을 모색하고 이에 대해 논의한다.
- 집단구성원들은 집단을 통해 그들이 학습한 내용을 토대로 하여 앞으로 행보에 대해 논의한다.
- 집단구성원들은 지속적으로 변화를 위한 계획을 실행해 나가도록 한다.

집단 성과

비록 이 집단의 성과를 공식적으로 나타낼 수는 없지만, 일화적 보고서(anecdotal reports)는 집단구성원들이 일반적으로 청소년기 발달 과정에서 경험하는 주제에 대해 나눌 수 있는 안전한 장소를 제공받음으로써 자신이 개선되는 느낌을 받았다는 것을 보여준다. 또한 갱단으로부터 발생한 동네를 병들게 하는 사회적, 환경적 유해 요인에 적용할 수 있는 대처 기술을 습득하게 된다.

집단 활동을 통해 집단구성원들은 무엇을 학습해야 하며 또한 집단이 그들에게 어떠한 영향을 미치고 있는지 표현하도록 격려받는다. 또한 종결 단계에서는 집단구성원들로 하여금 개인이 집단 경험을 통해 얻은 유익함에 대해 기록하도록 한다. 12세의 한 아프리카계 미국 소년은 "T-MAC 클럽에서의 경험은 매우 흥미로웠고, 문제해결 기술을 배울 수 있었으며 다양한 활동을 할 수 있었다는 점에서 인상적이었다."라고 보고하였다. 16세가 된 라틴계 소년은 "T-MAC은 우리가 찾고자 하는 것과 현재 하고 있는 것에 대해 생각해보는 경험을 갖게 해주었으며, 그것은 내가 어디로 가고자 하는지 알게 해주었다. 또한 나는 T-MAC 집단 프로그램에서 실시한 다양한 활동이 매우 재미있었다. 마약 복용과 폭력을 일삼는 대신 우리는 다양한 곳을 돌아다니며 의미 있는 체험을 하고 있다." 이와 같이 개인이 갖는 감정은 대체적으로 집단원들의 긍정적인 경험을 나타내고 있다. 아파트 단지에 대한 긍정적인 혜택은 공공 기물 파손과 배회의 감소, 의도적인 재산 파괴 감소 등이다. 학교 현장에서는 T-MAC 집단 프로그램에 참여한 집단원들에게 징계를 주는 일이 줄어들었다.

T-MAC은 참여자들에게 있어 보상으로서의 기능으로 작용하기도 하지만 새로운 목표에 도전하는 계기로도 작용하는 것으로 나타났다. 따라서 학교와 소년원 등 다른 집단 체계에도 일반화할 수 있는 집단 프로그램으로 발달시키고자 하는 노력은 지금도 계속되고 있다. 나는 과도기적 발달 과정에 놓인 십대를 돕는 일에 흥미와 만족을 느끼고 있다. 그들로 하여금 새로운 경험을 하게 하고, 당면한 개인의 문제를 해결할 수 있는 기회를 제공하는 것은 이 집단이 갖는 이점 가운데 하나라 할 수 있다. 나는 청소년들의 세계에서 추구하는 공동체적 의식에 어떻게 접근할지, 청소년 비행 예방이라는 과업을 효과적으로 다루기 위해 어떠한 상호작용이 필요한지, 비행을 예방하는 중재 전략에는 무엇이 있는지 등에 대해 다양한 교육을 해왔다. 청소년 비행을 예방하기 위하여 아파트 단지 내에서 형성된 청소년 갱단을 대상으로 집단 프로그램을 운영하고자 한 발상은 매우 혁신적이라 할 수 있다. 집단의 효율성을 측정하는 연구를 통해 그 결과를 청소년 비행 행동 예방에 활용하는 것은 지역사회의 발전은 물론 지역 주민들의 심리적 안정에 매우 효과적으로 작용할 것이다.

분노와 갈등에 찬 청소년 돕기

상담자는 총기 탐지기와 청소년들의 행위를 제재하는 법률 집행이 학교가 직면한 딜레마를 해결하고 폭력의 빈도와 강도의 감소에 그리 큰 영향을 미치지 못할 것이라는 것을 알고 있다. 이보다는 청소년들로 하여금 분노와 내적 갈등을 깨닫고 이를 다룰 수 있는 방법을 알려주는 것이 폭력적인 행동 예방에 효과적이라 할 수 있다. 따라서 청소년들에게 분노를 표현하고 이를 다루는 방법에 대해 가르치도록 고안된 집단 내 갈등 다스리기 활동은 청소년의 비행 행동 예방에 있어 훌륭한 수단이라 할 수 있으며, 특히 학교 환경에서 매우 유용하다. 이러한 집단들은 대인관계 기술의 발달 및 문제해결, 자기 대화를 통한 분노조절의 효과적인 방법 학습을 목표로 한다.

집단 제안서

고등학생 분노조절 집단

다음 내용은 캘리포니아주 앤자 지역에 있는 해밀턴 고등학교에서 청소년을 위한 분노조절 집단을 개설하고 운영한 Jason Sonnier의 관점에서 기술하였다. 좀 더 많은 정보가 필요하다면 다음의 이메일을 참고하라. Jason Sonnier, 이메일: jsonnier@hemetusd. k12.ca.us

고등학교에 근무하는 학교 상담자로서 나는 분노조절, 폭력 예방, 알코올과 약물에 대한 인식과 개입, 그리고 경우에 따라 다른 주제들을 다루는 집단 운영의 권한을 가지고 있을 뿐만 아니라 일대일 상담 또한 진행하고 있다. 고등학교에 근무하는 학교 상담자들은 자신이 담당하는 모든 상담에 대하여 이와 관련된 책임을 질 시간이 충분치 않다는 사실에 동감할 것이다. 나는 고등학교 상담자로 근무한 첫해, 집단상담이 많은 학생들에게 서비스를 제공하고 시간을 절약하는 데 있어 효과적인 방법이라는 사실을 발견하게 되었다.

청소년을 대상으로 한 첫 집단 회기에서는 보람을 느낀다기보다는 다소 위축되었던 기억이 더 많다. 첫 분노조절 집단은 법정 명령을 받은 농촌 마을의 한 여학생을 위해 이루어졌는데, 그 당시 나는 경험이 부족한 탓에 첫 집단 운영이 두려웠지만 결국 집단을 개설하였고 고등학교 학생들을 대상으로 분노조절 집단상담을 처음으로 실시하게 되었다.

집단 구성

학생들은 집단에 참여할 집단구성원 모집 활동을 도와주었다. 일부 학생들은 폭력 사건에 연루되어 관리를 받고 있는 학생들에 대한 자료를 검토하였다. 이러한 작업의 결과 모두 7명의 학생들이 연구 대상자로 참여하게 되었는데, 그 가운데 4명은 남학생, 3명은 여학생이었다. 또한 4명의 집단원은 자발적인 참여자였고, 3명(모두 남학생)은 관리 대상인 비자발적 참여자였다. 집단은 일주일에 두 번, 수업이 없는 월요일과 목요일에 실시되었으며, 4주 동안 총 8회기로 구성되었다.

집단 목표

분노조절 집단구성원을 위한 목적은 다음과 같다.

- 자기 신념에 대한 갈등과 폭력에 관하여 인식하기
- 폭력과 갈등을 유발하는 상황 및 그에 대처하는 행동 확인하기
- 내적 갈등을 유발하는 계기를 확인하고 이해하기
- 갈등 상황에 대처하는 비생산적인 방법과 특정 상황을 다룰 수 있는 대안 고려하기
- 대화 기술, 협상, 중재, 폭력 방지와 스트레스 관리에 대해 학습하기
- 갈등을 유발하는 특정 인물·장소·상황을 확인하기

집단 형식

1회기: 집단 소개

- 집단의 목적을 설명한다.
- 촉진자와 집단구성원을 소개한다.
- 비밀 보장에 대해 안내하고 집단 내 규칙에 대해 논의한다.
- 집단의 역동으로 발생할 수 있는 공격과 갈등에 대한 집단구성원들의 태도를 탐구한다.

2회기: 집단구성원의 참여 동기

- 집단구성원 자신 또는 가족이 어떻게 폭력의 영향을 받았는지에 대해 이야기한다.
- 화가 나는 상황은 무엇이며, 이때 어떻게 반응하는지에 대해 논의해본다.
- 화가 나는 상황에서의 반응은 어떻게 학습하게 되었는지에 대해 생각해본다.
- 화를 내기에 앞서서 집단구성원 자신의 내면에 집중하는 법에 대해 학습한다.

3회기: 갈등과 폭력 상황 피하기

- 갈등이 발생할 가능성이 있는 상황과 이를 피하는 방법에 대해 토의한다.
- 집단 내에서 갈등 상황을 피할 수 있는 전략을 공유한다.
- 갈등 상황에서 벗어날 수 있는 기술을 학습한다.
- 역할 연기를 통해 기술을 연습한다.

4회기: 개인적인 가치와 목표

- 가족을 비롯한 타인들이 추구하는 가치, 목표, 신념과 집단 내에서 달성하고자 하는 목표를 탐색한다.
- 자신의 삶에서 어떠한 가치와 목표를 추구해야 하는지에 대해 토의하고 구체적인 실행 계획을 수립한다.
- 분노, 폭력, 갈등 상황이 그 자신의 삶에서 특정한 목표를 이루고자 할 때 어떻게 걸림돌이 될 수 있는지 논의한다.

5회기: 유용한 의사소통 기술

- 어떠한 의사소통 방식이 갈등을 유발할 수 있는지를 고려한다.
- 집단 참여자들은 의사소통 개선의 필요성을 인식하고 있는지 확인한다.
- 갈등을 피하는 데 도움이 되는 경청 및 신중한 말하기 방법에 대해 논의한다.
- 의사소통 기술이 갖는 효과에 대해 배우고 연습한다.

6회기: 친구 관계

- 친구와의 관계에서 받는 스트레스가 어떻게 부적절한 행동의 원인으로 발전하는지 생각해본다.
- 4회기에서 논의된 목표를 검토하고 현재 친구들이 그 목적을 달성하는 데 어떠한 영향을 미치고 있는지 판단한다.
- 폭력이나 갈등을 피하고자 하는 노력을 지지해줄 수 있는 친구 또는 집단을 선택한다.
- 현명한 결정을 내리는 데 있어 어떠한 방법을 활용할지에 대해 확인한다.

7회기: 타협과 개입

- 타협의 기본 단계를 배우고 연습한다.
- 언제, 그리고 어떠한 방식으로 집단에서 도출된 개입 방안을 적용할지에 대해 이해한다.
- 타협 및 개입과 관련하여 자신이 가지고 있는 좋은 방안을 다른 집단구성원들과 공유한다.

8회기: 집단 종결 회기

- 자신의 생활에서 스트레스를 야기하는 상황을 확인한다.
- 스트레스 관리 기술과 스트레스 극복 전략을 논의한다.
- 집단 활동을 통해 받은 느낌에 대해 나누고, 그들의 삶에서 갈등과 폭력을 줄이기 위해 앞으로 어떠한 노력을 할 것인지에 대해 이야기한다.

집단 성과

비록 집단을 처음 시작할 때는 다소의 어려움이 있었지만 종결은 매우 순조롭게 이루어졌다. 처음 집단을 운영했을 때, 함부로 말을 내뱉는 두 명의 집단구성원을 비롯하여 자신의 폭력을 자랑삼아 이야기하는 또 다른 집단원으로 힘겨워했던 기억이 있다. 4회기까지 진행된 상태에서 지속적으로 집단 운영을 방해하는 학생 가운데 한 명을 집단에서 배제시킨 뒤 남은 집단원들을 집단원으로 확정하였다. 내가 가지고 있는 두려움, 불안, 그리고 나의 지난 경험들을 개방하기 시작했을 때, 비로소 학생들이 나에게 마음을 열기 시작한다는 사실을 발견하게 되었다. 체계를 잡아나간 첫 번째 회기부터 깊은 철학적인 논의를 한 마지막 몇 회기까지 나는 확실히 나 자신과 학생들에 대해서 알게 되었다. 구체적으로 나는 모든 해답을 가진 게 아니라는 사실을 집단의 촉진자의 위치에서 깨달았다. 집단상담은 집단지도자가 의도치 않고 미처 의식하지 못했지만 이것 역시 집단원들에게 이로울 수 있다. 실제로 학생들은 집단 활동을 통해 서로 돕고, 상대방의 이야기에 귀를 기울이며, 이러한 과정을 통해 성인보다 진정성 있는 관계를 형성하고 있었다.

내가 집단을 운영하며 경험한 가장 큰 난관은 학생 참여자들이 정상적인 궤도에서 벗어난 성향 및 행동을 보일 때였다. 7명의 청소년 참가자를 대상으로 운영된 집단에서 나는 집단이 추구하는 주제에서 벗어나지 않고자 매 회기 각고의 노력을 해야만 했다. 이러한 경험을 통해 내가 내린 결론은 한 명의 촉진자가 있을 경우에 효과적인 집단 운영을 위해 집단의 적정 규모는 최소 4명 이상이되 8명을 넘지 않는 것이다. 이러한 환경에서 집단이 운영될 때, 집단지도자는 주제를 보다 전문적으로 다루고자 노력할 것이며 학생들의 흥미 및 참여 수준도 향상될 것이다. 고등학교 학생들의 입장에서 고려할 때, 자발적으로 집단에 참여하는 것은 쉽지 않을 것이다. 그러나 그 참여 방법이 비자발적이라 할지라도 집단 참여는 학생들에게 새로운 통찰 및 다양한 학습의 기회를 제공할 것이라는 사실에는 의심의 여지가 없다. 몇몇 학생들은 진솔하게 자신의 마음을 터놓았고, 이는 집단 내 다른 참여자들로 하여금 편안하게 자신의 이야기를 하도록 해주었다. 많은 집단구성원들은 향후 특정 상황에 현명하게 대처하는 방법에 대해 서로 피드백을 주고받았다. 요약하면, 이 집단은 학생들에게 그 자신을 깨닫고, 자신의 행동에 대해 문제의식을 가질 수 있도록 도와주었으며, 특정 상황에서의 부정적인 행동을 긍정적으로 변화시킬 수 있는 방법에 대한 학습 기회를 제공하였다. 몇몇 학생들은 같은 문제를 가지고 있고 이에 씨름하는 중인 다른 학생들을 단순히 알기만 했음에도 유대관계를 경험했다. 같은 주제를 중심으로 집단원 간 주고받은 피드백은 변화의 초석이 되었다.

자기 반영과 사후 보완점

집단 운영에 대한 다년간의 경험을 돌아볼 때, 촉진자로서 나의 능력이 어떠한 과정을 통해 성장해 왔고, 생산적이고 유용한 조력자로서 기능하기 위해 노력해온 발자취를 확인할 수 있었다. 나는 학생들이 논의하고자 하는 주제에 보다 유연하고 즉각적으로 반응하는 방법에 대해 배우고자 하였다. 특정한 하나의 접근 방법이나 이론을 고집하지 않았고, 집단에서 논의하는 주제에서 벗어나거나 비논리적인 신념을 주장하지 않았다. 무엇보다 모든 집단은 각기 다르기 때문에 이에 적용하는 방식은 제각각 달라야 한다는 사실을 깨닫게 되었다. 집단구성원들 가운데는 집단 참여를 통해 소기의 목적을 달성한 사례도 있었지만, 또 어떤 참여자들은 아무 목적이나 목표 없이 시간을 허비하기도 하였다. 나의 초기 집단 경험을 떠올려 보면, 나는 집단원이 찾는 '대답'을 제공하기 위해 고군분투했었던 것 같다. 하지만 지금은 참여자들의 자기성찰, 집단원들 간의 지지 활동, 그리고 그 가운데서 그 자신들이 필요로 하는 해결책을 찾아가는 과정을 흥미롭게 지켜볼 수 있게 되었다. 집단 참여자들에게는 그들 자신이 내린 결정에 대한 책임이 따르게 된다. 이 과정을 통해 참여자들 간에는 보다 강한 유대관계가 형성될 수 있으며, 우선시하지 않았던 역량 개발 및 자기통제 능력이 향상될 수 있다.

 ## 대학생을 위한 집단상담

우리는 대학 캠퍼스에서 고립감을 느끼기 쉽다는 불만을 흔하게 접한다. 학교가 지적인 발달을 강조함으로써 학생들은 종종 상대적으로 개인적인 발달에 도움을 주지 못한다고 느낀다. 많은 학생들이 대학 생활의 경험을 학문적으로나 개인적인 삶 속에서나 고통스러웠다고 말한다. 대학 캠퍼스 내에서의 다양한 요구는 집단 경험을 통해서 찾아볼 수 있다. 집단에서, 학생들은 목표를 세우고, 대인관계를 어렵게 만들었던 요인을 찾아내며, 그들의 능력을 다 발휘할 수 없도록 하게 만든 내부적인 장벽을 찾아내려고 한다. 자신의 개인적인 문제를 다루면서, 학생들은 배움에 대한 어떠한 감정적인 장벽으로부터 자신을 자유롭게 하며, 더 나은 학생이 되게끔 하고, 열정적이고 헌신적으로 다시 공부에 전념할 수 있도록 만든다.

대학 상담센터는 학생들의 다양한 문제를 다루는 데 필요한 자원이 부족할 수도 있다. 비록 집단상담의 가치는 대학 상담센터에 참여하는 사람들에게 분명하지만, Parcover, Dunton, Gehlert & Mitchell(2006)은 집단구성원들이 꺼리는 마음 때문에 망설이거나, 상담하는 직원들이 비효율적인 집단 형식과 저조한 마케팅 혹은 치료 방법을 선택하는 과정에서의 불편함 때문에 집단원을 모으기가 힘들다는 점을 발견했다.

대학 집단에서 다루는 일반적인 주제

대학 상담센터에서는 흔히 시간이 정해져 있는 집단에 대해 정해진 주제나 얘깃거리를 제공하는 경우가 많다. 대학 상담자들은 내담자들과의 상담 시작과 종결에서, 개인 성장 집단에서, 구체적인 주제가 없는 집단에서 진행에 어려움을 겪는 경우가 빈번하다. 대신에 집단은 구체적인 문제를 가진 내담자 또는 이들의 요구에 의해 형성된다. 어느 대학에서건 많은 학생들이 폭력, 강간, 성적 학대, 성희롱, 인종 차별이나 일반적인 차별의 피해자가 될 가능성이 높다. 집단에서 나타나는 주제들은 집단의 독특한 구성 요소를 반영한다. 집단을 구성하기 위한 좋은 방법은 대학 캠퍼스 내에서 요구에 대한 설문조사를 실시하는 것이다.

대학 상담센터에서 다양한 심리학적 학습 능력 평가 방법과 주제지향적인 상담 집단은 가장 흔히 제공된다. 집단이 효과적으로 주제를 다루려면 제한된 시간 내에 집단원들이 배우는 과정을 통해 특별한 변화를 만들어낼 수 있도록 계획된 전략이 포함되어야 한다. 예를 들면, 진로 발달 집단, 진로 계획 집단, 걱정 해결 집단, 스트레스 관리 집단, 슬픔에 관한 집단, 문화적 동질성 집단, 자부심과 관련된 집단, 아동의 성적 학대로부터 살아남은 집단, 개인적인 동질성 집단 등이 있다.

이러한 집단들은 일반적으로 6~16주 사이로 구성되어 있으며, 교육적인 구성 요소의 치료에 초점을 맞춘 다양하고 특별한 요구를 충족시킬 것을 목표로 하고 있다. 이러한 구조화된 집단의 주제는 대중의 요구, 상담자에 의한 창의성 만들기 등 집단을 촉진할 수 있는 노력으로 이루어져 있다. 대학에서 주제를 가지고 상담하는 집단, 심리학적 학습 능력 평가 방법을 가진 집단, 구조화된 집단은 대학생들의 다양한 요구를 충족시킴에 있어 비용 대비 높은 효율을 가지는 집단이다.

대학생을 위한 다양한 집단

대학 상담센터에서는 다양한 집단들을 볼 수 있다. 인턴십 과정 중에 당신은 대학 상담센터에서 집단을 촉진하거나 상담자와 함께 집단을 이끌 것이다. 『대학 상담자를 위한 집단 작업과 봉사활동 계획(Group Work and Outreach Plans for College Counselors)』에서 Fitch & Marshall(2001)은 다양한 심리학적 학습 능력 평가 방법을 가진 상담 집단이나 대학생들의 구체적인 문제를 다루는 상담 집단을 검토했다. 다음은 이러한 집단의 세 가지 예시이다.

- 대학 현장에서의 대인관계 진행 집단(Reese, 2011) 대학 내의 집단을 위한 관계와 대인관계에 집중하는 과정이 필요하다. 대학생들은 특별한 발달 단계에 있고, 대인관계 집단은 자신의 정체성을 명확히 하며 관계에 대해서 시야를 넓히는 것을 돕는 데 가장 유용하다. 이 10주차 집단은 집단 발달의 단계와 관련 있다.
- 캠퍼스 내 다양한 인종의 학생들 지원(Steen, Griffin, & Shi, 2011) 다양한 인종의 학생들과 저소득층 가정의 학생들은 학업 수행의 여유와 개인적인 자원이 없기 때문에 첫해 이후에 학교에 남아있지 못하고 있다. Steen과 동료들은 다양한 인종의 학생들, 이민 후 최초 세대의 학생들, 그리고 빈곤한 학생들을 위해서 대학 생활의 개인적, 학업적 도전을 다룰 수 있는 전략을 개발할 수 있게 돕는 집단상담 프로그램을 개발했다.

- 동성애 학생들을 위한 지지 집단(Thomas & Hard, 2011) 동성애 대학생들은 참가자들에게 차별에 관한 문제를 나누는 기회를 제공하는 지지 집단에 참여하는 좋은 기회를 얻을 수 있다. 집단 활동은 긍정적인 정체성 개발과 소외감을 줄이는 데 기여하는 강력한 수단이 될 수 있다. 집단은 집단구성원들이 가족, 사회, 그리고 집단 밖에서 대면하는 정신적인 문제에 대응할 수 있도록 돕는다. 13주 동안 이 집단은 심리교육적 측면을 포함하고 있긴 하지만 주로 정신 능력 발달과 상담 집단으로 구성되어 있다.

집단 활동은 광범위하고 다양한 대학생들을 격려한다. 이러한 집단들은 학업적인 어려움에 처한 학생들을 도와주고, 또한 그들이 삶의 개인적이고 사회적인 측면을 운영할 수 있는 통찰력과 기술을 얻을 수 있도록 힘이 되는 환경을 제공한다. 집단을 통해 사람들은 새로운 관계 형성을 가능하게 하고, 자아정체감에 관한 문제에 대처하는 법과 억압을 다루는 것과 같은 삶의 전환과 도전을 다룰 수 있게 한다. 집단상담은 대학생의 발달 요구를 충족시키는 효과적이고 효율적인 방법이다(Whittingham, 2014).

기억해야 할 핵심 사항

학교 현장에서의 집단

학교 현장을 위한 집단 설계

학교에서 아동, 청소년, 대학생을 위한 집단을 설계하고 실시하는 데에 주요한 요점은 다음과 같다.

- 아동 또는 청소년을 위한 집단의 효과적인 촉진은 한 전제조건으로서, 당신의 집단에 참여한 사람들의 발달과 관련한 요구에 대해서 실용적 지식을 갖추는 것은 중요하다.
- 학교나 단체에서 집단을 설계할 때, 단체 지도자, 교장, 교사, 동료와의 협력적인 관계를 형성하는 데 힘써야 한다.
- 미성년자에 관한 당신의 나라와 지역의 법과 당신이 일하는 단체의 방침을 이해하는 것이 반드시 필요하다.
- 18세 이하의 집단구성원들에게는 부모 혹은 보호자에게 서면으로 허가를 받는 것은

좋은 방법이다.

- 비밀 보장은 특히 아동과 청소년 집단에 매우 중요하다. 집단구성원과 비밀 보장에 대해 이야기해야 한다.
- 모든 학생들이 학교에서의 집단 참여에 준비되어 있는 것은 아니다. 당신은 집단에 참여함으로써 누가 이익을 볼 것인지에 관하여 분명한 기준을 가지고 있어야 한다.
- 어느 정도의 틀을 가지는 것은 특히 아동과 청소년 집단에 있어 중요하다.
- 아동 혹은 청소년과 함께 집단의 결과를 평가하는 데 도움이 되는 방법을 생각한다.
- 학교에서의 집단은 개인의 문제를 심리교육적 목표와 결합할 수 있다.
- 어떤 종류의 집단이 가장 유용할 것인지 알기 위해서는 학교 현장의 요구에 대한 평가를 수행하는 것이 현명한 방법이다.
- 집단지도자의 진정성 그리고 따뜻함은 성공적인 집단을 위해 반드시 필요하다.
- 역할 연기 기술을 아동과 청소년 집단에서 창조적으로 사용할 수 있다.
- 집단 경험은 대학생들에게 다른 학생들과 교류하고 소속감을 향상시킬 수 있는 방법을 제공할 수 있다.
- 대학생들은 특정 목표가 있고 시간제한적 변화 전략으로 구조화되어 있기 때문에 목표지향 집단은 대학생들에게 특히 적합하다.
- 집단에 있는 대학생들은 대인관계에서의 어려움을 제공하는 요소를 탐색할 수 있다. 개인 문제를 다룸으로써 학생들은 학습을 못하도록 막고 있는 감정을 해결할 수 있고 학업 성적을 올릴 수 있다.

수업 중 활동

1. **아동 혹은 청소년들을 위한 집단 구성**　교실에서 하위집단으로 나누고 아동 혹은 청소년을 위한 다양한 집단을 구성하기 위해 공동으로 작업하라. 각각의 하위집단은 다양한 집단으로 발전할 수 있다. 당신이 관심을 가지고 있는 집단의 특정 유형을 찾으라. 당신의 제안을 발전시키고자 할 때, 집단 유형, 목표와 목적, 집단구성원들을 모을 수 있는 전략, 집단의 형태와 구조, 결과를 평가하는 방법과 같은 요소를 고려하라.

2. **초청 연사**　아동 혹은 청소년 집단을 이끄는 치료자를 당신의 수업에 초청하여 어떻게 집단을 구성할 것인지 논의하라. 연사는 아동과 청소년과 작업하는 집단의 어려

움과 집단 참여의 장점에 대해 이야기해줄 수 있다.

3. **T-MAC 집단 개념 검토**   변화하는 십대(T-MAC) 집단을 검토하라. 당신이 만약 학교의 교장이거나 집단지도자일 경우, 이런 집단을 만들고 자금을 제공하는 것에 대해 어떠한 입장을 가질 것인가?

4. **집단 제안서 평가**   이 장에서 언급한 것과 같이 하위집단에서 집단 제안서를 평가한다. 이런 제안서들을 검토함으로써 각 제안서의 다문화적 차원에 집중해야 한다. 각 제안서의 어떠한 측면을 당신의 집단 제안서에 포함할 것인가? 각 집단에서 탐색된 다양한 문제를 위한 집단의 형태를 사용하는 것의 장점은 무엇인가? 이 장에서 소개된 모든 제안서 중에서 가장 독특한 제안서는 무엇이며 왜 그렇게 생각하는가?

5. **대학 상담센터에서 제공된 집단**   당신의 대학 상담센터를 방문하여 제공되는 다양한 집단을 알아보라. 집단의 집단원이 되는 것에 관심이 있을 수도 있다.

6. **지역사회 프로그램**   일부 학교 친구들은 아동 혹은 청소년을 위한 집단이 제공되는 학교 혹은 지역사회 단체를 방문할 수도 있다. 어떠한 유형의 집단이 제공되고 있는지와 이 집단의 구조와 집단구성원들의 반응을 알아보라. 그곳에서 당신이 무엇을 찾았는지 소개하라.

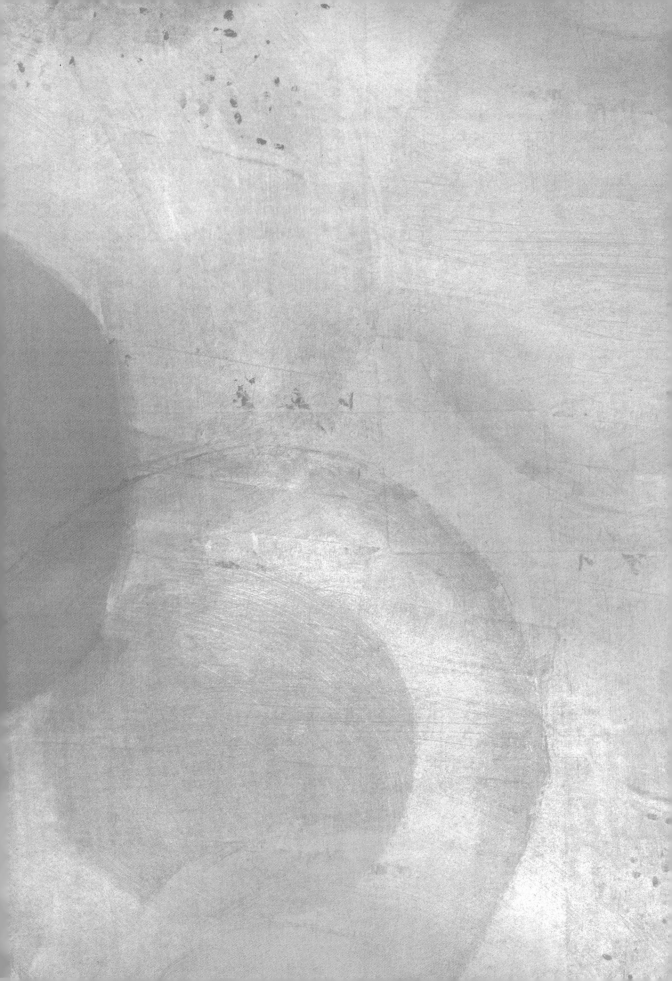

CHAPTER

11

지역 기관 현장에서의 집단상담

도입 ┃ 여성과의 집단 작업 ┃ 남성과의 집단 작업 ┃ 가정폭력 가해자의 집단 치료 ┃ 약물남용 장애를 가진 사람들의 집단 치료 ┃ 노인과의 집단 작업 ┃ 노인과 집단 작업을 하는 데 필요한 실제적이고 전문적인 고려 사항 ┃ 집단 작업을 위한 실제적 및 윤리적인 고려 사항 ┃ 건강한 노화를 위한 집단 작업 ┃ 집단에서 슬픔 작업의 치료적 가치 ┃ 기억해야 할 핵심 사항 ┃ 연습

학습 목표

1. 선발, 선별, 집단원 선택을 포함한 집단 형성에 대한 방법을 기술한다(CACREP, 2016, Standard E).

2. 여성과의 집단 작업 가치를 설명한다.

3. 남성과의 집단 작업 가치를 설명한다.

4. 가정폭력과 연관된 집단 작업의 핵심 측면을 기술한다.

5. 약물남용 장애를 가진 사람과의 집단 작업의 근거를 이해한다.

6. 집단에서 노인과 효과적으로 작업하는 데 필요한 태도와 기술을 확인한다.

7. 노인과의 집단 작업에서의 실제적 및 전문적인 고려 사항을 탐색한다.

8. 집단에서 슬픔 작업의 치료적 가치를 탐색한다.

 **도입**

이 장은 지역기관에서의 요구를 충족시키기 위해 여러 상담자에 의해 제안된 성인 집단에 초점을 둔다. 이들 기관에서 일하고 있는 상담자들은 때로는 정부의 지원이 부족해 혜택을 받지 못하는 사람들에게도 저렴한 집단상담을 제공하고 있다. 집단 제안서는 상담자들이 지역사회에서 다양한 내담자 집단에 이 책에서 논의된 개념을 적용한 방식을 보여준다. 우리는 이러한 집단 제안서가 여러분에게 집단이 다양한 내담자 집단의 요구를 어떻게 효과적으로 충족시키는지를 창의적으로 생각하도록 자극하기를 희망한다.

집단 제안서 중에는 근친상간 피해자 지지 집단, 지역시설 기관에 있는 남성 집단, 가정폭력 집단, 약물 남용 장애를 가진 사람을 위한 집단 등이 있다. 덧붙혀 여러 지역에서 노인과 작업하는 집단의 가치는 3가지 제안서, 즉 (1) 성공적인 노화 집단, (2) 사별 집단, (3) 시설에 수용된 노인 집단 등에 초점을 두고 있다.

집단상담은 많은 지역사회 기관에서 선호하는 접근이다. 다양하고 광범위한 문제를 가진 다양한 내담자 집단을 위해 서비스를 제공한다. 집단 상담자는 기관의 기능, 즉 기관이 어떻게 조직되어 있는지, 내담자와 치료진에게 영향을 주는 정책과 절차, 정책적인 쟁점, 그리고 내담자와 기관의 현재 요구에 대한 이해가 있어야 한다. 집단상담은 지역사회 기관이 비용 대비 효과적이면서 임상적으로 적절한 치료 서비스를 제공할 수 있도록 해야 한다. 그렇지 않으면 많은 정신건강 기관에서 자금 조달의 한계 때문에 제공되지 못하는 매우 중요한 요구 사항을 놓칠 수 있다. 상담자들은 기관 환경 내에서 보이는 많은 유형의 내담자들이 자신들의 구체적인 요구에 맞게 대처하도록 효과적인 집단처치 프로그램을 원한다는 것을 이해해야만 한다.

 여성과의 집단 작업

여성을 위한 집단은 집단을 구성하는 여성들만큼 다양할지라도 여성의 경험을 지원하는 데 있어 공통된 주제를 갖고 있다. 집단원은 혼자가 아니라 사회에서 자기 가치감과 위치에 관해 내면화한 메시지를 비판적으로 탐색하기 시작하고 나누는 것을 학습한다. 집단은 여성들에게 사회적인 연결망, 고립감의 감소, 보편성의 촉진 경험을 공유하는 환경을 창조하는 공간을 제공한다. Kees & Leech(2014)는 여성이 갖고 있는 많은 고민거리의 기원을 이해하도록 돕고, 이들이 일하고 생활하는 억압적인 환경을 변화하는 데 도구가 될 수 있다고 했다. 그들은 집단원은 자신의 가치와 능력을 깨닫고 서로에게 경험, 지혜, 용기를 나누도록 한다. "집단은 여성들에게 역경을 극복할 수 있는 지지, 희망, 권한 부여를 제공하고, 삶에서의 여성 개인의 삶을 개선시키기 위한 지식과 교육을 제공한다"(p. 518).

여성 집단에 선택된 여성들에게 주어지는 많은 이점이 있다. 그 이점으로는 개인적 강점과 자원을 발견하는 것, 집단 상황에서 대인관계를 맺는 것, 남성 중심의 억압을 제거하는 것, 안전한 환경에서 새로운 행동을 연습하고 모델링하는 것, 그들 자신의 '목소리'를 발견하는 것 등을 들 수 있다. 그러한 환경에서 집단원은 자신의 '목소리'를 발견하여 자신의 내면의 깊은 관심거리, 두려움, 비밀, 꿈 등을 표현한다. 가부장제 사회에서 지배적인 목소리는 독립심, 자율성, 고독감에 기초를 두고 있기 때문에 여성들은 관계를 맺는 것이 가치 절하된다는 것을 일찍부터 학습한다. 여성들은 자신들이 기여한 일들이 가치가 없다고 믿고 있다. 그러나 집단 모임에서 여성들은 자신의 목소리가 높게 평가되고 격려되기 때문에 가치 절하되는 것에 대해 두려움을 느끼지 않게 된다.

여성 집단의 또 다른 이점은 남성 중심 사회에서 여성이 되는 것에 대한 성 분석(gender analysis)을 하는 기회를 갖는 것이다. 성 분석은 여성들의 고통과 투쟁의 외적 원인을 깨닫게 됨으로써 여성들에게 도움이 된다. 이것은 또한 여성들로 하여금 자신의 투쟁에 대한 외적 및 내적 원인을 구별해준다. 여성 집단에 참여함으로써 다른 여성들도 유사한 투쟁을 경험하고 있다는 것을 학습할 기회를 가진다. 집단의 힘은 사회적 변화가 가능하다는 것을 여성들에게 제시해준다.

집단 제안서

근친상간 피해 여성의 지지 집단

Lupe Alle-Corliss의 관점으로 작성된 다음 내용은, 이 여성들이 참여해온 많은 집단들의 핵심적인 특징을 보여준다. 이 집단에 대한 정보가 더 필요하면 다음으로 연락하라. Lupe Alle-Corliss, LCSW, 전화: 909-920-1850, 이메일: LupeLCSW1@aol.com.

가족구성원에 의한 아동의 성적 학대는 정신 건강 전문가들의 관심을 지속적으로 끌고 있다. 믿었던 가족구성원과의 성적 접촉은 그 자체만으로도 심리적인 외상을 안겨줄 뿐만 아니라 계속되는 삶에서도 스스로 피해자라는 생각을 하게 되어 정서적인 문제를 가지도록 한다. 여기에 관련된 일반적인 문제는 손상된 자기존중감, 부정적인 정체감 형성, 친밀한 관계 형성의 어려움, 성적인 기능 장애, 반복되는 피해 등이다(Gerrity, 2014; Herman, 1992).

아동기 성적 학대 피해자를 위한 다양한 집단, 즉 지지 집단, 심리교육 집단, 시간제한 집단, 장기 또는 개방 집단, 재활 집단 등이 활용된다(Courtois,

2010). 이러한 집단 제안서는 단기 치료 집단을 구성하여 여성들로 하여금 과거 자신의 근친상간 경험과 관련된 해결되지 않은 문제를 다루는 것이다. 오늘날 정신건강 관리 체계가 급속하게 변화하는 현실과 더불어, 일정하게 시간이 한정된 집단이 비용, 효율성, 단기간의 치료를 요하는 문제에 적합하다는 점에서 훨씬 더 효과적이다.

집단 구성

문헌은 아동기 성학대 피해자를 위한 집단 치료는 효과적이며, 비용 대비면에서 효과적이라는 것을 제시한다(Gerrity, 2014 참고). 아동기 성학대 피해자를 위해서 집단 치료와 개인 치료를 병행하는 것이 단일 치료를 하는 것보다 효과적이다(Lubin, 2007). Briere(1996)는 내담자 자신의 기억과 다른 집단원의 이야기로부터 나온 스트레스를 다루기 위해 개인 치료와 집단 치료를 동시에 추천한다. 집단의 구조는 집단 치료에서 매우 중요한 차원이다. 왜냐하면, 이 것은 집단의 안전을 제공하고 집단원으로 하여금 집단 과정에서 일관성 있고 분명한 경계를 제공해주기 때문이다(Gerrity, 2014). 근친상간 피해 여성을 위한 안전하면서도 치료적인 환경을 만드는 주된 목적은 여성들로 하여금 괴롭힘을 당했던 과거의 '피해자'라는 역할에서 벗어나도록 도와 그들에게 힘을 주는 것이다. 다른 목표들은 여성들이 서로 비밀을 나누고 그들이 혼자가 아니라는 것을 인식하고, 그 경험이 현재에 미치는 영향을 이해하고, 외상과 관련된 감정을 작업을 통해 해결하고 변화하는 것을 돕는 데 있다. 집단 상황에서 여성들은 공통성과 정체성의 기반을 발견하고, 새로운 유형의 가족 형태가 나타난다. 이것은 역기능적이었던 내담자의 원가족과는 다르다.

나는 메모나 공지사항을 알려주거나, 동료와의 개인적 접촉을 통해 내가 근무하는 기관 내에 홍보하여 집단원을 모집할 수 있었다. 여성 지지 집단의 집단원을 구성할 때, 나는 자신의 외상이나 근친상간을 개방적으로 다룰 준비가 되어 있는 집단원을 원한다. 전형적으로 이러한 여성들은 개인 치료를 받고 있다. 다른 치료를 받고 있는 여성들의 경우

나는 자유로운 형식을 취하면서 개인 치료자와 의논하고 협력할 수 있도록 한다.

모르는 사람의 강탈이나 근친상간이 외상이 매우 크더라도 가족구성원으로부터 근친상간의 경험을 한 여성은 신뢰의 배신 때문에 부가적인 외상을 갖는다. 나는 정기적으로 집단원과 만나 집단 경험의 준비 정도와 적합성을 사정하고, 그들에게 집단 과정과 목표를 소개한다. 나는 선발 면접을 통해 그들이 다른 대기 집단원과 얼마나 잘 지낼 수 있을 것인지를 결정한다. 어떤 집단원은 자신이 집단원으로 충분하다는 것을 언어로 표현하기도 하지만, 실제로는 준비되어 있지 않을 수도 있다. 그들은 집단에서 드러나게 될 것이 확실한 근친상간과 관련된 질문에 대해서는 극도로 불편해할 수도 있다. 그러나 다른 사람들은 의뢰되어 왔기 때문에 그들의 진정한 참여 동기가 무엇인지를 사정하는 것이 중요하다. 왜냐하면 어떤 내담자들은 이런 집중적인 집단에 참여할 준비가 완전히 되지 않은 상태일 수도 있기 때문이다. 그들은 압력을 받거나 다른 사람들을 기쁘게 해주려는 욕구에 따라 행동할 수도 있다. 또한 집단의 구성에만 기본적인 관심을 두고 있기 때문에 어떤 내담자는 특정한 집단에 어울리지 않을 수도 있다는 것은 명백한 일이다.

내담자들은 그러한 집단에서 자신들의 관심사에 대해 질문을 받으며, 근친상간과 그 영향에 관해 집단 상황에서 어떻게 이야기해야 하는지를 준비시키는 시도도 이루어진다. 내담자를 선발하는 동안에 때로는 다음 질문들이 주어진다. '전에 집단 경험이 있다면 이것은 무엇과 같은가?', '개인 치료를 받아본 적이 있거나 현재 받고 있다면, 지금 이와 같은 경험은 무엇과 같은가?', '집단에 대한 개인적인 목표는 무엇인가?', '집단에 참여하는 데 대해 기대하고 바라는 것과, 이 집단에 참여하는 데 있어서 두려운 것은 무엇인가?' 등이다. 신청자들 또한 나와 면담하면서 나에게 집단에 대해 질문도 하고 집단을 이끄는 나의 스타일에 대해 물어본다.

집단원이 회기 동안에 탐색할 자료를 다루기 위해 어느 정도의 자아 강도(ego strength)를 가지는 것은 매우 중요하다. 집단원은 집단 상황에서 다른 사

람들을 대하는 적절한 대인관계 기술을 가질 필요가 있다. 자살 경향이 있거나 극도로 자기 파괴적인 경향이 있는 사람, 그리고 현실과의 적절한 접촉이 어려운 사람은 집단에서 제외된다. 또한 최근 약물중독 내담자도 회복 과정에서 상처받을 수 있는 상태에 놓여있어, 정서적으로 부담이 가는 집단 작업에 참여할 준비가 되어있지 않을 수 있다. 가족이나 친구가 함께 같은 집단에 들어가지 않도록 주의해야 한다. 또한 준비되어 있지 않거나 기꺼이 자신의 경험을 집단에서 개방할 수 없는 사람들도 배제되어야 한다.

집단 형식

집단은 12주 동안 75분씩 만나고 종결하게 된다. 이러한 시간 제한은 결속력을 촉진하고 집단원의 저항을 다루는 데 필요한 적절한 압박감을 만들어내기 위해 고안되었다. 비록 각 집단마다 그 자체의 과정을 가지고 있겠지만, 이들 집단들은 일반적으로 아래에서 기술되는 단계를 거치게 된다.

초기 단계

초기 단계에서는 서로를 소개하고, 집단의 규준을 세우며, 개인적인 목표를 확인한다. 이 단계는 신뢰감과 라포르의 발달, 그리고 감정의 정화와 분출을 하게 한다는 점에서 매우 중요하다. 계약서의 서명은 관여를 촉진하고, 내담자로 하여금 자신들의 참여가 가치롭고 중요한 것임을 격려하는 데 사용된다.

첫 회기에서 나는 정기적인 출석의 중요성, 시간을 정확히 지키는 것, 비밀 보장, 시간의 제한, 해결되지 않은 문제를 집단 밖에서 다루기보다는 집단 안으로 가지고 와야 한다는 점을 강조한다. 후속 모임의 날짜는 일반적으로 종결된 지 약 3개월 후에 이루어지지만, 첫 회기에서 결정된다. 집단의 초기 단계에서 집단원은 근친상간의 주제를 공유하면서 어려운 점에 대해 서로 공감을 표현한다. 다음의 질문들은 근친상간이 그들에게 미친 영향을 직접적으로 다루기 위해 주어지는 것들이다. '그 몹쓸 일이 어떻게 일어나게 되었는가?', '누가 당신을 괴롭혔는

가?', '그때 당신은 몇 살이었는가?', '얼마나 오랫동안 그 일이 지속되었는가?', '그것을 어떻게 처리했는가?', '그런 몹쓸 일로부터 당신을 보호해주어야 하는 위치에 있으면서도 그렇게 하지 못하는 사람들이 어떻게 느껴졌는가?'

초기 단계의 많은 부분은 개인적인 목표를 확인하고 논의하는 데 초점을 둔다. 이것은 집단 안에 있는 모든 사람들이 개인의 목표를 알도록 하고 그 집단 회기의 방향을 제공해준다. 집단원은 일반적으로 처음에는 많은 불안과 걱정스러움을 느낀다. 종종 어떤 집단원은 자신이 그런 끔찍한 짐을 지고 있는 유일한 사람이라고 느낀다. 그래서 만약 다른 사람들이 그녀 자신의 비밀을 알게 되면 추방당할 것이라고 생각한다. 하지만 그들이 공통적인 경험을 가졌다는 것을 알게 되면, 그들은 완전히 개방하게 되고 집단에서 도움이 되는 지지를 얻게 된다. 근친상간의 경험을 나눔으로써 여성들은 그것으로부터 자유롭게 되고, 그것이 얼마나 자신에게 지속적으로 영향을 미치고 있었는지를 알게 된다. 회기의 초점은 단순히 그들의 특정한 행동을 상세하게 보고하는 것 뿐만 아니라 그들의 느낌과 신념, 일어난 일에 대한 지각 등을 탐색하는 데 있다. 비록 이 여성들이 과거 자신들에게 일어난 이야기를 나누는 것도 중요하지만, 근친상간이 그들의 생활에 미치는 영향을 다루는 것은 필수적인 것이다. 그들 스스로에게 힘을 불어넣고 앞으로 움직여갈 수 있도록 하는 삶의 대처 기술을 익힐 필요가 있다.

중기 단계

중기 단계에서는 집단원 개인의 목표를 성취하는 데 초점을 둔다. 여성들은 자신의 과거의 행동과 현재의 행동을 연결짓게 되는데 이런 방식을 통해 자신의 역동을 이해하고 패턴을 보기 시작한다. 예를 들어, 어떤 여성은 그녀를 지배하고, 학대하고, 혹은 어떤 식으로 그녀를 이용하는 남성을 선택했을 수도 있다. 그녀는 이런 식의 처치를 계속 받으면서 자신을 더 명료하게 알게 된다. 집단은 이 여성들이 갖고 있는 자신의 그릇된 신념 체제를 인식하고 도전하는 좋은 방법이다. 집단 과정을 통해 이 여성들은

자신의 파괴적인 신념을 없애고 기능적인 자기 진술(self-statements)을 만드는 방법을 배우게 된다.

어떤 여성은 자신의 역동에 통찰을 얻는 것뿐만 아니라 자기개방을 통해 다른 사람에게 도움이 될 수 있다는 것을 알게 된다. 강한 정서를 표현하고 개인적인 이야기를 공유함으로써 안정된 분위기가 만들어지고 고독감, 비밀, 부끄러움, 무력감, 상처, 분노 같은 일반적인 주제의 탐색을 촉진할 수 있다. 이러한 상호 공유는 집단 내의 응집력을 증가시키는 경향이 있다.

집단이 진전됨에 따라 전형적으로 개인적인 생활 주제들이 나타난다. 많은 치료적인 전략은 감정과 태도, 행동에서 변화를 도모할 수 있도록 한다. 몇 가지 특별한 기술들은 다음과 같다. 즉, 여성들에게 비정상적인 상황에서도 정상적으로 행동했다고 이야기해줌으로써 마음을 편안하게 하는 것, 개인적인 방법으로 독서를 하는 것, 어떤 상황에 대한 생각이나 감정, 행동을 일기나 기사로 작성하는 것, 보내지는 않지만 편지를 쓰는 것, 다른 가족구성원들에게 말하는 것, 꿈을 녹음하고 나누는 것 등이 있다.

이 여성들이 자신의 감정을 표현하도록 돕는 매우 유용한 한 가지 방식은 예술 작업이다. 그들에게 학대받은 아이를 그릴 것을 요구하면, 그들의 어려운 경험을 둘러싼 통찰이 일어나게 된다. 예술 활동에 참여하는 것은 종종 그들의 그 몹쓸 경험의 전체적인 영향을 볼 수 있으며, 과거 경험을 정서적으로 이해할 수 있도록 도움을 준다. 치유와 사회적 변화를 위한 이런 표현 예술의 치료적 가치는 점차 더 많은 인정을 받고 있다(Rogers, 2011).

집단원은 기억을 회복하여 근친상간 경험자에게 매우 실제적이면서 일반적인 발생 장면을 다루도록 계속 격려를 받는다. 이러한 여성에게 더 이상 그때의 어린아이가 아니라 단지 과거 기억 속에 재현되는 것임을 상기시키는 것은 매우 중요한 일이다. 내담자는 필요한 많은 지지와 법적인 정당성을 제공받고, 부적응적인 방어 패턴을 인식하고, 보다 건강한 대처 양식을 발달시키도록 도움을 받게 된다. 인지행동적 기법과 시각적 연습은 또한 긍정적인 변화를 촉진한다.

마지막 단계

집단을 마칠 때쯤, 여성들은 곧 있을 집단의 종결을 생각한다. 나는 개인적으로 얻은 통찰과 새롭게 획득한 행동을 집단 밖의 상황에서 어떻게 적용할 수 있는지, 그리고 집단원을 지지하여 집단에서 일어난 일을 전체적으로 돌아볼 수 있도록 한다. 역할 연기는 이런 통합의 과정을 도와준다. 나는 집단원에게 구조화된 질문지를 제공하여 그들이 배운 것을 평가하고 함께 종합하도록 도와준다. 집단원은 자신들의 진전을 평가하고, 자신들이 해야만 하는 미래의 계획을 결정한다. 그들은 서로 피드백을 주고 집단 내에서 지지 체계로 기능하는 사람을 찾는다. 여성들은 흔히 머릿속으로는 집단이 끝난다는 것을 알고 있으면서도 끝내고 싶지 않다고 종종 이야기한다.

각 집단원은 음식을 나눠 먹으면서 모든 집단원에게 개인적으로 지지를 보내고 건설적인 피드백을 주는 '개인적인 후속 모임(personal poster)'를 개시한 것을 축하한다. 이러한 활동을 하는 근본적이 이유는 각각의 집단원이 건설적인 피드백이나 지지적인 말을 들을 수 있게 되는 것이고 또한 다른 집단원을 지지하고 격려하기 위해 이런 경험을 사용할 수 있다는 데 있다. 이것은 집단 경험을 통해 얻은 것으로 남게 된다. 나는 또한 내 집단에 있는 여성들이 개인 또는 집단 치료 중 어느 것에도 참여할 준비가 되어있지 않다면, 이들에게 치료 작업을 더 할 수 있는 곳들이 많이 있음을 알려준다.

집단 성과

후속 지도의 과정을 집단의 계획에 포함시키는 것은 미래의 집단을 위한 계획을 개선시킬 뿐 아니라 집단 경험의 가치를 좀 더 장기간 동안 이해하게 하는 기반을 제공한다. Herman & Schatzow(1984)의 단기 집단 연구에 따르면, 6개월간 28명의 여성을 후속 지도하여 살펴본 결과 이 치료적인 접근이 특별히 수치심, 비밀 엄수, 근친상간과 관련된 오명 등 풀리지 않는 문제에 효과적이었다. 성과로는 개선된 자존감, 증가된 안전감, 감소된 수치심과 죄의식, 고독감이다. 가장 도움이 되는 요인은 다른 근친상간 피해자들의 만남이다.

나의 집단의 경우, 몇 번의 후속 모임은 집단원으로 하여금 일주일마다 진행되는 집단에서 벗어나 그들 스스로 서게 되고 자신들이 개발한 지지망(support network)의 도움을 받을 수 있는 변화의 과정을 갖도록 계획했다. 이 후속 지도의 목적의 일부는 배운 것을 강화하고 새로운 지지를 제공하는 것이다. 후속 지도를 위한 회기들은 6~12주 후에 진행된다. 이 회기들 동안에 내담자들은 아래와 같은 질문들이 요구하는 후속 평가를 받게 된다.

• 집단에서 가장 좋았던 점은 무엇인가?
• 집단에서 가장 나빴던 점은 무엇인가?
• 이 집단의 과정을 통해 당신이 변화된 것은 무엇인가?

집단원은 또한 다음의 영역에 대해 '더 좋아진', '더 나빠진', 혹은 '그대로' 등으로 평가하도록 요구를 받는다. 그 영역들은 일, 우정, 가족구성원과의 관계, 친밀한 관계, 성에 대한 느낌, 자기 자신에 대한 느낌, 자신을 보호하고 돌보는 능력 등이다.

이 집단의 구성원들과의 여러 후속 지도를 근거로 해서 볼 때, 적절한 선발에 의해 잘 발달된 집단은 명백하게 집단의 치료적 경험을 이끌어낼 수 있다. 전반적으로 나는 주의깊게 계획된 집단은 올바른 근거를 바탕으로 치유에 필요한 연속성과 지지를 제공할 수 있기 때문에 근친상간 경험자의 치료 효과를 높일 수 있다는 것을 발견했다. 이 집단의 여성들은 과거의 문제를 해결하고자 시작하는 용기와 힘을 주는 강한 지지망(support network)을 발달시켰고, 과거의 부정적인 패턴을 극복하도록 도왔으며, 미래를 위해 건강하고 도전적인 목표를 세우도록 했다. 어쩌면 그들이 받은 가장 훌륭한 메세지는 그들 스스로에 대해 좋은 감정을 가지고 더 창조적인 삶을 살아갈 '가치가 있다'는 것이다. 수년이 지나서 집단원은 더 자문을 받을 필요를 느끼면 간단한 치료를 위해 되돌아오는 데에도 안전감을 느꼈다.

 ## 남성과의 집단 작업

성격의 남성성과 여성성 둘 다를 표현하려는 남성들이 증가하고 있다. 그러나 아직도 우리 사회에서 많은 남성들은 남성이어야만 한다는 전통적인 남성상으로 살고 있다. 어떤 남성은 엄격한 역할에 고정되어 있어 그 역할로부터 벗어나거나 남성과 연결되지 않는 특성을 표현하는 것이 금지되어 있다. 그들은 스스로를 고립하는 역할로 살고 있다. 남성들은 수용 가능한 이미지를 유지하고자 많은 에너지를 쏟아 부었기 때문에 더 이상 그들이 현재 자신이 어떠한지를 잘 알지 못한다. 이것은 전통적인 남성 역할로 삶을 제한해온 비용의 대가이다. 특히 우리 사회에서 진정한 '남성성'으로 생각하는 것에 일치점을 찾지 못하는 남성들에게는 그러하다. 남성들이 자신의 남성성 정체성의 어떤 측면을 어떻게 변화시키기를 원하는지에 대한 선택을 하기를 원한다면 우리의 문화적 배경에도 불구하고 문화적 조건에 걸맞은 성 역할이 남성들에게 이해되고 도전받을 필요가 있다. 남성을 위한 핵심 과제는 그들 자신에 대해 어떤 사람이 되기를 원하는지, 전통적인 성 역할을 따를 것인지, 아니면 거부할 것인지를 규정하는 것이다.

최근 상담에서 긍정적인 남성성에 대한 강조는 성 역할에서 일어나는 변화의 좀 더 긍정적인 그림을 제시한다. Kiselica & Englar-Carlson(2010)은 남성 청소년과 남성을 상담하거나 심리학적 연구를 수행할 때 긍정적인 남성성이 중심이 되어야 한다고 주장한다. 긍정적인 남성성의 틀로 작업할 때, Englar-Carlson & Kiselica(2013)는 고정관념을 뛰어넘어 남성에 존재하는 강점을 강조하고, 남성의 자원과 능력에 초점을 두고, 남성에 힘을 주는 자질을 확인하고, 남성과 함께하는 잘못된 점보다는 옳은 점을 인식하고, 남성의 선하고 친절하고 창조적이고 성공적이고 능력 있는 부분으로 주의를 옮겨야 한다.

전통적인 개인 치료 방법은 남성에게는 가장 좋은 방법이 아니다. 남성을 위한 집단은 자신의 성 역할을 명료화하고 삶의 문제에 대처하도록 도와주고, 긍정적인 남성성의 감각을 개발하는 몇 가지 이점을 제공한다. Rabinowitz & Cochran(2002)은 남성들의 집단이 남성의 경험을 더 깊게 할 수 있다고 주장한다. 그러한 집단에서 남성은 자신의 실망감과 상실감을 직면하고 표현하는 기회를 갖는다. 남성은 자신의 정신적 고통과 상처를 부정하기보다는 자신의 모든 감정을 개방하고 집단의 다른 사람들에게 지지를 받아 치유될 수 있는 환경을 제공받는다. 남성과의 집단 작업에서 관찰한 주제나 쟁점은 신뢰, 상처받음, 두려움, 부끄러움, 강함, 약함, 남성과의 관계, 경쟁, 원가족 문제, 성, 우정, 지배성, 복종성, 사랑, 미움, 꿈, 슬픔, 강박, 일과 죽음 등이다. 남성 집단에서 집단원은 자신의 경험을 나눔으로써 자신에 대해 많은 것을 학습한다. 가장 강력한 개입은 지도자 자신의 삶의 경험을 나누는 적절한 자기개방 모델링이다.

모든 남성 집단은 남성에게 제한된 규칙과 역할에 대해 알아차리도록 하는 지지를 제공한다. 남성적 역할의 의무에 의문을 제기할 힘을 제공해준다. 남성 집단은 다른 사람과 연결하는 곳, 자신의 이야기를 들어주는 곳, 아버지가 되는 것, 아버지와 만나는 것, 관계, 이혼, 노화, 이동 등에 대해 말할 수 있는 장소이다(Englar-Carlson, 2014). Rabinowitz(2014)는 남성 집단에 참여하는 주요 이점은 수용, 타당화, 각 개인이 받는 지지라고 했다. 어떤 남성에게는 과거 경험과 다른 사람과의 관계에서 온 트라우마를 노출할 수 있는 첫 번째 시간이 될 것이다. 남성 집단은 자신의 삶에서는 받지 못했던 많은 남성들이 원하는 친한 관계를 제공한다.

대부분의 남성 집단은 심리교육적인 요소와 대인관계적이고 과정 지향적인 차원을 가진다. 다음의 제안서는 나와 내 동료가 지역사회 기관에서 대규모 정신건강 기관에서 25년 동안 지도했던 집단을 설명한 것이다.

지역사회 기관의 남성 집단

다음 내용은 규모가 큰 정신건강 기관(Health Maintenance Organization: HMO)의 정신과에서 근무하는 임상사회사업가인 Randy Alle-Corliss의 관점에서 기술한 것이다. 좀 더 많은 정보가 필요하다면 다음의 이메일을 참고하라. Randy Alle-Corliss, LCSW 이메일: RandyLCSW@aol.com.

이 제안서는 남성의 성 역할을 경험하고 표현하는 방식을 탐색하도록 돕기 위한 집단을 기술한 것이다. 이 집단은 심리교육적인 요소와 대인관계적이면서 과정 지향 접근을 따르고 있다. 이 집단의 목적은 정신과 상담센터에 오는 남성들에게 우울, 스트레스, 부부관계 문제, 부모 역할 문제, 일과 관련된 문제, 외로움, 고독감과 같은 일반적인 문제를 함께 다룰 기회를 제공하는 것이다.

집단 구성

어떠한 남성 집단에서도 우리 주제를 다루지 않았지만, 나와 동료 지도자는 남성들이 안전하고 지지적인 집단에서 자신의 삶의 관한 이야기를 나누는 것이 도움이 될 것이라 믿었다. 개인적인 관심사를 깊게 탐색하는 것은 남성들의 고독감을 감소시키고 결속력을 증가시킨다. 많은 남성 내담자들이 남성과 의미 있는 관계를 맺지 못한다. 이들은 친구를 사귄다고 해도 서로에 대해 거리감을 갖고 있다.

우리는 규모가 큰 HMO에서 근무했기 때문에, 집단 회기 수가 제한되어야 한다는 것을 알게 되었다. 짧은 시간에 많은 내담자가 참여하고 더 많은 모임을 가져야 하는 집단 형식은 내담자의 요구뿐만 아니라 조직의 요구에 따르기 위한 것이다. 그래서 우리는 집단이 비용 대비 효과가 있을 뿐 아니라 다른 치료적 이점을 가질 수 있을 것이라고 확신하게 되었다. 우리는 집단이 남성들에 대한 보편적인 주제를 발견하고 그들이 품어왔던 감정을 분출하고, 집단 외부에서 수행할 기술을 연습하고, 다양한 삶의

환경에서 적용할 수 있도록 도움을 줄 것이라고 가정했다.

우리는 제안서를 작성하여 관리부에 제출하였다. 집단의 목적을 기술한 약정서를 개발하고, 이것을 다른 임상가들에게 보내어 이 집단의 유형에 적합한 후보자를 추천해달라고 요청했다. 우리는 극단적인 위기에 처한 정신병자와 자살 시도자를 제외시켰는데, 그들은 집단 상호작용에 필요한 심리적 강점이 부족한 사람들이었다.

집단 형식

16주간 매주 90분씩 진행되었다. 공동 지도자는 각 회기 시작 전과 후에 15분간 정기적으로 만났다. 집단은 주제지향적이며 교육적이고 치료적 요소에 초점을 두고 다양한 기법을 결합하였다. 동시에 특정한 주제를 다루기 위해 한 회기보다 더 오래 지속된 경우도 있다.

초기 회기

각 집단원과 지도자들에 대한 소개로 시작한다. 첫 회기에 비밀 보장, 출석, HMO의 기본적인 정책을 포함하여 집단 기본 규칙을 소개한다. 이 첫 회기 동안에 우리는 성과 관련된 문제, 즉 남성이 된다는 것의 의미, 남성으로서 성장하면서 받는 메시지, 이러한 메시지가 오늘날에 어떤 영향을 미치는지 등을 다룬다. 우리는 전형적으로 남성이 되는 것과 관련된 많은 사회적 규범을 논의한다. 집단원은 그러한 규범을 고수하거나 파괴하는 데 대한 자신의 반응을 나누고, 이러한 규범이 일상적인 행동에 어떤 영향을 미치는지를 논의하였다. 다른 회기에서 논의된 전형적인 주제는 다음과 같다.

아버지와 어머니의 관계

우리는 부모와의 관계 특히 아버지와의 관계를 조사했다. 왜냐하면, 이것이 대부분의 남성들의 삶에 중

요한 영향을 주기 때문이다. 많은 남성들은 아버지가 없는 것에 실망하거나 자식을 훈육하기 위해 아버지가 사용한 과도한 압력과 공격성에 대해 화를 내곤 한다. 우리는 어머니와의 관계, 특히 어머니에 대한 감정을 어떻게 다루었는지에 대한 문제를 탐색한다. 우리는 전형적으로 집단원으로 하여금 집단에서 나눈 이야기를 가지고 부모에게 편지를 쓰라고 한다.

중요한 타인과의 관계

우리 집단에 있는 남성들은 자신의 감정을 인정하고 표현하는 것에 어려움을 느끼고 있다. 남성들이 집단에 참여하는 하나의 이유는 그들이 감정을 표현하고 주장적으로 행동하는 데 어려움을 갖기 때문이라고 했다. 집단원은 중요한 타인, 특히 여성과의 관계에 대해 말할 기회를 갖는다. 그들 중 몇 명은 이혼을 경험했거나 부부관계의 어려움을 갖고 있다. 우리는 관계 영역을 넓혀 동성애자 관계도 포함시켰다. 이 집단에서 동성애 남성과의 집단 경험은 이들이 사용하는 언어의 중요성을 알게 해주었고, 성적 지향성에 관련된 편견으로부터 자유롭게 되었다. 우리의 집단에 참여한 남성들은 성적 지향성에 관계없이 그들이 공통적으로 많은 문제를 가지고 있음을 알게 되었다.

우정의 개발 및 유지

우리는 남성들이 적절한 성 역할에 대한 혼란된 내용을 갖고 있다는 것을 발견해왔기 때문에 다른 남성과 여성의 우정에 대한 논의를 한다. 남성들이 우정을 나누기 시작하고 친숙한 관계를 유지하는 데 어려움을 갖는다는 것을 발견할 수 있다. 집단의 목적 중 하나는 그들이 다른 사람으로부터 매우 고립되어 있기 때문에 그들에게 충분한 지지를 제공하는 것이다. 우리는 집단의 남성들에게 집단 외부에서 함께 어울리고 다른 지지 자원, 특히 다른 남성들의 지지 자원을 개발시키도록 격려했다. 그러나 우리는 집단응집력으로부터 벗어나는 하위집단 형성에 대해 주의를 준다.

아이들과의 관계

우리는 많은 남성들이 효과적인 부모 역할 수행에 관련된 문제를 집단에 가져올 때 전형적으로 아이들과의 관계를 조사한다. 우리는 남성과 아이들 간의 관계의 중요성을 논의한다. 우리는 주장 기술을 가르쳐서 남성들이 한계를 짓는 것과 아이들에게 미치는 결과를 이해하도록 조력한다. 우리는 남성들로 하여금 자신의 아이들에게 편지를 쓰게 하고 그것을 집단에서 읽게 하여 인식하지 못한 느낌을 표현하고 탐색하도록 돕는다.

일과의 관계

직장을 잃은 사람들은 일하지 않는 것에 대한 황폐한 느낌에 어려움을 느낀다. 집단원은 일이 가정에서의 생활 특히 배우자와 자녀에게 어떻게 영향을 미치는지에 대해 이야기한다. 남성들은 너무 많은 일, 한계 설정, 직무에 대한 좌절 등과 씨름한다. 많은 남성들은 부양자의 역할을 생각하면 명백한 책임감과 스트레스를 느낀다고 보고하고 있다. 일의 중요성에 대해 이야기함으로써 많은 남성들은 단순히 부양하고 일하는 것 이상으로 삶에는 더 많은 것이 있음을 배운다. 일과 더불어 남성들은 일과 놀이 간에 균형을 유지하는 것이 중요하다고 느낀다.

성

대부분의 남성은 성에 대해 많은 관심을 가진다. 그러나 그들은 이러한 관심사를 공개적으로 논의하기를 꺼린다. 우리는 조그만 유인물을 나누어주고 성 관계를 갖는 것, 다른 사람에 대해 느끼는 매력, 발기부전, 성욕에의 차이, 나이 등과 같은 특정 주제에 대한 생각을 불러일으킨다. 우리는 집단에 있는 남성들이 충분히 안전함을 느껴 젊은 시절에 성적인 남용 문제에 대해 논의하는 것을 보고 놀라움을 느꼈다. 집단원들 간의 공통성 때문에 남성들은 자신의 성과 성행위에 관한 두려움을 탐색하고 자신의 성 문제에 더 깊은 이해를 얻게 된다.

집단의 종결

우리는 '안녕'이라는 인사와 함께 집단원이나 지도

자 간에 일어난 기억을 회상하며 집단을 종결한다. 집단원들 간에 의미 있는 피드백이 주어지고, 이에 따라 집단원은 자신의 경험을 평가한다. 우리는 집단원이 집단에서 얻은 이점을 강화하고, 집단원에게 집단 참여 경험을 회상하도록 하기 위해 집단 경험에 대한 내용을 쓴 항목을 나누어준다. 다음과 같은 진술을 하고 집단 참여의 인증서를 준다. "남성가 된 것에 대해 OK이다". 우리는 집단원에게 새로운 행동을 지속하도록 격려한다. 우리는 집단에서 배운 것을 일상생활에 적용할 때 직면하는 잠재적 함정을 그들에게 알려준다.

집단 성과

집단 경험이 어떤 영향을 미쳤는가를 평가하도록 집단원을 도와주는 것은 매우 중요하다. 우리는 이러한 목적을 위해 회기 후의 집단을 계획한다. 이 집단을 '재결합 집단(reunion group)'이라고 한다. 16주간의 마지막 집단을 마치고 새로운 집단을 시작하는 사이에 이전 집단에 참여했던 집단원을 서로 만나게 한다. 모든 집단원에게 참여를 촉구하는 메모를 보낸다. 재결합 집단은 집단원에게 집단이 주었던 의미에 대해 다른 관점을 갖도록 하는 기회를 제공한다. 그들이 학습한 것을 일상생활에 어떻게 적용하는지에 대해 특별히 강조한다. 집단원은 새로운 행동 스타일을 수행하는 데 당면하게 될 모든 문제를 논의하는 기회를 갖는다. 우리는 지지를 제공하는 것과 더불어 집단원이 향후에 겪게 될 위험에 도전하도록 한다. 후속 모임은 이들에게 새로운 목표를 달성하는 계획을 세우고 집단이 끝난 지금 행동으로 옮기는 방법을 제공한다.

후속 회기에서 각자의 경험에 대한 집단원의 평가는 전형적으로 긍정적이고 건설적이다. 많은 남성들은 수년 동안 이러한 종류의 집단을 찾고 있었다고 말한다. 그들은 자신들이 집단 환경에서 개인적으로 중요한 주제를 논의할 기회를 갖는 것을 매우 가치 있다고 보고한다. 그들은 덜 우울하고 덜 고립되고 그들의 감정을 더 잘 인식하고 표현할 수 있게 된다. 어떤 사람은 자신이 학습한 것 때문에 치료에 계속 참여하는 기회가 제공되면 다시 집단에 참여하기도 한다.

남성들은 집단이 자신들의 화를 효과적으로 관리하고 더 많은 남자친구를 사귀고 더 주장적이 되도록 도운다고 보고한다. 많은 남성들은 그들이 받았던 피드백을 활용하여 자신의 감정을 더 많이 알아차리고 그들의 관계에서도 더 좋은 의사소통을 하게 된다. 또한 그들은 자신과 다른 사람들을 더 긍정적으로 생각한다. 일반적으로 그들은 자신이 더 유능하다고 느끼고 더 광범위한 정서를 느끼고 더 많이 웃고 즐거워할 수 있다고 했다.

 가정폭력 가해자 집단 치료

집단 작업은 집단에서 작용하는 치료적 요인 때문에 남성 공격자들을 다루는 데 매우 유용하다. 8장에서 자세히 논의했던 치료적 요인은 폭력적인 행동 패턴을 전달하는 데 도움이 될 수 있다. 특히 증가된 보편성, 응집력, 대인관계 학습은 집단원의 가정폭력의 비율을 감소시키는 중요한 요인들이다(Waldo, Kerne, & Kerne, 2007). 가정폭력 가해자를 다루기 위해 사용하는 집단 치료의 효용성은 집단 연구에 의해 지지받고 있다(Lee, Sebold, & Uken, 2003).

Lee와 그의 동료들(Lee, Sebold, & Uken, 2003)은 『가정폭력 가해자를 위한 해결중심 치료: 변화를 위 한 책무(Solution-Focused Treatment of Domestic Violence Offenders: Accountability for Change)』에서 가정폭력 가해자에서 효과적이고 긍정적인 변화를 만들어내는 효과적인 치료법을 기술하고 있다. 전통적인 치료 방법에서는 40~60%의 상습적 재범률과 50% 이하의 목표 달성률을 나타낸 반면 이 접근은 16.7%의 상습적 재범률과 92.9%의 목표 달성률을 보였다(Lee et al., 2003). 이 접근은 가해자들의 문제점과 결점을 강조했던 전통적인 방법과는 현저히 다르게 가해자로 하여금 책임감을 갖도록 하여 해결책을 찾도록 하는 데 초점을 두었다. 이 접근에서는 시간제한 집단으로 전통적인 프로그램에 비해 단기이며, 10~12주 동안 8회기로 구성되었다.

해결중심 접근은 각 참여자들이 3회기까지 구체적이고 성취 가능하고 행동 용어로 목표를 설정하도록 하고, 처치 전 과정을 통해 계속 그 목표를 달성할 것을 강조한다. 집단 촉진자는 각 집단원의 목표와 관련된 변화를 사용하여 개인으로서, 가족구성원으로서 그리고 지역사회 구성원으로서 자신을 재정의할 수 있도록 한다.

만약 가정폭력 가해자들을 위한 집단을 계획하는 데 관심이 있다면 Edleson & Tolman(1994), Lee, Sebold, & Uken(2003), Schwartz & Waldo(2004), Wexler(2000, 2004, 2005, 2006)의 문헌을 참고하길 바란다. Wexler의 2000년 저서는 유인물, 연습, 그리고 집단지도자의 이론적 지향성을 포함한 가정폭력 치료를 위한 잘 연구된 프로그램을 제시하고 있다. 여기에는 가정폭력 가해자를 위한 집단 처치를 위한 또 다른 내용을 제시하고 있다.

집단 제안서

비자발적인 가정폭력 집단

다음 내용은 결혼과 가족치료사의 자격증을 갖고 있는 Paul Jacobson의 관점에서 기술한 것이다. 이 집단에 대한 더 많은 정보를 얻으려면 다음의 주소, 전화, 이메일을 참고하라. Paul Jacobson, 주소: P. O. Box 1931, Willits, CA 95490, 전화: 707-513-5313, 이메일: 4paulj@gmail.com.

집단 구성

대부분의 집단상담은 도움을 구하는 사람들을 위해 운영되지만, 여기서 내가 다루고 있는 가정폭력 집단은 그런 의식을 갖고 있지 않는 비자발적인 사람들을 위한 것이다. 이 집단에 참여한 사람들은 법정 재판관이나 보호 관찰관에 의해 치료를 받도록 명령을 받은 사람들이다. 이 집단원의 대부분은 화를 내거나 다른 사람들을 비난하며, 상담이 필요하지 않다는 확신감을 갖고 있는 사람들이다. 이런 유형의 저항을 다루기 위한 기술과 전략은 자발적인 사람들에게 적용되는 것과는 다르다.

집단 작업에 대한 저항

어떤 집단에서든지 집단원은 집단에 참여하기 전에 개인적으로 진단 면접을 받게 된다. 이 과정은 파괴적인 적대감을 잠재적으로 감소시키고, 스트레스가 많을 수 있는 집단 상황에 좀 더 보다 쉽게 들어갈 수 있도록 하는 데 필수적인 것이다. 이 기간에 개인을 지지하고, 부적절한 행동과 그 대가에 대한 결과를 탐색하고, 자신의 방어에 순조롭게 도전하고 치료에 필요한 제안을 통해 그의 협력을 얻고자 하는 시도가 이루어진다.

진단을 위한 면접도 역시 치료 관계를 발전시키는 출발을 위해 필수적이다. 촉진자와 정직한 관계를 구축하는 것의 중요성은 아무리 강조해도 지나치지 않다. 이것이 없이는 낯선 사람들로 둘러쌓인 집단 내에서의 자기개방은 일어나지 않을 것이다. 이 집단의 설계는 기회가 주어지면 초기에 자신의 행위에 대한 책임을 지지 않고도 참여자들은 개인적인 정보를 그들 자신에게 적용할 수 있다는 가정을 가지고 있다.

싸우기를 좋아하는 사람은 종종 부정적인 말로 집단을 시작했다. 그들은 전형적으로 자신이 가진 문제의 원인을 외부의 탓으로 돌리고, 자신의 문제를 자신의 폭력적 행동에 귀인시키지 않았다. 하지만 변화가 일어나도록 하기 위해서는 이들이 자신의 역동을 이해하고 자신의 행동에 대한 책임을 져야 할 필요가 있다. 만약 그들이 결국 자신의 행동에 문제가 있음을 인식하고 받아들이지 않는다면, 변화란 일어나기 어려울 것이다. 또한 자신의 행동이 부모와 다른 사람들과의 관계에 어떻게 영향을 미치는지를 알기도 어려울 것이다.

사례

나는 이런 저항이 집단 내에서 어떤 식으로 참여에 영향을 미치는지 구체적으로 알 수 있도록 하기 위해 제롬의 사례를 인용하고자 한다. 제롬은 이틀 전에 한 약속을 완전히 잊어버렸다는 듯이 불평을 하면서 20분 늦게 모임에 도착했다. 나머지 다른 집단원처럼 제롬도 법원에서 이 프로그램에 참여하도록 명령을 받았다. 그 자신도 감옥에서 45일을 보내는 것보다는 상담에 참여하는 것이 더 좋겠다고 생각을 하고 이에 동의했다. 그의 형량은 배우자 학대라는 중범죄에서 경범죄로 감량되었다.

비록 제롬이 대안으로 집단을 선택하긴 했지만 자신에게 상담이 필요하지 않다고 주장했고, 더 빨리 감옥에서 나가기만을 바랐다. 그리고 방침에 따르기보다는 오히려 자신을 이 집단에 참여하게 만든 피고인 측 변호인을 비난했다. 우리가 앞서 이야기를 했던 것처럼, 그가 초기에 가졌던 흥분은 줄었지만 그가 아내를 학대한 상황에 대해 이야기할 때 그는 다시 목소리가 커지고 기세가 등등해졌으며 감정적으로 되었다. 제롬은 어느 날 맥주를 몇 병 마시고 늦게 집에 귀가를 했는데 아내가 저녁을 준비해 놓지 않아서 화가 났던 일에 대해 말했다. 그가 아내에게 식사를 준비하라고 말하자 그녀는 "당신이 챙겨 먹어요."라고 대답했다고 한다. 이 말에 그는 완전히 화가 나서 통제력을 잃었고 그 자신이 무슨 짓을 하고 있는지조차 인식하지 못했다고 했다. 하지만 그는 절대로 주먹으로 아내를 때린 적은 없다고 주장했다. 제롬은 아내가 저녁 준비만 했더라면 이런 일은 결코 일어나지 않았을 것이라고 완강한 태도를 보였다. 따라서 모든 것이 아내의 잘못인 것이다. 그는 더 나아가 그녀의 친구들이 그녀에게 '도도한' 생각을 불어넣었다면서 친구들까지 비난했다.

제롬은 다른 분노의 경험을 탐색하면서 그것이 자신이 폭력적일 때 그를 힘들게 했다는 것을 인정하였고, 자신을 좀 더 잘 통제할 수 있으면 좋겠다고 솔직히 말을 했다. 이 말은 집단에서 좀 더 개인적인 문제를 내어놓고 참여하겠다는 첫 번째 표시 중 하나였다. 또 실직을 당하고 몇 개월 후에 직업을 구해서 그가 기뻐했다는 사실을 말하고, 실직 상태에 있는 동안 음주가 좀 더 늘었다고 인정했다. 제롬은 자신의 스트레스 수준을 자각하지 못하고 알코올 의존도 자각하지 못한 자신의 정서로부터 자유로워졌다. 나아가 자신의 행동이나 감정에 대해서도 책임을 지지 못하던 상태에서도 벗어나게 되었다.

가정폭력 집단을 이끌기 위한 제안

- 가정폭력 집단을 구성하고 촉진하려는 지도자 자신의 동기를 아는 것
- 지도자 자신의 스트레스 수준과 반응 행동을 자각하고 있는 것, 한 걸음 물러서서 쇠진을 막는 것
- 마음을 침착하게 가라앉히고 이성적으로 반응하는 것
- 이론적인 아이디어를 평소에 사용하는 일상적인 말로 표현하는 것을 배우는 것
- 치료적인 개념이 치료적 상황에서는 일반적이지만, 보편적으로 이해되거나 인식되지는 않다는 점을 기억하는 것
- 집단원과 유사한 지도자 자신의 문제를 발견하는 것
- 저항을 예상하는 것과 그것을 개인적으로 취급하지 않도록 하는 것. 저항을 바람직하게 생각하고 그것을 치료적으로 다루어서 내담자들이 모든 저항을 탐색하도록 격려하는 것
- 가르치고 개입하기 위한 내용을 위해 매체를 이용할 것(그림이나 비디오, 프린트 자료 등)
- 작은 변화가 일어날 때 이것이 치료적인 목표에 도달하고 있는 발전이라는 것을 인식하도록 배우는 것
- 지도자 자신을 위해서 든든한 지지 체제를 발전시키는 것
- 가르치고 개입하기 위해 당신의 재량을 발휘하는 데 중도적 입장 취하는 것
- 분명하고 획득 가능한 치료적 목표로 진전되는 작은 변화라도 인식하는 것
- 당신 자신에 대한 좋은 지지 체계를 개발하는 것

집단 목표

집단원은 자신의 배우자 폭력으로 체포되었기 때문에 목표는 좀 더 적절한 관계 기능을 지원하도록 되어있다. 대부분의 목표는 개인적 치료 계획을 위해 지도자에 의해 선택된 것이다. 다음은 집단의 목표를 열거한 것이다.

- 신체적인 폭력에 대한 대안 행동을 발전시키는 것
- 분노를 다루는 인지적인 기술을 익히는 것
- 학대 사건과 그에 대한 행동적 대안을 토론하는 것
- 관계의 역동과 기대, 신체적 학대의 발전 과정을 검토하는 것
- 스트레스와 관련된 생리학적 반응과 스트레스 감소의 방법을 배우는 것
- 느낌과 감정 처리의 인식을 발전시키는 것
- 자기개방, 개인적인 의견을 나누는 것, 분명한 의사소통을 증진시키는 것
- 개인적인 책임감을 증진시키는 것
- 공감과 중요한 타인에 대한 이해를 증가시키는 것
- 알코올/약물의 사용을 줄이거나 없애고, 패턴을 인식하는 것

집단 형식

각 집단 회기는 교육을 위한 강의로 시작된다. 집단은 교육적 및 치료적 목표를 전달하도록 계획되었다. 초기 회기에 교육을 하고 난 후 집단원은 선다형 질문지에 응답하였다. 이것은 집단에서 말하는 압박감을 느끼지 않고 개인적인 반응을 하도록 했다. 이때 돌아가면서 말하기는 토론을 활성하는 데 사용되었다. 언어적 참여는 각 집단원을 위한 촉진자의 주요 목표 중 하나이다.

15주간의 프로그램으로 개방 집단 형태로 진행되었다. 집단의 전 과정을 통해 참여자들이 간헐적으로 더 많이 참여하게 되었다. 이러한 집단의 주된 장점은 높은 중도탈락률의 위기에도 적절한 집단원의 수를 유지할 수 있었고, 주된 단점은 집단의 응집력과 신뢰를 발달시키기 어려운 점이었다.

집단의 몇 가지 규칙

초기 면담 동안에 집단원은 집단 참여 전에 약물을 절제하도록 되어있는 집단 규칙에 대해 들었다. 만약 누군가가 취한 상태라면 집단에 들어오지 못하게

하고, 그런 일이 두 번 발생하면 집단에 참여할 수 없도록 되어있었다. 다른 요구 조건은 오로지 출석하는 것뿐이었는데 몇몇 참석자들은 3회기 이상을 그냥 빼먹었기 때문에 출석할 수 없게 되기도 했다.

집단 상호작용을 위한 몇 가지 주제를 개발하기
각 회기들은 집단의 목표와 관련이 있다고 여겨지는 주제를 중심으로 구조화되었다. 이런 주제에 대한 토의는 교육을 하기 위해, 집단에 참여하도록 하기 위해, 정보를 전달하기 위해, 그리고 참여자들에게 관련이 있는 주제에 직면토록 하기 위해 고안되었다. 집단에 제시되는 주제는 대략 대인 간 경험과 개인 내적인(intrapersonal) 경험으로 나누어진다. 개인 내적인 주제는 인간 생리학과 호르몬 체제의 기능, 감정을 처리하기 위한 인지적인 기술, 이완 기법, 약물과 알코올의 효과, 스트레스와 스트레스 감소, 분노에 관한 교육을 포함했다. 타인과의 관계를 다루는 대인 간 주제는 의사소통 이론, 문제해결 기술, 성 역할, 관계상의 기대, 인간의 욕구와 다양성, 가치, 그리고 가족에서의 경험 등이 포함되었다.

집단 성과
집단의 목표 중 어떤 것은 광범위하여 장기적인 치료에 보다 적합했다. 하지만 많은 집단원이 관찰할 수 있는 정도의 진전을 보여주었다. 다른 사람들은 집단 전체에다 자신의 상황을 설명하면서 배우자를 계속 비난했다. 나에게 있어서 이러한 집단과 작업하는 것이 어려운 일이고 좌절감을 느끼지만, 보상도 주어진다. 이렇게 힘든 사람과 작업을 함에 있어

서 개인적으로 투여한 노력이 수포로 돌아가지 않기 위해서는 아주 조그마한 변화를 알아차리고 이것을 성공과 발전의 징표로 생각하는 것이 필요하다. 나아가, 강화의 한 가지 원천은 개선을 관찰하는 것과 고마움을 표현하는 몇몇 사람들이다. 이 집단을 이끄는 동안 나는 나의 말이나, 스타일, 역전이, 동기 등에 대해서 진지하게 지속적으로 생각해보게 되었다. 이 프로그램의 개발은 나의 이론적 신념과 치료적 기술에 도전해보고 나 자신이 새로운 정보와 교육을 추구하는 동기를 주었다. 이것 자체만으로도 나에게는 보상이 된다.

집단 뒤돌아보기
이 집단을 설계하는 것은 나의 중요한 대학 동료를 통해서 배운 일반적인 상식을 적용하고 다른 집단원을 대상으로 한 집단 작업에 적용한 매우 창조적인 연습이었다. 나는 이 집단원에게 도움이 되는 것을 예측하려고 노력했고, 내가 살고 있는 지역사회에서 이러한 충족되지 않은 욕구를 채워주는 집단을 개발하는 것은 의미 있고 흥분되는 일이었다.

만약 내가 이 집단을 다시 맡아서 촉진하게 된다면, Wexler(2000, 2004, 2005, 2006)가 개발한 연구 중심의 유인물과 활동지와 설문지를 사용하고, 교육과 피드백 목적을 위해 더욱 완전한 분노 관리 프로그램을 활용할 것이다. 당신이 집단원의 진전 정도를 평가하기 위해 초기, 중기, 후기 단계에 활동지를 사용한다면 어떤 활동을 할 것인지에 대한 좀 더 정확한 그림을 그리는 것은 가능한 일이다. 더 많은 정보는 Morgan, Romani & Gtoss(2014)를 보라.

 물질남용 장애자를 위한 집단상담

우리 사회에서 약물과 알코올 사용의 문제가 증가함에 따라 물질남용 장애에 대한 치료의 필요성이 대두되고 있다. 집단상담은 물질남용 문제를 다루는 처치 방법의 하나로 선택될 수 있다. 물질남용 치료 집단은 보통 개방적인 집단으로 순환되는 멤버십을

갖는다. 어떤 집단원은 치료 초기에 해당되고 다른 집단원은 치료의 종결이나 '졸업'의 시점에 있다.

서로 다른 유형의 집단들은 회복 과정의 여러 단계에 있는 내담자들의 욕구를 충족 시켜준다(Substance Abuse and Mental Health Services Administration, 2012). 심리교육 집 단은 약물과 알코올이 뇌와 신체에 미치는 해로운 영향, 특정 약물과 연관된 회피 신드 롬, 갈망과 재발 촉진 요인, 회복 과정에서 지지 집단의 역할에 관한 정확한 정보를 제 공한다. 기술 훈련 집단에서는 교육적인 요소와 역할 훈련을 결합하여 내담자가 자기주 장 기술, 재발방지, 효과적인 의사소통 기술을 연습한다. 인지행동 집단에서는 약물에서 자유로운 삶의 스타일을 지원하는 생활에서 사고, 감정, 행동 간의 연관성을 알아차린 다. 인지적 오류, 잘못된 신념의 도전, 효과적인 사고방식의 학습 등의 주제를 다룬다. 특히 인지행동적 접근은 내담자가 자신의 생활에서 약물을 선택하지 않도록 훈련시키 는 재발 방지 집단에서 매우 중요하다. 일반적으로 치료를 종결하는 경우는 자신의 문 제를 통제하에 두고 있다고 믿을 때나 적극적인 사용으로 재발될 때이다.

화학적 의존 상담 분야에서의 치료는 매우 구조화되어 있다. 물질남용 치료는 다른 대상과의 작업에서는 필요없는 구성요소를 포함하는 단계로 나누어져 있다. 가장 강도 가 높은 외래환자 프로그램은 매주 2시간 동안 한 주 동안에 일어난 사건에 초점을 두 는 집단 형식으로 구성되어 있다. 이 집단들은 치료 프로그램 졸업생들에게 새로운 약 물을 사용하지 않는 생활양식을 지속적으로 지원하는 서비스로 드롭 인 서비스*를 제 공한다. 교육, 기술훈련, 대인관계 과정 분석은 이러한 사후관리 집단에 통합될 수 있 다. 사후관리를 통한 해독으로 집단 작업은 지원을 제공하고 회복 과정 전체에 고독감 을 제거하는 데 도움을 준다.

특히 회복의 초기 단계에서 치료의 초점은 절제, 안정화, 회복 과정의 진전에 필요한 학습 기술에 둔다. 매우 초기 단계에 있는 약물 및 알코올 집단은 '하루하루' 일상 생활 을 하고 있는 개인을 진단하는 데 초점을 둔다. 장기간의 삶의 질 문제도 다루지만 물 질 선택을 절제하고 새로운 삶의 방식을 개발하면서 삶을 재구조화하는 작업은 부차적 인 것이다.

물질남용과 씨름하는 사람을 다루는 대부분의 서비스 기관은 정상적인 치료 과정 외에 약물 없는 관계와 술을 끊도록 지지하는 것을 격려한다. 알코올 금주 모임(AA: Alcoholics Anonymous)과 금연 모임(NA: Narcotics Anonymous)과 같은 12단계 지지와 자조 모임은 치료보다는 집단 치료를 보충해주는 역할을 한다. AA와 NA는 물질사용

---

* 드롭인 서비스(drop-in service)는 언제 어디서나 사용할 수 있는 드롭박스에서 나온 말로 물질남용 장애자들이 언제나 찾아가서 상담할 수 있는 서비스를 말한다.—옮긴이 주.

과 남용을 하는 사람들과 함께하는 매우 널리 알려진 지지 집단이다. 치료 동안에 외부의 지지 체계를 갖는 것은 공식적인 치료에서 약물로부터 자유로운 삶을 살아가도록 하는 데 도움을 준다.

청산 매트릭스를 사용한 물질남용 장애 치료 집단

이번 내용은 Kathy A. Elson(LPCC-S, LICDC-CS, SAP)의 관점에서 작성된 것이다. 그녀는 물질남용 장애자로 진단된 사람을 위한 치료 서비스의 관리자이다. Kathy Elson은 오하이오주 데이턴에 있는 싱클레어 커뮤니티 칼리지의 인적 서비스 및 행동건강 센터의 부교수이다. 좀 더 자세한 정보를 얻으려면 Kathy Elson에게 연락하라. 전화: 937-512-5332, 이메일: Kathy.Elson@sinclair.edu.

집단 구성
집단상담은 중독 문제를 다룰 때 선택할 수 있는 처치 방법이다(물질남용과 정신건강 서비스국, 2012). 약물과 알코올 치료를 받고 있는 사람과 작업하는 것은 많은 집단이 개방 집단이라 어떤 집단원은 '졸업'할 준비가 되어 있고, 다른 집단원은 이제 치료를 시작하는 사람도 있다. 사람들은 자기 자신의 자각 수준을 갖고 있으며, 서로 다른 변화의 단계에 있다. 물질남용 집단에 있는 집단원은 법원에 회부되거나 다른 사람이 추천하거나 때로는 스스로 참여하기도 한다.

시설 거주 치료는 외래환자로 회복 프로그램을 수행할 수 없음이 입증된 사람들에게 사용하는 치료 수준이다. 이 집단은 약물남용 장애(Substance Use Disorders: SUDs)로 진단된 사람들을 대상으로 실시하는 90일간의 시설 거주 프로그램 중 하나다. 이 집단에서 청산 매트릭스(Payoff Matrix)는 변화를 위한 지속적인 도구로 사용된다.

청산 매트릭스는 시설 거주 동안에 내담자에게는 매우 많은 이점을 주고, 회복 과정에 있는 내담자를 도와주는 데 효과적인 도구이다(Mueser, Noordsy, Drake, & Fox, 2003). 이것은 자신의 약물남용과 동시에 뒤따르는 결과에 대한 통찰과 자각의 발달을 촉진하는 데에 매우 유용하다. 집단원은 잘 알려진 선택을 하고 결과를 예측하기 시작한다. 이 집단 활동에서 전반적인 목적은 내담자로 하여금 자신의 동기 수준을 높이고, 회복 과정을 유지하는 데 도움이 되는 것이다.

집단 구조
거주 시설의 치료 센터에서 진행된 개방 집단으로 90일 동안에 8주간 연속적으로 이루어졌다. 집단원은 공식적으로 물질남용으로 진단된 사람들이다.

- 집단원은 20명의 이내로 구성된다.
- 집단원은 13주 중에 4번째에서 11번째까지 8주간 참여한다.
- 회기 시간은 2시간이며, 첫 50~60분 후에 쉬는 시간이 주어진다.
- 집단 회기는 도입으로 시작하고, 출석 확인, 이전 주 숙제에 대한 간단한 논의가 이루어진다.
- 토론 주제로는 의사소통 기술, 약물과 알코올 사용, '아니요'라고 말하기, 재발 방지, 친구 바꾸기 등이다. 가장 초점을 두는 것은 확인된 주제의 이점과 단점에 깔려있는 개념이다.
- 하나의 주제가 확인되면 그 주제와 관련하여 집

단원 자신의 생각과 경험을 기록한다. 청산 매트릭스 종이가 각 집단 회기에 집단원에게 배부되고 그것을 가지고 가서 숙제를 한다.
- 집단은 개별 또는 소집단 활동을 활용하고 대집단 토의도 이루어진다.
- 질문과 답을 할 시간이 주어진다.
- 집단은 새롭게 깨달은 것과 이 경험으로부터 얻은 사고와 행동의 변화를 기록한 과제를 점검하고 종결된다.

집단의 기본 규칙

이 집단은 시설 내에서 이루어지며, 시설 프로그램의 모든 규칙이 적용된다. 이 집단의 구체적인 규칙은 다음과 같다.

- 정시에 시작하고 전체 집단 회기에 참여한다. 휴식 시간을 마치고 정시에 돌아온다.
- 과제는 회기가 시작되기 전까지 반드시 완성되어야 한다.
- 집단 참여는 대집단과 소집단으로 이루어진다.
- 집단원과 상담자의 존중이 있어야 한다.
- 자신에 집중하고, 다른 사람이 말할 때 경청한다.

집단 형식

집단원은 시설 내 치료 과정에서 익숙해지기 위해서는 몇 주가 걸린다. 시설에서의 치료 3주가 지나서야 청산 매트릭스가 심리교육 집단의 내담자에 소개된다. 집단원에게 활동의 목적과 그것이 변화나 의사결정을 촉진하기 위해 어떻게 활용되는지에 대한 정보를 제공한다. 청산 매트릭스 집단의 집단원은 거주 시설의 치료 4주째 참여가 시작된다.

초기 회복 단계에 내담자들은 변화에 대해 양가 감정을 갖는 경향이 있다. 이 사람들은 변화를 위해 여러 번 시도했으나 변화를 유지할 수 없었다. 이들은 자신의 행동과 증상을 평가하고 이해하는 것으로 시작한다. 이들은 자신의 행동과 행동의 변화에 대한 찬성과 반대를 평가한다. 내담자가 변화에 대한 생각에 의해 혼란스럽더라도 자기 통제감을 갖고 변화에 대한 능력에서 확신을 갖기 원한다.

청산 매트릭스는 내담자로 하여금 물질 사용의 가능한 이점과 단점, 물질 사용을 자제하는 가능한 이점과 단점을 확인하는 데 도움을 준다(Mueser et al., 2003). 이러한 활동 동안에 집단원에게 논의 중인 4분면에 일치하는 생각, 신념, 아이디어를 제시하도록 요청한다. 또한 이 도구는 다른 행동적인 문제에도 사용될 수 있다.

4분면이 채워지는 방식은 중요하다. 나는 특정 집단에서 내담자가 가장 많이 투여했던 행동인 주요 '매입(buy·in)'이 어떤 것인지를 결정한다. 먼저 '그 행동을 지속하는 이점'을 나타내는 매트릭스 왼쪽 윗부분에서 시작한다. 그리고 오른쪽 윗부분인 '그 행동을 자제하는 단점'을 기록한다. 그 다음에 왼쪽 아랫부분인 '그 행동을 지속하는 단점', 마지막으로 오른쪽 아랫부분에 '그 행동을 자제하는 이점'을 기록한다.

그 행동을 지속하는 이점	그 행동을 자제하는 단점
그 행동을 지속하는 단점	그 행동을 자제하는 이점

이러한 순서는 목적 지향적이다. 다른 사람들이 행동의 결과를 직면하고 있음에도 이것은 내담자가 문제 행동을 지속하는 이유에 대해 나누는 기회를 제공한다. 이러한 활동은 전형적으로 동기가 없거나 처치 과정에 처음 노출된 내담자를 관여하도록 한다.

초기 출석 점검 후에 집단원은 이전 집단 회기에 받은 과제를 검토한다. 집단원에게 청산 매트릭스 활동에 참여하도록 요청한다. 하나의 예는 약물과 알코올 사용이다. 다른 주제는 회의에 가는 것 또는 근신 요구 사항 준수이다. 집단원이 제시하는 신념은 그때 당시에 관심의 초점이 된 4분면 내에 넣거나 다른 사분면에 포함되도록 위치를 바꿀 수 있다. 촉진자는 그 행동과 관련된 내담자의 저항을 효과적으로 다루어야만 하고, 비판단적 태도를 보이고 거칠거나 반대되는 것으로 지각되는 답에 편안함을 갖도록 한다. 촉진자는 개방형 질문으로 묻고 자신이 강조하기를 원했던 문제를 명료화하는 기회를 갖는다. 예를 들어, 한 집단원이 약물과 알코올 사용의 단점으로서 '나의 가족을 잃는 것'을 알았을 때, 나는 이 사람에게 그러한 경험이 무엇과 같은지를 설명해보라고 한다. 또한 내담자가 사용을 중지하는 이점으로 '아이와의 관계 개선'이라고 보고한다면, 나는 그 사람을 자극하여 그것이 무엇과 같은지를 말해보라고 한다. 이것은 숙련된 임상가가 자각과 통찰을 하는 데 내담자를 도와주는 기회가 된다. 그래서 우리는 변화에 대한 내담자의 동기를 높일 것이고 기대한다. 10분 쉬는 시간 전에 매트릭스 4분면 전체를 채우는 것은 중요하다. 그래서 집단원은 쓴 것을 처리하는 시간을 갖는다. 휴식 후에 나는 모든 사람이 그들이 4분면에 포함하기를 원하는 어떤 것이라도 가질 수 있는지를 질문하면서 시작한다. 일단 이점과 단점이 나열된 후 우리는 토론의 장을 연다.

집단에서 집단원들 간의 상호작용은 중요하다. 내가 토론을 지도하더라도 가장 도움이 되는 개입은 집단원 자신들에게서 나온다. 토론을 위해 남겨진 5분이 되었을 때 집단원에게 알리고, 그들에게 어떤 행동이 청산 매트릭스를 완성할 것인지에 대해 생각하도록 과제를 준다. 그들은 그날 집단에서 논의된 주제 또는 그것과 관련된 어떤 것이라도 선택할 수 있다. 집단원은 그들이 선택한 주제에 대해 청산 매트릭스를 완성하여 다음 회기에 이 과제를 가지고 온다. 청산 매트릭스 결과는 주 치료자와 더 많은 주의를 필요로 하는 영역을 확인하는 데 도움을 주기 위해 개별 회기에서 논의될 수 있다.

집단 성과

청산 매트릭스 집단은 90일의 시설 프로그램의 회복 과정에 작은 부분이다. 그러나 성공적인 절제와 회복에 장애물을 확인하는 데는 많은 역할을 한다. 이 집단의 궁극적인 목적은 변화의 동기 수준을 증가시키는 것이다. 주요 목표가 절제이고 주요 변화가 사용에서 사용하지 않는 것으로 바뀌었다 할지라도, 삶의 많은 다른 영역은 새로운 행동을 지지하기 위해 변화가 필요하다. 선택한 것과 결과에 대한 논의는 내담자가 자신의 목표를 향하도록 바꾸는 데 도움을 준다. 이 집단 과정에서 얻은 자각은 정체되어 있는 영역을 조사하고 긍정적 변화 영역과 증가된 동기를 지지해준다.

물질남용 상담 분야에서 '나의 툴박스를 위한 다른 도구'라는 널리 알려진 말이 있다. 우리는 회복을 지원하는 종합 도구로 내담자를 돕는다.

 # 노인과의 집단 작업

이제 우리는 지역사회에서 노인을 위한 집단을 계획하고 촉진하는 주제에 우리의 관심을 돌리고자 한다. 노인과의 집단 작업은 참가자로 하여금 노화의 문제를 잘 극복해나가도록 도와줄 뿐만 아니라 노화의 긍정적인 측면을 촉진하는 한 가지 방법이다. 노인은 다양한 삶의 경험과 개인적인 힘을 가지고 있지만, 흔히 간과되어왔다. 상담자는 노인을 위한 특별한 프로그램을 개발해야 하고, 이러한 내담자에 다가갈 방법을 찾고자 하는 노력을 계속해야 한다. 미래의 집단 작업자는 노인이 자신의 삶에서 의미를 찾고 은퇴 후에도 생산적인 삶을 살 수 있도록 도와주는 프로그램을 개발할 책임을 더 많이 지고 있다. 정신건강 전문가가 노인과 함께 작업할 때, 전문가에게 주어지는 도전은 노인의 삶을 몇 년 더 연장하는 것 그 이상을 해야만 한다. 그리고 노인이 더 충만하고 나은 삶을 이끌어갈 수 있도록 도와야 한다.

우리는 나이 많은 사람의 집단을 지도하는 데 관심을 갖고 있는 사람에게 필요한 태도, 지식, 기술을 확인하는 것으로 시작한다. 그러고 나서 우리는 나이 많은 사람과 집단 작업을 하는 데 관심을 가지는 사람을 위한 제언을 한다.

집단지도자의 태도, 지식, 기술

아동이나 청소년을 다루는 치료자에게 필요한 전문적인 지식이 있듯이 삶의 후반부에 있는 노인이 당면한 독특한 문제를 다루는 데에도 특별한 지식이 필요하다. 노인 인구의 급속한 성장으로 인해 정신건강 전문가에게 이 집단에 대한 적절한 심리 서비스를 제공하라는 요구가 증가하고 있다. 미국에서 노인 인구가 증가하고 있고 임상가들이 이들 집단에 효과적인 심리 서비스를 제공해야 하는 도전에 직면해 있기 때문에 정신건강 전문가는 노인과의 작업에 대해 더 많은 것을 알 필요가 있다. 개인 및 집단 치료는 노인의 심리적 문제를 치료하는 데 효과적인 것처럼 보인다. 그러나 젊은 사람처럼, 노인과 작업할 때 문화, 인종, 성별, 성적 지향성, 사회 계층에서의 차이를 이해해야만 한다(노인과의 APA 집단 작업, 1998).

Christensen과 동료들(2006)은 회상 집단을 촉진하는 집단지도자가 좀 더 천천히 집단 과정에서의 쟁점에 더 융통성을 가지고, 잠재된 혼란을 더 많이 수용하고 서로 다른 세계관을 더 많이 이해하게 될 때 집단의 효과는 증가된다는 것을 발견했다. Christensen과 동료들의 발견은 집단지도자가 집단원이 자신의 이야기를 나누기 위한 충분한 시간과 공간을 제공하는 것이 얼마나 중요한지를 보여준다. 이 연구를 통해 나이 많은 노인을 대상으로 한 회상 집단을 이끌어가기 위해서는 특별한 지식과 훈련이 필수적이긴 하지만, 다른 집단을 이끌어가는 것과 매우 유사하다는 것을 알게 되었다. 회상 집단에서 사용된 기술과 방법 중 많은 것은 매우 다른 집단과 다양한 집단원을 대상으로 한 집단에서 사용된 것과 유사하다.

당신의 기본적인 성격뿐만 아니라 당신의 삶의 경험 전체가 집당상담에서 도움을 줄 수 있고, 또 방해할 수도 있다(2장에서 다루었던 효과적인 집단지도자의 개인적 특징을 검토해보는 것이 좋다). 우리가 나이 많은 사람들과 집단 작업을 할 때 중요한 자산은 다음과 같다.

- 노인에 대한 진정한 존중
- 노인과 긍정적인 경험

- 노인에 대한 깊은 관심
- 노인 개인의 문화적 가치에 대한 존중
- 개인의 문화적 배경이 현재의 태도와 행동에 어떤 영향을 미치는지 이해하기
- 노인으로부터 배우고자 하는 갈망과 배울 수 있는 능력
- 인생의 마지막 삶의 기간이 도전적이면서도 보상을 주는 삶이라는 확신
- 특히 여러 번 되풀이되는 이야기를 들을 수 있는 인내심
- 노인의 특별한 생물학적, 심리적, 영적, 사회적 욕구에 대한 지식
- 노인의 불안과 부담에 대한 감수성
- 노인 세대에 대한 많은 사회적 통념에 노인이 도전하도록 하는 능력
- 접촉하는 것이 문화적으로 적절할 때 접촉하고자 하는 의지와 접촉받고자 하는 의지
- 자신의 노화에 대한 건강한 태도
- 노화 병리학의 배경
- 상실, 우울, 고독, 절망, 비통함, 적개심, 좌절 등의 극단적인 감정을 다루는 능력
- 노인과 집단 작업을 할 때 필요한 특별한 지식이나 기술

스스로를 노인과 함께 작업할 수 있도록 준비시키기

만약 노인과의 집단 작업에 흥미를 가진다면, 노인과 그의 가족과 함께함으로써 가치로운 경험을 할 수 있다. 당신이 노인 가족 구성원을 향한 책임에 대한 당신의 감정을 살펴 보는 것은 중요하다. 이것은 당신이 이끌고 있는 노인의 삶의 투쟁을 이해하는 데 도움을 줄 것이다. 노화에 대한 당신의 태도를 점검하고, 노인에 대한 당신의 부정적 관점에 도전하라. 이러한 자기평가는 반영, 지도 감독, 훈련, 개인 상담을 포함한 전 생애의 과제가 될 것이다(Kampfe, 2015). 여기 당신이 스스로를 노인과 작업하는 데 잘 준비시키기 위해 당신이 취할 수 있는 많은 다른 조치들이 있다.

- 노인의 문제를 다루는 강좌를 수강하라.
- 노인과 작업하는 현장에 참여하거나 인턴십 경험을 쌓으라
- 당신이 사는 나라와 외국에 노인을 보호하는 기관을 방문하라.
- 노인학이나 그와 관련된 신흥 학문 분야의 학회에 참여하라.
- 노인을 위한 집단을 이끄는 데 훈련을 제공하는 특별한 워크숍과 기관을 조사하라.
- 자신의 노화와 자신의 삶에서 만나는 노인에 대한 감정을 탐색하라.

- 특정 문화 또는 종교 집단을 대표하는 노인의 가정을 방문하라. 그들은 당신에게 노인이 다른 집단에 의해 어떻게 지각되고 대우받는지에 대한 통찰을 제공할 것이다.
- 당신이 노인이 되었을 때 당신 자신을 어떻게 볼 것인지에 대한 목록을 만들어보라. 당신이 어떻게 보여질 것인가? 당신이 어떻게 주목받고 싶은가? 당신 자신을 어떻게 지각하기를 희망하는가? 당신이 노인이 가지기를 희망하는 특성과 특질을 확인할 수 있다면, 당신은 집단에서 노인의 욕구에 대한 아이디어를 가지게 될 것이다.
- 당신은 노인의 경험에 대해 노인과 대화를 나눔으로써 많은 것을 배울 수 있다. 그들과의 토론을 통해 당신이 설계하고자 하는 집단에 대한 기초로서 욕구 진단을 할 수 있게 된다.

노인과 집단 작업을 하는 데 필요한 실제적이고 전문적인 고려 사항

집단 과정을 위한 지침

2부에서 다룬 집단의 발달 단계에 관한 문제를 지역사회 환경에서 노인을 위한 집단을 설계하고 이끄는 데 일부 적용해볼 수 있다. 이 부분은 노인을 위한 특별한 집단을 만들 때 당신이 생각할 수 있는 실재적인 문제에 관한 간단한 예들을 제공한다.

집단 제안서 당신은 노인을 다루는 기관으로부터의 저항에 부딪힐 수도 있기 때문에 건전한 제안서를 개발하는 것은 필수적이다. 당신이 운영하고자 하는 집단의 기능 수준에 근거하여 집단의 크기, 지속 기간, 환경, 기법에 대해 실제적인 고려 사항을 포함하라. 노인 집단을 위한 제안서에 포함될 수 있는 구체적인 요소를 보려면 5장을 참고하라.

집단원 선별과 선택 문제 노인들의 요구는 다양하다. 누가 그 경험으로부터 도움을 받을 것인지 또는 받지 못할 것인지를 결정할 때는 그 집단의 목적을 신중하게 고려하라. 노인들은 집단의 구체적인 목적과 집단으로부터 어떤 이득을 얻을 수 있는지에 대한 명백하고 조직화된 설명을 필요로 한다. 참여할 집단원에게 긍정적인 측면을 제시하는 것이 중요하다. 노인과 집단을 하면 불안 수준이 높기 때문에 집단의 목표와 절차에 대해 명백한 구조를 제시하고 반복적으로 전달할 필요가 있다. 집단원을 포함시킬 것인지 배제할 것인지의 결정은 적절하고도 민감하게 행해야만 한다. 예를 들면, 알츠하이머병과 같은 퇴행성 질환을 앓고 있는 환자를 비교적 기능을 잘 하고 있는 노인과 혼합하는 것은 집단의 분열을 초래한다. 아주 흥분을 잘하고 망상에 사로잡혀 있거나, 집단으로부터 도움을 받지 못하도록 하는 심각한 육체적 질병을 가졌거나, 대체로 집단 전체에 역효과를 낼 것 같은 사람들을 제외시키는 데에는 그럴 만한 근거가 있다.

비밀 보장   시설기관에서의 생활은 종종 개인의 사생활을 보호해주지 않는다. 노인 집단구성원은 그들 자신에 관해 이야기해보라고 요청을 받으면 의심부터 할 수도 있다. 그리고 직원이나 동료 집단원에 의한 일종의 보복을 두려워할 수도 있다. 비밀이 깨어지지 않는다는 것을 보장해주는 비밀 보장의 경계를 정하고 안전하고 위협적이지 않은 환경을 제공하도록 신경을 써야 한다.

집단원에게 이름표를 붙이고 편견을 갖기   시설기관은 사람을 빨리 진단하고 분류한다. 그리고 붙여진 이름이 더 이상 맞지 않을 때도 이름표를 제거하는 데는 시간이 걸린다. 노인과 작업을 할 때 참여 집단원에 대해서 당신이 들었거나 읽었던 것에 의해 영향을 받지 않도록 주의하라. 당신 자신의 인상을 만드는 데 열려 있고 당신의 노인 내담자에게 부과되어 있는 이름표에 기꺼이 도전하라.

가치 차이   당신의 집단원에 대한 사회적, 문화적 배경을 잘 이해하는 것이 당신이 그들의 관심사를 잘 다룰 수 있도록 해줄 것이다. 내 경우에도 그랬지만, 당신은 집단원보다 더 어릴 수도 있다. 그리고 이러한 나이 차이가 상당한 가치 차이를 의미할 수도 있다. 예를 들어, 집단지도자는 개인적 문제와 갈등을 공개적으로 토론하는 것이 치료적 가치가 있다고 여길 수 있다. 그러나 개인의 문제를 드러내는 것이 문화적 환경 때문에 일부 노인에게는 아주 어려울 수도 있다. 자기 자신을 드러낼 때 자신들의 속도로 나아가려는 집단원의 결정을 존중하라.

몇 가지 주의할 점   실제로 노인과 집단 작업을 할 때 몇 가지 해야 할 것과 하지 말아야 할 것들이 여기에 있다.

- 집단원이 참여하지 않을 때 마치 그들을 연약한 사람처럼 대하지 않도록 주의하라.
- 의미 없는 활동으로 집단원을 계속 바쁘게 하는 것을 피하라.

- 노인 집단원의 존엄성, 지성, 자부심을 확신하라.
- 모든 노인이 자신의 성이 아닌 이름으로 또는 '허니(honey)' 또는 '자기'로 불리기를 좋아한다고 여기지 말라.
- 유머를 적절하게 활용하라. 과제를 해내지 못했다고 해서 집단원을 비웃지 말라. 그러나 그들이 재미있는 시를 한 편 지었을 때 그들과 함께 웃으라.
- 집단원이 아무리 제구실을 하지 못하더라도 마치 그들이 어린아이들인 것처럼 그들에게 이야기하는 것을 피하라.
- 설사 당신이 집단원의 불평에 대해 할 수 있는 것이 아무것도 없다고 하더라도 집단원이 불평하게 하라. 그들의 모든 슬픔에 대해 당신이 무언가를 해야만 한다는 생각으로 스스로에게 부담을 주지 말라. 때때로 감정을 속 시원히 털어놓는 것만으로도 충분할 수 있다.
- 당신이나 집단원이 집단 모임에서 효과적으로 다룰 수 없는 강한 감정의 돌파구를 찾으려고 하지 말라.
- 당신이 소진되지 않고 얼마나 많이 할 수 있는지를 결정하라. 그리고 생기 있고 열정적으로 머무를 수 있는 방법을 찾으라.

 ## 건강한 노화를 경험하는 노인과의 집단상담

집단은 노화의 발달적 문제와 후반기 인생에서 의미를 발견하는 핵심 과제를 다루는 데 가장 효과적인 접근이다. 건강한 노인과 작업하는 데 있어 집단의 사회적 지원 구조가 집단원으로 하여금 자신의 어려움이 보편적인 것이라는 것을 이해하도록 돕는다. 시설에 위탁되지 않은 많은 노인들은 노화 과정에 따르는 문제들을 가지고 있다. 그들은 더 젊은 세대가 경험하는 심리적 부담과 갈등에 덧붙여 노화와 관련된 많은 상실감을 다루어야 한다. 그리고 그들은 모든 연령층에 있는 사람들에게 도움이 되는 개인 성장 집단으로부터 이익을 얻을 수 있다. Kampfe(2015)는 "노인이 외로움과 고독감을 경험하기 때문에, 또한 대인관계 상호작용이 신체적 및 심리적 건강에 매우 중요하기 때문에"(p. 21) 집단 작업은 노인들에게 특히 적절하다고 제안한다. 지역사회에서 다양한 집단에 봉사해야 하는 요구와 노인과의 집단상담의 가치에 대한 증가로 이 분야의 활동이 한층 증가하고 있다(Vacha-Haase, 2014).

Jamie Bludworth는 성공적인 노화에 초점을 두는 집단을 설계하고 다음의 참고문헌이 도움이 된다는 것을 발견했다. Erber, Szuchman, & Rothberg(1990, 1991), Kampfe(2015), Levy(1996), Rowe & Kahn(1998).

성공한 노화 집단

다음 내용은 Jamie Bludworth 박사의 관점에서 기술한 것이다. 그는 아리조나 대학교에 재직하는 미국 공인 심리학자이다. 이 집단에 대해 좀 더 많은 정보가 필요하다면 다음의 이메일을 참고하라. Jamie Bludworth, 이메일: Jamieblud@hotmail.com.

집단 구성

큰 병원에 수련의로 있을 동안에(그리고 나중에는 교수로서 재직할 동안에) 나는 많은 노인 집단을 이끌었다. 즉, 관절염 지지 집단, 파킨슨병 지지 집단, 치매 환자를 돌보는 지지 집단, 사별 집단, 회상 집단 등을 운영했다. 이 집단들은 집단원의 삶에서 무엇이 '잘못'되었는지에 초점을 맞추는 것 같았다. 더욱이 집단원이 자신의 삶에서 패배하여 좌절해있을 때 그들은 종종 다른 가능한 방해 요인을 고려하지 않고, 자신의 어려움을 그들이 늙어가고 있다는 사실 탓으로만 돌렸다.

나에게는 함께 작업한 많은 노인들이 늙어간다는 것이 무엇을 의미하는지에 관해서 여러 가지 부정적인 가치관과 고정관념을 받아들이는 것 같았고 이러한 믿음 때문에 그들은 더 만족스럽고 사회적으로 활동적인 삶을 영위할 수 없는 것 같았다. 또한 나는 늙어가는 것에 관한 고정관념과 그릇된 가치관을 믿지 않고, 공동체 내에서 활동적이며, 적극적으로 참여하는 집단원도 만났다. 그들은 자신이 참여한 집단들에게 영감을 주었을 뿐만 아니라, 건강한 생활양식 변화를 격려하면서도 노화에 대해 공통적으로 가지고 있던 잘못된 가치관을 드러내는 데 초점을 맞춘 노인들의 집단을 만들려는 나에게는 하나의 시금석이 되었다. 나는 성공적인 노화 개념을 적용한 집단을 개발하여 지역 노인센터에서 집단을 실시하였다. 이 집단은 그 센터 내방객들에게 매우 인기가 있었고 많은 기술된 목표를 충족시키는 데 효과적이었다.

집단의 기본 구성 요소

집단의 유형

성공적인 노화 집단은 노화가 진행됨에 따라 육체적, 정신적 힘을 유지하는 도전적인 일에서 노인들이 직면해야만 하는 문제에 발전적 초점을 가진 심리교육 집단이었다. 이 집단은 지역 노인센터에서 실시되었다. 이 집단에 대한 홍보는 노인센터 소식지에 내는 광고뿐만 아니라 구내에 공고된 전단지의 형태로 이루어졌다.

대상

비록 이 집단이 주로 65세 이상의 노인을 위해 만들어졌지만 어떤 연령대든 상관없이 참여할 수 있었다. 집단원은 특히 자신의 가족구성원을 데려오도록 권장받았다. 왜냐하면 제공되는 정보가 가족구성원들 사이에서 노화를 좀 더 깊이 있게 이해하는 데 큰 도움이 될 수 있었기 때문이다.

근거와 기본적 가정

전통적으로 노인들은 미국의 대중 매체에 의해 진부한 방식으로 묘사되어왔다. 비실비실거리는 할아버지 또는 기억력이 나빠지고 청력이 손상된 할머니의 예는 상업 광고와 시트콤에서 끝없는 농담의 대상이었다. 이러한 이미지는 많은 사람들이 노인에 대해 갖고 있는 오해이거나 과도하게 단순화한 관점을 보여준 작은 사례에 불과하다.

나는 노인 집단과의 개인적 경험이 매우 유익하긴 했지만, 집단에서 일어나고 있는 것에 대한 좀 더 철저한 이해를 얻기 위해서 연구 자료를 찾아보는 것이 중요했다. 더욱이 제안된 집단의 이론적 설명을 찾기 위해서 실험 관찰에 의한 지지를 얻는다는 것은 성공적인 노화를 위한 노인 집단이 병원 환자에게도 도움이 될 것이라는 나의 주장에 진실성을 제공하는 데 기여했다.

자원과 방법

이 집단을 위한 첫 번째 자료는 『성공적인 노화 (Successful Aging)』(Rowe & Kahn, 1998)이다. 이 책은 1984년에 시작된 MacArthur 재단의 노화에 관한 장기적인 연구를 시대순으로 보여준다. 이 책은 '새로운 노인학(new gerontology)'을 창조하기 위해서 일반의학, 심리학, 신경생물학, 사회학, 그리고 몇 가지 다른 분야의 영역 안에서의 연구 프로젝트로 이루어졌다. 시작 부분에서 나는 토론을 돕고 집단 밖에서 성공적이 노화에 대한 대화에 참여하도록 권하기 위해서 이 책을 구매할 것을 제안했다. 잡지, 신문, 기사와 같은 보충 자료 역시 활용되었다.

집단 목표

나는 노화와 관련하여 집단원의 신념 체계에 도전할 뿐만 아니라 과학에 근거한 정확하고 긍정적이며 격려하는 성격을 가진 대체 정보를 그들에게 제시해주는 집단을 만들기 시작했다. 나는 상호작용 집단 형식에 의해 제시된 교육적 개입이 노화와 관련한 집단원의 도식(schema) 변화에 영향을 끼치기를 희망했다. 만약 이 영역에서 변화가 일어난다면 그때 집단원은 '좀 더 자신의 삶에 세월을 보낼 뿐만 아니라 세월에 인생을 더할 수 있는' 그들의 생활양식을 선택하는 데 있어서 변화를 만들 것 같다고 나는 믿었다. 그 집단의 목표는 아래와 같다.

- 집단원 사이에 노인에 관한 고정관념과 사회적 통념이 존재한다는 것을 충분히 인식하게 한다.
- 집단원이 고정관념이나 제한된 사고가 자신들의 삶에 어떻게 눈에 띄는 부정적 영향을 끼치는지를 이해한다.
- 육체적, 지성적, 감정적 건강의 영역에 관한 집단원의 지식을 늘인다.
- 집단원이 노화에 관한 사회적 통념과 고정관념에 도전하고 실체를 바로 알기 위해 집단에 요구되는 지식을 활용한다.
- 집단원 사이에 사회 지원망을 만든다.
- 집단원이 삶에 더 큰 관심을 가지도록 하면서 노화와 관련된 질병과 불구의 위험을 줄여줄 삶의

양식을 선택할 수 있는 정보를 갖추도록 한다.

집단 형식

각 모임의 전반부는 주로 심리교육적 프리젠테이션으로 구성되었다. 후반부는 모임 주제와 관련된 집단원의 개인적 반응과 경험에 관한 의견을 나누면서 실제로 집단원과 더 상호작용하도록 되어있다. 비록 이 집단은 12회기로 제한되었지만 그 기간 내내 새로운 구성원을 받아들이도록 열려있었다. 12회기가 끝나고 2주간의 휴식이 있었으며 그러고 나서 1회기로 돌아가 모임을 다시 시작하였다.

1회기: 도입

- 집단의 목표와 성격을 소개하기. 정보에 근거한 동의를 얻어낸다.
- 노화에 관한 사회적 통념과 고정관념을 소개한다. 이것은 집단원에게 다음 질문에 대답하도록 부탁함으로써 행해질 수 있다. '손위, 나이가 들다, 노인이라는 말을 들으면 무엇이 마음에 떠오릅니까?'라고 묻고 그 대답을 칠판에 적을 수 있다.
- 두드러지고 널리 알려져 있는 사회적 통념 중 몇 개를 선택하여 증거를 가지고 그것을 반박한다. 집단원이 노인에 대해 가지고 있는 믿음과 태도, 그리고 다른 집단원이 노인에게 갖고 있다고 생각하는 태도를 논의하는 데 집단원을 참여시키라.

2회기: 일반적인 노화 대 성공적인 노화

- '일반적인 노화'란 비교적 높은 기능을 보이지만, 질병이나 불구가 될 상당한 위험도 있는 노인을 지칭할 때 해당된다. 'X 증후군' 같은 예와 상세한 설명을 제공하라.
- '성공적인 노화'는 아래와 같은 중요한 행동을 할 수 있는 능력이 있는 노인을 말한다. (1) 질병과 그 질병으로 인해 불구가 될 위험이 낮음. (2) 높은 수준의 육체적, 정신적 제 역할을 하기. (3) 인생과 사회 활동에 적극적인 참여.
- 이런 주제에 대한 어떠한 사회적 통념이나 고정관념도 조사해본다.

3회기: 환경 대 유전

- 생활양식 선택이 성공적인 노화에 얼마나 중요하며 생활양식 변화로 어떻게 많은 만성 질병이 예방되고 치료될 수 있는지를 설명해주는 증거를 제시하기. 몇몇 예는 금연, 다이어트, 운동 등이다.
- 이번 모임은 생활양식 선택이 유전보다 자신의 노화 경험에 더 큰 영향을 끼친다는 것을 말해주는 그 집단의 기본 전제에 대한 토대를 제공한다.
- 생활양식 변화가 쉬운 과정이 아니라고 설명하는 것은 중요하다.

4회기: 질병의 발견, 치료, 예방

- 질병의 조기 발견을 위한 방법을 찾고 스스로를 잘 살펴볼 수 있도록 격려한다.
- 고혈압, 당뇨병, 폐암, 심장질환과 같은 주로 생활양식이 원인인 질병과 파킨슨병, 류마티즘 관절염과 같은 유전적인 질병을 구별한다.
- 대부분의 질병에 있어서 조기 발견의 중요성에 필요한 증거를 제시한다(실험관찰에 의한 것과 일화에 의한 것).
- 질병 예방을 위해 자주 추천되는 방법을 토론한다(다이어트, 운동, 사회참여).

5회기: 운동과 영양

- 이 주제에 관한 가장 최근의 연구 결과와 이것과 건강한 노화와의 관련성을 제시한다.
- 걷기 모임, 아쿠아 프로그램, 힘과 균형 프로그램과 같은 영양학적 운동적 처방대로 만들어진 지역에서 제공하는 활동에 대해 토의한다.
- 노인을 위한 적절한 운동 처방에 관한 지식을 가지고 있고 보여줄 수 있는 초청 연사를 제공한다.
- 집단원이 생활양식을 바꾸기 전에 틀림없이 자신의 주치의와 상담하도록 한다.

6회기: 노화와 기억

- 노화 과정과 정상적인 기억 기능에 관한 가장 최근의 정보를 제공하고 토의한다.
- 국립 알츠하이머 협회와 같은 지역공동체 내에 있는 자원과 더불어 치매와 알츠하이머병에 대한 상세한 정보를 제공한다. 또한 치매를 치료하는 가장 최근의 방법에 관한 정보를 제공한다.
- 집단원에게 여러 가지 약물 치료의 효과와 인지 기능에 있어서 부정적인 부작용이 있을 수 있다는 것을 교육한다.
- 기억술, 약속을 적어 놓은 책, 달력과 같은 기억과 정신 기능을 유지하고 높여주는 방법을 제시한다.
- 집단원의 사소한 기억상실의 경험을 정상적으로 받아들이도록 돕는다. (예: 자신들의 열쇠가 어디 있는지를 잊어버리고 쇼핑을 가는 것, 차를 어디에 주차했는지 기억하는 데 어려움을 겪는 것.)

7회기: 정신건강

- 집단원이 직면할 수도 있는 우울, 걱정, 있을 수 있는 정신건강 문제를 제시하고 토의한다.
- 많은 노인들은 정신건강 문제에 대해서 부정적인 태도를 취하고 우울과 걱정을 나약의 표시로 받아들인다. 그런 문제에 관한 좀 더 균형 잡힌 견해를 제시해주는 교육을 제공하는 것이 중요하다.
- 노인의 정신건강 문제와 관련된 환경적 및 발달적 요인들을 토의한다. (예: 사랑하던 사람의 사망, 질병이나 불구에 대처하기, 여러 가지 약물 치료에 반응하기.)
- 지역 공동체에서 제공하는 다양한 자원들을 제공하고 적절하다면 집단원을 그곳에 보낼 수 있도록 준비한다.

8 회기: 관계

- 후반기 인생에서 사회적 참여와 전반적인 건강 사이의 관계를 토의한다. 연구 결과는 사회적 지원이 성공적인 노화에 중요한 요소라는 것을 보여준다. 그러나 이 사실은 자주 간과된다.
- 다양한 종류의 사회적 지원을 설명하라. 사회지원망의 건강 감시 기능을 언급하는 것은 특히 중요하다. 즉 친구들이 권하지 않았더라면 그렇게 하지 않았을 어떤 사람에게 병원에 가보라고 할 수 있다.

- 이 주제를 집단 내에서 발전하고 있을 수도 있는 어떠한 관계와도 연결시켜라.

9–11회기: 배움을 공고히 하고 종료 준비하기

전형적으로 전형적으로 앞선 회기에서 제시된 자료를 검토하면서 정리한다. 예를 들면, 9회 모임에서 우리는 1~3회기에 제시된 정보를 검토한다. 10회기 모임에서는 4~6회기의 모임 내용을 검토한다. 11회기 모임에서는 7, 8회기 모임을 검토한다.

그러나 검토 회기는 단지 촉진자가 강의 형태로 정보를 상술하는 것으로 이루어지지 않는다는 점에 주목하는 것이 중요하다. 내가 정리 모임을 좀 더 상호작용적으로 만들기 위해서 사용했던 한 가지 훈련은 '성공적인 노화의 위험'이다. 이 훈련에서 나는 검토되고 있는 주제에 어울리는 여러 가지 어려운 질문을 했다. 예를 들면, 10회기 모임에서의 주제는 질병 예방, 운동과 영양, 노화와 기억이었다. 그러고 나서 나는 어려운 질문의 난이도를 기반으로 각 범위 내의 질문들을 했다(어려운 질문들은 텔레비전 게임쇼와 똑같이 한 번 더 지적할 가치가 있다). 이 집단은 두 개의 팀으로 나누어지는데 각 팀은 한 가지 질문에 대답할 동등한 기회를 가진다.

처음에 집단원은 이 게임을 마지못해 하는 것 같았다. 그럼에도 불구하고 나의 격려를 받고 좀 더 활달한 몇 명의 집단원에 의해 조금 설득되고 나서는 기꺼이 그 훈련에 참여했다. 몇 분이 채 걸리지도 않아 선의의 경쟁이 시작되었고 그 집단 전체가 꽤 열정적으로 변했다. 이 훈련은 좋은 기회를 제공해서 여기에서 집단원은 정보를 검토할 수 있고 동시에 모임 주제와 노화와 관련된 사회적 통념에 관해 열띤 상호작용에 참여할 수 있었다.

이 훈련의 촉진자가 게임이 어떻게 진행되는지에 대한 분명한 기본 규칙을 제공하는 것이 중요하다. 내가 주장하는 대부분의 기본 규칙은 사실상 개인 간에 일어나는 것이다. 예를 들면, 집단원이 설사 틀린 답을 말하더라도 그 사람을 비난하지 않는다. '성공적인 노화의 위험' 회기는 모든 회기 중에서 가장 열정적인 경향이 있다. 비록 그 게임이 그 집단에는 재미있을 수 있지만 촉진자가 주제의 초점

을 유지하고 집단원의 지식과 각성이 깊어지도록 격려해줄 방법을 계속해서 중재하는 것이 중요하다.

종료 주제는 9회기에서 소개되었고 10회기와 11회기 모임에서 아래와 같이 말하면서 간략하게 다시 소개되었다. "우리 모임은 3회의 회기를 더 가진 후에 끝나게 될 것입니다. 여러분들 각자가 남아있는 시간을 여러분들이 어떻게 사용하고 싶은지 한 번 살펴보는 것이 중요합니다."

12 회기: 종결

12회기는 전적으로 종료하는 데에만 열중하여 진행된다. 이 회기에서 각 집단원은 함께 보낸 12주 동안의 과정에서 경험한 것을 서로 나누도록 요청받는다. 덧붙여 집단원은 자신의 생활양식에 행한 어떠한 변화라도 토의하도록 하고 자신이 그런 변화를 유지하는 방법에 대해 서로 좋은 의견을 내도록 요청받는다. 노인들 사이에 많은 비중을 차지하고 있는 소외 때문에 나는 사회적 상호작용과 집단 밖에서의 지지를 격려하고, 모임이 종료된 후에도 집단원을 설득하여 개인 간에 연락을 계속하도록 강조했다.

특별히 고려해야 할 점

집단 촉진자들은 자신의 전문 지식을 벗어나 실습하지 않도록 주의해야 한다. 집단원은 종종 의학적 조언을 요청할 것이다. 반드시 그런 조언을 위해서는 그들의 주치의에게로 보내라. 각 집단은 이러한 효과 이외에 무엇이 있음을 말하지 않고 모임을 종결해야 한다. 이 집단은 노화에 대한 가장 최근 정보를 제공하기 위해서 만들어졌다. 이 집단은 의학적 또는 다른 전문적 조언을 제공하기 위해서 구성되지는 않았다. 건강과 관련하여 변화를 만들기 전에 항상 당신의 주치의나 다른 의학 전문가와 상담하라.

촉진자의 나이 역시 노인 집단구성원과 신뢰와 믿음을 조성하는 데에 있어서 하나의 요인이 될 수 있다. 나의 경우, 집단원과 나 자신 사이에 나이 차이는 아주 분명했다. 우호적인 방법으로 첫 회기 때 이 문제를 이야기함으로써 집단원은 나를 신뢰할 수 있었고, 그들과의 신뢰가 증가했다. 나는 그들에게

70세라는 나이가 어떤 것인지 모르고 우리가 서로에게서부터 배울 수 있기를 희망한다고 말했다. 내가 그런 집단을 도울 수 있는 나의 충분한 자격을 이야기하는 것 역시 중요했다. 게다가 내 인생에게서 나의 조부모님의 중요성과 내가 사랑하는 할머니의 쇠약해지는 건강을 이해하고 대처하려는 나의 노력을 이야기하면서 솔직하고 정직한 태도로 어른들과 일하는 데 관심이 있다고 설명했다. 비록 대부분의 경우에 내가 그들의 나이에 반도 채 되지 않았음에도 불구하고, 집단원은 집단지도자로서의 내 역할을 받아들이는 것 같았다. 나는 그들에 대한 나의 참된 존경을 믿고, 나의 동기에 대한 정직함과 솔직함으로 인해 이런 집단을 이끌게 했고, 이런 일이 일어날 여지를 만들어주었다고 본다.

많은 집단원은 상당한 육체적 한계를 가지고 있었다. 이들에게는 이런 한계를 받아들이는 것이 아주 중요했다. 예를 들어, 청각이 손실된 집단원은 무슨 말이 나오고 있는지 들을 수 있도록 그들을 내 가까이에 앉혔다. 다른 집단원에게 모든 사람들이 들을 수 있도록 크게 말하게 했다. 휠체어를 탄 사람을 수용할 수 있도록 공간을 만들었다. 칠판에 글자를 쓸 때에는 시력에 문제가 있는 집단원을 돕기 위해 큰 글자를 사용했다. 특별한 요구가 있는 집단원의 안전과 편의를 돕는 데 유연하게 대처하는 것이 중요하다.

집단 성과

이 집단의 몇몇 집단원은 생활양식에 상당한 변화를 일으켰다. 70대 후반에 있는 한 여성은 다시 수영을 시작했다. 그녀는 여러 해 동안 경쟁력 있는 수영선수였지만 나이가 들자 그만두었다. YMCA에서 몇 주간 수영을 하고 난 후에 숙련자 수영 팀에서 겨루어보라는 요청을 받았다. 그녀가 집단에 그 이야기를 했을 때 그녀는 분명히 매우 자랑스러워했고 그녀는 새로 찾은 자신감을 가진 듯했다. 그 후 몇 명의 집단원은 그녀의 첫 시합에 그녀를 응원하러 갔다.

이와 비슷하게 92세가 된 남성 노인은 늘 책을 쓰고 싶어 했지만, 어쩐지 그것을 결코 해보지 않았다. 그가 그 집단 안에서 얻은 명성을 통해(집단원에 의한 몇 마디의 칭찬) 자신의 자서전을 쓰기 시작했다. 그는 종종 자신이 몇 페이지나 썼는지 그 집단에 이야기했다. 그 집단이 끝나갈 무렵, 그는 큰 소리로 한 페이지를 읽어주었고 자신도 읽으면서 감동을 했고, 나머지 집단원도 감동을 받았다.

70대의 한 여성은 박물관, 벼룩시장, 포도 시음 또는 그와 비슷한 여러 행사에 참석하는 한 달에 한 번 여행을 하는 집단을 시작했다. 그 집단은 작은 버스를 전세 내어 여행한 후 사진을 찍고 나중에 그 집단에 있는 나머지 사람들과 함께 사진을 볼 수 있도록 했다. 이것은 다른 집단원이 그 모임에 가입하도록 동기를 부여했다. 한 달에 한 번 여행가는 집단에 속해 있는 많은 사람은 그 많은 사람들과 여행해본 지가 오래되었고 자신들이 무심코 입 밖에 낸 무언가를 함으로써 더 활달해지고 살아있다는 것을 느낀다고 이야기했다.

그 집단의 많은 집단원은 집단 바깥에서 서로서로에게 지원을 제공해줄 수 있는 새로운 사회적 관계를 만들었다. 한 예로 그 집단원은 한 집단원에게서 다른 점을 눈치채고는 그녀에게 의사한테 진찰을 받아보라고 권했다. 이것은 손쓸 도리가 없기 전에 치료를 받을 수 있도록 잠재적으로 목숨을 위협하는 질병을 조기에 발견할 수 있게 하였다.

결과적으로 노인 집단구성원이 성공적인 노화 집단에 유일한 수혜자들은 아니었다. 나는 많은 집단원에 의해 깊이 감명받고 영감을 얻었다. 나는 자주 사회와 가족에 의해 똑같이 무시되어온 노인들의 발랄함과 위험을 직접 보았다. 나는 주변 상황이 나쁠 때 유머 감각이 쓸모가 있다는 것을 배웠다. 무엇보다도 나는 진정한 존중에 대한 가치를 배웠다. 처음 조직한 성공한 노인 집단의 구성원들 중 몇 명은 돌아가셨다. 비록 그들의 사망으로 슬펐지만 나는 그들이 집단원에 의해 알려지고 보살펴졌다는 것과 몇몇 경우에 그들이 자신들이 잃어버린 무언가를 되찾을 기회를 가졌다는 것을 알고는 큰 위로가 되었다.

집단에서 애도 작업의 치료 가치

사별 또는 애도 작업은 중요한 사람의 죽음에 의해 일어나는 감정을 탐색하는 것이다. 가족 구성원, 친구, 친한 사람의 죽음은 치유될 필요가 있는 인간의 상처를 가져온다. 상실 뒤에 오는 일반적인 감정은 슬픔, 비애, 두려움, 상처, 혼란, 우울, 분개, 구제, 외로움, 화, 절망, 부드러움, 죄의식 등이다. 애도는 내적인 슬픔을 알아차리고 그것을 외부로 표현하는 것이다. 슬픔을 정서적 및 지적 수준에서 다루는 애도 과정은 치료적인 가치가 있다. 슬픔은 중요한 사람의 죽음 뒤에 오는 필요하고도 자연적인 과정이지만, 때로는 병리적으로 보기도 한다. 해결되지 않은 슬픔이 뒤에 남아있어 사람들에게 상실감을 갖고 살아가는 것을 방해하며, 새로운 관계 형성을 위한 관심을 떨어뜨린다. 슬픔은 죽음 뒤에 오는 상실뿐만 아니라 관계의 깨어짐, 실직, 자녀가 집을 떠나는 것과 같은 다양한 경우에 걸쳐 나타날 수 있다. Wolfelt(2015)는 슬픔으로부터 도망가지 않고, 그 슬픔을 향하는 학습의 가치를 인정했다. 우리가 치유하기를 희망한다면, 우리의 슬픔을 직접적으로 경험해야만 한다. 사람이 죽음과 관련된 고통과 슬픔을 부정한다면, 필연적으로 더 오랫동안 고통을 겪을 것이며 다양한 감정을 표현할 수 없을 것이다. 이러한 표현되지 않는 고통은 신체적으로나 심리적으로 움직이지 못해 사랑하는 사람의 죽음 자체를 수용하기 힘들 것이다.

집단은 소외감을 덜 느끼도록 도와주는 도구이며, 사람이 고통과 슬픔을 경험하는 데 자신의 방식과 속도로 나아갈 수 있게 한다. 노인이 상실을 통해 직면하는 많은 변화에 적응하기 위해 노력하는 것은 상실을 비통해하고 그 의미를 인정하는 기회를 갖게 되는 이점을 갖는다. 증가하는 고립감은 사랑하는 사람의 죽음 뒤에 따라오는 핵심요인이고 집단은 노인에게 필요한 지원과 사회화를 제공한다(Vacha-Haase, 2014). 애도 집단에서 상실감과 고통과 같은 문제를 다루는 것도 중요하지만, 새로운 관계를 발달시키는 가능성은 더욱 중요하고 이를 이 집단에서 탐색할 수 있다.

사별은 노인들에게는 특별히 중요한 발달 과업인데, 그 이유는 그들과 가까운 사람들의 죽음이나 자신의 능력 일부가 상실되었기 때문이다. 죽음은 노인과 아이들에게 충격을 주지만, 노인 자신의 죽음을 맞이하는 것과 다른 사람들의 죽음을 직면하는 것은 노화에 특별한 의미를 지닌다. 만약 사별을 경험하고 있는 사람들이 자신의 생각과 느낌을 모두 충분히 표현할 수 있다면 그들은 새로운 환경에 적응할 더 나은 기회를 갖게 된다. 정말로 애도 과정의 일부는 근본적인 삶의 변화를 만들고 나아가 새로운 성장을 경험하게 한다. 집단상담은 이 시점에서 사람들에게 특별히 도움이 될 수 있다.

사회의 많은 압력들은 사람들이 슬픔을 완전하게 경험하는 것을 어렵게 만든다. 사회 규범은 '빨리 진정'되기를 요구하고 다른 사람들은 종종 슬퍼하는 사람에게 '정상으로 돌아오는' 데 왜 이렇게 '오래 걸리는지' 모르겠다고 말한다. 오늘날처럼 빠른 사회에서 사람들은 '그것을 극복하고 앞으로 나아가라'고 재촉받는다. Hedtke & Winslade(2004)는 상실을 통한 작업과 앞으로 나아가는 것에 대한 매우 다른 관점을 제시하고 있다. 그들은 사람들이 관계망으로 태어나고 죽은 후에도 오랫동안 관계망에 얽혀있다고 생각한다. 사랑했던 사람의 죽음을 경험한 사람은 죽은 사람과의 새로운 관계를 개발하는 데 편안해질 수 있다. 이러한 애도 작업의 관계적 접근은 '다시 기억하기' 과정이라고 하는데 죽은 후에도 그 사람의 삶을 기억하도록 촉진하는 것이다. 그 사람의 목소리와 생각을 살아있게 함으로써 우리는 앞으로의 삶의 방향으로 더 나아가게 하는 자원을 가질 수 있다. 우리는 일관적으로 죽은 사람의 존재를 우리 삶에서 다시 보아야 하고 이야기를 기억하고 사랑한 사람의 목소리를 상상한다. 마치 다른 시간에 서로 만난 것처럼 죽은 사람이 우리에게 말한 것에 대해 생각해보는 것과 같다. 애도 집단을 이끄는 사람들은 Hedtke & Winslade(2004)의『삶을 다시 기억하기: 죽은 사람과 사별한 사람과 대화하기(Re-membering Lives: Conversations With the Dying and the Bereaved)』라는 책에서 애도와 사별에 대한 매우 유용한 아이디어를 비추어준다.

만약 당신이 노인들과 사별 집단을 계획하고 실행하는 것에 대해 더 많은 것을 배우려면 노인들의 사별 집단을 계획했던 Alen Forrest는 Capuzzi(2003), Christensen 등(2006), Evans & Carner(2004), Fitzgerald(1994), Freeman(2005), Hedkte & Winslade(2004), James & Friedman(1998), Tedeschi & Calhoun(1993), Wolfelt(2003, 2015), Worden(2002), Yalom & Vinogradov(1988)를 추천한다.

집단 제안서

노인 사별 집단

다음 집단은 래드포드 대학교(Radford University)의 상담 교수인 Allen Forrest 박사의 관점에서 기술하였다. 이 집단에 대해 좀 더 많은 정보가 필요하다면 아래 주소, 전화, 이메일을 참고하라. Alan Forrest, P.O. Box 6994, Radford, VA 24142, 전화: 540-831-5214, 이메일: aforrest@radford.edu.

도입
내가 상실과 사별 집단을 촉진하기 전에 나는 열정, 흥분, 이타주의로 가득 차 있었고, 수많은 두려움, 걱정, 불안전감으로 다소 단련되어 있었다. 당시에 집단에서 강한 감정을 표현하는 데 말은 부적절한 것이다. 내가 치료적 침묵의 가치를 어떻게 학습할 것이며, 그 사람이 어떻게 치유될 수 있는가? 다른 사람의 고통을 들어주고 진정으로 느끼는 것은 노력

없이는 안 되는 것이고, 고통이 좌절과 우울로 되는 것을 피할 수 없다. 첫 집단 회기가 보통은 가장 어려운데 왜냐하면 각 집단원이 자신의 상황을 이야기하기 때문이다. 상처, 고통, 슬픔은 압도적일 수 있지만, 사람들은 혼자일 필요가 없다는 사실을 아는 데서 위로를 받는다.

나이가 들어감에 따라 친구나 가족의 죽음뿐만 아니라 다른 상실, 즉 은퇴, 건강 약화, 정신적 및 인지적 기능의 상실이 더 증가한다. 죽음으로 인한 상실과 더불어 삶의 모든 변화는 애도를 해야 할 필요가 있고 사별 집단에서 다루어질 필요가 있다. 노인의 사별 집단의 목표는 정서적인 회복을 촉진할 수 있는 개방적이고 지지적인 환경을 제공하여 애도의 과업과 단계를 촉진하도록 하는 것이다. 집단 참여자는 자신들의 슬픔을 전달하는 과정에서 그들의 욕구, 원함, 소망을 표현하도록 격려받고, 집단에서 성취하려고 하는 목표를 확인하는 것이다.

집단 구성

사별 집단의 일차적 목표 중 하나는 슬픔은 몇 달만 일어나는 것이 아니라 수년간 겪는 과정이라는 현실을 애도자에게 교육하는 것이다. 그것은 모든 사람에게 똑같이 진행되지 않는다. 남편을 잃은 한 부인이 말하듯이 "당신은 결코 상실을 완전히 극복할 수 없다. 하지만 문제는 그것과 어떻게 함께 살 것인가를 배우는 것이다." 나는 집단의 목적과 구조가 명료화되도록 노력하고 상호 지지의 집단 문화를 만드는 데 초점을 두었다.

이 집단은 교육의 요소, 정서적 지원, 사회의 상호작용에서 격려를 포함한 심리교육적인 초점을 두고 있다. 집단은 집단원의 정서적인 욕구를 충족시키기 위한 촉매제로 기여한다. 그 이유는 상실 반응에 대한 신화나 오해를 버리고 집단 밖에서 새로운 관계를 개발하려는 능력이 고양되어 있기 때문이다. 높은 수준의 집단응집력과 신뢰를 구축하기 위해, 나는 개방 집단이 아닌 폐쇄 집단, 시간제한 집단으로 설계했다. 집단은 8~10회기를 맞이하면서 2시간 정도를 진행하였다.

선발

집단원의 선별과 선발 과정은 집단의 성공을 좌우하는 중요한 변수이다. 누구를 포함시킬 것인지를 결정할 때 누가 집단으로부터 이익을 얻을 것인지를 분명히 하는 것이 중요하다. 한 가지 고려해야 할 점은 개인이 상실을 경험한 이래 얼마나 많은 시간이 지나갔는지를 고려해야 한다. 치료를 하기에 앞서 12주 전에 상실을 경험한 대부분의 사람들이 너무 이른 시점에 사별 집단에 참여하면, 집단을 경험할 준비가 덜 되게 된다. 또한 심리적, 정서적, 대인관계적 위기를 겪고 있는 사람들도 이 유형의 집단에 적합하지 않고 애도 과정을 탐색하는 집단의 초점을 흐트릴 수 있다. 그리고 집단 과정을 방해할 것 같고 다른 집단원으로부터 귀중한 시간을 빼앗을 것 같기 때문에 심각한 병적 상태를 보여주는 지원자들을 제외하는 것은 중요하다. 나는 기본적인 사회적 기술을 갖고 있는 사람, 자기개방을 편하게 여기는 사람을 찾았다. 이들은 집단을 만족스럽고 도움이 되도록 하는 데 가장 많은 기여를 했다.

상담자의 자기 인식

애도 상담자로서 성공적으로 제 기능을 다하기 위해서 자기 자신과 자신의 상실 경험을 알 필요가 있다. 슬픔과 상실을 에워싸고 있는 문제는 매우 감정적이고 인간으로서 가장 깊은 두려움에 영향을 준다. 만약 상담자가 개인적인 상실 문제를 알고 있지 않다면 상실을 경험하고 있는 내담자와의 애도 작업은 심각하게 영향을 받을 것이고 위태로워질 것이다.

사별 경험은 적어도 최소한 세 가지 개인적인 영역을 조사할 것을 요구한다. 첫째로 사별한 사람들과의 작업은 자기 자신의 상실에 대한 자각을 증가시킨다. 상실과 사별을 둘러싸고 있는 과거와 현재의 개인적인 문제를 조사하는 것은 깊은 감정으로 가득 차 있어 어려운 일이다. 상담자는 자신이 경험하고 있는 모든 상실 문제를 완벽하게 해결할 필요는 없다. 그렇지만 상담자들 자신이 그 문제를 알아차리고 작업하는 데 적극적으로 관여해야 한다. 만약 상담자가 최근에 겪은 삶의 상실 경험과 비슷한 상실을 내담자가 겪고 있다면 내담자를 치료적으로 돕는 것이 어려울 수 있다.

두 번째로 상담자 자신이 두려워했던 상실과 관련된 슬픔은 내담자와의 작업에 방해가 될 수도 있다. 비록 상담자가 과거에 상실을 경험했을지라도 미래의 상실에 관한 두려움이 일어날 수도 있다. 상담자들은 내담자와 작업하는 동안에 자기 자신의 아이, 배우자, 부모님을 잃는다는 생각이 들면, 개인적인 불안에 직면할 수도 있다. 그러나 이것은 내담자가 제시하는 상실이 우리가 가장 두려워하는 상실과 비슷하지 않다면 보통은 문제가 되지 않는다. 그러나 만약 상담자에게 나이 든 부모가 있다면 노인 사별 집단을 돕는 데 어려움을 겪을 수도 있다.

세 번째 영역은 상담자의 실존적 불안과 개인적인 죽음에 대한 자각과 관련이 있다. 죽음은 인생 주기의 한 부분이고 사별한 사람과 작업하는 것은 자기 자신의 삶과 깊이 사랑하는 사람들의 삶에 필연적으로 죽음의 회상을 느끼게 한다. 우리 대부분은 우리들 자신이 죽어야 할 운명에 관해 생각하고 그것에 대한 걱정을 한다. 그러나 이러한 현실을 인정하고 그것이 내담자와의 작업을 방해하지 않도록 하는 것은 가능하다. 우리가 우리들 자신의 삶에서의 상실에 어떻게 대응할 것인지를 선택하는 것이 다른 사람의 삶에서 위로와 성장 경험을 제공하는 데 얼마나 효과적일 수 있는지를 결정할 것이다.

리더십 문제

리더십 유형과 활동 수준은 사별 집단에게 중요한 고려 사항이다. 집단 초기 단계에서 지도자가 많이 관여하는 것이 효과적이다. 그러나 나는 집단이 응집 단계로 나아가면, 덜 적극적으로 되는 경향이 있다. 나는 공동 지도자 형식을 추천한다. 한 공동 지도자는 집단원이 고통을 경험하고 표현하고 이겨내는 데 도움을 주는 한편, 다른 지도자는 이러한 고통에 반응하는 집단원에게 주의를 기울인다.

분열시키는 행동은 집단 과정을 방해할 수 있다. 분열 행동이 일어나자마자 그 행동을 집중적으로 다루는 것은 중요하다. 예를 들면, 집단원이 '나의 상실이 너의 상실보다 더 크다.'라는 태도를 보이는 것은 이상하지 않다. 이때 나는 "우리가 상실을 비교

하기 위해서 여기에 있는 건 아닙니다. 모든 사람마다 각자의 상실은 자신에게만 유일한 것입니다. 우리는 누군가를 상실했기 때문에 여기에 있지요. 그리고 모든 사람들의 상실은 이 집단 안에서 중요합니다."라고 말함으로써 이 문제를 해결했다. 우리가 알아차려야 하는 또 다른 방해되는 행동은 개인적인 나눔은 잘 하지 않고 습관적으로 충고하는 것이다. 그 외에도 다음과 같은 유형이 있다. 도덕적으로 충고하고 '해야 한다'와 같은 말을 사용하는 사람, 주로 관찰만 하고 개인적인 나눔에 참여하지 않는 사람, 부적절한 말을 하는 사람, 습관적으로 자기개방을 하고 집단을 독점하는 사람, 다른 집단원이 자신의 상실의 문제를 작업할 때 계속해서 다른 집단 집단원을 방해하는 사람 등이다.

집단 형식
규범과 기대

집단의 초기 회기 동안, 나는 시작과 끝나는 시간 및 집단 밖에서의 사회화를 포함한 집단의 규범과 기대에 대해 이야기한다. 나는 집단이 어떻게 운영되는지에 대한 집단원의 질문에 대답한다. 내부의 강렬한 감정을 표현하는 데 걸리는 시간의 길이를 적절히 측정하기 어렵기 때문에 회기가 정해진 시간에 끝나는 것이 어려울 수 있다.

집단응집력과 상담 과정에 부정적 영향을 끼칠 수도 있는 하위집단이 생겨날 수도 있기 때문에 집단 밖에서의 교제는 일반적으로 권하지 않는다. 그러나 노인을 위한 사별 집단을 이끄는 동안, 나는 이 규칙을 고집하지 않는다. 사별 경험의 일부분인 외로움과 사회적 소외를 다루도록 도와줄 수 있는 것과 같이 집단원들 사이에 모임 밖에서의 접촉에도 이점은 있다.

나는 집단원의 일반적인 경험과 감정을 연결하기 위한 노력의 하나로 집단원의 말에서 일반적인 주제를 알아내려고 노력한다. 집단원이 자신의 상실의 유사성과 공통적인 요소를 알아차리고 그래서 소외와 고독감을 경험하지 않는 것이 중요하다. 보편성과 희망의 고취라는 치료적 요인이 나타나며, 이것은 고통스런 정서의 급증에도 불구하고 집단원이 집

단 참여를 지속하게 하는 보상 요인으로 기여한다.

참가자 소개

첫 모임에서, 나는 참여자들이 자신을 소개하고 자신에 관한 개인적인 것을 나누도록 한다. 나는 이러한 개방을 잘 관찰하여 각 집단원이 공유하는 시간이 비슷하도록 한다. 이 소개는 각 집단원에게 집단의 중심이 될 기회를 제공하고, 슬픔의 감정에 대한 보편성을 느끼게 하고 표현을 촉진한다. 소개하는 주제는 일반적으로 이름과 상실의 배경, 그들이 가진 두려움과 분노, 다른 사람이 그들에게 해주었으면 하고 바라는 것 등으로 제한된다. 한 가지 유용한 기술은 이 첫 모임에 참여하려고 오는 동안 생각하고 느낀 것을 나누도록 하는 것이다. 그러면 서로 간의 공통점이 나타나 서로를 연결하는 과정이 시작된다. 많은 개인들이 경험하는 과도한 불안 때문에 전체 집단에 소개하기 앞서, 위에서 제시한 두 사람씩 짝지어 소개하는 것이 필요한 경우도 있다.

개인적 상실과 사별 경험 공유하기

첫 집단 회기의 어떤 시점에서, 각 참여자는 자신의 삶의 순간에 경험했던 상실과 사별 경험을 자세히 이야기할 기회가 주어진다. 소개는 이런 일이 일어나도록 허용하고 집단원이 서로를 좀 더 편안하게 느낄 때 그는 더 자세히 개인적인 방식으로 상실을 이야기하는 것을 더 많이 수용할 수 있다.

또한 집단원은 집단에 가져올 필요가 있는 다른 관심사에 대해 이야기하는 것을 제지당하지는 않는다. 흔히 이 주제들은 상실의 결과로 일어나는 자신의 삶과 관련이 되어 있다. 그러한 관심사의 대표적인 형태는 가족 재배치, 역할 적응, 재정, 가정 경영, 데이트하는 것 등이다.

애도 과정에 대해 이해하기

상담자가 사별한 개인에게 줄 수 있는 하나의 가장 큰 선물은 슬픔의 과정에 대한 정확한 이해이다. 그래서 그들은 자신의 슬픔이 비정상적이지 않고 자신이 '미쳐가는' 것이 아님을 믿게 된다. 전형적으로 이야기되는 부분은 다음과 같다. 슬픔의 과정, 신체적 증상과 같은 반응, 자살 생각, 약물 의존성의 증가, 우울, 틀에 박힌 행동, 자신의 상실에 대한 다른 사람들의 반응 등이다.

Wolfert(2003)는 슬픔을 이해하는 모델을 기술하고 있다. 여기에는 슬픔과 사별의 혼란스런 과정을 통해 우리가 항해할 수 있는 10개의 시금석 또는 트레일 마커*를 포함하고 있다. Wolfert는 이 시금석을 집단원으로 하여금 애도 과정을 더 잘 이해하고, 집단원 자신을 더 잘 이해하도록 도와주는 '지혜 교육'이라고 했다. 이 시금석은 상실의 출현에 열려있으며, 슬픔에 관한 잘못된 개념을 떨쳐버리는 것, 슬픔의 독특성을 받아들이는 것, 상실 감정을 탐색하는 것, 우리가 이상하지 않다는 것을 인식하는 것, 애도 욕구를 이해하는 것, 자신을 양육하는 것, 다른 사람에게 다가가는 것, 화해를 추구하는 것, 한 사람의 변혁에 감사하는 것 등이다. 이러한 시금석은 집단 과정에 잘 융합되어서 10주간 집단의 개요로서 사용되기도 한다.

화제의 쟁점

일반적으로 집단에서 중점적으로 거론되는 화제는 죄책감, 외로움, 변화하는 정체감, 죽어가는 것, 변화된 사회와 대인관계 역할에 대한 두려움, 중요한 날(생일, 기념일, 명절), 실존 문제, 종교 의식, 슬픈 과정에 가족 구성원의 영향, 영양 섭취와 신체 운동, 집단 자체의 종결, 그리고 참여자들이 전달할 필요가 있는 다른 사람의 죽음 등이다. 집단 촉진자가 이런 주제를 꺼낼지라도, 집단원이 탐색하기 원하는 주제에 대해 열려있는 것도 중요하다.

사진과 기억

나는 죽은 사람들을 다른 집단 집단원에게 실제적이고 구체적으로 알리기 위한 노력의 일환으로, 그들

---

* 트레일 마커(trail marker)는 트레일 코스에 길을 알려주고 식별해주는 표지판을 말한다.—옮긴이 주.

로 하여금 사진을 가져와서 이야기하도록 격려한다. 이것은 회상 과정을 촉진해 삶을 재검토하는 기여를 한다. 각 집단원은 사진에 있는 죽은 사람에 대해 집단에게 이야기할 기회가 주어진다. 이 훈련은 집단원이 서로의 상실에 대해 더 깊이 느끼도록 도와주고 각 애도자에게는 기억을 공유할 기회를 주며 그렇게 함으로써 죽은 사람과 자신의 관계를 다시 확인하게 한다.

부차적인 상실을 중점적으로 다루기
부차적인 상실은 상실 자체만큼이나 강력할 수 있다는 사실에도 불구하고 사별 과정에서 자주 무시된다. 죽음의 결과로서 생기는 상실인 부차적인 상실은 많은 형태를 띨 수 있고 극적인 방식으로 집단에 영향을 줄 수 있다. 예를 들면, 갑자기 예고 없이 조기 퇴역한 후 이내 사망해버린 남편을 둔 미망인은 그가 육체적으로 사라졌을 뿐만 아니라 그들이 공유한 모든 희망, 계획, 꿈의 상실로 괴로워하고 있었다. 그녀의 미래 계획이 남편의 계획과 아주 서로 뒤얽혀 있기 때문에 그녀의 삶을 계속 진행시키는 것을 토의하는 것은 그녀에게 어려운 일이다. 그녀는 집단에서 자신의 부차적 상실을 다루게 되자, 집단에서 마음을 열고 이야기하고 집단의 지지를 받아들일 수 있었다. 집단원은 준비하고 슬퍼할 수 있도록 부차적인 상실을 알아보고 예상해야 한다.

정서적 강도
사별 집단은 높은 강도의 감정을 가지고 있지만, 많은 내담자들이 자신들이나 다른 사람들에게서 경험하는 정서의 폭과 깊이에 대처할 수 없고 또 준비도 되어있지 않다. 상처받는 정도에 따라 감정 표현이 이루어지지만, 많은 참여자들은 그렇게 할 준비가 되어있지 않다. 다른 사람들은 이러한 상처를 약해지는 징조로 지각한다. 그래서 이런 관심사를 집단 경험 내내 반복적으로 다루어야 한다. 몇몇 집단원은 각 집단 회기의 처음부터 끝까지 우는 경우도 있다. 그것은 분명히 그 집단이 그들에게 얼마나 어려운지를 보여준다. 이러한 정서가 인식은 되지만, 그것이 즉각적으로 다루어지지 않을 수도 있다. 집단

원은 말로 표현하는 데 편안해지기 전에 감정을 처리할 시간을 필요로 할 수도 있다. 이러한 개인들은 다른 사람들이 일정 기간 동안 감정의 거리를 유지할 필요를 존중해줌으로써 집단으로부터 지원을 받는다.

자신감과 기술 정립
많은 사별 노인, 특히 배우자를 잃은 부인은 자신들의 배우자에 많이 의존적이었다. 이 의존의 일부가 다 성장한 자식들에게로 옮겨갈 수 있다. 이 사람들은 슬퍼하고 정서적 고통 속에 처해있지만 새로운 기술을 개발할 능력을 가지고 있다. 그렇게 하는 것이 자신감과 자아존중감을 높여준다. 남편이 사망한 한 참여자는 매우 당황해하며 남편이 가족의 재정적 문제를 항상 취급해왔기 때문에 자기 혼자서는 은행 계좌 관리도 하기 어렵다고 이야기했다. 다른 집단원도 배우자에게 의존되어있었던 비슷한 상황을 이야기함으로써, 그녀는 힘을 얻고 은행에 가서 계좌 관리 방법을 배우게 되었다. 이 여성은 스스로에 대한 자신감을 얻어 집단의 마지막 회기에 남편이 항상 그녀를 위해 했던 일인 새 차를 구입하는 일을 혼자서 했다는 이야기를 했다. 자신감과 자아존중감은 누구에게나 마찬가지로 노인에게도 필수적인 것이라는 것을 기억하는 것이 중요하다.

접촉의 사용
많은 노인들, 특히 배우자를 잃은 많은 사람들은 접촉에 대한 강한 욕구를 가진다. 이런 욕구는 배우자 없이 충족되기는 어렵다. 상담자가 치료적 접촉을 사용하는 데 편안함을 느낀다면, 그러한 접촉은 내담자의 접촉하고자 하는 욕구를 충족시키는 방법이며, 나아가 상담자나 집단원이 서로에게 신체적 접촉을 하는 방법이기도 하다. 상담자는 내담자가 접촉되기를 바라는지 아닌지와 접촉이 적절한지를 명백히 하는 것이 가장 중요하다. 슬픔에 잠긴 사람과 접촉하는 것에 대해 주의할 점은 다음과 같다. 접촉이 의사소통 방법으로 사용되거나 '울지 마. 모든 일이 잘 될 거야.'로 해석된다면 비치료적일 수도 있다. 우는 것도 치료 과정의 일부이고, 그래서 집단

촉진자는 참여자들을 조심스럽게 참여시키기도 하고 스스로 나올 수 있도록 이끌어낼 필요가 있다.

종교와 영성

종교와 영성 부분은 상담자들에게 흔히 간과되고 무시되어왔다. 그러나 사별 노인 성인들은 세상에 대한 그들의 적응, 특히 그들이 가정하고 있는 세계관을 조사할 필요가 있다. 한 사람의 핵심 신념과 가치는 사랑하는 사람이나 소중한 친구를 잃었을 때 흔들릴 수 있다. 사별한 노인들이 방향감, 목적, 자신감을 잃어버린 것으로 느껴지는 것은 이상한 일이 아니다. 집단원은 자신의 삶에서 의미나 목적을 찾고 연결 관계의 상실을 경험하고, 죄의식이나 무가치함을 느끼고 자신의 믿음에 의문을 가지며, 용서에 대한 갈망을 가지고, 신에 의해 버림받은 느낌을 가질 수 있다. 의미, 믿음, 신(또는 많은 힘)과의 연결감에 대한 의문을 품게 된다. 집단은 이러한 문제를 점검할 기회를 제공한다. 이러한 주제들이 자주 논의되지 않지만, 두려움, 부끄러움, 죄의식, 당황함 등을 다른 사람과 나눈다.

상실감을 경험한 사별 노인들은 의미, 믿음, 구체적인 종교적·영성적 문제에 의문을 품으면서 야기된 비통함으로부터 어느 정도 고통을 받는 것은 정상적이고 합당한 것이다. 사람들이 어떻게 영적으로 행동하고, 그들의 상실에 대해 어떻게 대처하고, 더 넓은 의미를 경청하는 데 대한 의문을 제기하는 것은 영적인 관점에서 그들의 상실을 더 많이 다루는 개방성과 수용성의 분위기를 창조할 수 있다.

한 집단원은 40년 이상 신을 믿어왔으나 교통사고로 사망한 남편으로 인해 신에 대한 분노를 표현했다. 비록 그녀가 신앙심이 깊고 교회에 규칙적으로 나가긴 했지만, 신에 대한 화를 표현했으며, 교회 출석을 하지 않게 되었고, 결국에는 영적인, 사회적인, 대인관계적인 지원을 끊어버렸다.

종결

나는 두세 번 모임을 가진 후에 모임이 끝나기도 전에 갑자기 모임에 나오지 않은 몇몇 집단원을 만나본 적이 있다. 뒤이어서 한 면담은 떠나게 된 많은 이유를 보여주는데, 이유들 중 일부는 그 집단이 너무 정서적으로 위협적이고, 너무 친밀하며, 너무 슬프거나, 또는 자신들의 상실을 자신이 다루어야만 한다는 부담감도 있었다. 노인 인구와 작업을 할 때 세대적, 문화적, 성적 차이를 인식하는 것은 중요하다. 따로 또는 함께, 각자는 그 집단에 남아있기를 선택하든 하지 않든 영향을 끼칠 것이다.

전체로서 그 집단의 종결로 배울 수 있는 몇 가지 교훈은 무엇인가? 사별 집단의 종료는 참가자들에게 건강한 방식으로 상실을 다루는 법을 배울 수 있는 또 다른 기회를 제공한다. 집단원은 죽은 사람뿐만 아니라 다른 집단원이나 촉진자에 대해 미해결된 과제를 다루어보도록 격려받는다. 집단원은 더 이상 집단에 참여하지 않을 것을 예상하고, 집단 경험이 그들에게 무엇을 의미했는지 탐색하며, 계속적인 지원을 위한 자신들의 계획을 조사해볼 수 있다.

의례

의례는 지역사회의 전통을 보존하기 위해 설계된 상징적 가치를 위해 수행하는 일련의 행동이다. 애도 의례는 다른 방식의 삶에 적응하는 수준에 이르는 과정을 제공한다. 대부분의 문화는 삶의 주기에서 서로 다른 단계로 이행하도록 하는 메시지 의식을 규정하고 있다. 사별 의식은 사별한 사람과 나머지 사람과 분리를 해주며, 재통합과 변화된 사람으로 사회에 복귀하는 데 도움을 준다. 장례식과 기념 행사는 사별 의식의 가장 잘 알려진 예이다.

의례적인 행동은 집단 경험 내내 효과적으로 사용될 수 있고, 특히나 종료 과정 동안에 자신에 대한 자각을 증가시키는 강력한 수단이 될 수 있다. 강력한 집단 종료 경험인 것으로 입증된 한 가지 기술은 참가자들로 하여금 죽은 자를 나타내는 촛불을 밝히게 하는 것이다. 참가자들은 자신들이 배운 것, 죽은 자에 대해, 또는 그 집단이 그들에게 무엇을 의미했는지에 대한 어떤 생각이라도 집단과 함께 의견을 나눈다. 이 훈련은 마지막 공유 경험에 집단을 끌어들이고, 종료하는 의식을 제공하고, 통찰력과 계몽을 위한 은유로서 빛을 사용하고, 각 참가자들에게 집으로 가져갈 구체적인 무엇을 남겨준다. 집단원은 이것이 매우 정서적이고 치료 효과가 있는 경험이라는 것을 안다.

집단 성과

노인 사별 집단은 얼마나 효과적인가? 내가 촉진했던 노인 사별 집단에 관한 어떤 경험적 연구도 행해진 적이 없지만, 이 집단의 가치를 뒷받침해주는 몇 가지 재미있는 일화적 정보가 있다.

노인 사별 집단의 중요한 목표는 특히 배우자였던 사람을 몇 년 동안 잃어버렸을 때와 같이 상실의 결과일 수도 있는 소외와 고독을 줄이는 것이다. 집단을 마칠 때, 모든 참가자들은 전화번호를 교환했고, 정서적·사회적 지원을 위해 비공식적으로 정기적으로 만나곤 했다. 또 다른 집단은 3개월 동안 한 달에 한 번 나와 만나기로 계약했는데 우리는 그것을

집단의 공식적인 종료 후에 따라오는 '사후 치료 집단'이라 불렀다. 이 각각의 집단에서 모든 집단원은 집단을 시작할 때는 낯선 사람들이었다.

이 집단을 촉진하는 데서 나는 무엇을 배웠는가? 나는 노인 집단과 함께하면서 눈물도 흘리고 웃음도 함께 나누었다. 이것이 역설적으로 보일지는 모르지만, 나는 이 집단들을 도우면서 죽어가고 슬퍼하고 있는 것보다 삶의 과정에 대해 더 많이 배웠다. 노인 사별 집단을 돕는다는 것은 삶을 긍정하는 것이고, 개인적으로는 더 풍요로워지는 것이다. 나는 하루하루를 귀중한 선물로 받아들이고, 나의 개인적인 관계를 매우 귀중하게 여기도록 배웠다. 지혜, 용기, 그리고 성격의 강인함은 대학원에서 배울 수 없다. 그러나 나는 지혜롭고, 용기 있고, 강인한 사람들인 나의 내담자들로부터 도움을 받았다.

집단 제안서

시설에 위탁된 노인을 위한 프로그램

이 제안서는 Marianne Schneider Corey의 관점에서 작성된 것이다.

도입

많은 다른 형태의 집단들이 노인들에게 어울릴 수 있다. 가능한 집단의 수와 형태는 노인들의 특별한 요구를 충족시키는 집단을 만들려는 상담자의 상상력과 의지에 따라 달라진다. 여기에 기술된 집단은 정신병원 안에 있는 사전 배치 집단이다. 참여자들은 자신의 집으로 돌아가거나 지역사회에 다른 거주 시설로 갈 수 있는 사람들이다.

집단 구성

사전 배치 집단은 지역사회로 흩어져 나와 시설기관에 있는 사람들로 구성된다. 이들 중 일부는 집으로 돌아가거나 아니면 간호나 숙식 보호 시설기관으로 가게 된다. 다른 집단 사람들처럼, 집단원의 선발에

신중한 고려를 하는 것이 중요하다. 만약 심각하게 신경증 증세가 있고, 환각을 일으키는 집단원이 심리적으로 건강한 환자들과 섞여있다면, 집단은 제대로 기능할 수 없다. 그러나 말이 많은 사람과 조용한 사람, 우울해 하는 사람과 원기 왕성한 사람, 흥분하는 성격의 사람과 차분한 성격의 사람, 의심이 많은 사람과 잘 믿는 사람처럼 다른 배경을 가진 사람들을 결합시키는 것은 좋은 방법이다. 집단의 크기는 참가자들의 심리적, 사회적 기능 수준에 의해 결정된다.

나의 공동 지도자와 내가 만든 사전 배치 집단은 남성 3명, 여성 4명으로 구성되었는데 남녀 성 비율이 적절히 균형을 맞추었고, 2명의 지도자가 운영할 수 있는 수이다. 첫 모임을 갖기 전에 나는 집단원을 개인적으로 만났으며, 그들에게 집단에 대한 사전 교육을 했다. 나는 그들에게 집단의 목적, 활동은 어떤 것들이 있으며, 어디서, 언제, 얼마 동안 만

날 것인지를 이야기해주었다. 나는 각자에게 집단 참여가 자발적이라는 것을 알려주었다. 사람들이 참여하는 것을 주저하는 것 같을 때, 나는 그들이 첫 모임에 와보고 계속할 것인지 어떤지를 결정하라고 제안했다.

집단 목표와 집단 형식

첫 모임 전에 나와 공동 지도자는 그 집단의 몇 가지 전반적인 목표를 결정했다. 우리의 중요한 목표는 공통된 관심사가 자유로이 토의될 수 있고, 집단원이 상호작용할 수 있는 분위기를 제공하는 것이다. 우리는 집단원이 불평의 목소리를 낼 수 있는 기회를 제공하고, 결정을 내리는 과정에 포함되도록 하고 싶었다. 우리는 이 사람들이 변화할 수 있고, 집단 과정이 그렇게 하도록 자극할 수 있다고 분명히 느꼈다.

집단은 일주일에 한 번, 한 시간 동안 방문자의 방에서 만났다. 각 집단 모임 전에, 나는 모든 집단원을 만나, 그들에게 이 모임에서 만나는 시간이 짧다는 것을 상기시키며, 참석하라고 했고, 그들과 동행해 이 집단이 모이는 방으로 갔다. 나는 그들이 모임 시간을 기억하는 것이 어렵다는 것을 알았고, 그래서 규칙적인 참석을 보장하는 데는 개별적인 도움이 중요하다는 것을 알았다. 모임에 빠지는 사람들은 아프거나 물리 치료와 같은 활동에 참여한 사람들이었다. 이 집단은 개방적인 형태였다. 집단원은 때로 퇴원하기도 했고, 우리는 새로 입원한 환자들이 참여하도록 권하기도 했다. 이것이 집단원을 성가시게 하는 것 같지 않았고, 집단의 단결에 영향을 주지도 않았다. 지도자로서 우리는 또한 집단 가입을 가능하면 쉽게 하려고 시도했다.

우리는 항상 시간을 내어 새로운 집단원을 소개했고, 새로 참여한 집단원이 집단에 바라는 것을 말하도록 했다. 우리는 현재의 집단원이 그를 환영하도록 부탁했다.

초기 단계

초기 단계 동안 집단원은 자신의 이야기를 두 지도자에게만 하는 경향을 보였다. 각자 개인적으로 분리된 세계 속으로 고립시킨 껍질을 깨뜨릴 수 있다는 희망을 가지고, 공동 지도자와 나는 즉시 각 집단원이 지도자인 우리보다는 집단원 서로에게 이야기하도록 격려하기 시작했다. 집단원이 누군가에 대해 이야기할 때 그 사람에게 직접 이야기하도록 요청했다. 집단원이 특정한 문제와 관심사를 논의할 때, 다른 사람들에게 그들과 비슷한 문제를 서로 나누도록 격려했다.

처음에는 집단원이 자기 자신에 대해서 이야기하는 것, 불평의 목소리를 내는 것, 또는 기관에서 나간 후에 그들이 무엇을 기대하는지를 토의하기 싫어했다. 그들의 평상시 말은 그들이 아무런 희망이 없다는 것을 보여주었다. "그것이 도대체 무슨 소용인가요? 어쨌든 아무도 우리 이야기를 들어주려고 하지 않을 거예요." 우리가 해야 할 일은 그들이 서로의 이야기를 듣도록 가르치는 것이었다.

듣기와 행동하기의 중요성

나와 공동 지도자는 이 사람들에게 듣기를 가르치는 한 방법이 본보기를 통해서, 즉 우리가 정말로 그들의 이야기를 듣고 있다는 것을 보여줌으로써 가능하리라 느꼈다. 그래서 우리의 내담자가 병원에서의 삶에 관련된 문제를 말로 표현할 때, 공동 지도자와 나는 이런 갈등의 일부를 해결하는 데 적극적으로 관여하기 시작했다. 예를 들어, 한 집단원이 그의 방에 있는 환자들 중 한 명이 밤중에 한참 동안이나 고함을 지른다고 불평했다. 우리는 이 운이 좋지 않은 집단원을 다른 방으로 옮길 수 있었다. 집단원들이 곧 가게 될 주간보호소(board-and-care home)에 대한 두려움을 말했을 때, 우리는 그곳에 대한 정보를 제공하여 자신들이 있을 곳을 선택할 수 있도록 했다. 한 여성은 그녀의 남편이 그녀를 자주 방문하지 않고, 그녀를 집에 데리고 갔을 때 돌봐주지 않으며 성적으로 관심을 보이지 않는다고 불평하였다. 여러 번 공동 지도자와 나는 그 부부를 개인적인 만남을 통해 도와주었다.

어떤 남성들은 할 일이 없다고 불평해서 정원을 가꾸는 일을 하도록 했다. 다른 여성 집단원은 자신이 예술가였다는 사실을 나누었고, 그래서 우리는 그녀에게 집단 내에서나 예술 프로젝트가 있는 방에서 여러 사람들을 지도하도록 부탁하였다. 그녀는 열정적으로 반응했고 여러 다른 집단원을 참여시키는 데 성공을 거두었다.

우리의 철학은 적게나마 그들이 삶에 대한 의사결정을 다시 적극적으로 하도록 격려하는 것이다. 우리는 두 가지 하지 않아야 할 것을 배웠다. (1) 좌절하게 하고 이미 낮은 자기상을 더 허약하게 하는 활동에 참여하도록 환자를 격려하는 것, (2) 우리가 지킬 수 없는 약속을 하는 것.

회상 들어주기

우리는 집단원이 매일 겪고 있는 문제를 다루는 것 외에 그들이 경험한 슬픔과 죄책감, 많은 상실감, 그들이 살았거나 방문했던 장소, 그들이 했던 실수에 대해 회상하게 해서 그것을 듣는 데 많은 시간을 보냈다. 그들의 과거를 기억하고 능동적으로 재구성하는 것을 통해, 노인들은 자신에게 영향을 주는 갈등을 해결할 수 있다는 희망을 가질 수 있고, 자신에게 남은 시간을 어떻게 사용할 것인지 결정할 수 있었다. 나아가 그들은 지금보다 더 생산적이고 힘이 넘쳤던 행복한 시간을 기억하기 좋아했다.

연습의 활용

공동 지도자와 나는 집단원의 상호작용을 촉진하기 위한 다양한 연습 활동을 구성했다. 우리는 이러한 연습을 집단의 상호작용의 간단한 수단으로 사용했다. 우리는 시작할 때 항상 이러한 연습이 어떻게 행해질 수 있는지를 보여주었다. 우리가 이 집단에서 사용한 실습 중 일부는 다음과 같다.

- 심상 여행을 계속하고, 당신과 함께할 다른 집단원 2명을 선택한다. (선택되지 않은 사람들이 표현한 거부감에 대처해야 할 수도 있지만, 이 연습은 다른 사람에게 다가가 친구를 사귀기 어려워 하는 사람에게 매우 유용하다.)
- 만약 당신이, 당신이 원하는 것은 무엇이든지 할 수 있다면 그것은 어떤 것들인가?
- 당신과 당신의 가족 사진을 가져와서 당신의 가족에 대해 이야기하라.

- 당신에게 중요한 몇 가지 기억을 이야기해보라.
- 당신이 가장 좋아하는 휴일은 무엇이며 당신은 그날 무엇을 하는 것을 좋아하는지 이야기하라.

노인에게 집단원 상호작용에 초점을 두고 이에 공헌하는 또 다른 실습 문제는 낮은 기능 수준의 내담자를 위한 문장 완성 기법이다(Yalom, 1983). 미완성된 문장은 다음과 같은 다양한 주제로 구성될 수 있다.

- 자기개방('사람들이 알게 되면 놀라게 되는 나의 어떤 것은……')
- 분리('내가 겪었던 가장 힘든 이별은……')
- 분노('나를 정말 화나게 하는 것은……')
- 고독('내 인생에서 내가 가장 외롭다고 느꼈을 때는……')
- 병원 내에서의 사건('어제 밤 병원에서 있었던 싸움에서 내가 느끼는 것은……')
- 공감('내가 다른 사람이 내 마음을 안다고 느낄 때는……')
- 지금-여기에 상호작용('이 방에서 나와 가장 비슷한 사람은……')
- 개인적 변화('내 자신에 대해 바꾸고 싶은 것은……')
- 스트레스('내가 긴장을 느끼는 부분은……')

미완성 문장을 가지고 하는 작업은 강한 감정을 발산하게 할 수 있다. 그래서 집단지도자는 이런 감정을 다루는 데 능숙해질 필요가 있다.

집단원에게 자신에 대해 표현하도록 격려하는 훈련은 서로를 알게 하고 처음에 만연해있던 '도대체 소용이 있어?'라는 감정을 줄여준다.

잘못된 사회적 통념 폭로하기

공동 지도자와 나는 노인에 관해 널리 퍼져있는 몇 가지 잘못된 사회적 통념과 태도를 조사해서 집단원이 이런 사회적 통념을 받아들이는 데 도전하게 했다. 노인과 작업하는 모든 사람은 늙어간다는 것에 잘못된 통념과 사실을 구분할 필요가 있다. 사실은 노인도 자신의 삶에서 변화를 만들어나갈 수 있다는 것이다. 창의적이고 지식을 갖춘 전문가는 노인 내담자의 삶을 고양시키고, 노인에게 질 높은 서비스를 제공하는데 장애가 되는 잘못된 통념을 쫓아버리도록 도와주어야 한다.

종결

나는 3개월 동안만 이 집단의 공동 지도자였다. 내가 떠나기 몇 주 전에 그 사실을 집단원에게 알렸다. 내가 떠난 후에 공동 지도자는 혼자서 그 집단을 계속 이끌었다. 나는 이따금씩 그 집단을 방문했고, 그들은 나를 기억하고 있었으며 환영해주었다.

집단 성과

노인들과 성공적으로 작업하기 위해서 변화를 위한 그들의 자원에 근본적인 한계가 있다는 것을 반드시 고려해야 한다. 그렇다고 하더라도 그들의 절망감을 강화시켜줄 뿐이라는 운명적 태도는 취하지 말아야 한다. 만약 나와 공동 지도자가 이들의 극적인 성격 변화를 가져올 수 있다고 기대했더라면 우리는 이내 좌절했을 것이다. 일어난 변화는 작았고 느리게 일어났다. 대신에 우리는 단지 소박한 결과를 가지게 되리라 예상했고 그래서 일어난 작은 변화들은 우리에게 계속할 동기와 힘을 주기에 충분했다. 우리가 관찰한 몇몇 결과가 여기 있다.

- 집단원은 자신만이 문제를 경험하고 있는 것은 아니라는 것을 깨달았다.
- 집단에 속해있는 사람들은 자신들의 감정이 받아들여진다고 느끼고 감정을 표현할 권리가 있다는 것을 깨달았다.
- 집단의 분위기는 믿고, 배려해주며, 다정해졌다.
- 집단원은 집단에서 시작된 사회적 관계를 집단 회기 외에서 사회적 관계를 지속해나갔다.
- 집단원은 서로의 이름을 알게 되고 그로 인해 병실에서 상호작용이 증가하게 되었다.
- 참가자는 기관에서 단지 나가기를 기다리기보다는 나가는 것을 도와줄 활동에 참여했다.
- 집단원은 누군가가 자기 이야기를 들어주고 누군가에게 얘기하는 것이 좋다고 느끼고 있었다. 그래서 좀 더 개인적으로 자신의 슬픔, 상실, 희망, 기쁨, 기억, 두려움, 후회 등을 말하기 시작했다.

- 기관 관계자는 서로 다른 집단원을 위한 적절한 활동을 생각하고, 집단원에게 그것을 수행하도록 도와주었다.
- 기관 관계자는 다른 집단원에게 알맞은 활동을 생각해내는 것에 관심을 가지게 되고 집단원이 해낼 수 있도록 도왔다.

공동 지도자와 나 역시 집단이 진행되는 동안에 우리를 좌절케 하는 몇몇 상황들을 만났다. 예를 들면 집단원은 때때로 아주 무기력한 것 같았다. 우리는 환자들이 집단 모임에 오기 바로 전에 약물 치료를 받았을 때 이런 일이 일어난다는 것을 나중에 알았다. 여전히 환자의 상태가 약물 치료 때문인지 심리적 요인 때문인지 판단하기는 어렵다. 어떤 집단원이 한 주 동안 자기 역할을 잘하고 스스로에 대해 좋게 느끼다가도 그 다음 주에 누구에게도 제대로 반응할 수 없는 정신이상 증세를 보인 사례를 발견하는 것도 드물지는 않았다.

집단 회기 내에서 일어났던 몇몇 작은 변화는 일상적인 병원 생활에 의해 수포로 돌아갔다. 일부 집단원은 자신들이 병원에 머무는 기간이 길어져도 괜찮다는 인상을 줄까 두려워서 병원에서의 생활을 더 즐겁게 만드는 것을 싫어했다. 예를 들어, 어떤 사람은 "제가 여기 있는 것을 좋아한다고 말하게 된다면, 저를 내보내지 않을지도 모릅니다."라고 말했다. 반면에, 다른 어떤 집단원은 병원에 자신을 맡겨두고, 병원을 자신의 집으로 생각한다. 그래서 떠나기를 원하지 않는다고 직접적으로 이야기하였다.

노인과 하는 작업은 매우 보람이 있을 수도 있으나 또한 소모적이고 힘들 수도 있다. 때때로 나는 우울하고 희망이 없고 화가 난다. 이런 감정이 직접적으로 환자와의 활동으로 연결되지는 않는다. 환자에게서 관찰한 아무리 사소한 변화들이라도 나에게 보람을 주고 이 일을 계속해나갈 수 있는 동기를 준다. 나는 정신과 인턴이나 기관 관계자가 노인을 무시하는 것을 보면 화가 난다. 이들은 자주 노인의 이름을 부르면서 자신들은 성을 포함한 전체 이름으로 불리기를 요구한다. 때때로 흥분한 환자는 우선 무엇이 그를 그렇게 화나게 만들었는지 질문도 받지 않은 채로 육체적으로 또는 약물 치료로 제지당하곤 한다. 또 다른 황당한 광경은 환자가 어디로 가고 있는지 듣지 못한 채로 휠체어를 타고 여기저기 밀려다니는 상황도 있었다.

때때로 환자 행동은, 만약 어떤 사람이 조금만 노력했다면 발견될 수도 있었을 그런 행동에 대한 정당한 이유가 실제 존재했을 때조차도 미친 것으로 취급을 받았다. 어느 날, 한 학생이 맹인 한 사람을 모임에 데리고 왔다. 그리고 그 맹인은 자신의 신발을 벗으려 했다. 그 학생은 신발을 도로 신게 하려고 그에게 고함을 질렀다. 나는 그에게 다가가 그 사람 앞에 꿇어앉았다. "당신은 집단 모임에서 신발을 벗고 있어요. 왜 그러세요?"라고 나는 말했다. 그는 물리치료실에 데려와 있는 걸로 생각했다고 말하면서 사과했다.

또 다른 경우에는 75세의 환자가 하루 종일 계속해서 신발을 벗으면서 늘 신문을 모아 그의 발 주위에 두었다. 모든 사람은 이 행동을 이상하게 여겼다. 나는 독일에서의 어린 시절에 겨울에 발을 따뜻하게 유지하기 위해서 신발 안에 신문을 넣어두라는 것을 자주 들었던 것을 기억해냈다. 이 사람과 시간을 얼마간 함께 보낸 후에 이 이상한 행동이 같은 경험에 근거하고 있다는 것을 알았다. 나는 너무 성급하게 환자를 이상하다거나 망상에 사로잡혀 있다고 판단하지 않도록 주의해야 하고 그 대신에 시간이 걸리더라도 독특한 행동에 대한 합리적 이유가 있는지 어떤지를 알아내려고 해야 한다는 것을 배웠다.

환자들은 때때로 다른 환자들에 대한 신체적 애정을 표현할 때 저지를 당하거나 수치심을 느꼈다. 성애는 '또 다른 행동을 낳을 수 있기' 때문에 기관 관계자들은 나쁜 것으로 받아들였다. 나는 노인의 성애에 대한 우리의 태도에 관해 기관 관계자들과 몇 번의 좋은 토론을 가졌다. 우리 자신의 태도, 오해와 두려움을 다루어봄으로써 우리는 환자를 더 이해하고 도움을 줄 수 있었다.

기억해야 할 핵심 사항

지역사회 기관에서의 집단

- 성인을 위한 집단에서 다양성에 민감해지는 것은 기본적이다. 기법은 집단원의 삶의 경험에 적절해야 하고 집단원에 강요해서는 안 된다.
- 집단원의 사회적, 문화적, 영적 배경에 대해 이해함으로써 당신은 민감하게 그들의 관심사를 다룰 수 있다.
- 집단은 성인들에게 현재의 생활을 전반적 발달적 관점으로 통합하도록 하는 데 도움을 준다. 그러한 집단에서 집단원은 자신이 누구인지, 어디에 있는지를 생각하고 미래의 목표를 확인하도록 격려받는다.
- 가정폭력 집단과 성폭력 가해자를 위한 집단의 증가 추세가 매우 우세하다. 그러한 집단을 운영하면서 어렵고 비자발적인 어려운 내담자를 다룰 때 상당한 인내와 역량이 필요하다.
- 집단 상담자는 노인들에게 삶의 의미를 발견하고 은퇴 후에 생산적이 되도록 도와주

는 프로그램을 개발하라는 요구를 받고 있다.

- 집단 상담자는 노인을 위한 집단을 조직하고 운영하기 위한 시도를 할 때 장애물을 만난다. 장애물의 어떤 것은 이 집단의 독특한 특징에 기인되지만, 다른 장애물은 노인을 위한 집단 작업을 지지하지 못하는 체계 내에서 발견된다.

- 집단은 자신들의 이야기를 들어주고 이해해주기를 절실히 필요로 하는 노인들에게 매우 독특한 이점을 제공한다. 집단 과정은 의견을 나누고 서로 관계 맺는 것을 격려한다. 이것은 노인에게 치료적 가치를 가진다.

- 집단은 들어주고 이해해주는 매우 많은 욕구를 가진 노인들에게 독특한 이점을 제공한다. 집단 과정은 노인들에게 치료적 가치를 가진 나눔과 관계 맺기를 격려한다.

수업 중 활동

1. **집단 제안서 비평하기** 이 장에서 서술된 성인과의 집단을 위한 다양한 제안서를 읽고 난 후 어떤 제안서에 당신의 관심이 가장 많이 가는가? 특별한 형태의 성인 집단을 분석하고 토의하기 위해서 교실 내에 작은 집단을 만들어 보라. 각각의 집단 제안서를 살펴보고, 가장 혁신적이고 흥미롭고 유용하다고 생각하는 제안서에 어떤 특징이 있는가? 만약 당신이 비슷한 집단을 만든다면, 그 제안서에 어떤 변화를 주고 싶은가? 이러한 제안서를 연구함으로써 특정한 집단을 계획하는 데 어떤 학습을 하게 되는가?

2. **여성을 위한 집단** 이 장에 기술된 근친상간 피해 여성의 지지 집단을 읽어보라. 이러한 유형의 집단에서 치유를 촉진할 수 있는 독특한 치료적 요인은 무엇인가?

3. **남성을 위한 집단** 지역사회에 있는 남성 집단을 읽어보라. 만약 당신이 남성이라면 이러한 집단에 참여하고 싶겠는가? 왜 그런가? 왜 그렇지 않은가?

4. **약물남용 장애 집단** 약물남용 집단 제안서를 검토하라. 모든 사람의 관심을 끄는 이 집단의 독특한 특징은 무엇인가? 우리가 만약 약물남용 문제를 가진 사람을 위한 집단을 설계하고 촉진한다면 이러한 제안서가 당신에게 어떻게 유용한가?

5. **지역사회에서의 집단** 당신이 지역사회 기관에서 일하고 여성 또는 남성을 위한 집단을 구성하라는 요청을 받았다면 남성 또는 여성 집단을 계획할 때 어떤 단계를 밟을 것인가? 심리교육적 집단을 구성하라고 요구를 받았다고 가정하라. 남성 또는 여성 집단에서 어떤 주제를 다룰 것인가?

6. **건강한 노인을 위한 집단 조직하기** 성공한 노화 집단에 관해 주어진 설명을 검토하라. 당신은 이 제안을 읽고 무엇을 배웠는가? 지역사회 기관에서 건강한 노화를 맞고 있는 사람들을 위한 집단을 조직하라고 하면 어떤 단계를 거쳐야 하는가? 이 특정한 집단에 관해 참여 가능한 집단원에게 이야기해주기를 원하는 것이 무엇인가?

7. **사별 집단 조직하기** 사별 집단에 관한 주어진 설명을 검토하라. 애도 작업의 치료적 효과를 설명하는 주요 요소는 무엇인가? 노인의 상실을 다루기 위해서 집단 체제를 사용하는 이점은 무엇인가? 만약 당신이 비슷한 집단을 만든다면 이 집단을 조직하고 지도할 때 어떤 변화를 줄 수 있는가? 이러한 집단을 지도할 때 직면하는 예상되는 도전거리는 무엇인가?

8. **시설에서 운영하는 집단을 위한 기법** 이 장에서 기술된 시설에 수용된 노인을 위한 집단 제안서를 검토하라. 이러한 특정한 집단에서 어떤 구체적인 기법이나 활동이 가장 도움이 된다고 생각하는가?

9. **노인을 위한 공동체 집단** 당신이 지역사회 정신건강센터에서 일하는 인턴 또는 직원인데, 지역사회의 노인들의 욕구를 충족하기 위한 전략을 개발하도록 요청받았다고 가정하라. 지역사회 요구를 진단하고 적절한 집단 프로그램을 개발하기 위해 어떤 단계를 취하겠는가? 노인을 위한 집단을 효과적으로 촉진하는데, 어떤 개인적인 문제가 도움이 되고 방해를 하게 되는가?

찾 아 보 기

가정폭력 489, 490
가정폭력 가해자 489, 490
가정폭력 집단 492
가치의 갈등 90
가치의 다양성 34
각본 1
갈등 298
갈등 다루기 224
감정의 표출 256, 389
개방 대 익명성 370
개방 집단 4, 198, 270, 404
개방성 34, 36, 43
개방이 아닌 개방 376
개방적 태도 439
개별화 149
개인의 정체성 40
개인적 자격 440
개입 2, 50
건강한 노화 502
건설적인 도전 59
게슈탈트 치료 150, 290
결의 34
경청 234, 259, 439
경험 일지 262
계약 243, 415
계획 166
고등학생 분노조절 집단 470
공감 46, 236
공감 능력 43
공동 리더십 4, 55
공동 지도자 29, 30, 207, 265, 343, 394, 420
공동 지도자 문제 393
공동체 의식 4
공유 334
공통 요인 61
과도기 단계 184, 282
과도기 단계에서의 개입 361

과도기 단계의 특성 345
과제 158, 415, 416
과제수행 집단 5
관계지향적인 접근 227
관심 387
구조화 2, 8, 267
구조화 집단 4
권력 분석 178
그때 거기 227
그때 거기 초점 227
근친상간 9, 38
근친상간 희생자들의 지지 집단 481
기간 435
기대 명료화하기 202
기대 제시하기 436
기법 133, 134, 438
기술 훈련 7
기술 훈련 집단 494
기적 질문 170

남성 집단 485, 487
내적 타당도 63
노인 499, 500, 503, 508
노인과의 집단 작업 497
노인과의 집단상담 502
노인사별 집단 509
노화 502
놀이 치료 442
뇌 영상법 기술 61

다문화 17
다문화 관점 136
다문화적 시각 3, 11

다양성 92, 119, 149
다양성 역량 18
다양성 주제 17
단기 집단 치료 3, 10
대인관계 기술 43
대처 자기 진술 163
대학생을 위한 집단상담 473
더 높은 수준의 윤리강령 96
독점하는 행동 312
동기강화 면담(MI) 167, 174, 175, 291
동등성 142
동성애 38
두려움 293, 294

라포르 463
리더십 문제 511

마무리 단계 1
마음챙김 271
메타분석 11
면담 212
명료화 44
명시적 규범 245
모범 보이기 50
모범적인 행동 34
모험 387
문제 재발 방지 161
문제 행동 343
문제해결 158
문화 15
문화적 가치 14
문화적 관점 16, 40
문화적 규범 92
문화적 맥락 16
문화적 쟁점 71
문화적 차이 24
물질남용 장애자를 위한 집단상담 493
미국학교상담자협회 40
미래 투사 426
미래 투사 기법 155, 413

미성년자의 비밀 유지 86
미해결 문제 409
미해결된 과제 409
미해결된 사건 139

바람 166
바람직한 개발서 434
반영 44
반영적 경청 291
방법론적 쟁점 63
방어 33, 287
방어적 행동 305, 327
방향 166
법률적 보호 장치 113
법률적 쟁점 70
법률적 책임 112
법적 고려 사항 435
변화의 의지 391
보살핌 35
보편성 384
부모 참여시키기 436
부모의 동의 436, 449, 456
분노 409
분노 조절 집단 9
분리 407, 408
분리 감정 407
불신 229
불안 292
비구조화 집단 4
비밀 보장 255, 418, 501
비밀 유지 80~88, 118, 437
비밀 유지 준수 88
비밀 유지 특권 84
비밀 유지에 관한 지침 요약 88
비밀 유지에 대해 집단구성원 교육시키기 82
비밀 유지의 다문화적 차원 85
비밀 유지의 성격과 목적 및 한계 87
비밀 유지의 윤리적 · 법률적 차원 83
비밀 유지의 한계 118
비언어적 메시지 234
비언어적 행동 234
비자발적 집단구성원 74
비자발적 참여 74

비자발적인 가정폭력 집단 490
비자발적인 집단 118
비작업 집단 365
비협조적인 행동 289
비효과적인 직면 303

 사

사별 512
사별 집단 9
사실적 이야기를 장황하게 말하기 315
사전 동의 73, 110, 119
사전 집단 203
사전 집단 단계 184
사전 집단 모임 200
사회성 기술 집단 7
사회적 관계 461
사회적 정의 17, 95
사회적 정의 접근 95
사회적 행동 178
사회화 324
상담 과실 112
상담 종결 단계 420
상담 집단 7
상실 512
상징적인 퇴행 10
상호 피드백 8
생활양식 142
선택 이론 164
성 역할 176
성 역할 분석 178
성공한 노화 집단 503
성적 성향 98
성차별 38
소년 비행 예방 집단 465
소크라테스식 대화 161
수용 34
수용 대 거부 371
숨겨진 주제 222, 224, 331
슈퍼비전 32
시도의 자유 392
시설에 위탁된 노인들을 위한 프로그램 515
신뢰 229, 255, 367, 387
신뢰의 형성 230, 233, 284, 463
실습 438

실제 둔감화 158
실제적 고려 사항 435
실존주의 146
실존주의 치료 146
실천 기반 근거 62
실험실 4
심리교육 집단 4, 6, 433, 494
심리극 153
심리적 활력 39
심리치료 집단 9, 433

 아

아동 444
아동 및 청소년 집단상담 442
아동 학대 454
아동기 성적 학대 피해자 481
아들러학파 434
아들러학파 치료 138, 140
아이스브레이킹 433
안내된 발견 161
안내된 시연 158
암묵적 규범 244
애도 508
애도 과정 512
애도 작업 508
약물 남용 예방 집단 6
여성 집단 481
여성과의 집단 작업 480
여성주의 치료 175
역전이 41, 335, 344
역할 바꾸기 154
역할 연기 154, 158
연결 짓기 48
예비 선별 회기 193
예외 질문 169
오리엔테이션 201, 216
외현화 대화법 173
요약 피드백 171
요약하기 45
유머 392
윤리강령 96
윤리적 문제 100
윤리적 쟁점 70, 106
윤리적 · 법률적 실천을 위한 지침 112

응집 대 분열 372
의존성 320
이론 125
이론적 지향 16
이야기 치료 172, 291
이완법 158
이해 388
이혼 가정 아동 450
이혼 가정과 변형 가정의 초등학생을 대상으로 하는 집단
    449
인간중심 치료 148
인지 치료(CT) 159
인지 탐색 7
인지적 요인 390
인지적 학습 33
인지행동 집단 494
인지행동 치료(CBT) 156
인지행동적 이론 291
인지행동적 접근 137, 227, 390
일시적 위안 321
임상적 쟁점 70

자

자기 돌봄 40
자기 초점 225
자기 탐색 226
자기개방 79, 237, 257, 293, 374, 377, 394, 437, 464
자기성찰적 학습 61
자기평가목록 64
자동적 사고 159
자발성 대 통제 371
자신만의 집단상담 이론 131
작별 인사 편지 408
작업 단계 184, 358
작업 단계에서 깊은 신뢰 쌓기 367
작업 단계에서의 개입 362
작업 단계의 과제 364
작업 단계의 특성 396
작업 집단 365
작업 집단과 비작업 집단의 차이점 365
잘못된 사고 163
잠시 멈추고 자신을 살펴보기 143
장소 436
재구조화 10

저지하기 49
저항 287, 290
적극적 경청 44
적대적 행동 322
적대적인 직면 409
적절한 자기개방 376
전문 역량 26
전문적 자격 440
전문적 훈련 기준 104
전이 139, 335
전이 반응 225
접촉 410, 499, 513
정신분석 138
정신분석 치료 138
정신역동적 접근 137, 138, 227
정체성 13
정체성 콜라주 457
정화 153, 389
제안하기 50
조언하기 318
존중 238
종결 51, 405, 408
종결 단계 184, 363, 405, 427
종결 단계에서의 개입 363
종결 단계의 과업 403
종결 단계의 특성 423
종결 준비 440
종결 회기 405, 406
좌절 416
주저하는 행동 287
주지화 325
준비 436
중립적 태도 438
증거기반 치료 157
지금 여기 6, 8, 149, 227
지금 여기 초점 227
지도자의 가치관 89, 119
지역 기관 현장 429
지역사회 기관 487
지지 252
지지 집단 4
지지하기 49
직면 80, 142, 239, 252, 301, 302, 303, 383, 395
직면시키기 48
직접성 43
진단하기 50

진로 의사결정 집단 7
진실성 236
진정성 43, 371
질문 상자 452
질문하기 47, 316
집단 경험의 평가 418
집단 과정 36, 244
집단 규범 92, 244, 364
집단 내 안정 367
집단 목표 242
집단 선언문 457
집단 슈퍼비전 105
집단 제안서 187, 212, 405, 429, 430, 444, 449, 454, 465,
　　470, 481, 487, 490, 495, 500, 503, 509, 515
집단 종결 후 회기 421
집단 참여에 따른 심리적 위험 77
집단 행동 364
집단 홍보 190
집단구성원 190, 374
집단구성원 모집 190
집단구성원 선별 190, 191
집단구성원을 위한 자기평가 척도 346
집단구성원의 두려움 360
집단구성원의 연령 435
집단상담의 이론 123
집단상담전문가협회 5
집단원 구성 196
집단을 떠날 자유 75
집단응집력 8, 224, 248, 358, 384
집단의 규모 196, 435
집단의 기간 197
집단의 문화 차원 463
집단의 안전성 229
집단의 진행 평가 394
집단지도자 105, 276, 377, 498

차이 16
참여 부족 309
창의성 149
책임 266
척도 질문 170
청산 매트릭스 495
청산 매트릭스를 사용한 물질남용 장애 치료 집단 495

청소년기 460, 470
청소년기의 발달 460
청소년기의 스트레스 요인 461
청소년을 위한 발달적 집단상담 462
청소년의 변화 이끌어내기(T-MAC) 465
체계적 둔감화 158
체크아웃 과정 272
체크인 269
체크인 과정 269
체험적 및 관계지향적 접근 137, 144, 145
초기 단계 1, 184, 216
초기 단계에서의 개입 360
초기 단계의 특성 274
초기 지각 409
촉진하기 46
치료 이전의 변화 경험 169
치료적 관계 291
치료적 동맹 61
치료적 모험 62
치료적 요인 262
치료적 직관 38
치료적 집단 5

코칭 158

타인 초점 225
탐색 216
통제감 298
통합적 접근 126, 179

평가 166, 187, 206
평가하기 51
폐쇄 집단 4, 198, 403
폐쇄형 집단 404
포스트모더니즘 137, 167
피드백 260, 334, 380, 413

하위집단 324
학교 상담자의 윤리 규범 40
학대 아동을 위한 집단 454
학습의 강화 403
합리적 정서행동 치료(REBT) 162
해결중심 단기 치료(SFBT) 168, 290
해결중심 집단 상담 169
해석 46, 142, 143
핵심 역량 26
행동 리허설 7, 158
행동 변화 412
행동 치료 157
헌신적인 전문가 42
현실 치료 164
현재 경험 147
협력적 경험주의 160
홍수 기법 158

회기의 빈도 197
회기의 시간 197
회피 다루기 331
효과적인 직면 303
효과적인 피드백 381
후기 지각 409
후속 상담 421, 423
후속 지도 453
후속 집단 52
희망 386
희생양 만들기 80
힘 388
힘 북돋우기 176, 178
힘의 남용 79

기타
6~11세 아동을 대상으로 하는 학교 상담 집단 444
LGBTQ 98
WDEP 모델 165